UTOPIA AUTORITÁRIA BRASILEIRA

CARLOS FICO

Como os militares
ameaçam a
democracia
brasileira desde o
nascimento da
República até hoje

UTOPIA AUTORITÁRIA BRASILEIRA

Revisão técnica
João Roberto Martins Filho

CRÍTICA

Copyright © Carlos Fico, 2025
Copyright © Editora Planeta do Brasil, 2025
Todos os direitos reservados.

Preparação: Laís Chagas
Revisão: Ana Maria Fiorini
Diagramação: Negrito Produção Editorial
Capa: Fabio Oliveira
Imagens de capa: David Smart/Shutterstock; goldnetz/Shutterstock

Dados Internacionais de Catalogação na Publicação (CIP)
Angélica Ilacqua CRB-8/7057

Fico, Carlos
  Utopia autoritária brasileira : como os militares ameaçam a democracia brasileira desde o nascimento da República até hoje / Carlos Fico ; revisão técnica de João Roberto Martins Filho. – São Paulo : Planeta do Brasil, 2025.
  448 p.

Bibliografia
ISBN 978-85-422-3381-0

1. Brasil – História 2. Militarismo 3. Democracia I. Título II. Martins Filho, João Roberto

25-1134   CDD 981

Índice para catálogo sistemático:
1. Brasil – História

Ao escolher este livro, você está apoiando o manejo responsável das florestas do mundo

2025
Todos os direitos desta edição reservados à
Editora Planeta do Brasil Ltda.
Rua Bela Cintra, 986, 4º andar – Consolação
São Paulo-SP – cep 01415-002
www.planetadelivros.com.br
faleconosco@editoraplaneta.com.br

Acreditamos nos livros

Este livro foi composto em Adobe Garamond Pro e impresso pela Lis Gráfica para a Editora Planeta do Brasil em setembro de 2025.

SUMÁRIO

Apresentação 7

Deposição de Pedro II 13
   "Banco aceita transação" 13
   A guerra e o ressentimento contra os civis 15
   Questão militar 32
   O pecado original da República 51
   Predomínio militar na nova Constituição 76

A mocidade militar se revolta 95
   Um golpe militar durante a Revolta da Vacina 95
   A revolta da Escola da Praia Vermelha 102
   Punição e anistia 112

Fraudes, indignação e voluntarismo militar 117
   Em busca da verdade eleitoral 117
   O tenentismo 121
   A glorificação dos tenentes 124
   A "Reação Republicana" e as cartas falsas 129
   1922: tentativa de golpe no Rio de Janeiro 142
   1924: tentativa de golpe em São Paulo 150

Militares, revolução e ditadura 159
    A deposição de Washington Luís 159
    O autogolpe do Estado Novo 193
    1945: Deposição de Getúlio Vargas 218

Cinco presidentes e dois golpes 237
    General democrata ou sedicioso? 237
    O segundo governo Vargas 238
    Contra a posse dos eleitos 250
    Duplo golpe 264

Voos turbulentos 285
    Militarismo na Aeronáutica 285
    Jacareacanga 287
    Aragarças 297

O pior da história do Brasil 307
    A renúncia inesperada 307
    Veto militar e imposição do parlamentarismo 322

Deposição de João Goulart 335
    Uma memória controvertida 335
    Desestabilização e conspiração 341
    Antecedentes 348
    O golpe de 1964 357

Conclusão 367
Agradecimentos 381
Bibliografia 383
Notas 399

APRESENTAÇÃO

"Melancólica trajetória nacional." Essa frase foi cunhada em 1994 por Francisco Iglésias, historiador mineiro que eu admirava e queria em minha banca de doutorado. Além de excelente professor e pesquisador, Iglésias escrevia em jornais, repetindo a atuação de outros grandes historiadores brasileiros, como Sérgio Buarque de Holanda e Carlos Guilherme Mota, também dedicados à chamada "história pública", prática que gostava e queria imitar. Concluí a redação da minha tese em 1995, quando dava aula, havia dez anos, na Universidade Federal de Ouro Preto (UFOP). Tomei coragem e decidi visitar Iglésias na sua residência em Belo Horizonte. O convite para a banca não seria inusitado, pois, embora ele não fosse estudioso da ditadura militar (tema da minha tese), eu estava na UFOP, ele era mineiro e, mais importante, Iglésias era autoridade em Historiografia e História Política, especialidades que eu também começava a praticar. Ele estava com 72 anos, eu com 36. Recebeu-me com simpatia e simplicidade, aceitou o convite e, para minha surpresa, disse já conhecer o meu trabalho em Ouro Preto, uma cidade que ele designava de maneira muito própria: "Se Minas Gerais é o interior, Ouro Preto é o interior do interior do Brasil". Ainda assim, no "interior do interior", o trabalho que eu fazia na UFOP tinha "repercussão nacional" – foi o que ele assegurou, com manifesto orgulho mineiro, diante do meu espanto carioca, pois não esperava aquele elogio.

Nesse dia, Iglésias me ensinou algo muito útil: os professores, com o tempo, vão se distanciando da realidade dos alunos; aquilo que nos parece familiar é novidade para os estudantes. Desde então, decidi sempre buscar o máximo de clareza como professor e pesquisador. Poucos anos atrás, constatei que Iglésias tinha razão: um aluno pediu esclarecimentos sobre a atuação dos generais Geisel e Golbery durante a ditadura militar, pronunciando o nome do primeiro com o som de "j" e o do segundo como proparoxítono. Não me surpreendi, respondi à questão e, de passagem, corrigi a pronúncia dos nomes.

Não tive bons professores de História na escola. Alguns eram apenas ingênuos e praticavam um ensino rotineiro e sem interesse, elencando datas e personagens supostamente notáveis. Outros eram arrogantes ou enigmáticos. Um deles, certa vez, me lançou uma pergunta fulminante sobre a possível comparação entre as guerras da Crimeia e da Tríplice Aliança – ambas desconhecidas por mim na ocasião. Alguns professores não conseguiam se descolar das fontes, reproduzindo linguagem de época e supondo que nós, alunos, instantaneamente identificaríamos a expressão "gabinete de 20 de agosto" com o grupo de ministros liderados pelo barão de Cotegipe, no Império, a partir dessa data, em 1885.

Essas questões inspiraram a maneira como redigi este livro, cujo propósito é simples: mostrar que todas as crises políticas brasileiras caracterizadas por ruptura da legalidade constitucional (vou denominá-las "crises institucionais") foram causadas por militares.

O Exército brasileiro sempre desrespeitou a democracia. As Forças Armadas violaram todas as constituições da República. Rebeliões contra decisões legítimas; sublevações motivadas por corporativismo; golpes de Estado e tentativas de golpe. Indisciplina e subversão marcam a trajetória dos militares no Brasil. Eles foram responsáveis por todas as crises institucionais do país desde a Proclamação da República e jamais foram efetivamente punidos. Esse intervencionismo militar expressa a fragilidade institucional da democracia brasileira até hoje – como ficou evidente nos anos recentes.

O envolvimento de militares na política não é marca específica do Brasil. Muitos países viveram esse problema, como Grécia, Turquia, Tailândia, Espanha, Portugal e até a França, além de nações africanas como Sudão e Nigéria. O historiador José Murilo de Carvalho registrou que "o fenômeno das forças armadas profissionais, alheias ao mundo político (...), só existe em democracias liberais, quase todas localizadas no

Ocidente".[1] Ainda assim, chama atenção a persistência do intervencionismo militar no Brasil.

Muitos militares e civis desenvolveram, ao longo dos anos, o equivocado entendimento de que as Forças Armadas brasileiras, por serem garantidoras dos poderes constitucionais, equivaleriam ao antigo Poder Moderador do Império. À época, o imperador podia dissolver a Câmara e indicar o presidente do Conselho de Ministros, entre outras prerrogativas importantes, como escolher senadores a partir de uma lista tríplice e nomear magistrados. Uma das atribuições do Poder Moderador, conforme a Constituição de 1824, consistia no dever de o imperador sempre cuidar da "manutenção da independência, equilíbrio e harmonia dos mais [demais] poderes políticos".

A primeira Constituição da República, de 1891, estabeleceria algo muito semelhante em seu artigo 14, mas privilegiando as Forças Armadas, ao atribuir-lhes a competência de "sustentar as instituições constitucionais". Esse papel indevido era, de algum modo, inevitável. Em um texto clássico, Fernando Henrique Cardoso, sociólogo e ex-presidente da República, afirma: "No plano efetivo da constituição não escrita, desde o governo provisório [após a Proclamação da República], a questão fundamental que se colocava era a de saber quem substituiria, de fato, como força organizada, o Poder Moderador". Ainda de acordo com ele, nessa transição de regimes, o Exército era a única força apta a exercer o poder político e repressivo.[2]

Essa ideia se consolidaria no século seguinte e foi assinalada por diversos autores. De acordo com José Murilo de Carvalho, o entendimento dos militares como poder moderador "começou a circular abertamente na década de 1930". Gilberto Freyre, escrevendo em 1957, considerava que "o Exército desempenhava na nova ordem política o papel da coroa monárquica, situando-se, como poder suprapartidário, acima das lutas". O historiador José Honório Rodrigues, analisando a questão em 1967, pareceu simplesmente constatar que, "até 1964, tal poder era exercido discretamente pelas Forças Armadas, que moderavam, em nome dos interesses nacionais, os desmandos dos partidos políticos". No final da década de 1960, João Camilo de Oliveira Torres, intelectual de perfil conservador, atribuía às Forças Armadas a função moderadora "pelo menos em momentos solenes e graves [fazendo] intervenções em momento de grave perigo". Tido como liberal, o economista Eugênio Gudin considerava os militares "herdeiros do Poder Moderador que a Constituição de 1824 conferira ao imperador". O jurista Paulo Bonavides, um dos mais respeitados constitucionalistas brasileiros, entendia que o Poder Moderador teve, de certa maneira, um substituto no artigo 14 de 1891, dispositivo, segundo ele, causador de instabilidade dos poderes constitucionais.[3] Nesse cenário, a questão que se levanta é: por que a Constituição de 1891 foi escrita desse modo?

As intervenções militares que este livro aborda têm características diferentes. Não existe uma continuidade absoluta cuja origem estaria no golpe militar de 1889 que instaurou a República ou na Constituição de 1891. Mas tais intervenções possuem traços comuns, como o desprezo dos militares pela política, seu autoentendimento como superiores aos civis e sua visão da sociedade como despreparada. Buscarei esses traços comuns e padrões recorrentes nos episódios descritos nos próximos capítulos para, na conclusão, considerá-los sinteticamente segundo o que chamo de utopia autoritária brasileira.

Este livro está organizado cronologicamente de acordo com as diversas intervenções militares da história do Brasil republicano, desde a Proclamação da República, em 1889, até o golpe de Estado de 1964. Tive de retroceder até a Guerra do Paraguai e me deter na famosa "Questão Militar" de 1886-1887, na Proclamação da República e na feitura da Constituição de 1891. O intervencionismo militar dos anos mais recentes será mencionado na conclusão. Tratarei das intervenções militares mais graves, que já são muitas, deixando de lado algumas quarteladas.

Os capítulos são relativamente autônomos, de modo que é possível iniciar a leitura por qualquer um deles, mas, caso opte por esse caminho, o leitor não conseguirá acompanhar a trajetória de personagens que aparecem em diversos momentos: golpistas perseverantes, legalistas que se transformam em golpistas (e vice-versa), juristas coniventes e assim por diante.

Fiz um grande esforço de precisão factual e cronológica, não apenas porque é minha obrigação, mas porque gosto de detalhes que pareçam interessantes – ainda que não essenciais à análise.

Este é meu último livro. Apesar de ele tratar da nossa "melancólica trajetória nacional",* tive muito prazer em escrevê-lo. Espero que também agrade aos leitores.

CARLOS FICO

---

* A expressão "melancólica trajetória nacional" intitula um artigo de Iglésias a propósito dos trinta anos do golpe de 1964 publicado no *Jornal do Brasil* em 23 de março de 1994. Neste livro, notas explicativas, como esta, virão no rodapé. Notas bibliográficas e documentais estarão no final do livro. As notas que referenciam jornais e revistas incluem as manchetes – que ajudam a captar o "clima" de cada época.

DEPOSIÇÃO DE PEDRO II

"Banco aceita transação"

Políticos que defendiam a República durante o Império, sobretudo do Partido Republicano Paulista (PRP), criado em 1873, perceberam que não conseguiriam derrotar a monarquia sem o auxílio do Exército. Isso se tornou um problema no início de 1888, quando um deles, justamente o presidente do partido, Bernardino de Campos, discursou na Assembleia Legislativa de São Paulo. Na ocasião, ele criticou o presidente do Conselho de Ministros, o barão de Cotegipe – chefe do Governo –, por não ter punido militares indisciplinados no ano anterior: "Será necessário que eu rememore outra vez as capitulações aviltantes do poder público, toda vez que o poder armado se ergue diante dele?". Outros "republicanos históricos", como Francisco Glicério e Quintino Bocaiuva, pediram a Bernardino que não criticasse os militares. Em março, Bocaiuva, que morava no Rio de Janeiro, chegou a viajar a São Paulo com esse propósito. Sentindo-se pressionado, Bernardino renunciou à presidência do partido, mas acabou voltando atrás.[1]

Campos Sales – outro integrante do núcleo "histórico" – havia se convencido da necessidade de apelar para o Exército e, em São Paulo, buscava obter o apoio do 10º Regimento de Cavalaria. Ele mantinha contato com Francisco Glicério, que estava no Rio de Janeiro nas vésperas da Proclamação da República. Para se corresponderem sem serem interceptados, os dois combinaram uma "chave telegráfica", como descreve Campos Sales em suas memórias:

> Por esse tempo, andavam em grande atividade os empréstimos sob garantia de hipoteca ou penhor agrícola por intermédio de bancos designados pelo governo para a prestação de auxílio à lavoura. Foi em torno dessa medida governamental, destinada a gerar simpatias para o trono, que os republicanos organizaram a sua chave telegráfica. Entre outras combinações, ficou assentado o seguinte: *banco* significava Exército; *transação*, revolução; *penhor agrícola*, 10º de cavalaria etc. etc.

Três dias antes da Proclamação da República, Campos Sales recebeu um telegrama de Glicério afirmando que o banco aceitava a transação e pedindo notícias sobre o penhor agrícola.[2] Ou seja, estava garantido o apoio do Exército, no Rio de Janeiro, à deposição de Pedro II e à Proclamação da República.

A conjugação dos interesses dos militares com as pretensões dos políticos republicanos decorreu de um processo relativamente longo, que, por sua vez, demandou a configuração dos militares como atores políticos relevantes. Há consenso na historiografia de que a Guerra do Paraguai (1864-1870) foi essencial para a constituição de uma "identidade corporativa" do Exército, que, assim, "desenvolveu interesses próprios e começou a querer também uma voz própria, inclusive política".[3]

De fato, o conflito gerou, nos militares brasileiros, um senso de superioridade diante dos políticos. Nas duas décadas seguintes, seu sacrifício na guerra seria usado como uma justificativa da conformação das Forças Armadas – sobretudo do Exército – como agente político com direito a se posicionar e a atuar na política interna do Brasil. A fim de entendermos o papel dos militares nos eventos de 1889, portanto, precisamos recuar ainda algumas décadas, para quando a Guerra do Paraguai foi deflagrada.

A guerra e o ressentimento contra os civis

O conflito foi bastante difícil e demorou muito mais do que previa o governo brasileiro. Desde os anos 1850, tendo controlado diversas rebeliões que haviam abalado o país durante o período regencial,* o Império viveu uma fase de relativa tranquilidade, considerada por muitos como seu apogeu. Isso possibilitou ao Brasil "voltar-se para fora, para expandir o prestígio e os interesses do Estado nacional",⁴ em busca de supremacia na América do Sul, além de outros objetivos mais concretos na região do assim chamado "Rio da Prata" (isto é, o estuário onde desaguam no Oceano Atlântico os rios Paraná e Uruguai), cuja bacia abrange o Brasil, o Uruguai, o Paraguai e a Argentina.

Um desses objetivos concretos era garantir o acesso à província de Mato Grosso,** a mais isolada do Império, local aonde se podia chegar quase exclusivamente por via marítima e, depois, subindo pelo estuário do Prata e navegando por rios até o porto fluvial de Corumbá ou o de Cuiabá. Outro objetivo prático era a defesa dos interesses de criadores de gado bovino no Rio Grande do Sul, pois eram frequentes os conflitos entre fazendeiros e as tensões na fronteira com o Uruguai.

Havia uma comunidade de brasileiros no Uruguai desde que a região fora militarmente ocupada e anexada, ainda pelo Reino Unido de Portugal, Brasil e Algarves, como uma das províncias brasileiras – a província Cisplatina. Essa situação foi mantida após a Independência em 1822, mas, com a derrota do Brasil na Guerra da Cisplatina (1825-1828), o Uruguai tornou-se independente. Entretanto, aquela comunidade brasileira lá permaneceu, criando frequentes problemas, sobretudo por causa da atividade pecuária em uma região de fronteira fluida. Os brasileiros no Uruguai não queriam restrições ao trânsito de gado, uma necessidade decorrente das peculiaridades da criação naquela região: mantidos em grandes fazendas, chamadas "estâncias", os animais eram deixados soltos nas pastagens e vagavam livremente nos campos fronteiriços. Além disso, os brasileiros no Uruguai pediam ao Império proteção

---

* Após a renúncia de Pedro I (1831), o Império foi governado por regentes enquanto Pedro II não foi declarado maior de idade (1840).

** Após a Proclamação da República, as províncias assumiriam a designação de estados.

fiscal a fim de não serem penalizados com impostos, sobretudo para favorecer o comércio de charque. Eles também alegavam que sofriam perseguições e violências da parte dos uruguaios.

O Império já havia se envolvido em conflito com a Argentina, em 1851-1852, na chamada "campanha contra Rosas e Oribe", conflagração que envolveu províncias argentinas associadas – a Confederação Argentina – contra Entre Ríos e Corrientes, províncias rebeldes aliadas ao Uruguai e ao Império do Brasil. O ex-presidente uruguaio, Manuel Oribe, aliou-se ao governador de Buenos Aires, Juan Manuel de Rosas, para reconquistar o poder e sitiou a capital Montevidéu em 1843. A grande instabilidade da região preocupava o governo do Brasil. Por isso, segundo a diplomacia brasileira, era preciso derrubar Oribe e Rosas porque ambos, supostamente, planejavam "separar do Império a província do Rio Grande do Sul".[5] Oribe foi derrotado pelo Brasil em 1851, e Rosas, no início de 1852.

Os problemas na região prosseguiriam nos anos seguintes. Os criadores brasileiros no Uruguai continuavam reclamando e demandando proteção do Império para o livre trânsito de gado.[6] Em 1863, eles se aproximaram politicamente do líder uruguaio Venancio Flores, que tentava derrubar o partido que estava no poder. O governo uruguaio reclamou junto ao Brasil. Em maio de 1864, o Império brasileiro enviou uma missão diplomática ao Uruguai para, em tese, obter reparação de prejuízos sofridos pela comunidade brasileira, mas, na verdade, para fazer exigências e ameaças ao governo do Uruguai. No início de agosto, o Brasil enviou um ultimato e, em outubro de 1864, forças brasileiras invadiram o Uruguai para depor o governo.

Escrevendo setenta anos depois, em 1934, o general e historiador militar Augusto Tasso Fragoso condenou a intervenção brasileira no Uruguai:

> Eram grandes as prevenções contra os brasileiros; quase todas as agremiações políticas [do Uruguai] nos votavam ódio, ódio injusto e irreprimível. A nossa ingerência no conflito interno só poderia acirrar esse ódio e reviver as desconfianças e rivalidades ateadas desde os primeiros anos do povoamento dos nossos territórios.[7]

Sem saída, o governo uruguaio apelou ao Paraguai, e o presidente Francisco Solano López concordou em fornecer ajuda. Ele já havia enviado comunicação ao governo brasileiro, em agosto de 1864, dizendo que qualquer ocupação do Uruguai seria considerada ato "atentatório ao equilíbrio dos Estados do Prata, descomprometendo-se desde logo de toda responsabilidade das ulterioridades". Em novembro, em retaliação ao Brasil, López aprisionou o navio brasileiro *Marquês de Olinda* no rio Paraguai, cerca de 200 quilômetros ao norte de Assunção, capital do Paraguai. O navio conduzia o novo presidente e comandante das Armas de Mato Grosso,* recém-nomeado, na longuíssima viagem fluvial, rio acima, até Cuiabá.[8]

Por fim, em dezembro de 1864, López declarou guerra ao Brasil e invadiu o Mato Grosso (talvez tendo em mente antigas disputas de fronteira com o Brasil na região mato-grossense entre os rios Apa e Branco). A enorme província de Mato Grosso era presa fácil, visto que contava com pouco mais de 850 homens para a defesa de seu vasto território, dispersos em vários postos, e, portanto, não tinha condições de resistir à grande expedição paraguaia terrestre e fluvial (de que participou o aprisionado vapor mercantil *Marquês de Olinda*, improvisado pelo Paraguai em navio de guerra). A capital do Império tampouco conseguiria enviar socorro com rapidez. Assim, saindo pelo nordeste de seu país, as forças paraguaias tomaram, no Brasil, o Forte de Coimbra, nas proximidades da fronteira, e avançaram rumo ao norte de Mato Grosso até Corumbá. A notícia da invasão de Mato Grosso só chegou ao Rio de Janeiro em fevereiro de 1865, levada pelo barão de Vila Maria, após viagem acidentada de 47 dias de marcha e dezenove de descanso (a mais rápida até então) em lombo de mula. Os paraguaios se apoderaram de grande quantidade de armas e munição. Muitos brasileiros residentes nas imediações fugiram. A navegação fluvial ficou interrompida.[9]

Na sequência da ocupação de Mato Grosso, Solano López planejou invadir o Rio Grande do Sul. Para tanto, em janeiro de 1865, ele pediu

---

* O termo "presidente" foi usado até 1930 para designar os dirigentes estaduais. Após a Revolução de 1930, Getúlio Vargas nomeou "interventores" para os estados. A adoção da palavra "governador" variou conforme a respectiva constituição estadual. O comandante das Armas tinha a incumbência de cuidar das forças armadas nas províncias.

extravagante autorização ao governo da Argentina para atravessar a faixa de território deste país que separa o sul do Paraguai do Rio Grande do Sul, Santa Catarina e sudoeste do Paraná. O presidente argentino negou o pedido, alegando neutralidade no conflito entre o Paraguai e o Brasil. Surpreendendo a muitos, em abril de 1865 López invadiu a cidade argentina de Corrientes.[10]

Essa invasão causou grande indignação na Argentina, mas permitiu que o Império do Brasil estabelecesse aliança com este país, além do Uruguai – pois Venancio Flores, com apoio do Brasil, já havia tomado Montevidéu no início de 1865 –, originando o Tratado da Tríplice Aliança de 1º de maio de 1865. O plano dos três países era conter os conflitos no interior do território paraguaio e tomar a poderosa Fortaleza de Humaitá.

Quando o Império foi surpreendido com a invasão do Mato Grosso, a principal dificuldade era a precariedade do Exército brasileiro, que havia sido parcialmente desmobilizado no início do período regencial. A força não estava atualizada em termos técnicos ou estratégicos, nem possuía dimensão nacional. Por outro lado, a Guarda Nacional, criada em 1831, deixava o Exército em segundo plano e preocupava os militares, que temiam ser substituídos por ela. A Guarda Nacional era formalmente subordinada ao Ministério da Justiça, mas, na prática, servia aos interesses de chefes locais, sobretudo na manutenção da ordem interna. Os presidentes das províncias nomeavam seus comandantes e distribuíam patentes de acordo com seus interesses.[11] O Exército propriamente dito acabava sendo um complemento da guarda.

Em 1837, Araújo Lima, regente do Império, buscou reorganizar o Exército aumentando o seu efetivo, algo necessário para o enfrentamento das rebeliões regenciais. Em muitas situações, oficiais superiores do Exército comandavam forças da Guarda Nacional e, nos casos mais complicados, era preciso que o Exército fornecesse artilharia a cavalo e outros meios de combate de que a guarda não dispusesse. Em 1850, a guarda passou por uma reforma que visava dar maior poder ao governo central em detrimento dos chefes locais. Até a eclosão da Guerra do Paraguai, esse arranjo serviu para solucionar os problemas com a Argentina e o Uruguai.[12]

Além da precariedade do Exército em termos estruturais, havia o problema do recrutamento de soldados e marinheiros. O Paraguai, quando declarou guerra ao Brasil, já usava o sistema de alistamento militar universal. No Brasil, o recrutamento era feito conforme a necessidade e, como em muitos outros países na época, causava pavor na população masculina pobre pela arbitrariedade e violência com que ocorria. Com o início do conflito, o governo decidiu criar, em janeiro de 1865, os corpos de Voluntários da Pátria. De início, houve alguma adesão "patriótica", por causa da indignação causada pela invasão de Mato Grosso, mas a exaltação cívica diminuiu com o correr da guerra. Alguns passaram a falar em "voluntários a pau e corda" em alusão ao sistema tradicional de alistamento compulsório, coercitivo, de homens pobres. No caso da Marinha, foram raros os alistamentos voluntários e o governo teve de oferecer prêmios em dinheiro para atrair marinheiros. Mas a existência dos Voluntários da Pátria alterou, de algum modo, a percepção geral sobre o serviço militar: "Ser soldado do Exército deixava de ser uma humilhação e um castigo para ser um ato de patriotismo".[13]

Os integrantes da Guarda Nacional também foram usados durante a guerra, além de libertos e escravizados recém-alforriados (a alforria era condição prévia para o recrutamento de homens escravizados, embora alguns tenham se apresentado passando-se por libertos ou livres). O recrutamento foi um esforço de dimensões nacionais. As províncias que mais contribuíram com soldados foram as do Rio Grande do Sul e da Bahia. Como as tropas brasileiras eram heterogêneas – entre seus combatentes encontravam-se militares, membros da Guarda Nacional, além de voluntários, alguns libertos e outros poucos escravizados –, a principal preocupação do marechal Luís Alves de Lima e Silva, o marquês de Caxias, então comandante-chefe das forças do Império, foi organizar essas tropas despreparadas e improvisadas. Para alguns historiadores, após a Guerra do Paraguai o Brasil estava mudado porque a questão nacional havia sido debatida, e o Exército surgira como uma nova instituição nacional, incorporando outros grupos sociais e contando com reconhecimento, embora sem ter maior participação no poder.[14]

Foram grandes as dificuldades encontradas pelos aliados para circunscrever o conflito em território paraguaio e ocupar a Fortaleza de

Humaitá. A sangrenta batalha de Tuiuti e as difíceis lutas para tomar as defesas avançadas de Humaitá (as batalhas para conquistar os fortes de Curuzu e de Curupaiti), todas em 1866, tornaram as forças brasileiras cautelosas, ainda mais depois de sofrerem uma derrota em Curupaiti. A demora passaria a ser criticada pela imprensa, por analistas e até pelo próprio governo brasileiro, apesar de as causas da lentidão serem compreensíveis: era preciso organizar o Exército em plena guerra, como fez o general Manuel Luís Osório, um combativo comandante brasileiro. Joaquim Nabuco, descrevendo a época na famosa obra sobre seu pai, disse que "a guerra figurava-se interminável. Caxias parecia querer vencer pela paciência, pela velhice". As tropas, imobilizadas, além de frustrarem as expectativas de uma vitória rápida, aumentavam os gastos governamentais.[15]

O fato de a guerra ser de natureza essencialmente fluvial também era uma grande dificuldade. O Império não contava com embarcações adequadas à navegação em rios como os da bacia platina e teve de fazer investimentos significativos para se adaptar. Em 1865, o Arsenal de Marinha da Corte, apesar de ser o melhor do país, não atendia as necessidades do Brasil nem mesmo em tempos de paz. Foi preciso trazer do Arsenal da Bahia duzentos operários. Entre 1865 e 1868, foram construídos três encouraçados, duas bombardeiras e cinco monitores, isto é, navios blindados que podiam suportar fogo pesado e com pequeno "calado" (a parte da embarcação que fica submersa), próprios para navegação em águas não muito profundas. Embarcações convenientes à navegação fluvial somente chegaram ao Paraguai, para reforçar a esquadra brasileira, em dezembro de 1867: eram três "monitores" equipados com canhões giratórios de grosso calibre. Os três primeiros seriam essenciais para o cerco à Fortaleza de Humaitá.[16]

A demora para a efetiva configuração da esquadra explicava em parte a hesitação dos comandantes brasileiros, que, por isso, davam a impressão de covardia. Mas as desconfianças dos chefes brasileiros em relação aos argentinos também foi um complicador. Até que Caxias assumisse o comando geral das tropas aliadas no início de 1868, a função era desempenhada por Bartolomé Mitre, o presidente argentino, que era favorável a uma ação imediata e decidida contra a Fortaleza de Humaitá. As recomendações de Mitre, no entanto, não eram bem-vistas pelos comandantes brasileiros, que chegaram a recear que o argentino pretendesse pôr os navios do Império em posição vulnerável. Para chefes militares brasileiros, como o almirante Barroso, parecia essencial manter nossos navios intactos.

A despeito de todas as justificativas, há algum consenso na historiografia sobre a falta de agilidade da Marinha imperial: "apesar de sua superioridade numérica e de armamentos, foi lenta e evitou ousar". De fato, não houve perdas muito significativas quando os navios finalmente enfrentaram as fortificações paraguaias, o que leva alguns historiadores a classificarem como infundado o medo brasileiro de comprometer a esquadra. A Fortaleza de Humaitá foi cercada por terra e água a partir do final de 1867 e, no início do ano seguinte, a esquadra brasileira conseguiu ultrapassá-la navegando rio acima. Em julho de 1868, a fortaleza foi evacuada e, finalmente, o general Osório entrou em Humaitá. Aliás, um subproduto da guerra fluvial foram os esforços brasileiros para a construção de uma ferrovia até o Mato Grosso que possibilitasse o acesso àquela província por via não fluvial, luta em que se empenhou o general Osório. Mas tal estrada de ferro demoraria muito a ser construída.[17]

Todas as guerras são percebidas como tragédias pelos combatentes. No século XIX, havia o agravante das terríveis condições sanitárias, dada a ausência de tecnologias para a manutenção de condições mínimas de higiene (que só se desenvolveriam muito tempo depois) e, sobretudo, em função da inexistência de remédios, como os antibióticos. Assim, a percepção da Guerra do Paraguai como um enorme sacrifício vivido pelos militares brasileiros decorreu não apenas das dificuldades já mencionadas, mas também das muitas mortes causadas por doenças.

Por exemplo, quando afinal se deu o cerco da Fortaleza de Humaitá, houve inúmeras baixas causadas pela cólera. As longas esperas transformavam os arredores dos acampamentos militares em verdadeiras cidades, como no caso de Tuiuti, que persistiu por dois anos.[18] A permanência em Tuiuti permitia obstruir a rota paraguaia de abastecimento da Fortaleza de Humaitá, enfraquecendo-a, mas a aglomeração de pessoas inviabilizava a manutenção de boas condições sanitárias. Nos arredores dos acampamentos, sempre se estabelecia o "comércio", espécie de feira controlada por civis que vendiam toda a sorte de itens. O "comércio" de Tuiuti cresceu muito e, como já disse, tornou-se uma pequena cidade na qual imperavam a escassez de água potável, a ausência de saneamento, a inexistência de sistemas de tratamento de resíduos e assim por diante.

As condições climáticas também não favoreciam a vida dos soldados brasileiros, especialmente aqueles provenientes de regiões quentes, como os numerosos baianos desacostumados do frio, que também causou muitas mortes. Alguns hospitais foram montados em navios, mas eram muito precários. O jovem baiano Dionísio Cerqueira alistou-se nos corpos de Voluntários da Pátria em fevereiro de 1865, poucos dias após a criação dessas unidades. Tinha apenas 17 anos, vinha de família com recursos, pois seu pai era catedrático de Medicina em Salvador. Talvez por isso ele tenha descrito de maneira muito realista as condições das enfermarias, sobre as quais dizia preferir "mil vezes as violentas refregas dos dias de batalha do que as agonias das enfermarias em marcha". Cerqueira relata que os doentes eram transportados em carretas cobertas de couro, sobre peles de carneiro manchadas de "pus varioloso".[19] Ele diz que, na Batalha de Curuzu, houve muitas mortes por cólera. Havia uma enfermaria especial para esses doentes, mas os tratamentos eram inúteis e galpões se enchiam de cadáveres:

> Medonhos cadáveres! Um dia entrei numa enfermaria próxima do batalhão. Havia um montão deles arrumados em andaina [fileira] nas tarimbas [nos estrados]. Tinham a pele enrugada e os olhos fundos. Estavam azulados, escaveirados como se tivessem morrido de fome. Uns mexiam-se, outros não tinham a algidez [o frio] da morte; eram cadáveres quentes. Os músculos do peito e dos braços contraíam-se como se aqueles mortos ainda vivessem.[20]

Ele próprio se feriu durante a guerra, mas sobreviveu. Dionísio Cerqueira terminou sua formação militar quando voltou. Após a Proclamação da República, foi eleito deputado constituinte e, no governo de Prudente de Morais (1894-1898), foi ministro das Relações Exteriores. Deixou livro de memórias sobre a guerra, mas não o viu publicado. Morreu em 1910, aos 63 anos, quando revisava as provas tipográficas.

André Rebouças foi outro baiano que também deixou anotações críticas em relação às condições sanitárias dos acampamentos. Ele era engenheiro, formado pela Escola Militar. Alistou-se como voluntário da pátria em 1865, com 27 anos, e atuou como primeiro-tenente na Comissão de Engenheiros. Referindo-se aos primeiros conflitos da guerra, disse que "as doenças causaram mais mortes do que os azares da batalha".[21]

Rebouças, como outros jovens oficiais subalternos formados na Escola Militar da Praia Vermelha, no Rio de Janeiro, via com muitas restrições a atuação dos oficiais-generais, mais velhos, que não tinham a formação intelectualizada fornecida pela Escola Militar. Rebouças os acusava de hesitação, dizendo-se cansado de "aturar a inércia destes velhos", além de criticar a lentidão: "na Esquadra, como no Exército, é geral o descontentamento pela morosidade com que se faz esta guerra. Há uma irresolução, uma timidez, um excesso de precauções, que ora faz supor covardia e quase sempre é ridícula". Criticava os superiores: "sofrer tais chefes, meu bom Deus, é indubitavelmente o maior sacrifício que faço persistindo em continuar até Humaitá esta campanha".[22] Ele não chegaria a Humaitá. Ficou doente e retornou ao Brasil em 1866, tornando-se conhecido como engenheiro. Teve papel importante na campanha abolicionista. Monarquista, acompanhou Pedro II na viagem rumo ao exílio.

Benjamin Constant Botelho de Magalhães – personagem importante para o entendimento do intervencionismo militar no Brasil – também deixou registro de sua passagem pela Guerra do Paraguai. Ele atuou na Comissão de Engenheiros e escreveu cartas à mulher e ao sogro. Reproduzindo a insatisfação de oficiais mais jovens em relação aos oficiais-generais, disse que a guerra transcorria "pessimamente": "Todos estão desgostosos com a marcha que levam as coisas relativas à guerra". Em novembro de 1866, exasperava-se com a aparente hesitação dos chefes militares: "Por que não se trata de dar uma batalha decisiva? Querem matar-nos ingloriamente".[23]

O marquês de Caxias era ligado ao Partido Conservador, mas fora chamado a comandar as forças brasileiras pelo gabinete liberal de Zacarias de Góis e Vasconcelos. Desde 1866, Caxias demandava recursos humanos e equipamentos que implicavam gastos e, como já se viu, os resultados efetivos tardavam. Por isso, passou a receber críticas de alguns jornais brasileiros e de membros do governo. No dia 20 de fevereiro de 1868, em uma reunião do Conselho de Estado que contava com a presença do imperador, Zacarias relatou que havia chegado correspondência na qual Caxias pedia licença para deixar seu posto alegando "que o governo, longe de ter nele a mesma confiança que a princípio manifestava, procura por diversos modos tirar-lhe a força moral". Isso ocasionou grave crise política que culminaria, em julho de 1868, na queda do gabinete liberal e na subida dos conservadores. Caxias continuou como comandante das forças brasileiras. Ou seja, a pressão de Caxias derrubou o governo. O episódio não deve ser lido como precursor do intervencionismo militar que caracterizaria a história brasileira no futuro, mas despertou um sentimento de oposição ao Poder Moderador.[24] Muitos anos depois, o general Góis Monteiro diria que a queda de Zacarias foi um golpe de Caxias.[25]

Caxias já cultivava a típica antipatia pelos políticos que tanto marcaria inúmeras gerações de militares brasileiros dali em diante. Cansado e doente, considerou a guerra terminada após a tomada de Assunção em janeiro de 1869, voltando ao Brasil em fevereiro. Ele se refugiou em um sítio na Tijuca, no Rio de Janeiro, de onde escreveu ao general Osório, no dia 2 de março:

> Aqui cheguei no dia 15, à noite, com boa viagem e um pouco melhor dos meus incômodos. Vim para este sítio para ficar mais longe dos foguetes e músicas da cidade, acompanhados nos longos discursos, que é cousa que os *casacas** pagam aos militares que têm a fortuna de não morrerem na guerra.[26]

Osório estava na cidade do Rio Grande, no Rio Grande do Sul, onde se recuperava de um ferimento sério na mandíbula esquerda decorrente de um tiro que levou no final da Batalha de Avaí, quando alguns paraguaios se retiravam ainda atirando. A bala saiu pelo queixo, dificultando a fala e a mastigação.[27]

O imperador, ao contrário de Caxias, não considerou a guerra terminada e insistiu na captura ou expulsão do presidente do Paraguai. Por isso, foi necessário nomear um substituto interino para assumir o lugar de Caxias, e a escolha recaiu sobre o marechal Guilherme Xavier

---

* Os militares usavam a expressão para designar pejorativamente os políticos e autoridades civis.

de Souza, que estava doente e ressentiu-se do caráter provisório da indicação – que, além disso, tardava em ser oficializada. Paranhos, ministro dos Negócios Estrangeiros, precisou tranquilizar o marechal e, em carta ao barão de Cotegipe,* disse que Guilherme de Souza

> também sofre, até certo ponto, desse sentimento de sobranceria [falta de modéstia] que se tem animado com excesso nos chefes militares... (...). Hoje quase todos os chefes se julgam homens necessários, todos são mui sensíveis, todos querem ser rogados [alvos de súplicas], todos são mais ou menos sobranceiros. O elemento militar conheceu que a época lhe dá preponderância e é zeloso desta. Seja isto dito de passagem a propósito do mau humor do marechal Guilherme, que, aliás, parece reconhecer o cuidado com que tenho evitado ferir seu amor-próprio.[28]

Cotegipe responderia dizendo que o melhor resultado da missão de Paranhos em Assunção era permitir que o ministro tivesse contato com as queixas e aspirações das tropas. Ele se disse especialmente preocupado com o retorno dos militares após a guerra, não só por causa das exigências que provavelmente fariam, "como principalmente pelo trabalho que hão de fazer sobre eles os políticos de *reforma* ou *revolução*".[29]

O tema foi discutido, em 1869, por outros integrantes da elite política civil: também é desse ano uma carta do deputado Ferreira Viana a seu amigo Cotegipe na qual diz que os militares "iam voltando da guerra cheios de 'pretensões'".[30]

As reclamações contra os políticos – tidos difusamente como corruptos ou incompetentes, em contraste com a resignação dos militares diante dos sofrimentos que a guerra impusera – se tornariam um tema recorrente. Teriam sido muitos os "desgostos e desapontamentos infligidos pela incúria dos governos à corporação armada, que, estoicamente, tantos sacrifícios fizera na insana campanha contra o déspota paraguaio", disse, em 1927, o marechal Joaquim Marques da Cunha, que foi professor da Escola Militar de Realengo e escrevia artigos históricos em periódicos militares como a *Revista do Clube Militar*. Além

---

* Paranhos estava em Assunção. Cotegipe, ministro da Marinha, o substituía interinamente.

disso, havia entre os militares a percepção de que os políticos tinham sido incapazes de evitar a propagação de doenças e de cuidar adequadamente do abastecimento das tropas, pois foi preciso contratar fornecedores particulares que, de fato, se beneficiaram.[31]

É muito difícil estabelecer a origem ou as causas de um processo histórico, mas os indícios que vamos reunindo são eloquentes. Além da precariedade do Exército antes da guerra; do difícil relacionamento com a Guarda Nacional; das dificuldades de recrutamento e heterogeneidade das tropas; das acusações de lentidão; da necessidade de adequação da esquadra a uma guerra fluvial; das mortes causadas por epidemias, pelo clima e pela precariedade das enfermarias; das críticas dos jovens oficiais intelectualizados aos velhos oficiais "tarimbeiros"; além de tudo isso, as despesas governamentais do Ministério da Guerra, após o fim do conflito, diminuíram muito, atingindo o patamar mais baixo do período imperial (apenas 8% das despesas governamentais no ano fiscal 1878/1879). No pós-guerra, foram frequentes as reclamações contra o suposto descaso do governo, cujos esforços para equilibrar as finanças públicas eram vistos como uma irresponsabilidade do Império – que estaria negligenciando o Exército. Vários oficiais subalternos que atuaram no Paraguai sofreram, nos anos seguintes, "com promoções lentas, falta de aumento dos vencimentos e o reduzido orçamento destinado ao Exército". De acordo com José Murilo de Carvalho, os oficiais mais jovens, após a guerra, desenvolveram um "ressentimento contra a elite civil" porque o governo não lhes daria a atenção merecida "em compensação ao esforço da guerra".[32]

Em *O ocaso do Império*, de 1925, livro sempre lembrado sobre o tema, o sociólogo Oliveira Viana disse que os militares desenvolveram um sentimento de "distinção de classe" e até de "superioridade" em relação aos civis:

> nos meios militares, no último quartel do Império, havia generalizada esta convicção, de fundamento duvidoso, de que os homens de farda eram "puros", "sãos", "patriotas"; ao passo que os civis (...) eram corruptos, "podres", sem nenhum sentimento patriótico. Daí uma certa mentalidade salvadora.[33]

Assim, se tornaria um consenso na historiografia o entendimento de que "a Guerra do Paraguai teve o efeito de acentuar o orgulho de classe dos oficiais do Exército", como disse Sérgio Buarque de Holanda. "O corpo de oficiais emergia da Guerra do Paraguai com um sentimento de unidade corporativa, um novo sentido de sua importância, uma amargura para com os civis e, talvez, com uma visão de mundo mais ampla." A guerra "deu visibilidade aos chefes militares". Segundo Fernando Henrique Cardoso, o Exército, após a vitória, passou a se entender como um "estamento cívico, provado na luta, que merecia respeito e queria exercer poder".[34]

Era uma mudança significativa, pois, até os anos 1880, o Brasil experimentou a preponderância do poder civil, causa de orgulho no mundo político que via com desdém os governos militares das repúblicas latino-americanas. Depois da guerra, entretanto, surgiriam demandas militares por reconhecimento e se tornaria praticamente impossível reconduzir o Exército ao seu papel técnico e politicamente secundário.[35]

Alguns autores, como Sérgio Buarque de Holanda e Raymundo Faoro, sugerem que as demandas dos militares vinham de longe, antes mesmo da Guerra do Paraguai. De fato, uma das principais causas de insatisfação, em especial entre oficiais mais jovens, era a demora nas promoções. O tema vinha sendo debatido na Câmara dos Deputados desde 1846 e, em 1850, o parlamento aprovou lei que alterava o tradicional sistema aristocrático de promoções (bem-nascidos favorecidos, nobres com acesso direto às patentes elevadas etc.), determinando que, para ascender na carreira, os militares deveriam passar por todos os postos. "As promoções para os postos de tenentes, primeiros-tenentes e capitães seriam por antiguidade, os majores, tenentes-coronéis e coronéis seriam promovidos metade por antiguidade e metade por merecimento. Já os postos de oficiais-generais seriam conferidos por merecimento."[36]

A lei também valorizava a formação acadêmica ao estabelecer que "os postos de alferes e segundos-tenentes serão preenchidos pelos sargentos, pelos cadetes que tiverem servido por algum tempo de oficiais inferiores e pelos alunos da Escola Militar". O curso superior da Escola Militar durava cinco anos. Para a infantaria e cavalaria eram necessários apenas os dois primeiros anos (chamados pejorativamente pelos alunos de outras armas de "curso de alfafa"). O curso de artilharia demandava o terceiro ano e o curso de estado-maior, o quarto. Finalmente, para a engenharia, era preciso cursar todos os cinco anos. Posteriormente, os cursos de infantaria e cavalaria seriam reduzidos a um ano.[37]

Essa lei teve importância na medida em que criava expectativas de promoções "justas", baseadas na antiguidade, na formação e no merecimento. Isso era especialmente importante para os jovens oficiais, "todos de família pouco abastada e sem influência", como eles próprios se definiam, em contraste com os filhos de famílias privilegiadas, "destinados para os cursos jurídicos". Ou seja, em tese, a lei garantia progressão funcional numa carreira estável e acessível a jovens pobres, muitos dos quais iam para a Escola Militar "mais por necessidade que por vocação", já que a escola era gratuita e os alunos recebiam algum subsídio para estudar.[38]

A lei também ocasionou a diferenciação entre oficiais com formação superior e os demais, os "tarimbeiros" – alusão aos militares com vivência nas tropas, nos quartéis, e sem formação "científica". Os jovens oficiais "científicos" passaram a estabelecer dupla diferenciação: eles se consideravam superiores aos "tarimbeiros" e injustiçados diante dos bacharéis em Direito, civis, que conseguiam posições inacessíveis aos militares. A "mocidade militar" sentia-se menosprezada diante dos bacharéis e, por meio da Escola Militar, buscavam algum prestígio social: "A Escola da Praia Vermelha, antes que militar, era *rival* das academias civis". Com o tempo, esse grupo de oficiais se transformaria "na única parte da sociedade que, sendo letrada, não se solidarizava com os 'bacharéis'".[39]

O ressentimento da jovem oficialidade contra os legistas (isto é, os bacharéis em Direito que trabalhavam com leis, especialmente os parlamentares, mas também outros funcionários públicos como magistrados, conselheiros, advogados etc.) decorria não apenas da facilidade com que estes civis obtinham cargos públicos importantes, ao contrário dos militares, mas também de episódios pontuais. Por exemplo, em 1854, João Manuel Pereira da Silva, deputado conservador pelo Rio de Janeiro, formado em Direito na França e filho de rico comerciante português, apresentou projeto que proibia o casamento "sem licença do governo" de oficiais inferiores (alferes, segundos-tenentes, primeiros-tenentes e capitães) e de praças (soldados, marinheiros, cabos, segundos-sargentos e primeiros-sargentos).[40] O objetivo era fazer economia em relação ao pagamento de pensões (metade do soldo) para viúvas e órfãos. Defendendo sua ideia, Pereira da Silva disse que não pretendia impedir que militares se casassem:

> Não se proíbe o casamento de oficiais militares; não, senhores. Essa ideia seria imoral, decerto, e, portanto, inaceitável em uma lei. O que se exige é que eles peçam e obtenham licença do governo para o fazerem. É uma ideia de disciplina militar regularizar os casamentos dos oficiais. Assim como ninguém se pode casar sem licença das autoridades eclesiásticas (...) o militar deve requerer e obter licença do governo.[41]

A iniciativa causou preocupação a alguns deputados e, naturalmente, foi repudiada pelos jovens oficiais que logo atacaram a "classe legista", questionando se ela pretendia privá-los de tudo, "até dos carinhos de uma mulher".[42] Em um jornal que esse grupo publicava na época, a crítica, cheia de ironia, mirava os bacharéis civis:

> O tesouro em breve não pagará mais a onerosa pensão do meio soldo aos órfãos e às viúvas dos militares para que possam ter maior quinhão o que pertencer aos magistrados; também o soldo do militar daqui em diante não precisará ser aumentado; assim, ainda há esperanças de aumentar-se os ordenados prediletos; e de ver nascer uma enorme fonte de riqueza.[43]

O projeto foi abandonado.

Após o conflito com o Paraguai, mas antes da crise de 1886-1887, o ministro da Guerra instituiu, em 1874, novas regras para o recrutamento militar baseadas em sorteio entre os cidadãos. A ideia era modernizar a sistemática, abandonando o recrutamento à força. Mas a proposta não chegou a ser implementada.[44] Isso frustrava as expectativas de modernização da jovem oficialidade intelectualizada.

Em 1879, durante as discussões sobre a lei de fixação das forças de terra e de mar,* a Comissão de Marinha e Guerra da Câmara dos

---

* O parlamento estabelecia, anualmente, a dimensão das tropas, conforme a tradição inglesa de manutenção de forças armadas em período de paz apenas com autorização parlamentar.

Deputados propôs um aditivo estabelecendo diversos cortes. Segundo a proposta, seria necessário

> diminuir o número das praças de pré [soldados] nas várias unidades do Exército, extinguindo um posto de alferes em cada companhia, fundindo os vários corpos científicos em um só e eliminando em todas as armas o posto de tenente-coronel e as graduações de furriel [posto superior a cabo e inferior a sargento] e anspeçada [posto entre marinheiro e cabo]. Na Marinha, o mesmo aditivo prescrevia a supressão do Conselho Naval, a redução dos quadros de combatentes e comissários, a diminuição dos vencimentos dos maquinistas e a extinção do Batalhão Naval.[45]

A proposta foi muito criticada pelos militares porque dificultaria as promoções. Eles se reuniram e, para combatê-la, nomearam uma comissão integrada, entre outros, pelo major Antônio de Sena Madureira, oficial reconhecido por se expressar com clareza. Em uma publicação no *Jornal do Commercio*, provavelmente escrita por Madureira, os militares alegavam que o aditivo os desestimulava na medida em que seus "serviços valiosos" não seriam recompensados.[46]

Portarias do Ministério da Guerra (chamadas "avisos") proibiam que os militares discutissem pela imprensa questões de serviço. Na época, algumas punições foram aplicadas, mas o aditivo foi abandonado.[47]

Episódios realmente insignificantes seriam vistos, no futuro, como indicadores do suposto desprezo da elite civil pelos militares. Anfriso Fialho havia estudado na Escola Militar e participou da Guerra do Paraguai com 25 anos. Anos depois, ele descreveu o grotesco assassinato, em 1883, do jornalista Apulco de Castro, que editava o "periódico crítico, satírico e chistoso" *Corsário*. Apulco acusou um major do 1º Regimento de Cavalaria de não pagar suas contas em um pequeno comércio na rua da Quitanda, no Rio de Janeiro. Apesar da denúncia pública, o major nada fez. Apulco continuou a explorar o caso lançando um "alerta": "Taverneiros! Açougueiros! Padeiros! Alerta! Quando virem um indivíduo que tenha galões e que seja oficial do 1º Regimento de Cavalaria Ligeira, sentido com ele! Se não for o tal, poderá ser outro de igual jaez". A redação do *Corsário* foi assaltada no dia seguinte. Apulco denunciou que tinha sido ameaçado de morte e pediu proteção policial. Dias depois, mesmo escoltado pela polícia, Apulco foi assassinado a punhaladas por um grupo de militares. Apesar da barbaridade do crime, para o capitão Anfriso Fialho o assassinato foi um "ato de dignidade militar".[48]

Também em 1883, o senador Paranaguá apresentou projeto estabelecendo contribuição obrigatória para um montepio (espécie de instituição assistencialista) militar. Em resposta, cerca de 250 oficiais se reuniram e escolheram Sena Madureira, já então no posto de tenente-coronel, para presidir um encontro. Eles tiveram o cuidado de não dar a impressão de indisciplina com a reunião, mas elegeram uma comissão para negociar com o Senado e "acautelar completamente os direitos de todo o Exército".[49]

O projeto não foi adiante.[50]

Sena Madureira seria protagonista de outro incidente. Em 1881, o jangadeiro Francisco José do Nascimento ficou famoso, junto com outros colegas, ao se recusar a transportar escravos em sua jangada para navios que faziam o tráfico interprovincial no porto de Aracati, no Ceará (o porto não tinha profundidade suficiente para os navios, que ancoravam a distância, daí a necessidade das jangadas). Ele visitou o Rio de Janeiro em março de 1884 como o principal convidado da Sociedade Abolicionista Cearense durante oito dias de festas* "para comemorar a total emancipação dos escravizados no Ceará". Sena Madureira o recebeu festivamente na Escola de Tiro de Campo Grande, que então comandava. O ajudante-general do Exército,** visconde da Gávea, interpelou Madureira, que respondeu dizendo não dever satisfações senão ao comandante-geral da Artilharia. Atendendo ao pedido do ajudante-general, o ministro da Guerra, Filipe Franco de Sá, afastou Madureira do comando. Sena Madureira recebeu diversas manifestações de solidariedade. Pouco tempo depois, o novo ministro da Guerra, Cândido Luís Maria de Oliveira, publicou norma "proibindo a qualquer oficial do Exército alimentar discussão pela imprensa, ainda mesmo que seja para justificar-se de alguma acusação menos justa, sem prévia licença do mesmo ministério". Este aviso atualizava outro, de 1859, que

---

* A província do Ceará aboliu a escravidão em 1884.
** A Repartição do Ajudante-General cuidava de todas as questões relacionadas a pessoal.

determinava "severa censura" aos militares que recorressem à imprensa para "provocar conflitos e desrespeitar seus superiores".[51]

Todos esses episódios (e outros que poderíamos listar) indicam que os conflitos envolvendo militares vinham se acumulando, mas nenhum deles assumiu a dimensão da crise de 1886-1887.

Questão militar

Tudo começou com uma missão rotineira. O coronel Ernesto Augusto da Cunha Matos foi encarregado de inspecionar grupos e fortificações militares no Ceará, Piauí, Maranhão, Pará e Amazonas. Viajou para a região no dia 30 de dezembro de 1885. Em fevereiro de 1886, ele fez a inspeção da Companhia de Infantaria da província do Piauí, onde encontrou irregularidades no estoque de fardas da unidade: descobriu o "desaparecimento de grande porção de fardamento do depósito". No dia 2 de março de 1886, enviou relatório ao ajudante-general do Exército denunciando o comandante da companhia, o capitão Pedro José de Lima. Tempos depois, o ministro da Guerra, Alfredo Rodrigues Fernandes Chaves – que era civil –, mandou submeter o capitão Pedro a "conselho de investigação", um procedimento de investigação preliminar.

O deputado conservador pelo Piauí, Simplício Coelho de Resende, não gostou da acusação ao capitão Pedro Lima, também ligado aos conservadores, até porque o coronel Cunha Matos era ligado ao Partido Liberal. Simplício resolveu ocupar a tribuna da Câmara dos Deputados, no dia 15 de julho de 1886, para protestar. Ele disse que o verdadeiro culpado seria um alferes.

> O capitão Pedro Lima não é criminoso e nem jamais teve a menor cumplicidade no aludido roubo de fardamento, mesmo porque, tendo assumido o comando da companhia em outubro do ano passado, em fevereiro deste ano, três meses depois, não podia ser responsável pelo desfalque.[52]

Disse também que o coronel Cunha Matos se comportou mal como inspetor no Piauí, "sem a devida gravidade e circunspecção, descendo até o antro imundo e detestável da mesquinha política liberal daquela província". Segundo o deputado, Cunha Matos queria inocentar os verdadeiros criminosos porque estava dominado pela "paixão partidária, deixando-se igualmente influenciar pelos chefes liberais do Piauí". Simplício concluiu seu discurso – que não teria grande repercussão – criticando "os militares que se imiscuem na política" e que teriam a "argúcia da raposa" para "denunciar falsamente perante o ministro um companheiro de armas".⁵³

O coronel Cunha Matos se sentiu ofendido. No dia 17 de julho, publicou na tradicional seção "A Pedido", do *Jornal do Commercio* (muito usada para acusações, críticas e disputas políticas), uma nota esclarecendo detalhes: ele disse que já sabia que seria acusado de ter ocultado "faltas graves cometidas no Piauí por *correligionários meus*" e que o capitão Pedro o culpou, na imprensa do Piauí, por absolver os verdadeiros ladrões de fardamento. Nessa nota, o coronel Cunha Matos disse que apresentou queixa contra o capitão por "transgredir as regras da disciplina recorrendo à imprensa para agredir-me" – detalhe curioso, porque Cunha Matos acabaria sendo punido exatamente por recorrer à imprensa, como se verá. Concluiu dizendo que iria ignorar as ofensas do deputado: "não estou resolvido a levantar os insultos que da tribuna irresponsável me dirigiu o sr. deputado Coelho de Resende, naturalmente por ordem de seu constante companheiro de solo [um jogo de cartas] no Piauí".⁵⁴

O caso, cheio de reviravoltas, se prolongaria. Cinco dias depois, o deputado Simplício voltou a ocupar a tribuna da Câmara para comentar a nota de Cunha Matos. Reafirmou a inocência do capitão Pedro, acusou Cunha Matos de ter "pouco escrúpulo" e de ser praticante de "trica [ardil, armadilha] e traição" e que a passagem sobre o jogo de cartas tinha sido uma "insinuação que veio com vista ao meu caráter", sustentando que só recebia ordens "do povo soberano, dos meus eleitores". Mas a parte chocante do discurso veio ao final, quando Simplício recuperou um episódio infeliz da Guerra do Paraguai:

> Quem não está no caso de ombrear comigo, sr. presidente, é o *valiente* coronel que, pondo-se à disposição do maior inimigo da pátria, em uma guerra de honra, de enormes sacrifícios para seus filhos, cujo

patriotismo tanto nobilitou-os, dirigiu com toda a maestria contra as falanges aguerridas do Exército brasileiro, contra o lábaro sagrado, que simboliza o coração da pátria, a metralha inimiga, fazendo-o em farrapos, sem que tremesse-lhe a mão e o coração de brasileiro se lhe confrangesse!⁵⁵

O deputado retomava antigas suspeitas contra Cunha Matos, que, segundo alguns, teria colaborado com o presidente do Paraguai. A acusação era possivelmente injusta, talvez divulgada por desafetos do coronel, tendo em vista que Cunha Matos permaneceu um bom tempo como prisioneiro dos paraguaios depois de ser preso na segunda batalha de Tuiuti.⁵⁶

Aparentemente sem fundamento – nunca saberemos ao certo –, a acusação também se amparava no fato de que Cunha Matos, após ter permanecido como prisioneiro das forças paraguaias por catorze meses, foi afinal libertado em dezembro de 1868. Em fevereiro do ano seguinte, ele fez um relato ao chefe do Estado-Maior, Rufino Galvão, dizendo que "López ordenava que eu fizesse um relatório de nossas forças, dos recursos de que dispunha o Brasil, enfim de tudo quanto pudesse influir sobre a continuação da guerra". Cunha Matos garantiu que, de início, se recusou a fazer isso, mas, depois, confessou que "de fato escrevi alguma coisa".⁵⁷

Obviamente ofendido pela insinuação de Simplício, no dia seguinte, 23 de julho de 1886, o coronel Cunha Matos escreveu outra nota, que também sairia no *Jornal do Commercio*. Além de retomar a acusação de que Simplício era jogador malicioso, o coronel literalmente o chamou para a briga dizendo que lhe daria "prova da minha coragem e força muscular, se S.Sª agredir-me pessoalmente fora do parlamento".⁵⁸

Reza a lenda que o deputado Simplício "foi para a rua do Ouvidor, onde ficou a passear de um lado para o outro" e que teria dito a Inocêncio Serzedelo Correia – capitão de artilharia que ainda terminava seu curso de Engenharia e que por ali passava – que esperava Cunha Matos "para lhe repetir de cara o que dissera na Câmara". Esse episódio, talvez fantasioso, foi relatado pelo jornalista João Paraguassu, pseudônimo de Manoel Paulo Telles de Mattos Filho, que escrevia uma seção de curiosidades no *Correio da Manhã*. Ele diz que a história lhe foi transmitida pelo jornalista e historiador Tobias Monteiro, que tinha opinião cômica sobre o deputado: "Simplício deveria estar na galeria dos fundadores da República. Porque foi a causa de tudo o mais que se verificou".[59]

A novela se estenderia: no dia 26 de julho, o deputado Simplício voltou a discursar na Câmara dos Deputados dizendo-se indignado por ter sido "vítima da insolência tarimbeira e (...) da valentia de que esse indivíduo deu mostras quando ao soldo do Paraguai". Simplício exigia respeito à sua imunidade parlamentar e perguntou se o ministro da Guerra "tem ou não meios de fazer conter o seu subalterno e cercar de todo o prestígio o representante da nação, quer seja ele fidalgo, quer seja plebeu, como eu".[60]

Cunha Matos não recuou. Recorreu novamente ao *Jornal do Commercio* para chamar o deputado Simplício de "covarde agressor e caluniador", que "pediu ontem socorro à Câmara!". Tentou, ainda, esclarecer sua conduta como prisioneiro no Paraguai reproduzindo, em seu favor, depoimento do então major Wersen – observador prussiano na Guerra do Paraguai –, também prisioneiro do presidente López e companheiro durante um ano de Cunha Matos, com quem sofreu "as maiores torturas até o dia 27 de dezembro de 1868 em que lograram fugir juntos".[61]

No dia 30 de julho de 1886, o ministro da Guerra, Alfredo Chaves, mandou repreender Cunha Matos em ordem do dia e o prendeu no quartel do 2º Regimento de Artilharia, por dois dias, por quebra de disciplina. O coronel Cunha Matos aceitou a punição sem novos protestos. Portanto, o ministro da Guerra, conservador, punia o coronel ligado ao Partido Liberal por causa da fala do deputado Simplício, um "legista" conservador. Para Oliveira Viana, a punição aplicada pelo ministro da Guerra teria sido justa e a crise subsequente decorreria do fato de Alfredo Chaves ser um civil: "o Exército viu um endosso [do ministro] às injúrias atiradas pelo deputado, também 'casaca', à dignidade militar". O diplomata e historiador Heitor Lyra (que via a monarquia com simpatia) disse em livro escrito entre os anos 1940 e 1960 que Cunha Matos era "militar turbulento e indisciplinado". Sérgio Buarque de Holanda registrou que o coronel se tornaria um "'sebastianista' militante" e que, na Proclamação da República, ele continuou a defender o imperador garantindo que, "na pessoa do chefe da nação, encontrara sempre a maior garantia de seus direitos".⁶² Esse é um detalhe importante para não estabelecermos relações imediatas entre os personagens da Questão Militar de 1886-1887 e a futura Proclamação da República – mesmo que tais relações não sejam indevidas.

A crise não se encerrou com a punição de Cunha Matos. O general Câmara, visconde de Pelotas, era senador pelo Partido Liberal e amigo de Cunha Matos. Então com 62 anos, Pelotas tinha longa trajetória no Exército, tendo participado da campanha contra Rosas e Oribe e da Guerra do Paraguai, quando se notabilizou por comandar as tropas que cercaram Solano López no último acampamento paraguaio – onde o "tirano" paraguaio foi morto. Entre os veteranos comandantes mais notáveis da guerra, era o único que ainda estava vivo.⁶³ No dia 2 de agosto ele ocupou a tribuna do Senado para defender Cunha Matos. Disse que era

> altamente censurável o procedimento do nobre ministro da Guerra. As nossas leis militares só proíbem que os oficiais publiquem pela imprensa artigos que contenham insinuações a seus superiores, ofensas aos seus camaradas e discussão sobre assuntos de serviço militar. É evidente que nenhuma destas faltas cometeu a vítima do nobre ministro da Guerra.

Generalizando a questão, Pelotas afirmou que protestava contra "o arbítrio, o desacerto, a violência do sr. ministro da Guerra", levantando sua voz "em defesa dos oficiais do Exército, que devem ver, pelo que acaba de sofrer o seu camarada, *uma ofensa a todos eles feita*".⁶⁴ Um evidente exagero.

Era costume que os ministros comparecessem aos debates parlamentares, mas o ministro da Guerra não estava presente nesse dia. Quem o defendeu foi Joaquim Delfino Ribeiro da Luz, ministro da Justiça, que argumentou dizendo que o episódio nada tinha de novo, pois outras punições assemelhadas já haviam ocorrido no passado. Ele pediu que o tema fosse discutido em outro dia, na presença do ministro Alfredo Chaves. Pelotas retomaria a questão no dia 17, quando Alfredo Chaves compareceu para acompanhar a discussão sobre o orçamento da pasta da Guerra. Foi nesse dia que Pelotas se exaltou, sustentando que "o oficial que é ferido em sua honra militar tem o imprescindível direito de desagravar-se", tal como acontecia, segundo ele, até na "civilizada Europa". Um senador concordou, lembrando que o ministro da Guerra da França envolvera-se em duelo recentemente, mas o senador pernambucano Barros Barreto questionou se as leis brasileiras permitiriam algo assim. Pelotas, irritado, respondeu:

> Eu não digo que as nossas leis o permitam. Estou dizendo ao nobre ministro da Guerra o que eu entendo que deve fazer um oficial quando é ferido em sua honra. E fique sabendo o nobre senador por Pernambuco que quem está falando assim procederá, *sem se importar que haja lei que o vede*. Eu ponho a minha honra acima de tudo.[65]

Na sessão de 2 de agosto, dia em que Pelotas fez sua primeira fala, o senador Franco de Sá havia dado breve aparte, corroborando a defesa que o ministro da Justiça fazia de Alfredo Chaves. Lembrou o episódio de 1884, quando ele, como ministro da Guerra, demitiu Sena Madureira do comando da Escola de Tiro de Campo Grande (no caso do jangadeiro). Momentos antes do aparte, Ribeiro da Luz havia insinuado que Pelotas, um liberal, nada dissera na ocasião para não prejudicar o gabinete liberal do conselheiro Lafaiete Rodrigues Pereira, integrado então por Franco de Sá. Na sequência, em seu aparte, Franco de Sá apenas disse: "Não houve abuso no caso do tenente-coronel Madureira: ele mereceu a repreensão e a demissão de comandante da escola de tiro por ter desrespeitado em ofício o ajudante-general".[66]

Por causa dessa fala, Sena Madureira voltou à cena. O tenente-coronel comandava na época outra escola de tiro, a de Rio Pardo, no Rio Grande do Sul. Em 19 de agosto de 1886, ele publicou no jornal gaúcho *A Federação*, órgão do Partido Republicano, uma nota curta na qual ironizava as imunidades parlamentares ("parecem estar agora em moda") e dizia que Franco de Sá não merecia resposta porque "nós, velhos soldados, nem sempre tomamos ao sério os generais improvisados que perpassam rápida e obscuramente pelas altas regiões do poder".[67] Sena Madureira quis usar a imagem recorrente do "velho cabo de guerra", mas tinha a mesma idade que Franco de Sá, 45 anos. Franco de Sá foi um dos vários civis que ocuparam a pasta da Guerra, e sua gestão realmente durou pouco: menos de três meses.

Logo no início do mês seguinte, o ministro Alfredo Chaves emitiu aviso mandando que o ajudante-general do Exército advertisse Sena Madureira através de ordem do dia – procedimento comum na época – que foi publicada no dia 6 de setembro:

> Dando execução a esta ordem (...) faça V. Exª sentir que o procedimento do tenente-coronel Madureira é tanto mais repreensível quanto é certo que, nesse artigo, em que faz referências inconvenientes a um membro do parlamento e critica atos da administração de um ex-ministro da Guerra, revelou ele conhecimento da advertência que acabava de ser feita em ordem do dia a outro oficial superior [Cunha Matos] por idêntico motivo.[68]

O jovem redator de *A Federação*, o republicano Júlio de Castilhos, defendia os militares em seu jornal explorando noções como as de "brio" e "pundonor" da "nobre classe que dignamente corporifica e simboliza a honra nacional". Para ele, a punição de Sena Madureira atingia não apenas o tenente-coronel, mas "ofende, na pessoa de um chefe eminente, o zelo patriótico, o justo melindre e a honra do Exército, que valem tanto como os brios e a dignidade da nação".[69]

Sena Madureira, ao contrário de Cunha Matos, não se conformou com a punição. Recorreu mais uma vez ao jornal de Castilhos divulgando, no dia 25 de setembro, seu pedido de exoneração do cargo de comandante da Escola de Tiro de Rio Pardo e sustentando seu direito de se defender na imprensa de eventuais ataques.

> Estarei sempre pronto a justificar-me, perante um conselho de guerra, da legalidade do meu proceder. No dia em que for votada pelo poder competente uma lei que proíba aos militares de se defenderem contra os membros do parlamento – que, parece, têm agora o privilégio exclusivo da impunidade dos insultos – nesse dia deixarei de pertencer às fileiras do Exército.[70]

Assim como havia defendido Cunha Matos, Pelotas veio em apoio a Sena Madureira. Ele considerou novamente que a punição atingia todo o Exército e que havia uma sequência de episódios de desconsideração em relação aos oficiais que se sacrificaram na guerra: "parece haver propósito de abater os brios do Exército".[71]

Quem também se manifestou contra a advertência a Sena Madureira foi o presidente da província e comandante das Armas do Rio Grande do Sul, o marechal Manuel Deodoro da Fonseca. Ele escreveu ao presidente do Conselho de Ministros, barão de Cotegipe, no dia 6 de outubro de 1886: "O aviso do Ministério da Guerra de 4 de setembro findo, com que S. Ex.ª, o sr. ministro da Guerra, repreendeu o tenente-coronel Madureira, causou a todos os militares profundo desgosto (...) sou, por minha honra e dever militar, solidário com eles". Acrescentou que os oficiais "sentem violados os seus direitos e ferida sua dignidade". Dias antes, Cotegipe havia solicitado a Deodoro que empregasse "sua autoridade e influência para pôr termo a essa agitação dos espíritos", mas Deodoro respondeu que a proibição de usar a imprensa para responder ofensas proferidas por "pessoas alheias à classe" era humilhante. "Querem amesquinhar o Exército", "oprimir o Exército" – dizia o marechal citando a necessidade de defender o "brio" dos soldados: "Devo usar de clareza nesta comunicação. A corporação militar da província [do Rio Grande do Sul] deposita em mim, como seu intérprete, suas justas queixas e pede o valimento de V. Ex.ª".[72]

A crise se ampliava. Sena Madureira recebeu apoio de diversos setores: os jovens cadetes na corte telegrafaram informando que a Escola Militar "adere e louva o procedimento enérgico de V. S.ª na questão militar".[73] O próprio Deodoro autorizou em Porto Alegre que oficiais se reunissem para homenagear Madureira. Os alunos da Escola Militar de Porto Alegre se solidarizaram com o tenente-coronel; os colegas da Escola Militar da Praia Vermelha, no Rio de Janeiro, mandaram telegrama solidarizando-se com os solidários. Tudo isso no final de setembro e início de outubro de 1886. A imprensa, inflamada, repercutia a "questão militar", criando uma crise entre o governo e o Exército.

O governo provavelmente contava com o fim próximo dos trabalhos do parlamento, na metade do mês de outubro. As atividades só seriam retomadas no final de abril de 1887. Mas a oposição liberal não estava disposta a dar trégua ao gabinete conservador. No dia 5 de outubro de 1886, o deputado Cândido de Oliveira, ex-ministro da Guerra e autor do "aviso" de 1884 que proibia manifestações militares pela imprensa, ocupou a tribuna para criticar a falta de autoridade do governo. Ele considerava que as manifestações de solidariedade a Sena Madureira em Porto Alegre contavam com a cumplicidade do comandante das Armas, o marechal Deodoro da Fonseca. O governo deveria "exonerar imediatamente o comandante das Armas e fazê-lo responder a conselho, a que devem ser levados os comandantes que não sabem direitamente cumprir os deveres militares". Cândido de Oliveira ainda acusou Deodoro de ser imprudente e mau administrador.[74]

No Senado, Gaspar da Silveira Martins, do Rio Grande do Sul, disse no dia seguinte que "o governo se acha em antagonismo com a Força Armada". A autoridade e a disciplina poderiam sucumbir: "nulificada a disciplina, a Força Armada fará ministros. Por isso, todos os dias recorre o orador aos jornais para ver se trazem a notícia da demissão do vice-presidente* e comandante das Armas do Rio Grande do Sul; e não o vendo demitido, inquire se porventura já é organizador do novo gabinete" – ironizou.[75]

Não houve surpresa quando, depois dessas críticas ao marechal Deodoro, 98 oficiais do Rio de Janeiro publicaram um manifesto em sua defesa. Divulgado pelo jornal *O Paiz* no dia 9 de outubro de 1886, o protesto foi assinado apenas por oficiais subalternos e intermediários: 52 alferes, 23 segundos-tenentes, nove capitães, oito tenentes e seis primeiros-tenentes. O texto reclamava da imunidade parlamentar, das críticas a Deodoro e dos ataques à "classe militar". Dizia que somente as leis "racionais" deveriam ser cumpridas e que o Exército não estava disposto a "tragar em silêncio os insultos que lhe forem lançados em rosto".[76]

Enquanto isso, Deodoro e Cotegipe prosseguiam trocando telegramas e ofícios. Diante das reclamações do marechal, o presidente do Conselho de Ministros lhe disse, no dia 8 de outubro, que, "tomando em consideração o que V. Exª expõe no seu telegrama de 4", o governo havia decidido consultar o Conselho Supremo Militar (que era o tribunal superior da Justiça Militar na época) para apresentar, com urgência,

---

* Deodoro, originalmente nomeado vice-presidente, ocupava interinamente o lugar do presidente Henrique Pereira de Lucena (futuro barão de Lucena), que deixou o cargo para assumir como deputado em 1886.

um "projeto de instruções que regule claramente a questão das publicações de militares na imprensa". Deodoro respondeu no mesmo dia agradecendo e dizendo-se satisfeito.[77]

Cotegipe ainda não sabia da reunião de oficiais em solidariedade a Sena Madureira que havia se realizado no dia 30 de setembro no clube Soirée Porto-Alegrense. Os militares presentes delegaram a Madureira "amplos poderes para advogar, na capital do Império ou em qualquer outro lugar, os interesses da classe militar". Segundo *A Federação*, "a reunião foi solene e dá uma ideia exata do brio, do pundonor, do civismo dessa oficialidade". Quando soube disso, Cotegipe decidiu afastar Deodoro do cargo de presidente da província do Rio Grande do Sul e escreveu a ele alertando que "hoje protesta-se contra atos da primeira autoridade militar, que é o ministro da Guerra; amanhã protestar-se-á contra os dos chefes, ou sejam generais ou comandantes de corpos; teremos, portanto, um Exército deliberante, o que é incompatível com a liberdade civil da nação". Informou-o, em seguida, da demissão e disse esperar sua contribuição "para que cesse de uma vez essa agitação".[78]

Deodoro respondeu com agressividade, dizendo que "os militares não podem, nem devem, estar sujeitos a ofensas e insultos de Francos de Sá e de Simplícios, cuja imunidade não os autoriza a dirigir insultos, nem os isenta da precisa e conveniente resposta". Repetiu que as punições representavam "humilhação da classe" e que "se a sorte determinar o rebaixamento da classe militar (...) quebrarei minha espada e, envergonhado, irei procurar (...) uma cadeira de deputado para também poder insultar". Concluiu dizendo que preferia "ser desagradável, levado pela verdade e lealdade, do que agradável pela reserva ou mentira". Cotegipe não teve saída: afastou Deodoro também do cargo de comandante das Armas do Rio Grande do Sul, determinando que ele voltasse ao Rio de Janeiro para reassumir o cargo de quartel-mestre general* para o qual tinha sido nomeado em 1885. Deodoro deixou Porto Alegre em 10 de janeiro de 1887 acompanhado de Sena Madureira, que havia deixado Rio Pardo dias antes. Quando Sena Madureira chegou a Porto Alegre, foi acolhido com homenagens pelo visconde de Pelotas,

---

* A Repartição do Quartel-Mestre General, criada em 1853, cuidava de todas as questões relacionadas a materiais do Ministério da Guerra.

que lá se encontrava durante o recesso parlamentar. Chegaram ao Rio no dia 26 de janeiro, onde foram recebidos por alunos da Escola Militar e alguns oficiais, entre eles Cunha Matos. A presença não autorizada dos alunos resultaria no afastamento do comandante da escola. Meses depois, Cotegipe reclamaria de Deodoro no Senado: voltando à corte, "não fez-me a honra de procurar-me".[79]

O Conselho Supremo Militar havia respondido à consulta do governo no dia 18 de outubro de 1886. O tribunal decidiu sob pressão dos militares, que se reuniram no dia 10 no salão da Sociedade Francesa de Ginástica, quando aprovaram moção apresentada por Benjamin Constant que dizia esperar o reconhecimento de seus direitos constitucionais pelo "venerando Conselho Supremo Militar". Presidido pelo quase octogenário almirante Tamandaré, o órgão foi de parecer que os militares podiam se manifestar pela imprensa, sem censura prévia, devendo responder por eventuais abusos. Definiu, ainda, que "é contrária à disciplina militar toda e qualquer discussão pela imprensa entre militares sobre objeto de serviço". Submetido ao imperador, recebeu de Pedro II sua concordância. Ou seja, os militares estavam liberados para se manifestar na imprensa, desde que não envolvessem outros militares ou tratassem de objeto de serviço. Escrevendo muitos anos depois, o jurista Miguel Seabra Fagundes disse que o parecer do Conselho "se resumia, afinal, no princípio de que *o militar só está obrigado à obediência dentro dos limites da lei*".[80]

A presença de Deodoro e de Sena Madureira no Rio de Janeiro, além de Cunha Matos e Benjamin Constant, aliada à excitação dos alunos da Escola Militar, tumultuaria o processo. No dia 2 de fevereiro de 1887 eles se reuniram no Teatro Recreio Dramático, no centro da cidade. Deodoro foi muito aplaudido pelos jovens oficiais da Escola Militar. Ele fez breve discurso inicial tratando da questão das punições e mais uma vez enaltecendo "o brio e a dignidade" dos militares. Sena Madureira apresentou moção, que foi aprovada, dizendo que a crise não estaria terminada, "com honra para a classe militar", enquanto as punições não fossem canceladas. O texto da moção aprovada também concedia "plenos poderes" a Deodoro para, junto ao imperador, "conseguir uma solução completa do conflito, digna do governo e da classe militar". Benjamin Constant, na sequência, disse que a questão militar havia entrado numa fase "muito mais melindrosa e séria", mas ressalvou: "se no regime democrático é condenada a preponderância de qualquer classe, muito maior condenação deve haver para o predomínio da espada" – declaração que certamente desagradou os militares com posições mais radicais. Benjamin criticou o trecho da moção que dizia haver perseguição da parte do governo, mas Sena Madureira retrucou reafirmando a existência de perseguições.[81]

No dia seguinte, cumprindo sua missão, Deodoro assinou carta a Pedro II e a entregou pessoalmente ao imperador. Possivelmente escrito por Benjamin Constant, o texto reproduzia as reclamações que caracterizavam o ressentimento dos militares envolvidos na crise. Dizia que as punições eram feitas com "proposital alarde em desprestígio do Exército (...), com espalhafato, com publicidade em todos os jornais". Afirmava que os parlamentares, "pela irresponsabilidade de que gozam, apraziam-se em molestar e insultar os militares". Falava, como sempre, em "brio e dignidade militar", além do "fogo sagrado do pundonor militar". Aspecto importante, Deodoro pedia que a decisão do Conselho Supremo Militar fosse "executada", ou seja, que as punições fossem retiradas do registro funcional (as chamadas "fés de ofício") dos militares. O argumento de Deodoro se baseava na sua interpretação dos princípios da obediência e da disciplina: "a obediência do soldado não vai até o próprio aviltamento"; "a disciplina militar não permite ao soldado receber afrontas e vilipêndios". O Exército deveria ser "respeitável e respeitado *dentro dos limites da lei.*"[82]

Pedro II não respondeu. No dia 12 de fevereiro, Deodoro escreveu outra carta, entregue por seu ajudante de ordens.[83] Esse segundo texto era imperativo ("Atendei, senhor! O que os militares pedem é tão justo e é tão pouco: o reparo a uma injustiça que os afronta e os vilipendia!") e chegava a ser ameaçador ao mencionar "a coisa":

> A coisa tem tanto de justa e digna como de grave. E não somos só nós os militares que o sentimos: o povo também compreende e como que se associa ao nosso desgosto. A coisa é muito séria, senhor, e somente quem, por um lado, não tiver a intuição do brio e do pundonor natural, e por outro lado, não cogitar das consequências a advir, poderá encarar descuidoso a tormenta que se anuncia![84]

Diante da carta audaciosa, o ministro da Guerra, Alfredo Chaves, propôs a reforma de Deodoro, mas o governo discordou e o ministro demitiu-se.[85] Ribeiro da Luz, ministro da Justiça, assumiu seu lugar, a princípio interinamente, sendo depois efetivado. Nesse mesmo dia 12 de fevereiro, Deodoro foi afastado do cargo de quartel-mestre general.

Apesar da terceira demissão, Deodoro ficou satisfeito: "Melhor resultado não poderíamos ter – a queda do ministro da Guerra. Mais do que isso, só surra de bacalhau (...). Está, portanto, terminada a questão militar e nada mais há que fazer". Entretanto, jovens oficiais mais exaltados no entorno de Deodoro não consideraram o assunto encerrado. Além de seus sobrinhos militares, outros oficiais, como Serzedelo Correia, convenceram o marechal a não dar para trás. Em função disso, Deodoro declarou ao jornal *O Paiz*, no dia 10 de março, que continuava a "manter a mesma atitude assumida perante o governo imperial (...) e espera que a referida questão terá o desfecho almejado".[86] Ou seja, sustentaria a crise até conseguir a retirada das punições dos registros funcionais dos militares punidos.

Pelotas, que ainda estava no Rio Grande do Sul, também incitou Deodoro a prosseguir. Em carta, disse que "tendo-se dado o primeiro passo, não se pode mais recuar, sob pena de ficar o Exército em posição falsa e humilhante, que trará, como consequência inevitável, o seu completo desprestígio". Desde outubro de 1886, o liberal Pelotas e o conservador Deodoro haviam se entendido e restabelecido relações até então abaladas. Pelotas informou Deodoro de que chegaria ao Rio de Janeiro no início de maio de 1887 para o reinício dos trabalhos do Senado.[87] Os debates parlamentares marcariam o auge da questão militar.

Logo após as sessões preparatórias, no dia 9 de maio de 1887 um senador perguntou ao ministro da Guerra, Ribeiro da Luz, a razão de ele não ter anulado as punições de Cunha Matos e Sena Madureira, apesar da decisão do Conselho Supremo Militar. Ele respondeu que não havia recebido os requerimentos.[88] O problema é que Sena Madureira e Cunha Matos queriam que o governo cancelasse automaticamente as punições como consequência da posição do Conselho Supremo Militar: não fariam os requerimentos solicitando o cancelamento.

O senador liberal pela Bahia, Manuel Pinto de Sousa Dantas, tentou adiar a discussão sobre a questão militar alegando que Ribeiro da

Luz era ministro interino* e convinha, por isso, aguardar a nomeação do titular. O senador Dantas, adversário do também baiano barão de Cotegipe, talvez quisesse prolongar o problema, fragilizando seu oponente: "o ministério está em crise", disse. Mas o visconde de Pelotas estava ansioso para falar. Ele disse que o ex-ministro Alfredo Chaves tinha cometido "desacertos e injustiças" e que, tendo aceitado o parecer do Conselho Supremo Militar, "tinha por obrigação mandar trancar a nota", isto é, anular as anotações nas fés de ofício. Para Pelotas, os problemas decorriam da inexperiência e incapacidade dos ministros da Guerra, e o Exército era olhado com "má vontade" e "prevenção". Ribeiro da Luz respondeu que a legislação vigente era clara: os militares não podiam escrever na imprensa contra os seus superiores. Lembrou, ainda, o regulamento em vigor: "se foram injustos [os atos punitivos], cabia a esses oficiais recorrerem". A oposição liberal, entretanto, insistiu: os militares teriam razão, "e razão de sobra; quem andou mal foi o governo" – disse o senador cearense Viriato de Medeiros. Para ele, não se devia desmoralizar o Exército, "a única verdadeira e eficaz garantia" do governo monárquico, "salvaguarda das instituições e sustentáculo dos interesses reais do país".[89]

Dias depois, o senador Dantas resolveu aumentar os ataques contra o barão de Cotegipe. Pediu ao seu afilhado político, o advogado e jornalista Rui Barbosa, que escrevesse um manifesto. O texto seria dirigido ao parlamento e à nação, a respeito da questão militar, e deveria ser assinado por Pelotas e Deodoro. Os dois militares concordaram e, no dia 13 de maio, Rui rapidamente redigiu o "notável documento" – como o classificou o jornal *O Paiz*, que o publicou no dia seguinte. O texto causou tremendo impacto político. Escrito no estilo grandiloquente de Rui, o manifesto pedia solução definitiva e imediata para o problema e descrevia as punições como "humilhação (...) inadmissível aos nossos brios". Dizia que "a primeira condição da pátria é o pundonor dos defensores profissionais de sua honra". A nomeação do civil Ribeiro da Luz como titular da Guerra seria uma "hostilidade aos brios militares", já que o ministro exigia que os punidos pedissem a anulação das punições, "uma caprichosa formalidade".

---

* Passou a titular no dia seguinte.

O manifesto escrito por Rui Barbosa e assinado por Pelotas e Deodoro mencionava a doença de Pedro II, "que não nos permite invocar diretamente o chefe de Estado". O detalhe é importante porque Rui, Deodoro e Pelotas não eram republicanos e de algum modo isentavam de culpa o imperador, o que nos impede de estabelecer relações imediatas entre a crise de 1886-1887 e a Proclamação da República, embora existam evidentes relações. Aliás, o tema da incapacidade de Pedro II de exercer sua "imensa reserva de autoridade moral" por causa de suas doenças – deixando ao presidente do Conselho de Ministros o efetivo mando do país – seria retomado por Rui nos anos seguintes. Como não era possível contar com o imperador, os manifestantes decidiram recorrer à "opinião do país", para a defesa da "dignidade de cidadãos armados", e

> endereçar ao parlamento este derradeiro apelo e protestar que havemos de manter-nos no posto da resistência à ilegalidade, que é o do nosso dever, do qual nada nos arredará, enquanto o direito postergado não receber a sua satisfação plena. Havemos de ser consequentes, como quem não conhece o caminho por onde se recua sem honra.[90]

Os chefes militares – por meio da palavra de Rui Barbosa – ameaçavam o governo dizendo que não recuariam enquanto as punições não fossem canceladas. Cotegipe poderia cancelar as punições sem que os oficiais pedissem, mas ele daria a impressão de estar se rendendo às pressões.[91]

Na época, o Senado fazia sessões aos sábados, como no dia 14 de maio de 1887. O barão de Cotegipe, supostamente, estava a caminho quando, segundo Ribeiro da Luz, se sentiu mal – óbvia desculpa para não comparecer e ter de falar sobre o manifesto que acabara de ler. A sessão do Senado foi inicialmente suspensa por uma hora enquanto se aguardava a chegada do barão e, depois, cancelada definitivamente quando o plenário foi informado de que ele não viria.[92]

Somente na segunda-feira, dia 16, o tema foi retomado. O senador Dantas, que encomendou o manifesto a Rui Barbosa, afirmou que queria a preservação da autoridade, da disciplina e da obediência militar, mas completou: "a obediência há de conciliar-se com a lei (...) a obediência acaba onde começa a ilegalidade", o que levou Cotegipe a perguntar: "Mas onde está a ilegalidade?".

Cotegipe acusou diretamente o visconde de Pelotas de ser o causador da crise. Citou os discursos de agosto de 1886, quando o general considerou a punição a Cunha Matos ofensiva a todos os militares, e o desafio à lei feito por ele no discurso de 17 de agosto. Cotegipe também leu trechos de sua correspondência com Deodoro do final de 1886, lembrando o alerta que fez ao marechal sobre o Exército se tornar deliberante. Finalmente, definiu o problema das punições como simples questão pessoal e disciplinar que vinha sendo explorada politicamente: "É, na verdade, triste e desanimador".[93]

Pelotas havia assumido posições radicais diante da questão. No dia 18, justificou seu manifesto com Deodoro alegando que "tínhamos esgotado todos os recursos que nos eram oferecidos para a terminação pacífica desta questão". O ministro Ribeiro da Luz o contestou, alegando que os recursos legais não tinham se esgotado, e Pelotas se descontrolou, dizendo abrir mão de sua imunidade parlamentar: "pode o nobre ministro sujeitar-me aos tribunais militares". Na sequência, fez insinuação grave dizendo que ou o governo reconsiderava sua posição ou, "se não o fizer, não sabemos o que poderá acontecer amanhã, apesar de o nobre presidente do Conselho confiar na Força Armada que tem a sua disposição. Tais serão as circunstâncias que bem possível é que ela lhe falte".[94]

A fala de Pelotas dizendo que as Forças Armadas podiam deixar de sustentar o governo causou grande espanto. Muitos anos depois, Rui Barbosa diria:

> Eu me achava nas galerias da câmara vitalícia* no dia em que as palavras calculadas e frias do visconde de Pelotas, lampejando como a lâmina da sua espada, descoraram com a palidez da agonia as faces do presidente do Conselho (...) vi os senadores deixarem as suas cadeiras, tomados de emoção inexprimível, nessa sessão extraordinária (...) quando a ordem constitucional parecia dissolver-se ali, a olhos vistos, na pessoa do governo, que se descompunha sobre o tapete do Senado, como cadáver na mesa do necrotério.[95]

---

* O mandato dos senadores era vitalício.

Cotegipe ficou realmente acuado. Admitiu ter receio e reafirmou sua confiança nas Forças Armadas. Impactado, o experiente senador baiano José Antônio Saraiva, da oposição liberal, disse que os discursos de Pelotas e Cotegipe lhe causaram "tristíssima impressão": "Seria uma desgraça que (...) viéssemos dar ao mundo o triste exemplo de retirar-se um ministério diante de um pronunciamento da Força Armada". Para o conselheiro Saraiva, era preciso que ambos refletissem sobre a gravidade da situação e buscassem uma solução.[96]

Nem todos estavam interessados no desfecho da crise. No dia 20 de maio, o jornal *O Paiz* publicou artigo em sua seção livre intitulado "Questão militar – XXII". Como a numeração indica, o texto era parte de uma série assinada simplesmente "O Exército". Todos esses artigos tinham o estilo de Rui Barbosa: adjetivos fortes, palavras raras, referências à mitologia grega etc. Esse do dia 20 dizia que o "armistício" proposto pelo conselheiro Saraiva não era satisfatório: "o Exército não deve recuar um só passo de suas justas e legais reclamações". O Exército só deveria obedecer "às leis do patriotismo e da nação"; "ou o ministério se submete ou se demite. Escolha".[97]

A solução, entretanto, viria na sessão do Senado desse mesmo dia. Logo no início – e para a surpresa de muitos –, o senador Silveira Martins pediu que fosse aprovada proposta no seguinte sentido: que o Senado convidasse o governo a fazer cessar as punições a Cunha Matos e Sena Madureira.[98] Era solução conciliatória, previamente acertada entre Cotegipe e lideranças liberais.[99] A saída dispensava a iniciativa espontânea do governo, sem nada impor, tendo em vista a ideia do "convite". A surpresa decorria do fato de um senador da oposição apresentar proposta que vinha em socorro do governo conservador. O maranhense Franco de Sá, colega liberal de Silveira Martins, chegou a perguntar se a iniciativa decorria de acordo com o governo ou da "magnanimidade do nobre senador", obtendo como resposta: "fui inspirado no grande interesse nacional". Franco de Sá, que se empenhava em obter a queda do ministério, insistiu dizendo que "não houve deliberação coletiva da oposição liberal do Senado". Ele e o senador Dantas queriam que Cotegipe se manifestasse previamente, aceitando ou não a proposta, antes que ela fosse submetida à apreciação do plenário. Cotegipe respondeu dizendo que falaria depois, mas acrescentou: "entendo que ela pode ser aprovada".

Como é comum nos debates parlamentares, surgiram questões formais. O senador Jaguaribe entendia que, diante da pressão militar, "força extraordinária que pesa sobre o Senado", a Câmara dos Deputados também deveria ser convidada a discutir a proposta. Para Franco de Sá, o regimento do Senado não autorizava a aprovação da indicação de Silveira Martins. Ele concordava com Jaguaribe: "se nos achamos em momento de perigo público, por uma declarada sedição militar (...) então deviam se reunir as duas câmaras". Para ele, entretanto, não se tratava de uma crise nacional, mas "de um movimento de indignação da classe militar contra o ministério. A crise é do gabinete que provocou esta questão, que não soube dirigi-la e que não sabe nem pode resolvê-la". Acrescentou ainda: "a autoridade e o prestígio do governo se vão abater diante das exigências da Força Armada".

O senador Alfredo d'Escragnolle Taunay juntou-se aos que defendiam a proposta do "convite". Contrapondo-se a Franco de Sá, disse que as questões regimentais eram supérfluas e que a proposta deveria ser aprovada: "Estamos quase com gente armada às portas, na iminência de um conflito que pode trazer derramamento de sangue brasileiro e conflito fratricida, e querer prolongar indefinidamente esse estado de ansiedade geral é que não compreendo".

Concordou com ele o senador Francisco Otaviano, para o qual

> o governo, se a questão aqui não se resolver, há de ser obrigado a tomar qualquer enérgica providência. Por honra do Brasil, acredito que abafará qualquer movimento militar, mas há de haver por força derramamento de sangue, há de haver vítimas! E, senhores, que se derrame sangue, que se façam vítimas por uma grande questão, compreendo; mas, por uma questão de capricho! Se houver sangue, os vencidos hão de ser oprimidos, dar-se-ão retaliações, e tudo por quê? Com que proveito? Para que fim útil ou nobre?! (...) Cedam, portanto, os caprichosos.

O senador Afonso Celso também apoiou a proposta e emparedou Franco de Sá: "não quererá, sem dúvida, que o seu partido chegue ao poder pelo caminho que lhe abram as espadas e baionetas do Exército!".

Finalmente, Cotegipe disse que não era um obstinado, que aceitava a proposta, "um meio honroso que entendo dever adotar para solver

assunto de tanta gravidade (...). O ministério, se o Senado votar a moção, acederá a seus conselhos. Não se considerará por isso rebaixado".
A proposta foi aprovada.

Falando na Câmara dos Deputados três dias depois, Cotegipe afirmou que, se o governo fosse suplantado, a consequência seria "a ditadura militar, ou a imposição de um ministério subserviente, o que ainda seria pior".[100]

Um mês depois, alguns oficiais do Exército fundaram o Clube Militar, associação de classe a exemplo do já existente Clube Naval – em cuja sede se reuniram, no domingo, 26 de junho de 1887. Os militares foram convidados pelo marechal Deodoro, pelo coronel Sena Madureira e pelo major Benjamin Constant. Cunha Matos estava presente. Os trabalhos deveriam ser presididos pelo visconde de Pelotas, mas ele estava doente, apenas abriu a sessão, passou a presidência a Deodoro e se retirou. O projeto de criação do clube foi lido por Sena Madureira. Deodoro foi eleito presidente e Benjamin Constant, tesoureiro. O jovem capitão Serzedelo Correia disse que a ocasião não era de fazer discursos, mas que, se o fosse, diria que "já se tornava necessário que as classes militares se unissem para conquistar a alta posição que devem ocupar no país e na gerência de seus próprios destinos, pelos seus serviços e pela sua própria missão". Disse que parecia haver o intuito de "rebaixar as classes militares". O presidente do Clube Naval, o capitão de mar e guerra Custódio José de Melo, encerrou a reunião dizendo esperar que a nova associação resultasse no engrandecimento dos chefes militares "e que sejam eles considerados devidamente na governação do Estado".[101]

Nos anos seguintes, o Clube Militar não teria a importância que assumiu na segunda metade do século XX, mas a sua criação foi um evidente indicador da configuração dos militares como atores políticos significativos. Por exemplo, foi como presidente do Clube Militar que Deodoro escreveu ao barão de Cotegipe em defesa dos alunos da Escola Militar do Rio Grande do Sul. Eles tinham enviado telegrama ao abolicionista Joaquim Nabuco pela inesperada vitória eleitoral que o sagrou deputado por Pernambuco, em setembro de 1887, derrotando o ministro dos Negócios do Império. Era uma derrota do governo, do barão de Cotegipe, contrário ao abolicionismo. O telegrama saudava a eleição de Nabuco, "apesar [da] pressão [do] governo". Joaquim Nabuco não havia se manifestado sobre a questão militar até o início do ano de 1887, quando escreveu artigo comparando soldados a pessoas escravizadas, pois o Brasil, segundo Nabuco, buscava "os defensores de sua honra" na "infinidade de brasileiros que [têm] uma gota de sangue escravo nas veias (...). Enquanto houver escravidão, não teremos um Exército nacional".[102]

Rui Barbosa publicaria em 1888 um livreto avaliando o "ano político" de 1887, inclusive a crise militar. Não perdeu ocasião de elogiar o manifesto que ele próprio escrevera e cuja autoria só admitiria publicamente anos depois. Criticou Cotegipe ("rastejou o governo, soluçando, aos pés da Força Armada") e, preconceituosamente, chamou a proposta de Silveira Martins de "constitucionalismo indígena": "A célebre solução serviu apenas para infundir ao Exército mais fundo sentimento da sua força e da caducidade do governo".[103]

No futuro, analistas como a historiadora June Hahner chamariam atenção para os riscos contidos nos apelos feitos por políticos republicanos às Forças Armadas, "embora cônscios das possíveis consequências de apoiar declarações e exigências militares". Para John Schulz, "o encorajamento civil à participação militar na política, especialmente no período 1887-89, contribuiu em larga escala para o golpe de 1889, sendo mesmo lícito afirmar-se que, sem a cooperação civil, não poderiam ter havido golpe e governos militares". Celso Castro destacou que, apesar de nem todos os militares terem se envolvido na crise de 1886-1887, "nem mesmo sua maioria", eles "afirmaram publicamente e com força a existência de uma 'classe militar' opondo-se aos atos do governo". Para Filipe Nicoletti Ribeiro, o poder civil foi preservado, o que demonstrava a resiliência das instituições, mas a um custo alto.[104]

O pecado original da República

Cotegipe saiu obviamente enfraquecido da crise de 1886-1887, "com alguns arranhões", segundo transcrição de um discurso seu publicada pela *Gazeta de Notícias* no dia 21 de maio de 1887. Nos anais do Senado se lê outra coisa: ele teria dito que, consultado sobre a solução do convite, respondeu que não se importava de sofrer "alguns reparos ou censuras".* O detalhe é curioso porque todos os autores que abordam o tema atribuem a Cotegipe aquela expressão, frequentemente na versão de que o gabinete saiu "arranhado em sua dignidade".[105]

Os maiores problemas de Cotegipe decorriam de sua defesa da escravidão, na conjuntura em que o movimento abolicionista engrossava, inclusive entre os militares. Em outubro de 1887, Deodoro, então presidente do Clube Militar, havia escrito ao ajudante-general do Exército e à princesa Isabel argumentando contra o emprego das tropas na "captura de pobres negros que fogem à escravidão". Isabel atuava como regente desde que Pedro II, em junho de 1887, viajou para a França a fim de tratar da saúde. Ela desejava o afastamento de Cotegipe. O pretexto foi um incidente menor, em fevereiro de 1888, envolvendo um oficial da Marinha preso no Rio de Janeiro por estar embriagado ou transtornado. O oficial foi espancado pela polícia. O episódio gerou protestos dos clubes militares e desencadeou tumultos que duraram dois dias. A princesa convocou Cotegipe e pediu a demissão do chefe de polícia, Coelho Bastos (apelidado "rapa-coco" porque raspava o cabelo de escravizados fugidos que eram capturados por ele), mas Cotegipe não concordou e apresentou seu pedido de demissão – "que já levava escrito". O velho barão ainda lideraria, no Senado, a oposição ao projeto que declarava extinta a escravidão no Brasil. Na véspera do 13 de maio, disse que era um "visionário" e previu que a crise da lavoura seria "medonha".[106] Consta que foi um dos poucos senadores que votaram contra a Lei Áurea. Morreu meses depois, em fevereiro de 1889.

A princesa, em março de 1888, convidou o conservador abolicionista João Alfredo Correia de Oliveira para formar o novo gabinete e encaminhar o projeto que Cotegipe combateu. Político pernambucano experiente, João Alfredo foi o ministro dos Negócios do Império que mais durou no cargo (quase cinco anos, entre 1870 e 1875), pasta que cuidava dos orçamentos dos demais ministérios, da educação e da saúde

---

* Outros jornais publicaram versões diferentes. Segundo *O Paiz*, Cotegipe teria dito que "o ministério não se importava em sair com alguns arranhões na dignidade". Era comum que parlamentares emendassem as notas taquigráficas de seus discursos antes de sua publicação nos anais.

pública, entre outras responsabilidades. Como presidente do Conselho de Ministros, permaneceria pouco mais de um ano.

Desde o início, ele tentou neutralizar a atuação do marechal Deodoro da Fonseca, que se destacava politicamente como representante da "classe militar". Por exemplo, após o 13 de maio, seguiram-se muitos dias de festa. No dia 20, os jornais abolicionistas organizaram um desfile em celebração, com a participação do Exército, que recebeu vivas. A banda de música da polícia de Niterói ia à frente e, em seguida, em seu cavalo, Deodoro da Fonseca recebia aclamações populares. Partiram do Campo de Santana e percorreram todo o centro da cidade do Rio de Janeiro soltando rojões.[107]

A ideia inicial do novo gabinete era prestigiar um dos irmãos de Deodoro, o marechal Severiano Martins da Fonseca, na esperança de que isso o contivesse.* Dois dias depois do desfile de maio de 1888, Severiano foi nomeado ajudante-general pelo ministro da Guerra, Tomás José Coelho de Almeida. Severiano tinha sido o oficial comandante da Escola Militar demitido em janeiro de 1887 por não ter impedido que os alunos fossem ao desembarque de Deodoro e Sena Madureira. Ele foi promovido a marechal de campo e indicado como conselheiro de guerra junto ao Conselho Supremo Militar em abril e maio de 1888, tudo na gestão de João Alfredo.

No fim do ano de 1888, entretanto, um novo incidente envolvendo militares deu a impressão de que o governo não conseguia resolver o problema. Em novembro, houve um conflito em São Paulo entre a polícia e forças militares que estavam na capital. O ministro da Guerra removeu para o Rio o batalhão do Exército envolvido, prestigiando desse modo a força policial. Exaltados pelos republicanos paulistas, oficiais militares protestaram. No Rio de Janeiro, Deodoro convocou uma reunião no Clube Militar. O marechal Severiano pediu ao ministro

---

* Os sete irmãos de Deodoro foram militares. O mais velho, Hermes Ernesto, era pai do futuro presidente da República Hermes Rodrigues da Fonseca. Eduardo Emiliano da Fonseca, Hipólito Mendes da Fonseca e Afonso Aurino da Fonseca morreram na guerra do Paraguai. Alguns dos sobrinhos de Deodoro ficariam conhecidos: Clodoaldo da Fonseca (criado como filho, chegou a general) por causa da carta de Deodoro condenando a república ("o único sustentáculo do nosso Brasil é a monarquia") e João Severiano da Fonseca Hermes (advogado e deputado constituinte em 1891) por ter sido secretário-geral do governo provisório.

da Guerra a demissão do chefe de polícia de São Paulo, providência que tardou, levando Severiano a pedir demissão do cargo de ajudante-general.[108] O governo ainda tentaria prestigiá-lo dando-lhe o título de barão de Alagoas em março de 1889, mas o marechal morreu poucos dias depois. Deodoro soube da morte do irmão quando cumpria missão em Mato Grosso.

Ele havia sido alertado, no final de novembro de 1888, por outro irmão, João Severiano da Fonseca, de que havia "combinações entre ambos os partidos para nulificarem o predomínio militar seu e do Severiano, que nomearam por força das circunstâncias para não desgostarem o Exército e impedir você de reagir, por ser irmão". Disse ainda que ouviu, em "conversa na rua do Ouvidor", que "era fatal a necessidade de inutilizar a vocês dois, do contrário a espada dominaria sempre o governo".[109] De fato, no dia 30 de novembro, o ministro Tomás Coelho "convidou" o marechal Deodoro para organizar uma divisão de operações, com elementos do Exército e da Marinha, como comandante das Armas na província de Mato Grosso. Era, praticamente, um desterro. A justificativa era o conflito entre o Paraguai e a Bolívia, que estavam de relações diplomáticas interrompidas por conta de disputas de fronteira. O governo brasileiro, segundo Tomás Coelho, temia eventual invasão do território nacional e, por isso, precisava reorganizar as forças militares da província. Deodoro devia ir para o Mato Grosso com dois batalhões de infantaria, um de engenheiros e outros contingentes.[110]

Ele tentou evitar a missão e escreveu a Tomás Coelho dizendo que não seria o caso de se nomear um marechal para a posição, tradicionalmente exercida por coronéis ou tenentes-coronéis, ainda mais sem acumular a presidência da província.[111] Não teve jeito: foi nomeado no dia 15 de dezembro de 1888 comandante das Armas e das Forças de Terra e Mar em observação na província de Mato Grosso e seguiu para Corumbá no dia 27.

A viagem para Mato Grosso, por mar e rios, foi atribulada. Depois de ingressar no estuário do Prata, nas proximidades de Montevidéu, Deodoro foi avisado de que deveria desembarcar no sanatório da Isla de Flores. A exigência foi feita pela polícia sanitária, que tencionava fazer os dois navios e a tropa passarem por desinfecção devido à febre amarela e à peste bubônica. Ele discordou e determinou que os vapores passassem direto, sem contato com os portos de Montevidéu e Buenos Aires. Conseguiu, em outros portos, carne e pão, que eram trazidos por pequenas embarcações.[112] Chegaram ao porto de Corumbá no dia 30 de janeiro de 1889.

O presidente do Conselho de Ministros, João Alfredo, caiu em junho de 1889, suspeito de favorecer o sogro de um de seus filhos, proprietário da Loyos, uma firma vitoriosa em muitas concorrências para prestação de serviços públicos em diversas províncias. O novo presidente, o liberal Afonso Celso de Assis Figueiredo, visconde de Ouro Preto, substituiu todos os presidentes de província, como sempre ocorria quando da chegada de um novo gabinete. Para Mato Grosso, nomeou o coronel Cunha Matos, protagonista da Questão Militar de 1886-1887; para o Rio Grande do Sul, Silveira Martins, proponente da "solução convite" para a mesma questão. O novo ministro da Guerra, o marechal Rufino, era primo de Deodoro da Fonseca e logo escreveu a ele informando da nomeação de Cunha Matos: Deodoro deveria ser exonerado para não ficar subordinado a um coronel. O marechal decidiu retornar imediatamente e, na viagem de volta, ficou sabendo da nomeação de Silveira Martins, com quem tinha antigas desavenças no Rio Grande do Sul. Chegou ao Rio no dia 13 de setembro de 1889, provavelmente mal-humorado, e se apresentou ao primo Rufino no dia seguinte.[113]

Rui Barbosa, autor anônimo do manifesto de Pelotas e Deodoro que incendiou a questão militar em 1887, voltou a tomar as dores do marechal. Em seu peculiar estilo, descreveu com cores fortes o "mortífero degredo entre os miasmas e mosquitos de Corumbá", cidade com "clima pernicioso, intolerável e irresistível" na qual "os batalhões abarracaram no campo, debaixo de um sol capaz de fundir músculos africanos" e onde mesmo os animais, "abrasados nessa atmosfera em que a vida se queima rapidamente, desvairam, arquejam, bebem a largos fôlegos o ambiente ignificado e, de momento em momento, vão lançar-se à corrente, abeberando-se em largos banhos prolongados". Para Rui, a decisão de enviar Deodoro para Mato Grosso teria sido do marido de Isabel, o príncipe consorte conde d'Eu, e não do ministro da Guerra, Tomás Coelho, que ele retratou como uma "individualidade flácida, político invertebrado, espécie de medusa marinha, de fibras morais inconsistentes e diáfanas, que flutua à tona de todas as correntes, e vai dar nas praias, aonde o leva a ressaca".[114]

Rui Barbosa, de perfil recatado e até sisudo em público, parecia deliciar-se com a construção de seus discursos e artigos. O famoso historiador Capistrano de Abreu – que foi apresentado a Rui por Machado de Assis – disse que "seu vocabulário é ilimitado. Creio que terá compilado para uso próprio um vocabulário analógico [organizado por temas] e, se o desse à luz, seria a mais útil de suas composições. Escreve às vezes uns artigos orquestrados que impressionam. Os neologismos em que às vezes ele incide parecem nascer com várias gerações". Capistrano era muito irônico. Dizia que Rui se considerava "o primeiro dos brasileiros; promoveu-se depois a primeiro dos contemporâneos". Caçoava da "versatilidade" de Rui Barbosa dizendo que ele defendia "com mesmo ímpeto as hipóteses mais contraditórias". Por isso, o comparava aos macaquinhos treinados que acompanhavam antigos tocadores de realejo à manivela: "joga-lhe um casaquinho vermelho e o bichinho se enfia nele; um pandeiro e rufla-o o mono; uma pistolinha e o bugio atira com ela...".[115]

O filho do visconde de Ouro Preto, Afonso Celso Júnior, que foi deputado na mesma época em que Rui estava na Câmara, dizia que ele discursava por "duas, três, quatro horas consecutivas, sem repousar". Seus discursos seriam "obras exaustivas, edifícios macios e colossais", mas "fatigavam pela monotonia da perfeição (...) lembrando um mar sem ondas, sem ventos, imenso, misterioso, infinito". Para o historiador José Maria Belo, os discursos de Rui eram longos, prolixos, e tendiam mais ao "áspero e impiedoso sarcasmo, que faz sangrar o adversário, do que ao jogo leve da ironia". Disse também que ele era orgulhoso, falava excessivamente sobre si, "numa língua de pura vernaculidade, rica de imagens, metáforas e antíteses, abundante de arcaísmos, lusitanismos, regionalismos e neologismos". Para Gilberto Freyre, Rui era "exuberante de palavras". Para o político mineiro Afonso Arinos de Melo Franco, Rui foi marginalizado politicamente por sua "vaidade intelectual" e "irrealismo doutrinário", não conseguindo se tornar um líder político porque criava obstáculos a si mesmo.[116]

A trajetória de Rui Barbosa – cujo nome está inscrito no "Livro de Aço dos Heróis e Heroínas da Pátria" desde 2015, sendo, ainda, patrono do Senado e da advocacia brasileira – é essencial para o entendimento do protagonismo político dos militares, como ainda se verá. Entre 1872 e 1874, ele iniciou suas atividades como advogado e jornalista em Salvador (BA), fazendo discursos em prol do Partido Liberal. Foi eleito deputado à Assembleia Provincial da Bahia em janeiro de 1878 e, em setembro, para a Câmara dos Deputados para a legislatura do período 1878-1881. Seria reeleito para as legislaturas que começaram em 1882 e 1885. Era considerado "uma espécie de satélite político" do senador Dantas. Com a chegada do gabinete conservador de Cotegipe, sua volta ao parlamento se inviabilizou. Também não conseguiu voltar à Assembleia Provincial da Bahia em 1886 e 1888. Quando o gabinete liberal de Ouro Preto assumiu em 1889, recusou cargo no ministério por ter se desentendido com o partido em relação à questão do federalismo – que ele defendia. "Em represália, o partido o excluiu da chapa de deputados pela Bahia. Em represália à represália, Rui começou uma cerrada campanha contra o gabinete e o regime monárquico nas páginas do *Diário de Notícias*."[117]

Rui explicaria, posteriormente, que deixou o Partido Liberal e passou a combater o gabinete Ouro Preto por conta da não aceitação do programa de "império federado". Disse que defendia a "federação com a monarquia", ou seja, a atribuição de maiores poderes e autonomia às províncias, ainda sob o regime monárquico. No início de maio de 1889, o Partido Liberal reuniu cerca de sessenta delegados de diversas províncias para discutir propostas de reformas políticas (que vinham surgindo desde o ano anterior). Rui Barbosa foi um dos integrantes da comissão encarregada de apresentar um parecer ao congresso do partido. Ele divergiu da proposta aprovada, apresentando voto em separado. No *Diário de Notícias*, comentando o congresso, deu a impressão de se aproximar do republicanismo, sustentando que monarquia ou república eram simples meios: "a liberdade é o fim". Para Rui, o Partido Liberal deveria mostrar que "é capaz de *reformar* e não que sabe resistir, nem que é hábil em conservar". Defendeu as propostas de universalização dos votos dos alfabetizados, de extinção do mandato vitalício dos senadores, de implantação do casamento civil e, sobretudo, de estabelecimento da "federação à americana, tendo por modelo os Estados Unidos", mantida a monarquia. "Se a monarquia não quiser as reformas radicais, o Partido Liberal resolver-se-á em partido republicano: eis a solução liberal."

O chefe liberal Dantas surpreendeu-se com os termos do artigo e questionou Rui em carta enviada no mesmo dia da publicação, 2 de maio. Rui respondeu dizendo que "da república disto apenas uma linha".[118]

Seus artigos no *Diário de Notícias* em 1889, segundo Heitor Lyra, eram "exploração política" que procurava "atirar o Exército contra o gabinete". Para José Maria Belo, foi a campanha jornalística de Rui Barbosa que precipitou o fim da monarquia. Esses artigos militaristas abordaram temas variados. Alguns remetiam à Questão Militar de 1886-1887, como as críticas que fez a Cotegipe uma semana após a morte do barão. Segundo Rui, Cotegipe teria sucumbido ante o Exército: "mordeu o pó do chão debaixo das pontas das espadas dos chefes militares" e não teria ousado "arrostar, ante as grandes patentes, essas personificações da força militar, em cuja presença estava habituado a tremer como pobre subalterno". Criou especial antipatia por Cotegipe, pois considerava que o barão – dirigindo o país independentemente do imperador, que estava doente e alheio – era "como bruxa em cabo de vassoura", fazendo "acrobatismo diabólico de feiticeira velha".[119]

Rui desenvolveu a peculiar definição de obediência militar esboçada por Deodoro da Fonseca e Benjamin Constant, segundo os quais, como já visto, o Exército deveria atuar "dentro dos limites da lei". Seu artigo de 10 de abril de 1889 no *Diário de Notícias* condenava o governo porque "a administração deste país, acostumada ao cativeiro, vê hoje no soldado a ressureição do escravo e, nos quartéis, uma espécie dos antigos quadrados [pátio interno às senzalas agrupadas em quadra] onde o negro recebia a ração e a tarefa".[120] O tema da obediência militar seria retomado por Rui inúmeras vezes, sempre na perspectiva de que ordens ilegais poderiam ser questionadas.[121] Quando tratou do "desterro" de Deodoro em Mato Grosso, disse que o marechal não teria ido "se não lhe pesasse na alma essa manopla férrea da obediência militar". Chefes liberais como o senador Dantas ou o visconde de Ouro Preto também comungavam da mesma opinião: nos debates parlamentares sobre a questão militar, em maio de 1887, Dantas sustentou que a "obediência passiva" era indevida. A obediência militar deveria se conciliar com a lei: "a obediência acaba onde começa a ilegalidade". Ouro Preto foi na mesma toada: depois de dizer que a reclamação dos militares era justa, sustentou que "a constituição não exige que o Exército seja passivamente obediente, mas, sim, essencialmente cumpridor de ordens legais (...). Os exércitos passivamente obedientes não são defensores da nação, mas guardas pretorianos e, facilmente, convertem-se em instrumentos de golpes de Estado". Como se sabe, e ainda veremos, o visconde de Ouro Preto foi o último presidente do Conselho de Ministros e seria deposto e preso após o golpe militar de 15 de novembro de 1889, tendo sido ativamente desobedecido pelo Exército. A "senha" para a defesa da desobediência militar já havia sido dada em 1886 pelo líder republicano Saldanha Marinho. Para ele, "o militar, de qualquer graduação que seja, pode e deve formalmente desobedecer à ordem de seu superior, que, apartando-se da esfera legal, determina, por exemplo, a ação militar contra a ordem e segurança pública". Segundo Saldanha Marinho, o próprio militar deveria julgar a legalidade da ordem. Ele recomendou aos "republicanos sinceros" a defesa da "altiva classe" militar e desafiou o gabinete Cotegipe: "Quererá, agora, o governo experimentar as suas forças?".[122]

Rui Barbosa foi paulatinamente subindo o tom crítico de seus artigos. Em setembro de 1889, disse que o Ministério da Guerra era ocupado por ministros com "a ideia fixa de enfraquecer o Exército, pelo receio, mais de uma vez manifestado, de um levante militar". Acusava o governo de ter propósitos revolucionários e afirmava que o Exército cuidava da paz, constituindo, "contra a desorganizadora politicagem, a única instituição a cuja sombra hão de ir, talvez cedo demais, acolher-se o cidadão brasileiro (...) e a pátria ultrajada".[123]

Transformar episódios insignificantes em grandes polêmicas: Rui Barbosa tentou repetir em 1889 a estratégia usada por Pelotas e outros militares durante a crise de 1886-1887. Um desses casos foi o do tenente Carolino: no dia 14 de setembro de 1889, o visconde de Ouro Preto, quando chegou ao prédio do Tesouro Nacional,* notou que o comandante da guarda estava ausente de seu posto. O tenente Carolino Pinto de Almeida, conforme alegou posteriormente, estava no banheiro. Segundo a versão oficial, Carolino dormia. Ouro Preto mandou chamá-lo, o repreendeu e deu-lhe voz de prisão. A prisão de oito dias foi

---

* Ouro Preto acumulava o cargo de presidente do Conselho de Ministros com o de ministro da Fazenda e, nessa condição, presidia o Tesouro Nacional.

formalizada no dia 16 pelo ministro da Guerra, Cândido de Oliveira* (que não contava com a simpatia dos militares por causa de sua atuação anterior, como já foi visto). Repetindo o procedimento de Cunha Matos e de Sena Madureira, Carolino tornou público o ocorrido, pela imprensa, dizendo que foi repreendido com dureza na frente de subalternos de maneira humilhante. Ele escreveu carta ao Clube Militar, presidido por Deodoro (que voltara havia poucos dias do "desterro" em Mato Grosso), dizendo que Ouro Preto "exorbitou dos seus limites administrativos". Terminou o texto exaltando Deodoro. Quintino Bocaiuva, que também escrevia artigos militaristas no jornal *O Paiz*, publicou a carta. Rui Barbosa não perdeu tempo: escreveu nada menos do que onze artigos sobre o caso no *Diário de Notícias*. No dia 18 de setembro, falou em "afronta", "degradação", "enxovalho" contra Carolino, "militar sem manchas". Segundo Rui, estaria crescendo a "desconfiança em relação às autoridades militares". No dia seguinte, classificou a ocorrência banal de "transgressão inqualificável do direito militar", sustentando que Carolino deveria representar contra Ouro Preto, que teria "temperamento de ditador". Chegou a dizer que "nesse acidente está a destruição de toda a ordem militar, das instituições militares". Manteria o assunto em pauta numa sequência de artigos publicados até o dia 29 de setembro. Poucos dias antes da Proclamação da República, revelou que tinha recebido a visita de Carolino, que tinha ido agradecer e se despedir antes de deixar o Rio de Janeiro. Rui Barbosa disse que ele estava cercado de "quatro criancinhas, que vão compartir com o pai e a mãe o pão embebido em lágrimas do martírio imerecido e acintoso". Tropeçou no estilo dizendo que a decisão de Ouro Preto remetia o casal "e os filhinhos, como uma ninhada de cães, para os longes mais remotos do país".[124]

Em função do episódio envolvendo o tenente Carolino e da exploração do caso por Rui Barbosa, os alunos militares e outros poucos oficiais (quarenta militares no total) escreveram no dia 16 de setembro de 1889 a Deodoro pedindo uma reunião extraordinária do Clube Militar para tratar do caso. Deodoro despachou no próprio documento, no dia

---

* O titular, visconde de Maracaju (o primo Rufino), estava doente desde 3 de setembro de 1889. Cândido de Oliveira assumiu interinamente. O visconde de Maracaju só reassumiria a pasta dois dias antes da Proclamação da República.

seguinte, anotando que "por ora não há necessidade de reunir-se a sessão pedida". Tudo indica que, descontentes, os alunos insistiram sobre o pedido com Benjamin Constant, vice-presidente do Clube. Benjamin, sabendo ou não da negativa de Deodoro, escreveu a ele dizendo que "um acontecimento lamentável, dado entre o sr. ministro da Fazenda e um oficial do nosso Exército, parece-me digno de um protesto por parte do Clube" – o que fez em carta na qual felicitava o marechal por seu retorno ao Rio de Janeiro.[125]

Outro episódio também explorado por Rui Barbosa envolveu o tenente-coronel João Nepomuceno de Medeiros Mallet, que desde março de 1889 era o comandante da Escola Militar do Ceará. Mallet havia indicado um certo tenente Barbosa para o cargo de instrutor de segunda classe, mas o ministro da Guerra interino, Cândido de Oliveira, não concordou porque Barbosa era mais "moderno", isto é, mais recente em seu posto do que outros instrutores. O comandante concordou. Barbosa, entretanto, pediu ajuda a políticos locais, e a nomeação – como instrutor de primeira classe – acabou saindo. Mallet, então, enviou telegrama ao ministro, no dia 17 de outubro, dizendo sentir-se desprestigiado e pediu demissão. Cândido de Oliveira reagiu despropositadamente: no dia 21, demitiu o tenente-coronel Mallet do cargo de comandante da Escola Militar do Ceará, "a bem do serviço público", alegando que Mallet deveria ter enviado correspondência através do presidente da província do Ceará. Além disso, submeteu o tenente-coronel a um conselho de investigação. Mallet chegou ao Rio de Janeiro no dia 23 de outubro de 1889.[126]

Rui Barbosa voltou à carga. Nesse dia 23, o *Diário de Notícias* publicou na coluna de primeira página intitulada "Corre como certo...", frequente no jornal, nota na qual se dizia que, como Maracaju não estava disposto a demitir Mallet, Cândido de Oliveira teria se oferecido como "carrasco".

No dia 27, Rui publicou artigo dizendo que a questão militar tinha "caráter singular, permanente e formidável" desde os gabinetes Cotegipe e João Alfredo e expressava a "senilidade da dinastia explorada pela servilidade dos seus conselheiros", mas que "o Exército se tem mantido sempre na lei e o governo sempre fora dela". Acusou o Conselho de Ministros de querer "escravos fardados". Generalizando a partir do caso particular, afirmou que o governo pretendia dissolver moralmente o Exército. Voltou ao tema no dia seguinte, com novas insinuações, dizendo que o governo queria "impopularizar o Exército para poder, mais tarde, tomar contra ele as medidas extremas de que todos se arreceiam". Retomou o caso do tenente Carolino, afirmando que, na ocasião, previra que "a prepotência iniciada se reproduziria em maior escala" e, concluindo, disse que o propósito do governo era caracterizar o Exército como insubordinado e indisciplinado para, depois, dissolvê-lo. Tratou novamente do assunto no dia 4 de novembro, falando em "moralidade militar", em "classe espoliada das garantias de sua honra" e em "confisco geral da dignidade militar". As Forças Armadas estariam passando pelas "maiores provações", e os respectivos ministros agiam contra a "independência moral do Exército e da Marinha".[127]

Poucos dias antes da Proclamação da República, Rui Barbosa escreveu impactante artigo intitulado "O plano contra a pátria", sintetizando suas denúncias. Dizia que o governo tinha um "projeto subterrâneo", promovia "longa trama tortuosa", fazendo "maquinações temerárias" visando a "eliminação ob-reptícia [dissimulada] do Exército brasileiro". O plano consistiria em "descrever as nossas forças militares como um ninho de revolução e indisciplina". Fez um apanhado dos episódios dos últimos três anos e chamou atenção para o que seria o lance final do governo: afastar os batalhões do Exército da corte "até desaparecer da capital do Império o último soldado e ficar o Rio de Janeiro entregue às forças do conde d'Eu". A Guarda Nacional – que ele dizia ser desordeira e anárquica – receberia armas modernas "para poder medir forças com a tropa de linha", isto é, com o Exército. Era o fantasma do terceiro reinado com o "príncipe invasor"* e a "princesa anulada", tema que vinha abordando desde o início de 1889. Segundo Rui, dada a "apatia mental do chefe de Estado", quem governava era o conde d'Eu, o que expressava o "aniquilamento da herdeira da coroa na pessoa de seu marido". Rui repercutia, desse modo, as restrições à princesa Isabel que existiam em muitos setores. De fato, acusavam Isabel de ser beata e ignorante, não tendo postura nem classe, preocupada apenas com a família e a religião. Como lembrou José Murilo de Carvalho, o desenhista Angelo Agostini

---

* O conde d'Eu era um príncipe francês de nascimento.

a retratou descalça varrendo uma igreja. Seu marido seria um avarento, acusado de alugar cortiços, "casas miseráveis e imundas". Rui Barbosa concluiu o artigo enaltecendo o Exército, "a guarda das instituições contra a desordem e contra a tirania".[128]

Benjamin Constant leu o artigo e, nesse mesmo dia 9 de novembro de 1889, resolveu visitar Rui Barbosa em seu escritório para dar notícia da conspiração que resultaria na deposição de Pedro II. Encontraram-se de novo no dia 11, na casa de Rui, quando Benjamin lhe sugeriu um encontro com Deodoro. A reunião acabou ocorrendo na noite desse dia 11, na casa do marechal, com a presença de republicanos como Quintino Bocaiuva e outros. Há indícios de que, na ocasião, Benjamin Constant pediu a Deodoro que assumisse a direção do movimento. No dia seguinte, Rui Barbosa foi convidado para ser o futuro ministro da Fazenda.[129]

Os últimos artigos apelativos de Rui Barbosa faziam parte de estratégia adotada por republicanos como Quintino Bocaiuva e Aristides Lobo* e por militares como o major Frederico Sólon de Sampaio Ribeiro: no final de outubro, eles haviam pedido a jornalistas republicanos que publicassem artigos para "incandescer os ânimos do Exército contra o governo". Quintino Bocaiuva, em *O Paiz*, e Júlio de Castilhos, no gaúcho *A Federação*, desempenharam esse papel.[130]

Rui Barbosa, no futuro, negaria que tivesse o propósito de indispor os militares contra o governo. Logo depois da Proclamação da República, contestou as acusações do visconde de Ouro Preto, que, a caminho do exílio, escreveu manifesto denunciando o *Diário de Notícias* e *O Paiz* como folhas "fomentadoras da anarquia" que pretendiam "promover uma sedição militar". Rui retrucou: "são falsas as afirmações (...) de que o *Diário de Notícias* e *O Paiz* aconselhavam o Exército à revolta".[131]

No futuro, Rui seria candidato a presidente da República em 1910, concorrendo com o sobrinho de Deodoro, marechal Hermes da Fonseca, que tinha sido ministro da Guerra do presidente Afonso Pena. Na sua campanha eleitoral, procurou explorar ao máximo a polarização entre civis e militares, vindo daí a expressão "campanha civilista".

---

* Aristides Lobo seria ministro do Interior no governo Deodoro por alguns meses, sendo mais conhecido pela frase com a qual descreveu a participação popular na Proclamação da República: "o povo assistiu àquilo tudo bestializado".

Como resultado, passou a ser acusado de antimilitarismo e precisou se defender. Rui também foi candidato a presidente em 1919. Após a derrota nesta outra eleição, fez longa conferência dedicada aos militares no Teatro Politeama, no Rio de Janeiro, quando disse ser "caluniado (...) eterna vítima". "Enredaram a fábula do meu malquerer e malfazer às classes armadas", reclamou, para sustentar em seguida que "ninguém terá servido mais que eu os legítimos interesses do Exército e da Marinha; vai quase além dos limites do meu império sobre mim mesmo o reagir contra o nojo aos que me assacam o aleive [a calúnia] de hostil às classes militares." Disse também que, em 1889, não pressentia o golpe militar: "as minhas relações com os militares (...) eram, meramente, de afinidade intelectual e simpatia moral". Escrevia apenas em "defesa da honra e do pundonor militar". Dois anos antes de morrer, ainda se debatia com a questão. Em 1921, na posse de Hermes da Fonseca como presidente do Clube Militar, resolveu discursar para garantir que "a causa militar, no Brasil, nunca teve servidor mais sincero, mais leal, mais constante que eu".[132]

Entre os boatos que circulavam nas vésperas da Proclamação da República, excitando os militares, o que tinha maior impacto era provavelmente a suposição de que o governo pretendia enfraquecer o Exército dispersando pelo país os contingentes militares sediados no Rio de Janeiro para, assim, substituir a força terrestre pela Guarda Nacional.

Segundo Carlos Maximiliano, jurista e político gaúcho, a crença de que o governo imperial tinha mobilizado a Guarda Nacional porque pretendia "dissolver o Exército em momento oportuno e precipitar o advento do reinado da princesa Isabel" teria consequências importantes para a configuração do Exército brasileiro na República.[133]

Para Oliveira Viana, o presidente do Conselho de Ministros, visconde de Ouro Preto, tinha o plano de reorganizar a Guarda Nacional. O Exército estava convencido de que Ouro Preto pretendia desarticulá-lo.[134]

A Guarda Nacional seria o "outro Exército", a "nova força armada". A suspeita se consolidou quando Ouro Preto nomeou o irmão do ministro da Guerra, Enéas Galvão, para o comando da Guarda Nacional. Ouro Preto, no futuro, admitiria ter pretendido organizar a Guarda Nacional e garantiu que nunca tomou medidas contra o Exército, "mas contra o espírito de insubordinação" – indicando que alguma coisa ele fez. Negou que tivesse o propósito de "dividir o Exército distribuindo batalhões pelas províncias" e afirmou que a única remoção que fizera – a do 22º Batalhão para o Amazonas – foi aconselhada pelo ajudante-general do Exército, o marechal Floriano Peixoto.[135]

Na época, muitos tinham convicção de que o governo planejava algo. O senador Cristiano Ottoni, escrevendo em 1890, afirmou que o governo tinha dois pensamentos quanto ao Exército: "1º dividi-lo, distribuindo os batalhões pelas províncias; 2º reorganizar e armar a Guarda Nacional". Jornais falavam em remoções "sem necessidades reais do serviço" e em "política de aniquilamento do Exército".[136]

Mas, concretamente, o que ocorreu?

No dia 10 de outubro de 1889, o visconde de Ouro Preto foi informado sobre conflitos entre o 9º Regimento de Cavalaria do Exército e a polícia local de sua cidade natal, Ouro Preto, capital da província de Minas Gerais. Os conflitos se estenderam por três dias. Alguns soldados foram presos pela polícia, a casa de um cabo do Exército foi arrombada a mando do chefe da polícia e outras desordens se verificaram – de resto, típicas na época. No dia 28, parte do 23º Batalhão de Infantaria foi enviado a Ouro Preto para controlar o 9º Regimento de Cavalaria.[137] O comandante do batalhão era republicano, amigo de Deodoro (seria nomeado comandante da Guarda Nacional na República) e, com a medida, era convenientemente afastado do Rio de Janeiro.

No dia 11 de novembro, embarcou para a província do Amazonas o 22º Batalhão de Infantaria, um dos seis então sediados no Rio de Janeiro, conforme decisão do ministro da Guerra assinada no dia 4. Na noite do dia 4, oficiais exaltados, como o capitão Antônio Adolfo da Fontoura Mena Barreto, e alunos da Escola Militar, como o alferes-aluno Augusto Tasso Fragoso,* foram à casa de Deodoro da Fonseca levar a notícia para atiçar a irritação do marechal contra o governo.[138]

Segundo o visconde de Ouro Preto, nada havia de irregular nesse deslocamento:

---

* O título de alferes-aluno era concedido aos alunos da Escola Militar aprovados plenamente (nota seis ou superior) nos dois anos iniciais do curso geral.

Exigindo as conveniências do serviço público que destacasse um dos corpos da guarnição para a longínqua província do Amazonas, em poucos dias para ali embarcou o Batalhão de Infantaria nº 22, sem embargo dos boatos espalhados de que desobedeceria à ordem de marcha e dos conselhos e provocações que para isso recebeu da imprensa oposicionista.[139]

Nos dias 13 e 14 de novembro, surgiram rumores de que dois outros batalhões aquartelados em São Cristóvão seriam removidos, um para o norte e outro para o sul do país. O major Sólon teria espalhado o boato de que o 7º Batalhão de Infantaria e o 9º Regimento de Cavalaria do Rio de Janeiro "teriam ordem de embarque".[140]

No dia seguinte à Proclamação da República, o novo ministro da Guerra, Benjamin Constant, determinaria o retorno do 22º Batalhão de Infantaria, que nem havia chegado ao seu destino e ainda estava em Recife.

Os militares envolvidos na agitação política no Rio de Janeiro, que culminaria na Proclamação da República, eram, majoritariamente, jovens: alunos da Escola Militar e oficiais subalternos. A Escola Militar da Praia Vermelha, criada em 1857, permaneceu fechada durante a Guerra do Paraguai, reabrindo em 1874. Foi a geração formada desde então que participou do movimento que levou à República. Tentando controlar o ímpeto dos alunos, o governo, em março de 1889, criou a Escola Superior de Guerra (que nada tem a ver com a homônima criada em 1949). Para lá foram transferidos todos os alunos dos cursos das "armas científicas", inclusive todos os alferes-alunos. Na Praia Vermelha permaneceram os cursos de infantaria e cavalaria. Em seu relatório à Assembleia Geral relativo a 1889, o ministro Tomás Coelho dizia que a nova escola faria desaparecer "a promiscuidade de alunos, oficiais e praças de pré do internato das escolas, o que muito prejudicava a disciplina desses estabelecimentos de instrução militar". Ela foi instalada no bairro de São Cristóvão, no Rio de Janeiro, no prédio onde ficava aquartelado o 17º Batalhão de Infantaria (que foi transferido para o Paraná), nas proximidades dos quartéis do 1º Regimento de Cavalaria e do 2º Regimento de Artilharia. Por isso, vários alunos passaram a dividir moradias com oficiais inferiores dessas guarnições, o que favoreceu o estabelecimento de laços de camaradagem.[141]

Segundo o jornalista e escritor Raimundo Magalhães Jr., entre os militares que fomentaram a Proclamação da República, a grande maioria era "constituída de alferes, segundos-tenentes, primeiros-tenentes e capitães, só de raro em raro aparecendo o nome de um major e mais raramente ainda o de um tenente-coronel". Eram poucos os oficiais superiores e, em relação aos oficiais-generais, apenas Deodoro.[142]

O tenente-coronel Benjamin Constant era um desses poucos oficiais superiores. Tornou-se professor de matemática da Escola Militar em 1872. Admirador do positivismo, passou a divulgá-lo e conquistou o respeito dos alunos. A versão do positivismo compartilhada por eles era relativamente desordenada, como costumam ser as recepções superficiais de qualquer corrente filosófica. Além disso, a adoção do positivismo por militares era curiosa, pois os governos militares eram considerados pela doutrina uma etapa inferior na evolução social. Seja como for, Benjamin e seus alunos valorizavam o cientificismo e aderiam a um certo tipo de evolucionismo. Segundo Lauro Sodré, por exemplo – que foi aluno de Benjamin Constant e, na República, o secretariou nos ministérios da Guerra e da Instrução Pública –, "o que a ciência social ensina (...) é que as sociedades, em seu evolver natural, passam do regime teológico militar para o regime científico industrial".[143]

A vida de Benjamin Constant foi marcada por tragédias: a família vivia com poucos recursos, seu pai morreu cedo e, em decorrência, a mãe enlouqueceu e ele próprio tentou se matar aos doze anos. Não tinha vocação militar, mas optou pela Escola Militar, tornando-se alferes-aluno em 1855. Teve muitas dificuldades para se empregar como professor naquele estabelecimento.[144] Como vimos, participou ativamente da crise militar de 1886-1887, o que lhe rendeu simpatias junto à mocidade militar. Benjamin Constant e seus alunos e ex-alunos compartilhavam ressentimentos e indignações próprios às suas trajetórias cheias de dificuldades.

Benjamin e os alunos militares viveram um episódio famoso na época. Em janeiro de 1889, o cruzador brasileiro *Almirante Barroso* fazia sua viagem de circum-navegação levando a bordo o príncipe Augusto Leopoldo, neto de Pedro II. Por isso, quando o navio chegou ao porto de Valparaíso, no Chile, foi muito festejado por ordem do presidente José Manuel Balmaceda. No dia 2 de fevereiro, o príncipe e os oficiais foram recebidos com festa. A população local foi convidada a visitar o cruzador brasileiro no dia 16, sendo recebida com o navio embandeirado e muitas celebrações. Outras recepções se seguiram até a partida do *Almirante Barroso* para Sydney no dia 24. Em retribuição, quando o encouraçado chileno *Almirante Cochrane* chegou ao Brasil em 11 de outubro, os oficiais chilenos também receberam muitas homenagens. Um banquete foi oferecido a eles na Escola Militar da Praia Vermelha no dia 23. Os alunos convidaram Benjamin a comparecer (ele estava lotado na Escola Superior de Guerra). Ele foi. Também estava presente o ministro da Guerra, Cândido de Oliveira. Após os brindes habituais, o aluno Vicente de Azevedo, surpreendendo os presentes, decidiu saudar Benjamin Constant, que, para maior surpresa de todos, resolveu responder com um discurso longo e incisivo. Disse, entre outras coisas, que os exércitos tinham missão muito importante no seio das nações e que a política devia acelerar o progresso geral. Para grande irritação do ministro, acrescentou que o governo tinha sido responsável pelos "desagradáveis conflitos entre o Exército e o poder" e que os militares não eram insubordinados.[145] Foi muito aplaudido. Cândido de Oliveira se retirou. Os chilenos pouco devem ter entendido. Além de quaisquer outros significados, o discurso de Benjamin Constant o sagrou como líder da mocidade militar.

Falando sobre isso muitos anos depois, o visconde de Ouro Preto garantiu que questionou Cândido de Oliveira sobre a atitude de Benjamin e que o ministro "devia tê-lo preso".[146]

Três dias depois, os alunos da Escola Militar foram até a Escola Superior de Guerra e surpreenderam Benjamin Constant com

> estrondosa manifestação de apreço, em que tomaram parte oficiais do 2º Regimento de Artilharia, 1º e 9º de Cavalaria, bem como os alunos da citada escola. Em plena aula, o digno mestre acolheu os manifestantes com desvanecimento e mal disfarçada emoção. Fizeram-se ouvir diversos oradores. Em nome dos oficiais do 2º Regimento, falou o primeiro-tenente Saturnino Cardoso; pelos oficiais do 1º e 9º, o capitão [Antônio Adolfo da Fontoura] Mena Barreto e, em nome dos alunos da escola, o alferes-aluno Tasso Fragoso.[147]

Tasso Fragoso disse que os alunos viam em Benjamin o representante do seu modo de agir e sentir "na transformação republicana de nossa pátria". Também foi entregue a Benjamin uma mensagem assinada por 39 alunos que elogiava o discurso do dia 23, quando ele teria mostrado "a um dos ministros da coroa que ainda há muita dignidade nesse Exército". Benjamin mencionou, uma vez mais, a ideia de que o Exército só deveria respeitar o poder civil dentro dos limites da lei, respeitando os direitos públicos, desde que estes cumprissem a lei. Os oficiais dos regimentos foram censurados pelo comandante da 2ª Brigada do Exército (à qual estavam submetidos os regimentos) e o diretor da escola foi exonerado.[148]

O jovem alferes discursador Tasso Fragoso, então com 20 anos, era um dos muitos republicanos da mocidade militar (ele ingressou na Escola Militar com apenas 16 anos, em 1885). Fragoso havia participado do tiroteio que marcou a marcha cívica de 14 de julho de 1889, promovida pelo "Centro Republicano Lopes Trovão" em homenagem ao centenário da Revolução Francesa. Percorreram o centro do Rio de Janeiro e, na rua General Câmara, pararam em frente ao Consulado da França, mas, para decepção dos manifestantes, a repartição estava cautelosamente vazia. Mais tarde, ouviram discursos de Lopes Trovão, de Quintino Bocaiuva, do jovem de 19 anos Pandiá Calógeras – aluno representante da Escola de Minas de Ouro Preto – e de muitos outros, todos condenando a monarquia. No meio da tarde, quando saíam do salão do Clube Recreativo Congresso Brasileiro, ouviram vivas e morras à república e começaram a ser hostilizados por "grande malta de capoeiras" e por integrantes da "guarda negra" – grupo clandestino formado por negros admiradores da princesa Isabel e tolerado pela polícia quando atacava republicanos. No momento em que os republicanos chegaram nas imediações das ruas Uruguaiana e Gonçalves Dias, foram defendidos à bala por alunos militares. Muitas pessoas ficaram feridas. Um dos atiradores foi Tasso Fragoso – que reaparecerá em uma crise futura.[149]

Fragoso também foi um dos integrantes da mocidade militar que assinou os "pactos de sangue", ou "compromissos de sangue", entregues a Benjamin Constant. Um desses documentos, redigido no dia 11 de novembro de 1889, dizia que o desenrolar dos fatos era previsível e que o Exército era espezinhado apesar de seus sacrifícios e dedicação.

Afirmava ainda que, para evitar a ruína da pátria brasileira, os que assinavam o pacto optavam pela "destituição daqueles que só de males têm enchido o nosso país", deixando nas mãos de Benjamin a condução do movimento e "selando este compromisso com seu sangue, se necessário se fizer derramá-lo nas praças públicas". Esses documentos reuniram a assinatura de 173 militares, 120 dos quais eram alunos.[150]

Os pactos acionavam a persistente e poderosa tópica do "sangue generoso do povo brasileiro", caracterizada, sobretudo, pelo lugar-comum da "história incruenta". Essa ideia abrange os mitos de que a história brasileira não é violenta e de que as grandes transformações são feitas sem derramamento de sangue, como, supostamente, a Independência e a Proclamação da República – evidente falseamento da realidade. Mas, segundo esse lugar-comum, aqueles que derramam seu sangue, como os militares, fazem o sacrifício supremo e se inserem como heróis na história nacional, que é vista como uma epopeia. Jacques Ourique, militar e político que foi secretário de Deodoro, teria dito a ele que a República viria com sangue, "se não formos ao seu encontro sem derramá-lo". Deodoro faria qualquer coisa para evitar "a sangueira da luta entre irmãos". Lopes Trovão enalteceu o "soldado-cidadão", o arquétipo que teria dado materialidade à República e vingado "a esteira de mártires que forra o chão sagrado da nossa história desde 1710 [quando da invasão francesa] até o segundo reinado". O soldado-cidadão deveria ser abençoado por nos ter equiparado às repúblicas americanas "sem efusão de sangue". Quando o monumento a Deodoro da Fonseca foi inaugurado nos primeiros dias da ditadura do Estado Novo, em 15 de novembro de 1937, o marechal Marques da Cunha enalteceu a "figura do glorioso e invicto soldado [Deodoro] que, sem derramamento de sangue fraterno, deu-nos a democracia republicana".[151]

Benjamin Constant sabia da importância simbólica da participação dos jovens alunos militares no movimento pela República. Ele queria uma manifestação de apoio do Clube Militar. No dia 5 de novembro, presidiu reunião* da entidade durante a qual foi aprovado o ingresso de 43 novos associados, quase todos jovens oficiais e alferes. "O objetivo dessa adesão em massa de jovens oficiais radicais era claro: garantir o

---

* Deodoro se afastou da presidência do clube no dia 21 de outubro por estar doente.

quorum e uma confortável maioria na sessão do dia 9." No dia 9, 116 sócios compareceram ao clube. Benjamin discursou, acusou o governo de ter "maus intuitos" e pediu que "lhe fossem dados plenos poderes para tirar a classe militar de um estado de coisas incompatível com a sua honra e dignidade". O pedido foi aprovado, e ele disse que precisava de "alguns dias para desempenhar-se de tão árdua quanto difícil missão de que foi investido pela classe a que tem a honra de pertencer".[152]

A reunião do dia 9 foi marcada no mesmo horário em que se celebrava o famoso baile da Ilha Fiscal, mais uma homenagem à oficialidade do encouraçado chileno *Almirante Cochrane*. Duas filhas de Benjamin, acompanhadas do marido da mais velha, foram até a ponte das barcas para Niterói, de onde era possível vislumbrar a iluminação da Ilha Fiscal. Quando Benjamin chegou em casa, vindo do Clube Militar, depois de um desencontro, decidiram voltar em um grupo maior, que incluiu a mulher. Eles não puderam usar a barca dos convidados por não terem convite e, por isso, Benjamin alugou um barquinho. Assim, puderam ver "perfeitamente a ilha, o baile e as pessoas". Poucos dias depois, no dia 5 de dezembro, não teriam dificuldade para comparecer ao baile oferecido pelos chilenos à sociedade local no Cassino Fluminense: Benjamin já estaria no poder.[153]

O presidente do Conselho de Ministros, visconde de Ouro Preto, começou a receber sinais da crise no dia 13 de novembro. Cândido de Oliveira – agora apenas como ministro da Justiça – lhe enviou uma carta que havia recebido do ajudante-general do Exército, marechal Floriano Peixoto, que o alertava de maneira bastante duvidosa: "tramam algo por aí além [por aí afora]: não dê importância, tanto quanto seria preciso, confie na lealdade dos chefes, que já estão alerta". No dia seguinte pela manhã, véspera da Proclamação da República, Ouro Preto ficou desconfiado quando leu um enigmático artigo de Quintino Bocaiuva intitulado "No capitólio", publicado no jornal *O Paiz*. Quintino dizia que estava brilhando no "horizonte da pátria a estrela solitária do patriotismo" e que, apesar das aparentes vitórias do governo, se "a hora presente é a do triunfo: a hora sucessiva há de ser a da sua derrota". Concluía fazendo alusão à rocha Tarpeia, de onde eram lançados à morte os traidores de Roma. "Hoje no Capitólio; mas amanhã na rocha Tarpeia", referência ao ditado latino *arx tarpeia Capitoli proxima* (a colina Tarpeia fica perto do Capitólio), ou seja, mesmo os poderosos podem cair em desgraça de uma hora para outra. Ouro Preto determinou que a polícia da corte se concentrasse no Quartel de Barbonos* e que viessem para a cidade um batalhão de infantaria que estava na Ilha de Bom Jesus e outro de artilharia, que estava na Fortaleza de Santa Cruz.[154]

Enquanto Ouro Preto buscava se prevenir, o major Sólon tomou iniciativa individual decisiva. Ele tinha recebido ordens de Floriano no sentido de aquartelar o 9º Regimento de Cavalaria – que ele comandava – na Escola Militar da Praia Vermelha, providência que, se fosse cumprida, comprometeria os planos dos conspiradores. Sólon levou essa informação a uma reunião com militares no dia 14 e todos tiveram a mesma impressão. Diante disso, resolveu "propalar um falso boato sobre a prisão do marechal Deodoro, do dr. Benjamin Constant, do dr. Aristides Lobo, de Quintino Bocaiuva e, quiçá, dele próprio". Nesse dia 14, ele espalhou a falsa notícia sobre o embarque do 9º Regimento de Cavalaria e do 7º Batalhão de Infantaria, conforme já mencionamos.[155] Os boatos se espalharam rapidamente e foram essenciais para mobilizar as tropas.

Já era de noite quando o visconde de Ouro Preto recebeu em casa a visita do redator-chefe do *Jornal do Commercio* querendo confirmar a "notícia" sobre a prisão de Deodoro. Ouro Preto lhe disse que o jornal podia desmentir o boato. Segundo Ouro Preto, pouco depois ele recebeu carta do chefe de polícia informando que "o 1º Regimento está em armas".[156] Faltavam apenas algumas horas e poucos lances para o gabinete ser destituído pelo Exército.

Os batalhões insurgentes e as forças militares que supostamente defenderiam o governo convergiram para o Quartel-General do Exército – que ficava aproximadamente onde hoje está o Palácio Duque de Caxias, no centro do Rio de Janeiro – no Campo de Santana. Deodoro estava muito doente, com dificuldade para respirar: sempre que se recolhia em casa, recorria a cataplasmas à base de mostarda. Apesar das dificuldades, o marechal foi para o Campo de Santana e assumiu a direção do movimento. Houve um momento de impasse, antes que Deodoro conseguisse transpor os portões do quartel, mas, afinal, isso foi feito.

---

* Atual Quartel-General da Polícia Militar do Estado do Rio de Janeiro.

Defensores do protagonismo de Benjamin Constant acusariam Deodoro de, nesse momento, ter bradado "viva sua majestade o imperador!".[157]

A rigor, não houve problemas para Deodoro obter o apoio de todas as forças militares presentes nas imediações do Quartel-General, até porque nem todos tinham consciência de que a monarquia estava sendo derrubada. Houve apenas uma hesitação, envolvendo um general, José de Almeida Barreto. Ouro Preto tinha visto pela janela um pequeno grupo de cavaleiros, liderado pelo capitão Manoel Joaquim Godolphim,* que explorava o terreno nas imediações do Quartel-General. O visconde determinou ao general Barreto – que "passeava e conversava na extensa varanda" do quartel – que prendesse o grupo. Barreto desobedeceu. Saiu do quartel com sua tropa e ocupou um dos ângulos da praça. Deodoro achou a posição inusitada e deu ordem para que ele se alinhasse aos insurgentes, o que, afinal, ele fez. Dias depois, Barreto declarou que, "ao general Deodoro, em lugar de uma espada fratricida, estendi-lhe a minha mão de amigo e de velho companheiro". Barreto também recorreu à persistente tópica do sangue generoso do povo brasileiro: ele disse que agiu assim para que "o dia 15 não surgisse envolvido nas fachas [armas] ensanguentadas de uma luta entre irmãos".[158]

O visconde de Ouro Preto permanecia no interior do Quartel--General com quase todos os ministros. Deodoro entrou e se dirigiu a Ouro Preto falando dos sacrifícios que fizera na Guerra do Paraguai, "combatendo três dias e três noites no lodaçal". O visconde diz que o ouviu "sem um gesto sequer" e respondeu ironicamente: "Estar aqui ouvindo o general, neste momento, não é somenos [inferior] a passar alguns dias e noites num pantanal".[159]

O único ministro que não estava presente no Quartel-General era o da Marinha, o almirante José da Costa Azevedo, barão de Ladário, que se demorou tomando providências no arsenal. Quando chegou, recebeu voz de prisão, reagiu e acabou baleado. Aristides Lobo diria que a "revolução" tinha sido feita "com o sangue apenas de uma imprudência".[160]

Ouro Preto saiu sem ser preso. Foi para a casa do cunhado cerca de duas da tarde. Encontrou-se depois com Pedro II e, na esperança

---

* Foi Godolphim quem propagou a notícia, que chegou ao chefe de polícia, de que as forças estavam em armas.

de que um novo gabinete pudesse ser formado, indicou o nome de Silveira Martins, atitude que a princesa Isabel condenaria posteriormente, tanto quanto a vinda de Pedro II de Petrópolis, onde estava: "ambas as ideias foram desacertadas!". Ouro Preto acabou sendo preso na casa do cunhado por volta das seis.[161]

Depois de depor o gabinete, Deodoro mandou que os canhões do 2º Regimento de Artilharia dessem uma salva de 21 tiros. Na sequência, comandou um desfile das tropas pela cidade indo em direção ao Arsenal de Marinha. Segundo o jornalista e escritor Arthur Azevedo, não houve aclamações e Deodoro se esforçava para manter-se ereto no cavalo, pois estava "visivelmente enfermo, de uma cor terrena, puxando um pouco para o verde". Mais tarde – dada a relativa dubiedade da situação –, um documento redigido na Câmara Municipal pediu à "classe militar" a "pronta e imediata proclamação da República".[162]

Desde esse dia 15 de novembro de 1889, a família imperial ficou detida no Paço da Cidade. Na madrugada do dia 16, Pedro II foi informado de que nada mais havia a fazer e que Deodoro se considerava presidente da República. Por volta das duas da tarde do dia 16, o major Sólon e outros oficiais chegaram ao palácio para entregar a intimação de Deodoro a Pedro II. A princesa Isabel relatou posteriormente este momento: "por sua atitude respeitosa, pareciam ir cumprir uma mensagem ordinária. O major Sólon mostrava-se tão perturbado que, ao entregar o papel a papai, deu-lhe o tratamento de vossa excelência, vossa alteza e, finalmente, vossa majestade". A cena foi imaginada pelo médico Urias Antônio da Silveira, que concebeu uma litogravura executada por Nicola Facchinetti e Gustavo Hastoy.[163]

Na intimação, Deodoro falava da "política sistemática de atentados do governo imperial" contra o Exército e a Marinha e estabelecia o "prazo máximo de vinte e quatro horas" para que Pedro II e a família deixassem o Brasil.[164]

Na madrugada de domingo, 17 de novembro, a família imperial embarcou para o exílio. O escritor e jornalista Raul Pompeia disse ter presenciado a "cena extraordinária". O trânsito tinha sido impedido e os curiosos foram afastados da região do cais. Pompeia descreve a madrugada da partida falando em "atmosfera de vago terror" quando surgiu o "préstito dos exilados. Nada mais triste".[165]

Litogravura de Nicola Facchinetti e Gustavo Hastoy reproduzida no livro de Urias Antônio da Silveira, *Galeria histórica da revolução brasileira*, publicado em 1890 pela Laemmert (Acervo Biblioteca Digital do Senado Federal).

Nos dias 15 e 16 de novembro, vários órgãos da imprensa enalteceram os militares: *Novidades* publicou que "o Exército, que operou a mudança, é e deve ser a nossa maior garantia". A *Gazeta da Tarde* constatou que "foi o Exército quem operou esta magna transformação". O *Diário do Comércio* defendeu que a "classe militar" era "o corretivo único das arbitrariedades do Poder Executivo" e que "a revolução de ontem é filha unicamente das energias e do espírito de classe dos militares".[166]

Aristides Lobo, em carta na qual fez o famoso comentário sobre o povo ter assistido a tudo "bestializado", disse também que "por ora, a cor do governo é puramente militar e deverá ser assim. O fato foi deles, deles só, porque a colaboração do elemento civil foi quase nula". O senador Taunay disse que a Proclamação da República não decorreu de erros do Império, mas da "luta surda e tenaz de longa data travada entre o militar e o bacharel". Em novembro de 1889, o barão do Rio Branco escreveu ao conde d'Eu para lamentar o "estado de indisciplina de uma parte do Exército".[167]

O jovem tenente Servílio José Gonçalves, que comandou o "batalhão provisório" da Escola Militar na Proclamação da República, dirigiu ordem do dia aos alunos garantindo que estaria sempre a postos para defender a Bandeira Nacional quando ela perigasse e pediu que reservassem, nesses momentos, "um cantinho no meio de vossas fileiras e uma carabina para defender a República".[168]

Pelotas escreveu a Ouro Preto em 1890 dizendo que "não julgava possível a República enquanto vivesse o imperador (...). A República teve contra si haver sido feita por um pronunciamento militar, representado pela quinta parte do Exército". Joaquim Nabuco disse, também em 1890, que, para ele, "não era objeto de dúvida que, no dia em que abandonássemos o princípio monárquico, permanente, neutro, desinteressado e nacional, teríamos forçosamente que o substituir pelo elemento que oferecesse à nação o maior número daqueles requisitos, e esse era exatamente o militar". Lauro Sodré, no mesmo ano, defendeu que "às classes militares estava reservada a missão histórica de corporificar a súmula das aspirações nacionais." Na *Memória para meus filhos*, que escreveu em Cannes em 1890, a princesa Isabel afirmou que "a Força Armada toda estava do lado dos insurgentes". Campos Sales, quando da morte de Deodoro da Fonseca em 1892, disse que "a monarquia foi banida pelo esforço comum dos cidadãos brasileiros em cordial e íntima confraternização com as Forças Armadas". Rui Barbosa, em 1914, redigiu para o jornal *O Imparcial* uma "entrevista" na qual ele próprio formulou as perguntas. Nela, disse que o erro da "revolução operada contra o trono sob os auspícios militares" foi o Exército e a Marinha terem se antecipado "ao que dentro em breve se consumaria por ato da nação".[169]

Predomínio militar na nova Constituição

Após o golpe militar de 15 de novembro, os vitoriosos proclamaram formalmente a República e instituíram um governo provisório por meio de decreto supostamente desse mesmo dia, mas que só foi divulgado na tarde do dia 16, um sábado.[170] O decreto criava a "República dos Estados Unidos do Brasil", de caráter federativo. Deodoro assumiu a presidência. Benjamin Constant ficou com o Ministério da Guerra, Quintino Bocaiuva se tornou ministro dos Negócios Estrangeiros, Rui Barbosa ocupou a Fazenda, Aristides Lobo foi para a pasta do Interior e Campos Sales, para a da Justiça. Na Marinha, ficou o contra-almirante Eduardo Wandenkolk, que tinha ajudado Deodoro no Arsenal de Marinha no dia 15. Demétrio Nunes Ribeiro, representante do positivismo ortodoxo, ficou com a Agricultura.

Nos dias seguintes, foram expedidos vários decretos. Independentemente dos assuntos de que tratavam, seus enunciados passaram a marcar o predomínio dos militares no governo. Os primeiros adotaram a fórmula: "O Governo Provisório dos Estados Unidos do Brasil decreta (...)". Mas, curiosamente, a partir do dia 23 de novembro, os decretos vieram com o nome do chefe e uma explicação: "O marechal Manuel Deodoro da Fonseca, chefe do Governo Provisório, *constituído pelo Exército e Armada, em nome da nação*, decreta (...)". Essa foi a formulação que prevaleceu dali em diante, sobretudo nos decretos que Deodoro e Rui Barbosa coassinavam.[171] Em junho de 1890, essa fórmula foi embutida na constituição que o Governo Provisório outorgou por meio do decreto nº 510, de 22 de junho de 1890, que entrava em vigor imediatamente, mas deveria ser apreciada pelo novo Congresso a ser eleito em 15 de setembro de 1890 – um Congresso Constituinte. A fórmula de autoria desse decreto era: "O Governo Provisório da República dos Estados Unidos do Brasil, *constituído pelo Exército e a Armada, em nome e com assenso* [assentimento] da Nação (...)".

Mais importante para nossos objetivos, o decreto trazia, no artigo 14, a seguinte definição do papel das Forças Armadas: "As forças de terra e mar são instituições nacionais permanentes, destinadas à defesa da pátria no exterior e à manutenção das leis no interior. *Dentro dos limites da lei*, a Força Armada é *essencialmente obediente* aos seus superiores hierárquicos e obrigada a *sustentar as instituições constitucionais*".[172] Redigidos por Rui Barbosa,[173] os decretos institucionalizavam a peculiar concepção de obediência defendida por militares e civis, como já vimos anteriormente quando tratamos da questão militar. Essa concepção consagrava a contradição entre o dever de obedecer e o direito de deliberar sobre a legalidade. A expressão "essencialmente obediente" reproduzia uma passagem do artigo 147 da Constituição do Império de 1824 que definia a força militar desse modo. Essa constituição do Governo Provisório também lidava, como se vê, com o problema da garantia dos poderes constitucionais: o artigo 98 da Constituição do Império atribuía ao imperador o Poder Moderador, para que ele mantivesse a "independência, equilíbrio e harmonia dos mais poderes políticos", isto é, do Legislativo, do Executivo e do "Judicial". Quando a nova constituição do Governo Provisório atribuiu às Forças Armadas a tarefa de sustentar as instituições constitucionais, deu vagamente a impressão de substituir o Poder Moderador do imperador por uma espécie de tutela que os militares exerceriam sobre a República. Essas atribuições constitucionais – obediência apenas dentro dos limites da lei e garantia dos demais poderes – marcariam a subordinação do poder civil ao poder militar no novo regime, talvez mais do que o golpe militar, espécie de "pecado original da República", como muitos já assinalaram.

No plano mais corriqueiro da vida material, os benefícios para os militares após a instauração da República foram imediatos e volumosos. Créditos extraordinários para os ministérios militares se tornaram frequentes. Cargos tipicamente civis foram ocupados por militares. Deodoro indicou militares para governar diversos estados: onze entre vinte governadores eram oficiais da ativa em 1893. Os militares também podiam acumular cargos (governador, legislador e oficial da ativa, por exemplo) e os respectivos salários.[174]

O visconde de Pelotas, que tanto se empenhou pela defesa da honra, brio e pundonor do Exército, aceitou a nomeação para o cargo de governador do Rio Grande do Sul para evitar – segundo disse de maneira grandiloquente – "perturbação da ordem pública e talvez mesmo a guerra civil".[175] No ano seguinte ele se tornou o marechal Câmara.

O contingente do Exército foi imediatamente elevado de 14 mil para 25 mil praças. Também houve aumento do número de unidades militares, o que gerou novas vagas e acelerou promoções. No final de 1889, os soldos militares foram reajustados em 50%. No início de 1890, quase todos os oficiais conspiradores foram promovidos. Em 1891, no relatório que apresentou como ministro da Fazenda, Rui Barbosa tentou se justificar diante das "aberrações financeiras", que excederam "em grandes proporções a medida razoável", resultantes da expansão dos quadros militares e demais benefícios. Ele disse que não seria possível deixar de atender as "aspirações" das Forças Armadas, dadas "as origens militares da revolução". Só o Congresso Nacional poderia "falar às mais poderosas de todas as classes" em nome dos contribuintes.[176]

No dia 15 de janeiro de 1890, a Marinha resolveu homenagear seu ministro, o contra-almirante Eduardo Wandenkolk. Foi organizado um desfile, ao qual se integraram cordialmente algumas tropas do Exército. A marcha terminou no palácio presidencial, na época o Palácio

Itamaraty, no centro do Rio de Janeiro. Lá, foi oferecido um almoço aos oficiais com a participação de Deodoro. Isso feito, o verdadeiro propósito do evento se revelou: o capitão Serzedelo Correia comunicou ao marechal que os presentes pretendiam aclamá-lo "generalíssimo". Deodoro aceitou depois de uma recusa inicial pró-forma. Foram para a frente do palácio, onde houve saudações, e o contra-almirante Wandenkolk acabou sendo aclamado vice-almirante. O tenente-coronel Benjamin Constant foi aclamado general de brigada. Pouco tempo depois, em 1892, Serzedelo – que era capitão em 1889 e major em 1890 – foi promovido a tenente-coronel, além de ter sido nomeado governador do Paraná em 1890.[177]

Quatro meses depois, o generalíssimo concedeu a patente de general de brigada aos ministros civis, para surpresa de todos. As atas das reuniões do Governo Provisório passaram a registrar a presença dos "generais doutores". A imprensa cobriu o gesto de ridículo.[178]

As deliberações do Governo Provisório eram caóticas. Deodoro e os ministros adotaram a prática de fazer reuniões ministeriais durante as quais as pautas eram discutidas. Por sugestão de Benjamin Constant, o marechal nomeou um secretário-geral – seu sobrinho João Severiano da Fonseca Hermes – para fazer as atas das reuniões, de modo que as temos descritas.[179] Rui Barbosa, professoral, precisou explicar ao grupo que o sistema de governo era presidencial: "não somos (…) um governo de gabinete, um ministério parlamentar. Somos um governo presidencial com os seus secretários de Estado". Benjamin Constant discordou. Para ele, "todos os atos mais importantes devem ser decididos em conselho".[180] As próprias atas de João Severiano falam em "conselho de ministros" – expressão usada durante o Império.

Esse esclarecimento de Rui decorreu de discussão acalorada sobre suas iniciativas econômicas como ministro da Fazenda. Como essa, houve muitas outras. Volta e meia, Deodoro e os ministros ameaçavam demitir-se, como se deu nessa sessão: Rui disse que seu pedido de demissão estava nas mãos de Deodoro, que respondeu: "rasguei-o". O ministro da Agricultura, Demétrio Ribeiro, não ficou apenas na ameaça: abandonou o governo por causa de conflitos com Rui Barbosa.[181]

Nas reuniões, Deodoro reclamava constantemente da imprensa com seus ministros, exigindo que os jornais fossem censurados. Na tumultuada sessão de 30 de janeiro de 1890, Benjamin Constant o repreendeu: "como poderá consentir que, em plena República, se queira esmagar a liberdade de imprensa?". No dia 15 de março, o marechal entrou em conflito com Benjamin Constant. Reclamava de artigos nos jornais publicados por militares. Disse que já havia chamado a atenção do ministro da Guerra, mas "as providências tomadas não foram bastante enérgicas e não produziram o desejado efeito". Sustentou que admitia a liberdade de manifestação, mas criticava a indisciplina no Exército. Ameaçou tomar providências, "se não o fizer o sr. Benjamin Constant", e desatinou afirmando que "é preferível não haver Exército do que haver um desmoralizado. Dissolvê-lo-á, pois, se a tanto for compelido pela anarquia e desrespeito ao princípio militar" – registrou a ata. Fica clara a contradição entre a atuação de Deodoro na questão militar de 1886-1887 e essa condenação da indisciplina militar durante o Governo Provisório. "Uma vez elevado à suprema direção do país, o marechal entrara a entender a disciplina por uma forma bem diversa daquela que adotara durante a questão militar. A doutrina do soldado-cidadão já não lhe parecia tão clara e respeitável."[182]

Em 23 de agosto, Deodoro chamou atenção dos ministros para o que seriam os "abusos da imprensa mal orientada". O vice-almirante Wandenkolk disse que estava de acordo com uma "medida repressiva".[183] No início de dezembro, o generalíssimo reclamou dos ministros que não lhe davam uma lei de imprensa. Ameaçou ir "em pessoa à rua" dar "punição ao insolente" quando "um jornal se arvorar em órgão de difamação contra si".[184] Dias depois, ameaçou mais uma vez retirar-se do governo se "medidas enérgicas" não fossem tomadas contra a liberdade de imprensa.[185]

Um grave conflito aconteceu entre Deodoro e Benjamin Constant no final de 1889 por causa das medidas repressivas que o tribunal de exceção,* então criado, aplicaria a pessoas acusadas de conspiração contra a República. O tribunal era uma comissão militar nomeada pelo ministro da Guerra que podia sentenciar civis com as penas do crime de sedição. A medida foi decretada dias depois de uma revolta no 2º Regimento

---

* O tribunal de exceção se contrapõe ao princípio do juiz natural, sendo criado posteriormente aos fatos, frequentemente classificados como crimes políticos, a partir de regras arbitrárias que buscam a incriminação a qualquer custo dos envolvidos.

de Artilharia, quando dezenas de soldados saíram às ruas dando vivas a Pedro II. Dez soldados foram condenados à pena capital, que acabou convertida em "carrinho perpétuo", isto é, prisão perpétua com trabalho forçado, tendo o sentenciado os tornozelos presos com argolas de ferro. Benjamin Constant era contra a renovação do decreto e não queria sua aplicação.[186]

A partir de abril de 1890, Benjamin passou a atuar como ministro da Instrução Pública, Correios e Telégrafos, ministério que foi criado especialmente para ele a fim de afastá-lo do Ministério da Guerra, pasta que foi ocupada pelo ajudante-general Floriano Peixoto (que tinha assumido o cargo em julho de 1889). Benjamin morreu em janeiro de 1891, relativamente novo, com 55 anos, em decorrência de problemas hepáticos causados pela malária que contraiu na Guerra do Paraguai. Seus discípulos iniciariam uma disputa com aqueles que defendiam Deodoro como o inaugurador da República. Benjamin recebeu a alcunha de "Fundador da República", título que lhe foi concedido pela Constituição de 1891 (os constituintes estavam reunidos quando da notícia de sua morte). Anfriso Fialho sugeriu "cobrir com um véu negro o busto da República existente no recinto do Congresso Constituinte", mas a ideia foi afastada.[187]

Esta fase inicial da República acabaria de maneira muito tumultuada durante o governo de Floriano Peixoto (1891-1894), que assumiu após tentativa de golpe de Deodoro da Fonseca. Em novembro de 1891, o generalíssimo fechou o Congresso Nacional com a expectativa de aumentar seus poderes, mas teve seus planos frustrados.* O governo de Floriano foi marcado por muitos conflitos e repressão violenta. Constituiu, juntamente com o governo Deodoro, uma fase de autoritarismo militarista – a chamada "república da espada". Desse período, para o que nos interessa, resta recuperar o processo de elaboração da Constituição de 1891.

O Decreto nº 510, de 22 de junho de 1890, marcou as eleições de deputados e senadores constituintes para o dia 15 de setembro de 1890. O chamado "Regulamento Cesário Alvim" estabeleceu o total de

---

* Floriano havia substituído Rui Barbosa na vice-chefia do governo provisório em agosto de 1890.

deputados (205) e de senadores (três para cada um dos vinte estados e o Distrito Federal, totalizando 63 senadores). José Cesário de Faria Alvim era o ministro do Interior. Aliás, ele próprio foi eleito senador constituinte por Minas Gerais.[188]

Muitos militares se candidataram. "Houve quem se alarmasse." Não foi o caso de Quintino Bocaiuva: para ele, o Exército e a Marinha possuíam "homens eminentes" e o povo seria ingrato se não desse "testemunho do seu reconhecimento ao valor e à abnegação dos seus libertadores". Segundo Bocaiuva, os "cidadãos armados" seriam "o ponto de apoio firme e inabalável para o fecundo exercício da autoridade".[189]

Muitos militares foram eleitos, mas há divergência entre os analistas quanto ao número. O advogado João Coelho Gomes Ribeiro pode ser considerado fonte confiável: ele escreveu em 1890 uma série de artigos para a *Gazeta de Notícias* sobre a constituinte que, depois, reuniu em livro publicado nesse mesmo ano e republicado em 1917. Segundo Gomes Ribeiro, foram eleitos 38 oficiais do Exército, onze da Marinha e quatro engenheiros de formação militar, totalizando 53 militares.[190] A presença de tantos militares gerou constrangimento entre os constituintes civis. O médico e jornalista Felisbelo Freire foi deputado constituinte pelo Sergipe. Ele relatou que

> o grande número de militares com assento no Congresso não deixou de influir sobre o grau de liberdade de ação do mesmo em discutir questões que se prendiam à Força Armada, não porque deles partisse qualquer coação e sim porque qualquer discussão assumia a expressão de uma questão de classe, uma questão pessoal.[191]

Segundo Felisbelo,

> nenhum assunto que de perto afetasse questões militares foi francamente debatido na tribuna, ainda que a votação e uma ou outra emenda viessem atestar a existência de opiniões contrárias (…). Em assuntos militares, o Congresso não usou do direito de discussão e análise com a liberdade indispensável em face do problema tão importante, como os deveres e direitos da Força Armada, suas funções, suas relações para os poderes constituídos.[192]

Os parlamentares militares enalteciam sua corporação. O tenente-coronel e deputado constituinte Jacques Ourique – que teve participação importante na preparação do golpe de 15 de novembro e propagou a tese do "pouco apreço" do governo imperial pelos militares – defendia ardorosamente o Exército. Ele não admitia a acusação de que as leis do novo regime tivessem sido feitas "sob as baionetas e as espadas do Exército".[193]

O capitão Serzedelo Correia, um dos principais discípulos de Benjamin Constant e articulador do golpe de 1889, tratou da questão da obediência "dentro dos limites da lei". Isso aconteceu porque o deputado católico Francisco Badaró, referindo-se a uma discussão anterior relativa à separação entre Igreja e Estado, mencionou a regulamentação do Ministério da Guerra sobre continência militar a cultos religiosos, que lhe parecia indevida. Em resposta, Serzedelo disse que "o decreto violando a Constituição não pode ser cumprido pelo Exército e Armada, que só são obedientes dentro da lei".[194]

Serzedelo criticou uma proposta de Francisco Luís da Veiga, deputado por Minas Gerais, a respeito da ascendência dos presidentes dos estados sobre os comandantes de forças federais. Falou em "politicagem pequena e estreita de governadores ou de mandões de aldeia que não compreendam o seu dever e que se esqueçam do respeito que devem àqueles que sacrificam sempre a vida para segurança de todos". Para ele, "no Exército há verdadeiro patriotismo: ele tem sido e há de ser sempre entre nós a ordem e a garantia da liberdade, ele não tem sido outra coisa senão a encarnação de todas as grandes aspirações nacionais (*Apoiados gerais*)".[195] Serzedelo foi muito saudado quando enalteceu Quintino Bocaiuva, "amigo dedicado (...) defensor das classes militares [que] sustentou sempre o princípio de que o Exército era e havia de ser a alma da pátria", bem como quando elogiou o marechal Floriano Peixoto,[196] "não só um general, mas um herói [porque] evitou que se derramasse sangue brasileiro".*

O primeiro-tenente Lauro Sodré, eleito deputado constituinte pelo Pará, criticou os "políticos sentimentais, tímidos, que se receiam da

---

* Referência ao dia 15 de novembro, quando o visconde de Ouro Preto perguntou a Floriano por que nada fazia para impedir que a artilharia dos golpistas tomasse posição ameaçadora, enquanto na Guerra do Paraguai manobras até mais difíceis tinham sido feitas. Floriano respondeu que lá havia inimigos e "aqui somos todos brasileiros".

intervenção das classes militares no nosso país". Disse que falava como republicano porque "nunca o peso da farda sufocou os sentimentos patrióticos de minha alma". Ele também defendeu o princípio da obediência militar dentro dos limites da lei.[197]

A mocidade militar recebeu tratamento especial no artigo 70, que definia quem podia votar: assim como os mendigos e analfabetos, os praças de pré – ou seja, de categoria inferior, como soldados e cabos – não podiam ser eleitores, "excetuados os alunos das escolas militares de ensino superior". Segundo Lauro Sodré, o privilégio foi estabelecido como "homenagem às classes militares, factoras gloriosas da revolução nacional de 15 de novembro, homenagem de todo o ponto justa aos moços que foram, que são e que hão de ser, como o Exército inteiro, a garantia da realização do ideal inscrito na nossa bandeira".[198]

Civis também buscavam enaltecer os militares. Logo no início dos trabalhos, no dia seguinte à aprovação do artigo 1º da Constituição, Américo Lobo, senador por Minas Gerais, propôs voto de "perene louvor ao Exército e à Armada" pela Proclamação da República. Ele justificou a proposta lembrando o "patriotismo do soldado e do marinheiro, que souberam dar ao mundo o exemplo de uma revolução sem sangue, onde suas baionetas se tornaram para-raios do despotismo". Disse que o Congresso trabalhava "ciente e consciente de que a parte armada da nação sempre manterá a República respeitável e inviolável e garantirá a paz e a tranquilidade".[199] Américo Lobo tinha sido nomeado governador do Paraná em março de 1890 e se elegeu senador em setembro. A moção foi contestada pelo deputado mineiro Francisco Badaró, que a chamou de "luxo (...) que o próprio Exército e Armada dispensam". O deputado por Santa Catarina Lauro Müller – tenente que havia sido ajudante de ordens de Deodoro em 1889 – encaminhou o adiamento da votação da proposta, provavelmente para evitar controvérsia. A ideia seria convenientemente esquecida, apesar de Américo Lobo tê-la defendido de novo, lembrando que os militares "fizeram deste antigo alcaçar [alcácer, palácio suntuoso] da casa de Bragança, o ponto das nossas reuniões".[200]

Ele estava se referindo ao antigo paço imperial, o Palácio de São Cristóvão,* antiga residência da família imperial e local onde o Con-

---

* Atual Museu Nacional.

gresso Constituinte se instalou no dia 15 de novembro de 1890. Móveis, objetos de decoração e outros itens da família imperial foram vendidos em leilão pouco antes de o prédio ser liberado para a constituinte. Nada deixado no palácio deveria lembrar a monarquia. Foram feitas obras de adaptação e apenas algumas dependências foram utilizadas durante os trabalhos de elaboração da nova carta. Segundo o escritor português Ramalho Ortigão, que esteve no Brasil em 1887 e se espantou com a simplicidade da corte brasileira, a construção era um "desterro mortífero".[201] Independentemente da má vontade de Ortigão com o Brasil, o palácio de fato tinha o inconveniente de estar em um lugar de difícil acesso. Segundo o político e escritor Dunshee de Abranches:

> A abertura do congresso constituinte não se tornou um acontecimento memorável no espírito público. Escolhido o Paço de S. Cristóvão para as suas reuniões, edifício situado longe do coração da cidade, que possuía então difíceis e morosos serviços de transportes, os seus trabalhos correram em geral no meio da mais profunda indiferença da população da capital federal.[202]

Os constituintes iniciaram seus trabalhos tomando como ponto de partida o texto da constituição outorgada pelo já mencionado Decreto nº 510, de 22 de junho de 1890. Era conhecido como o "Projeto do Governo Provisório".* A elaboração desse projeto decorreu dos trabalhos de uma comissão, chamada de "Comissão dos Cinco" ou "Comissão de Petrópolis", nomeada em dezembro de 1889 pelo Governo Provisório e integrada por Joaquim Saldanha Marinho, na qualidade de presidente, Américo Brasiliense de Almeida Mello, na de vice-presidente, Antônio Luiz dos Santos Werneck, Francisco Rangel Pestana e José Antônio Pedreira de Magalhães Castro. Eles começaram a trabalhar em janeiro de 1890 e, cerca de cinco meses depois, entregaram sua proposta a Deodoro. Magalhães Castro tratou bastante dos militares. Sugeriu incluir na constituição uma proposta para que eles pudessem "comunicar seus

---

* A partir de janeiro de 1891, o projeto do Governo Provisório foi examinado por uma "Comissão dos 21" (cada membro representava uma unidade da Federação). Essa comissão fez poucas alterações no projeto recebido.

pensamentos e doutrinas pela imprensa" – principal questão disputada na crise de 1886-1887. Esse artigo não prevaleceu, mas várias sugestões de Magalhães Castro sobre a classe militar foram aproveitadas. Santos Werneck e Rangel Pestana sugeriram a diminuição dos quadros do Exército "à proporção que tratados de paz estabeleçam o arbitramento como recurso obrigatório", mas a Constituição de 1891 consagraria as Forças Armadas como "instituições nacionais permanentes".[203]

A partir de 10 de junho, o texto da "Comissão dos Cinco" foi submetido à revisão pelos ministros do Governo Provisório, sob a liderança de Rui Barbosa. Rui comentava cada artigo e submetia suas considerações aos colegas:

> Diariamente me davam S. Ex[as] a satisfação de reunir-se em minha casa, às 2 horas da tarde, ali colaboravam todos comigo até às 5 ½ e, depois de jantarmos juntos ali mesmo, dirigíamo-nos, reunidos, ao Itamaraty, onde eu, por delegação de todos os meus colegas presentes, funcionava no caráter de vogal perante o chefe de Estado, justificando, como intérprete do pensamento deles, o nosso projeto constitucional. Isso durante 12 ou 15 dias. Assim se fez a Constituição.[204]

Esse trabalho de revisão acabou no dia 18 de junho e foi publicado pelo Decreto nº 510.

O projeto de constituição elaborado pela "Comissão dos Cinco" não definia as Forças Armadas nos termos que prevaleceriam no futuro artigo 14, isto é, nada se dizia sobre a obediência "dentro dos limites da lei" ou sobre "sustentar as instituições constitucionais". Até um certo momento, o 14º artigo tratava de outra coisa, dos "órgãos da soberania nacional, os poderes Legislativo, Executivo e Judiciário". Quando da elaboração do que viria a ser o Decreto nº 510, Rui Barbosa corrigiu à mão uma prova tipográfica (intitulada "3ª Prova") incluindo o texto do que viria a ser o artigo 14:* "As forças de terra e mar são instituições nacionais permanentes, destinadas à defesa da pátria no exterior e à

---

* O texto de Rui Barbosa sofreria uma pequena alteração. O manuscrito registra "Dentro nos limites da lei, a força armada (…)". A Constituição adotou: "A força armada é essencialmente obediente, dentro dos limites da lei (…)".

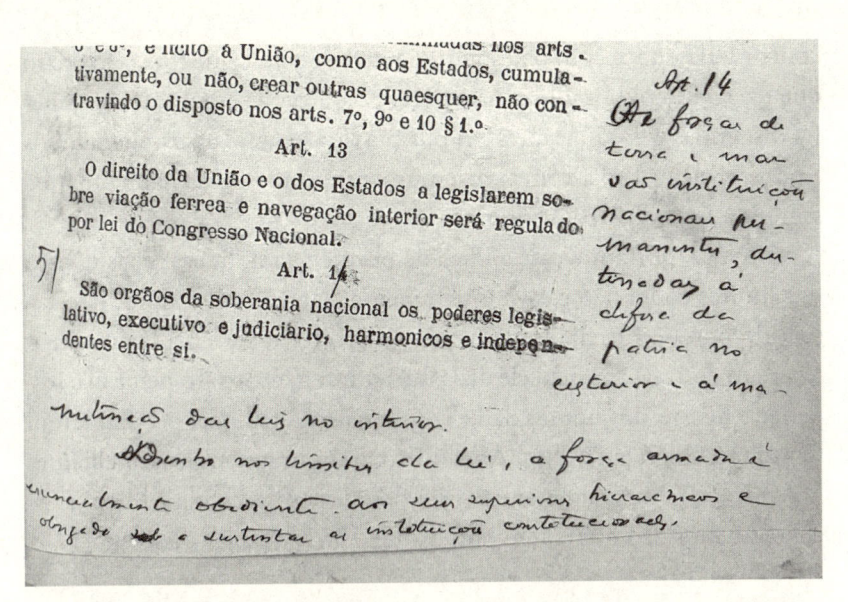

Foto da prova tipográfica do projeto da Constituição de 1891 que se encontra na Seção de Manuscritos da Biblioteca Nacional (foto do autor).

manutenção das leis no interior. Dentro nos limites da lei, a força armada é essencialmente obediente aos seus superiores hierárquicos e obrigada a sustentar as instituições constitucionais."[205]

O antigo artigo 14 passou a ser o 15º. Uma nova prova tipográfica foi feita (intitulada "Última prova") na qual o texto manuscrito veio impresso e a regência rebuscada do advérbio dentro ("dentro nos"), como era do gosto de Rui, foi substituída pela regência usual ("dentro dos"). Note-se que o artigo 14 integrava as "disposições preliminares", antecedendo as definições dos poderes constitucionais, em posição honrosa na Constituição, estabelecendo um marco jurídico para a proeminência das Forças Armadas.[206]

Quando viu o novo artigo, Deodoro reagiu muito negativamente à expressão "dentro dos limites da lei". Segundo relatou em 1923 o deputado baiano João Mangabeira (admirador e conhecedor da vida de Rui Barbosa), "ao espírito do velho cabo de guerra, isso parecia diminuição no evidente prestígio da hierarquia militar, cujo comando não se pode sujeitar ao julgamento do seu inferior". Conforme Mangabeira, a reunião entre Rui e Deodoro acabou em impasse e o ministro da Fazenda se foi. Campos Sales permaneceu com o marechal e dele ouviu que "não concordaria nunca com o desprestígio do Exército e que fora o Exército que fizera a República; mas não a fizera para ver as ordens de seus chefes discutidas pelos inferiores". A posição de Deodoro assustou Campos Sales e obrigou Rui a conversar novamente com o marechal na manhã seguinte, quando o convenceu.[207]

Nota-se, portanto, que a ideia de obediência militar apenas dentro dos limites da lei não estava inteiramente clara para Deodoro. Isso faz sentido porque a já citada carta que o marechal escreveu a Pedro II em fevereiro de 1887, na qual ele dizia querer um Exército "respeitável e respeitado dentro dos limites da lei", deve ter sido redigida por Benjamin Constant, como já foi dito. Afinal, Benjamin usou termos semelhantes no episódio já mencionado da visita dos alunos da Escola Militar à Escola Superior de Guerra, em outubro de 1889, quando disse que

> queria ver o Exército respeitado e inteiramente respeitador, como garantia da segurança, da manutenção da ordem e tranquilidade públicas e trabalhando condignamente para o engrandecimento da pátria, respeitando os poderes públicos, *desde que estes cumprissem a lei*, e reagindo até se preciso fosse, na praça pública, quando os desmandos dos governos levassem o desrespeito à lei até a conspiração dos direitos e brios do Exército, incompatíveis com a dignidade de uma classe patriótica e que ama extremadamente a sua pátria.[208]

Em abril de 1890, Benjamin introduziu esse conceito no decreto com o qual reorganizou o ensino militar, quando condenou a "obediência passiva". Essa concepção, inserida por Rui Barbosa na Constituição de 1891, era, portanto, originalmente de Benjamin Constant. Rui Barbosa o admirava. Quando comentou este discurso de Benjamin Constant que motivou a homenagem dos alunos da Escola Militar, afirmou: "Esse homem era, por assim dizer, naquele momento, o Exército personificado".[209]

O artigo 14 de Rui Barbosa passou sem maiores dificuldades e quase sem discussão. Recebeu apenas três propostas de emendas, todas rejeitadas. O senador baiano Virgílio Damásio propôs sua supressão por entender que a ideia de obediência dentro da lei era uma "forma vaga". Disse preferir a redação dos artigos 145 e 147 da Constituição do Império, que estabeleciam: "Todos os brasileiros são obrigados a pegar em armas para sustentar a independência e integridade do Império e defendê-lo dos seus inimigos externos ou internos" e "A Força Militar é essencialmente obediente: jamais se poderá reunir sem que lhe seja ordenado pela autoridade legítima". Argumentou também que o artigo seria indevido numa época em que "se pensa que é possível que chegue um tempo em que não haja exércitos permanentes". O deputado por Pernambuco João Barbalho Uchoa Cavalcanti – que, posteriormente, seria um dos comentadores da Constituição de 1891 – foi na mesma linha e argumentou que "é uma aspiração da democracia moderna que não haja tais instituições com esse caráter de permanência". O senador pernambucano Duarte Pereira propôs a supressão de toda a frase que mencionava a obediência dentro dos limites da lei.[210]

O caráter de permanência das Forças Armadas, como já mencionei de passagem, se contrapunha à ideia de apenas convocarem-se militares em momentos de conflito. Ainda que as tropas fossem concebidas como permanentes ou regulares, sua dimensão poderia ser definida anualmente, como estabelecido pela tradição inglesa.[211] Nem uma coisa nem outra foram modificadas. Mais grave, o preceito de que as Forças Armadas deveriam sustentar as instituições constitucionais nem sequer foi mencionado.

Quase todos os analistas que posteriormente comentaram a Constituição de 1891 condenaram a redação proposta por Rui Barbosa para o artigo 14. Felisbelo Freire, em livro de 1894, disse ter sido estranho que o Congresso Constituinte não houvesse examinado o artigo. Para ele, a redação aprovada decorria das questões militares de 1886-1887. Atribuir aos militares o papel de "árbitro para julgar da legalidade de suas ordens" dava às Forças Armadas "feições de poder constituído".[212]

Aristides Augusto Milton, em livro de 1895, chamou atenção para o ineditismo do artigo: "em nenhuma outra das constituições que serviram de modelo à nossa encontra-se disposição concernente à força militar em termos – nem mesmo aproximados – aos do art. 14". Também para Aristides Milton, isso decorreu da crise de 1886-1887, em função da qual os militares "procuraram acautelar-se contra futuros conflitos".[213]

João Barbalho publicou seus comentários em 1902, nos quais admitia que a obediência militar não se confundia com "servilismo".

Entretanto, sustentou que "um Exército que não obedece e que discute (...) constitui-se um perigo público. A crítica das ordens superiores e as deliberações tomadas coletivamente pela força pública influem, de modo prejudicialíssimo, na disciplina e tornam o Exército incompatível com a liberdade civil da nação". Em seu livro – que Rui Barbosa considerou "elementar" –, Barbalho disse que o artigo 14 podia "dar margem à suposição de que é lícito aos inferiores o exame da ordem superior sob o ponto de vista da legalidade". A garantia da ordem e das instituições "não se coaduna com a Força Armada deliberante".[214]

Os *Comentários* de Carlos Maximiliano foram publicados em 1918. Ele também chamou atenção para o ineditismo do artigo 14 e para sua reconhecida motivação: a Questão Militar de 1886-1887. Para ele, "salvo casos excepcionalíssimos, de ilegalidade evidente e de efeitos irreparáveis, prevalece para o soldado a regra de obedecer primeiro e representar depois contra a ordem pelos meios regulares".[215]

Aurelino de Araújo Leal – advogado baiano cujo livro sobre a Constituição de 1891 foi publicado postumamente em 1925* – destacou o óbvio: "não é fácil conciliar a obediência essencial com o exame da legalidade da ordem recebida". Para ele, a Constituição estabelecia, textualmente, que "fora dos limites da lei, esse dever de obediência [militar] não mais existe". Aurelino Leal também ressaltou que a manutenção das leis no país "não constitui, habitualmente, função ordinária do Exército".[216]

Agenor Lafayette de Roure era jornalista e tinha grande experiência parlamentar por ter sido secretário da Câmara dos Deputados. Em livro publicado em 1920, lembrou que "nenhum outro país julgou necessário fixar na constituição o princípio da obediência da Força Armada".[217]

Seabra Fagundes – o famoso jurista que seria consultor-geral da República no governo Dutra e ministro da Justiça do presidente Café Filho – abonou todas as restrições dos comentadores que o antecederam, em conferência que fez no Instituto da Ordem dos Advogados do Brasil em 1947. Para ele,

---

* A Editora Briguiet havia solicitado a Aurelino, em 1912, a revisão dos comentários de Barbalho, mas ele acabou ampliando o trabalho e atrasando a entrega. Em 1924, quando o livro estava para ser publicado, morreu por conta de um aneurisma aos 46 anos.

essa cláusula tem sido, a bem dizer, um permanente e insolúvel problema de exegese constitucional, desde que ao nosso Direito a incorporou a Carta de 1891. Aurelino Leal bem sintetizou essas dificuldades quando, arrematando os seus comentários ao art. 14 da primeira Constituição republicana, publicados após vinte e três anos da sua vigência,* fez sentir que nem nos anais da Constituinte, nem na jurisprudência nacional se alcançara precisar "o círculo em que gira essa obediência essencial dentro da lei".[218]

Escrevendo em 1984, Raymundo Faoro assinalou o ponto essencial em relação ao artigo 14 de Rui Barbosa: poucos notaram o caráter nocivo da regra que atribuía às Forças Armadas a competência de sustentar as instituições constitucionais, um enunciado "de maior relevo do que o outro [a obediência dentro dos limites da lei]". Para Faoro, "desenvolveu-se, no seio de um regime construído pelas armas, o predomínio destas, no dorso de uma escusa, constitucional, que prosperou na passiva e inerte cidadania".[219]

Pontes de Miranda – um dos juristas mais citados nos tribunais brasileiros – é a exceção. Para ele, o artigo 14 era "excelente e fruto da experiência histórica do Brasil". Autor precoce, Miranda teve seu primeiro livro, À margem do Direito, que escreveu com apenas 17 anos, elogiado por Rui Barbosa. Ele concorda que "a República nasceu no Exército, após as questões militares ligadas a discussões em torno do que se havia de entender por obediência", mas os constituintes "escutaram (...) a realidade do Brasil".[220]

Rui Barbosa se arrependeria de ter escrito o artigo 14 e tentaria encontrar argumentos que o justificassem. Antes mesmo da Proclamação da República, quando escrevia seus artigos incendiários no *Diário de Notícias*, ele procurava respaldo para justificar a defesa da desobediência militar. Encontrou amparo para isso em Francis Lieber, jurista norte-americano que estudava o código de conduta das tropas militares em guerra. Rui concordou com Lieber para sustentar que "nem no Exército

---

* Seabra Fagundes se enganou: ele se refere ao livro de Aurelino Leal *História constitucional do Brasil*, publicado em 1915. A mencionada síntese de Aurelino, entretanto, está no *Teoria e prática da constituição federal brasileira*, de 1925.

nem na Armada se pode reclamar obediência absoluta". Para Rui, "o militar não degenera, pela farda, em instrumento insensível, cego, irracional, absoluto dos seus superiores". Em artigo que publicou em 1889, Rui citou Francis Lieber: "desde o momento em que se nos tornar claro que a pátria e o chefe estão em campos opostos, cessa de ter sentido o nome da honra".[221] Ao longo dos anos, Rui buscaria manter essa posição. Na última vez em que se pronunciou sobre o tema, em 1919, com setenta anos, três antes de morrer, voltou a Lieber para justificar a possibilidade de desobediência militar quando as ordens superiores forem "contrárias aos fins essenciais do Estado". Nesse caso, "sua obrigação, em consciência, será desobedecer".[222]

Em 1893, no contexto das crises que marcaram o governo do marechal Floriano, Rui Barbosa argumentou em favor da desobediência militar. Ele entrou com pedido de *habeas corpus* no Supremo Tribunal para os militares que assinaram em abril de 1892 o "Manifesto dos Treze Generais" contra Floriano Peixoto. Para Rui, "a farda não abafa o cidadão no peito do soldado: o militar obedece dentro da lei". O Exército, como instituição, não poderia tratar de política, mas o militar, individualmente, sim – tese que ele desenvolveria no futuro ao contrapor o "militar" ao "militarismo".[223]

Em 1898, ele tentou explicar o artigo 14. Disse que era equivocada a interpretação segundo a qual o militar podia questionar a legalidade das ordens recebidas:

> Se essa doutrina fosse verdadeira, o eixo da República estaria deslocado. O supremo tribunal da legalidade seria a Força Armada. Os conflitos constitucionais não se resolveriam pela tribuna e pela toga, mas pela violência e pelas armas. (...) Quando estas [as forças de terra e mar] interviessem nas desarmonias do Congresso com o governo, ou nos conflitos do governo com o povo, interviriam regularmente, legalmente, constitucionalmente como o oráculo irrecorrível da Constituição, o sumo intérprete da lei, a fórmula viva da regra nacional. Dar às armas voto deliberativo é evidentemente abdicar nelas a soberania.

Nesse texto, Rui não se declara autor do artigo, mas diz que "o legislador" teria estabelecido uma contradição. Referindo-se às crises dos governos Deodoro e Floriano Peixoto, afirmou que essas "comoções militares (...) abrigam-se uma e outra à sombra do art. 14, falseado por um erro de interpretação" que adulteraria "a intenção manifesta da Assembleia Constituinte". Entretanto, Rui diz que não se oporia à eliminação do artigo 14, que ele caracterizou como "uma superfluidade". Tentando encontrar uma justificativa, argumentou: "na fórmula desse artigo, o que se quer significar é essa cadeia de obediência da força ao poder que comanda e do poder que comanda ao poder que legisla".[224]

Na época da "campanha civilista", em 1909, sustentou que "nada coloca o Exército acima da nação, nada lhe confere o privilégio de governar". Naquele momento, Rui acreditava que o maior dos "desvios republicanos" é a confiança "no expediente dos governos militares". Foi nesse ano que ele usou a expressão "pecado original da espada" para se referir à Proclamação da República.[225] Depois da "campanha civilista", Rui foi derrotado nas eleições de março de 1910. Na época, Quintino Bocaiuva exercia a presidência do Senado. Coube ao antigo companheiro de artigos incendiários de 1889 declarar a derrota de Rui e a vitória do marechal Hermes da Fonseca – que o militarista Quintino apoiara.

Em 1913, Rui Barbosa voltaria ao tema contestando a contradição que ele próprio estabeleceu: "se o Exército fosse deliberante, não seria obediente; e, se é obediente, não pode ser deliberante". Discursando no Senado no ano seguinte, afirmou que o fato de o Exército ser obediente dentro da lei implicava que as Forças Armadas tinham o dever de não obedecer ao governo quando seus atos rompessem "ostensivamente, material e grosseiramente contra as leis".[226]

Rui e a República nunca encontrariam solução para essa incoerência.

A MOCIDADE MILITAR SE REVOLTA

Um golpe militar durante a Revolta da Vacina

Durante a famosa Revolta da Vacina, de 1904, houve uma fracassada insurreição militar contra o presidente Rodrigues Alves. Essa tentativa de golpe de Estado foi mal planejada e mal executada, embora não estivesse fadada ao fracasso. Um participante secundário, Alfredo Varela, disse que a vitória das forças legais "foi obra de um acaso" – uma eventualidade que veremos adiante. Apesar de ter sido praticamente uma quartelada, o episódio assinalou o declínio do padrão golpista, inaugurado com a Proclamação da República, que contava com a participação arrebatada dos alunos das escolas militares. Antônio Olímpio da Silveira, general vacilante que acabou indiciado entre os revoltosos, procurou o presidente da República e o ameaçou dizendo recear "que as escolas saíssem".[1] O voluntarismo dos alunos militares – idealizados como "mocidade militar" – passou dos limites.[2] Foi preciso que, após a insurreição, os chefes militares tentassem anular a atuação política dos alunos, inclusive fechando a Escola Militar da Praia Vermelha. Tais chefes, entretanto, buscaram construir uma imagem menos negativa dos cadetes, tornando-se recorrente, desde então, a menção ao "nobre coração daquela mocidade" ou às "razões ardorosas de uma juventude militar idealista, mas irrequieta e inconformada".[3]

A Revolta da Vacina foi uma rebelião popular contra a obrigatoriedade da vacinação antivariólica, implementada de maneira desastrosa pelo diretor-geral de Saúde Pública, Oswaldo Cruz, e pelo prefeito nomeado por Rodrigues Alves, Pereira Passos. Os protestos abalaram o Rio de Janeiro entre os dias 10 e 16 de novembro de 1904 e tiveram todos os ingredientes típicos de uma revolta popular: quebra-quebras de bondes, confrontos entre a população e a polícia e assim por diante. Várias pessoas morreram e muitas ficaram feridas. Os políticos que se opunham a Rodrigues Alves despertaram na população o temor contra o que seria a invasão dos lares para a humilhante injeção nos corpos – algo que, na época, era visto como especialmente ultrajante para as mulheres. A prefeitura não conseguiu convencer a população dos benefícios da vacinação, que era a terceira etapa do enfrentamento das epidemias que tornavam a capital federal muito malvista no exterior. Oswaldo Cruz vinha combatendo a febre amarela através da eliminação do mosquito transmissor e a peste bubônica por meio da eliminação de ratos. Agora seria a vez da varíola.[4]

O que nos interessa nesse evento é destacar que, para alguns analistas, a tentativa de golpe militar contra Rodrigues Alves teve na rebelião contra a vacina um pretexto e expressão de suposto apoio popular.[5] De fato, o líder político que esteve à frente do golpe fracassado – o senador e tenente-coronel Lauro Sodré – usou a questão da vacina obrigatória para agitar a população, mas a rebelião popular escapou de qualquer controle e ele próprio tentou conter a fúria da multidão, o que não foi mais possível. Segundo José Murilo de Carvalho, a rebelião popular tinha independência em relação à sublevação militar porque, mesmo com o golpe militar fracassado, as manifestações contra a vacina continuaram. Segundo Emanuel Sodré, filho de Lauro, os protestos contra a vacina não foram um pretexto, mas sim um entrave ao levante militar. Isso porque o golpe – uma "epopeia de puro idealismo" – vinha sendo planejado havia meses e deveria acontecer durante a parada de 15 de novembro em comemoração aos quinze anos da Proclamação da República. Entretanto, por causa dos protestos populares violentos, o governo cancelou a parada e, com isso, os conspiradores tiveram de improvisadamente antecipar a tentativa de golpe para o dia 14.[6]

As motivações dos grupos envolvidos nesses eventos eram diversas. Os protestos populares contra a vacina tinham razões bastante definidas: evitar a desonra da invasão dos lares e as supostas consequências nefastas da imunização, já que pessoas reconhecidas e respeitadas garantiam que a vacina poderia causar doenças. Rui Barbosa, por exemplo, disse que a vacina não era inofensiva e que ela poderia envenenar as pessoas, pois introduzia no sangue um vírus cuja influência seria "condutora da moléstia ou da morte".[7] Os positivistas ortodoxos, como Raimundo Teixeira Mendes, diziam barbaridades sobre a vacinação, vista como um "flagelo".[8]

Donos de jornais talvez vissem na polêmica a possibilidade de aumentar as vendagens, embora alguns tenham assinalado a falta de razoabilidade dos protestos contra algo que, afinal, era benéfico. Alguns jornais, como o *Correio da Manhã*, de Edmundo Bittencourt, foram especialmente beligerantes. Bittencourt fazia oposição ao situacionismo governamental desde que o ex-presidente Campos Sales (1898-1902) deixou de favorecer seu jornal com subvenções oficiais. Além disso, ele possivelmente não tinha simpatia por Oswaldo Cruz, uma vez que o cientista, em 1901, se recusou a dar um parecer para a campanha movida pelo *Correio da Manhã* contra a qualidade da carne consumida pela população da capital federal. Oswaldo Cruz alegou, na época, que não se envolveria em política. Sempre em oposição ao governo, Edmundo Bittencourt apoiou a eleição de Lauro Sodré para o Senado em 1903 e combateu o poderoso senador Pinheiro Machado – que teve grande influência junto a Campos Sales e a Rodrigues Alves –, chegando até a duelar com ele, ocasião em que saiu ferido.[9]

Cardoso de Castro, chefe de polícia do Distrito Federal, diria em seu relatório que o objetivo da insurreição militar era a restauração do regime monárquico, para a qual, inicialmente, deveria ser instalada uma ditadura militar,[10] mas isso é difícil de sustentar.

A motivação dos alunos da Escola Militar da Praia Vermelha era bastante difusa: além do simples voluntarismo, havia a memória da atuação de Benjamin Constant como predestinado ou intérprete da verdadeira concepção de República. Lauro Sodré era quem representava esse mestre mitificado, de quem havia sido discípulo reconhecido. Em 1890, o próprio Benjamin Constant disse publicamente que Lauro Sodré tinha sido seu aluno nos bancos acadêmicos, mas ele o considerava seu mestre por causa dos "altos dotes do seu caráter". Sodré havia sido secretário de Benjamin Constant logo após a Proclamação da República, tanto no Ministério da Guerra quanto no da Instrução Pública. O seu livro *Crenças e opiniões* é dedicado a Benjamin Constant, "o egrégio mestre imortal cujos ensinamentos orientaram o meu espírito no rumo da filosofia científica". Era representante do que diversos autores chamam de "jacobinismo florianista", já que considerava Floriano Peixoto não apenas um herdeiro de Benjamin, mas um verdadeiro salvador da pátria. Professor da Escola Militar, Sodré era tenente-coronel em 1904, embora atuasse principalmente como parlamentar. Era indiscutivelmente um militarista: "não vejo em que princípios da Constituição igualitária e democrática que nos rege iriam estribar-se os que querem fechar aos militares o acesso às posições políticas, conquistadas pelo caminho largo do merecimento real e dos serviços à causa pública". Segundo Afonso Arinos de Melo Franco, ele tinha uma "espécie de exaltação mística pela República".[11]

O deputado pernambucano Barbosa Lima também era muito admirado pelos alunos militares.* Ele tinha sido professor da Escola Militar do Ceará em 1889 e governador de Pernambuco de 1892 a 1896. Segundo o general João Bernardo Lobato Filho – que era cadete nos episódios de 1904 – "Barbosa Lima possuía o condão de arrebatar os espíritos e dirigir as opiniões. E a Escola Militar tinha-o como um luminar do quadro de oficiais do Exército: major de Estado-Maior, engenheiro militar, bacharel em matemáticas e ciências físicas e naturais e professor catedrático da Escola". Pantaleão da Silva Pessoa também era cadete em 1904, com 19 anos. Muito tempo depois, quando já era um general da reserva octogenário, escreveu sobre aquela época: o governo era criticado pelos "adeptos do positivismo, liderados pelo verbo candente e persuasivo de Barbosa Lima". Na Praia Vermelha, os "propagandistas da desordem" divulgavam o *Correio da Manhã*. Lauro Sodré e Barbosa Lima "eram apresentados como ídolos do povo".[12]

Sodré e Lima eram militares até certo ponto, mais ajustados ao perfil político-parlamentar. O primeiro se dizia sobretudo um intelectual. A motivação dos oficiais militares propriamente ditos que se envolveram na tentativa de golpe é a mais difícil de caracterizar. Sabe-se pouco, por exemplo, do general Silvestre Rodrigues da Silva Travassos – que teria destino trágico. Ele participou da Guerra do Paraguai

---

* Alexandre José Barbosa Lima era tio de Barbosa Lima Sobrinho, o famoso presidente da Associação Brasileira de Imprensa (ABI) durante a ditadura militar.

como segundo-sargento de cavalaria da Guarda Nacional em 1869. Foi comandante da Brigada Policial da capital federal e chegou a general de brigada em 1899. Teve uma carreira militar rotineira entre 1900 e 1903, comandando o 2º Distrito Militar com sede em Pernambuco e o 3º, com sede na Bahia. Era próximo de Lauro Sodré e tinha simpatia pelo positivismo.[13] Ao que parece – como ainda se verá –, não estava inteiramente informado da conspiração. O que levou o general Travassos a liderar uma tentativa de golpe de Estado em condições tão precárias, isso nunca saberemos.

O major Agostinho Raimundo Gomes de Castro, que também teria atuação destacada na tentativa de golpe, era igualmente admirador de Lauro Sodré e simpático ao positivismo. Empenhou-se na construção de um monumento a Floriano Peixoto e em muitas outras iniciativas patrióticas do tipo. No dia 18 de outubro de 1904, organizou um cortejo cívico em homenagem ao aniversário de Benjamin Constant, que percorreu ruas do Rio de Janeiro, atravessou de barca a Baía de Guanabara e se dirigiu para a casa onde nasceu o mestre adorado – na qual seria inaugurada uma escola e instalada uma placa em homenagem. Segundo o filho de Lauro Sodré, o major Gomes de Castro fez, na ocasião, "caloroso e público apelo" ao pai, que "era a figura central de todas as confabulações" relativas ao levante militar. No início de 1906, o major publicou um artigo significativo no *Jornal do Commercio* intitulado "O positivismo e o direito de insurreição".[14]

Um discurso de Lauro Sodré no Senado no dia 1º de setembro de 1904 – dois meses antes da tentativa de golpe – serve para nos dar uma ideia de seu pensamento e motivações. Estava em discussão um projeto de reforma da legislação eleitoral que, para Sodré, era insuficiente: seria preciso reformar toda a Constituição de 1891. Ele criticou a "execução do regime que nós adotamos aos 15 de novembro" e denunciou a "crise moral" da República. Expôs, duramente, a situação política nos estados, nos quais não haveria justiça na aplicação das leis. Condenou a fraude eleitoral e disse que o presidente da República, os governantes estaduais e os dirigentes municipais nunca perdiam eleição no "regime eleitoral imoralíssimo que andamos a seguir". Ele esperava que a República saísse "dessa fase tão erradamente inaugurada pelo antecessor [Campos Sales] do atual presidente da República, que criou a política dos governadores". Defendeu a ampliação do eleitorado a fim de "cavar cada vez mais fundo as raízes que implantem a República no âmago da consciência nacional".[15]

Os alunos da Escola Militar da Praia Vermelha e da Escola Preparatória e de Tática do Realengo* visitavam com frequência a casa de Lauro Sodré, no bairro de Botafogo, no Rio de Janeiro. No seu aniversário, no dia 17 de outubro de 1904, ele foi festejado pela "mocidade militar", que chegou garbosa em seus uniformes por volta das oito horas da noite. Havia muitos políticos e militares presentes, "inclusive fervorosos jacobinos dos primeiros anos da República" – segundo nos conta o então cadete Lobato Filho. O cadete Joaquim Gaudie de Aquino Correa discursou em nome das escolas, repetindo as críticas à corrupção e à hipocrisia na política. Situando os cadetes como representantes dos jovens brasileiros, acrescentou: "nós, a mocidade do Brasil, nos valemos do dia do aniversário dos nossos patrícios ilustres para falar das misérias da pátria". Mais tarde, Barbosa Lima – "figura algo trágica" segundo Lobato Filho – "fez uma saudação sem reticências e algo impressionante como costumava ser a sua palavra, apelando para que Lauro Sodré fosse o guião naquele momento nacional de apreensões e que devia ser decisivo para o país". As palavras de Barbosa Lima "penetraram bem no fundo da alma daqueles assistentes, ávidos de alguma coisa que esclarecesse aquela situação ainda indecisa (...). À saída, tinha-se a impressão de que todos regressavam de uma confidência, onde houvessem ido em busca de uma *senha*".[16]

No final de outubro de 1904, foi aprovada a lei que instituía a vacinação obrigatória. No início de novembro, uma comissão de alunos da Escola Militar foi à casa de Lauro Sodré em busca de orientações sobre a insurreição. Sodré disse que só concordaria com a participação da escola no movimento quando tivesse certeza do êxito. Segundo Lobato Filho, no Clube Militar não havia tantas cautelas: "a coisa estava quase fervendo". Os protestos contra a vacina seriam o preâmbulo do levante militar.[17]

---

* A Escola do Realengo (antiga Escola Preparatória do Exército) ministrava, desde 1898, o ensino secundário, requisito para a matrícula na Escola da Praia Vermelha.

No dia 5 de novembro, Lauro Sodré fez um discurso incendiário no Centro das Classes Operárias, no Rio de Janeiro, quando foi criada uma associação para lutar contra a vacina. Disse que era legítimo usar a força para combater o governo, reagindo por todos os meios, até à bala. Denunciou o domínio da República pelas oligarquias estaduais e fez inúmeras críticas ao governo. De tão incisivas, alguns jornais evitaram repetir suas palavras e preferiram eufemismos. Alfredo Varela, entretanto, usaria a expressão de Lauro Sodré para, dois dias depois, publicar uma coluna escandalosa em seu jornal, *O Comércio do Brasil*, intitulada "À bala".[18]

Os pronunciamentos radicais de Sodré – "chefe espiritual da revolução" segundo o cadete Lobato Filho – justificavam-se pelas críticas às fraudes eleitorais e ao domínio corrompido da política pelos chefes estaduais. Por esses motivos, seduziam os virtuosos alunos militares com o discurso austero contra a "crise moral". Mas sua fala degenerava em defesa da ilegalidade quando sustentava a reação pela força. Assim, Sodré precisou defender-se no Senado, tentando se equilibrar entre as críticas aceitáveis que fazia e as posições radicais que propagava. Foi o que fez no dia 9 de novembro. Ocupou a tribuna para dizer que era fiel "aos princípios essenciais e fundamentais do regime republicano que nos limites de minhas forças ajudei a fundar" e que apenas oferecia seus esforços à "campanha de resistência contra uma lei arbitrária, iníqua, absurda, monstruosa". Garantiu que suas queixas e ataques não o fariam abandonar a fé na República e que "é possível que as minhas palavras [no Centro das Classes Operárias] tenham sido publicadas como não foram proferidas". Insistiu que os intuitos da associação de combate à vacinação obrigatória eram "perfeitamente pacíficos e perfeitamente legais", mas acrescentou: "se é verdade que nessa ocasião por mim não foi empregada a expressão 'à bala' (...) também é verdade que defendi (...) este direito de resistência (...) em dadas circunstâncias". O senador mato-grossense Antônio Azeredo o interrompeu dizendo que Lauro esteve certo em se associar ao povo no Centro das Classes Operárias, "mas a frase que lhe emprestaram foi o que o colocou mal". Sodré concluiu seu discurso quase antecipando a rebelião que lideraria cinco dias depois. Ele disse que a República vivia uma crise moral e que só restava ao povo recorrer ao "protesto material", resistindo "em todos os terrenos, indo até a resistência admirável, resumida na frase de que há pouco falava o meu ilustre colega, senador por Mato Grosso, e que, se eu não proferi, está naturalmente encerrada nas teorias que defendo". Ninguém deveria ter medo das revoluções quando elas são salvadoras, pois não faz revolução quem quer, elas "rebentam à hora própria".[19]

Reagindo ao discurso, o senador Francisco Glicério demonstrou descrença em relação à ameaça de reação à bala de Sodré. Glicério tinha sido ministro da Agricultura de Deodoro e foi um dos civis agraciados com o título de general – sendo, aliás, o único que permaneceu usando a patente, tornando-se conhecido como "general Glicério" apesar de não ser militar. Ele provocou Sodré dizendo que "não podia acreditar que um membro do Congresso Nacional abandonasse o caminho legal e constitucional". Sodré teve de responder, reafirmando que a resistência poderia estar no fim da jornada e que, se o governo insistisse na vacina obrigatória, "a lei ficará em desuso porque não se cumprirá".[20]

Um vazamento na imprensa serviu como estopim para a rebelião popular contra a vacina: o jornal *A Notícia* publicou no dia 9 o projeto de regulamento do serviço de vacinação obrigatória, que continha prescrições muito rigorosas. Os protestos foram crescendo e se tornando violentos, e, como já foi dito, levaram ao cancelamento da parada de 15 de novembro e à antecipação da insurreição militar. No dia 13 de novembro, os conspiradores se reuniram na casa de Lauro Sodré para avaliar a situação. O coronel Marciano Augusto Botelho de Magalhães – irmão de Benjamin Constant – mostrou-se "muito cético, entendendo que qualquer levante, então, iria redundar em fracasso".[21] Ainda assim, o precário planejamento prosseguiu. No dia seguinte, os oficiais militares envolvidos se reuniram no Clube Militar. Era já o dia 14.

A revolta da Escola da Praia Vermelha

Ao entardecer, alguns alunos da Escola Militar da Praia Vermelha simularam uma partida de futebol no espaço em frente à escola enquanto, na verdade, aguardavam a chegada dos chefes militares da insurreição. Nem todos sabiam da conspiração. O general Travassos e o senador Lauro Sodré chegaram acompanhados de outras pessoas defronte ao portão da escola. Travassos entrou com alguns oficiais rumo ao gabinete do comandante, o general Alípio de Macedo Fontoura Costallat, mas Costallat já vinha em direção ao portão. Encontraram-se "mais ou menos no meio do pátio", quando houve uma ameaça de conflito. Segundo Costallat, "muitos [alunos] já armados disparavam tiros para o ar". Travassos conseguiu controlar os alunos.[22]

Segundo o cadete Lobato Filho, testemunha dos fatos, Travassos disse a Costallat que era o "chefe de um movimento revolucionário" e que "naquele momento iniciava suas operações militares; que seu primeiro objetivo seria depor o atual governo que estava oprimindo as liberdades públicas; que essa deposição ia ser feita pela Escola Militar, *já sob seu comando*". O general Costallat não era um oficial experiente, "não conhecia bem os segredos, as virtudes e os defeitos da vida militar". Fez carreira no magistério militar e chegou a general "sem nunca haver dirigido força arregimentada".[23] Travassos, então, apenas acompanhou Costallat até o portão e o liberou. Alguns alunos se solidarizaram com Costallat e foram embora com ele.

Travassos assumiu o comando da escola e deu suas ordens. Mandou que o material que houvesse no parque de artilharia fosse retirado. Como em condições operacionais só havia um canhão Krupp de 75 milímetros, ele determinou que alguns cadetes fossem até uma pedreira próxima da escola recrutar trabalhadores portugueses para conduzir, com cabos, o canhão. A guarda da escola, fornecida pelo 38º Batalhão de Infantaria, foi dispensada e substituída por cadetes. A rebelião deveria sair da região da Urca, onde ficava a escola, e seguir pela antiga Praia da Saudade (que corresponde, aproximadamente, à atual avenida Pasteur). Depois, seguiria em direção aos bairros do Flamengo e do Catete – onde estava o palácio presidencial. Por isso, Travassos determinou que um pelotão de cadetes se posicionasse na pedreira de Botafogo (atual Morro do Pasmado) "a fim de assegurar a marcha da escola para o Catete contra qualquer resistência que surgisse na praia" que, assim, ficaria vigiada e protegida pelo pelotão.[24]

Eram aproximadamente sete horas da noite. Alguns infortúnios surgiram. Chegou a notícia de que a Escola do Realengo tentara se sublevar – como estava planejado – para cooperar com a Escola da Praia Vermelha, mas a tentativa foi anulada pelo comandante, o general Hermes da Fonseca (sobrinho de Deodoro e futuro presidente da República). O major Gomes de Castro, que havia tentado assumir o comando de Realengo, estava preso, e um oficial da escola teria sido ferido. Dizia-se que uma coluna da Escola de Realengo estava marchando em direção ao centro do Rio de Janeiro,* mas não havia certeza disso.²⁵

De fato, quando o general Hermes da Fonseca estava deixando a Escola Preparatória e de Tática do Realengo, por volta das cinco da tarde, após um dia de atividades regulares, notou algo estranho. Ele já estava embarcado no trem que o levaria até o centro do Rio de Janeiro quando viu o major Gomes de Castro e o capitão Antônio Augusto de Moraes desembarcarem de outra composição que acabava de chegar da cidade. Os dois estavam com um civil "conhecido como arruaceiro". Desconfiado, o general desembarcou acompanhado do secretário interino da escola, do seu ajudante de ordens e do cadete agente do rancho. Ao lado da estação de Realengo, Gomes de Castro não conseguiu evitar Hermes da Fonseca, que lhe perguntou o que fazia ali. O major disse que ia visitar um amigo. Não convencido, Hermes voltou para a Escola e reuniu os alunos: "concitei-os a cumprirem os seus deveres de soldados e a não se deixarem seduzir por pessoas que se apresentavam de um modo tão pouco criterioso". Obteve a lealdade dos alunos. Gomes de Castro seguiu da estação para o quartel do 20º Batalhão de Infantaria, também no bairro do Realengo. Fardou-se, pegou espada, revólver e um cavalo. Conseguiu penetrar no pátio da escola dando vivas à República. Os alunos fecharam o portão, mas não conseguiram impedir a entrada do civil, que gritava algo como "prendam o general!". O capitão Antônio Augusto de Moraes não conseguiu entrar. Estava fardado e armado com revólver. Os alunos cercaram e desarmaram o major, entregando-o a Hermes da Fonseca. O civil também foi preso, além de ser baleado. Diante dessa situação, o capitão Moraes fugiu. Hermes da Fonseca, então, relatou o ocorrido, por telefone, ao Ministério da Guerra. Segundo Afonso Arinos de Melo Franco, a Escola de Realengo deveria ter sido tomada pelo coronel Marciano Botelho de Magalhães, que tinha garantido o levante da Escola Militar da Praia Vermelha na Proclamação da

---

* Em seu relatório, o comandante do 4º Distrito Militar disse que 106 alunos de Realengo chegaram até o bairro do Campinho, mas refletiram melhor, voltaram e se entregaram.

República: "pensava, assim, repetir, no fim da carreira, os sucessos do seu início (...) os velhos companheiros positivistas [Marciano e Lauro Sodré] juntavam-se de novo para tentar outro golpe, não contra a monarquia, mas contra a República". Arinos também avalia que "foi a resistência do Realengo que colocou em foco o nome do futuro presidente [Hermes da Fonseca]".[26]

Enquanto isso, na Praia Vermelha as coisas também caminhavam mal. Além do canhão que seria movido à "tração lusitana" – como depois seria ironicamente descrito o emprego de trabalhadores portugueses –, havia pouca munição na escola. Por isso, o general Travassos havia mandado "tripular uma das baleeiras ou um dos escaleres da escola com cadetes e remadores a fim de ir à Fortaleza de S. João buscar munição de infantaria prometida por oficiais dessa fortaleza", também situada na Urca. O escaler utilizado, na verdade, pertencia à fortaleza. A embarcação normalmente chegava ao Forte de São João por volta das nove e meia da noite e, por isso, o coronel comandante José Agostinho Marques Porto estranhou vê-la chegar às oito e meia. José Agostinho viu "vultos que, movendo-se apressadamente na escuridão da noite, sobraçando volumes, dirigiam-se para a escada da ponte [de embarque]". Eles conduziam caixas de cartuchos Mauser. O coronel deu voz de prisão àquelas pessoas que, surpreendidas, abandonaram a carga, correram e desapareceram na escuridão. Ainda assim, o coronel Marques Porto pôde reconhecer o secretário do general Travassos, o capitão João Batista Martins Pereira que, em desespero, atirou-se ao mar para alcançar o escaler, que fugia retornando à Praia Vermelha. O almoxarife da fortaleza foi preso, assim como outro oficial e um alferes envolvidos na trama do fornecimento de munição. O cadete Lobato descreveu, melancolicamente, que a guarnição do escaler voltou sem ter cumprido sua missão. Além disso, a figura acabrunhada de "um capitão da fortaleza, com o seu uniforme encharcado", causou consternação.[27]

O fracasso da missão deixou os alunos preocupados, pois "todos sabiam que a munição existente nos paióis da escola era insignificante". De fato, segundo o cadete Pantaleão, por volta das sete horas ele e outros alunos, apesar de tudo, resolveram seguir os revoltosos: "tristes e apreensivos, entrávamos na arrecadação [depósito de segurança] de armamentos para reservar alguma munição porque era pouca a existente na escola". Para ele, a grande maioria dos alunos não sabia exatamente o que se tramava: "nem ao entrarem em forma receberam qualquer palavra sobre os grandes riscos que iam correr!".[28]

Incrivelmente, cerca de oito horas da noite, começou a funcionar na pequena edificação que ainda restava do velho Forte da Praia Vermelha – conhecida como "baluarte" – uma apressada instrução de tiro para os acadêmicos que não tinham experiência com fuzis. Os disparos alarmaram a escola até que fossem explicados.[29]

Na avaliação que o cadete Lobato Filho fez mais de quarenta anos depois, o general Travassos "não tomara parte ativa na organização do movimento (...) sua missão era comandar a tropa (...) parecia estar convencido de que todos os elementos tinham sido bem coordenados". Para tranquilizar os jovens, Travassos disse que "a escola não ia ter necessidade de *entrar em fogo*, pedindo mesmo aos cadetes que descarregassem os seus fuzis e guardassem a munição na cartucheira" – o que quase ninguém fez.[30]

Por volta das nove horas, a escola estava em forma em frente ao edifício. Eram aproximadamente trezentos alunos "compondo três companhias e mais uma de efetivo mais fraco, composta de alferes-alunos para os quais não havia comando". Foi escolhido para porta-bandeira o alferes-aluno Frederico Horta Barbosa. O general Travassos, aceitando uma sugestão, designou para Lauro Sodré um lugar junto à bandeira.[31]

O general montou em seu "tordilho claro" e todos se puseram a marchar, já passadas as dez, "em coluna por quatro e andadura lenta" para que os portugueses com o canhão os pudessem acompanhar. Seguiram pelo trajeto planejado. Quando chegaram ao Hospício Pedro II (hoje o Palácio Universitário da UFRJ), um esquadrão de reconhecimento do 1º Regimento de Cavalaria – que integrava as forças legais do governo – aderiu aos revoltosos, dando algum alento e esperança. O esquadrão foi posicionado na "cauda" da coluna – o que teria importância pouco tempo depois, como se verá. A partir desse ponto, entraram pela rua General Severiano em direção à rua da Passagem. Quando a frente da coluna chegou à rua General Severiano, o grupo que havia ocupado a pedreira foi recolhido e passou a integrar a coluna – decisão que seria lamentada momentos depois. Também nessa rua, houve outra adesão, desta vez de uma companhia de infantaria das forças governamentais que, em tese, deveria fazer o reconhecimento da situação, mas decidiu se incorporar ao grupo insurgente. "Os cadetes saudavam animadamente os bravos infantes", relatou Lobato.[32]

Durante os últimos dias, os manifestantes que protestavam contra a vacina obrigatória vinham quebrando os lampiões da iluminação pública, a maioria combustores a gás, de modo que as ruas estavam às escuras.* Chuviscava. O aspecto lúgubre da noite chuvosa era acentuado pelo misto do silêncio noturno e do barulho compassado da marcha. Como se não bastasse, de uma das janelas das casas da rua General Severiano — onde moravam familiares de oficiais e de professores da Escola Militar da Praia Vermelha — uma mulher gritou, provavelmente aflita com a situação, desencadeando muitos outros "gritos, lamentações, soluços que dilaceravam a alma dos jovens cadetes".[33]

Quando chegaram à rua da Passagem, por volta das dez e meia, a coluna recebeu ordem de fazer alto, interrompendo a marcha. O general Travassos havia enviado um pelotão de reconhecimento e soube que, pela Praia de Botafogo, vinha uma numerosa força governamental. Um oficial comentou que "foi um erro ter retirado o pelotão que estava na pedreira", que poderia ter antecipado a notícia ou mesmo ter dado combate à tropa do governo.[34]

Essa numerosa força legal tinha sido enviada pelo presidente Rodrigues Alves, que estava no Palácio do Catete. Ele deixou registradas as suas lembranças dessa noite em um "caderno de papel almaço, escrito a lápis, em cursivo apressado e forma singela, provavelmente notas para ulterior desenvolvimento", conforme relato de seu biógrafo.[35] O presidente escreveu que, durante o dia, houve muita apreensão. Inicialmente, o ministro da Guerra o informou de que "no quartel-general não se acreditava no movimento", mas o filho de Rodrigues Alves, por volta das oito horas da noite, o alertou da chegada do general Travassos à Escola da Praia Vermelha e da deposição do general Costallat. O ministro da Guerra, também informado neste momento, foi para o quartel-general tomar providências. O presidente da República, então, mandou que o ministro da Marinha trouxesse para o Palácio do Catete as forças disponíveis, inclusive de outras cidades, e acionasse todos os navios capazes de

---

* A Revolta da Vacina também ficou conhecida como "Quebra-Lampiões".

operar. A brigada policial, o corpo de bombeiros e a infantaria da Marinha já estavam de prontidão e foram igualmente convocados ao Catete:

> Em pouco tempo estacionaram em frente ao palácio as referidas forças. Era uma noite escura e lúgubre, os lampiões apagados davam má impressão. O palácio ficou guardado em todas as direções e a maior vigilância se fazia entre os largos da Glória e do Machado. Parecia o palácio uma praça de guerra, o movimento de armas, a abertura de caixões de munições, as ordens de vigilância davam-lhe esse caráter.[36]

Rodrigues Alves registrou que as forças "partiram um tanto em desordem".

Na rua da Passagem, o general Travassos ficou apreensivo ao saber das forças leais ao governo e resolveu mandar uma mensagem ao general Antônio Carlos da Silva Piragibe, comandante da Brigada Policial do Distrito Federal* que estava à frente das tropas governamentais. Buscava, talvez, uma conciliação, já que ele mesmo havia ocupado o comando dessa brigada. Enviou o alferes-aluno João Silvestre Cavalcanti. Quando tentava transmitir a mensagem, o alferes recebeu um tiro à queima-roupa. O cavalo voltou desgovernado, atropelando a coluna, e atirou o cadáver de Cavalcanti no chão.[37]

Travassos, então, deu ordens para que a 1ª companhia se estendesse pelos meios-fios e tomasse posição de combate. Os alunos se abrigaram entre as muitas palmeiras enfileiradas que havia na rua da Passagem naquela época. Nesse momento, a tropa governamental "fez uma descarga cerrada e rasante, enfiando [atacando] a rua da Passagem". Os cadetes responderam com outra descarga.[38] Na escuridão, sem entender o que estava acontecendo na frente da coluna, o esquadrão de cavalaria e a companhia de infantaria que haviam aderido à insurreição – e que estavam posicionados na parte de trás, na "cauda" – avançaram desordenadamente quando ouviram o tiroteio, "atropelando a escola que se movimentava" e dando a impressão de que tropas legais tinham

---

* A denominação das polícias militares nos estados variava. Em alguns eram chamadas de "força pública", em outros de "brigada militar" ou "brigada policial". Também podia haver uma "guarda civil" subordinada a tais guarnições.

Gravura relativa ao levante de 1904 publicada pela revista *O Malho* (Acervo Fundação Biblioteca Nacional – Brasil).

alcançado os alunos pela retaguarda, passando pela pedreira, e a hostilizavam por aí. Os cadetes se assustaram muito.[39]

O alferes-aluno Bertoldo Klinger estava lá e descreveu o que viu: "Lembro-me do anarquizado tiroteio que houve em nossas fileiras, com risco de nos fuzilarmos ou ferirmos uns aos outros, quando por equívoco as pontas trocaram tiros". Klinger se tornaria um oficial muito atuante, nos anos seguintes, tanto na vida militar quanto na política brasileira.[40]

A munição dos insurgentes acabou rapidamente. Viam-se muitos feridos. Tudo durou menos de meia hora.[41]

Durante o tiroteio, o general Travassos recebeu um tiro na perna direita. Seu cavalo também foi atingido, desequilibrou-se e caiu morto – lançando o general ao chão. Gravemente ferido, o general ainda conseguiu gritar para que a escola se mantivesse na sua posição. Ele foi recolhido à casa do seu filho, um alferes, e depois levado preso para o Hospital Central do Exército, já no dia 15. Sua perna teve de ser amputada no dia 21 de novembro. Ele não resistiu ao procedimento e morreu no dia seguinte, aos 56 anos. Foi enterrado no dia 23, sem direito a honras militares.[42]

Lauro Sodré, ferido levemente na cabeça, foi levado pelo tenente Tertuliano de Albuquerque Potiguara a uma farmácia. Depois se recolheu à casa de uma família alemã na própria rua da Passagem e, em seguida, na casa de um médico seu conhecido.⁴³

O tenente Potiguara aconselhou aos alunos o regresso para a escola, o que foi facilmente aceito. Klinger mencionou a "medonha debandada que se seguiu". Segundo Lobato, voltaram "quase a *marche-marche* [o passo militar mais rápido]". Eles não sabiam que as tropas governamentais também se apavoraram com o tiroteio na escuridão e tinham voltado apressadamente para o Catete. Um dos navios da Marinha posicionou-se na enseada de Botafogo e dirigiu seus holofotes para os alunos que retornavam. Era pouco depois da meia-noite. "Essa *retirada*, já por ser retirada e, ainda, por ser feita sob os fachos dos holofotes de um torpedeiro (...), foi, a meu ver, a parte mais impressionante do grave acontecimento", relataria Pantaleão Pessoa.⁴⁴

Uns poucos alunos foram para a escola e depois para suas casas. Outros lá permaneceram. Alguns acharam que deveriam resistir e defender a escola. Um cadete mais velho, do último ano, aconselhava prudência. Outro, transtornado, insistiu em levar o canhão Krupp para o baluarte, despendendo inutilmente enorme energia. Alguém se lembrou de pedir a intervenção do fiscal da escola, o major Clodoaldo da Fonseca,* que morava por ali, a cerca de trezentos metros da escola. O major recomendou calma e disse que não havia meios para resistir.⁴⁵

A ceia das seis da tarde, que não havia sido consumida, foi servida aos alunos. "No momento em que os cadetes se achavam no refeitório, foram surpreendidos com o estrondo de um tiro de artilharia de grosso calibre e, em seguida, o seco e forte estampido do arrebatamento da granada no costão de granito da Babilônia ou do Pão de Açúcar (...). Logo depois, outro disparo."⁴⁶

Os tiros foram dados por ordem do presidente Rodrigues Alves. Quando soube do tiroteio e da debandada das forças legais, o presidente assustou-se: "Foi indescritível a cena que se seguiu. Pensei que as forças haviam sido destroçadas e que a escola aí vinha sobre o palácio.

---

* Clodoaldo era o sobrinho de Deodoro a quem o marechal tinha dito, certa vez, que a monarquia era o sustentáculo do Brasil.

Houve um momento de pânico, do qual eu mesmo participei. De todos os lados aconselhavam-me que saísse; que se fosse organizar a defesa no mar". O desânimo do ministro da Guerra e do chefe de polícia impressionaram o presidente: "Tive nessa noite a impressão de que o governo estava sem defesa e lia em todos os semblantes que era inevitável a queda. (...) Foi uma situação tristíssima". Rodrigues Alves pediu a um dos filhos que tentasse tirar as irmãs do palácio, usando uma das lanchas que ficavam na pequena ponte de embarque, atrás do Catete, na praia do Flamengo. Chegou, entretanto, a notícia do ferimento de Travassos, através de Afrânio Peixoto, médico do Hospício da Praia Vermelha que soube do episódio e telefonou para o palácio. "Dei ordem ao ministro da Marinha para dar uns disparos e às 2 horas o 'Deodoro' deu dois tiros de canhão e recomendei que sobre a madrugada atirasse sobre a escola para fazê-la render-se."⁴⁷

Klinger e outros alunos que foram para casa se entregaram ao amanhecer: "No dia seguinte [15 de novembro] nos apresentamos ao Estado-Maior do Exército chefiado pelo general Bibiano Cezar de Macedo da Fontoura Costallat, irmão do outro [Alípio Costallat, comandante deposto da escola]". Klinger, de início, foi preso com os colegas numa saleta de sobrado do 1º Batalhão de Infantaria, no prédio do quartel-general do Exército. Eles seriam embarcados dias depois para uma espécie de desterro. Os que puderam ser liberados foram incorporados a diversos corpos da capital, "inclusive fortalezas da barra".⁴⁸

Logo que clareou o dia 15, uma tropa liderada pelo coronel Caetano de Faria, comandante do 1º Regimento de Cavalaria,* chegou à Escola Militar da Praia Vermelha. Toda a escola se rendeu formando-se, desarmada, em frente ao edifício. O ministro da Guerra, marechal Francisco de Paula Argolo, e o da Viação, Lauro Müller, vieram de carro. Müller veio "dentro de seu quase inédito uniforme" – como assinalou ironicamente o jornalista Sertório de Castro. Era o uniforme preto de major da Engenharia com a insígnia respectiva (um castelo prateado) bem visível na gola do casaco, idêntica à usada pelos cadetes. Müller talvez quisesse, com a indumentária, transmitir algum conforto moral aos jovens insubordinados, ele que tinha sido aluno de Benjamin Constant e ajudante

---

* O regimento hoje leva seu nome.

de ordens de Deodoro quando da Proclamação da República. O marechal Argolo teria dito aos cadetes: "Não era bem aos senhores que eu desejava encontrar aqui, mas aos chefes que exploraram o vosso ardor que podia ser melhor empregado". Determinou que os alunos marchassem cercados pela tropa de Caetano de Faria até o quartel de São Cristóvão na Quinta da Boa Vista, mas Lauro Müller achou que a marcha seria humilhante e rapidamente requisitou bondes que pudessem levar a "mocidade militar" pelo menos até a Lapa. O primeiro e o último bonde foram ocupados pelas tropas de infantaria. A cavalaria e a artilharia cercaram lateralmente o comboio de bondes. Diz Pantaleão Pessoa que, "depois da Lapa, nas ruas que atravessamos [a pé], o povo, que antes da revolta nos importunava com aplausos inexplicáveis, a ponto de se tornar incômodo ir à cidade fardado, agora – com justiça – ria-se e apupava os cadetes vítimas da demagogia, marchando dentro de um quadrado de soldados de infantaria!".[49]

Os ministros visitaram a enfermaria da escola onde estava o corpo do alferes-aluno João Silvestre Cavalcanti e, às nove da manhã, seguiram para o Catete. O general Alípio Costallat reassumiu o comando da escola por volta do meio-dia. O prédio foi então ocupado pelo 38º Batalhão de Infantaria.[50]

Punição e anistia

A parada militar do dia 15 de novembro realmente não aconteceu, mas houve uma "alvorada festiva": canhões da esquadra deram salvas às seis horas da manhã e ao meio-dia. Os prédios públicos amanheceram protegidos e embandeirados em homenagem aos quinze anos da República. Um grupo de boêmios tresnoitados estava no bairro da Lapa e ouviu os canhões da Ilha de Villegagnon que também saudavam a República. Resolveram ir caminhando até o lugar do conflito: "Pela praia, no grande terreno inculto, encontramos cartuchames a cada passo, rastros de animais, manchas sanguíneas, resquícios da luta que ali se travara. Mais alguns passos, topávamos caídos os cavalos do general Travassos e do alferes Cavalcanti".[51]

Os alunos revoltosos da Praia Vermelha e mais 81 de Realengo, depois de um tempo recolhidos nas fortalezas e quartéis do Rio, foram embarcados nos navios *Desterro*, da Companhia Lloyd, e *Itapecy*, da Companhia Costeira pertencente à família Lage. "No dia 17 de novembro, em um porão de navio, saíamos à barra com carta de prego [instruções fechadas que deveriam ser abertas apenas após algum tempo]. Só depois de algumas horas de viagem conseguimos saber que íamos para o Rio Grande do Sul." Quando os navios rumaram para o sul, os alunos se sentiram aliviados porque perceberam que não seriam enviados ao temido desterro no Acre, para onde foram remetidas centenas de pessoas envolvidas na Revolta da Vacina. Desembarcaram no porto de Rio Grande (RS), onde foram entregues ao coronel Emídio Dantas Barreto. Ficaram concentrados em Bagé para serem, em seguida, distribuídos para corpos fronteiriços. Entretanto, nesse ínterim, chegou pelo telégrafo o decreto que expulsava os cadetes do Exército. O cadete Pantaleão já se conformara com sua classificação em São Borja, para onde deveria seguir via Bagé, quando soube ter sido "excluído do Exército a bem da disciplina". Foram excluídos 275 alunos da Escola da Praia Vermelha e 65 do Realengo.[52]

Os irmãos Lage, donos da Companhia Costeira, costumavam dar passagens grátis aos cadetes durante as férias escolares, e dessa vez não foi diferente.* Os alunos puderam embarcar de graça para os destinos que quisessem. A maioria voltou para o Rio de Janeiro. Os alunos expulsos do Exército também tiveram acesso ao telégrafo da Companhia Costeira para darem notícias aos familiares.[53]

No dia 16, um decreto fechou a Escola Militar do Brasil na Praia Vermelha. Ela seria extinta em 1905. Para caracterizar bem as coisas, o conselho de investigação que foi instaurado funcionou no prédio da desativada escola.[54]

Também no dia 16, Rui Barbosa discursou no Senado em função do pedido de decretação de estado de sítio feito pelo presidente Rodrigues Alves. Ele continuava contrário à vacinação obrigatória, mas condenou o levante militar chamando-o de "bodas adulterinas da arruaça com o

---

* Henrique Lage seria declarado patrono do Curso Básico da Academia Militar das Agulhas Negras e receberia o espadim de "Cadete nº 1".

pronunciamento". Rui Barbosa aprovou o estado de sítio. Na Câmara dos Deputados, o pedido foi aprovado pela Comissão de Justiça em menos de quinze minutos. A medida seria prorrogada duas vezes até 18 de março de 1905.

Rui Barbosa, que se pronunciava a respeito de todos os assuntos, falou da tentativa de golpe dois dias depois em carta que enviou ao jornal *Tribuna*. Disse que a insurreição poderia ter dado certo se a Escola Militar tivesse saído mais cedo. Não teria sido bem-sucedida porque o general Travassos foi ferido ("o único dos cabeças da rebeldia que a não traiu"). Classificou a debandada de "desbarate estupendo", tentou definir o movimento e condenou os militares:

> Radicalismos despeitados, sementes de anarquismo, veleidades socialistas, indisciplinas militares, isso, e nada mais, foi o caso de outro dia. No concurso do elemento armado, porém, é que esteve o grande perigo. De um lado, a insurreição organizada militarmente numa escola de guerra. Do outro, uma resistência militar frouxa, tímida, hesitante em muitos dos seus fatores. Os moços, desvairados. Os velhos, apáticos e retraídos.[55]

Lauro Sodré foi preso no dia 19, apesar de ter imunidade como senador. O Senado só votaria a licença para processá-lo um mês depois, em 19 de dezembro.[56] O Ministério da Guerra o havia intimado a apresentar-se sob pena de deserção. Apresentou-se, foi preso e encaminhado ao Ministério da Marinha porque ficaria detido no encouraçado *Deodoro* (depois foi transferido para o *Floriano*). Ele disse, tempos depois, que "foi uma prisão que em nada me abateu; se eu fosse preso pela polícia, essa prisão é que me desonraria eternamente". Seu delito foi capitulado nos artigos 93 e 100 do antigo Código Penal Militar: "revolta" e "insubordinação". Vários outros militares também foram intimados: o general Olímpio da Silveira, o major Agostinho Gomes de Castro, o capitão João Batista Cearense Cileno, quatro tenentes e catorze alferes.[57]

As investigações se arrastariam. Em meados de julho de 1905, Lauro Sodré – que ficou preso de novembro de 1904 a agosto de 1905 – ainda era conduzido para ser interrogado perante o Conselho de Guerra. No início de agosto, outros indiciados seriam ouvidos, mas, no dia 5 de agosto, Rui Barbosa apresentou um projeto de anistia firmado por onze senadores. Em seu longo discurso, antecipou-se a eventuais críticas dizendo que a anistia a militares sediciosos não encorajaria outras ações do tipo: "Não há tal. O que semeia e germina as sedições militares é a ilegalidade habitual, o abuso crônico em que se comprazem de viver as situações republicanas". Era a velha tese da "obediência dentro dos limites da lei". Foi muitíssimo aplaudido e festejado pelos senadores e pela galeria quando concluiu dizendo, de maneira impactante, que as vitórias militares dependiam menos das armas e mais do coração dos seus soldados. Afirmando representar a opinião nacional, Rui Barbosa acrescentou que os sentimentos patrióticos dos militares dependiam de ações magnânimas como o projeto de anistia que ele então apresentava e defendia. Mães de cadetes e mulheres de oficiais compareceram, e "uma verdadeira chuva de flores, forte e prolongada, caiu da tribuna das senhoras sobre a cabeça de S. Exª".[58] O Senado aprovou a anistia no dia 2 de setembro de 1905. Os oficiais revoltosos retornaram à tropa. Os alunos excluídos puderam retomar e concluir seus cursos no Realengo ou na Escola de Guerra em Porto Alegre – então criada. A tradição brasileira de impunidade para militares golpistas se iniciou com essa proposta de Rui Barbosa.

Rodrigues Alves, que conseguiu impedir o golpe militar, acabou seu governo impopular por causa da Revolta da Vacina e do recurso ao estado de sítio. Muita gente havia sido desterrada para o então território do Acre em condições materialmente precárias e juridicamente irregulares. Ele teve problemas para coordenar sua sucessão.[59]

Lauro Sodré, líder derrotado, ganhou uma "espada de honra" de seus admiradores, "paradoxal símbolo de vitória", conforme assinalaria Afonso Arinos de Melo Franco. A cerimônia se deu no Teatro Lírico, que estava inteiramente enfeitado. No centro do palco foi montado um altar cívico, com bustos de Tiradentes, Benjamin Constant, Deodoro e José Bonifácio. Nele estava depositada a espada. Na lâmina – metade de aço e metade dourada a fogo – havia as seguintes inscrições: "A glória consiste em fazer alguma coisa que nada poderá destruir. 14 de novembro de 1904". Na mesma cerimônia, o major Gomes de Castro ganhou uma Bandeira Nacional de seda. O representante do Centro das Classes Operárias rememorou "a jornada gloriosa de 14 de novembro". Lauro

Sodré, muito coerente, continuaria a defender, cinco anos após a cerimônia, a possibilidade de insurreição, "o mais sagrado dos direitos, tão necessária e tão legítima como o golpe de Estado contra uma organização política temporária que abusa, oprime".[60]

Vários cadetes envolvidos na insurreição de 14 de novembro seriam famosos no futuro. Além dos já mencionados, vale citar Eurico Gaspar Dutra, que se tornaria presidente da República (1946-1951); Euclides de Oliveira Figueiredo, que teria atuação destacada na Revolução Constitucionalista de 1932 (seu filho João Figueiredo foi o último general-presidente da ditadura militar) e João Batista Mascarenhas de Moraes, que seria o comandante da Força Expedicionária Brasileira (FEB) na Segunda Guerra Mundial. Mascarenhas de Moraes criticaria, muitos anos depois de 1904, a "infiltração da filosofia positivista", responsável por criar nos alunos da Praia Vermelha uma "mentalidade pedantesca que não raro lhes dava um falso julgamento sobre os acontecimentos da vida republicana do país". Lobato Filho diria que o "micróbio do mal político" dos alunos militares da Praia Vermelha tinha sido estimulado pelo direito de voto concedido pela Constituição de 1891: "era de seu dever [dos alunos] estar ao corrente da marcha dos acontecimentos políticos do país e formar um conceito, pois aquele diploma dá direito de voto e este deve ser a manifestação de um pensamento político".[61] Como já foi visto, foi Lauro Sodré quem defendeu esse privilégio como homenagem aos moços do Exército na constituinte de 1891.

FRAUDES, INDIGNAÇÃO E VOLUNTARISMO MILITAR

Em busca da verdade eleitoral

Todos já ouvimos as expressões "voto de cabresto" e "eleição a bico de pena", usadas para caracterizar a prática de fraude eleitoral na chamada "República Velha", período em que teria sido praticada a "política do café com leite". Tais expressões surgiram no debate político dos que criticavam a configuração do sistema de poder na Primeira República (1889-1930). Aos poucos, a historiografia as incorporou e, como ocorre com frequência, o senso comum também se apropriou delas, adotando-as como uma explicação simplificada daquele período. Conforme esse entendimento, os estados de São Paulo e Minas Gerais – que tinham o maior eleitorado e poderio econômico, devido à exploração do café e da pecuária – definiam o nome do candidato a presidente da República e a eleição inevitavelmente o consagrava, haja vista a fraude eleitoral e outros mecanismos de controle. As eleições de deputados e senadores seriam igualmente manipuladas. Os chefes estaduais garantiam a formação de bancadas favoráveis ao presidente da República que, em troca, os beneficiava com recursos e cargos federais, além de apoio político-militar. Não havendo partidos nacionais, o Partido Republicano Mineiro (PRM) e o Partido Republicano Paulista (PRP) se tornaram as peças principais desse sistema político – de resto, bastante funcional –, tendo como coadjuvantes outros partidos estaduais.[1]

Isso de fato ocorreu, conforme percebiam os que viveram aquela época. Epitácio Pessoa, antes de se tornar presidente da República em 1919, disse em carta de 1904 a um correligionário: "Sabemos como se fazem as eleições nos estados (...). Nestas condições, pretender a oposição alcançar o poder pelo processo ordinário e legal das urnas é pretender uma utopia".[2]

O presidente da Associação Comercial de São Paulo, José Carlos de Macedo Soares, disse em 1925 que "os nossos presidentes da República têm sido, quase todos, impostos por três ou quatro paredros [chefões] que decidem em conciliábulos definitivos, em nome da nação, mas, em verdade, por ordem e conta dos governadores dos grandes estados". Para ele, as leis eleitorais eram a "consagração da artimanha e da fraude".[3] Macedo Soares atuou intensamente na rebelião armada de 1924 em São Paulo (que tentou depor o presidente Artur Bernardes), buscando minimizar os efeitos do confronto sobre a economia local.

Tasso Fragoso – o jovem alferes-aluno que, em 1889, se envolveu em um tiroteio contra a "guarda negra" – disse, em 1935, então como general:

> A escolha dos candidatos à Presidência da República fazia-se [na Primeira República] sempre por intermédio de um grupo de *leaders* que procuravam inspirar-se de preferência nos interesses do partido ou do estado que representavam (...) as eleições se processavam com tais vícios que todos sentiam não serem os seus resultados a expressão autêntica da vontade ou sentimento nacional (...). Ninguém se corria de empregar os meios mais condenáveis, contanto que se atingisse o objetivo visado. Era patente nos meios políticos o desejo de eliminar as lutas eleitorais (...). Queria-se um só candidato, lançado pelos grandes estados da Federação, e a que os pequenos humildemente se submetessem.[4]

Na rebelião militar de 1922, no Rio de Janeiro, que pretendia depor o presidente Epitácio Pessoa e impedir a posse do presidente eleito Artur Bernardes, Tasso estava ao lado dos legalistas.

Os militares revoltosos de 1922 e 1924 (insurreições que ainda analisaremos) tinham igual percepção de fraude. Joaquim Nunes de Carvalho, que participou como tenente da insurreição paulista de 1924, considerava os chefes políticos estaduais "caudilhos falsificadores". João Cabanas, de igual patente e que participou do mesmo movimento, publicou depoimento de grande repercussão enaltecendo seus feitos – bastante mitificados na época. Para ele, "se algum dia resolve [o povo] escolher um candidato seu para sobre ele acumular os votos (...) esses votos não são contados ou, se forem contados, serão cortados no Congresso (...). De todas as farsas em ação na nossa República democrática, é, sem dúvida, sem discussão, a farsa eleitoral – a mais descarada e imoral".[5]

Virgínio Santa Rosa, um dos mais conhecidos analistas das rebeliões do período, escreveu, em 1933, que "as urnas frágeis dos distritos rurais intumesciam e arqueavam sob o peso dos votos arrebanhados a troco de promessas, ajudas nas ocasiões desfavoráveis e ameaças de trabucos de jagunços". Santa Rosa denunciava o sistema distrital, com "distritos extensíssimos, com as chapas fechadas e limitadas". Ele entendia que o eleitorado rural, predominante sobre o urbano, causava o "esmagamento das massas urbanas, pelo peso morto das populações rurais". As classes médias urbanas ficavam prejudicadas, "alijadas das posições de mando e cargos eletivos pela ação decisiva da plebe dos latifúndios". Foi Santa Rosa quem primeiramente estabeleceu, de maneira sistemática, o vínculo entre as classes médias e os movimentos militaristas de 1922 e 1924. Para ele, "quando os militares, em crise de indisciplina, lançaram mão do mal-estar nacional, aproveitando-o como matéria-prima, as populações urbanas exultaram". Esses militares, "embora contassem com o apoio entusiástico das populações das nossas maiores cidades, (...) esbarraram de chofre com a costumeira inércia das massas rurais".[6]

A percepção generalizada de fraude eleitoral passou a ser admitida por analistas diversos. Afonso Arinos de Melo Franco sustentou que "praticamente, não havia eleições. O que existia era um processo complexo e irregular de cooptação". Walter Costa Porto, ex-ministro do Tribunal Superior Eleitoral, denunciou o "processo eleitoral torpe, de qualificações adulteradas, de votações fraudadas, de apurações bandalhas, tudo terminando – o vício final, nas depurações do Congresso, produtoras das 'câmaras unânimes'".[7] O professor de Direito Jorge Americano procurou esclarecer os mecanismos – mais sutis do que a simples fraude – que levavam o eleitorado a votar de acordo com os chefes políticos paulistas (situação que se reproduzia em todo o país):

O chefe do grupamento do interior, subordinado à comissão diretora do Partido Republicano Paulista, exprimia perante esta os interesses e as aspirações locais. O eleitorado sabia a quem se dirigir, e o chefe obtinha as nomeações de agente do correio, escrivães e professores de grupo escolar. Daí a aglomeração efetiva do eleitorado em seu redor. No lugar, ele elegia os vereadores e o prefeito, internava doentes na Santa Casa, servia como mediador nas divergências entre os amigos políticos e apaziguava brigas de casais. Se havia oposição local, procurava suavizá-la dando-lhe, quando possível, parte da vereança.[8]

Nos últimos anos, cientistas políticos e historiadores cuidadosos têm mostrado aspectos mais complexos do sistema político daquele período. Os votos "cortados no Congresso", de que falava Cabanas, as "depurações do Congresso", mencionadas por Costa Porto, são referências às "degolas" – outra expressão corriqueira para se explicar a política da Primeira República. Na época, não havia a Justiça Eleitoral, criada apenas em 1932. Depois da votação e da apuração, a diplomação dos candidatos eleitos era feita pelas próprias câmaras legislativas por meio de "comissões verificadoras de poderes". A degola consistia na impugnação do diploma expedido pelas juntas apuradoras locais impedindo a posse dos candidatos indesejados (a apuração dos votos era feita nos distritos eleitorais). O procedimento passava por algumas etapas: no Congresso Nacional, uma "comissão dos cinco" fazia o trabalho inicial, estabelecendo quais diplomas seriam considerados pela "comissão verificadora". Isso era necessário porque aconteciam casos de diplomas incompatíveis, duplicatas que sustentavam a vitória de candidatos oponentes. A comissão dos cinco, em obediência ao regimento, legitimava o diploma expedido pela maioria da junta apuradora local. Portanto, a decisão da comissão dos cinco vinculava-se ao que tinha sido estabelecido pelas juntas apuradoras nos distritos. Segundo os cientistas políticos Paulo Ricci e Jaqueline Porto Zulini, essa espécie de "'terceiro escrutínio' não representa um momento de alteração substantivo dos resultados eleitorais". Entre 1894 e 1930, chegaram à Câmara dos Deputados 2.992 diplomas e 260 foram "degolados", ou seja, 8,7%. A efetiva depuração, ou degola, não era feita pelo Congresso, mas localmente, antes da atuação da comissão verificadora.[9]

A cautela que os especialistas recomendam diz respeito à suposição de que não haveria competição, em função da ênfase dada à fraude. De fato, o processo eleitoral na época era propício às fraudes, mas "se elas aconteciam era porque os pleitos não estavam decididos previamente".[10] Independentemente das relativizações que possamos estabelecer, o fato é que a percepção generalizada de fraude marcou a política na Primeira República. Todos os descontentes alegavam a fraude eleitoral como causa de suas derrotas.

O tenentismo

O combate à fraude e ao predomínio político dos grandes estados foram motivações que estiveram por trás das rebeliões militares de 1922 e 1924, duas das principais manifestações do fenômeno que se tornaria conhecido como "tenentismo". A expressão já vinha sendo usada antes de 1922 para caracterizar a ação indevida de militares subalternos na política,[11] mas passou a designar, a partir desse ano, a série de revoltas que se autodenominavam "revolucionárias"[12] e tinham, em grande medida, motivação de natureza ético-moral. Baseados nessas bandeiras perfeitamente defensáveis, os "tenentes" optaram, entretanto, pelas ações armadas – rompendo, assim, a legalidade constitucional.

O tenentismo foi, provavelmente, o movimento que mais suscitou debates sobre o relacionamento entre os militares e a sociedade. Ele expressava a vinculação daqueles militares com a classe média ou se relacionava com influxos decorrentes da própria corporação militar? Para alguns autores, o tenentismo "assumiu o papel de porta-voz das aspirações das camadas médias urbanas"; para outros, seria indispensável considerar seu caráter propriamente militar, corporativo e bastante autônomo.[13]

Para historiadores marxistas, havia um vínculo importante entre o tenentismo e a classe média. O crescimento da classe média nos centros urbanos – decorrente de fatores econômicos – traria como consequência o surgimento de diversas demandas típicas, tanto de natureza material (maiores salários, melhores serviços públicos etc.), quanto de natureza política (combate à corrupção e à fraude eleitoral, por exemplo). A população rural era maior do que a população urbana até os anos 1960. Os anseios da classe média estariam associados à urbanização e à industrialização, fenômenos facilmente identificáveis como "modernos"; a população rural viveria no mundo do "atraso", da submissão política, do "voto de cabresto". Entretanto, a classe média – ou o povo em geral, ou mesmo a sociedade brasileira como um todo – seria incapaz de defender seus interesses por causa do caráter incipiente ou precário da República e da democracia, além de outros fatores. É nesse contexto que muitos viam os jovens tenentes como representantes da modernidade. Eram frequentes as referências ao perfil "revolucionário" de suas rebeliões, vistas como "lutas contra o atraso". Como eles eram provenientes da classe média e contavam com alguma educação e organização (além de armas), seriam vistos como a vanguarda desse setor social.[14]

Mais recentemente, surgiram muitos estudos, em diversos campos, destacando fatores de natureza institucional, como a relativa autonomia da corporação militar no que diz respeito à sociedade. Esses autores apontaram que haveria apenas uma pequena vinculação dos civis em geral e da classe média em particular com as rebeliões militares da Primeira República. Se houve apoio difuso ao tenentismo, isso não teria sido frequente e, sobretudo, não significou o estabelecimento de vínculo essencial entre tenentes e setores médios urbanos. Além disso, as classes médias seriam liberal-democratas e os tenentes, autoritários, elitistas e centralizadores.[15]

As duas concepções não são incompatíveis. Eliminados os excessos retóricos desse velho debate, salta aos olhos o fato de que os estudantes das escolas militares e os jovens oficiais que lá se formavam tinham origem modesta, de classe média e, portanto, conheciam e reproduziam os anseios típicos desse setor. Mas é claro que o ambiente das escolas militares e da vida militar também determinava seu comportamento. Não há contradição entre a origem social de muitos militares do Exército (a classe média) e as características peculiares ao ambiente militar, como os laços de camaradagem decorrentes da própria formação nas escolas militares, os vínculos que se estabelecem nas operações tipicamente militares ou as relações fundadas na hierarquia e na disciplina. Assim, as duas perspectivas são úteis para a análise.

Quando consideramos o aspecto propriamente militar do tenentismo, vemos que as revoltas obedeciam a um padrão regular, consistindo na tomada de uma unidade militar (o Forte de Copacabana e a Escola de Realengo, no Rio, em 1922; o Quartel da Luz, em São Paulo, em 1924) por jovens oficiais (tenentes, capitães) com a ajuda de sargentos, cabos e soldados aliciados. Eles surpreendiam os comandantes dessas unidades e os prendiam na expectativa de que movimentos semelhantes surgissem em todo o país, preferencialmente com o apoio da população, iniciando, desse modo, a "revolução" – cujos propósitos nunca eram claramente definidos. Foram muitas as rebeliões militares com esse formato, sobretudo em 1924, porque houve maior planejamento do que em 1922. A maioria delas não teve grande importância, porque rapidamente foram controladas pelas forças legais: Bela Vista (MT), Aracaju (SE), Manaus (AM) com reflexos em Óbidos e Belém (PA) – todas em julho de 1924.[16]

Portanto, no caso das principais tentativas de deposição dos presidentes Epitácio Pessoa e Artur Bernardes – isto é, os movimentos tenentistas de 1922, no Rio de Janeiro, e de 1924, em São Paulo –, não se pode falar de uma ação das Forças Armadas como um todo. Tratava-se de rebeliões militares promovidas principalmente por oficiais subalternos (tenentes) ou intermediários (capitães) contra a posição legalista de oficiais superiores (majores, tenentes-coronéis, coronéis) e oficiais-generais. Aliás, não se pode falar de ação unificada das Forças Armadas em nenhum dos casos analisados neste livro, pois sempre haverá quem lidere as revoltas, quem discorde delas e, sobretudo, aqueles militares que preferem aguardar o desenrolar da situação. O que se pode destacar é a pequena participação de oficiais de patente mais elevada, mesmo que oficiais de meia-idade ou idosos também se excitassem com as conspirações.[17]

Quando consideramos a origem social dos tenentes envolvidos naquelas rebeliões, vemos que eles tinham opinião coincidente com a dos analistas que privilegiam este aspecto: julgavam-se integrantes da classe média que atendiam aos anseios desse grupo social. Cordeiro de Farias – primeiro-tenente na época – garantiu que "1922 não foi um movimento exclusivamente militar". Juracy Magalhães disse que os tenentes não tinham ideologia definida, mas suas "propostas de reforma ética e política [atendiam] aos anseios dos cidadãos do povo e da classe média". O tenente Juarez Távora – um dos mais combativos – acreditava, em 1927, que "a Força Armada é hoje parte integrante do povo de cujo seio saem soldados e oficiais". Isso lhe garantiria "o direito de sentir com a nação e de colocar-se na vanguarda desta". Entretanto, apesar de falarem em "povo", os tenentes não buscavam o apoio ou a participação popular e, muito menos, de integrantes da esquerda, como os anarquistas. O jornalista Nélson Tabajara de Oliveira – que apoiou os revoltosos de São Paulo em 1924 – relatou que não interessava aos chefes do movimento a presença de esquerdistas entre os combatentes, "mesmo que viessem reforçar a revolução, até fazê-la vitoriosa".[18]

Artur da Costa e Silva, futuro presidente da República, havia se formado e foi promovido a segundo-tenente em 1921. Tinha sido designado para o 1º Regimento de Infantaria na Vila Militar e, em 1922, se recusou a reprimir os alunos da Escola Militar de Realengo. Em 1923, estava com 24 anos e morava na mesma pensão que Juarez Távora. Para ganhar algum dinheiro, escrevia artigos para o jornal *O Imparcial*, do Rio de Janeiro, usando o pseudônimo Raul D'Alva. Para Costa e Silva, o oficial militar "não é hoje, simplesmente, chefe militar; é também, 'por força das coisas', um 'chefe nacional', o guia, o exemplo de todos no cumprimento do dever nacional. É sob esse aspecto, de 'chefe nacional', de educador cívico, de zelador da honra da pátria e da República, que o povo olha o oficial". Essa visão elitista era também a de Juarez Távora. Quando ele tentou esboçar o que seria o programa da rebelião de 1924, falou da necessidade de atuação de uma "conscienciosa elite eleitoral", definição algo obscura que, entretanto, não encobre a visão de um povo incapaz.[19]

A glorificação dos tenentes

Talvez pela origem na classe média, talvez pela defesa de ética na política, os tenentes foram positivamente valorizados por muitos analistas e vistos até mesmo como heróis. Isso também se deve ao fato de que vários dos revoltosos dos anos 1920 assumiriam, sobretudo após a revolução de 1930, cargos políticos diversos, tornando indispensável a construção de memórias confortáveis. Assim, as rebeliões de 1922 e 1924 só poderiam ser mitificadas ou esquecidas. Os sublevados, em suas autobiografias e memórias (e também graças aos seus biógrafos benevolentes), construíram narrativas épicas que destacam façanhas, proezas e aventuras enaltecedoras da suposta bravura, intrepidez ou valentia daqueles homens – "homens" porque a rede intertextual que se constituiu sobre o tema é marcada por noções relacionadas à camaradagem viril dos "guerreiros", até mesmo quando em campos opostos. No processo de romantização da figura do "jovem tresloucado" em luta contra "injustiças" de que fala, por exemplo, Juarez Távora, quando narra a travessia a nado das águas caudalosas do rio Tocantins, incidentes banais se tornam feitos memoráveis; equívocos flagrantes são esquecidos ou transformados em "loucuras da mocidade". E, nessas narrativas, com frequência eles eram interpretados como defensores dos valores da classe média e expressão da democracia.[20]

Logo após o dramático episódio do Forte de Copacabana – que ainda veremos –, os "Dezoito do Forte" foram exaltados como "heróis da revolução" que morreram em um "holocausto". O principal político envolvido no episódio de 1922, o ex-presidente Nilo Peçanha, considerou que os revoltosos eram "bravos militares que, perseguidos e em desespero, se insurgiram pelos destinos constitucionais do Exército; aniquilados embora, escreveram com o seu sangue uma grande página de estoicismo pela República e pela liberdade". O hoje esquecido Coelho Neto – autor muito popular na época – escreveu um texto elogiando os tenentes dois dias depois do episódio, cujo título era "Arrancada Radiante" e no qual falava da "proeza que, servindo à má intenção, veio, entretanto, mostrar o brio indômito da raça (...) glória, embora triste e dolorosa". Mesmo os que combateram os revoltosos de Copacabana não contiveram o "entusiasmo pelo feito lendário", "uma das belas páginas da história política e militar do Brasil", conforme avaliou Afonso Arinos de Melo Franco.[21]

A rebelião do Forte de Copacabana gerou grande impacto por causa de seu caráter dramático, com tiros de canhões, mártires e sobreviventes mitificados. Ficou marcada pela famosa foto que mostra alguns dos rebelados avançando pela avenida Atlântica pouco antes de serem alvejados pelas tropas legalistas. Ela foi tirada pelo fotógrafo Zenóbio

Couto, que trabalhava para o periódico *O Malho*. Ele costumava fazer fotografias inovadoras, capturando flagrantes espontâneos, ao contrário dos tradicionais retratos de pessoas posando imóveis. Zenóbio teve muitas dificuldades para chegar à avenida Atlântica no dia 6 de julho de 1922: foi barrado no Túnel Velho, que liga os bairros cariocas de Botafogo e Copacabana, mas conseguiu avançar de bonde e retornar até o local do confronto.

Muitos jornalistas tentaram chegar ao Forte de Copacabana quando souberam da revolta, que teve início no dia 5. Houve incidentes: o carro que conduzia um cinegrafista da Brazil Film, por exemplo, foi alvejado na altura do túnel pelas forças legalistas. Um ajudante morreu, o operador de câmera Giuseppe Palaia teve de amputar o braço e outros feridos foram levados ao Hospital Central do Exército. Zenóbio Couto fez algumas fotos, mas elas não puderam ser imediatamente publicadas por causa da censura do governo Epitácio.* Ele se tornou um fotógrafo famoso, sendo reconhecido, anos depois, como o "decano dos fotógrafos da imprensa carioca". Zenóbio se suicidou após ser afastado de *O Malho*, em 1931, demissão que o fragilizou ainda mais, já que estava gravemente doente e sem dinheiro. Combinou com a mulher um duplo suicídio, com veneno, mas ela desistiu e ele se enforcou com o cordão de uma cortina de seu ateliê. Na véspera de seu suicídio, visitou amigos na redação do *Correio da Manhã*, pedindo ajuda, e o jornal publicou uma nota enaltecendo a "fotografia da epopeia de Copacabana". A matéria pedia ao governo que amparasse Zenóbio com "uma medida oficial em favor do homem a quem a revolução [de 1930] deve o registro do mais emocionante dos feitos da nação em armas contra as tiranias reacionárias". No dia seguinte, o jornal publicou a notícia de sua morte. Zenóbio deixou uma carta para o dono de *O Malho*, Pimenta de Melo, mas seu conteúdo nunca foi divulgado. Pimenta de Melo não foi ao enterro, mas mandou um representante que elogiou o fotógrafo em um breve discurso. Dias depois, sua mulher revelou que possuía o negativo de vidro**

---

* A foto mais conhecida foi divulgada posteriormente. *O Malho* a publicou na edição de 2 de abril de 1927.

** Zenóbio usava uma câmera Contessa Nettel que capturava a imagem em uma chapa de vidro emulsificada, base para a impressão posterior em papel fotográfico.

Foto da revolta do Forte de Copacabana em 1922, de Zenóbio Couto. Além da famosa foto que mostra os revoltosos de frente, Zenóbio também os fotografou lateralmente (Acervo Fundação Biblioteca Nacional – Brasil).

da foto famosa e se dispôs a doá-lo ao Museu Histórico. Ela, de fato, entregou o negativo ao jornal *A Noite*, que intermediava a negociação, mas não se sabe o que aconteceu depois. Um outro negativo – de foto que também deve ter sido feita por Zenóbio – mostra os revoltosos em Copacabana e pertence ao Acervo Roberto Marinho. O jornal *A Noite* era de propriedade de Irineu Marinho, pai de Roberto Marinho.[22]

Muitos admiradores da rebelião achavam que a foto icônica poderia servir de inspiração à construção de um monumento em homenagem aos "Dezoito do Forte". Tendo em vista o décimo aniversário da revolta de Copacabana, Carlos Chevalier – que tinha sido tenente em 1922 – escreveu um livro sobre o episódio para que os recursos arrecadados com sua venda fossem destinados à construção de um monumento para os "Dezoito do Forte". A iniciativa obteve o patrocínio do *Correio da Manhã*. Chevalier era filho de um rico fazendeiro, tinha sido aluno da Escola de Aviação e foi o primeiro militar brasileiro a efetuar um salto de paraquedas. No seu livro, lançado em 1930, ele redigiu a seguinte legenda para a foto de Zenóbio Couto: "A mais brilhante página da história militar do Brasil". A pedra fundamental do monumento foi lançada em 1931, em frente ao forte. Na ocasião, Chevalier discursou elogiando o "feito épico que ficou indelevelmente gravado com letras de ouro na história brasileira".[23] A estátua não ficou pronta para as celebrações no dia 5 de julho de 1932, mas Getúlio Vargas visitou o forte e houve missas, além de outras cerimônias civis e militares. Chevalier conseguiu reunir recursos e a estátua foi finalizada em 1934, fundida em bronze, mostrando um soldado no momento em que era atingido por um tiro, curvando-se e caindo, com seu fuzil envolto pela bandeira. Contudo, a estátua não foi posicionada diante do forte e desapareceu.

Dez anos depois, em 1944, Joaquim Nunes de Carvalho (tenente revoltoso em São Paulo em 1924) organizou uma celebração pelos vinte anos do episódio. Ele conseguiu reunir alguns antigos "revolucionários", como Juarez Távora e Isidoro Dias Lopes, então com 79 anos. Eles pretendiam aproveitar a data para desmentir a "propaganda capciosa do adversário de que os fatos político-revolucionários de então não passavam de mera indisciplina de quartéis" e também para mostrar que "ambos os movimentos foram orientados ou chefiados por elementos de categorias elevadas, pelo que fica, em definitivo, afastado o conceito pejorativo de 'tenentismo' que, alhures, alguém lhes imputou". Nunes de Carvalho sabia que lidava com um evento controvertido, já que os tenentes rebeldes foram combatidos pelo Exército. Por isso, pediu aos colegas que "evitassem divulgações, entrevistas e opiniões isoladas sobre assuntos ligados aos acontecimentos objeto do programa comemorativo em estudo, ou o fizessem em termos sóbrios, discretos e sem desvirtuar o sentido primordial de consagrar uma data que já se tornara histórica". A celebração do dia 5 de julho em 1944 incluiria pronunciamentos, visita aos túmulos dos revoltosos de 1922 e 1924, missa e inauguração de um monumento, além de uma sessão cívica à noite. Durante as reuniões preparatórias, descobriu-se o paradeiro da estátua feita dez anos antes: ela estava no Arsenal de Guerra e quase tinha sido derretida para o aproveitamento do bronze. Os organizadores do evento também acharam alguns baixos-relevos que reproduziam a fotografia de Zenóbio Couto, encomendados pelo ex-ministro da Guerra, Espírito Santo Cardoso, no início dos anos 1930. O grupo, entretanto, decidiu não aproveitar a estátua porque ela "não representa convenientemente o feito de heroísmo sem par na história, como foi a arrancada dos '18 do Forte'". Como não havia tempo para fazer outro monumento, pediram ao prefeito Carlos Sampaio que instalasse um marco de granito, cor de ouro velho, na praça Coronel Eugênio Franco, bem na entrada do forte, no qual foi afixado um dos baixos-relevos – que está lá até hoje.[24]

Chevalier, contudo, não desistiria de sua estátua. Em 1973, um ano antes do cinquentenário da revolta paulista de 1924, procurou o *Jornal do Brasil* e falou do desaparecimento do soldado de bronze. A matéria publicada pelo jornal foi lida pelo comandante do 25º Batalhão de Infantaria da Brigada de Paraquedistas, que identificou a estátua: ela estava no espaço conhecido como "bosque dos campeões", que homenageia paraquedistas mortos em missão militar. A estátua do soldado de Copacabana nada tinha a ver com paraquedistas, mas ficou esquecida no tal bosque. No ano seguinte, finalmente, a estátua foi colocada próximo ao local onde houve o combate entre os revoltosos e as tropas do governo, defronte à rua Siqueira Campos (antiga rua Barroso) e, por isso, todos acreditam que a estátua é do próprio Siqueira Campos. Na verdade, o escultor, José Rangel, pretendeu sintetizar o "lado humano do momento trágico" com uma "figura-símbolo" representando "um punhado de moços": "um soldado em marcha [que] é atingido por uma bala no peito". Siqueira era primeiro-tenente e foi atingido por baioneta na barriga. No dia da inauguração do monumento, 5 de julho de 1974, o brigadeiro Eduardo Gomes compareceu, com 78 anos – o único sobrevivente dos "Dezoito do Forte". Em plena ditadura militar, também esteve na cerimônia o ex-presidente general Emílio Garrastazu Médici, que governou durante a fase mais dura do regime (1969-1973). Carlos Chevalier, satisfeito, admirou tudo discretamente, à distância. Na base que sustenta a estátua foi afixado outro dos baixos-relevos que reproduzem a foto de Zenóbio Couto.[25]

A "Reação Republicana" e as cartas falsas

A rebelião militar de 1922 teve algumas causas diretas. Em 1º de março de 1922, haveria eleição presidencial para a escolha do sucessor de Epitácio Pessoa (1919-1922). Artur Bernardes, o então presidente do estado de Minas Gerais, foi o indicado, ainda em 1920, pelo sistema político predominante. Ele contou, inclusive, com o apoio de Washington Luís, o presidente do estado de São Paulo. Epitácio também apoiou Bernardes, até porque havia chegado ao poder com o apoio de Minas Gerais. Epitácio Pessoa era paraibano e tinha sido escolhido justamente porque houve indefinição entre os "grandes estados" em 1919.[26] Desse modo, a candidatura de Artur Bernardes contava com o apoio dos três principais "eleitores" do país: Minas Gerais, São Paulo e o Palácio do Catete, isto é, o presidente da República.

Houve alguma dificuldade para a definição do candidato a vice-presidente. Bahia e Pernambuco disputaram a indicação de um nome para vice, mas Epitácio Pessoa foi chamado a resolver o assunto e indicou como candidato o presidente do Maranhão, Urbano Santos.[27]

O presidente do Rio Grande do Sul se sentiu excluído das negociações que levaram ao nome de Artur Bernardes e se declarou contrário a ele no início de 1921.[28] Bahia, Pernambuco e Rio Grande do Sul não eram estados de "primeira grandeza" como Minas Gerais e São Paulo, mas não se julgavam parte do grupo de estados de pouca importância econômica e pequenos eleitorados da Federação. Integravam-se ao sistema político da época, liderado por São Paulo e Minas Gerais, mas eram frequentes as tensões entre os grandes e esses estados de médio porte.

O Rio de Janeiro também se inseria nesse grupo de ressentidos. Seu principal líder político era Nilo Peçanha, que já havia presidido o estado em duas ocasiões (1903-1906 e 1914-1917) e tinha permanecido na Presidência da República por algum tempo, pois era o vice do presidente Afonso Pena, que morreu no exercício do cargo em 1909. Nilo tinha viajado para a Europa no início de 1920, mas deixou sinais claros de que apoiaria Artur Bernardes, com quem tinha boas relações. Alardeava, inclusive, que tinha sido ele o primeiro a sugerir o nome do mineiro para a Presidência da República. Diante do impasse em relação à escolha do candidato a vice, Raul Veiga, presidente do estado do Rio de Janeiro, alimentou "a ilusão de que pudesse ele vir a ser o *tertius* [o terceiro]" a concorrer à vaga e, assim, desempatar a disputa. Por isso, insistiu com Artur Bernardes para que a convenção que sagraria os nomes dos candidatos fosse adiada, a fim de que Nilo Peçanha – que chegaria da Europa no dia 5 de junho de 1921 – pudesse participar e, "com as suas relações de amizade com os srs. José Bezerra [de Pernambuco] e J. J.

Seabra [da Bahia], dirimir a disputa travada entre os dois, resolvendo satisfatoriamente o caso da vice-presidência".[29] O adiamento foi feito.

Nilo chegou da Europa na data prevista, e a convenção afinal se realizou no dia 8 de junho de 1921. Essa convenção consistia numa sistemática bastante peculiar de escolha de candidatos porque, no fundo, se tratava da simples homologação de nomes previamente definidos pelo esquema político dominante. Após a eleição, esses nomes seriam diplomados exatamente pelos convencionais que os indicavam. Os representantes do Rio Grande do Sul, de Pernambuco e da Bahia decidiram não participar, em protesto, de modo que formaram uma dissidência. As lideranças desses estados tinham oferecido seu apoio a Nilo Peçanha para que se lançasse candidato a presidente contra Artur Bernardes. Nilo aceitou. Quem articulava a candidatura oficial de Artur Bernardes era o líder do Partido Republicano Mineiro, Afrânio de Melo Franco. Não por acaso, seu filho, Virgílio de Melo Franco – que teria participação intensa na Revolução de 1930 – chamou Nilo de oportunista, indeciso, incoerente, inculto, fraco e ambicioso, embora admitisse que o político fluminense fosse um "profundo conhecedor dos impulsos das multidões". Segundo Virgílio, Nilo conseguiu estabelecer "uma grande corrente de simpatia com o povo", mas, "vindo ainda da geração que fez a República, não perdera ele o hábito de contar com o Exército como fator decisivo nas campanhas políticas".[30]

A justificativa para que Nilo Peçanha também não comparecesse à convenção oficial (integrando-se explicitamente à dissidência) surgiu, não por acaso, no *Correio da Manhã*, jornal sempre crítico do situacionismo. O *Correio* publicou uma matéria lembrando que Nilo havia criticado o formato da convenção para a escolha de candidatos à Presidência da República anos antes, em 1913, quando foi sagrado o nome de Venceslau Brás (1914-1918). Naquela ocasião, Nilo disse que "a convenção que se reúne hoje vai apenas homologar uma escolha prévia e com a agravante (…) de ter-se investido o Congresso, que verifica e reconhece os poderes do presidente e do vice-presidente, da missão de indicar um e outro". Com base nesse histórico, anunciou que não compareceria, mas, na verdade, estava admitindo sua candidatura dissidente. Afonso Arinos de Melo Franco, irmão de Virgílio, filho de Afrânio e, por isso, sem simpatia por Nilo, admitiu que "o processo de escolha do candidato por convenção do Congresso equivalia, de fato, à indicação do nome pelo mesmo poder que, posteriormente, iria verificar a legitimidade da investidura", mas que esse tinha sido o mesmo procedimento adotado quando da escolha de presidentes anteriores.[31]

Sem a presença dos estados dissidentes, a convenção oficializou as candidaturas de Artur Bernardes e Urbano Santos.

Pouco mais de duas semanas depois, a dissidência oficializou a chapa alternativa com Nilo Peçanha e J. J. Seabra, e lançou o manifesto-programa do que passou a ser chamado de "Reação Republicana". O documento falava da necessidade de "emendar o erro das convenções ou aclamações cuja unanimidade, às vezes fictícia, desperta rumores de perigosa revolta", mencionava a "nefasta desinteligência entre a política eleitoral e a opinião [pública]" e defendia um programa econômico de austeridade fiscal com "ordem orçamentária e (...) defesa da produção". O texto também mencionava as Forças Armadas, recomendando que Nilo Peçanha e J. J. Seabra "façam um governo conservador [e que] busquem para as classes militares chefes da estirpe dos Florianos, dos Mallets e dos Noronhas – para só citar os mortos* – sem descurar de prosseguir no seu aperfeiçoamento técnico". Esta passagem sobre as Forças Armadas era uma crítica a Epitácio Pessoa, que, apesar de pressões em contrário, havia nomeado ministros civis para as pastas militares. Nilo se comprometeu a nomear militares para as pastas da Guerra e da Marinha.[32]

O auge da Reação Republicana foi a viagem que Nilo Peçanha fez ao norte do país, entre setembro e novembro de 1921, visitando Manaus, São Luís, Fortaleza, Recife, Salvador e Vitória para divulgar seu "programa de transformações legais e pacíficas nos métodos administrativos, no arcabouço constitucional e nos costumes políticos do país".[33]

O movimento claramente buscava atrair o apoio dos militares. O senador pelo Distrito Federal, Paulo de Frontin, que apoiava Artur Bernardes, discursou na sessão preparatória da convenção fazendo uma espécie de apelo para que os dissidentes comparecessem. As críticas que

---

* Referência aos marechais Floriano Peixoto, Emílio Mallet (patrono da artilharia do Exército) e, possivelmente, ao almirante Júlio César de Noronha, este último muito doente na ocasião, mas ainda vivo.

Nilo Peçanha e seus seguidores faziam ao sistema em vigor seriam injustas, segundo Frontin. Eles não deveriam se pautar pelas preferências populares, nem buscar o apoio dos militares, mas obedecer às orientações partidárias: "A convenção se organizou (...) tendo em consideração as correntes políticas e não podemos estar consentindo que este problema, que deve ser resolvido pelos elementos políticos, o seja pela gritaria das ruas ou pela imposição das armas", disse o senador.[34]

A resposta veio três dias depois, na sessão da Câmara dos Deputados de 11 de junho de 1921: o deputado gaúcho Otávio Rocha, apoiador de Nilo, discursou defendendo a "gritaria das ruas", isto é, chamando atenção para o elitismo de Paulo de Frontin. Além disso, aproveitou a deixa para atrair o apoio militar e sugeriu a possibilidade de uma rebelião ou "revolução". Otávio Rocha, em perspectiva igualmente elitista, disse que o papel dos políticos era coordenar a opinião pública, impedindo que ela se desorientasse e fosse "até onde os políticos não possam prever". A "gritaria das ruas" poderia ecoar dentro dos quartéis, "porque os homens de farda não estão segregados da comunhão social: os homens de farda também sentem, têm sentimento de patriotismo e de amor às instituições. (...) Se a Constituição está em vigor (...) os homens de farda têm o direito de voto e, tendo tal direito, têm opinião". Ele se referiu à crise militar que antecedeu a Proclamação da República, elogiou Deodoro e Floriano e explicou como via a diferença entre o pronunciamento militar e a revolução: "Não admito o pronunciamento, o movimento coletivo de tropa ou de oficiais contra os poderes constituídos, contra um chefe de Estado, contra a nação. Conforme o momento, admito as revoluções. Não é hipótese que saia das minhas cogitações políticas. Como homem público, admito e aceito como uma fatalidade as revoluções". Por fim, criticou o predomínio dos grandes estados: "Se esta República não comporta mais o domínio dos galões e bordados, também não comporta o domínio de quem quer que seja – fardado ou civil".[35]

O marechal Hermes da Fonseca, ex-presidente da República, havia retornado da Europa no final do ano anterior. Seu governo (1910-1914) tinha sido muito tumultuado por uma série de fatores, sobretudo por seu caráter militarista e intervencionista. Segundo Virgílio de Melo Franco, "Hermes foi para a Europa quase que fugido (...) partira por não mais poder viver no país depois de seu desastroso governo". Mas a mulher de Hermes, Nair de Teffé, garante que a viagem decorreu de um acidente que sofreu com charrete que ela conduzia perto de Petrópolis, onde o casal foi passar o Carnaval. Nair sofreu uma fratura na perna e foi em busca de tratamento, embarcando com o marido em agosto de 1916. A jovem esposa do marechal ficou muito feliz no retorno, em novembro de 1920, por causa das homenagens que Hermes recebeu ao desembarcar, inclusive de populares – o que se devia, segundo a perspectiva preconceituosa do irmão de Virgílio, Afonso Arinos, ao "temperamento sentimental e nada circunspecto do povo brasileiro".[36]

Depois de sua chegada, o marechal Hermes da Fonseca recebeu muitas homenagens de seus colegas militares. Decidiu retribuir convidando cerca de duzentos oficiais para um banquete no luxuoso Palace Hotel, que ficava na avenida Rio Branco, região central do Rio de Janeiro. O banquete se realizou no dia 2 de junho de 1921, seis dias antes da convenção que aclamaria a candidatura de Artur Bernardes. Do lado de fora, em frente ao hotel, alguns políticos e populares curiosos saudavam o marechal. Hermes da Fonseca discursou, mas nada disse de relevante. Um capitão-tenente da Marinha também discursou e aproveitou para lançar a candidatura de Hermes à Presidência da República. Ele disse que "as Forças Armadas não se sujeitarão a serverem de meros espectadores, tratando-se da escolha de seu chefe supremo". Em referência aos civis ocupando as pastas militares, o capitão criticou o presidente da República dizendo que os militares experimentavam "a triste humilhação de não administrarmos as nossas classes".* Os principais cargos da República, implantada "à custa de nossas baionetas", cairiam sempre nas mãos do "bacharelismo" e, assim, os militares não seriam admitidos no "tabuleiro político de nossa terra". Artur Bernardes seria um desconhecido, uma "esfinge". O marechal Hermes da Fonseca não poderia ser acusado de corrupção, nem pelos seus piores inimigos, porque os militares se caracterizariam pelo "princípio de honestidade", disse. Por causa do discurso, o ministro da Marinha mandou prendê-lo por oito

---

* Veiga Miranda, terceiro ministro civil da Marinha de Epitácio Pessoa, admitiu que, no Exército, com o ministro Pandiá Calógeras, não havia as "inevitáveis dificuldades" que ele encontrou na Marinha.

dias – "prisão rigorosa". O deputado Mário Hermes da Fonseca, filho do marechal e sobrinho-neto de Deodoro,* protestou contra a prisão.³⁷

Mário Hermes apresentou um requerimento pedindo explicações ao governo, não sobre a prisão do capitão-tenente, mas sobre a transferência de alguns militares, que ele considerava violências flagrantes do governo contra as Forças Armadas. O ministro da Guerra, Pandiá Calógeras, estaria perseguindo os militares. Durante a discussão do requerimento, no dia 25 de junho, houve manifestações sobre "divergências que existem entre as classes armadas e a situação", como disse o deputado Gonçalves Maia. Em tom de ameaça, ele argumentou que, "se a explosão é fatal, é tolice procurar empanar e cobrir com véus uma situação que infalivelmente virá". Se o requerimento não fosse aprovado, haveria "combate nas ruas".³⁸ O requerimento não foi aprovado.

Os militares estavam na ordem do dia. Na noite do dia seguinte, o marechal Hermes da Fonseca tomou posse do cargo de presidente do Clube Militar. Rui Barbosa compareceu; Epitácio Pessoa e o ministro da Guerra apenas mandaram representantes. Hermes discursou, dizendo que o Exército não podia ficar indiferente aos interesses gerais do país. Também fez elogios a Rui Barbosa, a quem chamou de "glória de nossa terra e de nossa raça". Nair de Teffé diz que ficou muito surpresa quando Rui Barbosa se levantou e abraçou Hermes, já que Rui havia combatido duramente o marechal quando ambos se candidataram à Presidência da República na eleição de 1910. Isso talvez se devesse ao fato de que houve quem cogitasse, nesse ano de 1921, uma chapa com os dois – como uma alternativa a Bernardes ou Nilo.³⁹

Portanto, o que havia era o sistema, o "regime oligárquico", representado pela candidatura de Artur Bernardes, sendo confrontado por forças políticas secundárias – a "Reação Republicana" – insatisfeitas com a dominação de Minas Gerais e São Paulo.⁴⁰ Em paralelo, oficiais superiores e oficiais-generais, que apenas queriam recuperar vantagens sob um governo militarista (como tinha sido o governo Hermes da Fonseca),

---

* Mário Hermes é o menino que aparece no quadro de Gustavo Hastoy entregando a pena de ouro com a qual Deodoro assinou o projeto de constituição em 1890. Rui Barbosa detestava o quadro – "digno do fogo" – que estava "enxovalhando uma das salas do Senado". A pintura foi bastante danificada por bolsonaristas na insurreição de 8 de janeiro de 2023.

estimulavam a vaidade e ambição do marechal que, a despeito de suas conhecidas limitações, poderia, quem sabe, voltar à Presidência da República. Esses oficiais superiores e generais provavelmente não tinham as mesmas motivações de militares subalternos e oficiais intermediários, tenentes e capitães embriagados por uma espécie de patriotismo de escoteiro e que ainda acreditavam na possibilidade de "refundar a República" – seja lá qual fosse o significado disso. Para adicionar a costumeira pitada de grotesco e ridículo tão frequente na história política brasileira, um senador da República, Irineu Machado, resolveu intermediar a divulgação de cartas falsas atribuídas a Artur Bernardes, nas quais o candidato supostamente ofendia o marechal Hermes da Fonseca – óbvia tentativa de criar uma "questão militar" que minasse a candidatura oficial de Bernardes.

Uma carta com expressões ofensivas a Hermes da Fonseca ("sargentão sem compostura") e aos militares ("essa canalha") foi publicada pelo *Correio da Manhã* no dia 9 de outubro de 1921 e teve grande repercussão porque, segundo Afonso Arinos, o povo era "de cultura apoucada e nervos vibráteis". Um habilidoso falsificador forjou esta principal carta usando papel com o timbre do governo de Minas Gerais conseguido por seu comparsa. Eles entraram em contato com o senador Irineu Machado e as cartas foram entregues ao redator do *Correio da Manhã*. Irineu tinha boas relações com o jornal.[41]

A publicação das cartas, não por acaso, se deu seis dias antes da chegada de Artur Bernardes ao Rio de Janeiro, onde cumpriria tradicional etapa dos candidatos a presidente da República que consistia na leitura da "plataforma de governo" durante um banquete. A carreata dos candidatos, após o desembarque na Estação Central do Brasil, era normalmente acompanhada com interesse ou curiosidade pela população. Afonso Arinos de Melo Franco, então com dezesseis anos, foi ver na avenida Rio Branco o desfile de carros que traziam Bernardes e sua comitiva, até porque o pai, Afrânio de Melo Franco, também vinha de Minas Gerais: "Assisti pessoalmente à vaia" – ele relatou. Falando em "histeria coletiva", disse que "na esquina da rua 7 de Setembro, o carro em que vinha Melo Franco foi cercado por um magote [grupo numeroso] ameaçador".[42]

Bernardes havia mandado telegramas ao Congresso, ao presidente da República e aos ministros da Guerra e da Marinha, dias antes de sua chegada, dizendo que as cartas eram falsas. Em suas palavras, tratava-se de uma "audaciosa e indigna forjatura", um documento "absolutamente apócrifo", cuja existência já era do conhecimento público antes mesmo da publicação e que serviria apenas para "apontar-me ao ódio das Forças Armadas que se procura envolver no pleito de 1º de março".[43]

As cartas falsas entrariam para o folclore político nacional. Para o general Tasso Fragoso, "todos os males que nos infelicitaram durante os últimos anos [as revoltas militares de 1922 e 1924 e os conflitos que levaram à Revolução de 1930] promanaram desse documento diabólico e desse plano infernal". Para o insuspeito Virgílio de Melo Franco – que, como já visto, não tinha simpatias por Nilo Peçanha – a carta foi feita "para servir às ambições de um grupo de amigos e exploradores do marechal Hermes [e] não tinha em vista favorecer a candidatura Nilo Peçanha, mas sim prejudicar a candidatura Bernardes, em favor do marechal Hermes".[44]

Nilo Peçanha estava ausente do Rio quando as cartas foram publicadas. Ele voltou da viagem ao norte do país no dia 5 de novembro de 1921. Quando desembarcou, foi recebido festivamente, em clima de comício, inclusive por oficiais militares "ostensivamente fardados – coisa proibida pelos regulamentos militares", como observou Afonso Arinos. O *Correio da Manhã* – que se opunha aos arranjos do sistema político dominado pelos grandes estados – destacou esses detalhes em manchetes exageradas que anunciavam a chegada do "candidato popular à Presidência da República".[45]

Alguns oficiais, com o apoio do *Correio da Manhã*, haviam tentado lançar no Clube Militar um protesto contundente contra Artur Bernardes, logo no dia seguinte à publicação das cartas, mas não conseguiram. Naquela data, o *Correio* também atribuiu ao marechal Hermes a declaração de que, caso as cartas fossem autênticas, "a questão não será só minha, mas do Exército", mas houve um desmentido.[46] No início de novembro, um major tentou discutir o assunto em reunião do Clube Militar convocada para tratar de outro tema. Houve tumulto, e Hermes da Fonseca retirou-se. Finalmente, em função de abaixo-assinado com centenas de assinaturas de oficiais, o Clube Militar realizou uma reunião no dia 12 de novembro que decidiu, por 436 votos contra 114, fazer o exame pericial das cartas. Na saída, os militares foram aclamados e se ouviram vivas ao nome de Nilo Peçanha.[47]

A comissão do Clube Militar encarregada de fazer a perícia só encerraria seus trabalhos no fim do ano. Nesse meio-tempo, o assunto continuou a ser discutido. O presidente do estado de São Paulo, Washington Luís, apoiou Bernardes, assim como Rui Barbosa, que chamou atenção para o fato de que ninguém se perguntava sobre a origem da carta, o local aonde havia sido encontrada. Virgílio de Melo Franco chegou a visitar países europeus em busca de peritos que atestassem a falsidade das cartas, e o dono do *Correio da Manhã*, Edmundo Bittencourt, fez o mesmo, naturalmente em busca de peritos que atestassem a autenticidade. Nair de Teffé diz que o próprio marechal Hermes escreveu a Artur Bernardes dizendo não ter dado "o menor crédito a tal carta". Filinto Müller e Juarez Távora acreditavam na autenticidade.[48]

No final de dezembro de 1921, a Assembleia Geral Extraordinária do Clube Militar tomou conhecimento do parecer da comissão que atribuía "cunho de autenticidade" à carta. A assembleia aprovou uma moção entregando o caso ao "julgamento da nação", até porque, legalmente, o Clube Militar nada podia fazer. A comissão vinha sendo acusada de promover intervenção militar na política, e, por isso, durante a reunião, seu presidente, o almirante Américo Silvado, fez um discurso incisivo, dizendo que era uma obviedade que todo cidadão deve ser político, inclusive os militares.[49]

O episódio ainda renderia algumas reações. Artur Bernardes lançou um manifesto dizendo que "aquilo que é falso, falso há de ser para todo o sempre". O general Tasso Fragoso resolveu escrever uma carta ao marechal Hermes dizendo temer que o Exército fosse "de novo arrastado para os arraiais da politicagem". O cadete revolucionário de 1889 dizia agora, em 1921, que "um Exército (...) que se afasta dos seus deveres para se transformar em fiscal e orientador da nação (...) serve-se das armas que seus compatriotas lhe confiaram para os apunhalar pelas costas e é um perigo à tranquilidade pública".[50]

A questão é que a falsidade das cartas era muito evidente e a parcialidade do Clube Militar, flagrante. Oldemar Lacerda, responsável pela divulgação das cartas, era muito conhecido e estava frequentemente envolvido em falcatruas. Ele vinha oferecendo as cartas aos adversários de Artur Bernardes havia alguns meses, de modo que elas já eram conhecidas antes mesmo de sua publicação pelo *Correio da Manhã*. Tudo acabaria de modo ridículo com a demonstração pública que o próprio falsificador, Jacinto Guimarães, fez de sua habilidade de reproduzir a maneira de escrever de Bernardes – esclarecimento definitivo que se deu somente após a eleição.[51]

As eleições aconteceram sem maiores problemas no dia 1º de março de 1922. Em junho, o Congresso Nacional reconheceu a eleição como legítima, o que correspondia à diplomação de Bernardes como presidente eleito. Entre a eleição e o reconhecimento, depois de conhecidos os resultados com a apuração, Nilo Peçanha e J. J. Seabra levantaram suspeitas de fraude e pediram que se constituísse um tribunal especial de arbitramento, ou "tribunal de honra", para recontar os votos. Seabra deu uma entrevista agressiva ameaçando que, se a proposta não fosse aceita, "teremos a luta e a sangueira". Nilo escreveu ao presidente do Congresso dizendo-se favorável à "ideia de um tribunal, de um arbitramento ou de uma comissão especial" que "funcione por delegação dos partidos, sem prejuízo de subsequente deliberação do Congresso", pedindo um "julgamento de pessoas imparciais". A iniciativa teve o apoio do Clube Militar.[52] O Congresso, obviamente, recusou a proposta, já que não abriria mão de sua prerrogativa.

Curiosamente, o presidente Epitácio Pessoa demonstrou simpatia pela ideia ou, pelo menos, achou correto que a análise das atas fosse feita por uma comissão composta de número igual de representantes das duas chapas e presidida por um ministro do Supremo Tribunal Federal (STF). Talvez por essa simpatia inicial, Epitácio decidiu reunir representantes dos apoiadores de Bernardes e de Nilo para analisar a situação. Isso aconteceu no dia 1º de maio de 1922, no Palácio do Catete. Epitácio fez um relato pessimista sobre a situação militar, dizendo que haveria uma "incompatibilidade entre as Forças Armadas e o Bernardes". O ministro da Guerra, Pandiá Calógeras, disse que 90% da oficialidade estava contra Artur Bernardes. Perplexo, o articulador da candidatura de Bernardes, Raul Soares, questionou se a única saída era a renúncia de Bernardes. Epitácio teria respondido de forma afirmativa, coisa que ele se empenharia em negar posteriormente. Raul Soares enviou um relato do encontro a Bernardes e o presidente eleito respondeu em termos otimistas, certamente destinados à divulgação: "Não posso ainda crer que as Forças Armadas da nação se sobreponham à vontade desta e confio que no seio delas haja em maioria elementos de ordem em que o senso dos nobres deveres fale mais alto do que quaisquer antipatias pessoais. Se, por desgraça, se desmentir essa esperança patriótica, fique cada qual com a sua reponsabilidade no que vier a acontecer ao país".[53]

Estimulados pelo pessimismo de Epitácio ou pelo otimismo de Bernardes, alguns militares assinaram um manifesto em defesa da legalidade. O documento denunciava os "interessados em pôr os militares ao serviço de suas ambições políticas" e garantia que os signatários sustentariam, "a todo o transe, as autoridades legalmente constituídas" e por constituir. Em crítica à proposta do "tribunal de honra", falava, ainda, de "ameaça de subversão" e "atentado ao regime".[54]

No final de maio de 1922, houve eleições para a escolha do presidente de Pernambuco, e as disputas políticas locais se transformaram em confrontos entre dois grupos rivais que se declararam, ambos, vencedores. O governo federal interveio e surgiram conflitos entre a guarnição federal de Recife e a polícia, o que fez alguns oficiais escreverem ao Clube Militar relatando o problema. Os conflitos prosseguiram em Pernambuco, e oficiais ligados ao Clube Militar passaram a responsabilizar o presidente Epitácio Pessoa pelas violências da tropa federal em Recife. O clube realizou algumas reuniões bastante conturbadas, com acusações a Epitácio e troca de insultos entre militares exaltados e colegas legalistas. O marechal Hermes decidiu enviar um telegrama ao comandante da guarnição da 6ª Região Militar* em Pernambuco, dizendo: "venho fraternalmente lembrar-vos que mediteis nos termos dos arts. 6º e 14º da Constituição (...) Não esqueçais que as situações políticas passam e o Exército fica". Hermes se referia ao artigo escrito por Rui Barbosa que estabelecia a obediência militar apenas "dentro dos limites da lei". Era uma espécie de "apelo à indisciplina da oficialidade". Segundo Epitácio Pessoa, o marechal Hermes estava aconselhando a guarnição de

---

* A partir de 1915, o Exército se organizou em regiões militares. A 1ª RM com sede no Rio de Janeiro, a 2ª em São Paulo, a 3ª no Rio Grande do Sul, a 4ª em Minas Gerais etc.

Pernambuco a desobedecer às ordens do governo, "pois tanto importava depois disto lembrar-lhe o art. 14 da Constituição". Virgílio de Melo Franco fez uma análise parecida ao afirmar que Hermes, "invocando o art. 14 (...) imputava ao governo a expedição de ordens que desviavam a Força Armada de sua missão".[55]

O Ministério da Guerra questionou Hermes sobre a veracidade do telegrama (que tinha sido divulgado pela imprensa). O marechal ignorou o ministro e escreveu diretamente ao presidente Epitácio dizendo que "não deve pairar a menor dúvida sobre a veracidade de tal documento, do qual assumo inteira responsabilidade". Epitácio não teve alternativa senão repreender "severamente" o marechal por insinuar "que o governo da República (...) tem expedido ordens ilegais". Como se não bastasse, Hermes da Fonseca voltou a escrever a Epitácio "rejeitando" a repreensão: "declaro a Vossa Excelência que não posso aceitar a injusta e ilegal pena que me foi imposta". Epitácio Pessoa mandou prendê-lo por 24 horas. O Clube Militar se solidarizou com Hermes. Epitácio Pessoa mandou fechar o clube por seis meses. Segundo Virgílio, Hermes tinha assinado aquela carta "em termos absolutamente inaceitáveis" porque "era um homem simples, fraco, iletrado e dócil. Entregue a uma camarilha que o explorava, o velho soldado foi a pouco e pouco abdicando do seu livre arbítrio, até se transformar num autômato nas mãos dos ambiciosos que o conduziam".[56]

Hermes foi preso no quartel do 3º Regimento de Infantaria, que normalmente servia de prisão para tenentes insubordinados. Segundo o tenente Carlos Chevalier, "o marechal só podia ser preso em sua residência, no quartel-general ou no palácio da Presidência. Tal não se deu. Este fato, que para o civil, leigo em questões militares, é de somenos importância, para nós, soldados, é uma questão de grande vulto". O tenente Juarez Távora considerou a prisão um "ultraje atirado (...) sobre a dignidade das Forças Armadas". Além do marechal ter sido preso em um batalhão comandado por um coronel, o fechamento do Clube Militar foi feito com base na Lei 4.269, que Juarez supunha servir ao controle de "casas de tavolagem e lenocínio, ou quejandos antros de vigaristas, desordeiros e rufiões". A lei, na verdade, visava à repressão dos anarquistas, e Epitácio se baseou em um artigo que previa o fechamento de "associações, sindicatos e sociedades civis quando incorram em atos nocivos ao bem público". Contudo, a versão sobre a "lei de combate à exploração do lenocínio" prevaleceu.[57]

A repreensão "recusada" pelo marechal Hermes da Fonseca se deu no dia 1º de julho de 1922; sua prisão e o fechamento do Clube Militar, no dia seguinte. Na Câmara, no dia 4 de julho, os deputados discutiam entre si sobre a apresentação de um voto de louvor ao presidente da República por ter prendido o marechal Hermes e fechado o Clube Militar, "centro de agitações políticas", local "onde nasceu e se emplumou esse ensaio militarista". O deputado Joaquim Osório se opôs ao requerimento, avaliando que a necessidade de voto de louvor seria "a prova evidente da fraqueza do governo". O deputado Otávio Rocha lembrou, com maus pressentimentos, da sessão do Senado na época da "questão militar" no Império. Nesse mesmo dia, o senador Irineu Machado – intermediário das cartas falsas entre os falsários e o *Correio da Manhã* – discursou defendendo o marechal Hermes e o Clube Militar. Disse, em referência ao artigo 14 da Constituição, que "os militares não são apenas os peitos de que carecemos para oferecê-los às balas inimigas (...). O nosso Exército tem o direito de exame da legalidade das ordens, quando ofendem os direitos de oficiais". Acusou o poder público de nutrir "ódio profundo" contra "o poder, a glória das nossas Forças Armadas" e incitou, ameaçadoramente: "dormirão, acaso, as Forças Armadas?".[58]

Elas estavam acordadas: na madrugada de 4 para 5 de julho estourou a rebelião militar que tentou depor Epitácio Pessoa e impedir a posse de Artur Bernardes. Já não se falava mais da "Reação Republicana". A crise política havia se transformado em crise militar.

1922: tentativa de golpe no Rio de Janeiro

A conspiração era tão disseminada e explícita que o governo tinha amplo conhecimento dela. Ainda na noite do dia 4 de julho, o general Setembrino de Carvalho, chefe do Estado-Maior do Exército, se deslocou para a Vila Militar, que ficava no bairro de Deodoro, na Zona Oeste do Rio de Janeiro. Na Vila Militar, por volta das dez horas da noite, o comandante do 1º Regimento de Infantaria recebeu ordens para mandar prender na estação ferroviária da vila alguns oficiais que tinham embarcado na Central do Brasil e iam com o propósito de liderar a rebelião. Foi sobretudo esta providência que determinou o fracasso da planejada insurreição da Vila Militar.⁵⁹

A Escola Militar do Realengo ficava a cerca de 10 quilômetros da Vila. O tenente Juarez Távora, comprometido com a insurreição, estava escalado para atuar como oficial de dia entre 4 e 5 de julho. Ele era instrutor da Seção de Engenharia da escola. Na noite do dia 4, chegaram vários outros oficiais do corpo de instrutores, como o segundo-tenente Odílio Denis. Algumas providências iam sendo tomadas. Denis, por exemplo, teve a incumbência de organizar os alunos em um dos batalhões de infantaria, que seria comandado pelo primeiro-tenente Cunha Cruz, ficando reservado a Denis o comando de uma de suas companhias. Na ausência dos oficiais que foram presos na estação ferroviária, o coronel insurgente João Maria Xavier de Brito, que era o diretor da Fábrica de Cartuchos e Artefatos de Guerra de Realengo, "rebelou" os alunos (aproximadamente quinhentos), colocando-os em forma.⁶⁰

O diretor da escola, o general Eduardo Monteiro de Barros, acovardou-se e nada pôde fazer. Por volta da meia-noite, a escola saiu em direção à Vila Militar. Eles esperavam contar com o apoio e a adesão das forças da Vila, ao menos de parte dela. A ideia era que, na sequência, o marechal Hermes da Fonseca assumisse o comando geral das tropas e marchasse contra o Palácio do Catete a fim de depor Epitácio Pessoa. De fato, na madrugada do dia 5, Hermes foi para o sítio de seu filho, o deputado Mário Hermes, perto da Vila Militar.⁶¹

Entretanto, as tropas da Vila Militar estavam de prontidão e sob o controle do governo. Um tenente insurgente, Frederico Cristiano Buys, havia tentado prender o comandante do 1º Regimento de Infantaria usando uma companhia sublevada desse mesmo regimento, mas foi dominado e preso.

As tropas provenientes da Escola Militar do Realengo seguiam pela estrada de São Pedro de Alcântara em direção à Vila Militar quando o conflito teve início. Ao que parece, o grupo da Escola Militar, desconfiado, atirou contra uma patrulha legalista para verificar se haveria alguma reação, que se concretizou com a saída das tropas da Vila Militar. Foi neste episódio que o tenente Costa e Silva, futuro presidente na ditadura militar, se recusou a acompanhar o 1º Regimento de Infantaria para conter os cadetes e, por isso, foi considerado revoltoso. Em pleno tiroteio, o tenente Denis viu quando um aluno foi morto. O capitão legalista Mascarenhas de Morais atuava no 1º Regimento de Artilharia Montada na Vila Militar, onde integrava a Escola de Aperfeiçoamento de Oficiais para colaborar na instrução dos oficiais-alunos. Ao clarear do dia 5 de julho, ele havia recebido ordens para deslocar sua bateria para um morro nas proximidades, "com a missão de apoiar a ação da nossa infantaria contra o ataque da infantaria dos cadetes". Por volta das onze horas, os cadetes já tinham sido contidos e voltavam para a escola.[62]

Como a Vila Militar não se rebelou, tornando as forças leais ao governo muito superiores, o coronel Xavier de Brito decidiu voltar para a Escola Militar, até mesmo para poupar os cadetes. Cerca de meio-dia, a escola foi ocupada pelo comandante do Esquadrão de Cavalaria, o capitão Euclides Figueiredo. Os oficiais revoltosos se entregaram, inclusive o coronel Xavier de Brito, que foi preso. O tenente Carlos Chevalier chegou nesse momento, junto com outros tenentes, proveniente da Escola de Aviação. Essa instituição funcionava no recentemente ampliado Campo dos Afonsos, perto da Vila Militar. Chevalier ficou frustrado com a falta de adesão de oficiais que participaram da conspiração, mas acabaram recuando. Ele também foi preso. Cordeiro de Farias relata que os revoltosos dessa escola pretendiam colocar aviões no ar para lançar artefatos não explosivos, que eles próprios fabricavam, sobre o Palácio do Catete e outros alvos. Contudo, foram impedidos por um major que tinha, inicialmente, a missão de garantir os pousos e decolagens, mas desistiu e aderiu ao governo. Esse major tentou prender Cordeiro e outros, que fugiram a pé para a Escola Militar do Realengo, tal como Carlos Chevalier. O primeiro-tenente Cordeiro de Farias também foi preso.[63]

Odílio Denis descreveu o retorno para a Escola do Realengo. Ele registrou a chegada do capitão Euclides Figueiredo, que ocupou o local de treinamento de cavalos da escola, o "picadeiro". Disse que os cadetes simplesmente voltaram, tomaram banho, almoçaram e foram descansar no alojamento, como se tivessem participado de um exercício rotineiro. Na sequência, foram feitas as prisões, inclusive a dele. De acordo com o general João de Deus Mena Barreto, que deteve o avanço dos cadetes, as coisas não foram tão tranquilas: "Após o insucesso com as tropas da

Vila Militar, houve grande confusão no interior da escola, com o descarregamento das armas de fogo sem alvo certo".[64]

Esses eventos na Escola e na Vila Militar aconteciam ao mesmo tempo que o Forte de Copacabana, na Zona Sul do Rio de Janeiro, se sublevava. O governo estava informado de que isso aconteceria à uma da manhã do dia 5 de julho. A filha do presidente Epitácio Pessoa relatou – não sabemos se fielmente ou por zombaria – que o primeiro tiro de um canhão do forte ecoou somente à uma e vinte e, no Catete, quando o pai ouviu (ele estaria esperando calmamente na sala de bilhar do palácio), consultou o relógio e disse: "Estão atrasados de 20 minutos". Esse primeiro tiro foi lançado contra um alvo fácil, Cotunduba, pequena ilha desabitada na Baía de Guanabara que fica entre o Forte de Copacabana e a Fortaleza de Santa Cruz da Barra, em Niterói. O segundo tiro também foi para lá. O terceiro atingiu o rochedo do Forte do Leme, na outra extremidade da Praia de Copacabana. Os revoltosos queriam alarmar a população e sinalizar o início da revolta. O quarto tiro foi dirigido ao 3º Regimento de Infantaria: era uma espécie de protesto contra a prisão de Hermes da Fonseca naquele local dias antes. O 3º RI estava aquartelado nas instalações que serviram à antiga e problemática Escola Militar da Praia Vermelha.[65]

Quem comandava o Forte de Copacabana era o capitão Euclides Hermes da Fonseca, filho do marechal. Epitácio, preventivamente, o havia destituído do comando no dia 3 de julho e nomeado outro capitão, José da Silva Barbosa, mas a efetiva substituição não tinha acontecido quando o forte se rebelou. O capitão Barbosa foi para lá no dia 5, porém acabou preso pelos revoltosos.[66]

Como já vimos, alguns jornalistas tentaram chegar ao Forte de Copacabana tão logo ouviram os canhões na madrugada do dia 5. Um deles chegou pelo Túnel Velho e prosseguiu pela rua Barroso até a praia. De acordo com o seu relato, por volta das duas da tarde havia pouco movimento. Muita gente tinha deixado Copacabana. Poucas pessoas na avenida Atlântica. Perto das quatro horas, a Fortaleza de Santa Cruz da Barra disparou contra o Forte de Copacabana, que revidou. Isso se repetiu algumas vezes até que o repórter e alguns curiosos viram "os grandes canhões do forte moverem-se em determinada posição e atordoarem os ares com seus formidáveis disparos, envolvendo-se em uma onda negra de fumaça. Corremos sem saber para onde enquanto os vidros das casas voavam em estilhaços. Dois novos estrondos partiram do Copacabana. Santa Cruz silenciou". Esse jornalista relata que foi para casa, mas soube que, no dia seguinte, 6 de julho, seria dado combate ao forte às sete horas da manhã. Decidiu voltar. Viu quando os encouraçados da Marinha chegaram e quando o *Minas Gerais* disparou contra o forte, que revidou. Dois aviões leais ao governo tentaram lançar bombas sobre o forte, mas elas caíram n'água.[67]

A superioridade das forças governamentais tornava a situação dos rebelados muito difícil. O 1º Grupo de Artilharia Pesada, que estava estacionado inicialmente na Ladeira do Leme, desceu e foi posicionar-se estrategicamente no alto do morro do Túnel Velho. Talvez por conta dessa óbvia vantagem, o ainda comandante do forte, capitão Euclides Hermes da Fonseca, aceitou o convite do ministro da Guerra para negociar. Pandiá Calógeras havia telefonado às quatro da manhã para Euclides, informando-o de seu completo isolamento, por causa da rendição da Escola Militar do Realengo e do fracasso da rebelião na Vila Militar. O capitão relatou aos companheiros o que ouvira. Vários optaram por abandonar a luta. Euclides Hermes da Fonseca foi para o Palácio do Catete conversar com o ministro por volta das onze horas, levando condições para a rendição definidas pelo tenente Siqueira Campos: respeito à vida dos revoltosos, baixa do Exército, livre saída para o estrangeiro. Nada foi aceito. Do palácio, o capitão ligou por volta de meio-dia e meia para seus companheiros e transmitiu a ordem para que se rendessem incondicionalmente. Segundo a filha de Epitácio, o ministro Calógeras ia ditando os termos do que Euclides deveria dizer aos revoltosos. Para falar com os rebelados do forte, a ligação telefônica foi feita para a pensão Mère Louise, que ficava nas proximidades.[68] O capitão Euclides foi preso.

Diante do fracasso das negociações, os rebelados que ainda estavam no Forte de Copacabana tomaram a decisão desesperada que os tornaria famosos. O tenente Siqueira Campos, segundo seu próprio relato, retalhou em vários pedaços um exemplar da Bandeira Nacional e os distribuiu entre os que decidiram deixar o forte e enfrentar destemidamente as tropas governamentais. De acordo com um jornalista que testemunhou a cena, os retalhos da bandeira foram colocados nas agulhas dos fuzis. Eles levaram consigo o máximo de armas e munição que conseguiram carregar. Já na avenida Atlântica, Siqueira Campos arrancou as passadeiras onde se fixam as patentes dos oficiais para caracterizar que eram todos simples soldados. Prosseguiram por dois quilômetros até a praça Serzedelo Correa, onde atiraram desesperadamente contra as tropas legalistas. Não puderam sustentar o fogo por muito tempo. Tiveram de recuar para a praia e usaram como trincheiras os entulhos da obra de reforço do leito da avenida (tinha havido forte ressaca no ano anterior), mas as tropas governamentais foram em direção a eles e atacaram as trincheiras. O tenente Eduardo Gomes caiu com fratura exposta na coxa esquerda. Siqueira Campos estava sem forças, com o polegar direito ferido, quando foi atingido por duas baionetadas na barriga. Os dois foram recolhidos e hospitalizados. Sobreviveriam.[69]

Logo que o canhão do Forte de Copacabana disparou o primeiro tiro, na madrugada do dia 5, Afrânio de Melo Franco – que morava em Copacabana – decidiu levar os filhos para um local mais seguro, a casa de uma cunhada no bairro da Gávea. Foram de automóvel. Depois que a situação foi controlada, ele e Afonso Arinos retornaram no dia seguinte, já ao anoitecer: "na praça Serzedelo saltamos do automóvel e ficamos perto da igreja observando os postes furados pela metralha e o sangue ainda visível que manchava as pedras da calçada" – relatou o filho de Afrânio.[70]

Nesse dia 6 de julho, vários cadetes da Escola Militar de Realengo e tenentes rebelados já estavam presos. Muitos prisioneiros foram levados inicialmente para o Corpo de Bombeiros, onde estava funcionando, por segurança, o comando da 1ª Região Militar. Depois foram encaminhados para prisões ou navios. Juarez Távora foi levado para a Ilha das Cobras, de onde ouviu os canhões do Forte de Copacabana. Das janelas da prisão ele podia ver "o recinto movimentado da Feira do Centenário [Exposição Internacional do Centenário da Independência], na Ponta do Calabouço, feericamente iluminado". Ficou preso junto com os oficiais que pretendiam rebelar a Vila Militar e foram detidos na estação ferroviária. Costa e Silva e Odílio Denis foram presos inicialmente no 1º Regimento de Cavalaria Divisionário e depois transferidos para o navio *Alfenas*. O marechal Hermes da Fonseca foi preso na manhã do dia 7 de julho e foi deixado incomunicável no encouraçado *Floriano* – navio que havia sido atingido por estilhaços de um dos tiros de canhão do Forte de Copacabana.⁷¹

Juarez Távora escreveu em suas memórias que a insurreição de 1922 foi uma "jornada de desespero". Para ele, além da primeira prisão de Hermes da Fonseca e do fechamento do Clube Militar, contou também como motivação para os rebelados a maneira como viam as transferências de militares feitas por Epitácio, "transferências em massa – verdadeiras deportações" dos que eram contrários a Bernardes. Cordeiro de Farias destacou o inusitado da rebelião: "o movimento de 1922 foi um relâmpago, uma explosão". Em seu testemunho no inquérito conduzido pelo general Tasso Fragoso, Eduardo Gomes disse que a revolta foi feita porque "o governo estava saindo fora da lei com o propósito de intervir em Pernambuco e porque era desejo do país ver afastada a hipótese da posse do dr. Artur Bernardes". Tudo teria sido feito "bisonhamente [desajeitadamente], sem cuidados. Quase nada foi preparado", segundo Filinto Müller. Virgílio de Melo Franco classificou o episódio de "gloriosa e inútil epopeia" e destacou a falta de adesão dos militares de patente mais elevada: "apenas a mocidade cumpriu a palavra empenhada". Segundo Odílio Denis, a revolta fracassada de 1922 teve como antecedentes a tentativa de golpe de 1904 e a deposição de Pedro II em 1889. Deu errado porque foi mal preparada e "o país tinha crescido e aumentado suas Forças Armadas; nelas não havia mais a simplicidade de 89, em que o número de unidades que podiam decidir era bem menor".⁷²

O presidente Epitácio Pessoa, logo que estourou a rebelião, escreveu aos governantes estaduais e buscou apoio do Congresso Nacional. Os presidentes de São Paulo e Minas Gerais colocaram as forças estaduais à disposição do governo federal. Contra o "movimento sedicioso", o Congresso aprovou rapidamente a decretação do estado de sítio solicitado por Epitácio, inclusive com o voto do adoentado Rui Barbosa, recebido com as aclamações de sempre (mas, contrariando seus hábitos, Rui discursou brevemente). Depois de tudo controlado, Epitácio visitou os feridos nos hospitais. Conversou com Siqueira Campos, que sentia frio, e o presidente pediu que lhe dessem um cobertor. D. Mary Pessoa, a primeira-dama, também visitou militares feridos, indo até necrotérios para aspergir os cadáveres com água benta. Ela conversou igualmente com Siqueira Campos.⁷³

Vários personagens outrora exaltados condenaram os revoltosos. O presidente do Rio Grande do Sul, Borges de Medeiros, falou em "defesa da ordem constitucional" e "insubordinação das camadas inferiores" para reprovar os "atos de violência com que uma parte da guarnição do Rio de Janeiro acaba de ofender a ordem material do país". O deputado mineiro Francisco Campos – que no futuro redigiria a constituição autoritária de 1937 e o preâmbulo do primeiro ato institucional da ditadura militar – criticou Borges de Medeiros por não ter desautorizado, anteriormente, os que "pregavam na Câmara dos Deputados a revolução das Forças Armadas contra o governo". Pernambucano, o também deputado Gonçalves Maia, que em junho falava em conflitos do governo com as Forças Armadas, agora assinava requerimento congratulando-se com os militares legalistas. O senador Felix Pacheco, do Piauí, declarou que não se comovia com a valentia de Siqueira Campos e dos revoltosos: "Comove-me, isto sim, a bravura dos soldados legais que eles mataram e feriram estupidamente nessa arrancada". O senador Raul Soares, de Minas Gerais, defensor de Artur Bernardes, discursou agressivamente, pedindo a punição dos verdadeiros culpados, e não apenas dos "oficiais e praças colhidos na sua boa-fé e simplicidade, nem mesmo pobres energúmenos hipnotizados por artigos e discursos". Segundo Afonso Arinos de Melo Franco, Raul Soares e Artur Bernardes eram "intransigentes e inexperientes, os dois chefes mineiros iam encetar uma política inquisitorial de depurações que se revelou ineficaz e desastrosa".[74] Isso de fato aconteceu.

Arinos elogiou Nilo Peçanha por ter se solidarizado com os revoltosos, mesmo sendo acusado de tê-los estimulado. Nilo mandou carta ao Senado dizendo: "se a política é acusada de coparticipação nesse movimento 'por ter-lhe criado o ambiente', declaro-me solidário com os vencidos e desde já renuncio às minhas imunidades parlamentares para sofrer com eles".[75] Ele passou a atuar na defesa dos rebelados e, em petição relacionada aos cadetes da Escola Militar do Realengo, lembrou o artigo 14 da Constituição. Os cadetes só poderiam ser julgados à luz desse artigo "quando prescreve que a Força Armada é essencialmente obediente, mas dentro dos limites da lei".[76]

Alguns anos depois, Epitácio classificaria os episódios de 1922 como "crime de lesa-pátria" e condenaria o militarismo: "Aquele que deseje entregar-se à cabala eleitoral, comece por despir o uniforme e guardar a arma, que tal mister não é militar (...). Nem o Exército é a nação. Nem é tutor da nação. É apenas um aparelho de defesa das instituições e da integridade moral e material da nação".[77]

Houve repercussão dos acontecimentos do Rio de Janeiro em Mato Grosso, porque lá o general Clodoaldo da Fonseca – o sobrinho a quem Deodoro escreveu enaltecendo a monarquia – comandava a 1ª Circunscrição Militar. Acreditando erroneamente que a sublevação se espalharia pelos estados, rebelou seus subordinados, dando ordens para marcharem até Três Lagoas, na fronteira com São Paulo. Ele pretendia que a eleição de Bernardes fosse anulada. Quando soube do fracasso da insurreição no Rio, depôs as armas.[78]

Artur Bernardes tomou posse no dia 15 de novembro de 1922. Ele prestou o compromisso constitucional perante o Congresso Nacional reunido, curiosamente, na Biblioteca Nacional, na avenida Rio Branco, centro do Rio de Janeiro. A Câmara dos Deputados estava lá instalada provisoriamente porque sua sede, o Palácio Monroe, foi usada como um dos pavilhões da Exposição Internacional do Centenário da Independência.[79] Quem tomou posse como vice-presidente da República foi Estácio Coimbra, escolhido em nova eleição realizada em agosto porque Urbano Santos tinha morrido em maio.

1924: tentativa de golpe em São Paulo

No final de dezembro de 1923, os principais envolvidos nos episódios de 5 de julho de 1922 foram indiciados pela Justiça Federal como autores do crime de tentar "mudar por meios violentos a Constituição política da República ou a forma de governo estabelecida", conforme o artigo 107 do Código Penal. A decisão caiu como uma bomba sobre os revoltosos, que esperavam "apenas" a aplicação do artigo 111, que falava em oposição ao Poder Executivo e estabelecia pena menor do que a definida pelo artigo 107 (cinco a dez anos de prisão). Em se tratando de pena superior a dois anos, a expulsão do Exército era automática. Para Cordeiro de Farias, "Epitácio fez com que a Justiça classificasse o movimento como um levante pela mudança do regime político". Foi essa decisão que teria estimulado os envolvidos a planejar a insurreição de São Paulo em 1924: "não tenho dúvida de que nossa determinação de realizar um outro levante nasceu da intolerância de Epitácio" – assegurou Cordeiro de Farias. De fato, o indiciamento seria considerado injusto: dois anos depois, o Supremo Tribunal Federal reformou a sentença e indiciou os revoltosos como incursos no artigo 111.[80]

Artur Bernardes governou com mão de ferro, mantendo o estado de sítio por quase todo o tempo, e, em diversos episódios, mostrou-se visivelmente vingativo, promovendo intervenções na política do Rio de Janeiro e da Bahia, por exemplo. Em outubro de 1923, impôs uma lei de imprensa muito dura. Isso, naturalmente, estimulava os conspiradores, muitos dos quais optaram por uma vida clandestina depois da decisão da Justiça. A situação deles não era fácil. O marechal Hermes da Fonseca havia morrido em setembro de 1923 – justamente no dia em que recebeu a convocação para depor no inquérito que apurava os episódios de 5 de julho de 1922.[81] Nilo Peçanha morreu em março de 1924, de modo que os conspiradores estavam sem líderes.

Mas eles eram próximos e mantinham contato: muitos tinham se tornado oficiais na mesma época, na Escola Militar de Realengo em 1919 – turma que se tornou numerosa porque os alunos que se formariam em 1918 tiveram de ficar mais um ano, cumprindo o novo requisito da instrução militar. Cordeiro de Farias conta que Luís Carlos Prestes, Siqueira Campos, Eduardo Gomes e Juarez Távora "saíram já como tenentes e eu como aspirante, mas todos no ano de 1919 (...). Éramos incrivelmente unidos, como verdadeiros irmãos, e entre nós não havia ciúmes nem segredos". Ele tinha sido transferido para Santa Maria, no Rio Grande do Sul, mas o grupo se visitava com frequência apesar das comunicações ruins – que também dificultavam os preparativos para a nova rebelião.[82]

Eles encontraram na figura do general reformado Isidoro Dias Lopes, que morava em São Paulo, o líder desejado. Promover uma rebelião em São Paulo também parecia promissor, já que havia muitos recursos materiais na cidade, mas nem tantas guarnições militares como no Rio de Janeiro. Depois de alguma paralisia causada pelo impacto diante da morte de Nilo Peçanha, a conspiração foi retomada. A data em que devia estourar a insurreição foi adiada algumas vezes, em função de impasses e indecisões. O capitão Bertoldo Klinger, por exemplo (o alferes-aluno que participou da revolta de 1904), tinha se comprometido inicialmente com os insurgentes, mas voltou atrás, tornando-se perda significativa. O próprio general Isidoro, na véspera do início do movimento, ainda tinha dúvidas. Ele se encontrou no dia 4 de julho com Eduardo Gomes, Newton Estilac Leal, Miguel Costa e os irmãos Joaquim e Juarez Távora. Disse que preferia adiar mais uma vez o movimento, mas foi convencido do contrário por Juarez e Miguel.[83]

As intenções do movimento eram vagas e imprecisas, como o foram em 1922. Além de derrubar Artur Bernardes, o que queriam? Talvez em reação a esse tipo de crítica, Juarez Távora tentou consolidar, posteriormente, um programa com os objetivos dos insurgentes. Os propósitos do movimento consistiriam na definição do conceito da autonomia local dos estados; na uniformização das constituições estaduais e do ensino público; na luta contra a hipertrofia do Executivo e em favor da verdade na representação política; na unificação do processo eleitoral; na regularização do alistamento dos eleitores; na moralização dos reconhecimentos de mandatos; na independência do Poder Judiciário e em sua uniformização. Era o que se lia no sumário do terceiro volume de uma publicação que ele lançou, entre 1927 e 1928, com o objetivo de fazer propaganda "revolucionária". Ele pediu ao editor, Nereu Rangel Pestana, que enviasse exemplares a diversos jornais. Juarez disse que escreveu o primeiro volume no "degredo" e, segundo os editores, o livro foi tipografado "longe das vistas do autor". Era, segundo o tenente, dirigido à "mocidade patrícia". O prefácio ele redigiu na Ilha das Cobras, isto é, na prisão. Explicou que o terceiro volume, sobre a Coluna Prestes, foi publicado antes do segundo porque não podia publicar dois de uma vez. Esse volume adiado trataria de "episódios táticos e estratégicos, ocorridos entre a retirada de São Paulo, nos derradeiros dias de julho de 1924, e a evacuação do sudoeste paranaense pelas tropas revolucionárias na primeira quinzena de abril de 1925". Contudo, nunca foi publicado. A partir de 1973, Juarez lançaria suas memórias, abrangendo inclusive esse período, em três volumes.[84]

Foi nesse livro de propaganda que Juarez Távora desenvolveu seu argumento sobre o direito de intervenção militar com base no artigo 14 da Constituição. Se o governo desobedece à lei, "é natural, imprescindível, recorrer à violência". As Forças Armadas agiriam "dentro dos limites da lei" como verdadeiro poder moderador: "a Constituição republicana de 91 atribui sabiamente à Força Armada, no seu art. 14, a função reguladora de volante* da ordem social – capaz de compensar os colapsos de funcionamento da máquina política". Garantia que os militares sabiam diferençar as ordens legais das ilegais porque estudavam Direito nas escolas militares. A única maneira de as Forças Armadas obedecerem incondicionalmente ao poder público seria com a mudança do artigo 14. Essa também era a opinião do tenente Joaquim Nunes de Carvalho: o papel das "classes armadas" era ser "'obediente dentro dos limites' da lei ou fazê-la cumprir pelos que estivessem fora dela".[85]

Segundo Juarez Távora, 1922 tinha sido apenas uma "desafronta aos brios do Exército", da Força Armada "ferida em seus melindres". Agora, em 1924, queria "sacrificar-se, generosamente, para salvar as loucuras da politicagem profissional". Para realizar o "sonho liberal e democrático dos constituintes de 1891" seria preciso afastar Artur Bernardes, um "vulgar politiqueiro" de "espírito acanhado, pretensioso e vingativo".[86]

João Cabanas tinha um objetivo mais prático e convincente: queria a "libertação dos briosos e altivos prisioneiros recolhidos às enxovias [calabouços] governistas".[87]

No dia 5 de julho de 1924 – data escolhida por causa do levante de 1922 –, os insurgentes conseguiram cumprir a primeira missão: "o assédio e assalto do bloco de quartéis policiais da Luz [bairro da Luz, região central de São Paulo]".[88] Mas, a partir daí, haveria muitos problemas.

Entre os dias 7 e 8 de julho, os revoltosos atiraram contra os prédios do Palácio dos Campos Elíseos, sede do governo de São Paulo, e da Secretaria da Justiça, ambos na região central da cidade. Uma bateria rebelde se posicionou no Campo de Marte e tentou acertar o palácio, mas errou o alvo várias vezes, atingindo residências e fazendo vítimas. O tenente Eduardo Gomes posicionou uma peça de artilharia na esquina das ruas João Teodoro e Cantareira, no bairro da Luz, e teve mais sucesso. O presidente do estado, Carlos de Campos, decidiu deixar o palácio, notícia recebida com alegria pelos insurgentes.[89]

---

* O "volante do motor" equilibra movimentos abruptos dos pistões e garante rotação suave.

Os combates se arrastavam por diversas razões: eles se davam em plena cidade, densamente povoada, e eram, afinal, uma fuzilaria entre iguais. O major Mascarenhas de Moraes, que já havia combatido os rebeldes de 1922, se manteve, também em 1924, ao lado da legalidade. Ele recebeu ordens para deslocar por trem o 1º Grupo de Artilharia do 1º Regimento de Artilharia Montada para a Vila Matilde. "As operações arrastavam-se lentamente, pela natural depressão provocada nos combatentes, arrefecidos pela mágoa de atirar contra irmãos, ou pelo desejo muito justo de poupar vidas inocentes e não destruir a cidade."[90]

Mas o governo não teve cautelas: determinou o bombardeio dos rebeldes independentemente de prejuízos materiais e da morte de civis. "No dia 11 de julho, os bairros do Brás, Belenzinho e Mooca começaram a sofrer um bombardeio cada vez mais intenso." O Exército procurou atemorizar as pessoas até que pedissem aos revoltosos que desistissem. O presidente da Associação Comercial de São Paulo, José Carlos de Macedo Soares, registrou: "Depois de sofrermos os horrores da revolta que não provocamos, nem merecemos, fomos sangrados e mutilados pelos canhões dos que nos deveriam defender".[91]

No dia 15 de julho, durante um ataque dos revoltosos ao quartel da polícia no bairro da Liberdade, o importante líder Joaquim Távora foi morto, causando grande comoção entre os insurgentes.[92]

No dia 17, o general Isidoro já havia enviado carta ao general Abílio de Noronha, comandante da 2ª Região Militar, definindo "condições" para o cessar-fogo: deveria ser estabelecido um governo provisório, a reeleição dos presidentes da República e dos estados precisaria ser proibida, o voto secreto deveria ser adotado – tudo muito improvável. Não houve acordo.

A população de São Paulo estava alarmada, é claro. Para tentar justificar a situação, os revoltosos lançaram manifestos. O primeiro, distribuído em 10 de julho, falava do objetivo de substituir o governo, que seria marcado pelo nepotismo e incompetência. Afirmava que o Exército agia "abnegadamente, por altruísmo". Estranhamente, valorizava o Império: "o Exército quer a pátria como a deixou o Império, com os mesmos princípios de integridade moral, consciência patriótica, probidade administrativa e alto descortino político". Dizia que o movimento era "um gesto de indignação e patriotismo" e, reconhecendo seu caráter minoritário, argumentava que "o Exército é composto daqueles que assinaram o manifesto do Clube Militar [de 1922] e dos que, por eles, se achavam representados nesse ato". O segundo manifesto saiu uma semana depois e também sustentava generalidades. Falava em "decadência moral", em "desordem administrativa e perturbações econômicas", em "perversão dos costumes políticos" e na intervenção do governo federal na vida dos estados. O terceiro apareceu no dia 24 de julho e requentava reclamações que vinham da época da Proclamação da República contra o predomínio da "classe inútil" dos bacharéis e a necessidade de progressão por mérito. Defendia o voto secreto, mas com "censo alto", isto é, o voto dos que tinham renda elevada.[93]

Nesses dias, houve um episódio envolvendo o tenente Eduardo Gomes. Ele decolou do Campo de Marte numa pequena aeronave pilotada pelo aviador Carlos Hedler com o propósito de lançar boletins revolucionários sobre a cidade do Rio de Janeiro. Entretanto, houve um problema no radiador e o avião teve de fazer um pouso forçado perto de Cunha, em São Paulo. Os ocupantes escaparam sem ferimentos. A ideia seria lançar uma bomba de dinamite no Catete, além dos boletins. As forças governamentais também recorreram a aviões para operações de reconhecimento e bombardeio. Várias aeronaves foram enviadas para Mogi das Cruzes.[94]

No dia 26, houve tiroteio e explosões na Mooca.[95] Por fim, os revoltosos resolveram abandonar a luta. De acordo com o jornalista Nélson Tabajara a situação era insustentável, afinal as adesões esperadas não aconteceram e o bombardeio da cidade pelas tropas governamentais estava intenso. Os moradores de São Paulo tinham receio de cooperar e muitos insurgentes desertavam: "a disciplina militar praticamente desaparecera (...). Se faltassem balas, havia o risco de a posição ser abandonada e, se não houvesse comida à hora certa, as praças recorriam às residências das proximidades em busca de alimento e isto nem sempre terminava em amabilidades".[96] Outros simplesmente abandonavam as trincheiras "para trocá-las por divertimentos, visitas ao meretrício, comodidades da retaguarda".[97]

Entre os dias 27 e 28 de julho de 1924, os insurgentes abandonaram São Paulo, deixando a capital em situação precária. Seguiram em trens para Campinas e depois para Bauru, aonde chegaram cerca de 3 mil homens no dia 29 – tornando a cidade um pandemônio. Essa é a origem da chamada "coluna paulista", que avançaria até Foz do Iguaçu e Catanduvas, no Paraná, e que se ligaria, posteriormente, às tropas de revoltosos do Rio Grande do Sul formando a famosa Coluna Prestes – que, pode-se dizer, nasceu do fracasso das rebeliões de São Paulo e do Rio Grande do Sul.[98]

O Rio Grande do Sul tinha sido palco de muitas lutas ainda no século XIX. Borges de Medeiros dominava o estado desde 1898, sendo reeleito diversas vezes para o cargo de presidente dos gaúchos, conforme permitia a peculiar constituição estadual de 1891. Nas eleições de novembro de 1922, ele concorreu novamente. A oposição lançou a candidatura de Assis Brasil. Borges venceu e a oposição alegou fraude. A partir de janeiro de 1923, irromperam vários conflitos entre os dois grupamentos. Os seguidores de Assis Brasil contavam com a possibilidade de uma intervenção federal. O governo federal, entretanto, patrocinou um acordo em dezembro de 1923 que consistia em permitir a posse de Borges de Medeiros pela quinta vez, ficando proibida, a partir de então, a reeleição. Contudo, em 1924, no contexto do tenentismo, guarnições federais se sublevaram em várias cidades (Cachoeira do Sul, Santo Ângelo, São Luís, São Borja, Uruguaiana e Alegrete). O capitão Luís Carlos Prestes surgiu como liderança proeminente. Ele estava no Rio de Janeiro quando da insurreição de 1922, mas não participou porque estava doente. Agora, em 1924, passou a ser combatido pelas forças estaduais de Borges de Medeiros.

Alguns tenentes que atuaram em 1922 também estavam no Rio Grande do Sul. João Alberto Lins de Barros, depois de permanecer preso algum tempo, tinha sido transferido para Alegrete. Ele relatou que "mantinha contato permanente com outros companheiros de conspiração, entre os quais o cap. Luís Carlos Prestes, que servia no batalhão ferroviário de Santo Ângelo". Como mencionado, Cordeiro de Farias tinha sido transferido para Santa Maria em 1922. Ele relatou que "nós dançávamos entre as duas correntes. Éramos mais favoráveis a Borges de Medeiros, por entendermos que os sofrimentos políticos impostos pelo governo federal transformavam-no em nosso aliado natural. Foi um erro: na hora decisiva, ele passou para o outro lado".[99]

Após a saída dos rebeldes de São Paulo, a população "recebeu o governo e as tropas legalistas com a frieza com que se recebem tropas inimigas vencedoras". Foram muitas as prisões indiscriminadas de supostos colaboradores. No Congresso Nacional, a vitória do governo em São Paulo foi muito festejada. O gaúcho Getúlio Vargas, na época, era deputado. Mesmo não gostando de discursar da tribuna, a ocupou para condenar a "sedição". Disse que a derrota dos rebeldes demonstrava que o Brasil "compreende perfeitamente que já passou a época dos motins de quartéis e das empreitadas caudilhescas, venham de onde vierem".[100] Alguns anos depois, ele lideraria, com o apoio dos tenentes, o movimento militarista que culminou na chamada Revolução de 1930.

MILITARES, REVOLUÇÃO E DITADURA

A deposição de Washington Luís

A dimensão bélica da chamada "Revolução de 1930" é pouco estudada. Uso a expressão "bélica" porque a luta armada que depôs o presidente Washington Luís e impediu a posse do presidente eleito Júlio Prestes (marcando o início da "Era Vargas") contou com a participação decisiva de civis, de modo que não foi militar em sentido estrito. Além de lideranças políticas civis que participaram efetivamente dos complexos preparativos e das impactantes ações armadas do movimento (que resultaram em muitos mortos e feridos), a derrubada de Washington Luís também atraiu expressivo apoio popular. Talvez tenha sido por conta dessas características que a expressão "revolução" foi usada para caracterizar o evento – que, de fato, não foi apenas um golpe de Estado. Independentemente do que possa significar, o nome "Revolução de 1930" pegou.

A expressiva dimensão bélica da Revolução de 1930 permite esclarecer a complexidade do intervencionismo militar no caso brasileiro justamente porque os militares foram chamados a tomar posição diante de ações armadas efetivas em meio a uma tremenda crise política. Determinadas características tipicamente militares só se evidenciam, como é de se esperar, durante os conflitos armados, especialmente quando se trata de confrontos entre nacionais. Esses episódios são essenciais para se entender o *éthos* das Forças Armadas, o que, por sua vez, é uma etapa incontornável para quem se propõe a explicar a persistência da tutela militar entre nós. Por exemplo, o que define a posição legalista ou rebelde de um oficial superior ou de um oficial-general? Como se verá adiante, o general que mais atuou para depor Washington Luís o fez, em grande medida, porque ficou magoado por não ter sido nomeado comandante de tropas legalistas. Sargentos e soldados, frequentemente, apenas acompanham seus comandantes, sejam eles legalistas ou revoltosos.

Nas diversas memórias escritas por militares, nas quais estão registradas as batalhas de que participaram, valores específicos são enaltecidos por meio de uma retórica recorrente. Por exemplo, as rígidas relações hierárquicas são abrandadas pela magnanimidade dos comandantes em relação aos subalternos, como fazia o tenente João Alberto ao frequentar amistosamente o "fogão* dos meus soldados". Em uma das batalhas mais sangrentas de 1930, um coronel legalista acabou por se render, mas a memória militar registra que ele o fez com elevação e elegância, comovendo "o coração e a lealdade de homens de honra como os senhores João Neves, generais Miguel Costa e Flores da Cunha, coronel Mendonça Lima e doutor Glycério Alves [seus adversários vitoriosos]". O compromisso de palavra e a honorabilidade são aspectos essenciais para o militar: quando um general revoltoso prendeu um capitão legalista nos primeiros momentos da Revolução de 1930, ele permitiu que o capitão se despedisse de seus comandados, "muitos deles com lágrimas nos olhos", e tratou o capitão "sem faltar-lhe ao respeito devido". O general o prendeu apenas dizendo que o capitão fosse para casa e se considerasse "na condição de preso". Os rituais que marcam a garantia da vida de mensageiros sob bandeira branca, seja para trégua ou negociação, costumam ser observados, assim como a formalidade das atas de rendição, redigidas de modo a não humilhar os derrotados. A vitória importa, mas a derrota após resistência heroica também dignifica. Em 1930, o 12º Regimento de Infantaria em Belo Horizonte resistiu durante cinco dias aos ataques dos revoltosos antes de ser dominado — como ainda veremos. A fuzilaria deixou crivado de balas um poste de

---

* Nos acampamentos militares gaúchos, fazia-se um fogo para o preparo do mate e do churrasco.

ferro que ficava na rua Tenente Brito Melo, na frente do quartel. Hoje, o poste, todo perfurado, é usado como mastro da Bandeira Nacional pelo atual 12º Batalhão de Infantaria Leve de Montanha.[1]

Por que tudo isso é importante? Para muitos civis, alguns desses gestos parecerão piegas ou hipócritas. Na verdade, integram códigos de comportamento que marcam a vida militar. Entendê-los é essencial para a compreensão da dimensão simbólica do poder e, por isso, é importante analisá-los durante a guerra – que é o principal evento da história política. Quando nós, civis, recusamos esse empreendimento, tendemos a classificar equivocadamente tais comportamentos como ridículos. Um dos principais episódios da Revolução de 1930 é visto dessa maneira até hoje: a Batalha de Itararé, conhecida como "a batalha que não houve". Qualquer referência a Itararé sempre incluirá a velhíssima piada sobre algo que se anunciava como muito grave e que deu em nada, quando, na verdade, não foi assim. Esse tipo de atitude irônica em relação aos militares decorre, naturalmente, da crítica civil ao intervencionismo militar, mas também é expressão do mito sobre a "história incruenta". No Brasil, conforme os conhecidos lugares-comuns, "tudo acaba em pizza"; "o golpe de 1964 foi uma simples batalha de telefonemas"; Itararé foi "a batalha que não houve". Segundo essa visão simplista, não há seriedade em nada, somos ridículos e até mesmo incompreensíveis, um país que "não é para amadores" – frase preconceituosa que também expressa o desejo de singularizar o Brasil, ainda que negativamente.

Como vinha dizendo, é importante analisar a dimensão militar da Revolução de 1930, que se efetivou em dois movimentos autônomos: o primeiro consistiu no grande número de confrontos armados entre tropas revoltosas favoráveis a Getúlio Vargas e as que permaneceram leais ao governo de Washington Luís. Esses embates foram detalhadamente planejados pelos revoltosos, com bastante antecedência, e aconteceram em todos os estados do Sul, em Minas Gerais, nos estados do Nordeste e em alguns outros pontos do país. O segundo restringiu-se à então capital federal, a cidade do Rio de Janeiro, e foi bastante improvisado, embora tenha atingido o objetivo principal do movimento: a deposição do presidente Washington Luís. Além de terem características diferentes, os responsáveis pelos dois movimentos viveram alguns dias de grande desconfiança e desentendimento entre si.

Tudo começou com a derrota de Getúlio Vargas para o candidato oficial apoiado por Washington Luís, Júlio Prestes, nas eleições presidenciais de 1930. O pleito foi muito distinto do anterior justamente por causa da competição entre um candidato do governo e outro apoiado por chefes políticos estaduais que contestavam a indicação presidencial. A eleição de Washington Luís, em 1926, tinha sido muito calma; essa eleição de 1930, pelo contrário, lembrava a eleição de Artur Bernardes em 1922, candidato oficial confrontado por Nilo Peçanha. O último presidente da Primeira República foi bastante festejado quando assumiu: "Nenhuma eleição presidencial foi tão tranquila quanto a do sr. Washington Luís". Mas ele não contava com a simpatia dos que criticavam o sistema de poder vigente, até porque era visto como antipopular por causa de uma frase que nunca disse, mas que era atribuída a ele: "A questão social é uma questão de polícia".* Sua popularidade não melhorou com a reação negativa de setores empresariais, especialmente do comércio, diante das medidas econômicas que encareciam as importações. Do mesmo modo, a decisão de não conceder anistia aos revoltosos de 1922 e 1924 era, em geral, vista com antipatia, e os tenentes usavam a pauta para atrair a simpatia popular e estigmatizar o presidente.[2] Como se não bastasse, Washington Luís, proveniente de São Paulo, indicou outro paulista para sucedê-lo, despertando a ira dos chefes políticos mineiros e gaúchos.

Em agosto de 1928, os grupos políticos antagônicos que viviam em conflito no Rio Grande do Sul se uniram para lançar um candidato gaúcho à Presidência da República, o que se efetivou no ano seguinte.[3] As lideranças de Minas Gerais, insatisfeitas com a orientação de Washington Luís, apoiaram Getúlio Vargas. Com a derrota de Vargas na eleição de 1º de março de 1930, seus apoiadores passaram a alegar fraude eleitoral, como sempre acontecia. Em abril e maio, quando do reconhecimento dos parlamentares eleitos,** firmou-se a convicção de que candidatos mineiros e da Paraíba (que integrou a aliança em favor

---

* Quando se lançou candidato a presidente do estado de São Paulo, em 1920, ele disse que "a agitação operária é uma questão que interessa mais à ordem pública do que à ordem social".

** Também houve eleições para o Congresso Nacional em 1º de março de 1930.

de Vargas apresentando o candidato a vice-presidente, João Pessoa) tinham sido "degolados". Segundo João Neves da Fontoura – deputado federal que foi vice-presidente do estado do Rio Grande do Sul na gestão de Getúlio Vargas –, os deputados eleitos da Paraíba e de Minas Gerais, favoráveis a Vargas, não foram diplomados.[4]

A aliança que se formou em torno de Getúlio Vargas reunia grupos muito heterogêneos, desde políticos liberais e conservadores afinados com o esquema de poder da Primeira República – como o próprio Vargas – até antigos tenentes radicalizados e favoráveis à luta armada no caso da previsível derrota do gaúcho.[5] Os ex-presidentes Epitácio Pessoa, Artur Bernardes e o candidato a vice-presidente, João Pessoa, integravam a aliança juntamente com os tenentes que os três combateram.* Para os tenentes, não havia dúvida quanto à necessidade de derrubar Washington Luís, consumando, afinal, a "revolução" que não conseguiram fazer em 1922 e 1924. Para os políticos tradicionais, como Epitácio, Bernardes e outros, havia o dilema de apoiar a ruptura da legalidade que eles sempre defenderam ardorosamente. Foi um processo paulatino: o paraibano Epitácio Pessoa, após tentar, sem sucesso, um entendimento com Washington Luís, decidiu-se em favor da luta armada, sobretudo depois de saber que o então presidente de Minas Gerais, Antônio Carlos Ribeiro de Andrada, apoiava esse caminho. O mineiro Artur Bernardes também acabaria concordando com o recurso às armas para depor Washington Luís. Bernardes se encarregou de convencer Olegário Maciel, futuro presidente do estado de Minas Gerais (o mandato de Antônio Carlos se encerraria em setembro de 1930), dizendo: "Não vejo saída digna para nós senão pela porta da revolução – única deixada pelo inimigo". Olegário estava com 75 anos e vacilava quanto ao movimento armado. Em julho, combinou com Bernardes que apoiaria a luta, desde que tudo se iniciasse ainda na gestão de Antônio Carlos.[6]

O assassinato de João Pessoa, em julho de 1930, estimulou esse processo. Pessoa vinha enfrentando muita hostilidade da parte do governo federal desde que não apoiara a indicação de Washington Luís e

---

* João Pessoa foi ministro do então Supremo Tribunal Militar entre 1920 e 1928 e, nessa condição, julgou com rigor os tenentes envolvidos nas rebeliões de 1922 e 1924.

se lançara candidato a vice-presidente com Getúlio Vargas.* O governo federal agia com leniência em relação às agitações na cidade de Princesa, a cerca de 400 quilômetros da capital da Paraíba, onde um líder local, José Pereira, começara a contestar a liderança de João Pessoa, presidente do estado. Inicialmente, a oposição se deu por causa das novas regras fiscais impostas por João Pessoa, que desejava concentrar o comércio no Porto de Cabedelo, na própria Paraíba. Contudo, a cidade de Princesa ficava próximo à fronteira com Pernambuco e se beneficiava do comércio com esse estado. João Pessoa tratou José Pereira com agressividade, e vários conflitos armados se sucederam a partir de março de 1930. O presidente da República, Washington Luís, mandou tropas federais para a Paraíba, o que foi visto como uma "intervenção branca".[7] Pessoa tinha relações conflituosas com várias lideranças paraibanas por causa de iniciativas de seu governo. Ele passou a fazer muitas críticas a um desses líderes, João Dantas, chegando a divulgar documentos encontrados no escritório do adversário. Tais documentos, publicados no jornal oficial *A União*, acusavam Dantas de tentativa de subversão. No dia em que Dantas assassinou Pessoa, *A União* havia publicado uma matéria dizendo que revelaria uma "narrativa de atos amorosos" do primeiro. Assim, o assassinato de João Pessoa teve motivações tanto pessoais quanto políticas, mas o fato é que sua morte o transformou em mártir. Washington Luís foi acusado de ser mandante do crime e muitas manifestações aconteceram pelo Brasil afora lamentando a morte do paraibano.

Quando soube do assassinato, Osvaldo Aranha, secretário do Interior de Vargas no governo do Rio Grande do Sul, mandou chamar o tenente João Alberto, que estava em Buenos Aires, desiludido com a indecisão dos líderes políticos em deflagrar a "revolução".[8] Aranha era um dos principais planejadores do movimento e estava inteiramente comprometido com a luta armada. Ele e Virgílio de Melo Franco eram uma espécie de "tenentes civis". Assim como João Alberto, frustravam-se com as idas e vindas da conspiração que se iniciara antes mesmo da

---

* A bandeira da Paraíba foi reformulada em 1930 para figurar com novas cores e incluir a palavra "nego", referência à negativa de apoio de Pessoa ao candidato de Washington Luís, ainda que João Pessoa nunca tenha usado esta expressão.

eleição em março. Agora, em julho de 1930, a repercussão do assassinato de João Pessoa encorajava as lideranças indecisas.

Os preparativos eram realmente complexos. O plano consistia em controlar o Rio Grande do Sul, Minas Gerais e o Nordeste do Brasil (a partir da Paraíba). As tropas do Rio Grande do Sul subiriam em direção a São Paulo para, em seguida, marcharem sobre a capital federal contando com o apoio de forças revoltosas provenientes de Minas Gerais e da região Nordeste do país. O movimento deveria estourar simultaneamente em Porto Alegre, Belo Horizonte e na capital da Paraíba, como de fato se deu – com algum atraso na Paraíba. A ideia era que os ataques iniciais fossem fulminantes e maciços. Os tenentes sempre estiveram à frente da organização, com o apoio de Osvaldo Aranha. Eles tinham a experiência militar acumulada das rebeliões de 1922, de 1924 e da Coluna Prestes. Segundo Cordeiro de Farias, os tenentes tinham conhecimento do Exército e sabiam que era difícil revoltar o Rio de Janeiro, mas, "levantando o Rio Grande [do Sul], controlando a situação militar em Minas e revoltando o Nordeste, seríamos inevitavelmente vitoriosos". João Alberto dizia que a lição de 1922 tinha sido proveitosa e que, na relação com a tropa, eles eram essenciais porque contavam com a confiança dos oficiais, "que geralmente não queriam ligações com eles [os políticos]". Ao longo de meses, em todo o país, civis aliados procuravam saber de suas posições diante da opção pela "revolução" em conversas informais com capitães, tenentes e sargentos. Essas conversas não pareciam estranhas porque os boatos sobre algo nesse sentido eram muito frequentes. Assim, a informação obtida por insuspeitos civis comprometidos com a causa era repassada aos líderes militares revoltosos que, em seguida, podiam abordar seus colegas com mais segurança e trazê-los para a conspiração. Desse modo foi sendo feita a preparação das tropas federais, nas quais também se organizaram grupos de soldados comprometidos. Em muitas cidades, núcleos de civis (reservistas e cidadãos com perfil adequado) foram reunidos em unidades informais sob a direção de chefes locais influentes, contando com a supervisão de oficiais militares que circulavam pelos estados.[9]

Os próprios tenentes decidiram sua distribuição pelo país. Juarez Távora foi para o Nordeste porque era de lá e "seu nome tinha mais impacto na região". João Alberto era nordestino, "mas se tornou gaúcho por casamento e conveniência militar". Cordeiro de Farias estava no Rio, mas "sabia que o centro do país ia ser um problema sério", então ficou com Minas. Segundo o primeiro-tenente revoltoso Ernani do Amaral Peixoto, Siqueira Campos iria para São Paulo apenas para "organizar ataques terroristas", porque "não havia possibilidade de fazer um levante por lá (...) ele lançaria bombas nos principais pontos de São Paulo, para estontear o governo e aliviar a pressão no Sul". A mesma coisa deveria ser feita no Rio de Janeiro, que, ao lado de São Paulo, abrigava as principais forças governamentais. Na capital, o médico Pedro Ernesto (associado aos tenentes desde 1922) deveria "desarticular o governo, perturbando por todas as formas as direções civis e altos comandos militares", conforme instruções de Osvaldo Aranha. Essas ações planejadas para São Paulo e Rio de Janeiro fracassaram por causa da morte inesperada de Siqueira Campos – em acidente aéreo, quando voltava de Buenos Aires, onde fora conversar com Luís Carlos Prestes – e da inoperância de Pedro Ernesto. Osvaldo Aranha também foi importante na preparação material do movimento, usando sua posição de secretário do Interior para conseguir armas e munições (inclusive no exterior), além de organizar o transporte ferroviário, essencial para o envio de tropas do Sul em direção a São Paulo e Rio de Janeiro. Ele se tornou, conforme muitos disseram na época, uma espécie de "ministro da Guerra" dos revoltosos.[10]

Tudo isso, naturalmente, dava muito trabalho e excitava os envolvidos, que exigiam dos chefes a definição da data decisiva. Algumas datas foram marcadas e abandonadas, não só por causa da indecisão dos chefes políticos tradicionais, mas também para confundir o governo. Virgílio de Melo Franco diz que se exasperava com as idas e vindas e os diversos adiamentos "que desmoralizavam a conspiração aos olhos de uma grande parte dos revolucionários", mas isso possibilitou convencer o governo federal de que o anunciado movimento "nada mais era do que um sonho de meia dúzia de exaltados...". Em agosto de 1930, Virgílio e outras lideranças decidiram que iniciariam a revolta em quaisquer condições, mesmo sem a decisão dos líderes políticos temerosos.[11]

Finalmente, em setembro, os conspiradores deram por encerrados os preparativos para o levante armado. Em Porto Alegre, Osvaldo Aranha foi informar Getúlio Vargas na sede do governo, o Palácio Piratini, enquanto seus companheiros aguardavam ansiosos a decisão do chefe.

Aranha apresentou um relatório detalhado a Vargas – que, até então, se mantinha totalmente alheio em relação ao planejamento –, dizendo que "será um golpe de Estado mais ou menos cruento, mas seguro e certo". Ficaram conversando algum tempo e, depois de algumas horas, Aranha retornou e informou aos demais conspiradores que Vargas exigia uma última providência: queria que alguns generais no Rio de Janeiro fossem consultados para se conhecer sua posição e saber se poderiam colaborar. O grupo decidiu enviar o deputado federal Lindolfo Collor* à capital para encontrar os generais Tasso Fragoso, Alfredo Malan d'Angrogne e Francisco Andrade Neves. Collor voltou no final de setembro dizendo que os generais nada podiam fazer porque não comandavam tropas, mas que não atrapalhariam.[12]

Essa preocupação de Vargas tinha fundamento. Quando mencionei "dois movimentos bastante autônomos", me referia ao levante longamente preparado pelos tenentes e à ação dos "generais do Rio", que tomariam a decisão de depor Washington Luís antes da chegada dos revoltosos à capital.

Depois da consulta aos generais da capital, os conspiradores definiram dia e hora (os famosos "dia D, hora H" do jargão militar) para a deflagração da insurreição: 3 de outubro, às cinco e meia da tarde. A data foi escolhida por Juarez Távora porque o tenente rebelde Agildo Barata estava escalado como oficial de dia do 22º Batalhão de Caçadores,** na capital da Paraíba, nesse dia 3. As lideranças gaúchas decidiram a hora porque o expediente nos quartéis se encerrava às cinco e neles permaneciam apenas os oficiais de plantão. Contudo, Juarez Távora achou o horário inconveniente porque havia planejado deflagrar o movimento de madrugada. Ele mandou um telegrama aos gaúchos perguntando se podia "iniciar [a] marcha [na] madrugada [do] dia 4", mas Osvaldo Aranha achou que "marcha" se referia a alguma movimentação de tropas após o levante e concordou. Por isso, quando o movimento estourou nas primeiras horas do dia 4 no Nordeste, as forças governamentais

---

* Trata-se do avô do ex-presidente Fernando Collor de Mello.

** Os batalhões de caçadores são formados por tropas capazes de incursão rápida (infantaria ligeira). Nos anos 1940, passariam a ser chamados de batalhões de infantaria, mas alguns mantiveram o nome tradicional.

não foram surpreendidas porque já sabiam do levante iniciado às cinco e meia do dia 3 no Rio Grande do Sul. A redação ambígua de Távora ocasionaria muitas mortes.[13]

Em Porto Alegre, na madrugada de 2 para 3 de outubro, às três horas da manhã, Osvaldo Aranha chamou o tenente-coronel Góis Monteiro, chefe militar do levante, ao Palácio Piratini. Góis havia combatido os tenentes no passado, mas acabou se convencendo da necessidade da luta armada para depor Washington Luís. Entre os tenentes, o nome preferido para chefiar o movimento tinha sido o de Luís Carlos Prestes, mas ele já estava se convertendo ao comunismo e descartou participar de uma "revolução" liderada por políticos tradicionais. Quando Góis Monteiro chegou à sede do governo gaúcho – acompanhado de Virgílio de Melo Franco, que o assessorava –, Getúlio Vargas perguntou: "É para hoje?". Vargas havia redigido, com bastante antecedência, um manifesto para ser divulgado no início do movimento, e Aranha pediu que ele o lesse. Um dos últimos parágrafos dizia que os revoltosos estavam "amparados no apoio da opinião pública, prestigiados pela adesão dos brasileiros que maior confiança inspiram dentro e fora do país, contando com a simpatia das Forças Armadas e a cooperação de sua melhor parte". Depois de ler a grandiloquente frase final – "Rio Grande, de pé pelo Brasil! Não poderás falhar ao teu destino heroico" –, Vargas disfarçou a emoção com uma piada.[14]

Quando amanheceu, Góis Monteiro deu uma volta pelo centro de Porto Alegre e ficou assustado com a quantidade de boatos que ouviu: o vazamento das informações sobre o levante poderia comprometer seu sucesso, que dependia da surpresa. Ele soube que civis interessados em participar da revolta tinham assaltado lojas de armas e que "os colégios encerravam as suas aulas e os estabelecimentos comerciais desciam as suas portas".[15]

Mas os preparativos continuaram normalmente. Depois do almoço, Osvaldo Aranha foi para o Quartel da Brigada Militar, que ficava em frente à sede da 3ª Região Militar, a principal guarnição a ser tomada na capital gaúcha. Aranha iria participar pessoalmente dessa ação. Os conspiradores contavam com o apoio da brigada, que, havia algum tempo, destacava diariamente uma pequena tropa, às cinco horas da tarde, para fazer um exercício de marcha passando em frente à 3ª Região Militar

– sem que seu general comandante, Gil de Almeida, nada visse de errado nisso. Ele também não desconfiou de supostas obras de reparo nas tubulações de água nas ruas próximas ao quartel – que, na verdade, eram trincheiras cavadas com antecedência pelos revoltosos.[16]

Aproximava-se a hora combinada. Vargas escreveu em seu diário: "Como se torna revolucionário um governo cuja função é manter a ordem? (...) Sinto que só o sacrifício da vida poderá resgatar o erro de um fracasso". Às cinco e meia, Góis Monteiro e Virgílio de Melo Franco, que estavam no Palácio Piratini, ouviram os primeiros tiros. O ataque à 3ª Região Militar ocorreu como planejado. Soldados revoltosos se posicionaram nas janelas e tetos de prédios vizinhos, alguns portando metralhadoras, enquanto integrantes da brigada ocuparam as trincheiras. Aranha liderou as tropas e houve uma grande fuzilaria com vários mortos de ambos os lados quando o local foi invadido. Algumas metralhadoras do quartel tinham sido sabotadas por soldados simpáticos ao movimento, que retiraram delas um componente essencial ao seu funcionamento. O general Gil ouviu os primeiros disparos quando tentava telefonar, sem sucesso, para Vargas. Gil se trancou com seus familiares na residência oficial (dentro da sede da Região Militar). Quando os revoltosos os alcançaram, a filha do general estava com a arma de um major que acabara de ser atingido por tiros e caíra morto. Ela se desentendeu com Flores da Cunha, que tentava prender Gil, mas Aranha conseguiu impedir que algum acidente ocorresse. A rendição definitiva de Gil de Almeida só se daria muitas horas depois, perto da meia-noite. Ele exigiu uma carta na qual Getúlio Vargas se identificasse como chefe do movimento. Um emissário foi até o Piratini, Vargas escreveu a carta apelando "para os sentimentos de V. Exª no sentido de se entregar", ela foi levada até Gil e o general afinal capitulou. Ele foi levado preso para o navio *Comandante Riper*. Outro navio, o *Araçatuba*, também foi transformado em prisão. Trezentos oficiais legalistas acabariam sendo presos nos dois vapores, inclusive vários generais e coronéis. Posteriormente, muitos se surpreenderam com a falta de informações do general Gil de Almeida, tantos eram os boatos e evidências sobre o levante. João Alberto conta que, dias antes da insurreição, Flores da Cunha, vindo da cidade de Uruguaiana, "desembarcou do trem com apetrechos bélicos tão espetaculares que nos consideramos descobertos". O general Gil alegou que ouvia muitos "murmúrios de que a luta civil será inevitável e está a ponto de rebentar", mas que tinha sido enganado por Getúlio Vargas. Por vezes, tinha a impressão de estar sendo iludido por ele, "mas era bastante conversar uns minutos em palácio para regressar ao quartel general convictos de que o dr. Getúlio não daria guarida aos que tentassem subverter a ordem". Getúlio lhe dizia que "a revolta não passará do terreno das palavras" e pedia a amigos comuns que dissessem a Gil de Almeida que nada havia.[17]

João Alberto ficou com a incumbência de tomar o Morro do Menino Deus, também em Porto Alegre, onde estavam dois batalhões de infantaria e um esquadrão de cavalaria, além de um grande paiol com muitas armas e munições. Muitos integrantes dessas tropas já estavam trabalhados pelos revoltosos, mas não eram poucos os oficiais superiores que permaneciam legalistas. Diz João Alberto que "em menos de meia hora dominamos o morro e precipitamo-nos, em seguida, sobre os alojamentos". As forças aquarteladas aderiram. A tomada do paiol, com várias caixas de balas de fuzil e dezoito peças de artilharia, foi essencial: "estava ali a nossa maior conquista".[18]

O 7º Batalhão de Caçadores, que ficava na antiga praça do Portão (hoje praça Raul Pilla) resistiu durante horas. Foi preciso que os revoltosos cortassem a água e a energia da unidade. O tenente Alcides Etchegoyen já havia tomado, sem maior esforço, a sede da "Carta Geral do Brasil"* e participou também do ataque ao 7º Batalhão de Caçadores. Góis Monteiro autorizou o uso de armas pesadas diante da forte resistência do batalhão: morteiros e lança-chamas. A situação se agravou, com incêndios, desabamentos de edifícios e mortes. O comandante do batalhão informou que se renderia desde que pudesse confirmar a informação de que os revoltosos já controlavam Porto Alegre. Um tenente legalista foi enviado para percorrer todos os quartéis e constatar a prisão do ex-comandante da Região Militar, o general Gil de Almeida. Só após isso, às duas horas da manhã do dia 4 de outubro, o coronel comandante do batalhão concordou em assinar uma "convenção militar" que, formal e detalhadamente, registrava que o 7º BC depunha as armas em troca da garantia da vida de todos os seus integrantes e do compromisso de

---

* Comissão militar que fazia um novo mapa do Brasil.

só serem presos os que não aderissem espontaneamente à insurreição. O comandante foi preso. Houve resistência em outras unidades militares, que acabaram se rendendo. Vários prédios públicos também foram ocupados (correios, alfândega, Banco do Brasil etc.).[19]

As cidades mais importantes do Rio Grande do Sul foram tomadas no próprio dia 3 de outubro e nos dias seguintes. As tropas e os civis tinham sido preparados, de modo que a regra foi a adesão à insurreição sem maiores problemas, embora tenha havido resistência em algumas guarnições, sobretudo em São Borja. Conforme a experiência tenentista, o levante padrão consistia em revoltar o principal quartel da cidade, prender seu comandante e contar com a adesão das tropas e apoio de políticos e de populares. Isso se deu em Pelotas, em Rio Grande e em outras cidades gaúchas.[20]

Não se ouviam mais tiroteios em Porto Alegre na noite do dia 4 de outubro. Góis Monteiro ainda estava no Palácio Piratini e viu muitas balas caídas no pátio interno. Tinham vindo do 7º Batalhão de Caçadores. O movimento no resto do país estava evoluindo conforme os planos e ele pensou: "Era eu um homem fora da lei, mas que ditava a lei para o país".[21]

**

O tenente Cordeiro de Farias era o responsável por Minas Gerais. Como principal líder revoltoso na região, ele decidiu entregar a chefia militar a um oficial superior, o tenente-coronel Aristarco Pessoa, especialmente pelo simbolismo de ele ser irmão de João Pessoa. O confronto mais sangrento se deu em Belo Horizonte, em função da resistência, durante vários dias, do 12º Regimento de Infantaria, situado no bairro Barro Preto. Ainda no dia 3, os revoltosos conseguiram prender o comandante do regimento quando ele chegava em casa (na ocasião, seu ordenança foi baleado). Alguns outros oficiais do regimento também foram presos na rua. Uns poucos conseguiram voltar para o quartel a tempo de participar da resistência. O ataque ao 12º RI foi feito por tropas revoltosas da Força Pública, que utilizaram metralhadoras e bombas. "A localização do quartel fazia com que as balas de ambos os lados atingissem indiscriminadamente a cidade." Como o comandante tinha sido preso, um capitão chefiou a resistência. Ele relatou, posteriormente, que os revoltosos tentaram comprometer a água fornecida ao quartel com azul de metileno, mas isso não impediu seu consumo, de modo que ela foi então contaminada com desinfetante à base de creosoto ("creolina"). Entre os dias 3 e 4 de outubro, o quartel permaneceu sob fogo de inquietação, mas na manhã do dia 4 "eram dezenas de metralhadoras despejando aço, em rajadas que se sucediam" a partir de diversos pontos ocupados pelos insurgentes. No domingo, dia 5, já havia vários cadáveres dentro do quartel, alguns em decomposição, amontoados na antessala da biblioteca. No tiroteio do dia anterior, todos os cavalos e mulas foram atingidos: "Depois de uma noite expostos ao relento, de manhã, ao calor do sol, começaram a empestar o ambiente, exalando o mau cheiro da decomposição", relataria o capitão. Todos sentiam sede e fome, porque a falta de água também impedia que se fizesse comida. Eles tentaram, inutilmente, cavar um poço. Para amenizar a situação, abriram algumas sepulturas e enterraram treze mortos, mas elas eram rasas e não impediram a propagação do mau cheiro. Um dos policiais revoltosos avançou muito em direção ao quartel, foi atingido e morto, caindo sobre a cerca de arame. Seu corpo, em cena macabra, ficou pendurado durante vários dias e foi atacado por urubus, que sobrevoavam permanentemente o quartel. Um conflito de tais proporções, em pleno espaço urbano, naturalmente levou a população ao pânico. O clima tenso se agravava ainda mais quando aviões legalistas ou revoltosos sobrevoavam a região procurando realizar missões, em geral fracassadas – como a tentativa dos revoltosos de lançar boletins sobre o quartel conclamando à rendição que resultou no lançamento dos papéis sobre as próprias forças insurgentes.[22]

Segundo a avaliação de Cordeiro de Farias, a luta em Minas Gerais foi a mais difícil, não só por causa da tenacidade, mas também porque fora preciso dominar as forças militares de várias cidades mineiras como Juiz de Fora, Ouro Preto e Três Corações. Além disso, o trabalho de infiltração nas tropas não tinha sido tão eficaz como nos estados do Sul. Ele considera que os insurgentes não teriam suportado um ataque coordenado das forças legais em Belo Horizonte, vindas das cidades vizinhas, caso elas tivessem conseguido avançar. Essa ausência de reação, para Cordeiro de Farias, resultou da visão favorável ao movimento por parte da oficialidade mais jovem: "faltava uma disposição real para o confronto (...). As tropas fingiam que nos combatiam, assim como quem faz uma resistência simbólica, entregando-se pacificamente algumas horas depois".²³

Entretanto, os combates nas cidades do interior não foram tão fáceis. Em Juiz de Fora estava sediada a 4ª Região Militar, cujo comandante havia reunido um bom contingente legalista, cerca de 2 mil homens. Houve confrontos significativos no bairro de Benfica, onde ficava a estação ferroviária que fazia ligação com o município de Lima Duarte em direção ao sul. O tenente Eduardo Gomes conseguiu controlar esse ramal. O cerco rebelde a Juiz de Fora apertou após o dia 18 de outubro, e muitos integrantes das forças legais aderiram aos insurgentes. Os conflitos se acirraram entre os dias 22 e 23 e, no dia 24, o quartel da 4ª Região Militar foi metralhado, o que levou o comandante da região a abandonar a cidade. Posteriormente, ele acabaria aderindo ao golpe dos generais do Rio de Janeiro.²⁴

O regimento de Ouro Preto tentou marchar em direção a Belo Horizonte para apoiar as forças legalistas, mas foi confrontado pelos policiais e civis que Cordeiro de Farias já havia deslocado para lá: "o número de civis recrutados pelos chefes políticos locais era realmente enorme", diria Cordeiro. Ouro Preto foi controlada no dia 15 de outubro. Em Três Corações, o 4º Regimento de Cavalaria legalista contou com reforços vindos de São Paulo. Cordeiro de Farias chegou a pensar que eles conseguiriam marchar sobre a capital e, por isso, organizou uma retirada para a Bahia, pois mantinha contato com Juarez Távora, que estava vindo de lá. Cordeiro chegou a organizar os comboios, mas, depois da derrota do 12º Regimento de Infantaria em Belo Horizonte, pôde se apropriar de muitas armas e formar novas tropas para atacar, ao mesmo tempo, Três Corações e São João Del Rei. São João Del Rei se rendeu no dia 15 de outubro e lá também foi apreendido significativo material bélico.²⁵

* * *

Juarez Távora teve, inicialmente, uma atuação confusa no Nordeste: além do equívoco em relação ao horário de início do levante, ele decidiu ir para Recife, em vez de permanecer na capital da Paraíba, onde estavam o principal núcleo "revolucionário" do Exército e, também, as principais tropas legalistas – que, desde os problemas na cidade de Princesa, foram concentradas lá por decisão do governo federal. Em Recife, os revoltosos não tinham conseguido boa infiltração no 21º Batalhão de Caçadores, apesar de os preparativos do levante no Nordeste terem tomado seis meses. Um sargento insurgente tentou invadir o quartel com um ataque surpresa, mas foi repelido pelas forças legalistas, que estavam de prontidão desde que souberam do movimento no Sul e em Minas Gerais. Houve mortos e feridos. Juarez decidiu voltar para João Pessoa em busca de ajuda, mas deixou ordens para que os revoltosos ocupassem a central telefônica de Recife e um depósito de material bélico da 7ª Região Militar que ficava no "Quartel da Soledade".[26]

Na capital da Paraíba, o 22º Batalhão de Caçadores (maior efetivo da cidade) estava suscetível aos revoltosos graças à atuação dos tenentes Agildo Barata e Juracy Magalhães.* Os dois, assim como outros, tinham sido transferidos do Rio de Janeiro para a Paraíba pouco tempo antes, de acordo com a política do governo federal de concentrar forças militares na Paraíba. Apesar da infiltração, a tomada do batalhão – que ficou sob a responsabilidade de Agildo Barata – foi complicada. Na meia-noite de 3 para 4 de outubro, Barata e Juracy receberam um telegrama endereçado ao general Alberto Lavenère Wanderley, comandante da 7ª Região Militar,** informando-o sobre a revolta no Rio Grande do Sul, mas eles decidiram não entregá-lo ao comandante. Entretanto, um ajudante de ordens do general ficou sabendo, o que levou Barata a iniciar o movimento à uma hora da madrugada. Ele contava com apenas dezoito civis, que se assustaram com a realidade da luta, especialmente quando um tenente legalista caiu morto após tentar atirar em Juracy. No fim, restaram apenas seis ou sete civis. Os oficiais, inclusive o general Wanderley, estavam em seus quartos e Barata, no corredor. Do lado de fora do edifício, Juracy dava rajadas de metralhadora para intimidar e simular mais força do que realmente tinham. Alguns oficiais legalistas entreabriam as portas de seus quartos e atiravam contra Barata e seus "civis fardados de tenentes". O conflito ocasionou diversas mortes. O general finalmente

---

* Juracy Magalhães seria o segundo ministro das Relações Exteriores da ditadura militar. Antes tinha sido embaixador nos Estados Unidos, quando cunhou a frase "O que é bom para os Estados Unidos é bom para o Brasil".

** A 7ª RM tinha sido transferida de Recife para João Pessoa por causa dos conflitos em Princesa.

saiu e levou um tiro fatal depois de tentar atingir Agildo Barata – isso de acordo com a versão do próprio Barata. Tudo terminou às três horas.[27]

Também em João Pessoa funcionou o modelo, concebido por Juarez Távora, de atuação conjunta de tropas insurgentes mistas, formadas por militares e civis voluntários: cada cem ou duzentos militares serviam de base para agregar de duzentos a quatrocentos civis. O conjunto era dividido em grupos de quinze homens, cada grupo com uma arma automática. Quatro grupos formavam um pelotão comandado por um cabo ou sargento comissionado em tenente. Nove a quinze pelotões compunham um destacamento, cujo comando era dado a um tenente comissionado em major ou tenente-coronel. Eram tantos voluntários civis que foi preciso organizar um serviço especial de mobilização, entregue ao tenente Jurandir de Bizarria Mamede, também transferido do Rio.[28]

Quando Juarez Távora chegou a João Pessoa no dia 4, o 22º Batalhão de Caçadores já estava controlado. Távora encontrou Agildo Barata e Juracy Magalhães no almoxarifado, distribuindo munição para a tropa que ia para o Recife, e pediu que eles se apressassem. Apesar de alguns conflitos no interior, como na cidade de Sousa, onde foi morto o coronel comandante do 23º Batalhão de Caçadores (que tinha se deslocado de Fortaleza para lá),[29] a Paraíba, com a tomada de João Pessoa, já estava sob controle dos revoltosos. O governo do estado foi entregue a José Américo de Almeida, o romancista de *A Bagaceira*.

Agildo Barata saiu da capital paraibana rumo a Recife no dia 4 de outubro, contando com aproximadamente oitenta homens e várias armas automáticas. Percorreram os cerca de cem quilômetros em três automóveis e vinte caminhões. O deslocamento foi retardado por destacamentos policiais legalistas que tiveram de ser enfrentados. À tarde, avistaram Olinda, mas, antes de chegarem lá, foram interceptados na localidade de Fragoso por quase quatrocentos patrulheiros legalistas comandados por um major – que parecia indeciso e não avançou. Juracy Magalhães chegou ao local com reforços, também vindo de João Pessoa. Os soldados revoltosos lançaram granadas sobre os patrulheiros, mataram o corneteiro da tropa e feriram o major. No tiroteio, houve feridos também entre os insurgentes. Quando os patrulheiros fizeram uma pausa para recarregar, Barata deu ordem para um lançamento maciço de granadas e os forçou a abandonar sua posição. Com essa vitória, o regimento de Barata entrou em Olinda na manhã do dia 5. Nesse meio-tempo, o presidente do estado de Pernambuco, Estácio Coimbra, soube do que aconteceu em Fragoso e resolveu fugir a bordo do navio *Comandante Capela*. Seu propósito era reunir-se aos colegas do Ceará e do Rio Grande do Norte, que também fugiam. O plano consistia em ir para Salvador, na Bahia, na esperança de receberem reforços vindos da capital. Nesse mesmo navio estava também o general Antenor de Santa Cruz Pereira de Abreu, vindo do Rio de Janeiro com a incumbência de comandar as operações no Nordeste.[30]

Em Recife, as ordens de Juarez Távora tinham sido cumpridas pelo capitão de polícia Antônio Muniz de Faria, que conseguiu reunir alguns companheiros. Eles tomaram o "Quartel da Soledade" e, lá, se apossaram de grande quantidade de armas e munição. Como Muniz de Faria conhecia bem a cidade, ele foi capaz de promover diversas pequenas ações de inquietação, com tiroteios esparsos contra várias dependências do governo e, dessa forma, foi avançando. Apesar de eficaz do ponto de vista dos revoltosos, a ação causou muitas baixas tanto entre os combatentes quanto na população civil. Segundo Agildo Barata, a ausência de um comando regular, ou seja, de Juarez Távora (desde que decidiu deixar Recife e ir a João Pessoa em busca de reforços), foi "a causa principal do elevado número de baixas, por ferimento e morte, ocorridas nos três primeiros dias de luta em Recife". As forças legalistas buscaram proteção na Casa de Detenção de Pernambuco, mas não conseguiram resistir: a água e a energia foram cortadas, um emissário dos revoltosos levou um ultimato e eles se renderam.[31]

***

Depois da conquista dos três focos principais do levante (Porto Alegre; Belo Horizonte e outras cidades de Minas Gerais; João Pessoa, Recife e outras capitais do Nordeste), os revoltosos organizaram deslocamentos a fim de convergirem para São Paulo e Rio de Janeiro, além de ocupar Belém, no Pará, cuja Região Militar havia resistido e afastado os revoltosos. Só no dia 22 de outubro foi organizado um batalhão que seguiu de Teresina em direção a São Luís tendo em vista a ocupação de Belém.[32]

No Nordeste, Agildo Barata mirava Salvador, cidade para a qual rumavam os governantes estaduais depostos e onde estava o comandante das forças leais a Washington Luís, o general Santa Cruz, a bordo do *Comandante Capela* (também estavam ancorados no porto de Salvador o encouraçado *São Paulo*, o destróier *Rio Grande do Sul* e outros navios). Barata desceu para o povoado de Sauípe, onde trocou tiros com forças governistas no dia 24 de outubro, perto da estação ferroviária, e se apoderou do aparelho telegráfico. Ele pretendia chegar a Alagoinhas, mais ao sul, porque a posse desta cidade era estratégica para a tomada de Salvador. O tenente Jurandir de Bizarria Mamede vinha pelo interior e já havia chegado a Serrinha, a cerca de 100 quilômetros de Alagoinhas. Ainda no dia 24 de outubro, Agildo Barata soube do movimento dos generais no Rio de Janeiro. Ele usou o telégrafo apreendido para alertar os companheiros e informou que continuaria avançando. De fato, ele chegou a Salvador no dia 26, derrubou o governante local e instalou um governo provisório.[33]

Em Minas Gerais, Cordeiro de Farias iniciou seu deslocamento em direção a Juiz de Fora, de onde pretendia alcançar o Rio de Janeiro. Antes, passaria por Barbacena e Santos Dumont, onde chegou na véspera da deposição de Washington Luís pelos generais no Rio de Janeiro.[34]

O tenente Alcides Etchegoyen partiu do Rio Grande do Sul ainda no dia 5 de outubro em direção a Santa Catarina, Paraná e São Paulo com quase 3 mil homens. Ele chegou a Ourinhos por volta de 10 de outubro, município paulista na fronteira com o Paraná, onde combateu tropas legalistas. João Alberto, nomeado "delegado militar da revolução", seguiu em trem especial de Porto Alegre em direção ao norte rumo à capital, Rio de Janeiro, levando apenas cem homens. O estado de Santa Catarina foi controlado após algumas dificuldades.[35]

No dia 3, um destacamento legalista foi enviado de Curitiba para a cidade de Porto União, na fronteira entre Santa Catarina e Paraná, mas a tropa fez corpo mole. O comando da região não conseguiu prevalecer e o comandante do destacamento não seguiu com a coluna por falta de confiança em seus soldados. Ainda assim, um major legalista foi morto. Na madrugada do dia 5 de outubro, com a adesão das tropas legalistas aos revoltosos, o presidente do estado do Paraná, Afonso Camargo, abandonou Curitiba e a 5ª Região Militar foi ocupada pelos revoltosos.[36]

A principal vanguarda que partiu de Porto Alegre foi comandada por Miguel Costa. Da capital gaúcha, Góis Monteiro enviava seguidos reforços, que se deslocavam de trem. A estrada de ferro que ligava Santa Maria, no Rio Grande do Sul, a Itararé, em São Paulo, ficou bastante congestionada. Houve alguns acidentes que chegaram a paralisar o tráfego durante horas. No dia 14 de outubro, no rio do Peixe (que margeava a estrada de ferro), o trem que transportava o 7º Regimento de Porto Alegre se chocou com outro, duas pessoas morreram e outras ficaram feridas. No dia 16, outro acidente: o descarrilamento de uma locomotiva que puxava um trem conduzindo o 10º Batalhão da Brigada Militar. A chuva constante também atrapalhou o deslocamento dos trens.[37]

Getúlio Vargas partiu de Porto Alegre assim que os três focos principais do levante estavam sob controle, no dia 11 de outubro, acompanhado de Góis Monteiro e outros insurgentes. Seguiram numa composição da viação férrea estadual, Getúlio num trem especial, com sala e dormitório, engatado a um vagão restaurante e a outros comuns. Entraram em Santa Catarina no dia 15 e, em Curitiba, no dia 20, chegando a Ponta Grossa, onde estacionaram, no dia 23. Vargas permanecia no seu vagão especial, transformado em posto de comando. Almoçava e jantava no trem tendo a companhia do chefe militar Góis Monteiro, do vice-governador João Neves e do senador Flores da Cunha.[38]

* * *

A questão que então se colocava era a invasão de São Paulo. Para isso, a tomada da cidade paulista de Itararé era essencial, pois abriria caminho para o avanço até Sorocaba e, assim, possibilitaria aos revoltosos marchar direto para São Paulo.[39]

No dia 12 de outubro, uma sangrenta batalha aconteceu no município de Quatiguá, ainda no Paraná, a pouco mais de 100 quilômetros de Itararé e bem próximo da fronteira paulista. Um batalhão da Brigada Militar gaúcha já estava lá, esperando a chegada do destacamento comandado por Etchegoyen, mas um forte contingente da Força Pública legalista (cerca de oitenta caminhões) veio de São Paulo e procurou cercar a estação ferroviária onde estavam os revoltosos. As forças leais ao governo fizeram um violento ataque, mas foram repelidas e tiveram de recuar – na retirada, destruíram pontes para impedir o avanço gaúcho sobre São Paulo. Segundo Góis Monteiro, "o combate em Quatiguá foi o mais violento".[40]

No dia 8 de outubro se iniciaram os combates em Sengés, município do Paraná próximo da fronteira com São Paulo e bem perto (cerca de 15 quilômetros) da estratégica cidade de Itararé. Como o governo federal havia decidido concentrar em Sengés as tropas da Força Pública de São Paulo, o embate foi grande e durou vários dias. Quase toda a população abandonou a pequena cidade. Miguel Costa estabeleceu seu quartel-general no município, as casas foram usadas pelos insurgentes e uma igreja se transformou em hospital para atender os inúmeros feridos. A partir no dia 12, as forças legalistas começaram a fazer ataques aéreos com quatro aviões, utilizando pistas de pouso nas localidades próximas, mas esses ataques aéreos foram ineficazes e acabaram destruindo residências, a torre de uma fábrica, a caixa d'água e parte da igreja-hospital. No dia 14, os revoltosos passaram a bombardear posições legalistas utilizando doze canhões de 75 milímetros posicionados num morro. No mesmo dia, três novos destacamentos revoltosos, inclusive o de Flores da Cunha, chegaram à localidade, o que aumentou significativamente o número de combatentes pró-Vargas – ao todo, eram mais de 4 mil homens. As tropas legalistas, por outro lado, eram em número bem menor, menos de mil soldados, mas contavam com grande número de armas automáticas, embora de menor alcance do que as das forças insurgentes. No dia 16, Miguel Costa promoveu um devastador bombardeio a partir de um morro na Fazenda Morungava. O número de mortos e feridos foi grande. Segundo o coronel e historiador militar Hélio Tenório dos Santos, o tamanho da tropa e a quantidade de armas dos revoltosos era impressionante: "A artilharia empregada, o número de prisioneiros, tudo mostra a intensidade crescente da luta". Haveria 108 comboios ao longo da estrada de ferro.[41]

Após a conquista de Morungava, que ficava a poucos quilômetros de Itararé, Miguel Costa concentrou suas forças e se preparou para o ataque à cidade estratégica. "Nos dias que se seguiram, a artilharia revolucionária bombardeou Itararé constantemente." As forças legalistas, indecisas, nada faziam. De acordo com o coronel Tenório dos Santos, "pelo número dos efetivos empregados, armamento e material disponível, em Itararé se travaria uma das maiores batalhas em campo aberto do Brasil". Alguns destacamentos dos revoltosos já haviam conseguido atravessar o rio Itararé e, numa direção oposta, o destacamento de Flores da

Cunha havia conseguido se posicionar de modo que as forças pudessem convergir sobre o município, atacando-o por todos os lados. Getúlio Vargas registrou em seu diário, no dia 19 de outubro: "As nossas tropas atravessam o [rio] Itararé pela direita e esquerda, enquanto o centro fixa o inimigo nas trincheiras. Amanhã deve começar o ataque, envolvendo o adversário pelos dois flancos". A ultrapassagem de Itararé tinha grande efeito simbólico porque a região era considerada intransponível, uma vez que o rio havia escavado paredões muito profundos na topografia local. Segundo Góis Monteiro, "apesar da época de enchentes e do terreno difícil, da lentidão das marchas a pé, pela cavalhada ainda insuficiente e fraca, estavam reconhecidos muitos pontos por onde vários destacamentos já tinham transposto o rio despercebidos do inimigo". Além disso, vencer a bem-conceituada Força Pública de São Paulo, orgulho e garantia do Partido Republicano Paulista, era um movimento essencial para assegurar a vitória da "revolução".[42]

O ataque foi adiado por causa das chuvas. Góis Monteiro havia planejado a ação para o dia 23 de outubro, mas a transferiu para o dia 25.[43] No dia 24, Vargas determinou que, "se amanhã, até doze horas, [as] forças perrepistas [referência ao PRP, Partido Republicano Paulista] não tiverem deposto armas, deve ser continuado [o] ataque". Em Sengés, na manhã do dia 24, ainda houve lançamento de granadas pelos legalistas. Finalmente fez sol naquele dia e, segundo Gavino Muggiati, voluntário civil insurgente, os soldados revoltosos aproveitaram para pôr as mantas para secar, lavar roupa e tomar banho no rio Pelame, no trecho em que ele é raso e assoalhado com pedras: "tinha mais de 500 soldados em 'pelo' tomando banho". Na madrugada de 25, às quatro horas da manhã, eles receberam uma xícara de café, um pão e um maço de cigarros Yolanda. Às cinco horas, foi dada ordem para marchar, revogada depois de dez minutos porque já se definira a rendição das tropas legalistas.

No dia 25, bem cedo, Miguel Costa e Flores da Cunha assinaram uma mensagem, redigida por João Neves, que concitava o comando legalista ao entendimento. A ata da rendição foi afinal assinada no mesmo dia, em Sengés, pouco antes do prazo final estabelecido pelo ultimato. O comandante legalista lançou uma ordem do dia recomendando que seus camaradas auxiliassem os novos dirigentes e um livro de adesão foi aberto. Muitos aderiram pondo no pescoço o lenço vermelho. Quarenta

Foto de Getúlio Vargas em Itararé, de Claro Jansson (Claro Jansson / Wikimedia Commons).

e cinco mortos foram enterrados no cemitério de Itararé e 168 feridos foram evacuados. "À noite", registrou Gavino, "numa noite de luar como nunca vi, um luar que só em Morungava me foi dado ver na vida, fizemos uma enorme fogueira em comemoração à paz."[44]

No dia 28 de outubro, o comboio levando Getúlio Vargas passou por Itararé e, na ocasião, o fotógrafo Claro Jansson fez um dos mais famosos registros da Revolução de 1930 – a foto mostra Vargas sorridente.

* * *

"A paz" mencionada pelo voluntário Gavino se referia à cessação das hostilidades decorrente da deposição de Washington Luís pelos generais do Rio de Janeiro – lembre-se de que o então presidente foi deposto por um segundo movimento militar. De acordo com Bertoldo Klinger – em 1930, já no posto de coronel –, logo que estouraram os levantes, no início de outubro, ele foi procurado no Rio de Janeiro por um grupo de oficiais do Exército. Eles pediam sua intervenção no sentido de fazer "estancar a torrente de sangue dos patrícios sacrificados pelas armas (...) e solucionar a questão política de acordo com a tradição das Forças Armadas nacionais, elemento moderador por excelência nos conflitos partidários que têm agitado a nação". Klinger era chefe do Estado-Maior de João de Deus Mena Barreto,* general comandante do 1º Grupo de Regiões Militares, que abrangia o Nordeste. Mena Barreto estava magoado com o governo porque Washington Luís havia nomeado o general Santa Cruz – comandante do 2º Grupo de Regiões Militares, que abrangia a região Sul do país – para combater os revoltosos no Nordeste, a "sua" região.[45]

Um capitão, José Faustino da Silva Filho, disse a Klinger que os oficiais de estado-maior do Exército tinham firmado um pacto de sangue no sentido de concluir a "revolução". Entre tais oficiais estavam personagens que se tornariam conhecidos no futuro, como os capitães Canrobert Pereira da Costa e Peri Constant Bevilácqua, neto do famoso Benjamin Constant. Eles queriam que Klinger intermediasse o contato com Mena Barreto em busca do apoio do general para a iniciativa. Em se obtendo tal apoio, Mena Barreto poderia conseguir a colaboração de outros generais, especialmente dos comandantes da 1ª Região Militar e da 1ª Brigada de Infantaria. Klinger obteve o apoio de Mena Barreto no dia 10 de outubro.[46]

O coronel Klinger era um personagem muito peculiar. Ele inventou uma maneira própria de escrever, a "Ortografia Simplificada Braziliera", na qual cada letra representava apenas um fonema, o que torna muito penosa a leitura de seus textos. Em vez, por exemplo, de escrever "ainda que alguém pusesse em dúvida a veracidade dessa negação", ele escrevia "ainda ce algêm puzése em dûvida a verasidade désa negasão". Era prolixo e irônico. No dia 23 de outubro, ele fez cópias de três documentos que redigiu com a concordância do general Mena Barreto: uma intimação ao presidente Washington Luís para que entregasse "os destinos do Brasil, no atual momento, aos seus generais de terra e mar" e duas "ordens gerais de operações" que deveriam ser seguidas por todas as guarnições do Rio de Janeiro "à hora H". A intimação foi levada ao general Tasso Fragoso, que buscou amenizar o texto dando-lhe uma conotação de "apelo" e não de "intimação". As ordens eram detalhadas e chegavam a determinar que todas as fortalezas e todos os corpos de artilharia de

---

* João de Deus atuou na legalidade em 1922 e era sobrinho do capitão Antônio Adolfo da Fontoura Mena Barreto que, em 1889, estimulou Deodoro da Fonseca a derrubar Pedro II.

campanha, no momento em que o movimento fosse deflagrado, "içarão a Bandeira Nacional e a saudarão com quinze tiros de salva (um por estado onde o dito governo já não governa)".⁴⁷

Washington Luís só soube da intimação (ou apelo) dias depois, mas a conspiração era do conhecimento de muitos. No dia 19 de outubro, chegava ao porto do Rio de Janeiro o cardeal Sebastião Leme. Ele estava voltando de Roma, onde tinha sido investido no cargo pelo papa Pio XI em substituição ao primeiro cardeal brasileiro, Joaquim Arcoverde, falecido em abril de 1930. Leme soube do levante ainda na Itália e, quando seu navio se aproximou do Brasil, recebeu um detalhado radiograma do novo presidente do estado de Pernambuco, Lima Cavalcanti, historiando a "revolução". Na Baía de Guanabara, antes de seu navio atracar, recebeu a bordo o capitão José Faustino, que lhe falou da conspiração. O cardeal procurou Washington Luís no dia 23 de outubro e propôs a renúncia de Júlio Prestes, presidente eleito, assim como de toda a linha sucessória (vice-presidente, presidentes das casas legislativas e presidente do Supremo Tribunal Federal). Washington Luís disse, delicadamente, que a efetivação de tal proposta não dependia dele.⁴⁸

Washington Luís estava convencido de que não havia maiores riscos. "Eu inquiria o meu ministro da Guerra, general Sezefredo [dos] Passos, e ele assegurava que tudo ia bem." O presidente sentia-se seguro no Palácio Guanabara, no bairro de Laranjeiras. Seu ministro das Relações Exteriores, ao contrário, estava muito preocupado: Otávio Mangabeira achava o momento "lancinante" e, na verdade, já havia arrumado seus papéis no dia anterior porque pressentia que o governo seria deposto. Já se falava na derrubada de Washington Luís e na posse de uma junta militar. Todos os jornais do Rio de Janeiro estavam sob censura, de modo que não havia muitas notícias sobre o levante geral que sacudia o Brasil, exceto aquelas lidas em boletins colados em postes. No início de outubro, Washington Luís havia convocado os reservistas para engrossar as tropas legalistas, medida que causou grande apreensão na população e corroeu, ainda mais, sua desgastada imagem. No dia 23, por volta das dez da noite, Mena Barreto, no Forte de Copacabana, divulgou uma proclamação anunciando o golpe de Estado. Eram duas e meia da manhã do dia 24 quando Otávio Mangabeira recebeu uma ligação do Palácio Guanabara dizendo-lhe que havia alguma "anormalidade". Ele foi para lá, assim como outros ministros. O ministro da Guerra e o comandante da Região Militar chegaram pela manhã muito abatidos: "Quem fitasse naquele instante os dois homens, nada precisaria perguntar-lhes. Tudo se lhes estampava no semblante. Ninguém, talvez por isso, os atalhou", registrou Otávio Mangabeira. De fato, o comandante da 1ª Região Militar havia conversado com o cardeal Leme na véspera e lhe disse, "quase em lágrimas", que "ficaria sem soldados na defesa do governo, mas que morreria ao lado do presidente". Washington Luís assinou um manifesto ao longo do dia 24 dizendo que sua deposição "não se fará sem sangue", mas ninguém tomou conhecimento do documento.[49]

O cardeal Sebastião Leme havia tido acesso à intimação dirigida a Washington Luís e, por isso, resolveu mostrar o documento a Otávio Mangabeira, que esteve no Palácio São Joaquim, residência do religioso, bem cedo, pouco antes das seis da manhã. Eles combinaram manter contato por telefone e Mangabeira voltou ao Guanabara, onde Washington Luís já perdia a calma e reclamava do Exército. "S. Ex.ª não se conformava: para que então se tinha feito um Exército? Para poupar derramamento de sangue? Não. Ao contrário. Para vertê-lo em horas como aquela. O Exército em que tanto confiara!"[50]

O bem informado e prestimoso cardeal telefonou para o Guanabara e alertou Mangabeira sobre o ultimato que partiu do Forte de Copacabana: ou Washington Luís saía do palácio até as onze horas da manhã, ou o Guanabara seria bombardeado, começando com tiros de pólvora seca a partir das nove e artilharia efetiva a partir das onze. O ainda presidente mandou a mulher e a filha saírem do palácio por volta das dez. Os tiros realmente começaram. Apesar disso, Washington Luís convidou os ministros para o almoço, como se nada estivesse acontecendo. Em frente ao palácio, populares agitados foram se agrupando. Soldados da polícia, que deveriam defender o governo, enfeitavam as carabinas com ramos arrancados das árvores.[51]

No Forte de Copacabana, outros militares se reuniram a Tasso Fragoso e a Mena Barreto, que estavam lá desde a noite do dia 23. O general Alfredo Malan d'Angrogne chegou às oito e meia. Ele recebeu a missão de assumir o comando do 3º Regimento de Infantaria e da Fortaleza de São João no bairro da Urca.[52] Mena Barreto passou o comando da operação golpista a Tasso Fragoso, que era o mais antigo dos generais.

Tasso declararia anos depois – em depoimento muito contraditório – que relutou em aceitar, lembrando-se de sua atuação na deposição de Pedro II: "A minha inexperiência [em 1889] levou-me ingenuamente a acreditar que novos *nomes* gerariam novas *coisas* e a prestar às acusações levantadas contra dom Pedro II, e muitos de seus auxiliares, confiança maior do que na verdade mereciam". Ele diz que não se arrependeu do golpe de 1889, "mas, a partir daí, nunca mais pratiquei nenhum ato que não fosse tendente a prestigiar a legalidade".[53] Em relação a 1930, justificou-se: "Acreditei que um golpe dado na capital por generais evitaria excessos, manteria a coesão da tropa e seria uma garantia até para o próprio presidente". Às nove horas do dia 24 de outubro de 1930, conforme as instruções de Bertoldo Klinger, um foguete sinalizando o início do movimento foi lançado do Forte de Copacabana. Outras guarnições também deram salvas à bandeira.[54]

Havia muita agitação nas ruas do Rio de Janeiro, não só com a movimentação de populares, mas também por causa do trânsito de tropas em caminhões da polícia portando fuzis e metralhadoras, além de destacamentos de cavalaria com carabinas a tiracolo. O barulho de motores de aviões do Exército que sobrevoavam a cidade também tornava o clima tenso. Havia trincheiras formadas por sacos de areia e alfafa por todo o bairro de Laranjeiras, inclusive no Palácio Guanabara. Segundo Klinger, "os civis abordavam os militares com perguntas, farpadas de ironia e dúvida, mais que de esperança e impaciência".[55]

A tropa do 3º Regimento de Infantaria estava bem próxima ao Palácio Guanabara, na rua Farani. Muitos civis exaltados se juntaram a ela, alguns armados. Havia, na verdade, uma grande confusão. O coronel Bertoldo Klinger não via com simpatia aquela confraternização entre militares e civis, "todos no maior entusiasmo, com indisfarçável aspecto de carnaval (de que, em breve, também se revestiriam as manifestações populares em toda a cidade, sem falar na ubiquitária [em todo lugar] brotação de lenços vermelhos postos ao pescoço... dos foliões)". Klinger relataria que "a cidade estava infestada de soldadesca de vária espécie e variegada farda, apenas 'uniformizada' pelo lenço vermelho ao pescoço, gente 'de guerra' a passear a sua curiosidade, seu exibicionismo e em parte também sua turbulência e desrespeito, como se estivesse, sem comando, em terra estrangeira e conquistada". O general Mena

Barreto tentou organizar a multidão e colocá-la em ordem e em marcha. Quando viraram a esquina, foram alvejados por um integrante da polícia, que ainda não estava informado da adesão da corporação ao movimento golpista. Por volta de uma e meia da tarde, chegaram, afinal, ao Palácio Guanabara, cujos portões estavam trancados. Foi preciso forçar a entrada, arrebentando um portão lateral. Os generais Tasso Fragoso, Mena Barreto e Malan d'Angrogne entraram "entre as palmas dos policiais e acompanhados de praças do Exército". A multidão invadiu os jardins do palácio e havia uma grande excitação entre as pessoas, que discursavam e ameaçavam invadir o prédio. Mena Barreto e Tasso Fragoso tentaram conter a multidão e pediram ao exaltado deputado Maurício de Lacerda que parasse de discursar e ajudasse a acalmar os ânimos. A polícia militar foi sendo paulatinamente retirada em caminhões e, aos poucos, a situação foi de algum modo controlada. O general Malan d'Angrogne mandou cortar as comunicações do palácio e dispensou todos os funcionários que ali trabalhavam.[56]

Os generais Tasso, Mena e Malan entraram no Guanabara e foram posicionando duplas de soldados armados em cada porta pela qual passavam. Tasso pediu a um capitão que informasse Washington Luís de que eles ali estavam, mas foram ignorados pelo presidente. Por isso, "fomos penetrando afoitamente por algumas salas até chegar a em que ele se encontrava". Enfim depararam-se com Washington Luís e seus ministros. Tasso pediu para que ele deixasse o palácio, mas o presidente se negou. Os generais, então, deixaram o local e voltaram para a parte externa. O ministro Otávio Mangabeira pediu a Tasso Fragoso que mandasse um carro buscar o cardeal Leme no Palácio São Joaquim, para onde o presidente deveria ser levado. Alguns militares mais exaltados discordaram da decisão de não prender Washington Luís, e um coronel chegou a dizer que "as tropas não consentem que o presidente saia a não ser para uma prisão". O almirante Artur Thompson, que, na confusão, havia "assumido" o Ministério da Marinha, mas estava ali no Guanabara, disse que "o presidente tem de sair por bem ou por mal". O general Malan d'Angrogne também se opôs ao acordo entre Tasso e Mangabeira de mandar Washington Luís para o São Joaquim: preferia prendê-lo a bordo de um navio ou em uma fortaleza. Um dos militares disse que era preciso agarrar o presidente e mandá-lo para a Fortaleza de

São João. Por fim, acabaram todos concordando com a prisão do presidente no Forte de Copacabana. Malan d'Angrogne organizou a comitiva de quatro carros que levaria o presidente deposto. Num deles, seguiu o presidente, tendo ao lado o cardeal e, no banco da frente, Tasso Fragoso. O cardeal – com medo de uma reação popular – pediu ao general Malan que colocasse "oficiais enérgicos" nos estribos do carro, "escolhidos por um capitão católico fervoroso de sua confiança" (era o capitão José Faustino). Malan mandou que quatro oficiais trepassem nos estribos, dois de cada lado, um deles o próprio Faustino. Outro desses oficiais foi o tenente Costa e Silva que, na ocasião, estava bastante animado. Mais cedo, quando as tropas vinham em direção ao Palácio Guanabara, o futuro presidente da República desfraldara uma Bandeira Nacional ao lado de alguns "patriotas civis" que, estimulados, improvisaram um mastro no qual içaram a bandeira da Paraíba. Quando os carros foram vistos deixando o palácio, "rompeu uma vaia infernal". Malan d'Angrogne, irritado, gritou: "Silêncio!". A comitiva chegou ao Forte de Copacabana já ao anoitecer. Tasso voltou ao Guanabara para prender os ministros da Justiça e da Guerra. Depois, os generais foram ao Palácio do Catete, onde instalaram uma "Junta Governativa Provisória" presidida por Tasso Fragoso e com a participação de Mena Barreto e do almirante Isaías de Noronha. Discutiram até tarde. O general Leite de Castro, escolhido para ser o novo ministro da Guerra, exaltado, dizia nada querer entregar aos civis: "Fizemos a revolução e o povo quer que tomemos conta do país". O almirante Thompson também era contra a entrega do poder a Getúlio Vargas: ele sugeriu que as eleições fossem anuladas, que novas eleições fossem marcadas e que nenhum militar fosse candidato. Às onze e meia da noite a junta enviou telegrama a Vargas e "às demais frentes" nada falando sobre a transmissão do poder, mas apenas informando que o movimento no Rio de Janeiro havia sido feito sem efusão de sangue e que Washington Luís estava preso.[57]

A atitude da junta causou, evidentemente, grande desconfiança em Getúlio Vargas, em Góis Monteiro e em seus companheiros revoltosos. No dia 24, Vargas anotou em seu diário: "Receia-se que os generais queiram aproveitar-se do nosso movimento indubitavelmente vitorioso para apoderar-se do poder, reduzindo a uma sedição militar o que iniciamos como uma revolução". Amaral Peixoto diria, anos depois, que "havia um movimento por parte dos assessores da junta para a sua permanência (...) o ambiente entre eles era de que a junta estava lá para ficar". Para Góis Monteiro, a junta era composta de "aproveitadores sagazes" que deram um "golpe de audácia de ambiciosos". Vargas decidiu continuar a luta e determinou que os trens continuassem levando tropas em direção a São Paulo e ao Rio de Janeiro. Em uma carta que escreveu à filha, Epitácio Pessoa (que estava na Suíça em tratamento de saúde) disse: "Não me agradou que o movimento aí fosse exclusivamente militar: preferia que tivesse cunho civil, como a revolução dirigida pelo Vargas e seus auxiliares. Não sabemos bem, igualmente, se a revolta do Rio está em pleno acordo com a dos estados, ou se é um grupo independente que se aproveitou da situação para apossar-se do governo, a título de pacificar o país". Ele esperava que os generais entregassem o poder aos civis: "Não foram eles que fizeram o movimento, não é justo que se locupletem com o esforço dos outros e não fica bem ao Brasil, no conceito estrangeiro, submeter-se a uma ditadura de militares".[58]

Posteriormente, Tasso Fragoso procuraria se defender, garantindo que não tinha ambições, mas admitindo que outros militares queriam que a junta se mantivesse no poder e não o entregasse a Getúlio Vargas. Ele atribuiu a acusação de que queria tomar o poder a Góis Monteiro, que, segundo Tasso, queria "atravessar as ruas dessa capital aclamado como César". Para Tasso Fragoso, o movimento que ele presidiu teria decepcionado Góis Monteiro, pois o chefe militar revoltoso esperava "atacar e vencer a capital do país". Segundo Tasso, "muitos ainda hoje a censuram [a junta] por se não haver conservado no poder (...). Havia sem dúvida entre os militares do Rio quem pensasse dever ser outro o procedimento da junta, quem entendesse que lhe cumpria tratar a direção da revolução liberal de igual para igual e impor-lhe a sua vontade".[59]

O telegrama inicial da junta, enviado ainda na noite do dia 24, era obscuro. Tinha sido dirigido a todos os presidentes dos estados, inclusive a Vargas, nesta condição, e não na de chefe do movimento revoltoso. A partir desse primeiro, houve intensa troca de telegramas. Góis Monteiro escreveu à junta e aos presidentes dos estados dizendo que Vargas é quem deveria tomar posse da Presidência da República. Ele não se conformava com o fato de a junta tratar Getúlio Vargas como um dos governantes estaduais e não como o chefe civil do movimento:

Confesso que isso me causou desconfianças sobre as intenções dos dirigentes do movimento no Rio de Janeiro e, sem mais delonga, resolvi radiografar à junta pacificadora intimando a definir-se claramente sobre o assunto, até às 12 horas do dia seguinte, sob pena de ser obrigado a ordenar a continuação do avanço das nossas forças sobre São Paulo e Rio de Janeiro.[60]

Góis também escreveu a um coronel seu conhecido no Ministério da Guerra dizendo que a junta "esquiva-se [de] todos os modos [a] definir-se claramente". Juarez Távora também telegrafou à junta, ainda nesse dia 24, em resposta ao telegrama inicial, dizendo que só obedeceria às ordens da junta (a orientação de cessar hostilidades) se elas viessem com o aval dos chefes revoltosos. No dia seguinte, a junta tentou amenizar as suspeitas enviando telegrama que, entretanto, nada esclarecia quanto ao ponto central: dizia que no dia anterior não tinha sido possível fornecer maiores detalhes por falta de tempo e apelava a Vargas, "cuja presença aqui é urgentíssima", para que fosse imediatamente para o Rio de Janeiro. Getúlio respondeu dizendo que iria mandar um emissário e que não interromperia o movimento enquanto a junta não se comprometesse a transmitir-lhe o poder – o que ele disse com outras palavras: "quanto à solução definitiva da situação militar, ficará subordinada à da situação política". Contudo, ameaçou a junta dizendo que estava com 30 mil homens armados e municiados, contingente que poderia duplicar facilmente, que contava com o apoio de Minas Gerais e do Norte e que, de qualquer maneira, ocuparia São Paulo.[61] Os generais Malan d'Angrogne e Francisco Andrade Neves* enviaram um telegrama a Vargas dizendo que o "programa da junta" era idêntico ao da "revolução". Entretanto, a verdade é que a junta havia nomeado ministros, como Afrânio de Melo Franco (para as Relações Exteriores), tinha indicado um general para o governo de São Paulo (Hastínfilo de Moura) e havia tomado outras providências práticas de natureza governamental – o que aumentava as suspeitas quanto aos seus propósitos. Em alguns de seus decretos, a junta usou o seguinte enunciado de autoria: "A Junta Governativa Provisória, constituída para corresponder ao sentimento geral

---

* Francisco Ramos de Andrade Neves foi um dos generais consultados por Lindolfo Collor.

da Nação, amparada nas classes armadas (...)". Lembrava os decretos de Deodoro da Fonseca.[62] Bertoldo Klinger, com o aval do general Mena Barreto, continuava a lançar proclamações e documentos com vários objetivos de longo prazo.[63]

Melo Franco, que estava no Palácio do Catete, serviu de intermediário entre Vargas e a junta militar por meio do filho, Virgílio de Melo Franco. Em 25 de outubro, as forças revoltosas estavam em Ponta Grossa quando Góis Monteiro pediu a Virgílio que entrasse em contato com o pai, e a estação telegráfica fez comunicação com o Catete. Virgílio disse ao pai que as forças insurgentes iriam prosseguir a luta, perguntou qual era o propósito da junta e disse que a posse de Hastínfilo de Moura no governo de São Paulo pegou muito mal, pois dava a impressão de que a junta estava governando e se manteria no poder. Afrânio respondeu dizendo que Getúlio deveria ir para o Rio para "tomar parte [do] governo como presidente [da] junta". Essa proposta ainda era um problema, mas era um tanto mais aceitável para os revoltosos. Góis Monteiro quis se certificar de que era mesmo Afrânio de Melo Franco quem falava e ordenou a Virgílio que pedisse um sinal de reconhecimento – "a fim de que possa acreditar que é efetivamente meu pai quem fala", transmitiu Virgílio. Melo Franco respondeu: "Sinal [de] autenticidade Sílvia" – era o nome da mulher de Melo Franco, mãe de Virgílio.[64]

Getúlio Vargas estava obviamente desconfiado. Perguntou a Góis Monteiro se ele achava que os generais do Rio queriam enganá-lo. "Mas ainda tem dúvida o senhor?", respondeu o militar. Góis era contrário à decisão de mandar um emissário ao Rio, preferia continuar subindo com as tropas, mas Getúlio já havia escolhido Osvaldo Aranha e Juarez Távora para a missão. Vargas redigiu um telegrama a ser enviado aos generais do Rio dizendo que os membros da junta militar seriam admitidos como colaboradores, não como dirigentes. Virgílio acrescentou por sua própria conta que, se não houvesse concordância, um "outro governo federal" seria instalado.[65]

Entre a pressão das tropas revoltosas armadas e a ambição dos generais palacianos desarmados, Tasso Fragoso fez a escolha óbvia e telegrafou a Getúlio Vargas: "Estou pronto, e sempre este foi meu pensamento, [a] passar o governo a V. Exª quando V. Exª aqui se apresentar (...) sempre imaginei [que] V. Exª não poderia ter dúvidas sobre [a] transitoriedade [da] minha posição". Tasso decidiu enviar emissários, que partiram para Ponta Grossa com a missão de acertar os detalhes da vinda de Vargas. Chegaram lá no dia 26 à noite e entregaram a Getúlio um ofício no qual Mena Barreto afinal o saudava como "chefe do governo provisório". Malan d'Angrogne também terminou com as dubiedades e escreveu a Vargas convidando-o a "vir assumir a presidência". Note-se que, juntamente com os emissários de Tasso, também partiu um emissário específico de Mena Barreto, Ariosto Pinto, deputado federal pelo Rio Grande do Sul, com a incumbência de dizer a Getúlio Vargas que havia opinião contrária à sua posse, o que evidencia a posição dúbia de Mena Barreto.[66]

A partida do comboio presidencial para São Paulo se deu no dia seguinte. Quando passaram por Itararé, viram que a cidade "tinha o aspecto de um campo de batalha depois da refrega". Em São Paulo, a composição ficou estacionada 24 horas na Estação da Luz e Vargas aproveitou para ir à sede do governo, o Palácio dos Campos Elíseos, onde lidou com o problema da escolha do governo, enfrentando a crise que culminaria, tempos depois, na chamada "Revolução Constitucionalista" de 1932.[67]

Estavam as coisas nesse pé quando Klinger, diante da iminente chegada de Vargas, decidiu lançar uma nota garantindo que "é destituída de qualquer consistência a balela de que a junta governativa será sumariamente substituída, que ela entregará as rédeas do governo ao dr. Getúlio Vargas, cujos partidários, segundo tal invencionice, o considerariam como perfeitamente vencedor no último pleito eleitoral". Isso causou, obviamente, um tremendo impacto, e Tasso Fragoso teve de chamar Klinger ao Catete e desautorizá-lo. O próprio Tasso, com a ajuda de Melo Franco e Osvaldo Aranha, fez uma nota desmentindo o coronel. Posteriormente, Bertoldo Klinger alegaria não ter sabido dos telegramas da junta e que tinha apenas ouvido boatos. Ele acabara de ser nomeado chefe da polícia e desconfiava que esta nomeação visava afastá-lo do general Mena Barreto, deixando a junta inteiramente sob a influência do "séquito de Tasso e Malan". Ele admitiria que sua nota "foi uma bomba", mas que era preciso "colocar no tabuleiro das deliberações (...) a opinião diferente, que existia e tinha direito de existência, e assim forçar um pronunciamento menos misterioso, reticente, sobre o que estava para vir".

Para Klinger – assim como para outros militares –, a solução ideal seria anular as eleições e convocar outra.[68]

No dia 30 de outubro, Getúlio Vargas e seus companheiros se transferiram para o trem presidencial que a junta mandou para conduzi-los até o Rio de Janeiro. No dia 31, Vargas chegou ao Rio e foi recebido de maneira apoteótica. As numerosas tropas que o acompanhavam permaneceram na capital por algum tempo acampadas em vários pontos: no antigo Derby Club (onde hoje está o Estádio Maracanã), no Realengo, na Vila Militar, no Campo dos Afonsos, em São Cristóvão, e até no entorno do Palácio Monroe, onde funcionava o Senado.[69]

A posse de Vargas na Presidência da República se deu no dia 3 de novembro. Tasso, em seu discurso, disse que a "obra meritória" de 1889 estava sendo aniquilada e os ideais de Deodoro da Fonseca e de Benjamin Constant, traídos. Mencionou o caráter nacional do "movimento revolucionário" para destacar que

> nessas condições, compreende-se que as Forças Armadas da capital da República não podiam ficar indiferentes a esse movimento nacional. Convencidas de que o governo era o principal responsável pelos acontecimentos que se desenrolavam, e de que era a nação em armas que se levantava para vindicar os seus direitos e a sua liberdade, não hesitaram em pronunciar-se. Fizeram-no inspiradas no desejo de que a luta cessasse, de que os brasileiros não continuassem derramando o seu sangue pela vitória de uma causa que era a da consciência nacional.

Vargas, em seu discurso, não deixou de assinalar que "quando, nesta cidade, as Forças Armadas e o povo depuseram o governo federal, o movimento regenerador já estava, virtualmente, triunfante em todos os pontos do território pátrio". Mas fez uma concessão: a junta teria entendido a "delicadeza da situação" e deu o "golpe de graça".[70]

Avaliando a Revolução de 1930, Afonso Arinos de Melo Franco – o catedrático de Direito Constitucional, sempre lembrado como liberal – considerou que o Exército não tinha mais o dever de defender Washington Luís: "nem se poderia dizer que era do dever do Exército defender a legalidade visto que o governo, no consenso unânime de todos os brasileiros sensatos – inclusive dos seus partidários – havia desde muitos meses saído brutalmente fora da lei". De maneira mais direta, Góis Monteiro diria: "Sempre se fala com mais clareza e calor, com mais razão e proveito, quando se dispõe de baionetas para assegurar o direito que se reclama".[71]

O autogolpe do Estado Novo

O golpe de Estado de 1937, que implantou a ditadura do Estado Novo (1937-1945), foi uma espécie de autogolpe, isto é, beneficiou quem já estava no poder. Contudo, a definição de autogolpe pressupõe que o golpista vitorioso esteja, até o momento do golpe, exercendo legitimamente o governo – o que é discutível no caso de Getúlio Vargas pelo menos a partir de 1935. Como se sabe, a Revolução de 1930 implantou um governo discricionário, como estabelecia explicitamente o decreto que o regulamentou.* Essa situação perduraria até que se fizesse uma nova constituição por meio de Assembleia Nacional Constituinte a ser convocada. As crises políticas que marcaram os primeiros anos após a Revolução de 1930 decorreram, precisamente, do conflito entre a demanda pela constitucionalização, que animava alguns atores, e a resistência de Getúlio Vargas e de setores militares, que prefeririam manter o governo discricionário por mais tempo. Como veremos em seguida, a Assembleia Nacional Constituinte acabou sendo convocada e a nova Constituição de 1934 foi promulgada. Getúlio foi indicado presidente da República pelos constituintes, iniciando uma fase de governo constitucional que seria interrompida pelo golpe de 1937. Entretanto, antes mesmo do golpe, sobretudo a partir do final de 1935, Vargas adotou os chamados "instrumentos de segurança do Estado" – como o estado de sítio e o estado de guerra –, usando como pretexto o levante comunista de novembro de 1935. Uma grande onda de repressão política atingiu não apenas os poucos comunistas existentes, mas quaisquer outros adversários de Vargas. A atmosfera de opressão política – que, além de

---

* O Decreto nº 19.398, de 11 de novembro de 1930, dizia que "o Governo Provisório exercerá discricionariamente, em toda sua plenitude, as funções e atribuições, não só do Poder Executivo, como também do Poder Legislativo".

prisões e tortura, era marcada por forte pressão militar – não permite que classifiquemos o período que vai do final de 1935 até a data do golpe de 1937 como de normalidade.

A análise histórica sempre procura evitar o erro grave do anacronismo, o que significa que não podemos analisar uma época tendo em vista apenas os valores que prevalecem hoje em dia. Portanto, se não é possível considerar esses anos iniciais da Revolução de 1930 como democráticos, é preciso, por outro lado, não esquecer as circunstâncias que marcavam aquela época, sobretudo a existência do nazismo na Alemanha, que culminaria com a chegada de Hitler ao poder em 1933, o regime fascista na Itália de Mussolini a partir de 1922, a conjuntura política que levaria ao salazarismo em Portugal a partir de 1933 e ao franquismo na Espanha, em 1939, sem falar nos regimes autoritários da Romênia, da Hungria e da Polônia. Analisando a repercussão dessa conjuntura internacional no Brasil de 1937, Afonso Arinos de Melo Franco diria que

> o que levou as classes armadas, em 1937, a destruir o regime da Constituição de 1934 foi a confiança, a crença, a adesão, a convicção de que o mundo entrava numa nova fase histórica, em que a democracia não era a democracia dirigida, mas a democracia dirigente, não era a democracia conduzida pelo povo, mas uma espécie de democracia autocrática que conduzia o povo. Confiante no exemplo que, sobre esta matéria, nos forneciam alguns dos países mais avançados do mundo, acreditaram as Forças Armadas brasileiras ter chegado o momento de nosso país participar disto que se supunha ser, então, um movimento de renovação histórica.[72]

Essa cautela quanto ao anacronismo, evidentemente, não busca justificar nada, mas serve para entendermos a maneira de pensar dos que viveram uma época que só conhecemos através de vestígios. Além da ideia generalizada de que governos fortes eram necessários para a gestão dos negócios públicos, outra característica daquela época também se expressou no Brasil: o uso da violência como recurso "legítimo" na política. Se hoje nos parece surpreendente ou condenável que esse ou aquele grupo político lance mão das armas para a defesa de seus interesses, tal condenação, na época, era bastante amenizada e, sobretudo, não havia surpresa de modo algum. Getúlio Vargas e os militares que deram o golpe de 1937 lançaram mão da violência explícita, mas a esquerda comunista e a direita integralista também o fizeram.

Apesar disso, e curiosamente, o golpe de Estado de 1937 não contou com ações militares quando de sua efetiva deflagração. Como já disse e ainda veremos, a violência veio antes. O golpe, propriamente, consistiu apenas na outorga de nova constituição. Depois de ler seu discurso informando o que acabara de fazer, Getúlio Vargas compareceu muito tranquilamente a um jantar na Embaixada da Argentina, dando a impressão de que nada de grave havia acontecido. Não houve resistência. Justamente pela violência anterior, todos já esperavam o golpe. Foi mesmo um "golpe silencioso", conforme o título de uma obra clássica sobre o episódio.[73]

Como a Revolução de 1930 havia sido feita por grupos muito diferentes, eles logo começaram a brigar entre si. A alegada habilidade política de Vargas – que, na verdade, usava a estratégia de adiar decisões, além de contar com sorte – consistia em sua capacidade de administrar tais conflitos permanecendo sempre no centro do poder. Os conflitos entre os tenentes e os líderes políticos tradicionais foram os mais impactantes. Segundo Góis Monteiro, eles "não se toleravam mutuamente". O ex-presidente Epitácio Pessoa, por exemplo, logo se desentendeu com os vitoriosos de 1930 porque era – muito compreensivelmente – contrário à anistia aos revoltosos que tramaram sua deposição em 1922. Ele recusou o convite para assumir a embaixada brasileira em Washington. Artur Bernardes e outros também foram "relegados a um segundo plano e até hostilizados". De acordo com Góis Monteiro, os tenentes se consideravam os donos do novo regime.[74]

Apesar da supremacia dos tenentes, eles sofreram uma derrota no início de 1932: Vargas foi obrigado a decretar um código eleitoral, até porque a defesa da "verdade da representação política" contra a propalada fraude eleitoral na Primeira República tinha sido uma das principais bandeiras do movimento que culminou na Revolução de 1930. O código adotou o voto secreto, obrigatório, proporcional, admitiu o sufrágio feminino e criou a Justiça Eleitoral. Era uma vitória para os defensores da constitucionalização do regime e uma derrota para os tenentes mais exaltados, contrários ao estabelecimento de um regime legal. De fato, pouco meses depois, em maio de 1932, o governo criou uma comissão incumbida de elaborar o anteprojeto da nova constituição e definiu a data das eleições dos constituintes: 3 de maio de 1933. Próximo das eleições de maio de 1933, o governo estabeleceria as normas que orientariam a Assembleia Nacional Constituinte, sua convocação e o número de parlamentares que a integrariam.[75]

A comissão prevista em maio de 1932 não foi imediatamente instalada por causa da revolta armada paulista, mais conhecida como "Revolução Constitucionalista" de 1932, que estourou em 9 de julho daquele ano. A denominação consagrada é curiosa, porque a exigência de constitucionalização do regime estava sendo atendida pelo governo. Vargas já havia decretado o novo Código Eleitoral, previsto a comissão responsável pela elaboração do anteprojeto e definido a data da eleição dos constituintes. Portanto, parece estranho sustentar que a motivação principal da "Revolução Constitucionalista" tenha sido a exigência de uma nova constituição. O que havia, de fato, era a percepção generalizada de que Getúlio Vargas pretendia se perpetuar no poder e, sobretudo, a grande insatisfação dos líderes políticos paulistas com o tratamento que o governo federal dispensava ao estado economicamente mais forte do país. O Partido Democrático de São Paulo, que havia apoiado a Revolução de 1930, queria ter controle sobre o governo estadual, mas os tenentes discordavam, pois consideravam os líderes políticos do PD – antigos dissidentes do tradicional Partido Republicano Paulista – parecidos, social e ideologicamente, com os perrepistas. Desde que o tenente João Alberto foi nomeado interventor em 1930, os líderes do PD o combateram firmemente. João Alberto foi substituído por outro interventor; depois veio outro e ainda outro mais: isso dava a impressão de descaso de Vargas em relação aos paulistas. Segundo Cordeiro de Farias, "Getúlio não tinha uma diretriz traçada para São Paulo". O descontentamento das lideranças paulistas foi crescendo e a crise política explodiu em janeiro de 1932, quando o PD decidiu romper formalmente com Getúlio Vargas, ocasião em que o partido lançou um magoado manifesto no qual relembrava todo o seu apoio à Revolução de 1930 e as desconsiderações sofridas desde então. No mês seguinte, o Partido Democrático e o PRP se uniram contra a "ocupação militar" de São Paulo pelo governo federal.

Foi uma maneira de o PRP recuperar sua antiga importância política.[76] Optaram pela luta armada, que irrompeu no dia 9 de julho. A capital foi ocupada, o comandante da 2ª Região Militar aderiu aos revoltosos e o general Bertoldo Klinger teve atuação importante, embora controvertida, no conflito. As forças federais derrotaram as paulistas após três meses de confrontos bastante sangrentos. Getúlio Vargas contou com o apoio do Rio Grande do Sul, cujo interventor, Flores da Cunha, mandou unidades militares em apoio ao governo federal. Minas Gerais, de início reticente, acabou se voltando contra São Paulo depois que forças paulistas invadiram algumas cidades mineiras próximas à fronteira. Uma convenção militar foi assinada no dia 1º de outubro de 1932 por Góis Monteiro e Bertoldo Klinger pondo fim às hostilidades. Note-se, portanto, que a conservadora elite paulista também lançou mão das armas como recurso legítimo da luta política.

Um mês depois do fim do conflito, Vargas regulamentou a comissão responsável pela redação do anteprojeto constitucional e indicou seus membros. Formaram-se partidos nos estados, a grande maioria convergindo para o situacionismo federal, de modo que o governo não teve dificuldades na eleição de 3 de maio de 1933. A Assembleia Nacional Constituinte foi instalada no dia 15 de novembro no Palácio Tiradentes, no Rio de Janeiro, onde Vargas compareceu e fez longo discurso, uma espécie de prestação de contas, porque a constituinte tinha de aprovar os atos do governo provisório e eleger o presidente da República. A Constituição de 1934, como se sabe, duraria pouco, justamente porque o golpe de Estado de 1937 a revogou, mas vale registrar que a comissão que elaborou o anteprojeto tentou restringir a ação política dos militares (proibição de voto e de participação em organizações políticas), mas essas propostas foram eliminadas pela constituinte. Nessa carta constitucional, as antigas atribuições das Forças Armadas – estabelecidas por Rui Barbosa na Constituição de 1891 – foram mantidas com ligeiras alterações de redação: a obediência "dentro dos limites da lei" passou a ser devida apenas "dentro da lei"; e a obrigação de "sustentar as instituições constitucionais" passou a ser a destinação de "garantir os poderes constitucionais", formulação que se repetiria nas constituições de 1946, 1967, 1969 e 1988. A Constituição foi promulgada em 16 de julho de 1934, os atos do governo provisório foram aprovados e Vargas foi eleito presidente pelos constituintes no dia seguinte, com mandato até 1938 – quando deveriam ser realizadas eleições diretas para a Presidência da República. Segundo a Constituição, Getúlio Vargas não poderia se reeleger.[77]

* * *

No início de 1935, os militares se mobilizaram em torno da questão dos vencimentos e a demanda por aumento ganhou importância política. O Clube Militar pressionava o Executivo. A Câmara dos Deputados discutia lentamente um projeto que concedia aumento quando o comandante da 1ª Brigada de Infantaria, general João Guedes da Fontoura, decidiu ameaçar os deputados dizendo que reagiria com a tropa se a situação não se resolvesse. O comandante da 1ª Região Militar, general João Gomes Ribeiro Filho, se opôs, ao menos para marcar posição contra a evidente indisciplina. A Câmara, constrangida pela ameaça do general Guedes, acabou aprovando o projeto, mas o general foi afastado do posto. Essa crise tinha sido agravada pela nova Lei de Segurança Nacional, aprovada em abril de 1935, que desagradou os militares porque previa a punição (afastamento do cargo e incompatibilização com o oficialato) daqueles que se filiassem a organizações subversivas. A queda de Guedes no final de abril deu início a uma série de mudanças: no seu lugar, assumiu o comando da 1ª Brigada de Infantaria (e, portanto, da Vila Militar) o general Eurico Gaspar Dutra (o cadete revoltoso de 1904 e o tenente-coronel legalista de 1930).[78] Góis Monteiro deixou o Ministério da Guerra no início de maio por conta de uma série de desentendimentos políticos, mas manteve grande influência junto ao governo, apesar de ficar sem posto de comando militar. A pasta passou ao general João Gomes. O ministro João Gomes e o comandante Dutra enfrentariam, meses depois, o levante comunista de 1935.

Luís Carlos Prestes tinha sido aclamado presidente de honra da Aliança Nacional Libertadora (ANL) em março de 1935 por indicação do jovem estudante Carlos Lacerda, então com 21 anos, filho de Maurício de Lacerda. A ANL foi formalmente criada nessa ocasião e pretendia ser uma frente ampla capaz de lutar contra a pobreza, o latifúndio, o imperialismo e a extrema direita fascista. Alguns antigos tenentes ingressaram na organização, como Miguel Costa, Agildo Barata e João

Cabanas, o que significava sua ruptura com o governo de Vargas. No dia 5 de julho de 1935 – não por acaso, aniversário dos levantes tenentistas de 1922 e 1924 –, Prestes lançou um manifesto radical conclamando as "massas" para o "momento de assalto" ao poder, cuja ideia já estaria madura. O texto falava na "nojenta dominação getuliana" e declarava o governo de Vargas "odioso". Menos de uma semana depois, Getúlio fechou por seis meses a ANL, mas o fechamento se tornou permanente porque o registro civil da entidade foi cancelado, o que a lançou na clandestinidade. Portanto, a ANL permaneceu na legalidade por muito pouco tempo.[79]

Prestes estivera em Moscou desde 1931 e havia chegado ao Brasil em abril de 1935. Estava marcado para 1934, em Moscou, um congresso da organização internacional comunista, mas o evento foi adiado para o ano seguinte. Como dirigentes comunistas de vários países latino-americanos já estavam lá, foi realizada uma "III Conferência dos Partidos Comunistas da América do Sul e do Caribe", que aconteceu entre 16 e 28 de outubro de 1934. Foi nesse encontro que lideranças comunistas brasileiras apresentaram análises irrealistas sobre a suposta força do partido no Brasil. De toda forma, o levante comunista de 1935 não foi determinado por Moscou e sim por Prestes. Os comunistas brasileiros, controlando a ANL, planejaram para novembro de 1935 levantes armados que pudessem deflagrar uma revolução. Talvez avaliassem ilusoriamente que havia condições para tal coisa; talvez quisessem apenas dar impressão de combatividade para a organização comunista internacional, ainda mais depois que o VII Congresso da Internacional Comunista – que afinal foi realizado em agosto de 1935 – elegera Prestes e o secretário-geral do PCB para sua comissão executiva central.[80]

Esses levantes comunistas fracassaram totalmente, mas tiveram muita importância para a consolidação do ideário anticomunista, que seria usado como pretexto para o golpe de 1937 e persistiria, por muito tempo, como justificativa para outras intervenções militares. Eles aconteceram em três cidades: Natal, no Rio Grande do Norte; Recife, em Pernambuco; e Rio de Janeiro, Distrito Federal.

O levante em Natal começou no dia 23 de novembro de 1935 no quartel do 21º Batalhão de Caçadores, onde se concentravam os poucos comunistas que havia na cidade. Segundo o ex-presidente Café Filho

– que fez sua carreira política no estado do Rio Grande do Norte –, havia insatisfação contra punições disciplinares no Exército, que tinham sido anunciadas, e em relação a demissões igualmente anunciadas na Guarda Civil. O 21º Batalhão de Caçadores era o antigo batalhão antes sediado em Recife, que já vimos na Revolução de 1930. Em 1932, ele deixou Recife para combater a "Revolução Constitucionalista", mas tentou aderir ao movimento e acabou transferido para o Amazonas, como uma espécie de castigo imposto pelo governo federal. Não voltou a Recife e, em 1933, foi posicionado em Natal, entre os bairros da Ribeira e Cidade Alta, onde hoje funciona uma escola estadual. Como o dia 23 de novembro caiu num sábado, parte da tropa já tinha ido para casa e só havia um oficial de dia no quartel, que foi preso pelo cabo Giocondo Dias auxiliado por um sargento e um soldado. O grupo convocou, por toques de recolher, outros soldados envolvidos na conspiração, que logo retornaram ao quartel. Tiros foram disparados como um sinal e "um grupo de civis, incluindo algumas mulheres, invade o quartel, se fardando e se armando. O maior número era constituído de estivadores, tendo à frente o presidente do Sindicato da União dos Estivadores". Davam vivas a Prestes e à Aliança Nacional Libertadora.[81]

Os revoltosos partiram para o centro da cidade e ocuparam o palácio do governo, a residência do governador, a estação ferroviária, a central telefônica e telegráfica e a pista de pouso. O farol do Forte dos Reis Magos foi desligado. O governador estava num teatro quando ouviu os tiros e fugiu, procurando abrigo na casa do cônsul honorário da Itália, onde o prefeito também se refugiou. O chefe de polícia foi preso e a Polícia Militar tentou reagir, mas tinha pouca munição. A partir das nove da noite do dia 23 um intenso tiroteio foi deflagrado, que só terminaria às duas da tarde do dia seguinte. O combate resultou em muitos feridos e em um morto. No dia 24, os revoltosos constituíram uma junta governamental e, à noite, colunas foram enviadas em direção ao interior do estado para ocupar diversas cidades. Algumas famílias mais abastadas de Natal se refugiaram em navios ancorados no porto. Para tentar atrair simpatia popular, os revoltosos soltaram presos e reduziram os preços das passagens dos bondes. A partir do dia 25, a junta arrombou cofres e recolheu dinheiro do Banco do Brasil, da Recebedoria de Rendas e de outros lugares – reunindo uma soma bastante elevada que não seria recuperada na totalidade. Parte desse dinheiro pode ter sido apropriada ilegalmente por policiais. Armazéns também foram arrombados e saqueados. No dia 26, um avião lançou boletins dos revoltosos sobre a cidade, mas, à noite, eles receberam a notícia do fracasso do levante no Recife e do deslocamento do Batalhão de Caçadores da Paraíba – que vinha de João Pessoa em direção a Natal. Então, optaram por abandonar as armas, dividir o dinheiro e fugir – algo que nem todos lograram fazer. Giocondo Dias conseguiu escapar e só foi preso em 1936. Por fim, os estivadores também se entregaram.[82]

O levante em Recife, assim como o de Natal, tentou seguir o velho padrão tenentista de sublevação de uma grande unidade militar, neste caso o 29º Batalhão de Caçadores: dois tenentes revoltosos tentaram controlar o quartel, mas as tropas já estavam de prontidão. Ainda assim, um dos tenentes conseguiu reunir um grupo de soldados e marchou sobre a cidade, mas a Polícia Militar, auxiliada pela Guarda Civil, reagiu e conteve o grupo. Também fracassou a tentativa do sargento revoltoso Gregório Bezerra de se apossar do quartel-general da 7ª Região Militar. Gregório foi ferido e preso* e mortes foram relatadas. As forças legais de Recife contaram com apoio de tropas da Paraíba e de Alagoas.[83]

O levante do Rio de Janeiro teria grande repercussão. As autoridades estavam alertas desde o dia 23, quando estourou o movimento em Natal. No dia 24, o general Dutra deixou as tropas vigilantes e visitou várias unidades, inclusive o 3º Regimento de Infantaria, que estava aquartelado nas edificações da antiga Escola Militar da Praia Vermelha, onde aconteceria o principal confronto. O Batalhão de Guardas ficou em prontidão parcial. Dutra tentou convencer o ministro da Guerra da necessidade de enviar tropas para o Paraná, porque estava preocupado com os estados do Sul: "Devíamos evitar aguardar, mais uma vez, o inimigo em Itararé". Isso logo se mostrou desnecessário porque os emissários que Prestes enviou a alguns estados, inclusive ao Rio Grande do Sul, foram presos no Rio de Janeiro, o que inviabilizou a deflagração do levante em outros estados.[84] No dia 26, Vargas obteve do Congresso a decretação do estado de sítio.

---

* Assim como Giocondo Dias, Gregório Bezerra teve trajetória de vida marcada pela adesão ao comunismo e pelo combate ao fascismo. Ambos amargaram longos períodos de prisão.

Quem deflagrou o levante no 3º Regimento de Infantaria na Praia Vermelha foi Agildo Barata – que, na Revolução de 1930, teve atuação decisiva na Paraíba, em Pernambuco e na Bahia, como vimos. Sua atuação no levante de 1935 no Rio de Janeiro também foi impressionante. A Constituição de 1934 havia anistiado os revoltosos dos anos anteriores, de modo que Agildo pôde retomar sua carreira militar – o que era do interesse do Partido Comunista – e foi promovido a capitão. Ele estava no Rio Grande do Sul empenhado em lutar contra "a ditadura getulista como uma espécie de penitência política por ter sido um dos mais ardorosos combatentes para instalá-la". Tornou-se presidente do diretório municipal da ANL em São Leopoldo e acabou punido com uma prisão de 25 dias. Agildo Barata tinha contatos no Ministério da Guerra e conseguiu ser transferido para o Rio de Janeiro, mas não poderia deixar de cumprir os dias de prisão. Como era praxe, ele pôde escolher a unidade onde ficaria preso, desde que não fosse aquela onde serviria. Optou pelo 3º Regimento de Infantaria. Desse modo, ele estava, por acaso, no local do principal episódio do levante comunista de 1935 cumprindo pena, que se encerraria no dia 28.[85]

Ele relata que o regimento contava com 1,7 mil homens, a maior parte constituída de soldados inexperientes recentemente incorporados, sendo que alguns nem tinham fardamento. Havia também cerca de cem oficiais e aproximadamente duzentos sargentos. Os conspiradores ligados à Aliança Nacional Libertadora eram menos de trinta pessoas, entre os quais doze ou treze comunistas. Agildo fez, às pressas, um plano para tomar o quartel, porque o planejamento original se baseava no fator surpresa, que tinha sido perdido: "A ideia dominante do plano era, através de algumas rajadas de fuzil-metralhadora, criar um ambiente de pânico e de confusão" e ir prendendo os oficiais que saíssem para ver do que se tratava. Isso foi feito: às duas e meia da madrugada os comandantes e oficiais subalternos tinham sido aprisionados. Um tenente revoltoso foi morto e um major legalista também. Por volta das três da manhã desse dia 27 de novembro, o general Dutra deslocou tropas para a Praia Vermelha e, às 3h45, começou a atirar. Os revoltosos tentaram ganhar a rua três vezes, com o propósito de chegar aos palácios presidenciais e ao Arsenal de Marinha, mas foram impedidos pelo tiroteio.[86] Em uma dessas tentativas, um sargento revoltoso

Foto do 3º RI em chamas (Fundo Correio da Manhã / Arquivo Nacional).

morreu. O prédio estava sendo bombardeado com granadas do Grupo de Obuses, houve incêndio nos dois pavimentos do pavilhão central e a situação ficou insustentável.

Quando amanheceu, dois avisos da Marinha – embarcações militares de médio porte – também passaram a metralhar a edificação da velha Escola da Praia Vermelha. Dutra, afinal, interrompeu o ataque e enviou um emissário, antecedido de "toques curtos de corneta que caracterizam o acompanhamento de um parlamentar [mensageiro]". Ele levava um ultimato: "Vossa situação é insustentável e é aconselhável evitar inúteis sacrifícios". Agildo respondeu dizendo que não se renderia, conclamou Dutra a "unir seus pontos de vista" e garantiu que o movimento não era comunista. Como não houve rendição, Dutra passou a bombardear pesadamente o regimento e os revoltosos tiveram de se render por volta de uma da tarde, até porque a expectativa de um levante na Escola de Aviação Militar tinha sido frustrada quando aviões, horas antes, atacaram o prédio da Praia Vermelha. Agildo e seus companheiros foram presos e levados para a Casa de Detenção na rua Frei Caneca. Ele ficaria dez anos preso. O presidente Getúlio Vargas visitou a Praia Vermelha

Foto da entrada da antiga Escola Militar da Praia Vermelha após bombardeio em 1935 (Fundo Correio da Manhã / Arquivo Nacional).

acompanhado do ministro da Guerra, João Gomes. Vargas, aliás, não estava satisfeito com o desempenho do ministro e admirou a firmeza do general Dutra.[87] O prédio da antiga Escola Militar da Praia Vermelha ficou destruído pelo bombardeio de Dutra e acabaria sendo demolido.

A tentativa comunista de sublevar a Escola de Aviação Militar também começou no dia 27 de novembro e contava com dois capitães, cinco tenentes e um aspirante. Eles conseguiram dominar a escola – que ficava no Campo dos Afonsos, no bairro do Realengo, próximo à Vila Militar – e foram para o 1º Regimento de Aviação nas proximidades. Cercaram e ocuparam um dos hangares do regimento, mas seu comandante, o tenente-coronel Eduardo Gomes, reagiu. Ele ligou para o Catete alertando sobre o ataque e a insurreição foi, por fim, controlada com a chegada de tropas da Vila Militar. Cerca de 250 pessoas foram presas e um capitão e dois tenentes legalistas acabaram mortos. Eduardo Gomes teve a mão ferida.[88]

As mortes que aconteceram no combate ao 3º Regimento de Infantaria na Praia Vermelha se deveram, principalmente, ao desproporcional ataque promovido pelo general Dutra. Como se sabe, com o passar dos anos, os militares acusaram sistematicamente os comunistas de terem matado a sangue frio seus oponentes, inclusive os que dormiam, o que é falso. O inquérito que foi feito logo em seguida nada registra nesse sentido. A versão sobre a morte de oficiais enquanto dormiam provavelmente tem sua origem na frase do general Castro Júnior, no inquérito policial-militar (IPM) sobre o episódio que ele conduziu: os revoltosos estariam "matando sem resquício de necessidade companheiros inermes".[89] Essa imputação fez parte da estratégia de caracterizar os comunistas como cruéis e de configurar o levante comunista de 1935 como uma ameaça muito grave. Também por isso, os militares adotaram a expressão pejorativa "intentona" para designar o episódio. A "intentona comunista" se tornaria o principal tema da propaganda anticomunista. Muitos anos depois, na ditadura militar, o coronel e senador Jarbas Passarinho, discursando em 1979, admitiria que um certo tenente da Escola de Aviação não foi morto enquanto dormia, como se costumava dizer. Mas Passarinho disse isso para caracterizar a frieza com que ele teria sido morto ("com um tiro na boca"), acrescentando que não poderia afirmar nem desmentir os demais casos.[90]

A repressão posterior aos levantes comunistas de 1935 foi brutal. A organização comunista internacional tinha enviado emissários estrangeiros para auxiliar os comunistas brasileiros. Eram, supostamente, especialistas em política, segurança, explosivos e comunicações. Vários deles foram presos e torturados entre o final do ano de 1935 e janeiro de 1936, e alguns morreram em decorrência da tortura. O caso mais conhecido é o de Olga Benário, enviada para cuidar da segurança de Prestes e que teve destino trágico. Em março de 1936, Prestes e Olga também seriam presos, ocasião em que foram confiscados muitos documentos comprometedores.[91] O mesmo já havia acontecido no início de janeiro, o que indica a displicência dos comunistas brasileiros e de seus assessores estrangeiros com normas básicas de segurança. A imprensa publicou, então, matérias alarmantes sobre a "copiosa correspondência comunista", chamando atenção para a presença desses estrangeiros que estavam no Brasil "a soldo de Moscou", "perigosos comunistas" responsáveis por "atividades extremistas" e que contavam com "fartos recursos fornecidos pela própria Rússia".[92]

*　*　*

Cinco dias após o término do levante comunista, o ministro da Guerra convocou todos os generais que estavam presentes no Rio de Janeiro para reclamar das leis de repressão do país, que, segundo ele, acabavam por proteger os incriminados em vez de impor punições rigorosas. Além disso, o ministro João Gomes disse que o julgamento dos implicados demoraria e que as penas atingiriam no máximo seis anos. Por isso, ele pedia apoio aos seus colegas generais para pressionar o Legislativo e o Judiciário. Os generais Castro Júnior, Raimundo Barbosa e Leitão de Carvalho se disseram preocupados com a legalidade dos processos; Newton Cavalcanti sugeriu trazer ideias sobre "meios rápidos e enérgicos" em uma próxima reunião, para depois levá-las aos legisladores; Meira de Vasconcelos defendeu uma nova lei de exceção; Valdomiro Lima entendeu que deviam ser dados poderes discricionários ao governo caso o Congresso não legislasse adequadamente; o general Coelho Neto disse que a Constituição não era intocável. Góis Monteiro resolveu apresentar um voto por escrito no qual elencava algumas sugestões, sendo a primeira a proposta de um "golpe de Estado, consistente em declarar abolida a Constituição atual". Segundo seu relato, "depois de ler o meu voto escrito, o general Dutra concluiu pela primeira proposição, a mais drástica – golpe de Estado. Combinamos, então, que assim se faria".[93] Ou seja, o general mais influente junto ao presidente Vargas e o comandante da principal guarnição militar da capital da República decidiram dar um golpe de Estado sob o pretexto da "ameaça comunista".

O golpe teria de esperar. No dia 7 de dezembro de 1935, Getúlio Vargas convocou uma reunião ministerial na qual discutiu mecanismos de repressão política, como a imposição de censura rigorosa e a criação de um tribunal especial para crimes políticos. Vargas também adotou a solução apontada pelo general Meira de Vasconcelos e obteve do Congresso Nacional novo instrumento de segurança do Estado, mais drástico do que o estado de sítio, que consistia na decretação do estado de guerra – uma "figura jurídica obscura", segundo Afonso Arinos – em caso de "comoção intestina [interna] grave com finalidades subversivas das instituições políticas e sociais". O presidente, doravante, também poderia decretar a perda da patente e do posto de militares e a demissão de funcionários públicos civis tidos como subversivos. A Lei de Segurança Nacional foi reforçada incluindo novos crimes políticos. Por fim, na véspera do Natal, foi assinado o decreto que prorrogava o estado de sítio por noventa dias. Tudo isso foi obtido do Congresso Nacional debaixo de enorme pressão: no dia 9 de dezembro o ministro da Guerra, João Gomes, enviou uma carta ao deputado federal gaúcho Salgado Filho – que a exibiu apenas na reunião dos líderes com o presidente da Câmara. Na carta, o ministro pleiteava, "em nome do Exército e da Marinha nacionais, uma lei que permita uma rápida e enérgica repressão para os crimes que acabam de ser cometidos pelos extremistas e ainda que nos premunam [previnam] contra futuros atentados da mesma natureza". A carta só seria divulgada em maio de 1937.[94]

A onda de repressão iniciada após os levantes comunistas de 1935 prosseguiu em 1936 e até parlamentares foram presos. Consequentemente, as denúncias de violência e tortura aumentaram. Os documentos encontrados com Prestes deram a falsa impressão de que os comunistas eram muitos e organizados: "Firmou-se a opinião de que o movimento comunista teria recrudescido mesmo durante a vigência do estado de sítio, o que demonstrava ser este insuficiente para conter o seu avanço". O prefeito do Distrito Federal, Pedro Ernesto, foi destituído e preso no início de abril, acusado de ter ligação com os comunistas. Em março, havia sido decretado o estado de guerra, por noventa dias, sob a alegação de que teria havido "recrudescimento das atividades subversivas", coisa que, de fato, não havia. A criação do Tribunal de Segurança Nacional – o segundo tribunal de exceção que já existiu no Brasil – foi aprovada pela Câmara dos Deputados e pelo Senado em agosto, e o órgão foi instituído em setembro como parte da Justiça Militar. Foram inicialmente julgadas mais de uma centena de vítimas. Prestes assumiu a responsabilidade pelo levante de novembro do ano anterior e foi condenado a dezesseis anos de prisão. Pedro Ernesto se declarou inocente, mas foi condenado a três anos e quatro meses. Agildo Barata pegou dez anos de prisão. Posteriormente, o Supremo Tribunal Militar confirmou a sentença de Prestes e absolveu Pedro Ernesto. Barata só foi solto com a anistia de 1945. Terminado o prazo do estado de guerra em junho de 1936, ele foi renovado por mais noventa dias, o que aconteceria algumas outras vezes, configurando-se uma situação permanente de excepcionalidade até o golpe de Estado de 1937.[95]

* * *

Para os militares, era vantajoso dar o golpe e manter Getúlio Vargas no poder, de modo a garantir a satisfação de seus interesses e, ao mesmo tempo, não caracterizar uma ditadura militar. Para Vargas, era fundamental ter o apoio militar para sua permanência no poder. Por fim, tanto para os militares quanto para Getúlio Vargas era fundamental controlar os governos estaduais. Alguns interventores, como Flores da Cunha, no Rio Grande do Sul, e Juracy Magalhães, na Bahia, haviam desempenhado papéis importantes na Revolução de 1930. Vargas só conseguiria permanecer no cargo com o apoio – ou, ao menos, sem a oposição – de estados importantes como São Paulo, Minas Gerais, Rio Grande do Sul, Pernambuco e Bahia. No caso do Rio Grande do Sul, isso era essencial, já que se tratava do estado natal de Vargas. A situação nos estados, do ponto de vista militar, tinha um componente explosivo: em vários casos, as polícias militares contavam com efetivos e armamentos superiores ao das guarnições locais do Exército. Em Belo Horizonte, segundo Amaral Peixoto, "o domínio da polícia era total" porque a sede da região militar ficava em Juiz de Fora e só havia um regimento de infantaria na capital, contra vários regimentos da Polícia Militar, além de outros regimentos de polícia nas cidades vizinhas. No caso do Rio Grande do Sul, esses efetivos eram impressionantes. Segundo Cordeiro de Farias, a força estadual gaúcha "era um poder paralelo, que competia com as forças regulares". Flores da Cunha havia apoiado o governo federal quando da "Revolução Constitucionalista" de 1932 e, por isso, recebeu armamento do Exército e aumentou o contingente da Brigada Militar gaúcha. Além disso, foi autorizado a constituir os chamados "corpos provisórios", tropas improvisadas com civis reunidos por chefes políticos, algo que era bastante comum no Rio Grande do Sul.[96] Portanto, para formar um verdadeiro Exército nacional, seria essencial que as tropas regulares do Exército suplantassem as forças policiais estaduais, sobrepujando-as em termos de efetivos e armamentos e submetendo-as como forças auxiliares. Por isso, Getúlio Vargas e os chefes militares do Exército tinham o objetivo comum de subjugar os estados.

Em alguns casos – e até como demonstração de força –, Vargas simplesmente decretou intervenção federal, justificando-a a partir de conflitos locais e amparando-se no estado de guerra. Em junho de 1936, houve intervenção no Maranhão. Em março de 1937, no Mato Grosso e no Distrito Federal, onde a Câmara Municipal foi fechada. No início desse mês de março, Flores da Cunha havia anunciado um pacto defensivo que reunia o Rio Grande do Sul, São Paulo e Bahia – ou seja, esses estados se sentiam ameaçados. O estado de guerra dava a Getúlio Vargas muitas vantagens, uma das quais era a possibilidade de nomear o executor estadual. Regra geral, o interventor era nomeado executor do estado de guerra. No caso de estados que não apoiassem o governo federal, Vargas nomeava como executor o general comandante da respectiva região militar. Flores já havia declarado, em abril de 1936, que Vargas queria se perpetuar no poder e que os militares eram o verdadeiro perigo para a nação. Um ano depois, Vargas transferiu a execução do estado de guerra no Rio Grande do Sul para o comandante da 3ª Região Militar.[97]

A pressão contra Flores da Cunha havia sido planejada por Góis Monteiro e Getúlio Vargas desde agosto de 1936. No final desse ano, o ministro da Guerra, João Gomes, foi substituído pelo general Dutra, ligado a Góis Monteiro. João Gomes não estava inteiramente de acordo com o plano de cerco ao Rio Grande do Sul. Góis foi nomeado inspetor do 2º Grupo de Regiões Militares (que abrangia o Rio Grande do Sul) e, nessa condição, foi enviado ao sul em dezembro de 1936, como forma de pressão e para averiguar se havia "preparativos militares clandestinos", do que estava convencido o ministro Dutra: "pertencíamos ao grupo de chefes militares que não concordava com o poderio militar do

Rio Grande do Sul levado a efeito pelo governador Flores da Cunha". Essa pressão se repetiria em março de 1937, quando Góis foi enviado em nova viagem de inspeção. Conforme a instrução que recebeu do ministro Dutra, ele deveria providenciar com urgência a dissolução das forças irregulares (os corpos provisórios) e retomar o armamento do Exército. A desativação dos corpos provisórios e a devolução do armamento se tornariam a principal controvérsia entre Flores da Cunha e o governo federal. A partir dessa segunda inspeção, Dutra decidiu fazer um boletim informativo reservado ao Exército dizendo que Flores da Cunha desenvolvia "atividades subversivas" e que o interventor "prepara um movimento armado contra o governo federal", possivelmente apoiado por outros governantes estaduais. Era uma forma de pressão direta contra Flores e, também, uma ameaça velada aos demais interventores, que, certamente, teriam conhecimento do boletim. Em julho de 1937, o próprio Dutra fez uma viagem de inspeção e se encontrou com Flores da Cunha, exigindo a dissolução dos corpos provisórios e a devolução das armas.[98]

Em agosto de 1937, Vargas disse a Dutra que estava decidido a intervir no Rio Grande do Sul. Sugeriu o fornecimento de armas a Santa Catarina, que poderia apoiar a intervenção, mas houve resistência tanto do ministro quanto do interventor Nereu Ramos. Para mostrar sua disposição, Getúlio Vargas disse a seu ministro que renunciaria caso o Exército não cumprisse a ordem de intervenção. Quando soube disso, Góis Monteiro disse a Dutra que, nesse caso, Vargas deveria renunciar imediatamente, porque uma ordem de intervenção, "pura e simplesmente", não seria obedecida: "As Forças Armadas não estavam adstritas à disciplina passiva. O seu chefe supremo, que era o presidente, antes do mais, deveria merecer a confiança delas e essa confiança exigia reciprocidade".[99] A expressão "pura e simplesmente" de Góis Monteiro é importante. Ele e Dutra queriam ter alguma forma de amparo legal para controlar as situações estaduais, uma vez que o último decreto de estado de guerra por noventa dias, do final de 1936, não vigorava mais. Eles queriam nova prorrogação.

Todas essas questões se davam no contexto da discussão política de candidaturas à Presidência da República, cujas eleições estavam marcadas para 3 de janeiro de 1938. Armando de Sales Oliveira havia renunciado ao governo de São Paulo no final de 1936, o que era um pré-requisito para que pudesse concorrer. Sua candidatura, homologada em maio de 1937, desafiava Getulio Vargas. Também em maio, uma convenção nacional lançou o nome de José Américo de Almeida como candidato do governo. O líder da organização de direita Ação Integralista Brasileira (AIB), Plínio Salgado, também se tornou candidato. Vargas e os militares conspiradores obviamente não pretendiam que houvesse eleição. Propostas de prorrogação geral dos mandatos ou de emenda constitucional que permitisse a reeleição de Vargas circulavam amplamente.[100] Os governantes do Rio Grande do Sul, de São Paulo, da Bahia e de Pernambuco não concordavam com a permanência de Getúlio Vargas no poder. A candidatura de José Américo de Almeida não contou com o apoio de Vargas, até porque o candidato fez críticas ao presidente durante sua campanha.

Em setembro de 1937, Vargas disse a Dutra que o fracasso da candidatura de José Américo e das propostas de prorrogação de mandatos ou de reeleição indicava que a única solução era a outorga de uma nova constituição: o governo deveria reagir "promovendo uma revolução de cima para baixo, isto é, desencadeada pelo próprio governo". Vargas disse que já contava com o apoio de Minas Gerais e queria o do Exército. "Respondi-lhe que comigo podia contar" – testemunharia o general Dutra.[101]

Circulava entre os chefes militares um falso plano de tomada de poder pelos comunistas, redigido pelo capitão Olímpio Mourão Filho, que era integralista. O plano tinha sido encaminhado pelo general Góis Monteiro a autoridades do primeiro escalão. Mourão Filho era subordinado a Góis Monteiro, chefe do Estado-Maior do Exército (cargo que Góis ocupava desde julho de 1937). O plano fictício foi divulgado pela imprensa com estardalhaço no final de setembro e início de outubro. Todos sabiam da falsidade desse documento – conhecido como "Plano Cohen" –, mas ele foi usado como pretexto para as últimas providências que culminaram no golpe de Estado de 1937.[102] Segundo o deputado mineiro Dário de Almeida Magalhães, "quase todos os deputados tinham bem consciência de que o Plano Cohen era uma mistificação e que tudo não passava de uma manobra para obter os plenos poderes de que Vargas necessitava, conluiado com a cúpula das Forças Armadas".[103]

Também para justificar o golpe, a cerimônia relacionada ao levante comunista de novembro de 1935 – quando os militares divulgavam sua versão fantasiosa – foi antecipada para 22 de setembro de 1937, ocasião em que foi feita uma romaria ao cemitério São João Batista, no Rio de Janeiro, para visita aos túmulos de mortos no episódio. Na Câmara dos Deputados, um requerimento pedindo que fossem registrados nos anais os discursos proferidos no cemitério foi criticado por Café Filho, deputado pelo Rio Grande do Norte, que classificou a romaria como uma manifestação integralista. Para ele, havia "não só o perigo comunista, mas também o perigo integralista" e, ainda, um terceiro perigo: a "ameaça permanente de fechamento do parlamento".[104]

No dia 27 de setembro, o ministro Dutra convocou alguns generais para uma reunião. Conforme a ata que assinaram, estiveram em seu gabinete o chefe do Estado-Maior do Exército, Góis Monteiro, o comandante da 1ª Região Militar, o diretor de Aviação e o comandante da 1ª Brigada de Infantaria. Também foi convidado o capitão Filinto Müller, chefe de polícia do Distrito Federal. Dutra disse que, por causa dos comunistas, "o comércio, as indústrias, as classes laboriosas, a sociedade em geral e a própria família vivem em constante sobressalto". O Exército seria o "único elemento capaz de salvar o Brasil". O comandante da 1ª Brigada de Infantaria lembrou que a "bancada comunista" na Câmara impediu a transcrição dos discursos no cemitério: "Há uma corrente, um agrupamento comunista dentro do próprio Congresso Nacional", denunciou. O Exército, as instituições, a sociedade e a própria família estariam "ameaçadas de morte". Por isso, "é necessário agir, mesmo fora da lei, mas em defesa das instituições e da própria lei deturpada (...). Mas é necessário que nesse movimento, exclusivamente militar, não tome parte nenhum elemento político, nenhum elemento civil. A iniciativa e a responsabilidade devem ser inteiras e exclusivas das Forças Armadas". Para os generais, "o movimento arrastará consigo o próprio presidente da República, cuja autoridade será por ele fortalecida". Referindo-se ao plano forjado por Mourão Filho, o general Góis Monteiro garantiu que os comunistas preparavam um golpe. O diretor de Aviação disse que "contra ele [o plano] é necessário desencadear o movimento militar que importará em um golpe de Estado". Acrescentou que tudo deveria se dar em "absoluto sigilo, segredo só dos generais. Compromisso escrito de que não querem ditadura militar". O comandante da 1ª Brigada de Infantaria argumentou que era necessário que o estado de guerra voltasse imediatamente, "sem restrições, assim como a decretação da lei marcial em toda sua plenitude". O capitão Filinto Müller disse que era preciso "evitar os processos" [contra os comunistas]: não deveria haver execuções ou fuzilamentos. Os prisioneiros deveriam ser aproveitados "em trabalhos públicos, abrindo canais, construindo estradas". Também seria possível "afastá-los do convívio da sociedade, sem mantê-los encarcerados na capital federal". Ele sugeriu Fernando de Noronha, "transformada a ilha em presídio militar, confiada a uma guarda do Exército, forte, bem comandada. Para lá irão os cabeças e lá ficarão os que não convenha empregar em trabalhos públicos". Eles decidiram redigir uma circular reservada a ser enviada a altas autoridades e declararam na ata, ao final, que se comprometiam a excluir de suas ações "qualquer proveito próprio ou qualquer ideia de ditadura militar".[105]

No dia seguinte, Dutra e o ministro da Marinha, Aristides Guilhen, combinaram com Getúlio Vargas que apresentariam uma exposição de motivos pedindo o estado de guerra. Segundo o general Dutra, ele não queria começar a prender parlamentares "sem estar apoiado em alguma lei". Era a demanda por amparo legal para ações ilegais, que se tornaria frequente nas futuras intervenções militares: leis de exceção dando aparência judicializada a atos arbitrários. Vargas, obviamente, concordou com o pedido de estado de guerra.[106]

No dia 29 de setembro, os ministros apresentaram a Vargas os motivos pelos quais diziam que o "crime de lesa-pátria praticado em novembro de 1935 está prestes a ser repetido". Criticavam o ministro da Justiça, José Carlos de Macedo Soares, e o Congresso Nacional, classificados como inoperantes, acrescentando que a nação já conhecia "o plano de ação comunista desvendado pelo Estado-Maior do Exército" (o falso Plano Cohen) e que os esforços do governo para combater o comunismo foram malsucedidos. A Lei de Segurança Nacional "revelou falhas e defeitos" por causa dos processos morosos e complicados. Mentiram dizendo que os comunistas foram responsáveis, no levante de novembro de 1935, pela "morte covarde do companheiro que dormia" e pediram, em nome dos generais e almirantes das Forças Armadas do

Brasil, a "volta imediata ao estado de emergência, o estado de guerra". O pedido foi aprovado pela Câmara no dia 1º de outubro de 1937. O estado de guerra, implementado no dia seguinte, passou a ser executado pelos governantes estaduais, exceto no Rio Grande do Sul e em São Paulo, onde as providências ficaram a cargo dos comandantes das respectivas regiões militares. No Distrito Federal, ele foi executado por Filinto Müller. A censura retornou e as imunidades parlamentares foram suspensas. Alguns parlamentares, como o deputado Café Filho, resolveram se esconder ou deixar o país (Café pediu asilo à Argentina).[107] Foi criada uma Comissão Central de Repressão ao Comunismo e várias prisões foram efetuadas.

No dia 14 de outubro, o governo federal requisitou as polícias militares de São Paulo e do Rio Grande do Sul. Logo surgiram notícias de que Flores da Cunha poderia renunciar. De fato, ele deixou Porto Alegre e fugiu para o Uruguai na manhã do dia 18 de outubro. Vargas, desse modo, conseguiu afinal controlar seu estado natal.[108]

O governador Benedito Valadares, de Minas Gerais, vinha colaborando com os preparativos para o golpe, tal como Vargas havia garantido ao general Dutra. Ele já havia apoiado a pressão sobre o Rio Grande do Sul, concordava com a permanência de Getúlio no poder, aumentou os contingentes da Força Pública mineira e estabeleceu contatos com o líder integralista Plínio Salgado, tendo em vista o apoio da AIB. No final de outubro de 1937, Benedito Valadares escreveu cartas aos governadores do Nordeste pedindo que apoiassem o golpe – que consistiria no fechamento do Congresso e na prorrogação dos mandatos dos governadores e de Vargas. Quem levou as cartas foi o deputado mineiro Francisco Negrão de Lima, que partiu em um avião especial, chamado comicamente de "coche funerário da democracia", expressão atribuída ao jornalista Assis Chateaubriand. Negrão não visitou os governadores da Bahia e de Pernambuco, contrários à permanência de Vargas no poder, e também evitou o da Paraíba, estado do defenestrado candidato José Américo de Almeida. Obteve a concordância dos demais. O governador Valadares também mandou outro emissário, Menelick de Carvalho, ex-prefeito de Uberaba, a Goiás e a Mato Grosso com o mesmo propósito. A "missão Negrão de Lima", supostamente secreta, foi divulgada antes do golpe graças à averiguação feita por José Américo de Almeida, que mandou uma nota ao jornal *Correio da Manhã*. José Américo se considerou traído por Benedito Valadares.[109]

O apoio dos integralistas ao golpe se materializou em um grande desfile marcial que eles promoveram no dia 1º de novembro, em frente ao Palácio Guanabara. Getúlio seduzia Plínio Salgado com o cargo de ministro da Educação, algo que não se concretizaria.[110]

Desde junho de 1937, o ministro da Justiça, José Carlos de Macedo Soares, vinha se desentendendo com alguns militares mais duros. Ele havia posto em liberdade centenas de presos políticos que não estavam submetidos a processo regular. O capitão Filinto Müller, chefe de polícia, não confiava nele. Macedo Soares também tinha divergências com Dutra e com o general Newton de Andrade Cavalcanti, comandante da Vila Militar, que disse a Getúlio Vargas, no dia 4 de novembro, que não trabalharia mais com o ministro da Justiça, pois, de acordo com Cavalcanti, Macedo Soares estaria sabotando os trabalhos da comissão de execução do estado de guerra. Quando o *Correio da Manhã* divulgou a viagem de Negrão de Lima no dia 5 de novembro, Getúlio Vargas se irritou: "Como a censura deixara publicar?", registrou em seu diário.[111] No mesmo dia, o presidente decidiu passar o controle da censura para Filinto Müller e Macedo Soares se demitiu, sendo então substituído por Francisco Campos.

Os candidatos José Américo de Almeida e Armando de Sales Oliveira, diante da gravidade do golpe anunciado, fizeram alguns movimentos. José Américo foi à casa do ministro Dutra no dia 6 de novembro e lhe disse que estava disposto a renunciar. No dia 9, à noite, Armando de Sales Oliveira mandou entregar, também na casa de Dutra, um manifesto que concluía com frase patética: "A nação está voltada para os seus chefes militares: suspensa, espera o gesto que mata ou a palavra que salva".[112] O fato de os dois candidatos terem buscado o general Dutra indica bem o perfil militar da iniciativa golpista.

Dutra e Getúlio tinham marcado o golpe para 15 de novembro de 1937, mas a denúncia da missão Negrão de Lima e a divulgação do manifesto de Armando de Sales Oliveira levaram à antecipação da data, primeiro para o dia 11 e, depois, para o dia 10. No dia 10 de novembro, pela manhã, Getúlio Vargas reuniu o ministério e apresentou a nova constituição que Francisco Campos tinha redigido. O presidente tinha dito a Dutra que reuniria o Conselho de Segurança Nacional, mas não o fez. O ministro da Agricultura, Odilon Braga, que discordava do golpe, havia renunciado no dia anterior. À noite, Getúlio leu um discurso no Palácio Guanabara, transmitido pelo rádio, diante de várias autoridades, anunciando o novo regime. O *Diário da Noite* divulgou o golpe ainda na edição do dia 10. Às nove da noite, o presidente já estava jantando com o embaixador argentino, Ramón Carcano, demonstrando tranquilidade. Os governadores da Bahia e de Pernambuco também renunciaram. Posteriormente, Juracy Magalhães relataria que Getúlio havia mandado o cruzador *Rio Grande do Sul* e tropas de Juiz de Fora e de Sergipe para pressioná-lo logo antes do golpe: "Esse esquema militar me tiraria qualquer possibilidade de reagir". O presidente do estado de São Paulo, José Joaquim Cardoso de Melo Neto, não criou problemas. Ele já havia apoiado a decretação do estado de guerra. Logo após o golpe, o novo ministro da Justiça, Francisco Campos, enviou um telegrama pedindo que Cardoso de Melo se posicionasse com urgência. Ele respondeu dizendo interpretar o "sentimento paulista de ordem e trabalho" e confiar na afirmação de Campos de que o novo regime asseguraria os interesses da nação: "podem o governo e as Forças Armadas contar com a minha colaboração", concluiu.[113] Foi mantido no cargo.

O ministro Francisco Campos, sublinhando a facilidade com que o golpe foi dado, declarou: "A atmosfera de tranquilidade e de confiança em que se operou a transformação do regime é a melhor prova de que o ato do governo não foi mais do que a sanção de um decreto do povo". Em um documento intitulado "Proclamação ao Exército", o general Dutra garantiu que "a pátria e o regime repousarão sob nossa guarda". Anos depois, referindo-se ao golpe, Dutra diria que "se eu não fosse o ministro da Guerra, Getúlio não o teria dado".[114]

Alguns generais não concordaram com o golpe: Pompeu Cavalcanti, Pantaleão Pessoa, Guedes da Fontoura e Pantaleão Teles foram reformados. Eduardo Gomes, na época coronel da Aeronáutica, pediu demissão do 1º Regimento de Aviação, em protesto, mas não foi punido. O deputado mineiro Pedro Aleixo redigiu uma carta de protesto contra o fechamento da Câmara, que ele presidia e na qual foi impedido de entrar, denunciando que o prédio tinha sido cercado por tropas. Resolveu voltar para Minas Gerais. Ele enviou essa carta ao governador Valadares em "protesto contra a sua participação, como governador do estado, na trama cujo desfecho foi a subversão de uma ordem jurídica que lhe cumpria respeitar e defender".[115]

Armando de Sales Oliveira foi preso em São Paulo e enviado para Minas Gerais, onde ficou detido na velha residência "Casa Grande dos Ingleses", em Nova Lima. Depois foi para o exílio. José Américo de Almeida reassumiu seu cargo de ministro do Tribunal de Contas da União "por ser um direito meu".[116] Ele havia sido nomeado para o TCU por Getúlio Vargas em setembro de 1935.

Avaliando o golpe de 1937, anos depois, Afonso Arinos diria:

> A opinião [pública] estava cansada, o povo indiferente, as classes ricas atemorizadas, o Congresso submisso e acovardado, e uma espécie de conformismo – para não dizer cinismo – jovial anestesiava todo mundo. (...) O presidente, a 10 de novembro, fechou, com a polícia, um Legislativo acocorado, recebeu a reverência de um Supremo Tribunal igual ao Legislativo, liquidou a velha Constituição inaplicada, lançou outra que também não o foi, e não deixou de ter a simpatia de um povo enfastiado daquele grupo de fantoches parasitas, sabujos e gozadores. Foi uma queda sem dificuldades e sem grandeza.[117]

No dia 15 de novembro de 1937, data inicialmente pensada para o golpe, Getúlio Vargas inaugurou o monumento a Deodoro da Fonseca no centro do Rio de Janeiro. Estava presente o general Antônio Ilha Moreira, então com 82 anos, antigo ajudante de pessoa de Deodoro e seu biógrafo benevolente, que muito se empenhou na construção do monumento. Vargas discursou de improviso e lançou uma nota dizendo que a ocasião era uma "feliz e memorável coincidência" porque, em 1937 como em 1889, "o Exército nacional dá ao país o mais alto exemplo de civismo e ação patriótica".[118]

Como choveu no dia 19 de novembro, o governo decidiu adiar as celebrações do Dia da Bandeira para 27 de novembro, de modo a coincidir com o aniversário do levante comunista de 1935. Nesse dia, na Praia do Russel, no bairro da Glória, no Rio de Janeiro, foi montado um enorme altar cívico, ostentando uma grande Bandeira Nacional decorada com jarrões de lírios. Ali seria celebrada uma missa campal pelo cardeal Sebastião Leme, o mesmo que conduziu Washington Luís à prisão no Forte de Copacabana em 1930. Após a missa, começou a parte principal da cerimônia: as 21 bandeiras estaduais foram incineradas numa grande pira, uma vez que elas, assim como outros símbolos estaduais, foram abolidas pela Constituição. Era a representação do governo forte e centralizado. As bandeiras eram levadas por estudantes uniformizadas, enquanto o maestro Villa-Lobos conduzia um grande coral de vozes juvenis. O ministro Francisco Campos estava presente e discursou. Getúlio Vargas hasteou a Bandeira Nacional e as estaduais foram queimadas ao som do Hino Nacional. Fogos de artifício lançaram pequenas bandeiras nacionais ao céu, que caíam sustentadas por minúsculos paraquedas. Muitos pombos sobrevoavam o local. Dutra achou a cerimônia muito "tocante e significativa". Eventos desse tipo se tornariam frequentes na ditadura que se iniciava.[119]

1945: Deposição de Getúlio Vargas

Como as ditaduras morrem? Pode-se falar em golpe de Estado quando se trata da deposição de um ditador? Getúlio Vargas tinha chefiado o governo provisório a partir de 1930, tornou-se presidente eleito pela Assembleia Nacional Constituinte em 1934 e permaneceu nessa condição até o golpe de 1937, que instaurou a ditadura do Estado Novo. Ele foi deposto, em 1945, pelos mesmos generais que o entronizaram no poder com o golpe: Eurico Dutra e Góis Monteiro. Durante a cerimônia de lançamento da pedra fundamental da futura Academia Militar das Agulhas Negras (AMAN), Vargas declarou aos militares que "o Estado Novo foi instituído por vós e para a sua sustentação está empenhada a vossa responsabilidade". Tinha razão: foi deposto quando os militares assim decidiram. Como isso foi possível? Segundo João Quartim de Moraes, isso ocorreu porque Vargas fez do "sindicalismo corporativista de Estado sua principal base de apoio político. Evolução que não foi aceita pelas cúpulas militares que o haviam ajudado a instaurar o 'Estado Novo'. Donde a súbita metamorfose liberal dos dois chefes militares que haviam assegurado o apoio do Executivo ao golpe facistóide de 1937". Dutra, que tinha sido um "crítico implacável do liberalismo enquanto

Foto de Dutra, Vargas e Góis Monteiro (Fundo Correio da Manhã / Arquivo Nacional).

ministro da Guerra do Estado Novo", deu uma "pirueta política que lhe permitiu saltar do barco estadonovista (...) para a Presidência da República liberal".[120] Ou seja, por circunstâncias políticas, Vargas buscou apoio em setores da esquerda, desagradando esses militares.

O processo que levou ao fim da ditadura do Estado Novo aconteceu em meio à Segunda Guerra Mundial (1939-1945), da qual o Brasil participou. Em janeiro de 1942, ao término da III Reunião de Consulta dos Ministros das Relações Exteriores das Repúblicas Americanas, o Brasil rompeu relações com os países do "Eixo" (Alemanha, Itália e Japão), mas não declarou guerra. Em resposta, a Alemanha passou a torpedear navios mercantes brasileiros: em agosto, por exemplo, o *Itagiba*, da Companhia Costeira, foi atingido por torpedos pelo mesmo submarino que acertara outros três navios nos dois dias anteriores, matando centenas de pessoas. Isso, evidentemente, causou grande indignação entre os brasileiros. Em consequência, o governo de Vargas declarou-se em "situação de beligerância" contra a Alemanha e a Itália (portanto, não contra o "Eixo") no dia 22 de agosto de 1942, o que correspondia a uma eufemística declaração de guerra. Quatro dias depois, o ministro da Guerra, o general Dutra, insistiu com Vargas para que autorizasse o início da mobilização nacional, isto é, o recrutamento de reservistas e outras providências tendo em vista a necessidade de eventual participação efetiva na guerra. Além disso, conforme disse Dutra, a conjuntura também demandava um governo forte: "Mais do que nunca se impõe, no Brasil, um regime de força e autoridade militar para manter o governo e assegurar a ordem, cobrir as fronteiras e repelir a agressão".[121]

Dutra só obteve autorização para deflagrar a mobilização no dia 16 de setembro. Antes disso, Vargas providenciou algo que lhe parecia mais importante e que surpreendeu o ministro: a declaração do chamado "estado de guerra",* previsto na Constituição outorgada de 1937 para o caso de as Forças Armadas serem necessárias para a defesa do Estado. Mas a declaração do estado de guerra tinha pouca relação com a guerra em si: objetivava, sobretudo, a suspensão do plebiscito previsto pela Constituição para referendá-la. A Constituição de 1937 havia estabelecido, em seu artigo 175, que Vargas ficaria no poder até a consulta popular, cumprindo mandato de seis anos (portanto, permaneceria na Presidência da República até 10 de novembro de 1943). A declaração do estado de guerra suspendeu a vigência do artigo 175 "no que concerne ao curso do prazo". Essa declaração havia sido discutida em uma reunião ministerial dois dias antes e, segundo o general Dutra, a questão do prazo não tinha sido mencionada. Foi uma manobra de Vargas para permanecer como presidente por tempo indeterminado: "A guerra servira ao presidente no seu desejo de permanência no poder e, por causa dela, não emergiram reações contrárias. A manobra, em que pese o êxito ocasional, marcou o início do desgaste do presidente Vargas", registrou Dutra.[122]

Seja como for, a mobilização foi feita. Uma força expedicionária foi organizada e embarcou para a Itália no final de junho de 1944, chegando a Nápoles no mês seguinte. Antes disso, no mês de maio, ela

---

* O Estado de Guerra na Constituição de 1937 era um instrumento de segurança do Estado, como o estado de sítio. Não existiu em nenhuma outra constituição brasileira: nas de 1934 e 1988, a expressão designa apenas a condição do país no caso de entrar numa guerra.

desfilou no Rio de Janeiro, quando foi saudada pelo presidente Vargas: "Vamos vingar o sangue dos nossos patrícios (...) barbaramente massacrados pelos navios piratas dos países nazistas". As tropas percorreram a avenida que já levava o nome do presidente e receberam das alunas do Instituto de Educação uma bandeira especialmente confeccionada. As normalistas, sobretudo quando reunidas aos cadetes, compunham uma espécie de fetiche da propaganda política do Estado Novo e sempre estavam presentes nas cerimônias oficiais. A diretoria da União Nacional dos Estudantes (UNE) foi convidada pelo ministro Dutra para assistir ao desfile do palanque presidencial. Também estavam presentes os generais Mascarenhas de Moraes, Cordeiro de Farias e Zenóbio da Costa, comandantes das divisões de infantaria expedicionária.[123]

Entretanto, foi o retorno da Força Expedicionária Brasileira que causou maior impacto. Ela voltou em cinco escalões, entre julho e outubro de 1945, todos recebidos festivamente. Retornava vitoriosa, afinal havia lutado contra o fascismo, o que tornava contraditório que representasse um país no qual vigorava um regime protofacista. Segundo Góis Monteiro, "não se podia compreender que, ao terminar a guerra, o Brasil, que combatia as nações totalitárias, permanecesse Estado totalitário". O general Cordeiro de Farias achava a mesma coisa: "A oficialidade da FEB (...) tinha consciência de que havia lutado pela liberdade e já não era possível prolongar, internamente, um regime semelhante aos que foram derrotados na guerra".[124]

Iniciativas civis também vinham fragilizando, havia algum tempo, pouco a pouco, o Estado Novo. Em outubro de 1943, políticos mineiros fizeram um manifesto em favor da democracia que foi organizadamente distribuído em todo o país e teve expressiva repercussão. Pedro Aleixo, posteriormente, diria que "não podíamos prever que ele constituiria acontecimento marcante de nossa época e que seu lançamento tivesse tão intensa repercussão". O texto conclamava os mineiros a se unirem "a fim de que, pela federação e pela democracia, possam todos os brasileiros viver em liberdade uma vida digna, respeitados e estimados pelos povos irmãos da América e de todo o mundo". Assinaram, entre vários outros, Virgílio de Melo Franco, Artur Bernardes, Afonso Arinos de Melo Franco, Pedro Aleixo e Magalhães Pinto. Vários signatários foram punidos pela ditadura com demissões de cargos públicos.[125]

Foi mais eficaz a ação coordenada desencadeada após um congresso de escritores que aconteceu em São Paulo em janeiro de 1945. No final do evento, foi lida uma declaração em defesa da "legalidade democrática", da "liberdade de expressão e de pensamento", de um "governo eleito pelo povo mediante sufrágio universal, direto e secreto" e da "necessidade de ajustar-se a organização política do Brasil aos princípios aqui enunciados, que são aqueles pelos quais se batem as Forças Armadas do Brasil e das Nações Unidas". Era, obviamente, uma crítica à ditadura. A declaração só foi divulgada aproximadamente um mês depois, quando uma série de entrevistas desafiaram a censura do regime.[126]

Houve uma espécie de combinação entre jornais importantes nesse sentido. O *Correio da Manhã* declarou, explicitamente, que estava ouvindo políticos experientes "diante da mutação que se prenuncia do cenário político do país". No dia 1º de fevereiro, o jornal publicou um editorial assinado por seu redator-chefe, Costa Rego, que falava em "supressão, ou suspensão, da censura à imprensa". O general Góis Monteiro deu várias declarações na época que serviram a essa espécie de campanha contra a censura. No dia 7 de fevereiro, falou da necessidade do "domínio integral da lei sobre o arbítrio". Flores da Cunha também foi ouvido. No dia 8, a série especial do jornal *O Globo*, intitulada "O Globo Expedicionário", publicou declarações de várias personalidades em favor de eleições livres, anistia etc. Virgílio de Melo Franco defendeu o "fim de uma experiência política inteiramente oposta à vocação democrática da América e às admiráveis tradições liberais que engrandecem a nossa história". No dia 21 de fevereiro, foi a vez de Maurício de Lacerda no *Correio da Manhã*. Esse jornal, como outros, dava destaques internacionais na capa, deixando a última página para as manchetes nacionais, como se fosse outra capa, inclusive reproduzindo o cabeçalho do jornal, com título, data etc. Era uma estratégia que tinha em vista as bancas de jornais, que expunham ambas as "capas" ao público. No dia 22 de fevereiro de 1945, o *Correio* publicou, nessa página nobre, a entrevista de José Américo de Almeida, que se tornaria conhecida, equivocadamente, como a única que abalou a censura do Estado Novo. Ele, de fato, tinha estilo direto e havia sido candidato a presidente da República. Entre muitas frases de efeito, referiu-se corajosamente ao projeto continuísta de Getúlio Vargas: "Já todos sabem o que se está processando clandestinamente". José Américo e outros opositores do regime haviam tentado publicar essa entrevista simultaneamente em vários jornais, mas os editores hesitaram. O *Correio da Manhã* acabou saindo na frente. No mesmo dia, a entrevista, requentada, saiu em *O Globo* em sua edição vespertina. Para compensar *O Globo*, José Américo deu uma nova declaração anunciando que Eduardo Gomes seria o candidato da oposição para suceder a Vargas na Presidência da República. Essas e outras entrevistas que ainda seriam publicadas acabaram, na prática, com a censura. O anúncio público da candidatura do brigadeiro Eduardo Gomes deflagrou um intenso debate político. A série de entrevistas se encerrou com chave de ouro: Francisco Campos, autor da Constituição de 1937, declarou que ela não tinha mais vigência efetiva porque o plebiscito que deveria referendá-la não foi realizado.[127] Vargas ficou bastante irritado e, no mesmo dia, o ministro da Justiça, Marcondes Filho, responsável pela censura, foi afastado do cargo.

O ambiente político também se agitaria com a campanha em favor da anistia, promovida principalmente pelos comunistas. A partir de março de 1945, diversos comitês pró-anistia foram criados por associações profissionais, por mulheres de prisioneiros e assim por diante. Em abril, esses grupos promoveram uma Semana Nacional Pró-Anistia. A campanha foi bem-sucedida: no dia 18 de abril de 1945, o governo decretou a anistia e mais de quinhentos presos políticos foram libertados imediatamente, como os comunistas Luís Carlos Prestes, Agildo Barata e Gregório Bezerra. Contudo, a anistia também beneficiou integralistas que participaram da tentativa de assassinato de Vargas em 1938.* Getúlio pretendia deixar a questão da anistia para ser resolvida posteriormente, por uma constituinte que já se anunciava como inevitável, mas teve de ceder à pressão.[128]

Quem também se manifestou em favor da democratização do país foi o embaixador norte-americano, Adolf A. Berle, que estava no Brasil havia pouco tempo, desde janeiro de 1945. Quando chegou ao Brasil, Berle avaliou que Getúlio Vargas não tinha a pretensão de continuar no

---

* O Palácio Guanabara foi metralhado por integralistas em 11 de maio de 1938. Getúlio e sua filha chegaram a trocar tiros com os atacantes. Dutra e Cordeiro de Farias tiveram papel importante no controle da situação.

poder. Julgava que o presidente permitia, mas não estimulava, as manifestações de seus seguidores nesse sentido. Com o passar do tempo, começou a duvidar de sua própria avaliação – que já havia transmitido ingenuamente ao presidente Harry S. Truman, para o qual "Getúlio Vargas tem sido nosso amigo". Truman desaconselhava qualquer intervenção do embaixador nos assuntos internos do país. Berle tinha contato com brasileiros, como Juracy Magalhães, que disse ao embaixador ser "inevitável" um movimento armado contra Getúlio Vargas, esperando que os Estados Unidos nada fizessem "que tivesse o efeito de favorecer o atual governo". O embaixador envolveu-se em um episódio confuso quando foi fotografado, na sacada da embaixada, ao lado do líder comunista Prestes durante a passeata em homenagem ao ex-presidente Franklin D. Roosevelt, que tinha morrido pouco tempo antes. Os apoiadores de Vargas, que defendiam a tese de que a transição para a democracia deveria ser feita com Vargas no poder e por meio de uma constituinte (o famoso movimento "Queremista" das bandeiras "Queremos Getúlio" e "Constituinte com Getúlio"), vinham ampliando sua ação desde agosto. Quando o embaixador soube do comício programado para o dia 3 de outubro, aniversário de quinze anos da Revolução de 1930, "resolveu encorajar esforços pacíficos de liberalização" e escreveu um discurso. Diz ele que submeteu esse discurso a Vargas no dia 28 de setembro, no Palácio Guanabara, mas Getúlio diria depois que apenas ouviu o embaixador informá-lo sobre as linhas gerais do texto em um português ruim. No dia seguinte, Berle fez seu pronunciamento durante um almoço em Petrópolis oferecido por jornalistas brasileiros, falando coisas como: "grandes liberdades humanas", "governos eleitos por seus povos", "grande objetivo que é a democracia constitucional", o "estabelecimento e a segurança da liberdade de informações", "anistia" e assim por diante. Garantiu que "não concordam os americanos com aqueles que se esforçaram em representar essas promessas e declarações solenes [de Vargas em favor da democracia] como insinceras ou mero embuste verbal".[129] Foi uma típica trapalhada intervencionista de embaixador norte-americano a partir de análises ruins e por conta de um sentimento de superioridade política – outras do mesmo gênero aconteceriam no futuro.

Auxiliares e antigos companheiros de Getúlio Vargas previam sua queda e procuravam se afastar dele. O próprio general Dutra, ministro da Guerra, criticava indiretamente o governo, reclamando de comunistas que ocupariam cargos diante da "progressiva complacência que vêm obtendo dos órgãos do poder público, cujos gestores lhes não barram o exercício de funções de responsabilidade". Osvaldo Aranha, ministro das Relações Exteriores, deixou o cargo em protesto depois de o governo proibir o funcionamento de uma organização que defendia o fim do Estado Novo, a "Sociedade dos Amigos da América", que ele integrava. Em setembro de 1944, Dutra viajou a Nápoles para inspecionar as tropas brasileiras. Voltou em outubro e, no relato que fez a Vargas, disse-lhe que não havia mais condições de sustentar a ditadura. "Respondeu-nos o presidente estar de inteiro acordo com a nossa exposição quanto à necessidade de restaurar as instituições democrático-representativas no Brasil." Três meses depois, o ministro da Guerra voltou à carga: em um documento enviado a Getúlio, disse que julgava "perfeitamente aceitável o alvitre de se promoverem as eleições e a normalização constitucional ainda antes que a guerra termine" pois já não havia "os ponderosos motivos que inspiraram o adiamento dela em 1942". No discurso que fez diante de militares no último dia de 1944, Getúlio ainda tentou contemporizar, condenando a "agitação prematura" do tema e prometendo uma "complementação constitucional" por meio de "ampla e livre consulta à opinião [pública]", mas "dentro dos processos de evolução gradual". Em março de 1945, Dutra disse a Vargas que o ambiente estava desfavorável ao governo e que o Exército, embora "coeso e disciplinado", estava na "expectativa": "revelou-me, então, o presidente que de modo algum seria candidato à reeleição, autorizando-nos a transmitir aos militares esse seu propósito".[130]

O ministro da Guerra foi lançado candidato a presidente da República para suceder Vargas e concorrer com Eduardo Gomes: "um militar contra outro militar", segundo o próprio Dutra. Tudo indica que Vargas o convidou no mesmo dia em que José Américo lançou o nome do brigadeiro. Buscando angariar apoio, Dutra declarou-se favorável à anistia e à legalização do Partido Comunista. Essa última declaração naturalmente causou surpresa, haja vista o passado anticomunista do general. Em uma carta, Dutra afirmou sobre o PCB: "Reconheço-lhe o pleno direito de existência legal". *O Globo* falou em "documento da mais alta palpitação" e em "sensacional carta"; *A Manhã* justificou a nova posição de Dutra lembrando que "o comunismo de hoje não constitui mais aquele espantalho negregado [abominado]" porque "o indômito soldado russo está entusiasmando o mundo inteiro com os seus lances de bravura". Prestes exultou.[131]

Naquela fase, a relação de Vargas com Dutra era bastante confusa, porque havia uma convicção generalizada de que o presidente não apoiava seu ministro e não pretendia deixar o poder, amparando-se nos seus seguidores do "Queremismo" e da "Constituição com Getúlio", bem como nos comunistas. Segundo Cordeiro de Farias, "havia um consenso entre os militares de que não era possível a continuação do presidente, principalmente devido às suas ligações com o Partido Comunista". Alguns supunham que Vargas faria em 1945 o mesmo que fez em 1937: daria um golpe pouco tempo antes das eleições. Ou seja, Dutra, o candidato do governo, não contava com o apoio do presidente, que, supostamente, não queria que houvesse eleições. De acordo com Dutra, "já àquele tempo (...) ia se generalizando a convicção de que Getúlio Vargas não desejava abandonar o governo. Muitos se recordavam do golpe de 10 de novembro [de 1937] e temiam a sua reprodução. (...) Alguns políticos chegaram a procurar-nos (...) para aconselhar-nos concordássemos em que fosse ele afastado do seu alto posto, meio único que viam de se chegar às eleições".[132]

Buscando se contrapor à tese continuísta do "Queremismo", Eduardo Gomes adotou a interpretação de Francisco Campos de que a Constituição de 1937 não vigorava mais. Conforme essa leitura, a Constituição de 1934 estaria novamente em vigor porque não tinha havido o plebiscito previsto na carta de 1937. Como não havia Poder Legislativo e se tratava de depor a ditadura e "recompor o governo constitucional", a Presidência da República deveria ser assumida pelo chefe do Poder Judiciário, o presidente do Supremo Tribunal Federal.[133] "Todo o poder ao Judiciário", lema adotado pela campanha de Eduardo Gomes, passou a ser o contraponto ao "Constituinte com Getúlio", dos "queremistas".

O apoio de Luís Carlos Prestes a Getúlio Vargas surpreendeu. Ele havia deixado a prisão após anos, prisão que fora decretada pelo Estado Novo, e, como se não bastasse, Olga Benário, sua esposa, tinha sido deportada para a Alemanha, onde foi assassinada em 1942 em uma câmara de gás no campo de concentração de Bernburg – informação que Prestes só recebeu em julho de 1945, três meses depois de ser libertado pela anistia. Desde a primeira entrevista que deu após deixar a prisão, Prestes se contrapôs à tese de Eduardo Gomes: "substituir o ilegal pelo ilegal, o ilegítimo pelo ilegítimo" não fazia sentido para ele. Prestes não considerava que a Constituição de 1937 estivesse revogada e, por isso, seria uma temeridade eleger um novo presidente "igualmente armado dos poderes vastos e arbitrários que confere ao Executivo a referida carta". Por isso, defendia o "adiamento da eleição presidencial para depois da promulgação de uma nova carta" e considerava necessário instalar "um parlamento que delibere como Constituinte". Falando sobre o brigadeiro Eduardo Gomes e o general Eurico Dutra, avaliou que "dificilmente poderia haver dois candidatos tão semelhantes". Ele defendia a tese da "unidade nacional", que poderia e deveria ser alcançada "em torno do governo constituído, o que aí temos", mas exigia a revogação das leis que restringiam as liberdades, anistia para todos os presos políticos, além de "medidas práticas imediatas, eficientes, contra a carestia de vida, contra a fome, a miséria, as doenças etc.".[134]

Vargas não sabia o que fazer. Não podia dispensar o apoio do populariíssimo Prestes, mas a adesão dos comunistas à tese continuísta afastava o apoio de Dutra e dos militares em geral. Ele próprio sabia que era bastante popular, como ficou demonstrado nas aclamações que recebeu quando do retorno da FEB da Itália e em outros momentos. Aliás, a oposição temia justamente essa popularidade porque, apesar de ditador, Vargas havia conseguido passar a imagem de "pai dos pobres", não apenas por causa da propaganda política de seu eficaz Departamento de Imprensa e Propaganda (DIP), mas porque havia, realmente, consolidado uma legislação social e trabalhista significativa – além de outras realizações. Até mesmo por isso, no futuro, seu perfil político seria difícil de definir, assim como a ditadura do Estado Novo seria considerada, por alguns, uma "ditadura esclarecida", como disse Tancredo Neves. Segundo Carolina Nabuco, biógrafa de Virgílio de Melo Franco,

> Getúlio Vargas tinha consigo o povo brasileiro. Os próprios inimigos não podiam negar, apesar dos justos reclamos contra seus famosos decretos-leis, que sua ditadura fora das mais brandas, e com claros aspectos de liberalismo. Não era tampouco possível negar que, no período

que ele chamou "estes curtos quinze anos", o Brasil progredira materialmente. Visível a todos era sua popularidade pessoal, devida não unicamente à publicidade feita à moda nazista, pelo DIP, mas pelas qualidades de simpatia que ele possuía realmente e a que o povo se habituara.[135]

Como se sabe, no futuro, analistas o identificariam com o confuso conceito de "populismo", que hoje em dia passou ao senso comum como sinônimo de "demagogo". Segundo Hamilton Leal, que foi colaborador de Eduardo Gomes nas campanhas eleitorais de 1945 e 1950, a popularidade de Vargas decorria dos "lucros do seu investimento demagógico (…) era uma espécie de suborno a prazo longo, quando o voto pudesse valer como tributo de gratidão pelos benefícios deferidos (…) agradecimento dos beneficiários àquele que calculadamente os concedia".[136]

Alimentando tanto sua popularidade quanto as desconfianças, Vargas dava sinais contraditórios. Em fevereiro de 1945, ele decretou a Lei Constitucional nº 9, também conhecida como "Ato Adicional nº 9", que estabelecia diretrizes para o restabelecimento do Congresso Nacional e das eleições. Em março, entretanto, Getúlio discursou durante um almoço com jornalistas dizendo que não era candidato, mas que permaneceria em seu posto sem "desonrá-lo com um ato de fraqueza". "Não o abandonarei, nem pela violência nem pela traição." Ele estaria se referindo a Dutra? Seria um indicador de que tentaria permanecer no poder? No mês de maio, o novo ministro da Justiça, Agamenon Magalhães (com quem Dutra tinha boas relações, ao contrário de Marcondes Filho), divulgou a nova legislação eleitoral. Tratava-se da "Lei Agamenon", que reinstituía a vida partidária estabelecendo que os novos partidos deveriam ter dimensão nacional, ao contrário dos que existiram na Primeira República e na fase inicial da Revolução de 1930. Aliás, todo o processo que culminaria nas eleições gerais de 2 de dezembro de 1945 foi bastante corrido. Os novos partidos tiveram de ser criados às pressas, a partir de candidaturas presidenciais que já haviam sido lançadas. A União Democrática Nacional (UDN) em torno de Eduardo Gomes; o Partido Social Democrático (PSD) apoiando Dutra; e o Partido Trabalhista Brasileiro (PTB) sob a influência direta de Vargas. O Partido Comunista lançou candidato próprio, quase às vésperas da eleição, Iedo

Fiúza, um nome desconhecido porque Prestes não quis se candidatar e ser derrotado. Dutra deixou o Ministério da Guerra no início de agosto, pois era um requisito para concorrer, e foi substituído pelo general Góis Monteiro. Em conversa com Vargas, Góis pediu que o presidente "pelo menos não fosse hostil à candidatura do general Dutra", que se sentia inteiramente desprestigiado.[137]

O movimento queremista ganhou impulso a partir de agosto de 1945, aumentando as desconfianças sobre as intenções de Vargas. No dia 20 de agosto, os queremistas fizeram um comício no centro do Rio, não muito numeroso. Depois se dirigiram ao Palácio Guanabara, onde ouviram um breve discurso de Getúlio Vargas. Circularam também por outros pontos da cidade.[138]

Nessa época, como vimos, os escalões da FEB estavam voltando. Quando chegou o que era comandado pelo general Cordeiro de Farias, o antigo tenente revolucionário de 1930 procurou Vargas e tentou estabelecer uma negociação entre o presidente e o brigadeiro Eduardo Gomes, mas a iniciativa fracassou e Cordeiro também ficou com a impressão de que Getúlio pretendia se manter no poder com o apoio dos comunistas. O general passou, então, a integrar a conspiração militar para depor o presidente. Ele admitiria que atiçou muito a propaganda que associava Vargas ao comunismo, dizendo que "o Exército havia feito o Estado Novo e que o Estado Novo estava passando para as mãos dos inimigos tradicionais das Forças Armadas, isto é, os comunistas".[139]

No Dia da Independência, Vargas discursou prometendo eleições presidenciais: "Como chefe de governo prometi eleições livres e honestas e quero presidi-las com absoluta isenção e segurança. Nada mais pretendo. Já o disse em várias oportunidades e o reafirmo agora". Virgílio de Melo Franco aproveitou a declaração e redigiu uma nota, no mesmo sentido, para ser assinada pelo novo ministro da Guerra, o general Góis Monteiro, que assim fez. Na sequência, o comandante da 1ª Região Militar, general Benício Silva, fez o mesmo, condenando os comunistas pela ideia de "Constituição com Getúlio" quando já havia a decisão de se fazer a eleição presidencial em dezembro, decisão que ele queria "afiançar aos seus comandados". Eram tantas declarações assegurando a realização das eleições que as suspeitas em contrário acabaram crescendo. Juarez Távora garante que, por isso, havia um "mal-estar reinante no seio da tropa" – um velho argumento ameaçador que os militares brasileiros sempre usaram, até porque é muito difícil de verificar.[140]

Estimulando as desconfianças, Vargas fez um "discurso magoado" (a expressão é de Góis Monteiro) no 15º aniversário da Revolução de 1930. Para a satisfação dos "queremistas", disse que "a convocação de uma constituinte é ato profundamente democrático que o povo tem o direito de exigir. Devo dizer-vos que há forças reacionárias poderosas – ocultas umas, ostensivas outras, contrárias todas à convocação de uma constituinte (...). Posso afirmar-vos que, naquilo que de mim depender, o povo pode contar comigo". Esse discurso foi feito no Palácio Guanabara, ponto final de uma passeata que se formou a partir de um comício no Largo da Carioca, no centro do Rio de Janeiro.[141] Os organizadores levavam uma "Ata da Assembleia do Povo", na qual pediam que as eleições de 2 de dezembro fossem apenas para a escolha de parlamentares constituintes e que as eleições para presidente da República fossem realizadas depois, em data a ser definida pela nova constituição.

No dia 10 de outubro de 1945, Getúlio Vargas publicou um decreto antecipando as eleições estaduais, o que causou enorme tumulto e gerou todo tipo de especulação. Segundo Góis Monteiro, a antecipação decorreu da pressão de interventores, que preferiam que a eleição para governador acontecesse em conjunto com a do presidente. A sugestão teria sido feita pelo interventor de São Paulo, Fernando Costa, já que "assim todo mundo se atiraria na luta, porque iria querer se eleger, era uma garantia maior para a candidatura Dutra". Juarez Távora pressentiu que a "manobra maquiavélica" tinha o propósito de favorecer a eleição de governadores simpáticos a Getúlio. Cordeiro de Farias teve a mesma impressão: "A alteração das regras do jogo tinha a finalidade de assegurar a permanência de Getúlio". Afonso Arinos disse que Getúlio e seu ministro da Justiça, Agamenon Magalhães, "tentaram anarquizar o processo eleitoral" e impedir a realização das eleições.[142]

Dutra e outros militares conspiradores, como o general Álcio Souto e o então coronel Ângelo Mendes de Morais, haviam combinado que o dia da deposição de Vargas seria definido "por algum ato do presidente Vargas que denunciasse a sua intenção de não realizar as eleições no dia 2 de dezembro". Eles buscavam um pretexto. Quem revelou isso foi o próprio Mendes de Morais, em uma carta incluída na benevolente biografia com que os genros de Dutra homenagearam o marechal. A decisão já estava tomada desde que Dutra deixara o Ministério da Guerra, mas o novo ministro, o general Góis Monteiro, ignorava o plano. Conforme seu relato, Mendes de Morais já havia estabelecido contatos com a Vila Militar. Álcio Souto controlava o Serviço de Motomecanização e o tenente-coronel Manoel Monteiro de Barros, a Artilharia de Costa. O movimento quase eclodiu em dois momentos: quando da publicação do decreto que antecipava as eleições dos governadores e na ocasião em que Getúlio fez o discurso aos queremistas no Palácio Guanabara.[143]

O pretexto definitivo surgiu no final do mês de outubro, quando Getúlio Vargas nomeou seu irmão mais novo, Benjamim Vargas, para o cargo de chefe de polícia do Distrito Federal. Benjamim era muito malvisto, "o 'gangster' número 1 da ditadura", no dizer do intelectual Caio Prado Jr. Até então, quem ocupava o cargo de chefe de polícia era João Alberto Lins de Barros, leal a Getúlio, e que passaria à prefeitura da cidade. Ao que se sabe, João Alberto tinha pretensões políticas e queria deixar o cargo policial, de algum modo antipático para suas aspirações eleitorais. Há quem avalie, entretanto, que as nomeações garantiam o apoio de homens fiéis a Getúlio, nessas duas importantes posições, dispostos a todo tipo de resistência. Benjamim tinha intimidade com Dutra e seu nome foi indicado pelo próprio João Alberto. O ministro da Guerra, Góis Monteiro, não fora consultado nem informado dessa nomeação e se sentiu traído, "enojado e decepcionado" diante da "falsidade inominável", até porque ele soube que tudo já estava decidido havia alguns dias. Tantos e tão graves adjetivos se devem ao fato de que o episódio foi usado para depor Vargas – movimento que contou, a partir de então, com a decidida cooperação de Góis Monteiro. A deposição de Vargas no dia 29 de outubro foi conduzida a partir do gabinete do próprio Góis Monteiro, logo depois que os generais Dutra e Mendes de Morais, em conversa que tiveram bem cedo em outro local, concordaram em usar a nomeação de Benjamim como pretexto. O general Álcio Souto também foi chamado para as providências iniciais desse núcleo conspirador.[144]

Góis chegou muito cedo ao Ministério da Guerra e divulgou uma proclamação ressentida, falando de suas precárias condições de saúde e do sacrifício que fazia para "impedir que o Exército se tornasse presa de políticos sem entranhas e, em consequência, se dividisse e se afundasse no facciosismo, em vez de continuar como garantia da ordem e da integridade nacional". Ele também escreveu sua carta de demissão e enviou telegramas cifrados aos comandantes de todas as regiões militares, nos quais mandava deflagrar instruções de segurança previamente definidas.[145]

O general Cordeiro de Farias também chegou ao ministério bem cedo. Às nove da manhã, Góis mandou chamar Dutra, que já tinha passado no Ministério da Justiça, onde falou com o ministro Agamenon e com o demissionário João Alberto. Sobre a nomeação de Benjamim, disse aos dois que "o ato teria sérias consequências". Então, ele se dirigiu ao Ministério da Guerra, ocasião em que Góis Monteiro lhe pediu que fosse aos quartéis de São Cristóvão "alertar as unidades" – o que fez acompanhado do general Canrobert Pereira da Costa, que já havia organizado a defesa do ministério e adjacências. A ideia era "esclarecer seus comandantes e providenciar o deslocamento das unidades para o Quartel-General e o Campo de Santana".[146]

Por volta das três da tarde, houve alguma tensão no salão principal do Ministério da Guerra, que estava cheio com militares e alguns políticos. João Alberto e Benjamim Vargas foram até lá. Benjamim apresentou-se ao ministro Góis como novo chefe de polícia, mas Góis o ignorou. O irmão de Vargas decidiu então ir para o Palácio Guanabara e, quando saía do ministério, Álcio Souto e Mendes de Morais quiseram prendê-lo, mas Góis impediu.[147]

Álcio Souto, por volta das quatro horas, foi à região do antigo Derby Club, onde estavam aquarteladas duas unidades motorizadas, e assumiu seu comando. Ele as pôs em marcha e, quando estavam para chegar ao Campo de Santana, avisou Góis e aguardou instruções. Góis mandou os fuzileiros navais ocuparem os correios e vários pontos ao redor do porto.[148]

Havia preocupação com o general Renato Paquet, comandante da Vila Militar, que era leal a Getúlio Vargas. Contudo, segundo o então major Ernesto Geisel – chefe de gabinete de Álcio Souto –, o trabalho na tropa em favor da deposição de Vargas tinha sido mais eficaz do que a pregação legalista do general Paquet.[149]

O general Odílio Denis, comandante da Polícia Militar, também causava preocupação. Denis gostava de Getúlio, o "grande brasileiro" a quem disse ter servido "com dedicação baseada no agradecimento, por ter ele chefiado a revolução de 1930, que terminou com os castigos impostos aos revolucionários de 1922 e 1924". Em 1922, ele tinha sido um segundo-tenente revoltoso da Escola Militar de Realengo, mas agora assumia atitude de cautela: de acordo com Góis Monteiro, Denis "havia recolhido a tropa aos quartéis, colocando-se ao lado do governo". Para Odílio Denis, não havia razão para a deposição forçada de Vargas. Ele esteve no Ministério da Guerra por volta das onze horas da manhã e foi coagido pelas circunstâncias a nada fazer. Quando chegou ao ministério, os portões foram fechados. A partir daí, os relatos se contrapõem: ou Denis conseguiu escapar de ser preso e voltou ao seu quartel, ou foi convencido por Góis a não se opor. Seja como for, a PM ficou aquartelada. Denis garante que pediu a Agamenon, o ministro da Justiça, que mandasse proteger o Palácio do Catete até que o general Paquet pudesse chegar da Vila Militar, mas Vargas não teria autorizado "porque iria resolver politicamente o caso". No futuro, Denis seria enviado para comandar a 8ª Região Militar em Belém (PA), uma espécie de castigo.[150]

No final da tarde, as forças da artilharia de costa já estavam nas proximidades do Palácio Guanabara. Góis Monteiro ordenou que as tropas de Álcio Souto também fossem para lá. Segundo o futuro presidente da República Ernesto Geisel, quem realmente comandou a operação militar de cerco do palácio foi o enteado do general Dutra e filho de dona Santinha,* o tenente-coronel José Pinheiro de Ulhoa Cintra.[151]

Vargas, em uma última tentativa, havia enviado seu chefe do Gabinete Militar ao Ministério da Guerra a fim de convidar Dutra e Góis Monteiro para uma reunião no Guanabara. Góis não aceitou, mas Dutra foi. Dutra disse a Vargas que a nomeação de Benjamim deixou a todos com a certeza de que ele "tinha em mira objetivos políticos". Então, Vargas propôs um recuo, dizendo que poderia nomear um oficial do agrado do Exército para a chefatura da polícia e um general indicado por ele, Dutra, para o Ministério da Guerra – haja vista o pedido de

---

* Tida como influente sobre o marido, Carmela Teles Leite Dutra, conhecida como dona Santinha, era mãe de José Pinheiro, fruto de seu primeiro casamento.

demissão de Góis Monteiro. Dutra regressou ao ministério levando essa proposta, "mas ninguém quis aceitá-la", segundo ele relataria.[152]

Por fim, Góis Monteiro mandou Cordeiro de Farias levar um ultimato ao presidente. Cordeiro partiu com Agamenon Magalhães, que estava por ali em uma situação um tanto frágil porque, tendo chegado por volta das cinco da tarde, houve quem quisesse prendê-lo. Ele aproveitou, então, para escapar. No Guanabara, Agamenon foi até Vargas e voltou para dizer a Cordeiro que o presidente podia recebê-lo. O antigo revoltoso de 1930 diria tempos depois que "aquela foi a mais dura, a mais difícil missão de minha vida". Ele admirava Getúlio Vargas, mas teve de informá-lo de que nem mesmo a guarda do palácio lhe obedeceria. O presidente estava deposto.[153]

Antes de seguir para o Palácio Guanabara, Cordeiro de Farias teria feito o que ele próprio classificou de "ursada com Góis" que, supostamente, desejava assumir a Presidência da República. Cordeiro alega que foi o autor da sugestão para que Góis não deixasse simplesmente o ministério, mas assumisse o "comando em chefe das forças de terra, mar e ar". Quando recebeu a missão de levar o ultimato a Vargas, Cordeiro teria perguntado a quem Getúlio deveria passar o governo, e o general Dutra, "numa prova de grande sagacidade", indicou o presidente do Supremo Tribunal Federal e chefe do Poder Judiciário, José Linhares. Era a tese de Eduardo Gomes ("Todo o poder ao Judiciário") que, imediatamente, teria estendido a mão a Dutra dizendo: "De pleno acordo". Segundo Amaral Peixoto, "Góis nunca se conformou com isso". Eduardo Gomes havia chegado ao Ministério da Guerra de noite, depois de ter sido convencido por Virgílio de Melo Franco, já que, inicialmente, não queria ir por ser candidato à presidência.[154]

José Linhares chegou de madrugada ao prédio do Ministério da Guerra. A posse ficou combinada para o dia seguinte, à tarde, no Palácio do Catete. O general Góis Monteiro, entretanto, resolveu fazer uma "pequena formalidade" para informar a nação de que havia um novo presidente: fez um discurso dizendo que, "em nome das Forças Armadas e com o consenso do povo", investia Linhares nas funções de presidente da República. Dutra e Eduardo Gomes assistiram à estranha cerimônia. Góis também divulgou uma nota, "em nome das classes armadas", informando que Vargas se afastara do governo "por motivos políticos" em função dos "últimos acontecimentos e para evitar maiores inquietações". No dia seguinte, Góis empossou Linhares na Presidência da República "em nome das Forças Armadas".[155]

Pela primeira vez no Brasil, o chefe do Poder Judiciário assumia a Presidência da República, embora isso não estivesse previsto na Constituição de 1937, mas sim na de 1934. Linhares havia sido nomeado presidente do STF por Getúlio Vargas (desde 1940, o ditador se atribuíra essa prerrogativa). Quem empossou o novo presidente não foi o Congresso Nacional, que estava fechado, mas os militares, algo que voltaria a acontecer poucos anos depois, como ainda veremos.

Segundo o político e escritor Andrade Lima Filho, houve celebrações entre jornalistas e políticos nos bares do Rio de Janeiro na madrugada do dia 30.[156] Vargas seguiu em um avião militar para sua cidade natal, São Borja, no Rio Grande do Sul, no dia 31. Deixou uma proclamação, despedindo-se, na qual fez longa referência às Forças Armadas:

> Não tenho razões de malquerença para as gloriosas Forças Armadas de minha pátria, que procurei sempre prestigiar. Nenhum governo se esforçou mais do que o meu pelo seu fortalecimento. Nenhum outro cuidou tanto de sua preparação profissional, do selecionamento de seus quadros, do seu aparelhamento material, da melhoria de suas condições de trabalho e conforto.[157]

No dia 31, durante a primeira reunião ministerial, Linhares pôs em discussão a eventual punição do ditador deposto. Alguns apoiadores de Eduardo Gomes defendiam a cassação dos direitos políticos de Vargas; outros levantaram as possibilidades de exílio e prisão. Prevaleceu a sugestão que o general Álcio Souto havia defendido anteriormente, segundo a qual cabia a Góis Monteiro decidir. Góis relataria depois que essa "foi a saída salvadora", pois ele não queria punir Vargas.[158]

O redator-chefe do *Correio da Manhã* publicou nesse dia 31 um editorial no qual enaltecia a definição das constituições de 1891 e 1934 de que as Forças Armadas deveriam ser obedientes apenas dentro dos limites da lei. A de 1937 não previa tal coisa, devendo os militares obediência exclusiva ao presidente da República, com o que as Forças Armadas teriam perdido "o atributo essencial de sua existência para serem o instrumento puro e simples do chefe de governo".[159]

As eleições de dezembro de 1945 foram realizadas com tranquilidade. Com o apoio de Vargas, Dutra venceu a corrida presidencial. Getúlio foi eleito senador pelo Rio Grande do Sul e por São Paulo, além de deputado federal por sete unidades da federação (Bahia, Distrito Federal, Minas Gerais, Paraná, Rio de Janeiro, Rio Grande do Sul e São Paulo), conforme permitia a legislação eleitoral da época.

CINCO PRESIDENTES E DOIS GOLPES

General democrata ou sedicioso?

Entre 24 agosto de 1954 e 31 de janeiro de 1956 – pouco menos de um ano e meio –, o Brasil teve cinco presidentes da República: Getúlio Vargas, que se matou; Café Filho, vice de Vargas que se licenciou por doença; Carlos Luz, presidente da Câmara dos Deputados que substituiu Café Filho, mas que foi deposto; Nereu Ramos, vice-presidente do Senado que assumiu a presidência e, enfim, transmitiu o cargo a Juscelino Kubitschek, que havia sido eleito. Antes da posse de Juscelino, o vice-presidente licenciado, Café Filho, pretendeu reassumir, mas foi impedido pelo general Henrique Teixeira Lott, o mesmo que depôs Carlos Luz. Portanto, houve dois golpes de Estado. A constituição que vigorava na época estabelecia que, no caso de impedimento do presidente da República, de seu vice e do presidente da Câmara, era chamado o vice-presidente do Senado. Além de depor Carlos Luz e impedir o retorno de Café Filho, o general Lott obrigou a Câmara a declarar o *impeachment* de ambos. Assim, em resumo, tivemos no período cinco presidentes, um chefe militar autocrático, dois golpes de Estado e dois *impeachments* inconstitucionais.

A motivação principal para esses movimentos eram rumores de que um golpe estava sendo planejado por Café Filho, Carlos Luz e pelos ministros da Aeronáutica e da Marinha (entre outros) a fim de impedir a posse, no início de 1956, do presidente eleito em 1955, Juscelino

Kubitschek. Com isso, o ministro da Guerra, general Lott, ao afastar Carlos Luz e Café Filho, teria garantido a posse de Juscelino.

Trata-se, portanto, de período muito confuso, cuja interpretação é marcada por controvérsias. O meu entendimento sobre esses eventos é minoritário, pois prevalecem entre gabaritados historiadores avaliações positivas sobre o general Henrique Teixeira Lott: ele não teria sido um golpista, mas líder de um "contragolpe" preventivo. Dá-se como certo que se armava "um bote contra a Constituição" com o qual Café Filho compactuaria. Assim, Lott teria sido um "general legalista" que salvou a democracia e, a partir de então, teria se tornado uma "reserva moral da nação". Com "sólidos valores democráticos", teria sido um "garantidor do processo democrático" liderando o Exército que, em 1955, "garantiu a legalidade democrática".[1] As evidências disponíveis, creio eu, não sustentam essas interpretações.

O segundo governo Vargas

Tudo começou com a volta de Getúlio Vargas ao poder por meio de eleições diretas em 1950. Desde que sua candidatura como sucessor do presidente Dutra começou a ser cogitada, as correntes antigetulistas se inquietaram. Vargas se aproximou do governador de São Paulo, Ademar de Barros, um político visto como demagogo, corrupto ou "populista" pelos setores conservadores ou de direita, e que ameaçava concorrer às eleições presidenciais de 1950. Eleito em janeiro de 1947 para o governo de São Paulo, Ademar conseguiu expressiva vitória em novembro daquele ano, quando o vice-governador que ele queria foi escolhido.* Além disso, o seu Partido Social Progressista (PSP) conquistou um terço das prefeituras do estado. O PSP não era um partido decisivo no plano federal, mas contava com um eleitorado considerável em São Paulo. Ademar acabou não se lançando candidato a presidente, e, entre maio e junho de 1950, o PSP e o Partido Trabalhista Brasileiro (PTB), de Vargas, anunciaram um acordo: Ademar apoiaria a candidatura de Getúlio

---

* A Constituição de São Paulo de 1947 marcou a eleição direta do governador para janeiro de 1947 e a do vice, também pelo voto direto, para novembro.

e, em troca, o seu correligionário Café Filho seria o candidato a vice-presidente. Café tinha sido eleito deputado federal constituinte pelo Rio Grande do Norte em 1945 pela legenda que ele e Ademar então criaram, o Partido Republicano Progressista (PRP) – nome que Ademar insistiu em adotar porque lembrava o do velho Partido Republicano Paulista da Primeira República. Ele garantiu a Café Filho que a legenda faria ao menos dez deputados, mas foram eleitos apenas Café e mais um. Por isso, voltaram ao nome inicialmente cogitado: PSP.[2]

A aliança entre os "populismos" getulista e ademarista passou a ser imediatamente combatida pelos conservadores da União Democrática Nacional (UDN) e outros setores que não queriam o retorno de Vargas. Julgavam que Getúlio – ditador deposto em 1945 – não poderia se candidatar e temiam sua eleição, mas não havia como impedir a candidatura. O deputado Raul Pilla, jornalista e líder do Partido Libertador (PL), lembraria depois da eleição que o momento certo para excluir Vargas da vida pública já havia passado, tinha sido o da sua deposição em 1945 no fim da ditadura do Estado Novo, quando ele não teve os direitos políticos suspensos.[3]

Antes da eleição, militares e políticos fizeram ameaças veladas ou diretas a Vargas. O ministro da Guerra de Dutra, Canrobert Pereira da Costa, declarou que a candidatura de Vargas era inconveniente. O veto militar, totalmente indevido, seria apenas uma opinião em "caráter privado" – como o general tentou justificar.[4] Dias depois, o jornalista Carlos Lacerda – o vereador udenista mais votado em 1947 no Distrito Federal – publicou em seu jornal recém-lançado, a *Tribuna da Imprensa*, um editorial que ficaria famoso, no qual ameaçava Vargas e garantia que sua candidatura não prosperaria:

> Não. Mil vezes não. Ainda que para isso seja preciso fazer uma revolução no Brasil, tenhamos a coragem de dizer claramente ao sr. Getúlio Vargas: desista porque não voltará à Presidência da República (...). O sr. Getúlio Vargas, senador, não deve ser candidato à Presidência. Candidato, não deve ser eleito. Eleito, não deve tomar posse. Empossado, devemos recorrer à revolução para impedi-lo de governar.[5]

Mas Vargas firmou-se como candidato e foi eleito no dia 3 de outubro de 1950 com quase 49% dos votos, derrotando o brigadeiro Eduardo Gomes, que já havia perdido para Dutra em 1945. Nos dois meses seguintes, Lacerda e outros integrantes da UDN questionariam a eleição. Para o dono da *Tribuna da Imprensa*, a UDN deveria ter posição incisiva contra Vargas, deixando de lado o que ele chamou de "vigilância passiva". Lacerda sustentou que Vargas não havia atingido a maioria absoluta, apesar de isso não ser exigido pela legislação eleitoral da época. No dia 27 de outubro de 1950, a *Tribuna* estampou na primeira página um gráfico de pizza sob o título "Getúlio, presidente da minoria". Nas fatias se lia "Não querem Getúlio 55%" e "Querem Getúlio 45%". A partir do dia 31, Lacerda passou a defender a tese da ilegalidade da eleição justamente por causa do percentual. Aliomar Baleeiro, deputado pela UDN da Bahia, ecoou o argumento de Lacerda e acrescentou que Vargas não poderia nem mesmo ter sido candidato por causa de suas "traições à democracia", como disse em entrevista à *Tribuna*. Em discurso na Câmara, Baleeiro sustentou: "O sr. Getúlio Vargas não conseguiu maioria absoluta. Mais da metade da população manifestou-se contra a sua candidatura". Jornalistas antigetulistas como Prudente de Morais Neto e Rafael Correia de Oliveira aderiram ao questionamento. Em meados de novembro, entretanto, a tese da maioria absoluta sofreu um baque quando o ministro da Guerra condenou a discussão do tema após a eleição, embora se dissesse favorável ao princípio da maioria absoluta: "Com a divulgação destas declarações, o general Canrobert Pereira da Costa põe fim a quaisquer especulações que visem envolver o seu nome (...) no debate político que visa impedir a posse do sr. Getúlio Vargas".[6]

No dia 18 de janeiro de 1951, o Tribunal Superior Eleitoral examinou a questão e decidiu que a lei estava ao lado de Vargas. O voto do relator, ministro Hahnemann Guimarães, foi aprovado por unanimidade e dizia que, além de não haver a exigência de maioria absoluta, "é inadmissível que, em regime de pluralidade de partidos (...) e do sufrágio universal e direto (...) se exija o escrutínio pela maioria absoluta de votos (...). Dificilmente atingir-se-ia a maioria absoluta na competição entre mais de duas fortes correntes partidárias". No dia 27 de janeiro de 1951, Vargas e Café Filho foram diplomados pela Justiça Eleitoral em uma cerimônia tumultuada por getulistas exaltados, e tomaram posse quatro dias depois.⁷

Esse segundo governo Vargas foi bastante tumultuado,* embora tenha sido produtivo de certo ponto de vista, se considerarmos iniciativas importantes como a criação do Banco Nacional de Desenvolvimento Econômico (1952) e da Petrobras (1953), que contaram com o apoio de parte da oposição udenista.⁸ Mas Getúlio enfrentou muitos problemas econômicos com a subida da inflação e o desequilíbrio do balanço de pagamentos. No início de 1953, milhares de trabalhadores caminharam da praça da Sé, no centro de São Paulo, até o palácio do governador. Essa "Marcha das Panelas Vazias" estimulou a "Greve dos 300 Mil", que começou com os trabalhadores da indústria têxtil e se estendeu a outros setores. Por causa desses protestos, Getúlio nomeou João Goulart para o Ministério do Trabalho. Jango, como era apelidado o afilhado político de Vargas, tinha sido eleito deputado federal pelo PTB do Rio Grande do Sul, partido que ele presidia e, naquele momento, atuava como secretário de estado do governo gaúcho. Acima de tudo, Goulart transitava bem entre sindicalistas, sendo reconhecido como bom negociador. Na época, tinha apenas 34 anos. Vargas também mudou outros ministros, fazendo uma reforma ministerial com a qual tentou ampliar sua base de apoio.

Além dos problemas econômicos que causavam insatisfação popular, foi nesse governo de Vargas que os setores golpistas da UDN, especialmente Carlos Lacerda, mais se aproximaram de militares intervencionistas, sobretudo a partir da gestão de João Goulart no Ministério do Trabalho. Eles compartilhavam a visão elitista segundo a qual o povo era despreparado e facilmente manipulável pelos políticos "populistas". Conforme Ernesto Geisel – penúltimo general-presidente da ditadura militar que, na época, era coronel –, "Getúlio estava muito desgastado nas Forças Armadas. Achávamos que, depois que deixou o governo em 45, Getúlio não deveria ter voltado".⁹

---

* A expressão "segundo governo" é imprecisa, porque Vargas chefiou um governo provisório após a Revolução de 1930. Em 1934, com o término dos trabalhos da Assembleia Nacional Constituinte, ele foi eleito presidente da República pelos constituintes (eleição indireta). Deu um autogolpe em 1937, governando como ditador até 1945. Finalmente, em 1950, foi eleito pelo voto direto.

Em 1953, opositores de Vargas instalaram na Câmara dos Deputados uma comissão parlamentar de inquérito para investigar supostos repasses irregulares do Banco do Brasil ao jornalista Samuel Wainer, que apoiava o governo.* Os trabalhos causaram muita turbulência, mas as conclusões mostraram que as transações de crédito favoreciam toda a imprensa e não apenas o jornal de Wainer – o inovador *Última Hora*.

No ano seguinte, uma tentativa de *impeachment* do presidente foi apresentada por Wilson Leite Passos, candidato udenista a vereador pelo Distrito Federal. A denúncia era frágil e foi rejeitada pela Câmara dos Deputados em junho de 1954, mas Wilson ficou conhecido e conseguiu se eleger em outubro.

Outra crise que abalou o governo foi a denúncia do ex-ministro das Relações Exteriores, João Neves da Fontoura – afastado durante a reforma de 1953 –, que acusou Vargas de tentar estabelecer um acordo com a Argentina e o Chile (o chamado "Acordo ABC"), tendo em vista a formação de um bloco continental em oposição aos Estados Unidos. Vargas, supostamente, iria se associar ao líder argentino Juan Domingo Perón e tentaria implantar, no Brasil, um regime nos moldes do peronismo – a "república sindicalista". Apesar de não ter fundamento, a acusação causou grande polêmica. A UDN, no futuro, também acusaria João Goulart de pretender implantar a fantasiosa "república sindicalista".[10]

Episódios secundários eram explorados pela UDN e transformados em escândalos por meio de acusações infundadas. Lacerda e a UDN tentaram tirar vantagem da morte de um jornalista que cobria crimes e que foi espancado pela polícia do Distrito Federal por causa das críticas que fazia à corporação. O prefeito do DF era nomeado pelo presidente. Entristecido e trajando preto, Lacerda compareceu ao enterro da vítima. O varguista Samuel Wainer encomendou ao caricaturista Lan a imagem de Lacerda como um corvo – apelido ofensivo que jamais o abandonou.[11]

As demandas por aumento salarial levaram o ministro do Trabalho, João Goulart, a propor reajustes para os quais não havia recursos

---

* Esta foi a CPI inaugural da "era moderna" do Congresso Nacional brasileiro, já que foi a primeira criada após a Lei nº 1.579 de 1952, que regulamentou o funcionamento de tais comissões.

– como no caso dos marítimos, cujo aumento da remuneração tornou as companhias estatais de navegação muito onerosas. A ideia dos reajustes gerou conflitos no interior do governo por causa da posição contrária do Ministério da Fazenda. No início de 1954, circulavam rumores de que Goulart proporia um aumento de 100% do salário-mínimo, o que gerou insatisfação entre os militares e fez com que oficiais superiores do Exército enviassem aos chefes militares um manifesto – conhecido como "Manifesto dos Coronéis" – no qual protestavam contra a exiguidade de recursos para o Exército e o cogitado aumento de 100% do salário-mínimo. O documento foi assinado por 42 coronéis e 39 tenentes-coronéis.* Além de criticar supostos problemas com a preparação da tropa, com equipamentos e instalações, o manifesto falava em "ameaça sempre presente da infiltração de perniciosa ideologia antidemocrática ou de espírito de partidarismo político" e dizia que "a elevação do salário mínimo que, nos grandes centros do país, quase atingirá o dos vencimentos máximos de um graduado, resultará, por certo, se não corrigida de alguma forma, em aberrante subversão de todos os valores profissionais, destacando qualquer possibilidade de recrutamento para o Exército de seus quadros inferiores". Além da argumentação tortuosa, o manifesto era um ato de "ostensiva indisciplina", como o classificou o chefe do Estado-Maior das Forças Armadas, marechal Mascarenhas de Moraes.[12] O ministro do Exército caiu e, logo depois, Jango também foi afastado do Ministério do Trabalho, mas chegou a enviar a Vargas uma exposição em que defendia o aumento do salário-mínimo. Isso aconteceu em fevereiro de 1954.

A UDN fazia coro com os militares, dizendo que Goulart era um incentivador de greves e manipulador dos trabalhadores. O aumento de 100% seria um "instrumento para estimular a luta de classes".[13] Vargas, entretanto, concederia o aumento em maio, no Dia do Trabalho.

Como vimos, Getúlio Vargas havia tido apoio militar em 1930 e ao longo do Estado Novo, mas acabou deposto pelas Forças Armadas em 1945. No início desse seu segundo governo, teve apoio da corrente nacionalista do Exército, especialmente no Clube Militar, graças à sua

---

* Entre os militares que se tornariam conhecidos estavam o coronel Jurandir de Bizarria Mamede e o tenente-coronel Golbery do Couto e Silva.

posição em relação ao petróleo,[14] mas essa afinidade diminuiria por uma série de motivos, tanto os de natureza militar – como o posicionamento do governo em relação à Guerra da Coreia e ao acordo militar com os Estados Unidos – quanto política, sobretudo o anticomunismo ou o antiesquerdismo. Sem apoio militar expressivo, a campanha para tirá-lo do poder cresceu.

Tudo se agravaria terrivelmente em agosto de 1954. O chefe da guarda pessoal de Vargas achou que seria uma boa ideia matar Carlos Lacerda, que dava muitas dores de cabeça ao governo. A guarda era uma corporação informal composta por homens de confiança que tinham sido convocados pelo irmão do presidente logo depois que os integralistas tentaram depor Getúlio Vargas em 1938, ocasião em que quase foi morto. Na noite de 5 de agosto de 1954, Lacerda voltava de uma palestra quando foi surpreendido com tiros na entrada do prédio onde morava, no bairro de Copacabana, Zona Sul do Rio de Janeiro. O famoso "Atentado da rua Tonelero" fracassou, Lacerda escapou, embora tenha sido atingido no pé, mas seu segurança, o major-aviador Rubens Florentino Vaz, acabou morto. É curioso notar que Rubens Vaz integrava uma guarda pessoal também informal: ele e outros oficiais da Aeronáutica se revezavam para proteger Lacerda quando, supostamente, não estavam a serviço na Força Aérea. Isso começou na época da CPI do *Última Hora*, depois de um programa na TV em que Lacerda acusava Vargas. Os oficiais se ofereceram como seguranças dizendo-se preocupados com sua integridade.[15]

A morte de Rubens Vaz causou enorme turbulência política. Vargas foi acusado de ser o mandante do crime, mas o ministro da Justiça garantiu que haveria empenho na apuração. A substituição do chefe de polícia foi sugerida e se efetivou. No mesmo período, o ministro da Aeronáutica pediu demissão. Associações profissionais lançaram notas indignadas, enquanto os militares se reuniram nos respectivos clubes e protestaram. No Clube da Aeronáutica, oficiais pregaram a necessidade de "apelar para as forças físicas da nação, que são as Forças Armadas", porque "o Poder Legislativo está acocorado diante do Executivo, enquanto o Poder Judiciário prefere omitir-se". A Aeronáutica se alvoroçou não só porque Rubens era oficial da Força Aérea, mas também porque seu líder incontestе, o brigadeiro Eduardo Gomes, tinha sido derrotado duas vezes pelo getulismo nas eleições presidenciais de 1945 e 1950. A polícia logo abriu um inquérito que constatou o uso de arma de fogo de uso privativo das Forças Armadas. O coronel-aviador João Adil Oliveira, que acompanhava o inquérito policial, sugeriu que fosse aberto um inquérito policial-militar (IPM), o que foi aceito diante da pressão e "em virtude da possibilidade da existência de crime militar". A investigação ficou sediada nas instalações do Correio Aéreo Nacional no aeroporto do Galeão.[16] As intensas atividades relacionadas ao IPM e o protagonismo político da Aeronáutica batizaram a atividade de "República do Galeão".

Carlos Lacerda – usando uma cadeira de rodas – reuniu-se com o vice-presidente para questioná-lo: Café Filho assumiria o poder no caso de Vargas ser derrubado? A consulta indicava que Lacerda cogitava um golpe de Estado, pois estava claro que o vice deveria assumir no caso de um *impeachment*.[17] No dia 13 de agosto, as investigações encontraram o pistoleiro responsável pelo crime e que havia sido contratado por um membro da guarda pessoal de Vargas. Nesse mesmo dia, o deputado udenista Afonso Arinos proferiu um discurso violento na Câmara acusando Vargas de ser "o pai supremo da fantasmagoria e da falsidade". Disse que as investigações apontavam para a família do presidente (havia suspeitas em relação ao filho mais velho de Getúlio, Lutero Vargas). A guarda pessoal seria uma "corporação de bandidos", a equipe governamental, uma "malta de criminosos", e o governo estava sendo conduzido "por egressos das penitenciárias ou pretendentes à cadeia". O deputado chamou Vargas – cujas mãos estariam manchadas de sangue – de velho, gordo e bêbado. Arinos tentou amenizar a versão escrita de seu discurso, mas ele tinha sido gravado. Tempos depois, disse que foi a fala mais violenta que já fez.

Ainda no dia 13, Amaral Peixoto, genro de Vargas e líder do Partido Social Democrático (PSD), encontrou-se com o marechal Mascarenhas de Moraes e disse que uma saída para a crise poderia ser a constituição de um ministério de conciliação interpartidário. Se não houvesse solução, Vargas entregaria a Presidência da República ao ministro da Guerra. Era uma espécie de ameaça velada, que não sabemos se Amaral fez com ou sem a autorização de Vargas. Afonso Arinos, em suas memórias, diz que também foi procurado por Amaral Peixoto nos mesmos termos:

Amaral teria dito que a tese udenista da renúncia era inaceitável e que Vargas entregaria o poder a uma junta militar se perdesse todo o apoio das Forças Armadas. Amaral confirmou a conversa. A informação chegou a generais do Exército, que decidiram tomar alguma atitude caso as investigações não levassem à punição dos culpados.[18]

A deposição de Vargas era uma questão de dias. Uma forte campanha exigindo sua renúncia se espalhou. Em São Paulo, o Centro Acadêmico XI de Agosto, da Faculdade de Direito, desenhou um grande "R" na fachada do prédio em alusão à renúncia de Vargas. Os alunos portavam a mesma letra na lapela de seus paletós.[19]

No dia 20 de agosto, anunciando sua preponderância, o Alto Comando do Exército, juntamente com os ministros da Marinha e da Aeronáutica, divulgou uma nota reafirmando que "às Forças Armadas cabe manter a ordem, a disciplina e a integridade da Constituição". Nos dias seguintes, a "integridade da Constituição" ficaria bastante abalada com a sucessão de pronunciamentos militares contra Getúlio Vargas. No dia 21, o almirante Muniz Freire, a bordo do cruzador *Barroso*, discursou contra Vargas e acabou preso. A oficialidade do navio solidarizou-se com o almirante e a punição foi anulada.[20]

Houve uma profusão de pronunciamentos políticos de militares pedindo a renúncia do presidente. Os almirantes consideraram que "somente a renúncia normalizaria a situação", e os brigadeiros acompanharam a posição do almirantado. O marechal Dutra, ex-presidente da República, disse que a renúncia era a única solução. Todos alegavam que a saída de Vargas deveria ser espontânea, ao mesmo tempo que procuravam forçá-la. Segundo o marechal Mascarenhas de Moraes, "a opinião dominante no Exército, nos postos médios e inferiores, era de que a renúncia do presidente Vargas precisava concretizar-se".[21] No dia 22, um manifesto pedindo a renúncia do presidente foi assinado pelo brigadeiro Eduardo Gomes e outros oficiais da Aeronáutica e do Exército. Entre os nomes que mais nos importam estavam os generais Canrobert Pereira da Costa, Juarez Távora, Henrique Teixeira Lott, Alcides Etchegoyen, José Machado Lopes, Peri Bevilácqua, Humberto de Alencar Castelo Branco e Jair Dantas Ribeiro. O manifesto dizia que os oficiais do Exército se solidarizavam com os camaradas da Aeronáutica e da Marinha e julgavam que o "melhor caminho para tranquilizar o povo e manter unidas as Forças Armadas [seria] a renúncia do atual presidente da República, processando-se a sua substituição de acordo com os preceitos constitucionais".[22]

O vice-presidente Café Filho via o poder chegar aos poucos às suas mãos, mas dizia buscar uma solução e não ter ambição de se tornar presidente da República. No dia 21 de agosto, conversou com o líder da maioria na Câmara e com os ministros da Guerra e da Marinha apresentando uma proposta de renúncia dupla: Vargas e ele deveriam renunciar ao mesmo tempo. A Constituição previa que, nesse caso, em se tratando da segunda metade do mandato, o Congresso deveria escolher um novo presidente. À tarde, levou a ideia a Getúlio Vargas. Segundo Café Filho, a disposição de Vargas "era claramente no sentido de aceitar a proposta da nossa renúncia". O presidente disse que iria pensar. No dia seguinte, um domingo, ao chegar ao Catete para ouvir a resposta de Vargas, Café viu os jardins e demais dependências do palácio tomados por soldados e sacos de areia formando trincheiras.[23] A reação de assessores e familiares de Getúlio havia sido inteiramente contrária à fórmula da renúncia dupla. Getúlio recusou a proposta. Na segunda-feira, dia 23, Café Filho convocou uma reunião do Senado – que ele presidia na condição de vice-presidente da República – e explicou o episódio. O discurso foi interpretado pelos getulistas como um rompimento.

O roteiro do golpe militar prosseguiu com o Exército entrando em estado de prontidão no dia 23. A Aeronáutica e a Marinha ficaram em estado de alerta. O dia transcorreu entre muitos boatos, incertezas e reuniões. Os generais Zenóbio da Costa, ministro da Guerra, Odílio Denis, comandante da Zona Militar do Leste,* e Mascarenhas de Moraes, chefe do Estado-Maior das Forças Armadas, foram para o Palácio do Catete por volta das onze horas da noite. Zenóbio disse a Vargas que a situação era insustentável porque chefes militares da Aeronáutica, da Marinha e de parte do Exército queriam sua renúncia. Mascarenhas de Moraes disse a Vargas que a reunião do ministério, cogitada para o dia seguinte, devia ser feita imediatamente. Durante a reunião, alguns ministros civis

---

* A Zona Militar do Leste, com sede no então Distrito Federal, abrangendo Rio de Janeiro, Espírito Santo e Minas Gerais, teve esse nome até 1956, quando passou a ser chamada de I Exército, nome que perdurou até 1986, quando foi designada Comando Militar do Leste.

foram evasivos e os ministros militares disseram não ter como controlar a situação. Segundo a descrição de Mascarenhas de Moraes, "a reunião, que começara majestosa, foi sendo aos poucos invadida por amigos e pessoas da família presidencial e gradativamente desvirtuada, tornando-se verdadeiramente teatral".[24] A filha de Vargas, Alzira Vargas do Amaral Peixoto, interveio com veemência, exortando os militares a defenderem seu pai. Foi inútil.

Só um jornalista teve a sorte de presenciar a cena. Doutel de Andrade também era primeiro-secretário do PTB, partido de Vargas que usava uma pequena sala no Catete. Ele estava conversando em um corredor com João Goulart quando Getúlio passou a caminho da reunião e sugeriu que ele a testemunhasse.[25] Doutel de Andrade assinava uma coluna regular na terceira página de *O Jornal*. Ele acompanhou a reunião no salão de despachos do Palácio do Catete e, quando viu a decisão tomada por Getúlio Vargas, pensou que publicaria o furo de sua vida, dada a exclusividade e a importância do evento. Depois de ouvir seus ministros, Vargas anunciou que não renunciaria, mas pediria uma licença. O jornalista ouviu quando Tancredo Neves, o ministro da Justiça, apresentou uma fórmula de licenciamento que, embora não prevista na Constituição, poderia ser usada em caráter excepcional. Presenciou o momento em que Vargas se levantou, "calmo e tranquilo", e anunciou sua decisão, seguida de uma despropositada salva de palmas. Vargas retirou-se abraçado pela filha. Segundo Doutel, eram três e meia da madrugada do dia 24 de agosto de 1954. Ele notou que os ministros foram para outra sala e começaram a bater à máquina um documento, que ele também queria publicar. O palácio estava interditado e ninguém podia entrar ou sair. Doutel, então, conseguiu um "portador especial" que levaria ao jornal o texto que ele escreveu apressadamente ali mesmo. Não foi possível esperar pelo documento datilografado pelos ministros por causa da pressa do portador. O documento era a nota – algo confusa – que seria divulgada pelo Catete logo depois. Ela dizia que Vargas entraria em licença desde que fosse mantida a ordem; caso contrário, defenderia suas prerrogativas com o sacrifício, se necessário, da própria vida.

A reportagem de Doutel foi publicada na primeira página de *O Jornal*, no segundo clichê que circulou no dia 24 de agosto, mas ele se sentiu frustrado porque a notícia do suicídio de Vargas imediatamente ofuscou o seu furo jornalístico sobre a reunião. Doutel foi cedo para o apartamento de João Goulart e soube do suicídio de Vargas pelo telefone, quando o presidente do Instituto de Previdência e Assistência dos Servidores do Estado (IPASE), Sousa Naves, o avisou. Por isso, foi Doutel quem deu a notícia do suicídio a Jango, "depois de muito rodeio, de muita preparação psicológica". Decidiram seguir para o Catete no carro de João Goulart, que dirigiu velozmente. No meio do caminho, Doutel testemunhou o "pranto quase inaudível" do herdeiro político de Vargas.[26]

Como se sabe, depois de anunciar sua decisão, Vargas foi para o seu quarto e se matou com um tiro no coração. O anúncio da suposta licença tinha sido dado pelo radiojornal "O Galo Informa", da Rádio Tupi. O locutor Léo Batista, que apresentava o programa "O Globo no Ar", na Rádio Globo, foi o primeiro a anunciar o suicídio, mas a Globo tinha reduzido alcance, de modo que o país tomou conhecimento da notícia através da Rádio Nacional. Havia um estúdio da Nacional em frente ao Palácio do Catete. De lá, o locutor Heron Domingues, do noticiário "Repórter Esso", deu a notícia do suicídio e passou a ler a carta-testamento de Vargas – um dos documentos mais conhecidos e impactantes da história brasileira – sob um fundo musical sombrio. O ministro da Agricultura, Apolônio Sales, católico praticante, pôs um rosário sobre o corpo de Vargas ainda na cama e com sangue no canto da boca. Ao saber da notícia, a população se comoveu: muitos que pediam a renúncia de Vargas passaram a lamentar sua morte. O jornalista Villas-Bôas Corrêa – que estava de plantão na redação do *Diário de Notícias* – presenciou o antes e o depois: na madrugada, frequentadores de um botequim comemoravam a notícia da licença; quando amanheceu, viu uma mulher xingando aqueles que "forçaram o amigo dos pobres a pôr fim à vida". Uma fila interminável de populares passou diante do corpo do ex-presidente no salão do Gabinete Militar no palácio. Os muitos desmaios deram trabalho a equipes médicas que se dirigiram para o Catete. O único governador que compareceu ao velório – além de Amaral Peixoto, genro de Vargas que governava o Rio de Janeiro – foi Juscelino Kubitschek, de Minas Gerais. Uma impressionante multidão acompanhou a urna funerária até o aeroporto Santos Dumont.[27]

Contra a posse dos eleitos

Café Filho, visto como traidor pelos familiares de Getúlio, não foi admitido no velório no Catete. Ele seguiu para o outro palácio presidencial, o Palácio das Laranjeiras, que estava totalmente desguarnecido e sem qualquer estrutura administrativa. Decidiu divulgar uma nota reafirmando seu compromisso com a proteção dos humildes, "preocupação máxima do presidente Getúlio Vargas". Café montou um ministério baseado na UDN e entregou as pastas da Aeronáutica e da Marinha a militares antigetulistas, o brigadeiro Eduardo Gomes e o contra-almirante Edmundo Jordão Amorim do Vale. O grande problema era a indicação do ministro da Guerra. O general Zenóbio da Costa queria continuar à frente da pasta, mas era muito identificado com Getúlio e, por isso, Café buscou rapidamente por alternativas. Ele consultou o general Juarez Távora, que sugeriu um "general apolítico", isto é, que não fosse ligado a Vargas, mas que também não fosse explicitamente simpático à UDN: um general que "não pertencesse a nenhum grupo". Juarez indicou o general Henrique Teixeira Lott, um "militar profissional em estado de pureza [que] era, também, a personificação da ingenuidade, da boa-fé, da credulidade", "o homem dos regulamentos, da hierarquia, do dever. O homem sem partidos, sem grupos, sem intimidades". Afonso Arinos também o achava ingênuo, mas o considerava ambicioso. Por fim, Lott foi nomeado.[28]

O impacto emocional da morte de Vargas no eleitorado passou a preocupar as lideranças pessedistas e udenistas porque poderia favorecer o PTB nas eleições de 3 de outubro de 1954 – apenas quarenta dias após o suicídio. Haveria eleições legislativas, e os governadores de onze estados seriam escolhidos. Alguns líderes do PSD e da UDN sugeriram a Café Filho que apoiasse o adiamento da eleição, mas o pleito foi mantido. Entretanto, os resultados não alteraram dramaticamente a distribuição das cadeiras no Congresso Nacional. Foi nessa eleição que Jânio Quadros se tornou governador de São Paulo e Carlos Lacerda, deputado federal.

Poucas semanas depois das eleições, o PSD, em aliança com o PTB, lançou o nome de Juscelino Kubitschek como candidato à Presidência da República.[29] Isso alvoroçou os setores antigetulistas, civis e militares, que viram na aliança PSD-PTB o "retorno" do getulismo, que eles supunham enterrado junto com o corpo de Getúlio Vargas. Em dezembro, o PTB lançaria o nome de João Goulart como candidato a vice-presidente para compor chapa com JK.

A UDN imediatamente apresentou um projeto de emenda constitucional estabelecendo a maioria absoluta dos votos válidos como condição para a eleição do presidente da República, do vice-presidente, dos governadores e prefeitos. No caso de nenhum candidato à Presidência da República alcançar mais da metade dos votos, o Congresso elegeria o presidente. A emenda acabou não sendo aprovada.[30]

Em dezembro de 1954, os ministros militares (inclusive o "apolítico" general Lott), o chefe do Estado-Maior das Forças Armadas e os chefes dos estados-maiores das três forças assinaram um manifesto sigiloso que entregaram ao presidente Café Filho.[31] O documento continha um apelo em favor de um "movimento altruístico de recomposição patriótica que permita a solução do problema da sucessão presidencial em nível de compreensão e espírito de colaboração interpartidária, sem o acirramento dos ódios e dissensões que vêm de abalar seriamente a vida nacional". Garantiam que nenhum deles seria candidato e defendiam um movimento de união nacional que resultasse no lançamento de um candidato único. Tratava-se de uma intromissão totalmente indevida dos chefes militares na política. O documento expressava, em última instância, o plano do brigadeiro Eduardo Gomes e do almirante Amorim do Vale de impedir a candidatura de Juscelino Kubitschek. A UDN e setores do PSD descontentes com a candidatura JK vinham sugerindo a ideia da "união nacional".

Em janeiro de 1955, Café convocou Juscelino para uma conversa. Encontraram-se na residência de verão da Gávea Pequena. Depois de advogar a tese da candidatura única, Café Filho, "com gesto teatral", deu o manifesto dos generais para que Juscelino lesse – "uma guerra de nervos, tendo por objetivo provocar minha desistência", diria JK.[32] Nada conseguindo de Kubitschek, Café decidiu tornar público o manifesto militar – depois de pedir e obter autorização dos militares para fazê-lo.[33] Resolveu discursar no programa radiofônico oficial "A Hora do Brasil", transmitido obrigatoriamente por todas as rádios. Além de ler o documento, o presidente disse que os chefes militares o alertaram sobre "poderosas forças dissociadoras" e que eles, "com o conhecimento que têm da realidade", tinham "a incumbência de velar pela paz da família brasileira e pela sustentação do regime". A candidatura de JK teria sido lançada "sem maiores entendimentos com as outras forças políticas" e poderia "restaurar a ordem de coisas encerrada tragicamente a 24 de agosto de 1954 (...) situação que as Forças Armadas fizeram ruir". Café sustentou ainda que a crise que culminou no suicídio de Vargas tinha sido causada pela falta de apoio a Getúlio, que tinha sido eleito sem obter a maioria absoluta. O manifesto militar seria uma "advertência", uma "exortação leal das classes armadas". No dia seguinte – contrastando a subserviência de Café Filho aos militares –, JK repetiu sua frase famosa: "Deus poupou-me do sentimento do medo".[34]

Nem o manifesto militar, nem o discurso de Café Filho foram capazes de impedir que as convenções do PSD e do PTB oficializassem as candidaturas de JK e de Jango. Para maior irritação da UDN e dos militares, o líder comunista Luís Carlos Prestes enviou uma carta à convenção do PTB falando em "ação comum".[35] O apoio comunista aumentou as críticas que os setores conservadores e de direita já faziam a João Goulart e também foi utilizado como ferramenta de propaganda contra Jango no contexto do anticomunismo e do "medo aos vermelhos".

Esses setores fariam várias tentativas para que as candidaturas de JK e Jango não prosperassem. No dia da convenção do PTB, o ministro Henrique Teixeira Lott (o "general apolítico") divulgou um veto à candidatura de Goulart: "A apresentação da candidatura iria tornar mais difícil (...) a realização de nossos propósitos", que seriam os de "evitar que o Exército viesse a se imiscuir nos prélios partidários e de conseguir que se mantivesse dentro dos limites traçados pela nossa Constituição".[36] Ou seja, segundo Lott, a candidatura de João Goulart levaria o Exército a praticar ações políticas e inconstitucionais. O veto do ministro da Guerra foi divulgado pelo deputado Armando Falcão (PSD-CE) na Câmara dos Deputados.

No início de junho, o almirante Pena Boto, comandante das Forças de Alto-Mar, deu declarações críticas em relação ao PTB, ao Partido Socialista Brasileiro (PSB), a Jânio Quadros e a Ademar de Barros. Ele era conhecido como um anticomunista radical e, para falar livremente de política, presidia uma entidade intitulada "Cruzada Brasileira

Anticomunista". Costumava dar entrevistas fardado e a bordo de navios de guerra. O almirante deu essas declarações contra o "populismo" no Rio Grande do Sul, para onde tinha levado a esquadra nacional para exercícios e manobras. Boto promoveu muitas manobras navais em 1955 para demonstrar poderio e intimidar seus adversários políticos. Era um almirante habilidoso do ponto de vista militar, mas seu anticomunismo fanático o tornou folclórico. Segundo Ernesto Geisel, ele vivia "no mundo da lua".[37] A imprensa getulista ou de esquerda o ridicularizava, adotando a expressão "penabotismo" para classificar seu comportamento extremado.[38] "Penabotismo tornou-se sinônimo de fanatismo, de anticomunismo exagerado e irracional." Nessa viagem ao Sul, exibiu-se de maneira insólita: com mais de 60 anos, pendurou-se em cabos entre o contratorpedeiro *Acre* e o cruzador *Barroso* para fazer o exercício de travessia entre os dois navios em movimento. Seus pronunciamentos eram sempre incisivos, no estilo insolente de Carlos Lacerda. Ele costumava ditar suas entrevistas para os repórteres, determinando até mesmo a pontuação. Em setembro de 1955, quando saía para novas manobras a bordo do cruzador *Barroso*, declarou não ser possível que voltassem ao poder os homens que humilharam o Brasil: "Juscelino tem o despudor de pregar o continuísmo da obra nefasta de Getúlio e ainda carrega, como contrapeso, o trêfego e inculto Jango Goulart, que subverteu os sindicatos, dilapidou-lhes os fundos e intencionou levar o Brasil ao caos de uma república filocomunista, do tipo sindicalista". Segundo Boto, os candidatos eram inaceitáveis e 80% dos eleitores brasileiros não tinham discernimento nem cultura cívica, sendo prisioneiros da demagogia.[39] O almirante tinha espaço garantido na *Tribuna da Imprensa* de Carlos Lacerda. Os dois foram os responsáveis pela propagação da falsa ideia de um golpe que impediria a posse de JK.

Lacerda tentou comprometer a candidatura de Jango com uma mentira. Em meados de setembro de 1955, quinze dias antes das eleições, disse na *Tribuna da Imprensa* que Goulart planejava implantar no Brasil uma "república sindicalista" com o apoio do presidente argentino, Juan Domingo Perón, mencionando contrabando de armas da Argentina para o Brasil. A Argentina vivia uma grave crise, e Perón estava em vias de ser deposto. Lacerda estava requentando a acusação igualmente enganosa que, como vimos, João Neves da Fontoura já havia lançado contra Vargas em 1954. A "denúncia" de Lacerda se amparava em uma carta falsamente atribuída ao deputado argentino Antonio Jesús Brandi e, por isso, o episódio ficou conhecido como escândalo da "Carta Brandi". O general Lott determinou a abertura de um inquérito policial-militar, que foi conduzido pelo general Emílio Maurel Filho. Exatamente no dia da eleição, 3 de outubro de 1955, Lott, o "general legalista", divulgou uma nota amplamente difundida pela Rádio Globo logo pela manhã, a tempo de impactar a votação. Baseada em um telegrama do general Emílio, o pronunciamento insinuava que a assinatura de Brandi na carta dirigida a Goulart era verdadeira ("sumamente provável"). O presidente do Tribunal Superior Eleitoral advertiu a rádio, mas o ministro da Marinha apoiou a iniciativa do ministro da Guerra dizendo que "o eleitorado deve ser esclarecido até o último minuto". No dia seguinte, a *Tribuna da Imprensa* publicou as explicações de Lott: "Tratando-se de um fato público como é a carta e tendo sido mostrado, por parte da opinião pública, interesse em ser informada sobre a sua possível veracidade, achei conveniente dar publicidade ao que soube". Para Munhoz da Rocha – amigo de Café Filho –, a iniciativa de Lott "demonstrava a sua hostilidade contra Jango, mandando ler, pelas emissoras, conclusões apertadas [apressadas?] e levianas sobre a carta Brandi". Depois das eleições, o inquérito inocentou Jango ao afirmar que a carta era "incontestavelmente falsa".[40]

Outro complicador para a eleição de Juscelino e Jango foi a proposta de reforma eleitoral feita pelo presidente do Tribunal Superior Eleitoral, Edgard Costa. O tema foi suscitado pela UDN no início de 1955 e passou a ser debatido no Congresso Nacional e na imprensa. A principal polêmica dizia respeito à cédula de votação. Até então, estranhamente, os partidos podiam imprimir cédulas com os nomes de seus candidatos para que os eleitores votassem. O projeto de Edgard Costa instituía uma cédula oficial e criava um complicador para os analfabetos porque, nas eleições proporcionais, o eleitor deveria escrever o número do seu candidato numa quadrícula ou marcá-la com "x" caso decidisse votar apenas na legenda. Nos termos da avaliação do jornal *O Estado de S. Paulo*, a ideia de Costa era expurgar os analfabetos das eleições: "Sacrificam-se as populações adiantadas às conveniências dos analfabetos do interior".[41] Desde a Proclamação da República, o voto dos analfabetos era proibido, mas isso era burlado: os eleitores analfabetos já registrados naquela época foram incorporados e o chamado alistamento *ex officio* permitia que funcionários públicos fossem alistados em grupo, inclusive os analfabetos. A questão era que o voto dos analfabetos favorecia o PTB. A UDN passou a defender a proposta de Edgard Costa, e o PTB e o PSD se opuseram. Após muita disputa, foi adotada a "cédula única" apenas para a eleição majoritária, e ela seria impressa pela Justiça Eleitoral. Os partidos também poderiam imprimi-la, desde que reproduzissem a ordem dos nomes conforme o registro das candidaturas. Apesar do acordo, o PSD teve prejuízo porque já havia imprimido muitas cédulas seguindo a prática anterior.

Após a eleição de outubro, a UDN tentou retomar o questionamento sobre a maioria absoluta, pois Juscelino havia sido eleito com pouco mais de 35% dos votos válidos. Entretanto, nem mesmo o flexível líder da UDN, Afonso Arinos de Melo Franco, se animou a defender a tese. Segundo Munhoz da Rocha, a questão da maioria absoluta "não chegou a fazer o ruído de 50, depois da eleição de Vargas". O tema, entretanto, foi motivo de controvérsia entre o general Lott e o brigadeiro Eduardo Gomes. Após a derrubada de Carlos Luz e Café Filho em novembro, Lott sustentou a versão de que havia um golpe sendo planejado para impedir a posse de JK e acusou Eduardo Gomes de pedir a ele que pressionasse a Justiça Eleitoral: "Por mais de duas vezes insistiu (…) no sentido de que manifestasse o interesse das Forças Armadas relativamente à questão da maioria absoluta, porque o então ministro da Aeronáutica [Eduardo Gomes] dizia não considerar eleito nenhum daqueles candidatos que não tivessem atingido o *quorum* da maioria absoluta". Segundo o deputado Armando Falcão, porta-voz dos militares, Lott se dispunha até a fazer uma acareação com o brigadeiro. Em entrevista que deu ao jornalista e escritor Otto Lara Resende, também tentando justificar sua ação contra Carlos Luz e Café Filho, Lott garantiu que Eduardo Gomes "insistia para que [eu] procurasse os ministros do Tribunal Superior Eleitoral para fazer-lhes sentir que os ministros militares julgavam que a tese da maioria absoluta deveria ser observada".[42]

Um dos argumentos mais extravagantes da UDN contra a eleição de Juscelino dizia respeito ao voto dos eleitores comunistas. Poucos dias depois da eleição, Afonso Arinos recebeu um estudo de Raul Fernandes, ministro das Relações Exteriores de Café Filho, sustentando que os comunistas tinham agido como partido ao recomendar o voto em Juscelino e Jango, embora estivessem na clandestinidade. Assim sendo, a eleição precisaria ser invalidada porque os votos dos comunistas deveriam ser anulados, tendo como base de cálculo a eleição presidencial de 1945, quando o candidato do PCB, então na legalidade, recebeu quase 10% dos votos.[43]

Como se vê, o cenário de crise política era permanente. Havia a veemência golpista de Carlos Lacerda, o penabotismo excêntrico do chefe da esquadra e a atuação encoberta do brigadeiro Eduardo Gomes, que conseguia influenciar o almirante Amorim do Vale. Os boatos sobre golpe eram corriqueiros. Entretanto, o presidente Café Filho declarou, ao menos duas vezes, que a posse dos eleitos estava garantida. Em entrevista ao jornalista Carlos Castello Branco, divulgada no dia 13 de agosto de 1955, ele disse que não precisava consultar os militares "para afirmar que cumprirá o dever" (Carlos Castello Branco havia perguntado se ele teria consultado os militares antes de afirmar que recorreria às Forças Armadas, se necessário, para empossar o presidente eleito). Nessa mesma entrevista, Café admitiu que o manifesto dos militares do início do ano, prevendo crise caso não houvesse a união nacional, estava afinal errado. Ele também deu entrevista aos Diários Associados, um importante conglomerado de mídia, dizendo não admitir que fosse negada a posse dos eleitos.[44]

Esses rumores sobre um possível golpe tinham fundamento. O ministro da Marinha, Amorim do Vale, defendia publicamente a atuação desatinada do almirante Pena Boto; no seu jornal, Carlos Lacerda publicava, sem qualquer cerimônia, o seu "programa para o contragolpe" defendendo a necessidade de um "golpe de Estado, indispensável e saneador", que impusesse o "recesso do Congresso Nacional até janeiro" e estabelecesse o parlamentarismo liderado por um militar. A ideia era tão afrontosa que foi combatida com escárnio: os estudantes de Direito de São Paulo convidaram Lacerda para debater sua tese de "ditadura a prazo fixo".[45]

Meses antes das eleições, no dia 5 de agosto de 1955, no discurso que fez em uma das cerimônias que marcaram o aniversário de um ano da morte do major Rubens Vaz, o general Canrobert Pereira da Costa abordou justamente a persistência das crises políticas e o recurso aos militares para supostamente resolvê-las. Canrobert tinha sido ministro da Guerra do presidente Dutra (1945-1951) e seu nome chegou a ser mencionado como candidato à Presidência da República em 1950. Ele estava gravemente doente e morreria pouco mais de dois meses depois. Em sua fala no Clube da Aeronáutica, Canrobert apelou para a união dos militares, contra a qual estariam conspirando as "forças maléficas das paixões partidárias". Atacou os "herdeiros políticos" do getulismo por não terem aceitado a candidatura única de união nacional e garantiu que, após as eleições, haveria intranquilidade e desordem independentemente de quem fosse eleito. Para Canrobert, o sistema político brasileiro era uma "mentira democrática" baseada em uma "pseudolegalidade imoral e corrompida". Ele revelava a contradição do Exército, que buscava, por um lado, uma atuação profissional, unificada nacionalmente e fundamentada na hierarquia e, por outro, a anarquia do intervencionismo militar que minava esse propósito. Segundo o general, as "sucessivas revoluções, intervenções e movimentos militares (...) desde 22, e mesmo antes, até 30, 32, 35, 37, 45 e 54", eram responsáveis por "danos infligidos à disciplina, à coesão, ao espírito militar e à formação moral" dos militares.[46]

A crise política não tornou a eleição tumultuada: no dia 3 de outubro de 1955, as pessoas votaram em clima de tranquilidade. Feita a apuração, Juscelino e Jango saíram vitoriosos, derrotando os candidatos da UDN, Juarez Távora e Milton Campos, mas isso não acalmou a cena política.

A Cruzada Brasileira Anticomunista, do almirante Pena Boto, publicou uma matéria no jornal *O Globo* dizendo que "a dupla Juscelino--Jango no poder significaria o ressurgimento dos corruptos métodos do governo da nefasta era getuliana, métodos que levariam fatalmente o Brasil à bolchevização, esta acelerada por medidas suicidas tais como a 'legalização do Partido Comunista' e o 'reatamento de relações diplomáticas e comerciais com a Rússia soviética'". A Cruzada conclamava: "É indispensável impedir que Juscelino e Jango tomem posse dos cargos para que foram indevidamente eleitos!". Afirmando a necessidade de pôr "a pátria acima de tudo", o manifesto sustentava que era pertinente impedir a posse porque os dois tinham sido eleitos pelo "povo mal orientado", pela "massa ignorante" manipulada pela demagogia, por partidos desmoralizados, com a participação do PCB clandestino e tendo obtido apenas uma minoria dos votos.[47]

Afonso Arinos, sempre preocupado com sua biografia, tentava se contrapor às atitudes golpistas dos companheiros extremados dizendo que a ação da UDN apenas pretendia apresentar recursos legais à Justiça Eleitoral: "Não se trata, absolutamente, de golpe". Mas o presidente do PSD, Amaral Peixoto, acusava a UDN de querer "modificar a decisão do povo". Segundo ele, "há, da parte de nossos adversários, o desejo de criar ambiente para soluções extralegais. Não há dúvida de que querem o 'golpe'". Muitos anos depois, escrevendo sobre a real possibilidade de um golpe que impediria a posse de Juscelino, Afonso Arinos diria que as bravatas eram frequentes, mas que "não havia possibilidade para a resistência material, mais falada do que pensada, pelos elementos radicais antijuscelinistas (...) o golpe de Estado contra o presidente Café Filho foi, por sua vez, um excesso dos nossos adversários".[48]

O estopim da crise que culminaria na deposição de Carlos Luz e Café Filho se ligou ao discurso do general Canrobert. A morte do general, no dia 31 de outubro, causou comoção nos meios militares, ou porque ele era admirado pelos camaradas, ou por compaixão diante do padecimento com o câncer que o vitimou. Ademais, estava na memória de todos o discurso pungente de 5 de agosto. O velório no dia 1º de novembro foi realizado pela manhã no Clube Militar e contou com a presença de Café Filho. O presidente então seguiu para o Catete, onde almoçou com o ministro da Agricultura e, por volta das duas horas da tarde, foi para casa. Esse foi o último dia em que Café Filho pisou no Palácio do Catete. O enterro de Canrobert foi muito concorrido. Destacamentos das três forças e bandas militares se posicionaram na avenida Brasil, no caminho para o cemitério. Choveu muito: familiares e autoridades abrigaram-se sob um toldo improvisado próximo ao túmulo. Estiveram presentes o ex-presidente Dutra, todos os ministros de Café Filho, ministros dos tribunais superiores e os presidentes do Senado, Nereu Ramos, e da Câmara, Carlos Luz. O comandante da 2ª Brigada de Infantaria em Caçapava no estado de São Paulo, general Costa e Silva – que no futuro participaria do golpe de 1964 –, veio especialmente para o enterro. Hélder Câmara, arcebispo auxiliar do Rio de Janeiro, encomendou o corpo. Colegas de Canrobert pediram ao ministro da Guerra que discursasse junto ao túmulo e Lott aceitou. Ele foi o primeiro de sete pessoas a discursar. Disse – referindo-se ao discurso de Canrobert – que compreendia o "drama que você, com cores tão verdadeiras, pintou". O coronel Jurandir de Bizarria Mamede (um dos indisciplinados signatários do "Manifesto dos Coronéis" do ano anterior) não foi o último a falar, mas fez o discurso mais impactante: tratou pouco do morto e ainda distorceu o discurso de Canrobert, sugerindo que a "vitória da minoria" era uma "indiscutível mentira democrática" e que "o voto do analfabeto, proibido por lei", era uma "pseudolegalidade patente". Chamou atenção para "a insensatez e o desvario das paixões desenfreadas que ameaçam de ruína os próprios destinos do país" e afirmou que a pressão militar contra Vargas, em 1954, foi um "pronunciamento extralegal, sem dúvida, mas plenamente justificado". A fala, além de inadequada, caracterizava um ato de indisciplina. Lott ficou enfurecido e pensou em prendê-lo na hora, mas resolveu punir Mamede depois para não tumultuar o funeral.[49] No futuro, ele diria que ficou especialmente intrigado com o presidente da Câmara, Carlos Luz, que teria cumprimentado efusivamente o coronel.

No dia seguinte, pela manhã, Café Filho recebeu em sua casa mais um pronunciamento dos ministros militares, no qual pediam o fechamento de jornais e revistas do PCB. Se o partido não podia funcionar, as publicações comunistas também não poderiam circular. Além disso, a imprensa comunista – segundo Lott, Eduardo Gomes e Amorim do Vale – lançava provocações e insultos às Forças Armadas. Solicitavam, por essas razões, "o fechamento imediato dos referidos jornais e revistas, para salvaguarda das nossas instituições e para o bem do nosso país". O pedido, apesar de indevido, não teria maior importância para a análise que aqui se propõe, não fosse a alegação de Café Filho de que o episódio o incomodou bastante, muito mais do que o discurso de Mamede no dia anterior.* O presidente não concordou com a medida, pediu que o ministro da Justiça, Prado Kelly, fosse a sua casa, e ambos concordaram que

---

* Em 1948, o então deputado Café Filho defendeu os comunistas posicionando-se contra a cassação do registro do PCB. Ele dizia temer que, após vitimar os comunistas, uma onda de repressão viesse como em 1937: "Temo, sim, que o dia de amanhã se faça repetição de 37", disse.

o fechamento das publicações seria inconstitucional. O consultor-geral da República, Temístocles Cavalcanti, opinou no mesmo sentido. Café escreveu em suas memórias que, depois de deliberar com Prado Kelly, começou a se sentir mal e teve de ser internado à noite por conta de seus antigos problemas cardíacos. Essa foi a justificativa que o ex-presidente deu àqueles que o acusaram de simular a doença – com base na qual, dias depois, pediria licença do cargo. O então deputado federal pelo PSD do Maranhão, Renato Archer, afirmaria categoricamente: "Café simulou sua doença".⁵⁰ O ponto é importante porque, para os que entendem que havia um plano de impedir a posse de JK, essa internação de Café teria sido um passo essencial: Café Filho – que havia sido perseguido pela ditadura do Estado Novo – não desejaria liderar um golpe.* Mas o presidente da Câmara estaria disposto a fazer isso.

Seja como for, o fato é que o general Lott não conseguiu falar com o presidente sobre o caso Mamede quando telefonou para o Catete na manhã do dia 3 de novembro de 1955. O chefe do Gabinete Militar o avisou da internação do presidente, embora garantisse não ser nada grave. O problema é que o coronel Mamede tinha sido nomeado pelo presidente da República para atuar na Escola Superior de Guerra, subordinada ao Estado-Maior das Forças Armadas. Segundo o regulamento, só poderia ser punido – como desejava o general Lott – com a autorização do presidente da República, já que Mamede não estava subordinado diretamente ao Ministério da Guerra.

No dia 7 de novembro, cinco médicos assinaram um boletim recomendando que Café se mantivesse afastado das atividades por alguns dias. No dia seguinte, no hospital, Café explicou a cada um de seus ministros, separadamente, que transmitiria o cargo ao presidente da Câmara, Carlos Luz, para que pudesse se recuperar. Lott continuava preocupado com a punição do coronel Mamede. Enquanto aguardava sua vez de ouvir a decisão de Café, conversava sobre o caso com os colegas da Aeronáutica e da Marinha. Amorim do Vale e o general discutiram

---

* "Lembrai-vos de 37!" A frase atribuída a Café Filho não encontra registro em seus discursos. Muitos dizem que ele sempre terminava seus pronunciamentos com ela. Ele próprio diz que a usou. Café não foi seu autor: Eduardo Gomes usou a expressão em 1945; Otávio Mangabeira, em 1946; Carlos Marighella também.

rispidamente. A certa altura, Lott disse: "Não é possível que Mamede me faça caretas por trás da cortina da Escola Superior de Guerra". No depoimento que deu à revista *Manchete*, ainda em novembro de 1955, repetiu a acusação: "Mamede estava como uma criança mimada, agarrada às saias da avó, a fazer caretas para o pai...".[51]

Carlos Luz tomou posse. Ele era do PSD, mas havia sido eleito presidente da Câmara com o apoio da UDN. Segundo Juscelino Kubitschek, "com sua vaidade lisonjeada, Carlos Luz impava [exibia-se] como um pavão-real. Minas o rejeitara para seu governador e, no entanto, naquele momento era o presidente da República!".[52]

Carlos Lacerda continuou publicando impunemente no seu jornal editoriais golpistas contra a posse de Juscelino e Jango. No dia 4, condenou "a posse desses dois aventureiros irresponsáveis [que] só poderá ser evitada por um ato de força". Pedia a intervenção das Forças Armadas para, inclusive, reformar a estrutura do Poder Judiciário. Na véspera da deposição de Carlos Luz, repetiu o bordão que já havia usado em 1950, quando ameaçou Vargas: "Esses homens [JK e Jango] não podem tomar posse, não devem tomar posse, não tomarão posse". Dizia que a moralização da democracia só seria obtida "evitando-se, por qualquer meio, a posse dos eleitos pela minoria absoluta".[53]

No dia 9 se iniciaria a agitação tumultuosa que assinalaria o ano de 1955 como um dos mais grotescos na história do intervencionismo militar brasileiro. Pela manhã, Carlos Luz resolveu convocar os ministros ao Catete para fazer uma "reunião ministerial". Na verdade, ele nada tinha a dizer, não apresentou diretrizes, a reunião durou instantes e foi apenas uma oportunidade de fotografia para os jornais. O general Lott estava aflito para tratar do caso Mamede: pediu para falar, mas Luz encerrou a "reunião" e o chamou para uma conversa a sós no gabinete. Trocaram palavras desagradáveis. Segundo Carlos Luz, Lott lhe disse que pediria exoneração caso Mamede não fosse punido. Lott garante ter dito ao presidente que "sabia que também ele era partidário de uma solução extralegal para o problema sucessório", ao que Carlos Luz, surpreso com o atrevimento, teria respondido: "É uma infâmia!".[54] Eles marcaram uma nova reunião para o dia seguinte.

Carlos Luz precisava de tempo para reunir pareceres que demonstrassem que cabia exclusivamente a ele, o presidente da República, decidir sobre a punição ou não do coronel Mamede. Conseguiu o que queria: o chefe do Estado-Maior das Forças Armadas disse que o discurso não caracterizava indisciplina porque Mamede falara como porta-voz da diretoria do Clube Militar. O consultor-geral da República garantiu que, como o coronel era assistente da Escola Superior de Guerra, o ministro não podia puni-lo nem pedir sua dispensa, só o presidente.

O dia 10 começou rotineiramente: Carlos Luz recebeu o ministro do Exterior para o despacho semanal regular após o almoço e, em seguida, foi a vez do novo embaixador da Argentina apresentar suas credenciais em cerimônia protocolar. Na sequência, por volta das quatro da tarde, o presidente despachou com o ministro da Agricultura, que também era recebido às sextas-feiras.[55] Lott era esperado às seis, mas chegou com alguns minutos de atraso por causa do trânsito – algo surpreendente para o metódico general. O imponente Salão Amarelo do Catete, antessala do gabinete de Carlos Luz, estava cheio de autoridades. Lott sentou-se e aguardou ser chamado. Deu-se, então, um episódio curioso, relativamente banal, mas que se tornaria importante na versão que o Exército construiria sobre a crise.

O deputado Renato Archer diz que ouviu pelo rádio do carro o noticiário "Repórter Esso" anunciar, a todo momento, que o ministro do Exército estava aguardando ser recebido pelo presidente. Também o escritor Autran Dourado – que seria secretário de imprensa de JK – relata que estava na Central do Brasil esperando o trem noturno para Belo Horizonte quando ouviu no rádio a notícia de que Lott já estava esperando quase uma hora e meia para ser recebido por Carlos Luz. Aparentemente, Carlos Luz tinha decidido dar um "chá de cadeira" em Lott. Impassível, o general aguardava pacientemente. Tempos depois se soube que o jornalista e escritor Odilo Costa Filho – udenista exaltado que havia sido nomeado assessor de imprensa de Café Filho e, depois, assumiu a direção da Rádio Nacional – havia dado ordens para que a rádio fizesse esses anúncios da espera, instante a instante, a fim de humilhar o general Lott.[56]

Isso pegou muito mal entre os militares, sobretudo os do Exército. Segundo o chefe de gabinete do Estado-Maior do Exército, general Lira Tavares – que seria ministro do Exército durante a ditadura e membro da junta militar de 1969 –, "o presidente retardou muito a entrada do general Lott no seu gabinete" e sua atitude veio "em desprestígio do então chefe do Exército". O comandante da Zona Militar do Leste, general Odílio Denis, exageraria dizendo que Lott esperou "horas seguidas, fato divulgado pelas estações de rádio, que deram caráter sensacional ao caso". Na avaliação de Ernesto Geisel – que havia sido subchefe do Gabinete Militar de Café Filho – Carlos Luz "foi de uma inabilidade incrível: fez o Lott esperar numa antessala, por muito tempo, antes de recebê-lo. Foi uma desconsideração". O deputado Armando Falcão, conhecedor dos militares, falaria em "humilhação" e "constrangimento"; Juscelino Kubitschek, vitorioso nos episódios de novembro de 1955, alegaria que "o que estava em jogo, naquele momento, era justamente a honra do Exército"; Carlos Lacerda, derrotado em seus propósitos golpistas, admitiria que "Carlos Luz cometeu um erro mais grave do que a recusa ou do que a punição: deixou o general Lott esperando"; Carlos Luz, além de alegar a série de compromissos que teve no dia, justificou-se dizendo que "seria incapaz, especialmente naquele momento delicado, de sujeitar a uma humilhação o titular da pasta da Guerra, que vinha falar comigo a meu chamado para uma questão de suma importância".[57]

Lott finalmente foi recebido e não obteve autorização para punir o coronel Mamede. O general pediu demissão e foi informado do nome de seu substituto, o general Fiúza de Castro, que Carlos Luz já havia escolhido e, aliás, estava presente no palácio. O locutor da Rádio Nacional, Heron Domingues, imediatamente divulgou a demissão do general Lott. Carlos Luz queria a transmissão do cargo e a posse imediatamente, mas Lott alegou que precisava escrever um boletim de despedida e arrumar suas coisas. Os dois generais combinaram que a transmissão seria feita no dia seguinte, às três da tarde. Lott foi para casa. O presidente, tendo observado o entendimento entre os dois generais, concordou em esperar. Luz estava tranquilo quanto à demissão de Lott: ele havia mandado publicar no *Diário Oficial da União* a exoneração do ministro antes mesmo do encontro. Café Filho foi imediatamente informado no hospital da demissão de seu ministro pelo chefe do Gabinete Civil. O ministro da Agricultura também foi ao hospital à noite e relatou, depois, que Café Filho não gostou da demissão. O presidente licenciado chegou a escrever uma carta de agradecimento ao general Lott que, entretanto, nunca foi entregue.[58]

Duplo golpe

Por volta das dez da noite, Lott chegou à sua casa, ou melhor, à residência oficial do ministro do Exército – o Palacete Laguna, no bairro do Maracanã, centro do Rio de Janeiro. A residência oficial do comandante da Zona Militar do Leste, Odílio Denis, ficava ao lado. O general Denis, desde que soube da notícia da demissão, reunira em sua casa os generais sob seu comando no Rio de Janeiro. Estavam presentes dez generais, além de Denis. Burocraticamente, eles fizeram uma ata de cinco páginas desse encontro, registrando que o general Odílio Denis, "no estrito cumprimento de seus deveres de comandante da Zona Militar do Leste e de alto chefe militar, colocado no foco de acontecimentos de tal importância político-militar, deliberou as medidas necessárias".[59] A ata não dizia nada ou, talvez, com seu caráter cifrado, dissesse tudo.

Lott e Denis tinham um telefone de campanha em suas casas para poderem se comunicar sem interceptações. Denis tentou convencer Lott a colocar o Exército em prontidão, mas Lott não quis e, em vez disso, jantou e deitou-se. Não conseguiu dormir, viu as luzes da casa de Denis ainda acesas, ligou para ele e ambos decidiram depor Carlos Luz: Lott não entregaria o cargo. A reunião dos generais na casa de Denis foi encerrada e cada general partiu para sua guarnição.[60] Já era a madrugada do dia 11 de novembro de 1955.

Denis havia reunido os generais em sua casa porque avaliou que a "indignação da tropa era grande". O presidente teria demitido

> o marechal Lott de forma tão humilhante que era sentida pelos próprios oficiais superiores e generais não políticos. Assim sendo, os generais, de modo unânime e firme, opinaram que se realizasse, naquele momento, o movimento que deveria depor o presidente Carlos Luz e manter a ordem legal na substituição do presidente. O movimento foi realizado aos 30 minutos do dia 11 de novembro, nele empenhando toda a tropa da guarnição e a ele solidarizou-se o general Lott que, no decorrer das ações realizadas, se manteve em seu gabinete.[61]

Lott e Denis foram para o quartel-general do Exército no centro da cidade do Rio de Janeiro. Ficaram ambos no gabinete do comando da

Zona Militar do Leste. Lá já estavam vários generais, como Mendes de Morais, Costa e Silva, Mascarenhas de Moraes, entre outros. Denis expediu ordens previamente elaboradas para ocupar a cidade: durante a madrugada, uma série de prédios públicos foram cercados pelas forças militares do Exército. Lott demorou-se um pouco no gabinete de Denis, no segundo andar, e depois subiu para o seu. O dia já havia amanhecido quando Lott expediu um telegrama para diversas autoridades afirmando que os "chefes do Exército" tinham visto na atitude de Carlos Luz no caso Mamede uma "positiva provocação aos brios do Exército". Por isso, decidiram credenciá-lo como intérprete dos anseios da força, "objetivando retorno situação quadros normais regime constitucional vigente" – conforme a linguagem telegráfica que eliminava preposições e artigos. A expressão "retorno [da] situação [aos] quadros normais [do] regime constitucional vigente", por sua incongruência, timbrou de certo ridículo a manifestação de Lott. Comentando o telegrama, Juscelino Kubitschek anotou: "O texto, como se vê, foi redigido às pressas". Armando Falcão diria que a frase foi de autoria do general Antônio José Coelho dos Reis. O *New York Times*, na primeira página de sua edição do dia 12, tentou traduzir: "*Lott assumed command with the aim of returning 'to the normal framework of the constitutional regime now in force'*" ("Lott assumiu o comando com o objetivo de retornar 'ao quadro normal do regime constitucional atualmente em vigor'").[62]

Carlos Luz havia ficado no Catete. À meia-noite foi para casa, mas o ministro da Justiça ligou para ele dizendo que algo anormal ocorria nos quartéis. Luz, por isso, voltou para o palácio por volta das duas da madrugada do dia 11. Informado de que poderia ser preso, decidiu deixar o Catete antes das cinco da manhã, refugiando-se no Arsenal de Marinha.[63] Os generais Alcides Etchegoyen e Fiúza de Castro, leais a Carlos Luz, permaneceram no palácio. Acabariam presos.

Lott, tempos depois, pediu desculpas ao general Fiúza de Castro. Fiúza havia telefonado para ele na madrugada do dia 11, pois estava desconfiado da movimentação de veículos e tropas, mas Lott garantiu que não era nada. Ele se justificaria dizendo que não chegou a ser uma mentira, mas uma "restrição mental". Quando pediu desculpas por tê-lo enganado naquela ocasião, Fiúza respondeu dramaticamente: "Não, você me enganou toda a sua vida".[64]

A ocupação da cidade foi feita muito rapidamente porque, na metade do ano, Lott havia determinado ao general Denis que preparasse planos "tendo em vista uma tentativa de subversão do regime por parte da Marinha e da Aeronáutica". Ele, obviamente, desconfiava das intenções de seus colegas de ministério, o brigadeiro Eduardo Gomes e o almirante Amorim do Vale. Denis determinou que o tenente-coronel Humberto de Souza Melo fizesse um "plano para emprego emergencial das tropas", mantendo-o sob tamanho sigilo que nem mesmo o chefe do Estado-Maior da Zona Militar do Leste tinha conhecimento do planejamento (o plano foi datilografado pelo filho e ajudante de ordens de Denis, Rubens Bayma Denis). Aliás, nem Lott conhecia os detalhes, já que as providências envolviam apenas as tropas aquarteladas no Rio de Janeiro. A diretriz geral era a ocupação e controle do Arsenal de Marinha, do Campo dos Afonsos, enfim, das instalações da Marinha e da Aeronáutica. Cada um dos generais sob comando de Odílio Denis recebeu seu envelope com ordens específicas e tudo foi executado com rapidez e acerto. Às 5h22, o Palácio do Catete foi ocupado. Lott havia pedido ao general Mendes de Morais que tomasse o palácio, mas o general Mascarenhas de Moraes achou melhor cumprir a missão porque Mendes tinha problemas com oficiais que estavam no Catete. Outros generais seguiram com Mascarenhas. Os generais Etchegoyen e Fiúza de Castro, que lá estavam, juntamente com alguns oficiais, não resistiram. Entre os oficiais que foram presos estava Golbery do Couto e Silva, o futuro "ideólogo" do regime militar. Os militares presos foram levados para o Ministério da Guerra. Estava lá, desde a tarde do dia anterior, o coronel Nélson Werneck Sodré, que se tornaria um conhecido historiador marxista. Ele relata que, não tendo missão a desempenhar, "a certa altura, tomei a iniciativa de fazer café e eu mesmo o servi aos companheiros presos".[65]

No Arsenal de Marinha, na ilha das Cobras, o afoito almirante Pena Boto sugeriu a Carlos Luz que embarcasse no cruzador *Tamandaré* e fosse para São Paulo, lá instalando seu governo a fim de resistir ao golpe de Denis e Lott, um arranjo que Luz aceitou. A decisão se amparava em uma informação algo imprecisa segundo a qual a 2ª Divisão de Infantaria, em São Paulo, comandada pelo general Tasso Tinoco (amigo e primo de Eduardo Gomes), e a Força Pública estadual apoiariam Carlos

Luz. Também se supunha que o governador Jânio Quadros o apoiaria. Segundo Carlos Lacerda, "a guarnição da Marinha em Santos tinha comunicado ao ministro Amorim do Vale que estava solidária com o presidente Carlos Luz. E chegou também a notícia de que o Jânio Quadros pretendia resistir". A comitiva presidencial desembarcaria em Santos e instalaria o governo federal.[66]

Luz já estava a bordo do *Tamandaré* antes das sete, mas teve de aguardar cerca de duas horas com o navio atracado. Carlos Lacerda, Pena Boto, o coronel Jurandir de Bizarria Mamede e quase todos os ministros também embarcaram. O comandante do navio era o capitão de mar e guerra Sílvio Heck. Só conseguiram sair depois das nove, lentamente, porque o navio estava apenas com duas de suas quatro caldeiras em operação por causa de manutenção de rotina. Quando saíam, o Forte da Laje, operado pelo Exército, levantou um sinal proibindo o trânsito de navios de guerra. Sílvio Heck, seguindo ordens do almirante Pena Boto, não obedeceu. Então, o *Tamandaré* prosseguiu e conseguiu passar a curta distância dos fortes da Laje, de Santa Cruz e de São João. Diante disso, o general Lott tomou uma decisão espantosa: mandou que os fortes atirassem no cruzador *Tamandaré*. Os primeiros tiros vieram, aparentemente, do Forte do Leme. Depois, o Forte de Copacabana também abriu fogo. O navio esteve sob fogo durante 22 minutos. Anos depois, Lott diria que mandou o comandante da Artilharia de Costa, general Correia Lima, dar inicialmente tiros de pólvora seca, apenas para intimidação. Depois, que atirasse na frente do navio e, se o *Tamandaré* prosseguisse, que atirasse em cima: "É melhor perdermos o navio com quem está a bordo do que ter guerra civil no Brasil". O general Correia Lima obedeceu.* Carlos Lacerda se recordaria de que "passávamos defronte a Copacabana, a uma certa distância, e nas janelas víamos uma porção de gente botando lençóis, toalhas brancas". De fato, se o cruzador revidasse, bairros da zona sul do Rio de Janeiro seriam atingidos.

---

* Correia Lima teve morte estranhíssima, em 1957, com dois tiros no peito e um no abdômen disparados por sua própria pistola. Primeiro, alegou-se que ele tivera um pesadelo e disparou a arma acidentalmente. Depois, cogitou-se homicídio. Várias hipóteses foram levantadas, até a de que se trataria de vingança por causa dos tiros contra o *Tamandaré*. O caso foi abafado.

Foto de Carlos Luz e outros a bordo do cruzador *Tamandaré* (Foto Arquivo / O Globo).

Segundo Lacerda, "Carlos Luz não quis que o *Tamandaré* respondesse aos tiros".[67]

O almirante Amorim do Vale não tinha embarcado no *Tamandaré*. Dias depois ele explicou que embarcou, quando foi possível, no cruzador *Barroso*, a fim de "acompanhar o presidente da República para qualquer recanto do país que se mantivesse fiel à legalidade". Por volta das duas e meia da tarde do dia 11 de novembro, Amorim expediu ordens um tanto vacilantes dizendo que pretendia deslocar-se para Santos "transportando a máxima força", mas que entenderia os companheiros da Marinha que não o acompanhassem. Disse que condenava qualquer "sacrifício inútil".⁶⁸

O brigadeiro Eduardo Gomes voou para Cumbica, em São Paulo. Outros pilotos o acompanharam saindo das bases aéreas do Campo dos Afonsos, do Galeão e de Santa Cruz, no Rio de Janeiro. Carlos Lacerda relatou que, a bordo do *Tamandaré*, viu quando Pena Boto recebeu um telegrama cifrado que demorou muito a ser decodificado pelo oficial encarregado. Era uma mensagem do brigadeiro Eduardo Gomes, longa, muito formal e cheia de saudações, informando simplesmente que estava a caminho de São Paulo. A falta de objetividade levou Lacerda a pensar: "Estamos perdidos". O brigadeiro informava que havia seguido para o quartel-general da 4ª Zona Aérea, em São Paulo, avaliava que o governador Jânio Quadros defenderia a ordem constituída e comunicava que estava em contato com o general Tasso Tinoco, seu primo. O comandante da Zona Militar do Centro,* general Olímpio Falconièri da Cunha, estava no Rio de Janeiro no dia 11, depois de ter comandado manobras no sul de Mato Grosso (na época, a Zona Militar do Centro abrangia São Paulo e esse estado). Ele recebeu ordens de Lott para seguir imediatamente para São Paulo e controlar a situação. Em Santos, foram feitos preparativos em alguns hotéis para receber o grupo que desembarcaria do *Tamandaré*. Falconièri, entretanto, prevaleceu, e a guarnição de Santos aderiu a Lott. Ficou patente a impossibilidade de desembarque em Santos: "Podíamos arrasar as suas fortalezas [com os canhões do *Tamandaré*], mas não haveria cobertura para o desembarque", disse Carlos Luz. A verdade é que Jânio Quadros não tinha controle nem mesmo sobre a "milícia militar do estado (…) infiltrada de elementos ademaristas", conforme o capitão dos portos do estado de São Paulo, almirante Bulcão Viana, relatou a Café Filho. Lott pediu ao arcebispo de Aparecida do Norte que convencesse Jânio Quadros a não resistir, pois Falconièri já tinha o controle de São Paulo.⁶⁹

No capital da República, a situação era obviamente muito tensa. Além da ocupação militar de várias regiões da cidade, com a circulação de tanques e tropas, a população tinha ficado muito alarmada com os

---

* A Zona Militar do Centro teria o nome de II Exército a partir de 1956. É o atual Comando Militar do Sudeste, abrangendo São Paulo.

tiros dos canhões das fortalezas. Os políticos estavam em grande agitação: ainda de madrugada, por volta de uma e meia da manhã, o deputado mineiro José Maria Alkmin* (PSD) e outros líderes da Câmara dos Deputados pediram a Flores da Cunha que convocasse uma sessão extraordinária. Flores era o 1º vice-presidente da Câmara. O velho deputado gaúcho, então com 75 anos, que viveu muitas refregas durante a Primeira República no Rio Grande do Sul, pôs um lenço branco no pescoço – como os usados pelos antigos chimangos do Partido Republicano do Rio Grande do Sul – e presidiu, a partir das onze, a histórica sessão de 11 de novembro de 1955. O objetivo dos líderes pessedistas era decretar a vacância do cargo de presidente da República: o deputado Armando Falcão – sempre atuando como leva e traz dos militares – havia transmitido ao PSD o "pedido" do general Lott para que a Câmara afastasse Carlos Luz da Presidência da República.[70] Havia tropas militares em volta do Palácio Tiradentes, sede da Câmara, e até mesmo dentro do prédio. Flores da Cunha leu a mensagem de Carlos Luz enviada do *Tamandaré*, dizendo que estava em uma unidade da Marinha – um "navio da esquadra não identificado", como ficou registrado – no exercício do cargo de presidente da República.[71] O deputado paraibano João Agripino (UDN) protestou contra a pressão militar: disse que, ao chegar, "fomos recebidos por soldados do Exército brasileiro que empunhavam metralhadoras. E, como se não bastasse, às portas do edifício, se estendiam pelos corredores, pela sala do café, por toda a parte por onde nós pudéssemos percorrer o prédio da Câmara dos Deputados". Alberto Torres, deputado pelo Rio de Janeiro (UDN), também protestou: "a tropa federal encontra-se em torno do recinto". Flores da Cunha tentou minimizar a afronta dizendo que havia chamado as forças de segurança para garantirem a Câmara, mas que elas sairiam do interior do prédio. Posteriormente, o deputado udenista Afonso Arinos relataria que a solução encontrada para depor Carlos Luz veio de Capanema, uma "fórmula a bem dizer sua". O deputado mineiro Gustavo Capanema (PSD) – ex-ministro da Educação de Vargas – apresentou um requerimento declarando o *impeachment* de Carlos Luz como presidente da República.

---

* José Maria Alkmin era primo de Geraldo Alkmin, vice-presidente do terceiro mandato do presidente Luiz Inácio Lula da Silva.

Ele era o líder da maioria pessedista e contava com a habilidosa atuação do deputado José Maria Alkmin nos bastidores. De acordo com Afonso Arinos, "Capanema defendia, com grande argumentação, a tese do impedimento de Carlos Luz", mas a dramaticidade do momento o abalou e ele passou mal, quase desmaiou e precisou ser retirado da tribuna.[72]

A UDN tentou se contrapor como pôde. Sempre acusada – com bastante razão – de defender intervenções militares golpistas, agora se via na contingência de marcar posição contra um golpe militar. Afonso Arinos falou em uma "onda de treva que desceu sobre o nosso país" e tentou adiar a resolução do *impeachment* dizendo que a situação não estava definida por causa do apoio da Marinha e da Aeronáutica a Carlos Luz. Alberto Torres, seu colega, tentou reforçar o argumento lendo um suposto manifesto dos ministros da Marinha e da Aeronáutica, que falava em gesto ilegal de "companheiros transviados" do Exército. Contudo, um deputado não identificado gritou que o manifesto estava "escrito a lápis". O paulista Herbert Levy, em reforço, disse que São Paulo apoiaria Carlos Luz, mas o pessedista Armando Falcão – atualizado pelos generais – informou que Falconièri já dominava militarmente São Paulo. O baiano Otávio Mangabeira fez um discurso contundente, apontando a ridícula tradição de se buscar legalizar atos de força: "Ou se fazem revoluções, ou não se fazem. Percamos, porém, a mania das revoluções legais ou das legalidades revolucionárias. O mal do 24 de agosto [de 1954] foi fazer-se a revolução pela metade". Se Carlos Luz fosse declarado impedido, o vice-presidente do Senado, Nereu Ramos, assumiria a Presidência da República mas, para Otávio Mangabeira, "o governo que a esta hora está funcionando, não se sabe por quanto tempo, na capital da República, é o governo de uma parte do Exército, à frente alguns generais que se declaram em revolta. O vice-presidente do Senado (...) será um mero instrumento das autoridades de fato que detêm nas mãos a força, as metralhadoras, os canhões". Entretanto, expressando a posição desconfortável vivida pela UDN naquele momento, Mangabeira defendeu os militares: as Forças Armadas só interviriam nas "horas extremas".[73]

O deputado gaúcho Leonel Brizola (PTB) tentou justificar a ação do general Lott lembrando à UDN sua ação dúbia em relação à eleição e posse de Juscelino Kubitschek. Ele disse que "a preparação ostensiva do golpe" contra a posse de JK vinha sendo feita "à sombra da autoridade do presidente Carlos Luz", fato que seria do conhecimento de todos.[74]

Sempre impulsivo, o deputado udenista Adauto Cardoso chamou o general Lott de "ministro sedicioso" e "general rebelado": "Ninguém me tirará da boca o único qualificativo que, nesta hora, cabe para a conduta do general Henrique Teixeira Lott: general sedicioso (...) pode ser que o general Teixeira Lott tenha sacrificado a legalidade presente em benefício da legalidade futura, mas que ele fez o sacrifício da legalidade presente só os fariseus podem contestar".[75]

Os protestos da UDN de nada adiantaram. O requerimento foi aprovado com 185 votos contra 72. Em sua declaração de voto, o udenista mineiro Bilac Pinto criticou o fato de a Câmara colaborar com a "sedição". O ministro da Agricultura de Café Filho, Munhoz da Rocha, diria anos depois que muitos deputados votaram a favor do *impeachment* com medo de que, caso contrário, o Congresso fosse fechado.[76]

O texto aprovado dizia:

> A Câmara dos Deputados, tomando conhecimento dos graves acontecimentos que desde ontem se desenrolam no país e considerando a situação de fato pelos mesmos criada, reconhece a existência do impedimento previsto no art. 79 § 1º da Constituição Federal para cuja solução o mesmo dispositivo prevê o chamamento do vice-presidente do Senado Federal ao exercício da Presidência da República.[77]

A resolução, dissimulada e inconstitucional, não declarava a vacância do cargo, não falava em crimes de responsabilidade capazes de levar ao *impeachment*, nem mencionava a competência do Senado para julgar o presidente da República. Aliás, o Senado rapidamente homologou a decisão. Às seis e meia da tarde, no Palácio do Catete, o general Lott leu o termo e "empossou" Nereu Ramos na Presidência da República.

Diante da impossibilidade de desembarcar em Santos e, sobretudo, de seu *impeachment*, votado pela Câmara que presidia até poucos dias antes, Carlos Luz entendeu que seria inútil prosseguir no *Tamandaré*. Ele então enviou uma mensagem a Nereu Ramos mencionando o lugar-comum retórico do "sangue generoso do povo brasileiro", que não poderia ser derramado, e determinando o retorno do cruzador. Ele mobilizou esse mesmo *tópos* quando ordenou aos ministros da Marinha e da Aeronáutica: "Se abstenham de novos esforços no sentido da resistência a fim de evitarmos [que] se derrame o sangue generoso dos brasileiros e se lancem as forças militares umas contra as outras". Em decorrência, o brigadeiro Eduardo Gomes expediu um boletim determinando que "se recolham às suas unidades e órgãos com os respectivos aviões todos os oficiais e sargentos que por ordem minha se haviam deslocado para o estado de São Paulo, bem como que cesse toda e qualquer resistência que se vinha opondo aos que haviam violado a nossa lei fundamental".[78]

O *Tamandaré* ancorou no Rio de Janeiro por volta das onze e meia da manhã do dia 13 de novembro. O deputado mineiro Ovídio de Abreu (PSD) foi a bordo negociar o desembarque de Carlos Luz, ficando acertado que Luz renunciaria à Presidência da Câmara dos Deputados em troca de poder discursar contando sua versão dos fatos. Somente às seis da tarde Carlos Luz conseguiu desembarcar. Alguém pôs a tocar o *Cisne Branco*, o hino da Marinha. Militares desembarcados foram recolhidos presos ao Ministério da Guerra. Carlos Lacerda achou que seria preso e decidiu pedir asilo ao embaixador do Peru, mas não o encontrou. Afonso Arinos conhecia o decano do corpo diplomático, o embaixador cubano Gabriel Landa, que aceitou receber Lacerda, apesar de sua esposa detestar o deputado: "Ela tinha horror a mim, me achava o maior dos fascistas", reconheceu Lacerda. O embaixador Landa conseguiu um visto para que Lacerda deixasse o Brasil. Ele foi para Miami e, de lá, para Cuba. Depois, conseguiu um salvo-conduto e foi para Nova York, onde traduziu filmes para inserção de legendas em português. Ficou algum tempo em Lisboa e posteriormente voltou de seu desnecessário exílio, sem ser incomodado.[79]

O *New York Times*, na edição do dia 12 já mencionada, além da notícia na primeira página, publicou um editorial elogiando o "golpe relâmpago" brasileiro que faria cumprir a decisão da Justiça Eleitoral. Destacou que os militares brasileiros não almejavam o poder "como normalmente ocorre na América Latina". Também criticou João Goulart e informou que não houve derramamento de sangue, o que seria "típico do Brasil", dizendo que havia algo "peculiarmente brasileiro" nos acontecimentos do dia anterior.[80] Provavelmente inspirado pela embaixada norte-americana no Rio de Janeiro, outros editoriais do importante jornal norte-americano vinham "torcendo" para que os militares brasileiros não anulassem as eleições: os "amigos do Brasil" não queriam acreditar que isso fosse possível.[81]

O discurso de Carlos Luz na Câmara dos Deputados não trouxe nada de novo. Ele lamentou a atuação de Lott, lembrando que o ministro quis punir o coronel Mamede, mas que não pensou em punir o general Canrobert pelo discurso de 5 de agosto que falava em "mentira democrática". Luz nutria um ressentimento pelas lideranças tradicionais do PSD. Em 1947, ele havia sido cogitado para o governo de Minas Gerais nas eleições, mas retirou seu nome em favor de outro, que não foi aceito pela convenção do PSD. Milton Campos, da UDN, venceu a eleição. Segundo Afonso Arinos, esse antigo revés colocou Carlos Luz em plano secundário na política mineira e abriu caminho para Juscelino Kubitschek, que sucederia a Milton Campos no governo de Minas Gerais, trampolim para a Presidência da República. Ora, em 1955, no Catete, Carlos Luz "chegava a uma posição de árbitro da ascensão definitiva do seu rival", segundo analisou Afonso Arinos de Melo Franco. Ainda que não houvesse um planejamento efetivo para impedir a posse de JK, "Carlos Luz pensou francamente em mudar a face das coisas e tentou fazê-lo servindo-se do velho sistema político brasileiro das razões de Estado servidas pela força militar".[82]

O coronel Jurandir de Bizarria Mamede foi finalmente preso, mas logo foi solto no dia 17 de novembro. Lott o desligou da Escola Superior de Guerra e o mandou para Bauru, a fim de assumir a chefia da 6ª Circunscrição de Recrutamento. Era uma espécie de punição velada, porque servir nas circunscrições de recrutamento "era desprimoroso; nelas serviam os relapsos ou os punidos".[83]

Quase todos os militares que tinham sido fiéis a Carlos Luz foram transferidos para circunscrições de recrutamento fora do Rio de Janeiro, até mesmo o general Zenóbio da Costa, que, apesar de defender a posse de JK, acabou sendo enviado para Recife. Ele chefiava a Inspetoria Geral do Exército, onde atuava o líder do autointitulado "Movimento Militar Constitucionalista" (MMC), o coronel José Alberto Bittencourt. Na época, em um contexto anárquico de permanente indisciplina militar, grupos de oficiais mais ou menos afinados em torno de alguma questão se reuniam, mesmo que provisoriamente e ainda que contraditoriamente – tendo em vista suas tendências políticas e trajetória no interior das Forças Armadas. Vinculavam-se a esse MMC, por exemplo, nacionalistas e conservadores, posições às quais aderiam, com suas peculiaridades, nas disputas para a escolha da diretoria do Clube Militar. O MMC foi atuante apenas em 1955, divulgando pouco mais de uma dezena de boletins, que era a sua principal atividade. Contrários aos militares vinculados à UDN, diziam defender as eleições e a posse dos eleitos, embora suas reflexões frequentemente expressassem visões autoritárias. Os membros davam a impressão de ter um poderio que não tinham. De acordo com Nélson Werneck Sodré, "os círculos políticos impressionaram-se com tudo aquilo; supunham que se tratava de poderosa organização". No dia 17 de outubro, Zenóbio divulgou um boletim dirigido ao "soldado do Brasil", chamando Lott de "soldado da legalidade" e dizendo que "aos eleitos, caberá cumprir com honra seus deveres". Acabou demitido da inspetoria.[84]

O general Odílio Denis estava convencido de que os militares do MMC preparavam um "contragolpe" contra os supostos golpistas que estariam planejando impedir a posse de JK. Segundo Denis, no dia da demissão de Lott, o grupo do MMC "reuniu-se na casa de seu chefe para aproveitar a situação" contra Carlos Luz. Foi por isso que Denis reuniu os generais em sua casa e convenceu Lott a reagir: ele se antecipou ao movimento do MMC "e assim não pôde haver o outro [movimento] cujos intentos sabíamos que não coincidiam com os nossos". Ele achava que os integrantes do MMC eram de esquerda, avaliação um tanto absurda, mas compreensível quando analisamos o pensamento atabalhoado daqueles chefes militares. Portanto, a principal motivação de Denis não foi a suposta ruptura da legalidade: ele apenas queria evitar que o grupo do MMC ganhasse protagonismo. Por essa razão, o general Zenóbio foi punido por Lott com a nomeação para a circunscrição de recrutamento de Recife. Lott também extinguiu a Inspetoria Geral do Exército, foco de agitação política.[85]

Note-se que o general Odílio Denis – principal responsável pela deposição de Carlos Luz, apesar da liderança formal do general Lott – foi uma espécie de golpista emblemático da tradição brasileira de intervencionismo militar. Tenente preso em 1922, acabou anistiado por Getúlio

Vargas em 1930, a respeito de quem se manteve em posição dúbia em 1945. Estaria à frente da tentativa de golpe de 1961 e do golpe de 1964, como ainda se verá. Em 1955, estava entre os chefes militares mais importantes, por comandar a Zona Militar do Leste. Se Lott caísse, ele provavelmente também seria afastado do importante posto. Lott e Denis tinham quase a mesma idade (em 1955, 61 e 63 anos, respectivamente), mas Denis era general havia 23 anos e Lott, onze. Nélson Werneck Sodré diz que pôde conhecer bem o general Denis, com quem passou "um ano de conversas constantes" após os episódios de novembro de 1955. Segundo Sodré, o general "guardava terrível e dramático ressentimento: ter sido o segundo, e não o primeiro, em 11 de novembro [de 1955]". Sodré descreveu os dois de maneira curiosa: "Lott, baixo, rosado, um pouco para gordo, mas lépido; Denis, alto, moreno, disfarçando com a altura o volume do corpo, lento de gestos. Aquele parecia um menino robusto, posando para anúncio de leite em pó; este parecia múmia dotada de movimento, de imemorial idade". JK dizia que Lott, "cuja presença o incomodava", tinha "voz cuja estridência fazia mal aos ouvidos" e queria ser o "condestável" do governo. Segundo Cordeiro de Farias, "a verdade nua e crua é que Lott é um militar estranho".[86]

Os eventos de 11 de novembro terminaram, Carlos Luz havia sido deposto, Nereu Ramos tomara posse, Lott continuava ministro, Denis mantinha-se no comando da Zona Militar do Leste e Mamede decidiu ficar quieto em sua nova posição subalterna. Um dos protagonistas desse drama, entretanto, ainda não tinha destino certo. O presidente licenciado, Café Filho, continuava internado no Hospital dos Servidores do Estado.

No auge da crise, o jornalista Villas-Bôas Corrêa e o diretor da Rádio Nacional, Odilo Costa Filho, haviam pedido a Café que reassumisse o governo. Ele parecia estar bem, aparecia em fotos nas revistas sorridente e trajando um pijama listrado: "Você não tem nada a perder, bota uma roupa e, de carro ou de ambulância, desce no Catete para reassumir a presidência, de surpresa. Isso vai agitar todo mundo, mas vai acabar pondo as coisas nos eixos, acalmando os ânimos golpistas". Mas os médicos disseram não se responsabilizar pela vida dele caso saísse do hospital.[87]

Já como presidente, Nereu Ramos visitou Café no hospital no dia 12. Disse que lhe transmitiria o governo tão logo ele se recuperasse:

"O presidente legal, legítimo e verdadeiro era o enfermo, que poderia reocupar o posto no momento em que o desejasse". Dois dias depois, Café foi transferido para a clínica particular São Vicente e surgiram rumores de que ele já estava bem. No dia seguinte, os médicos deram sinal positivo,[88] mas o general Lott o visitou e o informou de que não poderia reassumir.

Ainda assim, Café redigiu um comunicado no dia 21 de novembro a ser enviado a Nereu Ramos dizendo que, "tendo cessado os motivos de impedimento que me levaram a afastar-me do exercício da Presidência da República, tenho a honra de comunicar a Vossa Excelência que, nesta data e a partir deste momento, reassumo para os devidos efeitos aquelas funções", mas seu secretário particular não conseguiu ultrapassar a barreira militar que isolava o Palácio do Catete: foi preciso que o seu ajudante de ordens furasse, discretamente, o bloqueio.[89]

Ele deixou a clínica por volta das cinco da tarde, mas não foi para o Catete, e sim para seu apartamento no bairro de Copacabana. Café planejava ir para o palácio na manhã seguinte, porém Lott mandou cercar com tropas o prédio e as imediações de onde morava. Tanques e veículos militares foram mobilizados.[90] Café pôde entrar em casa, mas não sairia mais, ficando detido. Populares assistiam a cena excêntrica e chamavam pelo presidente: ele apareceu na janela e observou a movimentação militar.

A Câmara dos Deputados repetiria, nesse dia 21, o desempenho do dia 11. O deputado maranhense Cid Carvalho (PSD) foi um dos primeiros a falar e fez questão de ler, para deixar registrado nos *Diários da Câmara*, o estudo – com ares de análise sociológica – feito pelo Instituto Brasileiro de Economia, Sociologia e Política (IBESP), futuro Instituto Superior de Estudos Brasileiros (ISEB),* que estabeleceu a versão dominante sobre o 11 de novembro. O texto tentava explicar que Carlos Luz realmente planejava um golpe, ou pelo menos havia um "processo do golpe" em andamento. As motivações profundas dos supostos golpistas

---

* O IBESP foi criado em 1952 e assumiu o nome de ISEB a partir de 1955. Reunia intelectuais liberais e de esquerda como, entre outros, Hélio Jaguaribe, Guerreiro Ramos, Cândido Mendes, Ignácio Rangel e Nélson Werneck Sodré.

Foto de tropas em frente ao apartamento de Café Filho, no bairro de Copacabana, no Rio de Janeiro (Fundo Correio da Manhã / Arquivo Nacional).

seriam suas relações com "interesses ligados ao subdesenvolvimento" e contrários aos interesses desenvolvimentistas.[91]

Antes do debate do tema que incendiava a crise política, ou seja, o *impeachment* de Café Filho, a sessão da Câmara, estranhamente, abordou questões de rotina. Flores da Cunha, com seu lenço branco, presidia. O udenista Aliomar Baleeiro protestou contra a "indiferença de catacumbas, como se todos aqui fôssemos múmias em face do golpe de morte desfechado sobre a Constituição da República". Adauto Cardoso disse que a Câmara "tem tomado sobre seus ombros a responsabilidade de cobrir com fórmulas jurídicas a ilegalidade".[92]

O deputado Alberto Torres pediu que o presidente Flores da Cunha lesse a comunicação de Café, "notadamente quando se sabe que o Catete está cercado por tropas de infantaria do Exército e tanques e se sabe também que o presidente Nereu Ramos é uma ficção e o sr. general Lott é o ditador". Mas o deputado paulista Ulisses Guimarães (PSD) reclamou prioridade para o documento entregue pela maioria, que dizia: "Fica em tempo registrada a posição da maioria que (...) o sr. presidente da República não poderá assumir porque está impedido". Assinado por 127 deputados, o texto explicava ainda que Café estava impossibilitado de assumir "por ter sido envolvido pelos mesmos acontecimentos" que depuseram Carlos Luz. Aliomar Baleeiro prosseguiu protestando: "Num país anárquico, sem ordem jurídica como este, é uma questão de força. Quem tiver força hoje dará posse a um presidente da República que pode ser o sr. Nereu Ramos (...). Poderá também ser um sargento, um cabo ou um gari da prefeitura". Ernani Sátiro (UDN-PB) sustentou que o Congresso não deveria se transformar "num simples chancelador de golpes militares". O assunto só foi resolvido na sessão noturna que precisou ser convocada. A moção pelo *impeachment* de Café Filho, apresentada por Vieira de Melo, deputado pessedista pela Bahia, foi aprovada por 179 votos contra 94, apesar dos protestos dos parlamentares da UDN. Estabelecia que "permanece o impedimento anteriormente reconhecido [de Café Filho] até deliberação em contrário do Congresso Nacional". O Senado aguardava a decisão e, na manhã do dia 22, também aprovou o *impeachment*.[93]

Como se não bastasse, Lott e os novos ministros da Marinha, Alves Câmara, e da Aeronáutica, Vasco Alves Seco, pediram ao Congresso Nacional a decretação do estado de sítio. Segundo Amaral Peixoto, os ministros "consideravam absolutamente necessário o estado de sítio para manter a disciplina nas Forças Armadas".[94] A Câmara aprovou o pedido no dia 23 e o Senado, no dia seguinte.

A imprensa, entretanto, já estava sob censura antes da decretação da medida. A *Tribuna da Imprensa* não circulou nos dias 11, 12 e 13. O *Jornal do Brasil* e o *Diário de Notícias* saíram com cortes em alguns dias.[95] A Associação Brasileira de Imprensa protestou junto ao presidente Nereu Ramos em nota assinada por Herbert Moses: "Já pela segunda vez, desde que V. Ex³ é presidente da República, com intervalo de poucos dias, chegam à redação de jornais, em plena capital do país, censores que – em nome do governo de V. Ex³ – impedem a publicação de artigos de opinião e de informações". Lott explicou que havia censura porque não estava de acordo com os "processos de que lançam mão os jornais, mesmo os mais idôneos, para o acanalhamento da autoridade, para o desprestígio das Forças Armadas, para forçar a descrença do povo incauto". Afonso Arinos denunciou a censura na Câmara e Leonel Brizola tentou justificá-la: a censura da imprensa seria "medida altamente meritória porque esses jornais pregavam o golpe".[96] Portanto, o esforço para assegurar a posse de JK resultou em censura e na imposição de estado de sítio durante o governo de Nereu Ramos.

Café Filho ainda tentou recorrer ao STF, mas a corte confirmou a decisão do Congresso. O ministro Álvaro Moutinho Ribeiro da Costa, vencido, marcou posição: "Esse ato, em face da Constituição, não pode ter guarida, não poderá ser mantido, não poderá subsistir, pois é um atentado, o maior dos atentados que se pode cometer na República, e a lei ordinária o considera crime". O ministro Nélson Hungria buscou ser realista: "A insurreição é um crime político, mas, quando vitoriosa, passa a ser um título de glória, e os insurretos estarão a cavaleiro do regime legal que infringiram; sua vontade é que conta, e nada mais". Prevaleceu a decisão escapista de suspender o julgamento enquanto durasse o estado de sítio. O mandado de segurança de Café Filho e, posteriormente, seu pedido de *habeas corpus* ficaram obviamente prejudicados quando foram retomados em 7 de novembro de 1956, já no governo de Juscelino Kubitschek. Ribeiro da Costa novamente registrou seu voto dizendo que Café deveria ter reassumido seu cargo "do qual foi inconstitucional, ilegal e arbitrariamente deposto, por ato das Forças Armadas nacionais, sob o comando do general Lott".[97]

Muitos anos depois, Lott diria que depor Carlos Luz e Café Filho "foi uma das coisas mais desagradáveis de minha vida". Sua memória sobre os episódios – assim como a de muitos dos envolvidos – foi sendo reconstruída paulatinamente, como é usual. Ainda em 1955, ele garantiu que não teria havido o golpe se Café Filho tivesse se manifestado claramente em favor da posse dos eleitos – o que, como se viu, Café Filho fez. Café seria "impulsivo e arrebatado, sujeito a perturbações". Mas, em 1964, Lott disse que sabia que "o dr. Café não concordava com aquilo, pois dizia a mim, e o fez várias vezes, que não iria renegar o seu passado". Ele acrescentou: "Sobre o assunto conversei com o presidente Café Filho, por várias vezes, e sempre dele ouvi a afirmação categórica de que, quem vencesse as eleições, receberia o poder de suas mãos. À revelia do dr. Café, preparavam o golpe".[98]

Uma observação pode ser feita sobre a proporcionalidade da ação de Lott em relação aos rumores de golpe para impedir a posse de JK: em janeiro de 1950, quando os adversários de Getúlio Vargas e Ademar de Barros criticavam suas possíveis candidaturas à Presidência da República, o ministro da Guerra, general Canrobert, declarou que o Exército não vetaria nem apoiaria ninguém e que a Constituição seria respeitada: "Com o Exército não haverá golpe. Sem o Exército ninguém pode pensar em dá-lo".[99] Uma declaração de Lott, em 1955, garantindo a posse dos eleitos, teria sido suficiente para calar os rumores?

Muitos dos que viveram aquela época sustentam que realmente havia um golpe em curso para impedir a posse de JK. Para diversos pessedistas, como Armando Falcão, "sem o 11 e o 21 de novembro, é certo que Juscelino Kubitschek e João Goulart não teriam sido presidente e vice-presidente da República". Renato Archer considera que a posse de Carlos Luz indicou que haveria golpe: "Tínhamos aceitado a cédula única e não iria haver eleição, porque a saída de Lott do Ministério da Guerra objetivava isso". Para Amaral Peixoto, Luz não se conformava com a candidatura de Juscelino. "Não há dúvida de que aquilo foi um golpe preparado."[100]

Em oposição, antigos udenistas garantem que nada havia. Lacerda tentou resumir o propósito dos envolvidos:

> Não havia planos para derrubar ou assumir o governo, e aí está o que há de inédito, porque, a rigor, era muito mais conversa do que conspiração (...). Havia encontros em algumas casas, onde nos reuníamos e ficávamos bolando como é que ia ser (...). Havia um grupo de ativistas tentando armar uma conspiração. Acho que a expressão mais exata é essa: "tentando armar uma conspiração". E, do outro lado, havia o grupo disciplinadamente enquadrado pelo ministro da Guerra e, evidentemente, também a turma, a mais numerosa de todas, a do "muro", esperando para ver que lado iriam as coisas.[101]

A explicação de Munhoz da Rocha é inventiva: ele acha que a atitude de Lott objetivava, sobretudo, garantir a posse de João Goulart. "Só um golpe militar com o objetivo explícito de garantir o direito dos eleitos criaria, no Exército, condições para a posse pacífica e tranquila de Jango." Para ele, o golpismo de Lacerda – que não era do governo – "jogou Lott nos braços dos juscelinistas". Juracy Magalhães diria que "o dispositivo para evitar a posse de Juscelino era tão artificial quanto aquele que em 1964 pretendeu assegurar o poder de Jango". Cordeiro de Farias destacou o papel de Odílio Denis: "Lott foi levado àquela ação pelos generais que se encontravam no Rio, liderados pelo Denis".[102]

Seabra Fagundes avaliou que, "para evitar que a Constituição fosse violada, o próprio movimento a estiolou e abriu exceção para posteriores fraturas do texto constitucional". O ex-presidente Ernesto Geisel afirmou que "certamente algumas cabeças mais radicais pensavam em impedir a posse de Juscelino, mas não tinham maior expressão", acrescentando que "Lott não poderia ter feito o que fez".[103]

Lott não tinha qualquer simpatia pelo getulismo e tampouco votou em Juscelino Kubitschek. Como general da ativa, pediu o afastamento de Getúlio Vargas em agosto de 1954 e confirmou que fez isso em manifesto publicado em setembro do mesmo ano. Como ministro da Guerra, tentou sabotar a candidatura de JK no início de 1955 com a tese da união nacional e vetou a candidatura de Jango em abril do mesmo ano. Na manhã do dia da eleição de 1955, divulgou um telegrama com informação falsa buscando incriminar Jango e manipular o eleitor.

Como disse no início deste capítulo, a deposição de Getúlio Vargas em 1954 e as de Carlos Luz e Café Filho em 1955 inauguraram etapa do intervencionismo militar na política brasileira que possui características comuns, persistentes até hoje. No Império, cada partido tinha o "seu militar" emblemático. Como ironizou Oliveira Viana, cada "clã partidário" tinha seu "vistoso ídolo de farda", um "*tabu* de dragonas".[104] A partir dos anos 1950, uma efetiva promiscuidade política se estabeleceu entre setores civis e militares: políticos clamando por intervenção militar; militares posicionando-se em termos partidários. Os pronunciamentos militares assumiram a forma de manifestos ou declarações públicas indevidas que transmitiam "alertas" contra supostos desvios condenáveis do sistema político ou, então, eram "vetos" explícitos contra determinado político. O argumento recorrente relativo à "honra", ao "brio" e ao "pundonor" dos militares – muito utilizado após o fim da Guerra do Paraguai, como já vimos – continuou sendo empregado com eficácia, até porque nunca foi contestado nem mesmo pelos civis que condenavam o militarismo. O manejo especioso das leis serviu para justificar a ruptura da legalidade constitucional ou judicializar soluções autoritárias – inclusive com o consentimento do Congresso Nacional. A indisciplina de oficiais-generais jamais seria enquadrada por autoridades civis, quando muito foi punida de maneira benevolente, no interior das corporações, por oficiais-generais igualmente indisciplinados, mas vitoriosos.

VOOS TURBULENTOS

Militarismo na Aeronáutica

Oficiais da Aeronáutica tentaram dar dois golpes de Estado para depor o presidente Juscelino Kubitschek, um no início de 1956, poucos dias depois de sua posse, e outro no final de 1959. Nas duas vezes, alguns poucos oficiais intermediários e superiores roubaram aeronaves no Rio de Janeiro e as levaram para bases aéreas no Norte e no Centro-Oeste do país. No primeiro caso, as ações se concentraram na base aérea de Jacareacanga, um distrito do município de Itaituba, no sudoeste do Pará;* no segundo, na base de Aragarças, cidade no interior de Goiás. Em ambos os casos, os militares rebeldes pretenderam ocupar outras bases da Aeronáutica, com maior ou menor sucesso, mas não avançaram e foram logo debelados pelo governo. Os rebeldes não tinham propósitos claros, e o seu argumento de que esperavam a adesão de muitos camaradas não parece verdadeiro – ou revela grande ingenuidade. Em resumo, foram ações inconsequentes, fracassadas, e se assemelharam mais a expedições aventureiras.

A expectativa quanto a adesões se baseava na animosidade nutrida por integrantes da Marinha e da Aeronáutica contra o ministro do Exército, general Henrique Teixeira Lott, que ocupava o cargo desde o governo Café Filho e nele foi mantido por Juscelino Kubitschek. Mesmo

---

* Jacareacanga se emancipou como município em 1991.

antes da gestão de Lott à frente do Ministério da Guerra, episódios de conflito entre as três forças se acumulavam: em 1954, a morte do major-aviador Rubens Vaz no atentado da rua Tonelero e as investigações conduzidas pela "República do Galeão" ampliaram a má vontade da Aeronáutica contra o getulismo e o PSD. Essa oposição já existia desde as derrotas do brigadeiro Eduardo Gomes para Dutra (1945) e para Vargas (1950) nas eleições para a Presidência da República. Durante a crise de 1955 – quando Lott depôs os presidentes Carlos Luz e Café Filho na suposição de que tramavam impedir a posse de JK –, o Exército se contrapôs à Aeronáutica e à Marinha, cujos ministros eram tidos como envolvidos na trama. Como vimos, Lott mandou cercar instalações das duas forças, como o Arsenal de Marinha e o Campo dos Afonsos. Além disso, as fortalezas do Exército da Baía de Guanabara bombardearam o cruzador *Tamandaré*.[1]

As revoltas de Jacareacanga e Aragarças também ilustram a persistência, entre muitos militares, da ideia de "revolução" como um confronto armado capaz de dar vazão a instintos belicosos difusos, tendo em vista o enfrentamento – por vias autoritárias – de problemas mal diagnosticados e até mesmo fantasiosos, através de planos delirantes. Os líderes dos dois movimentos eram oficiais intermediários e superiores, relativamente jovens, que confundiam a atuação militar com agressividade viril. Seu voluntarismo parecia encobrir a necessidade de um passatempo militarista que os distraísse do ócio. A movimentação de pessoal e de aparatos bélicos de um lado para outro, a elaboração de planos "ultrassecretos", a divulgação de manifestos palavrosos e a conspiração marcada por intensa comunicação – que os mantinha "em ligação" uns com outros, sem que nada de fundamental fosse de fato comunicado – são características presentes em outras intervenções militares da história republicana brasileira.

Não se pode ignorar as motivações políticas ou ideológicas dos revoltosos, mas eles também agiram motivados pelo sentimento de "honra atingida": alegavam perseguições e, de acordo com o coronel e historiador militar Marco Túlio Freire Baptista, estavam "magoados com o afastamento de seus comandantes (Aeronáutica e Marinha) e repudiavam o novo governo". O major-aviador Haroldo Coimbra Veloso, envolvido nos dois levantes, tinha sido oficial de gabinete do então ministro da Aeronáutica, Eduardo Gomes, até 11 de novembro de 1955.[2] Era especialmente revoltante para a Aeronáutica ter sido subjugada em 1955 pelo Exército, porque muitos de seus integrantes tinham vindo da Escola Militar do Realengo (do Exército) e se tornaram aspirantes-aviadores logo após a criação da Força Aérea Brasileira (FAB) em 1941 – como era o caso de Veloso, declarado aspirante em 1942.

O lugar-comum da "mocidade militar rebelde, mas heroica", foi mobilizado na época: os chefes dos levantes de Jacareacanga e Aragarças foram classificados como "idealistas que haviam perdido a cabeça" por causa de sua "imaginação incandescente". No manifesto que lançaram durante a revolta de Aragarças, os rebelados mencionaram o senador baiano Otávio Mangabeira (UDN), que teria indicado "o caminho a ser tomado pelos mais moços para a salvação da pátria e da República". De fato, o velho senador udenista tinha falado na necessidade de "fortalecer a moral do povo, a moral da mocidade", no dia mesmo da eclosão do movimento. Seu colega no Senado, Afonso Arinos de Melo Franco (UDN), senador pelo Distrito Federal, disse na sequência que não apoiava o movimento, mas compreendia "aqueles jovens militares que, levados pelo arroubo de seu temperamento e pelo fogo natural de sua idade, resolveram praticar ato dessa natureza (...). Não podemos aqui, sincera e honestamente, declarar que são criminosos".[3] O tema recorrente da juventude rebelde, mas heroica, foi utilizado para a concessão de anistia nos dois casos, conforme a tradição brasileira de impunidade para militares golpistas.

Jacareacanga

Em 1956, o major Haroldo Veloso tinha 35 anos e o capitão-aviador José Chaves Lameirão, 29. Não eram tão jovens. No dia 11 de fevereiro (o sábado antes do Carnaval), eles prenderam o oficial de dia e roubaram um avião Beechcraft AT-11 – que era destinado a treinamento, bombardeio e tiro aéreo – da base do Campo dos Afonsos, no Rio de Janeiro, onde Lameirão servia. Eles abasteceram a aeronave com armamento e munição e voaram para a região Centro-Oeste. A ideia de rumar para bases aéreas no interior do país decorria do fato de que as conheciam:

Veloso, além de piloto, era engenheiro e havia coordenado, em 1953, os trabalhos de balizamento e ampliação dos "aeródromos" de Cachimbo, Jacareacanga e outras bases aéreas. Eram, na verdade, pistas de pouso muito precárias que serviam como locais de abastecimento para voos civis e militares que seguiam para a Amazônia, bem como para o Correio Aéreo Nacional.[4] Veloso conquistou a simpatia de muitos moradores dessas regiões porque também criou escolas para ensinar a ler e escrever.

Veloso e Lameirão sabiam que uma revolta no Rio de Janeiro seria sufocada facilmente pelo governo. Decolaram sem autorização e tiveram de fazer várias escalas antes de pousar em Jacareacanga.* O objetivo era se contrapor ao governo, posicionar-se "contra a volta daqueles que deveriam ter sido alijados da vida pública do país depois de 24 de agosto de 1954", conforme relataria Lameirão. O plano era "iniciar efetivamente a revolução. Era preciso que alguém o fizesse. Veloso e eu tomamos a iniciativa". Eles achavam que, controlando as bases aéreas, outros militares da Aeronáutica adeririam, vindos de vários pontos do país. Como esses locais eram de difícil acesso (alcançáveis apenas por avião ou pelos rios), haveria tempo para adesões antes de uma ação governamental repressiva. Veloso queria a instalação de um governo provisório e a implementação de uma reforma eleitoral.[5]

Jacareacanga contava com uma estação-rádio da Aeronáutica operada por seis militares, além de trabalhadores civis contratados entre seringueiros e indígenas munducurus. Veloso conhecia todos eles e, por isso, teve facilidade para interditar a pista de pouso usando tambores de combustível, troncos de árvores e tratores. Ele precisava impedir o pouso de aeronaves leais ao governo que vieram em sua perseguição, uma delas pilotada pelo major Rui Moreira Lima, que, por causa do bloqueio, só pôde lançar alguns panfletos com uma mensagem do ministro da Aeronáutica, o major-brigadeiro Vasco Alves Seco, exigindo dos revoltosos que se rendessem. Nos dias seguintes, Veloso e Lameirão tomaram outros campos de pouso da região, localizados ao norte de Jacareacanga, inclusive o aeroporto de Santarém, que tinha importância por ser escala de reabastecimento dos aviões da rota Belém-Manaus. O controle de

---

* Fizeram escalas pelo menos em Varginha, Uberaba, Uberlândia (MG), Aragarças e Cachimbo (GO).

Foto da pista do aeroporto de Santarém obstruída, de Leonídio de Barros (Fundo Agência Nacional/ Arquivo Nacional).

Santarém pelos revoltosos se estabeleceu no dia 15 de fevereiro, e eles permaneceram lá até o dia 23.[6]

O presidente Juscelino Kubistchek tinha tomado posse no dia 31 de janeiro. No dia 11 de fevereiro, ele foi informado do levante pelo ministro da Guerra, general Lott. Como vimos, era sábado de Carnaval. JK estava na residência da Gávea Pequena, no Alto da Boa Vista, na cidade do Rio de Janeiro, enquanto o ministro da Aeronáutica estava fora do Rio de Janeiro e o da Marinha, relativamente inacessível, na Ilha do Governador. Juscelino ficou especialmente preocupado porque sabia da animosidade da Aeronáutica, "área prioritária da pregação de Carlos Lacerda", como registrou. Ele tinha conhecimento de que a quase totalidade da Aeronáutica ficaria solidária com Veloso. Foi Juscelino quem determinou a perseguição comandada por Rui Moreira Lima, mas suas ordens iniciais custaram a ser obedecidas.[7]

No dia 16 de fevereiro, o comandante da 1ª Zona Aérea (Belém) mandou que o major-aviador Paulo Vitor da Silva fosse para Jacareacanga com um pequeno contingente da Infantaria de Guarda:* "Recebi a missão de sobrevoar Jacareacanga e, se possível, ocupar o lugar." Ele era chefe da Divisão de Tráfego da Diretoria de Aeronáutica Civil (DAC) e estava em Belém proveniente do Rio. Há uma versão segundo a qual Paulo Vitor é que teria sugerido ao comandante ir ao encontro de Veloso, de quem era amigo, sob a alegação de que pretendia convencê-lo a desistir. Seja como for, Paulo Vitor seguiu com vinte homens da Infantaria de Guarda e mais alguns tripulantes em um Douglas C-47, aeronave destinada a missões de transporte usada pelo Correio Aéreo Nacional. Pousaram em Jacareacanga no dia 16 de fevereiro, depois de sobrevoar a localidade durante vinte minutos. Paulo Vitor não deu combate aos revoltosos: "Resolvi aderir ao Veloso". Alguns tripulantes que não aderiram conseguiram fugir dias depois. Com a chegada de Paulo Vitor, os revoltosos ficaram com dois aviões. No futuro, ele diria que "tinha intenção de ajudar o Veloso. Como a guerra estava perdida, minha ideia era pelo menos retirá-lo para outro lugar."[8]

Vitor e Veloso se conheciam havia bastante tempo, pois os dois tinham estudado na Escola Militar de Realengo antes de ingressarem na FAB. Eles passaram a trabalhar juntos nos anos 1940. Mais importante, participaram da "República do Galeão", o inquérito que investigou o atentado contra Carlos Lacerda que resultou na morte do major-aviador Rubens Vaz: "Nós assumimos as operações todas, o Veloso e eu, na Diretoria de Rotas Aéreas", diria Paulo Vitor sobre esse episódio. Rubens Vaz e Paulo Vitor tinham sido compadres: "Vaz era padrinho de meu segundo garoto". Vitor e Veloso também atuaram juntos quando um amigo em comum, um tenente-aviador, foi envolvido em crime de difícil solução e que repercutiu muito na imprensa, o "Crime do Sacopã" – homicídio ocorrido em 1952 na ladeira com esse nome, no Rio de Janeiro.[9]

Inicialmente, o presidente Juscelino Kubitschek não pretendia envolver o Exército na repressão ao levante de Jacareacanga, mas o general Lott teve de colocar as guarnições de Salvador, Fortaleza, Belém e Rio de Janeiro de prontidão, tendo em vista as hesitações da Aeronáutica. Houve incidentes nas três primeiras cidades. Na base aérea de Fortaleza,

---

* A Infantaria de Guarda é a atual Infantaria da Aeronáutica e tem a missão de garantir a segurança das bases aéreas.

o major-brigadeiro Francisco de Assis Correia de Melo, comandante da 3ª Zona Aérea (Rio de Janeiro, Espírito Santo e Minas Gerais), não teve suas ordens de deslocamento de tropas para Jacareacanga obedecidas. Foi preciso organizar uma expedição envolvendo as três forças, para a qual foram mobilizadas tropas da Infantaria de Guarda de Belém, paraquedistas do Exército vindos do Rio de Janeiro e fuzileiros navais. O brigadeiro Antônio Alves Cabral, comandante da 1ª Zona Aérea (Belém), chefiou a expedição. Os paraquedistas seguiram do Rio a bordo de três aviões anfíbios PBY-5 Catalina. Duas aeronaves de bombardeio (B-25 Mitchel) e uma de reconhecimento (Beechcraft AT-11) também foram usadas. O grosso da tropa foi embarcado no navio *Presidente Vargas*, do Serviço de Navegação da Amazônia e Administração do Porto do Pará (SNAPP), a bordo do qual seguiu o brigadeiro Alves Cabral. O navio saiu de Belém no dia 21 de fevereiro, com previsão de chegada a Santarém no dia 23, escoltado por duas corvetas da Marinha e pelas aeronaves da FAB. O fato de os paraquedistas serem do Exército gerou ressentimentos entre os oficiais da Aeronáutica, e foi preciso prender oficiais da Força Aérea. No Rio de Janeiro, Juscelino pediu que, logo depois de decolar, os aviões sobrevoassem o Palácio das Laranjeiras, como um sinal de que tudo estava certo, e só se tranquilizou quando ouviu os motores. Também houve dificuldades com a liberação do *Presidente Vargas* para combater os revoltosos por causa da negativa do comandante Edir de Carvalho Rocha, diretor do SNAPP, que mandou uma carta a Juscelino Kubitschek dizendo que não podia combater o "grupo de bravos", que em "gesto raro de heroísmo" dava um "grito profundo de sentimento de rebeldia" contra a "atual política militar". Rocha foi preso.[10]

 O episódio estava se constituindo num atrativo para a imprensa, sobretudo para as revistas semanais – como *O Cruzeiro* e *Manchete* –, que tudo fizeram para obter as melhores imagens da "revolução". Os Diários Associados conseguiram chegar de avião a Jacareacanga no dia 18 de fevereiro, apesar de os voos comerciais estarem suspensos. As entrevistas com Veloso, Lameirão e Paulo Vitor os transformaram em celebridades. No dia 21 de fevereiro, *O Jornal*, que se autodenominava "órgão líder dos Diários Associados", estampou na capa os "primeiros flagrantes da movimentação de tropas em Belém". No mesmo dia, *O Estado de S. Paulo* anunciou a entrevista obtida pelo repórter paraense Raimundo

Cavaleiro, da *Folha do Norte*, atribuindo a si o feito. Nessa entrevista, Veloso declarou que seu movimento era sequência da "arrancada de 24 de agosto [suicídio de Vargas] que foi apenas interrompida". No dia 25, foi a vez da revista *Manchete* alardear que entrara com um moderno equipamento fotográfico na base de Belém. O número de 3 de março de *O Cruzeiro* ilustrava a matéria intitulada "A romântica rebelião" com uma foto de Veloso deitado relaxadamente num banco rústico de madeira e descrito como o chefe, "louro e de olhos azuis", da rebelião que "prende a atenção de todo o continente".

Como não tinham nada com que se ocupar, Veloso e Lameirão gastavam combustível fazendo, diariamente, dois "voos de reconhecimento" enquanto aguardavam adesões que não vieram e combates que não ocorreram. No dia 22, um dos aviões Catalina do governo disparou uma rajada de metralhadora contra o Beechcraft levado por Veloso e Lameirão. Não atingiu o alvo, mas a ação serviu para foto emblemática publicada por *O Cruzeiro* que mostra Lameirão deitado, apontando uma submetralhadora para o avião "inimigo". Em resposta ao ataque, Veloso mandou uma mensagem à 1ª Zona Aérea (Belém) dizendo que, dali em diante, reagiria a qualquer ameaça.[11]

O levante deflagrou uma anarquia política e militar. Carlos Lacerda aproveitou para fazer entrevistas com militares contrários a Lott e publicá-las em seu jornal, a *Tribuna da Imprensa*. O vice-almirante Pena Boto, referindo-se aos episódios de 1955, disse que processaria o ministro da Guerra – a quem chamou de "general insurreto" – e acabou preso por dez dias no Corpo de Fuzileiros Navais. No dia 17 de fevereiro, o jornal de Lacerda publicou uma entrevista com o contra-almirante Amorim do Vale também criticando o ministro Lott. Amorim tinha sido tenente legalista quando combateu as revoltas de 1922 e 1924, mas, como ministro da Marinha de Café Filho, tentou de todo modo impedir a candidatura de Juscelino Kubitschek à Presidência da República e, depois, como vimos, buscou contestar sua posse junto ao Tribunal Superior Eleitoral. Estava em vias de passar para a reserva. Na entrevista, Amorim não tratou do levante de Jacareacanga, mas criticou a atuação de Lott nos episódios de 1955 e acusou o general de ter favorecido o PSD e o PTB. Para o ex-ministro, a deposição de Carlos Luz e Café Filho foi um golpe "pelo qual foi ferida de morte a democracia brasileira".

A provocação da *Tribuna da Imprensa* levou à prisão de Amorim do Vale, que cumpriu pena em casa. Outro oficial-general da Marinha, o vice-almirante Benjamim de Almeida Sodré, que também estava perto de passar para a reserva, viveu a mesma experiência: deu uma entrevista à *Tribuna da Imprensa* com críticas a Lott e teve sua prisão determinada pelo governo. Para Benjamim Sodré, a época do "mar de lama" havia voltado com o retorno de políticos do "regime maligno de que nos livramos em 24 de agosto de 54". Referindo-se à crise de Jacareacanga, disse que o momento era de absoluta incerteza, "tal o ambiente de desconfiança existente não somente dentro das Forças Armadas".[12]

O major-brigadeiro Vasco Alves Seco, ministro da Aeronáutica, tentou mostrar trabalho e decisão depois das hesitações iniciais, quando deixou o presidente da República perplexo ao dizer-lhe que suas ordens não seriam obedecidas pelos oficiais da FAB. Alves Seco havia substituído Eduardo Gomes – muito querido pela tropa – quando Carlos Luz e Café Filho foram depostos e Nereu Ramos se tornou presidente. Foi mantido no cargo por Juscelino. O ministro precisava ser leal a JK, mas a influência do major-brigadeiro Eduardo Gomes não se diluíra na Aeronáutica. Gomes tentou resolver o problema de Jacareacanga internamente, por baixo dos panos, mas disse que a "atitude precipitada de Alves Seco" paralisou a iniciativa. Ele estava se referindo às declarações que o novo ministro deu, nos dias 15 e 18 de fevereiro, dizendo que o levante era "um ato de indisciplina pessoal de dois oficiais que serão rigorosamente punidos" e que os rebelados eram "oficiais foragidos" que cometeram "açodamento inglório" em uma "demonstração pública de indisciplina", mas que tudo seria tratado como uma "questão interna da Aeronáutica". Ou seja, Alves Seco não sabia se condenava os oficiais indisciplinados ou se abafava internamente o caso, conforme era o desejo de Eduardo Gomes. Ele permaneceu ministro por mais alguns dias, mas sua vacilação o fez perder o cargo em 20 de março de 1956. A atitude de Alves Seco fez com que surgissem rumores de apaziguamento da parte do governo: os revoltosos se entregariam em troca de não haver punição. Isso forçou a Presidência da República a divulgar uma nota comunicando que JK não mandaria carta aos rebelados com tal proposta,[13] apesar de Juscelino, como ainda veremos, propor a anistia dos revoltosos após o término da sedição.

Em Santarém, Veloso e Lameirão enfrentavam sua hora da verdade. A chegada da expedição governamental liderada pelo navio *Presidente Vargas* estava prevista para o dia 23 de fevereiro. No dia anterior, eles decidiram abandonar o local e voar para o sul, o que obrigaria a expedição a gastar mais algum tempo viajando. Os rebeldes levaram seus dois aviões e fugiram para Jacareacanga, chegando lá às nove da noite. O *Presidente Vargas* chegou a Santarém na noite do dia 24 e o aeroporto foi retomado pelo governo. Parte da tropa legalista foi enviada para Itaituba a fim de atingir Jacareacanga navegando em barcaças pelo rio Tapajós. Chegaram lá no dia 25, mas os revoltosos não foram encontrados.[14]

No dia seguinte, entretanto, enviados de Veloso foram surpreendidos espionando Itaituba em uma canoa no rio Tapajós. Aprisionados, confessaram que Veloso estava escondido nas proximidades, em lugar de difícil acesso: São Luís do Tapajós. Soldados da Infantaria de Guarda só conseguiram chegar ao local por volta das quatro horas da manhã do dia 27. Eles acharam a casa onde Veloso estivera, quando houve troca de tiros e um civil foi morto. Ele se chamava José Nascimento Barbosa, apelidado Cazuza, e ajudava Veloso. A morte de Cazuza seria explorada pela UDN: no dia 5 de março, um "grupo de senhoras paulistas" mandou celebrar uma missa para Cazuza na Basílica de São Bento e divulgou um telegrama, enviado ao presidente Juscelino, no qual recorria confusamente ao antigo tópico: "Todas as vezes que a violência embebe o solo generoso do nosso país do sangue de um idealista, nele floresce o invencível princípio esmagador de que Rui foi o guardião entre os civis e Caxias entre os militares". Na Igreja de São Francisco de Paula, no Rio de Janeiro, também houve um ofício religioso convocado pela família de Veloso, no dia 8 de março, ao qual compareceram figuras como o brigadeiro Eduardo Gomes, o almirante Pena Boto e a viúva do major Rubens Vaz. Outra missa foi mandada rezar por "senhoras brasileiras" no dia 14 de março, na Igreja da Candelária, para os "heróis de Jacareacanga" que conseguiram sair ilesos "da premeditada chacina de Jacareacanga". O conflito que resultou na morte de Cazuza assinalou, segundo registram autores militares, o primeiro envolvimento em combate de uma tropa de infantaria da Aeronáutica, o seu "batismo de fogo" – episódio bastante inglório, podemos convir.[15]

Veloso já havia deixado São Luís do Tapajós e subira o rio até uma comunidade chamada Paranamirim, onde acabaria preso no dia 29 após ser denunciado por alguém. Paulo Vitor e Lameirão estavam em Jacareacanga, sem contato com Veloso. O brigadeiro Alves Cabral deu um ultimato aos dois, que, por sua vez, tentaram ganhar tempo ao longo do dia 28. Eles conversavam pelo rádio com o brigadeiro Cabral, que sobrevoava o local a bordo do Beechcraft governista. No dia seguinte, Cabral os avisou de que metralharia a pista de Jacareacanga, o que de fato foi feito pelos dois B-25 Mitchel. Os seringueiros e indígenas correram assustados, os paraquedistas desembarcaram dos três anfíbios Catalina e Lameirão e Paulo Vítor conseguiram fugir no Douglas C-47 para Santa Cruz de la Sierra, na Bolívia, onde pediram e obtiveram asilo.[16]

O ministro da Aeronáutica emitiu uma nota no dia 9 de março em que tentava explicar como combateu a rebelião. Nada disse sobre os oficiais que desobedeceram a ordens e recusaram missões, nem sobre sua própria vacilação. Garantiu que, inicialmente, pretendia ter usado apenas a FAB, mas a Infantaria de Guarda não era numerosa o suficiente. Preferiu escapar pela tangente, lançando mão do lugar-comum da suposta história incruenta do Brasil: tudo tinha sido feito para "evitar-se até a última instância o derramamento de sangue entre irmãos". Segundo o ministro, as bases foram retomadas sem o sacrifício do "sangue generoso dos nossos patrícios". À exceção da morte de Cazuza – lembrou o brigadeiro –, não houve derramamento de "sangue brasileiro".[17] Como já vimos, o brigadeiro Vasco Alves Seco seria exonerado poucos dias depois.

No dia seguinte à prisão de Veloso, Juscelino Kubitschek enviou ao Congresso Nacional um projeto de anistia

> ampla e irrestrita a todos os civis e militares que, direta ou indiretamente, se envolveram, inclusive recusando-se a cumprir ordens de seus superiores, nos movimentos revolucionários ocorridos no país a partir de 10 de novembro de 1955 até 1º de março de 1956, ficando em perpétuo silêncio quaisquer processos criminais e disciplinares relativos aos mesmos fatos.[18]

Ou seja, ele propunha anistia para os envolvidos tanto na deposição de Carlos Luz e Café Filho em 1955 como no levante de Jacareacanga.

Alguns assessores militares haviam pedido que ele não fizesse isso, mas o presidente quis se mostrar magnânimo no seu início de governo e tentou apaziguar os espíritos. O brigadeiro Alves Cabral chegou ao Rio de Janeiro no dia 5 de março e, quando soube da proposta, ficou revoltado: "Se for concedida anistia, eu é que irei para a cadeia. Depois desse trabalho insano, após expormos nossa vida nos riscos do embate armado, tudo será anulado, como se nada tivesse havido". Juscelino precisou convidar Cabral para um encontro e conseguiu se explicar, convencendo o brigadeiro. O projeto de anistia levaria algum tempo para ser aprovado no Congresso Nacional, já que alguns deputados tentaram ampliá-lo para abranger pessoas atingidas pelas leis de segurança do Estado de 1938 e de 1953. Isso beneficiaria Luís Carlos Prestes e outros comunistas condenados com base nessa legislação, ainda que estivessem soltos. A iniciativa preocupou sobretudo alguns chefes militares por causa da possibilidade de reintegração de Prestes ao Exército em posto de oficial-general. O general Lott rapidamente divulgou sua oposição: ele expediu um aviso "reservado" dizendo que a emenda era perigosa e recomendando aos subordinados que se abstivessem de intervir na política. O aviso "reservado" obviamente vazou, de modo que Lott fez aquilo que recomendava que não se fizesse: interveio na política. Juscelino Kubitschek também teve de negar o benefício aos comunistas, e a emenda acabaria recusada. No dia 4 de maio, o projeto original encaminhado por JK foi aprovado pela Câmara dos Deputados. Foi lido no Senado no dia 17 de maio, passou por mais uma tentativa de ampliação da abrangência e foi afinal aprovado e promulgado pelo Senado no dia 22 de maio.[19]

Tão logo foi aprovada a anistia, o capitão José Lameirão e o major Paulo Vitor retornaram da Bolívia, desembarcando sorridentes de um avião comercial no aeroporto Santos Dumont, no Rio de Janeiro. "Agora é começar vida nova", disse Paulo Vitor.[20] Ele conseguiria, de fato, uma nova vida: destacou-se como diretor do Centro Técnico da Aeronáutica (CTA), onde colaborou com o projeto do avião Bandeirante, que foi batizado por ele. Chegou a tenente-brigadeiro e passou para a reserva em 1981, com 60 anos, morrendo em 2009 aos 88 anos.

Lameirão não teve a mesma sorte: em 1961, justificou o levante de Aragarças fantasiosamente, dizendo que o movimento buscou impedir uma revolta comunista da qual participaria o PTB. Ele já havia sido preso em 1960, suspeito de integrar um levante "revolucionário nacionalista". Foi reformado *ex officio* (por dever de ofício) pelo presidente João Goulart em abril de 1962, com apenas 35 anos de idade e, um mês depois, instalou uma bomba no Pavilhão de São Cristóvão (RJ) durante a Exposição Soviética de Indústria e Comércio. Foi preso, mas acabou absolvido por falta de provas – apesar de ter confessado. Chegou a ser acusado de estelionato e morreu novo, com 48 anos, em 1975.[21]

O major Haroldo Veloso permaneceu detido a despeito da anistia de maio. Ele estava em prisão disciplinar nas precárias instalações do Depósito de Material da Aeronáutica, em Manguinhos (RJ), de onde saiu apenas no dia 6 de junho de 1956. Continuou a conspirar e participaria da tentativa seguinte de deposição de JK em Aragarças, como veremos. Em 1957, foi servir no Núcleo de Parque de Aeronáutica de Lagoa Santa, em Minas Gerais e, no meio do ano, foi transferido para o Parque de Aeronáutica de São Paulo, no Campo de Marte. Os udenistas mineiros decidiram homenagear Veloso com um almoço de despedida em Belo Horizonte, ocasião em que líderes importantes compareceram e discursaram, como Pedro Aleixo e Milton Campos. Aleixo disse que, "com sua aventura corajosa", Veloso fez "o mais eloquente discurso que precisava ser ouvido pelos moços de nossa terra", promovendo o "protesto espetacular" de Jacareacanga. Milton Campos, sempre mais comedido, disse que o major Veloso representava o idealismo. O almoço terminou com todos de pé, sensibilizados, fazendo um minuto de silêncio em memória de Cazuza.[22] Anistiado duas vezes, Haroldo Veloso permaneceria na ativa até 1964. Elegeu-se deputado federal em 1966 pelo partido que apoiava a ditadura militar e morreu em decorrência de um tiro que recebeu durante tumulto político relacionado à Prefeitura de Santarém.

Aragarças

A insurreição de Aragarças foi ainda mais inexpressiva e foi logo controlada, mas teve grande ligação com a conjuntura política. Alguns episódios cotidianos, até irrelevantes, estiveram relacionados à sua deflagração. Em outubro de 1958, o general Lott foi enviado a Roma para representar o governo brasileiro no funeral do papa Pio XII. O major-

-brigadeiro Francisco de Assis Correia de Melo, ministro da Aeronáutica, assumiu interinamente o seu lugar. Correia de Melo, como vimos, foi o brigadeiro que Juscelino mandou à Fortaleza na época da crise de Jacareacanga. Ele foi nomeado ministro em 1957 justamente por contar com a confiança de JK. Lott viajou no dia 16 de outubro de 1958 e voltou no dia 26. No dia seguinte, reassumiu seu cargo e, na cerimônia de transmissão, Correia de Melo disse com algum humor que exerceu o cargo "sem turbulências". Os dois ministros já haviam combinado uma espécie de revezamento de interinidades, porque, uma hora depois, Lott assumiu interinamente a Aeronáutica, já que Correia de Melo seguiria para os Estados Unidos. Essa cerimônia na Aeronáutica, entretanto, não foi tranquila: vários brigadeiros estiveram ausentes, numa espécie de protesto silencioso contra Lott. Jacareacanga havia deixado "um rescaldo de ressentimentos" – como reconheceria o presidente Juscelino Kubitschek – que se somaram à antiga animosidade da Aeronáutica contra Lott e o getulismo. A interinidade de Lott deu margem a uma série de problemas.[23]

Uma sucessão de incidentes menores acabou por criar um clima de "crise militar". Ivo Borges, um dos brigadeiros que não foi à cerimônia de transmissão de cargo, compareceu, entretanto, ao embarque de Correia de Melo no dia 28 de outubro. Fez continência a Lott à distância, mas não o cumprimentou. Em 1955, como comandante da 4ª Zona Aérea (São Paulo), Borges tinha se mantido leal ao presidente Carlos Luz, que fugia do movimento liderado por Lott viajando no cruzador *Tamandaré* para São Paulo. No dia seguinte ao episódio no embarque de Correia de Melo, Lott afastou Ivo Borges de seu posto na Inspetoria Geral da FAB.[24]

Uma semana depois da posse de Lott como ministro interino, dezenas de oficiais da Aeronáutica divulgaram uma carta aberta dirigida a dezesseis brigadeiros, entre eles Eduardo Gomes, elogiando-os pela "atitude serena, nobre e dignificante de V. Ex[as] tomada de maneira discreta, mas ostensiva, ao deixarem de cumprir a ordem superior de comparecimento ao ato de transferência da pasta da Aeronáutica". Diziam que Correia de Melo tinha viajado "a passeio" e garantiam que os "homens de bem" sabiam que, na FAB, havia "chefes que cultuam a dignidade, reverenciam a honra" e respeitavam os "brios da nossa classe", em "defesa da honra e do pundonor militar". Os termos lembravam os protestos da Questão Militar do século XIX. Entre os signatários estavam os tenentes-coronéis João Paulo Moreira Burnier, Haroldo Coimbra Veloso e Paulo Vitor da Silva, participantes da insurreição de Jacareacanga.[25]

No dia seguinte, 5 de novembro, Lott mandou prender muitos oficiais por causa da carta. Em reação, militares que não a tinham assinado resolveram aderir e a crise se agravou, com várias manifestações de solidariedade chegando de bases aéreas de todo o país. Nesse mesmo dia, ocorreu a cerimônia de diplomação dos formandos da Escola de Comando e Estado-Maior da Aeronáutica (Ecemar). O clima não poderia ser pior: vários brigadeiros se ausentaram; dezessete formandos não foram receber seus diplomas; o toca-discos que reproduziria o Hino da Aeronáutica foi sabotado; o comandante da escola "esqueceu" de mencionar Lott em seu discurso e, para abreviar a cerimônia, não houve a tradicional entrega de diplomas: o formando mais antigo recebeu um diploma simbólico do presidente JK e o general Lott entregou outro ao único aluno estrangeiro, um oficial uruguaio. Na saída, Lott, contrariado, disse que se tratava "de um assunto disciplinar, a ser resolvido dentro do regulamento". O comandante da Ecemar puniu os alunos faltosos – e outros que se solidarizaram – com prisão de trinta dias.[26]

Em Washington, Correia de Melo declarou que os envolvidos deram demonstração de "péssima educação". Questionado, disse que não cogitava antecipar seu retorno ao Brasil pois ainda iria visitar fabricantes de equipamentos aeronáuticos na Califórnia.[27]

A UDN explorou ao máximo a situação. O deputado Carlos Lacerda disse que havia "feridas ainda não fechadas da desunião que marcou as Forças Armadas do Brasil". A crise teria surgido por causa da interinidade de Lott – nessa "dança de ministros militares" – que feria algo que "vai acima da lei para aqueles que fazem da profissão a honra na defesa da pátria", disse enaltecendo "o sentimento de honra da Força Aérea Brasileira".[28] Lacerda mobilizava o velho tema do "pundonor militar".

O brigadeiro Correia de Melo não conseguiu prosseguir na sua viagem: teve de antecipar o retorno ao Brasil, aqui chegando no dia 10 de novembro. A cerimônia de transmissão do cargo se deu no dia seguinte, justamente no terceiro aniversário da deposição de Carlos Luz por Lott, o que motivou o general a fazer um discurso veemente defendendo sua atuação em 1955. Outros casos de indisciplina e de prisões se sucederam: o major-brigadeiro Guedes Muniz disse que havia "oficiais suspeitos de comunistas" na Aeronáutica e protestou contra a presença de Lott à frente da pasta, mencionando ainda as "humilhações" de 1955 e lembrando "as tropas verde-oliva que cercaram nossas bases". Foi preso. Ivo Borges também falou em infiltração comunista e o brigadeiro Carlos Brasil, em "dignidade ofendida" e "humilhação". Ambos foram presos. Apesar da insatisfação de vários brigadeiros com o ministro Correia de Melo, ele conseguiu se manter no cargo até o fim do governo.[29]

Toda essa agitação tinha a ver com a eleição presidencial marcada para outubro de 1960. A candidatura de Lott era dada como certa. Por outro lado, a candidatura do governador de São Paulo, Jânio Quadros, parecia destinada à vitória: pela primeira vez após a retomada das eleições presidenciais em 1945, os grupos conservadores tinham uma chance real de conquistar a Presidência da República pelo voto. Jânio era uma liderança popular e, lançado pelo Partido Trabalhista Nacional (PTN), contava com o apoio da UDN. Carlos Lacerda – que se dizia cansado das "derrotas gloriosas" da UDN, isto é, derrotas eleitorais que eram consideradas vitórias morais – se empenhou bastante para firmar o nome de Jânio Quadros na UDN.[30]

As coisas prosseguiam conforme essa rotina política quando uma crise abalou a candidatura de Jânio Quadros. A UDN tinha lançado o senador pelo Sergipe, Leandro Maciel (UDN), para vice-presidente. Por sua vez, o Partido Democrata Cristão (PDC) indicou o nome do deputado pelo Rio Grande do Sul Fernando Ferrari (PTB) para o mesmo cargo, apesar de Ferrari estar enfrentando problemas políticos com o PTB e correr risco de expulsão. A UDN queria Leandro como candidato único à vice-presidência na chapa de Jânio e o PDC queria que Ferrari pudesse comparecer a todos os comícios, o que a UDN vetava.* Jânio aproveitou para fazer um gesto chamativo e, após uma reunião em que não se chegou a um entendimento, mandou carta ao presidente da UDN renunciando à sua candidatura.[31] Isso aconteceu no dia 25 de novembro de 1959. A insurreição de Aragarças começaria uma semana depois.

---

* A legislação da época permitia que o eleitor votasse no candidato a presidente de uma chapa e no candidato a vice de outra. O PDC apoiou Jânio e lançou Ferrari para vice.

O tenente-coronel Haroldo Coimbra Veloso não parou de conspirar contra o governo após Jacareacanga. Ele contava com a colaboração de um tenente reformado e advogado, Luís Mendes de Morais Neto, para elaborar planos mirabolantes que fundamentariam um "Movimento de Recuperação Nacional". Morais Neto – que integrava o Conselho da Ordem dos Advogados como representante do Instituto dos Advogados Brasileiros – funcionou como uma espécie de assessor jurídico para o golpe, figura recorrente nas intervenções militares brasileiras. Ele vinha rascunhando planos desde 1956, meses depois do levante de Jacareacanga. Esses documentos continham "instruções para a eventualidade de eclosão de uma ação militar" e apontavam a necessidade de "derrubar o governo atual, por meio de levante militar de fortes parcelas das três Forças Armadas, a fim de estabelecer um governo de exceção, de duração limitada (não superior a dois anos)" por meio de um "levante de unidades militares capazes de, explorando a fundo o fator 'surpresa', apoderar-se de postos e pontos-chave, por meio de ações rápidas, minuciosamente planejadas". Era uma espécie de "minuta do golpe" tendo em vista uma "ditadura a prazo fixo", ideia que já tinha sido ventilada por Carlos Lacerda. Os textos eram atualizados, desdobrados ou acrescidos conforme o passar do tempo: em maio de 1956, por exemplo, o plano falava na necessidade de "neutralizar a cadeia de comando Lott". No início de 1957, Morais Neto redigiu pronunciamentos prevendo o fechamento do Congresso Nacional e do Poder Judiciário. No final de 1958, o tenente-coronel João Paulo Moreira Burnier procurou o advogado para se inteirar dos planos e assumiu a chefia da planejada revolta. Burnier se dizia "um homem de ação".[32]

A renúncia de Jânio Quadros serviu como pretexto para a insurreição. Segundo Burnier, "o movimento foi feito contra a renúncia de Jânio Quadros (...). Foi uma maneira que nós tivemos de permitir que Jânio Quadros tivesse razões para voltar à sua candidatura". Ele também alegou que havia uma "brutal desagregação moral" e corrupção no governo Kubitschek, além de estar imbuído da missão de impedir a "marxização do Brasil, essa comunização do país". Aragarças seria uma provocação para despertar os colegas militares, "para ver se o pessoal adere". Assim, "a renúncia de Jânio Quadros em candidatar-se à Presidência da República foi a gota d'água para a minha decisão", diria

Burnier. Os planos previam o bombardeio dos palácios do Catete e das Laranjeiras, um absurdo que teria sido impedido graças à intervenção do vice-almirante Sílvio Heck – desta vez agindo com algum bom senso. Os revoltosos planejavam ocupar as bases aéreas de Santarém, Aragarças, Xingu, Cachimbo, Jacareacanga e Xavantina para "atrair a atenção do país para a região amazônica, permitindo a abertura de outra frente rebelde no litoral".[33]

Logo após a renúncia de Jânio, Morais Neto atualizou seus papéis, acrescentando que o gesto "acaba de demonstrar que a única via para o reerguimento nacional e a libertação do país do grupo que atualmente o domina é a revolução", passagem que seria incluída no manifesto que tornou público o levante de Aragarças. No texto, Jânio era descrito como o "candidato da grande maioria da opinião nacional", e a licença constitucional para intervir na política – segundo a equivocada interpretação militar – era lembrada: "A destinação constitucional das Forças Armadas impõe o pronunciamento a favor da pátria quando os governos se desmandam". Segundo o manifesto, "não há mais poderes constitucionais funcionando legitimamente".[34]

Na madrugada do dia 3 de dezembro de 1959, Carlos Lacerda recebeu em seu apartamento no Rio de Janeiro a visita de um "militar amigo", que o avisou do levante e o convidou a ir junto. Ele nunca revelou quem era esse amigo. De acordo com Burnier, Lameirão e o coronel-aviador Gustavo Borges teriam avisado o deputado. De toda forma, Lacerda rapidamente avaliou que a rebelião seria uma loucura e, sobretudo, poderia abalar os planos da UDN de ganhar a eleição com Jânio Quadros, pois considerava que o gesto da renúncia certamente poderia ser revertido. Ele também diria, no futuro, que ficou com medo de que Juscelino Kubitschek decretasse estado de sítio "por causa de um gesto heroico, talvez, mas impensado e a meu ver irresponsável, politicamente perigosíssimo e provocador". Assim, respondeu ao militar que não iria, que daria algum tempo para os aviões decolarem e, em seguida, avisaria o governo. Foi o que ele fez. Depois de algumas horas, pediu a um deputado governista que avisasse o ministro Lott.[35]

Os revoltosos saíram de alguns pontos do país. Burnier, Veloso e seus companheiros roubaram três aviões Douglas C-47 da Base Aérea do Galeão e decolaram em direção a Aragarças. Em Belo Horizonte, alguns oficiais roubaram um Beechcraft particular e foram para o mesmo destino. Por fim, o caso que chamaria muita atenção: o sequestro do avião Constellation, que realizava um voo comercial da empresa Panair do aeroporto Santos Dumont, no Rio de Janeiro, para Belém. Foi o primeiro sequestro de avião comercial da história. O major Éber Teixeira Pinto conseguiu embarcar com uma requisição falsificada e o voo decolou às 11h45 da noite do dia 2 de dezembro. Horas depois, quando o avião sobrevoava a cidade de Barreiras, na Bahia, o major sacou sua arma e obrigou o piloto a desviar o voo para Aragarças. O rádio-operador tentou reagir e sofreu ferimentos leves. O avião pousou em Aragarças às seis e meia da manhã do dia 3, para grande surpresa da população local. Entre os passageiros, estava o senador pelo Maranhão Remy Archer (PSD), que acabara de ser nomeado presidente do Banco de Crédito da Amazônia. O Constellation também levava um caixão com o corpo de uma mulher para ser enterrado em Belém, e o viúvo, desesperado, também estava a bordo. Alguns jornalistas também viajavam no avião para produzirem reportagens sobre a construção da rodovia Belém/Brasília a convite da Superintendência do Plano de Valorização Econômica da Amazônia (SPVEA). O fotógrafo Campanella Neto, do *Diário de Notícias*, teve, assim, a oportunidade de sua vida, tirando fotos exclusivas que sairiam na revista semanal do jornal, *Mundo Ilustrado*. O prestigioso Prêmio Esso de Jornalismo criou a categoria Prêmio Esso de Fotografia por causa desse episódio. Campanella e outro jornalista – Evaristo Cardoso, da Agência Meridional pertencente aos Diários Associados – conseguiram burlar a descuidada vigilância dos revoltosos em Aragarças e foram até a cidade de Barra do Garças, de onde mandaram telegramas para seus jornais e voltaram para o "cativeiro", a fim de continuar cobrindo a peripécia. O levante passou a ser noticiado pela imprensa com grande alarde, como já tinha acontecido com Jacareacanga.[36]

Avisado por Carlos Lacerda (cuja iniciativa JK classificou de "desconcertante atitude legalista"), o governo providenciou rapidamente o envio de uma tropa de paraquedistas para Aragarças e mandou censurar alguns órgãos da imprensa – o que era obviamente inconstitucional.[37]

Um dos C-47 dos revoltosos tinha deixado Aragarças e ido a outra base aérea ainda de madrugada, por volta das quatro da manhã do dia 4. Como Veloso contava com a colaboração de sargentos operadores de

Foto do C-47 destruído em Aragarças (Foto Arquivo / O Globo).

rádio, inclusive de alguns que estavam nos aviões do governo, ele foi informado sobre a vinda dos paraquedistas. Assim, a maioria dos rebelados, inclusive Veloso, fugiu para o Paraguai a bordo dos dois C-47 restantes. Burnier e alguns outros foram no Beechcraft para Roboré, na Bolívia. O Constellation seguiu com o major Teixeira Pinto para Buenos Aires, onde os rebeldes pediram asilo. O senador Remy Archer e os demais reféns foram, afinal, libertados.[38] O viúvo e o caixão com a defunta já tinham sido enviados para Belém.

Os paraquedistas do governo chegaram a Aragarças em dois aviões às nove e meia da manhã. O grosso da tropa se manteve oculto na mata. Horas depois, o terceiro C-47, que tinha ido a outra base aérea, voltou para Aragarças com várias pessoas, inclusive civis locais, conhecidos de Veloso, que tinham se integrado ao movimento desavisadamente. Oficiais legalistas – fingindo-se de aderentes – fizeram sinais na pista indicando que o C-47 podia pousar. Quando aterrissou, o avião foi metralhado, pegou fogo e explodiu, uma imagem que fotógrafos conseguiram registrar. Todos que viajavam nele conseguiram escapar. Curiosamente, esse mesmo C-47 tinha sido utilizado pelas forças governistas em Jacareacanga e, agora, acabava queimado em mãos dos insurgentes.[39]

Na tarde do dia 3, Jânio Quadros havia divulgado um apelo aos revoltosos pedindo o fim do movimento. Lacerda deu entrevista dizendo que "nas mãos do sr. Jânio Quadros está a terrível responsabilidade de fazer sanar a situação anormal em que se encontra o Brasil. Ou ele assume a liderança do país imediatamente ou será responsável por todos esses gestos de desespero". Acrescentou, falsamente, que havia "manobras do governo para impedir que se realize o pleito presidencial" de 1960.[40]

No dia 5, Jânio desistiu da renúncia, atendendo ao "apelo do povo e dos partidos": Fernando Ferrari concordou em participar dos comícios apenas quando autorizado. Na Bolívia, Burnier disse que a volta de Jânio significava a vitória da insurreição de Aragarças.[41] Nas eleições de outubro de 1960, nem Ferrari nem o vice da UDN (que acabou sendo o mineiro Milton Campos, já que Leandro Maciel fugiu da raia, antevendo sua derrota) venceram a eleição: o vice-presidente eleito foi João Goulart, da chapa de Lott. Por sua vez, Jânio teve vitória esmagadora.

Juscelino, dessa vez, disse que não concederia anistia: "Não há justificação para o feito desses moços". Um inquérito foi instaurado logo no dia 4, mas se arrastaria. O debate da anistia aos revoltosos de Aragarças se estendeu por muito tempo, com idas e vindas, mas o Congresso, envergonhadamente, aprovou um projeto que concedia anistia aos "que participaram, direta ou indiretamente, de fatos ocorridos no território nacional desde 16 de julho de 1934" [data da promulgação da Constituição de 1934].[42]

O PIOR DA HISTÓRIA DO BRASIL

A renúncia inesperada

Se tivéssemos de ranquear alguns episódios do nosso passado para um livro intitulado *O pior da história do Brasil*, o pronunciamento militar de 1961 certamente estaria entre os primeiros da lista. Políticos conservadores transtornados, como Jânio Quadros e Carlos Lacerda, associados a militares senis, como o marechal Odílio Denis, ou desvairados, como o vice-almirante Sílvio Heck, foram responsáveis por deflagrar um processo que culminaria, pouco mais de dois anos e meio depois, no golpe de 1964.

Como se sabe, o presidente Jânio Quadros foi eleito em 1960 com votação muito expressiva, tomou posse em janeiro de 1961, mas renunciou em agosto do mesmo ano. Além de ser inesperada, a renúncia frustrou os setores conservadores, pois Jânio foi o primeiro presidente eleito com o apoio da UDN na fase posterior à retomada das eleições em 1945. A crise política produzida pela renúncia se tornaria uma verdadeira crise institucional quando os ministros militares de Jânio Quadros entenderam que o vice-presidente, João Goulart (PTB), não deveria assumir o cargo, ao contrário do que estabelecia a Constituição. Esses ministros (que, na verdade, já haviam deixado de sê-lo com a renúncia do presidente) formaram, na prática, uma junta e fizeram um "pronunciamento militar" – procedimento golpista muito conhecido, sobretudo nos demais países latino-americanos, e que os militares brasileiros, curiosamente, diziam desprezar.*

A renúncia de Jânio Quadros é quase inexplicável, havendo muita discussão sobre as reais motivações do presidente. Prevalece a ideia de que Jânio tentou um golpe, na expectativa de causar uma comoção pública que seria seguida de pedidos para que ele retornasse à Presidência da República com poderes ampliados. "Era golpe", assegurou o líder pessedista Amaral Peixoto, que fazia oposição a Jânio. Para Amaral, Jânio queria "governar com poderes discricionários". O deputado cearense Armando Falcão (PSD) também entendia que Jânio "queria mesmo era ser ditador". Para Almino Afonso, líder do PTB na Câmara que também fazia oposição a Jânio, a renúncia foi parte do "golpe que se engendrava no palácio". Essa também é a opinião de Juracy Magalhães, que havia disputado com Jânio, na convenção da UDN de 1959, a candidatura à presidência da República.[1] Para o senador paulista Auro de Moura Andrade (PSD), adversário de Jânio,[2] também se tratava de golpe: "[Jânio] queria voltar nos ombros dos militares, fechar o Congresso, cessar a democracia, revelar-se o que sempre foi: o vilão, a quem só faltava o bastão".[3]

A hipótese do golpe foi negada pelo ministro da Marinha, Sílvio Heck, o mais exaltado dos ministros militares de Jânio: "Ninguém sabia de nada, nem da renúncia". Gabriel Grün Moss, ministro da Aeronáutica, diria que se tratou de uma "malévola tentativa de engodo".[4] Para o governador de São Paulo na época, Carvalho Pinto, "Jânio Quadros gosta mesmo é de fazer teatro. Adora um palco e, se tivesse seguido a vocação real, teria sido um grande artista. Renunciar, para ele, é uma forma de exibir-se na ribalta".[5] Na avaliação do general Machado Lopes, comandante do III Exército do Rio Grande do Sul, que teria papel fundamental na crise, a renúncia foi um "gesto emocional" motivado pelo "espírito autoritário" de Jânio. Para o secretário de Imprensa de Jânio,

---

* Os militares brasileiros sempre se viram como superiores aos colegas latino-americanos por causa do menosprezo pelos "caudilhos" que se perpetuavam no poder, da participação do Brasil na Segunda Guerra Mundial, do poderio militar e econômico do Brasil, além da superior dimensão geográfica e demográfica do país.

Carlos Castello Branco, é impossível saber o motivo da renúncia: "Jânio era, no governo, um homem tenso e dramático".[6]

O próprio Jânio Quadros tentou se explicar em 1962, mas nada esclareceu. Muitos anos depois, em 2011, seu neto asseguraria que, pouco antes de morrer, Jânio confessou: "A renúncia era para ter sido uma articulação, nunca imaginei que ela seria de fato executada. Imaginei que voltaria ou permaneceria fortalecido (...). Esperava um levantamento popular e que os militares e a elite não permitissem a posse do [vice-presidente] Jango". Em 1967, Jânio organizou, com Afonso Arinos de Melo Franco, uma coleção de livros intitulada *História do povo brasileiro*, cujo volume VI aborda a renúncia em um capítulo escrito por Antônio Houaiss, que naturalmente foi aprovado por Arinos e pelo ex-presidente. Segundo essa versão, como Jânio não tinha maioria no Congresso, pretendeu reformar a Constituição usando como exemplo a França de Charles de Gaulle – cuja carta magna reforçava o Executivo em detrimento do Legislativo. De acordo com o capítulo de Houaiss, a renúncia teria sido parte de um esquema combinado com os ministros militares. "O plano, porém, falhou exatamente na vacilação dos chefes militares". O governador do Espírito Santo na época, Carlos Lindenberg, esteve com Jânio logo após a renúncia e relata que o ex-presidente afirmou ter desistido da Presidência da República porque não conseguiu intervir na Guanabara, estado governado por Carlos Lacerda,* que havia feito, na véspera, uma denúncia grave contra o governo.[7] Carlos Lacerda esteve no centro dos acontecimentos, mas, ao contrário de sua atuação em 1950 e 1955, não apoiou, em 1961, o golpe supostamente planejado por Jânio Quadros.

Lacerda, governador da Guanabara, e Jânio Quadros, presidente da República, faziam uma espécie de disputa para ver quem renunciaria primeiro. Em ambos os casos, é impossível afirmar categoricamente qual era a motivação deles. Aparentemente, usavam a ameaça de renúncia como uma espécie de arma política capaz de capturar a atenção da imprensa, dos políticos e do público em geral, sem uma finalidade

---

* Desde que a capital foi transferida para Brasília, em 1960, o município do Rio de Janeiro foi transformado em estado da Guanabara. Existiu até 1974, quando se uniu ao estado do Rio de Janeiro.

específica, mas como forma de conferir densidade ao que, de fato, era rarefeito: a ação política e os propósitos de cada um. A partir do dia 19 de agosto de 1961, Lacerda espalhou cuidadosamente a notícia de que poderia renunciar, primeiro sob alegações vagas, depois se referindo a uma proposta de golpe que, supostamente, o ministro da Justiça de Jânio, Oscar Pedroso Horta, lhe teria feito. Ele também mencionou problemas com a Assembleia Legislativa da Guanabara e com a gestão financeira de seu jornal, *Tribuna da Imprensa*, que teria acumulado dívida milionária. Então, ouviu vários apelos para que não fosse adiante com isso, ao que reagiu dizendo que não mais renunciaria e, no dia seguinte, voltou atrás, afirmando que ainda pretendia fazê-lo: "Não estou fazendo nenhuma ameaça. É um alívio, para mim, renunciar ao governo da Guanabara. Continua de pé o meu propósito nesse sentido".[8]

A fama de renunciador de Jânio Quadros era grande: em 1954, ele retirou sua candidatura a governador de São Paulo por insatisfação com o candidato a vice indicado por um dos partidos que o apoiavam, mas logo voltou atrás. Quando sua candidatura à presidência estava sendo discutida, em 1959, renunciou pelo mesmo motivo e igualmente voltou atrás, como vimos. Seu gesto mais famoso – a renúncia à Presidência da República em 25 de agosto de 1961 – foi antecipado pela revista *Mundo Ilustrado* no dia 12. A matéria dizia que Jânio poderia usar a renúncia como recurso político "para se libertar das injunções que pretendam embaraçá-lo no cumprimento das promessas que fez ao eleitorado brasileiro". Segundo a publicação, as lideranças políticas teriam sido informadas de que ele tinha pensado em renunciar em julho de 1961, quando seu veto à lei que concedia estabilidade aos empregados da empresa de construção de Brasília foi derrubado. Jânio teria até mesmo dito ao vice-presidente, João Goulart, que a renúncia não lhe beneficiaria: "A corda que enforcasse o presidente enforcaria também o vice-presidente". A matéria da revista tinha o sugestivo título de "Renúncia é a arma secreta de Jânio". Três números depois, a revista semanal do *Diário de Notícias* celebrou seu prognóstico.[9] Portanto, a surpresa não decorreu da renúncia, mas do fato de Jânio não ter podido recuar, fazendo seu costumeiro jogo.

Quando o presidente renunciou no dia 25 de agosto, o vice-presidente, João Goulart, estava em visita oficial à China. Ele tinha sido convidado para presidir uma missão comercial ao país comunista pelo próprio Jânio Quadros. Esse convite é visto por muitos analistas como parte de uma estratégia ardilosa do presidente: com o vice-presidente tão distante e em um país comunista, haveria tempo para Jânio desistir da renúncia, voltando com maiores poderes, talvez conferidos pelo Congresso Nacional, talvez obtidos pela força militar – uma concessão que lhe seria feita para evitar a posse de Jango, cujo "esquerdismo" assustava alguns militares. O relato do ministro das Relações Exteriores, Afonso Arinos de Melo Franco, confirma essa tese: de acordo com ele, Jânio lhe telefonou na véspera da renúncia querendo saber onde, exatamente, estava João Goulart naquele dia. Arinos disse que Jango estava em Hong Kong e o presidente comentou que era longe.[10]

As coisas, entretanto, parecem ter ocorrido de maneira mais fortuita: três meses antes, uma missão chinesa tinha vindo ao Brasil, de modo que a visita em retribuição não era inusitada. Conforme o depoimento do ministro Afonso Arinos, a China tinha feito o convite para que as possibilidades de intercâmbio comercial entre os dois países fossem estudadas. Na área da diplomacia, Jânio tinha sofrido um revés no Senado, quando o nome do empresário José Ermírio de Morais foi recusado para o cargo de embaixador na antiga República Federal da Alemanha. Para compensá-lo, Jânio o convidou para a missão à China, mas José Ermírio recusou e Jânio optou por Jango – o vice-presidente da República com o qual não tinha boas relações. O convite seria uma forma de apaziguamento, mas Goulart ficou desconfiado. Ele disse a Afonso Arinos que Jânio queria complicar sua vida: se aceitasse, seria acusado de esquerdista pela direita; se recusasse, ficaria malvisto pela esquerda. Acabou aceitando e, no dia 28 de julho, embarcou para Paris, onde os demais integrantes da missão o encontraram no dia 8 de agosto. Chegaram a Pequim no dia 13, depois de uma escala na União Soviética. A missão oficial se estenderia até o dia 23 de agosto.[11]

Em 15 de agosto, o governador Carlos Lacerda se encontrou em Brasília com o ministro da Justiça, Pedroso Horta. Segundo Lacerda, Horta lhe pediu alguns editoriais que escrevera em 1955, quando propôs uma intervenção militar para impedir a posse de Juscelino Kubitschek. Lacerda também relataria que Horta chegou a falar da necessidade de pôr o Congresso Nacional em recesso e do apoio dos governadores para tal iniciativa. Anos depois, Pedroso Horta confirmou que pediu os artigos golpistas, mas negou as demais denúncias.[12]

Três dias depois, na sexta-feira, 18 de agosto, Lacerda telefonou para a mulher de Jânio, dona Eloá – que estava no Palácio das Laranjeiras, no Rio de Janeiro –, e pediu que ela intercedesse junto ao marido a fim de lhe conseguir um encontro urgente. Segundo Horta, Lacerda alegou que seu filho corria "séria ameaça", de modo que a primeira-dama ligou para Jânio. Jânio ligou para Lacerda por volta das sete da noite e o convidou para ir a Brasília, conforme a solicitação.* Lacerda viajou em um avião da FAB e se reuniu com Jânio no Palácio da Alvorada entre nove e onze da noite do dia 18. Conversaram sobre amenidades e começaram a ver um filme no cinema do palácio. Segundo Lacerda, ele relatou ao presidente a conversa que tivera com Horta no dia 15 e Jânio pediu a Lacerda que encontrasse novamente o ministro da Justiça. Assim, o governador foi do palácio ao apartamento de Pedroso Horta, voltando ao Alvorada cerca de meia-noite, pois dormiria lá, já que Jânio viajaria na manhã seguinte para Vitória, no Espírito Santo, e Lacerda – segundo algumas versões – teria sido convidado a ir com ele.[13] Entretanto, quando chegou ao palácio, o governador foi informado de que não pernoitaria no Alvorada, mas que deveria ir para o "Hotel do Lago" (o Brasília Palace Hotel). Ele ficou irritado, foi para o hotel, ligou para Horta reclamando e dizendo que renunciaria. Horta foi para o hotel e os dois ficaram bebendo e conversando exaltadamente, em altos brados, até cerca de quatro da manhã. Lacerda embarcou de volta ao Rio bem cedo, chegando por volta das oito da manhã de sábado, dia 19. Em seguida, convocou alguns líderes da UDN e relatou o ocorrido, mas seus aliados políticos ficaram reticentes, sem saber se acreditavam na história que ouviram.[14]

De acordo com o secretário de Imprensa de Jânio, o famoso jornalista Carlos Castello Branco, tudo se deveu a um equívoco do chefe do Gabinete Militar, o general Pedro Geraldo de Almeida, que foi receber Lacerda no aeroporto. O general achou que o governador viajaria com o presidente no dia seguinte e, por isso, dormiria no Alvorada. Castello Branco relatou que a visita se tornou suspeita momentos antes da

---

* Nas diversas versões que divulgou, Lacerda chegou a dizer que não se lembrava se Jânio telefonou ou mandou alguém telefonar.

chegada do governador, quando o presidente foi informado por seu secretário particular, José Aparecido de Oliveira, que Lacerda, ao embarcar, tinha dito ao jornal *O Globo* que viajava por causa de um "chamado urgente" de Jânio e que não podia contar o motivo da viagem – o que dava ares de mistério ao encontro.[15]

No mesmo momento em que Lacerda chegava no Rio, na manhã do dia 19, Jânio condecorava Che Guevara no Palácio do Planalto com a Grã-Cruz da Ordem Nacional do Cruzeiro do Sul. Guevara, ministro de Indústrias de Cuba, havia estado em Punta del Este, no Uruguai, durante uma reunião extraordinária do Conselho Interamericano Econômico e Social. Ele recebeu apoio da Argentina e do Brasil e resolveu passar lá e aqui para agradecer. Como Jânio ia para Vitória, a cerimônia de condecoração aconteceu bem cedo e foi rápida (Guevara havia chegado na véspera, à noite). Na sequência, o presidente seguiu para Vitória.[16]

Voltando de Vitória nesse mesmo sábado, Jânio se encontrou no Rio com Lacerda, por volta das dez da noite, no Palácio das Laranjeiras. Durante o dia, Lacerda ficou ouvindo apelos para que não renunciasse. Como não havia propriamente nada acontecendo, o presidente apenas convidou o governador a retornar a Brasília no dia seguinte, domingo, uma viagem que ficou vagamente combinada. Entretanto, Lacerda permaneceu no Rio, alegando que seu filho Sebastião chegaria da Alemanha justamente no domingo e que desejava encontrá-lo.[17]

Na terça-feira, dia 22 de agosto, Lacerda foi a São Paulo para uma palestra promovida pelo Centro Acadêmico XXII de Agosto da Faculdade Paulista de Direito da Universidade Católica. Os estudantes estavam promovendo uma "Semana da Unidade Nacional" com diversas personalidades. A palestra foi realizada no auditório da TV Excelsior, de onde foi transmitida.* Houve um grande tumulto, já que estudantes de esquerda criticaram a presença de Lacerda, e ele foi muito vaiado.[18]

No dia seguinte, Lacerda começou a divulgar mais amplamente a história de que tinha sido convidado por Jânio Quadros para um movimento contra o regime. Líderes da UDN saíram em defesa do

---

* Carlos Lacerda foi um dos primeiros políticos brasileiros a usar com eficácia a TV para seus pronunciamentos políticos.

governador, apesar das desconfianças contra ele, tido como desequilibrado inclusive por seus aliados. O senador paulista Padre Calazans (UDN), que se vangloriava de ter sido eleito por ter "desfraldado uma bandeira contra o comunismo", criticou Jânio Quadros, especialmente sua política externa e a condecoração a Che Guevara ("não fui eleito para bajular o senhor presidente da República"), mas deu a impressão de também criticar Carlos Lacerda quando disse que "política se faz com mais seriedade, com menos uísque, menos cinemas e menos outras coisas". Podia ser uma referência ao cinema no Alvorada, à madrugada de discussão entre Lacerda e Horta regada a uísque ou aos hábitos do presidente. A insinuação de que Jânio Quadros bebia demais, podendo inclusive ser essa a causa da súbita renúncia, apareceria em diversas análises, como a do general Machado Lopes, segundo o qual Jânio queria ter sempre em seu quarto "uma garrafa de [vinho] Lacryma Christi genuíno" quando se hospedasse em Porto Alegre.[19]

Finalmente, na noite do dia 24 de agosto, Carlos Lacerda discursou em uma cadeia de emissoras de rádio e TV denunciando o ministro Horta por tê-lo convidado a participar de um golpe. Afirmou que, antes do encontro com Horta, o próprio Jânio havia falado com ele, durante uma reunião com governadores em junho no Rio de Janeiro, sobre "dificuldades enormes para fazer funcionar o regime", já que não contava com maioria no Congresso Nacional. Nessa mesma ocasião, Pedroso Horta o teria alertado de que Jânio poderia renunciar. Referindo-se à reunião em Brasília, Lacerda disse que Horta teria afirmado que o país estava preparado para uma "reforma muito séria e profunda", a ser posteriormente referendada pelo povo, e que era necessário o apoio dos governadores. Os ministros da Guerra e da Marinha já teriam garantido seu apoio ao movimento e faltava o da Aeronáutica: como ele, Lacerda, tinha boas relações com o brigadeiro Gabriel Grün Moss, Horta lhe pedia para interceder junto ao ministro. Horta também teria afirmado que, se Jânio não conseguisse o apoio do centro, recorreria à esquerda. No mesmo discurso, Lacerda condenou o governo por seu "namoro com as ditaduras comunistas" e afirmou que o próprio Jânio sabia das tratativas sobre o golpe. Reclamou da condecoração dada a Che Guevara e do "estrangulamento econômico da imprensa, cujo papel vem de aumentar em 300%" – o que talvez fosse a verdadeira preocupação do governador.* Apesar de tudo, anunciou que desistia de renunciar: "Para não silenciar, fiquei. Para não silenciar, desisti de renunciar (...). Meu sacrifício consiste em não renunciar".[20]

Essa denúncia teve, naturalmente, enorme impacto. O ministro das Relações Exteriores, Afonso Arinos, não pôde assistir ao discurso porque estava em um compromisso. Quando chegou em casa, seu filho Francisco relatou o que vira na TV e Arinos foi dormir certo de que, no dia seguinte, Jânio Quadros decretaria intervenção federal no estado da Guanabara: "Motivo constitucional havia de sobra", registrou Arinos, embora o artigo 7º da Constituição de 1946 não amparasse tal afirmação.[21]

Jânio Quadros também não assistiu ao discurso. Quando acordou no dia 25, Dia do Soldado, soube pelo rádio da fala de Lacerda e ficou obviamente muito contrariado. Por volta das cinco da manhã, ligou para Francisco de Paula Quintanilha Ribeiro, chefe do Gabinete Civil com quem tinha uma relação muito próxima, dizendo que havia tomado uma decisão. Quintanilha foi o primeiro a saber da renúncia. O presidente pediu a ele que chamasse o chefe do Gabinete Militar, general Pedro Geraldo, e surpreendeu o oficial com a notícia. Disse que nem iria à cerimônia militar em comemoração à data, mas os dois assessores o convenceram a ir. Ainda antes da cerimônia, Jânio disse ao seu secretário particular, José Aparecido, e ao ministro da Justiça, Pedroso Horta, que, diante das acusações de Lacerda, não havia outra solução, não iria governar com sua autoridade atingida: "Não se trata de acusação qualquer. Trata-se de denúncia de quem tem, como eu, solenes e grandes deveres de mandato majoritário" – frase registrada pelo jornalista Carlos Castello Branco, que tem o relato mais confiável desses episódios. Jânio queria convocar o presidente da Câmara, Pascoal Ranieri Mazzilli,** mas Horta lhe disse que Mazzilli faria apelos constrangedores para que desistisse da renúncia: o melhor seria deixar Brasília e somente depois comunicar a decisão ao Congresso Nacional. Jânio concordou. Os quatro deixaram o gabinete e pouco depois chegaram os três ministros militares, que, quando souberam da decisão, ficaram inconformados e

---

* O papel usado para imprimir jornais era, em boa parte, importado.
** Como o vice-presidente estava fora do país, o presidente da Câmara era o próximo na linha sucessória.

insistiram em ser recebidos pelo presidente. Então, foram os sete para o gabinete. O ministro da Aeronáutica, emocionado, disse que o governo não poderia ser entregue a João Goulart e fez "desesperado apelo" para que Jânio não renunciasse. O vice-almirante Heck também estava muito aflito. O marechal Odílio Denis, ministro da Guerra, disse que "esse moço" (o governador Lacerda) era assim mesmo e se declarou disposto a fazer o que Jânio quisesse: intervir na Guanabara, fechar o Congresso, o que fosse, mas Jânio recusou todas as propostas.[22]

A cerimônia militar pelo Dia do Soldado transcorreu normalmente: Jânio condecorou a Bandeira Nacional e ouviu a ordem do dia do general Denis, que, curiosamente, continha críticas indiretas à política externa do presidente.* De acordo com Denis, o Brasil não quebraria os "compromissos assumidos com as demais nações que vivem em comunhão nos mesmos ideais democráticos e cristãos". Para o general Machado Lopes, a ordem do dia teria sido "a gota d'água da renúncia". Essa é uma interpretação um pouco forçada, mas a crítica do general Denis de fato pode ter contribuído: quando a ordem do dia foi lida, a decisão já estava tomada, mas é claro que Jânio conheceu seu conteúdo antes da cerimônia, como era de praxe.[23]

Jânio Quadros agiu conforme o combinado. Um avião o levou ao aeroporto de Congonhas, em São Paulo, onde pegou a filha, Dirce Tutu Quadros. De lá, seguiu para a base aérea de Cumbica e se instalou na casa do comandante. Ficou por ali mais de vinte horas. No dia 26, foi para a casa do industrial José Kalil, no Guarujá, dirigindo ele próprio a perua Vemaguet do amigo Borges Lins. Por fim, embarcou para a Inglaterra no dia 28. Segundo Carlos Castello Branco, Jânio chorou algumas vezes enquanto preparava sua viagem ainda no Palácio da Alvorada e, depois, no trajeto para o aeroporto de Brasília.[24]

Logo após a partida de Jânio, Denis reuniu vários oficiais-generais que estavam em Brasília por causa do Dia do Soldado. De acordo com Armando Falcão – ex-deputado que, como já vimos, tinha muitos contatos com militares –, houve quem propusesse, nessa reunião, que Denis

---

* A política externa de Jânio Quadros, conduzida pelo ministro Afonso Arinos, ficou conhecida como "política externa independente" e buscava um posicionamento não subserviente aos Estados Unidos no contexto da bipolaridade da Guerra Fria.

assumisse o governo ou liderasse uma junta militar. A parte mais curiosa (mas não necessariamente fantasiosa) do relato de Falcão informa que José Vicente Faria Lima, um brigadeiro muito ligado a Jânio Quadros, teria proposto uma operação aeronaval para interceptar o navio no qual o ex-presidente viajava para a Inglaterra a fim de trazê-lo de volta para ser reempossado – Denis é quem teria contado essa história a Falcão. Denis, por sua vez, não querendo assumir a Presidência da República, teria sugerido o nome do jurista Francisco Campos, com quem os três ministros militares haviam falado, mas Campos recusou após consultar o marechal Dutra, que o aconselhou nesse sentido. O próprio Falcão garante que foi sondado por Denis para ser ministro da Justiça de Mazzilli, mas impôs como condição a decretação do estado de sítio e a intervenção no Rio Grande do Sul, o que não foi aceito, tendo sido nomeado o deputado Martins Rodrigues.[25]

Somente depois que Jânio Quadros deixou Brasília, Oscar Pedroso Horta tomou as devidas providências. Ele foi almoçar em casa pouco depois da uma da tarde. O secretário de Imprensa, Carlos Castello Branco, foi ao apartamento de Horta levando cópias da carta de renúncia e da nota que explicava as razões do gesto. Pedro Aleixo, líder do governo, também estava almoçando com Horta, mas de nada sabia. O brigadeiro Grün Moss também chegou, "visivelmente traumatizado". Horta tinha a tarefa de avisar, por telefone, os governadores de São Paulo, da Guanabara e de Minas Gerais da renúncia de Jânio. Os demais governadores seriam informados por telegrama. Avisou primeiramente Carvalho Pinto, governador de São Paulo – para grande surpresa de Pedro Aleixo, que soube da renúncia enquanto ouvia a chamada. Ligou em seguida para Carlos Lacerda, com quem falou secamente. Depois dessa conversa, "colocou o fone no gancho, concluindo a cena que lhe terá sido a predileta de todo o drama" –, conforme registrou Castello Branco. Por volta das duas e quarenta, Horta foi para o Congresso e Castelo foi para o Planalto a fim de informar os jornalistas.[26]

A notícia, obviamente, já havia vazado. O deputado mineiro Geraldo Freire (UDN) fazia um discurso rotineiro em homenagem ao duque de Caxias na sessão da Câmara das duas da tarde quando foi interrompido por forte agitação no plenário. Mendes Gonçalves, deputado por Mato Grosso (PSD), em questão de ordem, disse que o deputado capixaba Dirceu Cardoso (PSD) faria "um pronunciamento da mais alta importância para o país e para o mundo" e pediu a Geraldo que concluísse seu discurso. Dirceu Cardoso tomou a palavra e disse que ia ler "um documento que vai deixar perplexa a Câmara". Então, leu a renúncia e o documento com as razões, o que imediatamente instaurou um tumulto geral no plenário. Quem estava na presidência da Câmara era o primeiro vice-presidente, Sérgio Magalhães (PTB), eleito pelo estado da Guanabara, que pediu calma. Um deputado mencionou a necessidade de dar posse a Mazzilli; outro disse que era preciso implantar o parlamentarismo; um terceiro ironizou Jânio dizendo que ele fez o que devia.[27]

A carta de renúncia foi manuscrita e sintética. O documento com as razões da renúncia nada explicava: Jânio dizia que tinha sido vencido pela "reação" e que se sentia "esmagado". Alegava que "forças terríveis" se levantaram contra ele e o intrigavam e infamavam. Garantia que tinha coragem para renunciar (possível alusão a Lacerda, que só ameaçava) e agradecia às Forças Armadas.

Quando Pedroso Horta chegou ao Congresso, o vice-presidente do Senado,* Auro de Moura Andrade, pensou que ele tinha vindo por causa do requerimento, aprovado de manhã pela Câmara dos Deputados, que o convocava para explicar as denúncias de Lacerda da noite anterior. Mas a fala de Lacerda na televisão e o suposto envolvimento de Horta em um golpe ficaram para trás, superados pela renúncia. O senador Moura Andrade estava em seu gabinete depois de abrir a sessão do Senado e transferir a presidência ao primeiro-secretário, o senador pelo Amazonas Cunha Melo (PTB). Eram mais ou menos três da tarde. Pedroso Horta entregou os documentos de renúncia a Moura Andrade, ocasião em que o senador perguntou a Horta se Jânio estava consciente de que a renúncia era um "ato de vontade" e que, conhecida pelo Congresso, se tornava "irreversível". Horta respondeu dizendo que Jânio já nem estava mais em Brasília e que "passou o governo aos três ministros militares às 10 horas da manhã, deixando ordem para que só desse

---

* Como já foi dito, a Constituição de 1946 estabelecia que o vice-presidente da República presidia o Senado. Na prática, o vice-presidente do Senado conduzia a casa e as sessões do Congresso Nacional.

conhecimento de sua renúncia às 3 horas da tarde", e acrescentou que Jânio não tinha sido pressionado pelos militares. Então, despediu-se e saiu deixando cópias dos documentos com os jornalistas. O senador maranhense Vitorino Freire (PSD), que estava por ali, relataria que Horta, ao sair do gabinete de Moura Andrade, lhe disse que "certamente, a renúncia não seria apresentada [apreciada?] naquele mesmo dia pelo Congresso, pois sendo sexta-feira não deveria haver quórum para a sessão", mas Vitorino lhe disse que, ao contrário, o Congresso estava lotado de parlamentares esperando o desfecho da crise.[28]

O senador Moura Andrade reassumiu a presidência do Senado às quatro da tarde, pediu licença ao senador que estava na tribuna, comunicou brevemente a renúncia e suspendeu a sessão, convocando os líderes partidários para uma reunião. Faltando quinze minutos para as cinco, Moura Andrade abriu uma sessão extraordinária do Congresso Nacional, quando fez breve discurso comunicando a renúncia, mandou ler os respectivos documentos e informou que Ranieri Mazzilli assumiria a Presidência da República às cinco e quinze. Nenhum congressista quis fazer uso da palavra. Moura Andrade declarou que o Congresso estava ciente e encerrou a sessão às 16h53. Ele provavelmente tinha combinado esse rito sumário com os líderes dos partidos. Posteriormente, o senador alegaria que tinha ficado preocupado com o fato de o governo estar nas mãos de uma junta militar: "Seguimos então para o Palácio do Planalto, onde se achavam os três ministros militares. O sr. Raniere Mazzilli tomou posse". No discurso que fez comunicando a renúncia, Auro de Moura Andrade disse: "Nós temos a mais absoluta e irrestrita confiança nas Forças Armadas do Brasil (*Muito bem, muito bem. Palmas*)", conforme registra o *Diário do Congresso Nacional*.[29] Mazzilli, obviamente, manteve os três ministros militares, que, na prática, formavam uma junta militar – como receava o senador.[30]

O ministro – ou ex-ministro – das Relações Exteriores, Afonso Arinos de Melo Franco, estava no Rio. Talvez pretendendo se colocar no centro dos acontecimentos, mandou um telex ao ministério pedindo que seus assessores o encaminhassem aos líderes dos partidos e aos presidentes da Câmara e do Senado. Dizia que "os ministros militares não podem tomar conhecimento do documento da renúncia antes do Congresso Nacional, e o Congresso Nacional, por sua grande maioria, é concitado a recusar a renúncia, sem o que será o caos, a guerra civil". O senador Moura Andrade entendeu que o telex era uma "efetiva ameaça" e mandou deter os assessores de Arinos, um deles o jovem terceiro-secretário Rubens Ricúpero, um dos primeiros diplomatas a trabalhar em Brasília. Ricúpero se tornaria, muitos anos depois, ministro da Fazenda no governo Itamar Franco (1992-1995). Ele ficou detido com o colega Flávio Mendes de Oliveira, que seria conhecido, no futuro, por seus livros sobre a história do Itamaraty. O senador Vitorino afirmou que o telex era indevido e, sempre muito piadista, acusou os dois diplomatas de integrarem "um gabinete muito zurrapa [de má qualidade]". Dias depois, Afonso Arinos, já de volta ao seu cargo de senador, justificou-se de maneira tortuosa, dizendo que, com a experiência de 1954 e 1955, sabia que a crise não teria solução pacífica e que interpretava a Constituição de 1946 como omissa "sobre a competência do Congresso de conhecer e considerar a renúncia". Segundo Arinos, o Congresso poderia "não tomar conhecimento por não ser matéria de sua competência". Por isso teria mandado o telex. A tese era bastante excêntrica, mas foi suficiente para o senador Vitorino aceitá-la como justificativa e retirar o que dissera dos dois jovens diplomatas.[31]

Alguns governadores também haviam recorrido ao Congresso: Magalhães Pinto (Minas Gerais), Mauro Borges (Goiás), Carlos Lindenberg (Espírito Santo), Nei Braga (Paraná), Chagas Rodrigues (Piauí) e Carvalho Pinto (São Paulo) se reuniram no Palácio dos Campos Elíseos, sede do governo de São Paulo, e enviaram um telegrama aos presidentes da Câmara e do Senado dizendo que haviam apelado a Jânio Quadros para que não renunciasse e pedindo aos senadores e deputados "que recusem a aludida renúncia, tendo em vista a preservação da normalidade democrática e os superiores interesses da nação".[32]

Na noite do dia 25 de agosto, Horta fez uma declaração na TV Cultura, em São Paulo, tentando esclarecer a denúncia que Lacerda tinha feito no dia anterior. Disse que "jamais convidaria o mais conhecido boquirroto desta República para conspirar". A verdade, porém, é que ninguém mais estava interessado nessas explicações, pois todos queriam conhecer as verdadeiras razões da renúncia do presidente – e Horta nada disse a esse respeito. Ainda assim, Carlos Lacerda proibiu a retransmissão do pronunciamento de Horta no Rio de Janeiro, pois, embora o Brasil vivesse a suposta "fase democrática" de 1945-1964, tratava-se de uma época em que a censura era aplicada pelas autoridades com total sem-cerimônia. Lacerda, aliás, impôs medidas repressivas rigorosas no Rio de Janeiro, além da censura, já que houve alguns distúrbios na cidade.[33]

Desde o dia 25, o marechal Lott – adversário de Jânio Quadros nas eleições presidenciais de 1960 – se dizia disposto a lutar em defesa da Constituição. Ele lançou um manifesto no dia 26 dizendo que havia ligado para o general Denis para convencê-lo a aceitar a posse de João Goulart, enaltecendo supostas "tradições legalistas" das Forças Armadas e garantindo que repudiava a "solução anormal e arbitrária que se pretende impor à nação". Mas a divulgação do manifesto foi proibida no Rio de Janeiro, onde o marechal morava. O texto foi lido pela Rádio Difusora de São Paulo e, na Câmara dos Deputados, pelo deputado Elói Dutra, cujo irmão era genro de Lott. O general Lott foi preso na manhã do domingo, dia 27 de agosto, por ordem do ministro da Guerra – uma decisão um tanto chocante de Denis, que tinha atuado junto a Lott na crise de 1955. O prisioneiro foi levado primeiro para o Ministério da Guerra e, depois, para o Forte da Laje. Como esse era um local muito desconfortável, Lott foi transferido para a Fortaleza de Santa Cruz, graças à intervenção do deputado Armando Falcão. Ele deveria ficar preso por trinta dias, mas foi solto no dia 9 de setembro e saiu acusando Denis de querer impor uma "tirania militar".[34]

Como vimos, os ministros militares tinham assumido o compromisso de só divulgar a renúncia após as duas da tarde do dia 25, mas o marechal Odílio Denis se antecipou e informou o presidente da Câmara. Segundo Cordeiro de Farias, Denis era ambicioso, tinha pretensões políticas e, com quase 70 anos, "já estava velho". De fato, Denis perpetuava-se na ativa. Ele foi beneficiado por uma lei – que se tornaria conhecida como "Lei Denis" – que evitou sua passagem compulsória para a reserva. Jânio tinha escolhido seus ministros militares a partir de sugestões de Pedroso Horta e de Carlos Lacerda – já que o governador da Guanabara havia apoiado decididamente a candidatura de Jânio Quadros. Denis ocupava o Ministério da Guerra desde que Lott tinha deixado o cargo para concorrer à Presidência da República, ainda no governo de Juscelino Kubitschek, e, quando Jânio assumiu, Horta e Lacerda sugeriram ao presidente que o mantivesse, já que Denis tinha permanecido neutro durante a campanha. Os ministros da Marinha e da Aeronáutica foram escolhidos por serem antigetulistas, e sua indicação consistiu em uma espécie de "revanche aos derrotados do 11 de novembro de 1955", já que o vice-almirante Sílvio Heck tinha sido o comandante do *Tamandaré* e o brigadeiro Gabriel Grün Moss tinha apoiado a insurreição militar de Aragarças contra Juscelino Kubitschek. Jânio Quadros só foi conhecê-los melhor durante o governo e ficou "horrorizado com a mentalidade tacanha do Heck", conforme confidenciou Cordeiro de Farias, que considerava Heck "um homem desvairado". Lacerda, que o indicou, dizia que ele "tinha umas ideias um pouco particulares a respeito do que fosse democracia no Brasil, além de ter ambições políticas". Juracy Magalhães, por sua vez, relatou que Heck, "muito exaltado, não se conformava em deixar Jango assumir".[35]

Veto militar e imposição do parlamentarismo

O marechal Odílio Denis e os demais ministros militares começaram a discutir o veto ao vice-presidente João Goulart ainda no dia 25 de agosto. Conforme Denis, eles se consideravam "investidos do poder de chefes militares para a garantia dos poderes constitucionais, da lei e da ordem, nos termos do art. 117 da Constituição de 1946". Denis estava se referindo, na verdade, ao artigo 177, que dizia: "Destinam-se as Forças Armadas a defender a pátria e a garantir os poderes constitucionais, a lei e a ordem". Portanto, os ministros sustentavam a interpretação de que a atribuição de garantir os poderes constitucionais dava às Forças Armadas o direito de intervir na política e arbitrar supostos conflitos. Para o marechal Denis, a renúncia "podia provocar agitação ou convulsão social, ensejando assim a desordem". Goulart teria se tornado, "no entender dos ministros, incompatibilizado com o regime instituído na Constituição de 1946, e (...), portanto, se achava impossibilitado para governar o Brasil". De acordo com a absurda interpretação de Odílio Denis, na medida em que o Partido Comunista estava na ilegalidade, a Constituição não poderia permitir que uma autoridade, eleita como "democrata", continuasse no poder caso se tornasse comunista. Dessa forma, João Goulart estaria impedido de exercer o cargo porque teria se vinculado aos comunistas depois de eleito, "tornando-se ele mesmo um comunista, o que evidentemente o tornou incompatibilizado para exercer a presidência". Para Denis, se fosse empossado, Goulart governaria com um "programa esquerdista", implantaria uma "república sindical" e deixaria o Brasil a meio caminho do comunismo, que não tardaria a dominar o governo. Nessas circunstâncias, as Forças Armadas teriam de intervir para impedir a posse de um comunista na Presidência da República e "nada mais fizeram que cumprir o mandato constitucional do artigo 177, já invocado, pois na verdade, nessa emergência, elas só fizeram *defender a pátria, garantir os poderes constitucionais, a lei e a ordem*".[36]

Para tornar conhecido o veto entre os seus camaradas, o marechal expediu uma mensagem, na madrugada do dia 27, aos comandantes das grandes unidades militares dizendo que a ordem seria mantida "mesmo que para isso tenha que impedir [a] posse [de] Jango". Ao longo desse dia, começaram a circular notícias de que os militares vetavam o retorno ao Brasil do vice-presidente da República. Denis estivera discutindo com parlamentares hipóteses como a renúncia de Jango, uma licença de sessenta dias ou a posse condicionada a uma declaração que Goulart deveria fazer. O deputado mineiro San Tiago Dantas (PTB) chegou a fazer um apelo a João Goulart, em ligação telefônica a Paris, para que o vice-presidente fizesse o "grande gesto", isto é, renunciasse.[37]

Os ministros militares mantinham-se no Palácio do Planalto cercados de auxiliares. Ranieri Mazzilli, como presidente interino, se sentia acuado. Amaral Peixoto o aconselhou a pedir aos militares que fizessem uma declaração por escrito, para que o presidente da Câmara não ficasse com a "pecha de estar impedindo a posse do Jango". Os ministros assinaram uma mensagem curta dizendo da "absoluta inconveniência, por motivos de segurança nacional, do regresso ao país do vice-presidente João Goulart". Mazzilli enviou o texto ao Congresso Nacional, onde foi lido na sessão de 28 de agosto. O texto, obviamente, causou grande polêmica e foi considerado indevido até mesmo pelos setores conservadores e de direita. O deputado pelo estado da Guanabara Adauto Cardoso (UDN) disse que a mensagem era um "documento sedicioso" e acusou Mazzilli e os três ministros militares de crime de responsabilidade. O deputado mineiro Gabriel Passos (UDN) também avaliou que os autores da mensagem deveriam ser criminalizados. Eram, ambos, parlamentares da UDN que "manifestavam-se pela posse dos seus próprios adversários", conforme registraria o senador Moura Andrade.[38]

Nessa sessão, o Congresso constituiu uma comissão mista que se reuniu e deu um parecer no dia seguinte: "a mensagem [dos ministros militares] não fornece elementos esclarecedores da alegada inconveniência do regresso do sr. vice-presidente João Goulart ao país", acrescentando que ela era a expressão "de mais uma anormalidade no funcionamento do regime presidencial". Por fim, concluía que "outra alternativa não nos resta senão a de mudarmos de sistema, fazendo a experiência do regime parlamentar". Era uma tentativa de conciliação. O parecer foi aprovado pelo Congresso Nacional na madrugada do dia 31 (298 votos contra 14).[39]

Por causa do parecer – conhecido desde o dia 29 –, que falava na ausência de "elementos esclarecedores" para o veto a Goulart, os três ministros militares decidiram divulgar um texto explicativo, mais longo, escrito pelo coronel Golbery do Couto e Silva,* chefe de gabinete da Secretaria-geral do Conselho de Segurança Nacional. O texto foi divulgado na noite do dia 30 e ampliava as acusações a Goulart de esquerdismo e de simpatia pelo comunismo, dizendo que sua posse na Presidência da República seria um incentivo aos que desejavam ver o país mergulhado no caos, sobretudo "em regime que atribui ampla autoridade de poder pessoal ao chefe da nação". Essa passagem era, evidentemente, uma indicação de que os três ministros aceitariam a "saída honrosa" do parlamentarismo, como Afonso Arinos viria a afirmar: "Havia uma abertura clara na manifestação dos ministros quanto à mudança de sua atitude, desde que fosse mudado o regime. Só não entendia quem não quisesse. O papel acabou por me convencer". Pela manhã, os ministros militares haviam tentado fundamentar sua atitude na Constituição, citando o artigo 177 nos termos em que era interpretado por Odílio Denis, como já vimos: apelavam para o povo "no sentido de que este bem compreenda a gravidade dessa responsabilidade [a garantia dos poderes constitucionais, da lei e da ordem]" e acrescentavam:

---

* Golbery ficaria conhecido como ideólogo do regime militar, tendo sido o criador do Serviço Nacional de Informações (SNI) e chefe do Gabinete Civil do generais-presidentes Ernesto Geisel e João Figueiredo.

Detalhe de foto em que aparecem o marechal Denis, o brigadeiro Grün Moss e o almirante Heck em 5 de setembro de 1961 (Foto Arquivo / O Globo).

"As Forças Armadas, obedientes aos princípios constitucionais, fizeram ver, ao Congresso, por intermédio do presidente da República em exercício, a delicadeza do presente momento".[40]

Enquanto em Brasília desenvolviam-se as negociações para a aprovação da emenda constitucional que implantaria o parlamentarismo, o governador do Rio Grande do Sul, Leonel Brizola – casado com a irmã mais nova de João Goulart –, resolveu defender a posse do cunhado. Inicialmente, quando soube da renúncia, Brizola pensou que Jânio Quadros tinha sofrido um golpe. Os dois haviam se aproximado, pragmaticamente, apesar de Brizola ser do PTB. Jânio, aliás, pretendia instalar o governo federal em Porto Alegre no dia 26 de agosto (era sua proposta de "governo itinerante"), tal como já havia feito em Recife meses antes. Brizola chegou a telefonar para Carlos Castello Branco perguntando o que havia acontecido e oferecendo-se para acolher Jânio Quadros em Porto Alegre.[41]

Ao longo do dia 26, entretanto, o governador informou-se da realidade e, já na madrugada do domingo, dia 27, lançou um manifesto em defesa de Goulart. Ele afirmou que havia falado com Jango pelo telefone e pedido o seu regresso urgente, "o que deverá ocorrer nas próxima horas" – o que era falso. Por volta das três da manhã, Brizola deu uma entrevista – fez, na verdade, um pronunciamento – às rádios Gaúcha e Farroupilha, de Porto Alegre, transmitida por telefone para os respectivos estúdios: "A esta hora da madrugada decidi dirigir-me aos meus conterrâneos: nosso país está vivendo horas dramáticas de tensão!", mas logo as duas rádios foram tiradas do ar pelos militares do III Exército. Uma terceira rádio, a Guaíba, de propriedade de um desafeto de Brizola, não havia transmitido o pronunciamento e, por isso, não foi censurada. Brizola decidiu "requisitar" essa rádio, ainda que ilegalmente, pois percebeu que precisava se comunicar com a população e, na época, fazia muito sucesso o radinho de pilha, portátil. O chefe da polícia e alguns soldados foram até a Rádio Guaíba e ocuparam o saguão da emissora com "metralhadoras em punho". Então, a rádio foi transferida para os porões do Palácio Piratini. Havia linhas telefônicas especiais, acionadas por causa da vinda do "governo itinerante" de Jânio, o que facilitou a instalação da emissora no palácio. Por volta das duas e meia da tarde, a rádio começou a tocar os quatro ou cinco discos que havia por ali, com hinos e marchas militares, inclusive de bandas marciais norte-americanas. Brizola foi para o porão e começou a discursar em defesa de João Goulart. De início, havia só dois locutores e nenhum material escrito. Eles improvisavam palavras de ordem, tocavam os discos e liam matérias do jornal *Última Hora*, que passou a apoiar o movimento. Ao anoitecer, o III Exército conseguiu interferir nas transmissões, mas outras emissoras passariam a retransmitir o que ficou conhecido como "Cadeia da Legalidade" ou "Rede da Legalidade".[42]

Diante da resistência de Brizola, o ministro Denis deu instruções para que seu chefe de gabinete, o general Orlando Geisel (irmão do futuro presidente Ernesto Geisel), determinasse ao comandante do III Exército, general Machado Lopes, que paralisasse a atuação do governador gaúcho. Geisel mandou uma mensagem na segunda-feira, dia 28, ordenando que Lopes fizesse "convergir sobre Porto Alegre toda a tropa do Rio Grande do Sul que julgar conveniente". Mandou ainda que Machado Lopes empregasse a Aeronáutica, "realizando inclusive bombardeio se necessário", a fim de "compelir imediatamente Brizola a pôr termo à ação subversiva". Orlando Geisel concluiu ordenando: "atue com máxima energia e presteza". Machado Lopes, entretanto, respondeu que não cumpriria a ordem "por não encontrar apoio legal".[43]

Todas as grandes unidades militares do país já tinham recebido ordem de prontidão desde a manhã do dia 25, quando corriam, nos canais militares, boatos sobre a renúncia de Jânio. Às cinco da tarde, foram informadas por Odílio Denis de que Ranieri Mazzilli havia tomado posse, "estando presentes [os] ministros [da] Marinha, [da] Guerra e [da] Aeronáutica" – óbvia referência ao predomínio militar no contexto da crise.[44]

Entretanto, com a atitude do governador do Rio Grande do Sul e do comandante do III Exército, a situação militar se complicou. Brizola, com o apoio da Brigada Militar – isto é, da polícia militar estadual –, começou a fazer preparativos para defender a sede do governo, o Palácio Piratini, inclusive convocando civis que passaram a receber armas. O governador se mostrava disposto a tudo para garantir a posse de João Goulart com plenos poderes no regime presidencialista. O general Machado Lopes mandou o chefe do Estado-Maior do III Exército, general Antônio Carlos Murici, ao Rio de Janeiro para expor a situação ao ministro da Guerra. Murici partiu no dia 28 pela manhã e voltou, radiante, por volta do meio-dia do dia seguinte, dizendo que tudo estava resolvido e que Machado Lopes seria chamado a Brasília – o que, de fato, se deu logo em seguida. Lopes percebeu que seria preso se fosse a Brasília e que Murici pretendia cumprir as ordens de Denis. Por isso, não viajou e afastou Murici de seu cargo, que logo deixou Porto Alegre em direção a Florianópolis, onde tropas fiéis a Odílio Denis estavam se reunindo.[45]

Ainda no dia 28, Machado Lopes havia convocado seu Estado-Maior, ao qual se reuniram os generais Peri Bevilacqua, comandante da 3ª Divisão de Infantaria em Santa Maria, no Rio Grande do Sul, e Sílvio Américo Santa Rosa, comandante da 6ª Divisão de Infantaria em Porto Alegre. Lopes anunciou que não mais acataria as ordens de Odílio Denis e, em seguida, enviou a informação aos comandantes das outras grandes unidades militares do país.[46] Isso instaurou evidente crise militar, na medida em que um subordinado desobedecia às ordens do ministro da Guerra.

Na sequência, o comandante do III Exército pediu, por telefone, uma audiência com o governador. Brizola, talvez verdadeiramente temeroso, talvez desejoso de criar um clima de comoção que favorecesse seus propósitos, foi ao microfone da "Cadeia da Legalidade" e pediu – dando um toque inicial de dramaticidade – que as escolas fossem fechadas. Em seguida, informou da chegada do general Machado Lopes ao palácio, com quem se encontraria: "Mas pode ser que esse encontro não signifique uma simples visita de amigo, que não seja uma aliança entre o poder militar e o poder civil: pode significar uma comunicação da deposição do governo do estado". Ele também denunciou a ordem de bombardeio do general Orlando Geisel, que tinha conseguido interceptar, e convocou a população a vir para a frente do Palácio Piratini. Foi uma fala emocionada, todos os que estavam presentes aplaudiram e a "Cadeia da Legalidade" pôs a tocar o "Hino da Independência". Por volta de onze e meia, Machado Lopes chegou ao Piratini e anunciou apoio a Brizola. Em seguida, o governador entregou o comando da Brigada Militar ao general e ambos, acompanhados pelo general Santa Rosa, foram até a sacada do palácio, onde foram ovacionados pela multidão. Machado Lopes voltou para seu quartel e Brizola, para o microfone: "Não daremos o primeiro tiro. Mas, creiam, o segundo será nosso".[47]

No dia 29, o ministro Denis destituiu Machado Lopes do posto de comandante do III Exército e nomeou o general Cordeiro de Farias para substituí-lo. Contudo, o ato não teve efetividade: Cordeiro não conseguiu chegar a Porto Alegre porque Machado Lopes controlava a situação e, certamente, o prenderia. Cordeiro já estava, antes mesmo da nomeação, mobilizando tropas para defender o Rio de Janeiro, São Paulo e Paraná, preocupado, sobretudo, com uma invasão de Santa Catarina pelas poderosas forças do III Exército. Sua preocupação não era descabida, pois Machado Lopes estava montando um dispositivo que "demonstrasse aos ministros militares que era nossa intenção invadir S. Paulo com o objetivo de nos aproximarmos do Rio o mais rápido possível", com o plano de entrar no estado paulista por Itararé e Ourinhos. No dia seguinte, Lopes enviou um telegrama ao ministro Odílio Denis reiterando sua insubordinação e dizendo que manteria o "regime liberal democrata cristão, assegurando integral execução da Constituição vigente, sem [que] qualquer modificação nela seja porventura introduzida".[48]

O clima era de muita exaltação dentro do Palácio Piratini e na praça Marechal Deodoro (a "praça da Matriz"), onde muita gente se reuniu, bem em frente ao palácio. Vários jornalistas estavam acompanhando a "Cadeia da Legalidade" e se dispuseram até a receber armas para defender a causa. No sábado, dia 26, o diretor do *Última Hora* de Porto Alegre – que, como a maioria dos jornais vespertinos, não circulava aos domingos – havia decidido adotar a ideia de Brizola de lançar uma edição dominical extraordinária e, para isso, mandou que seu editor político, Flávio Tavares, se instalasse no Piratini. Flávio escreveria, anos depois, o relato mais confiável dos episódios daqueles dias.[49]

Também havia agitação entre os militares. O general Machado Lopes – um dos militares que, como vimos, assinou o manifesto que pedia a renúncia de Getúlio Vargas em 1954 – não gostava de Brizola e chegou a discutir asperamente com o governador no dia 1º de setembro. O comandante do III Exército considerava o general Peri Bevilacqua (que estava em Santa Maria) muito ligado ao governador, assim como o general Oromar Osório, comandante da 2ª Divisão de Cavalaria na cidade gaúcha de Uruguaiana. Ele temia que "Brizola, apoiado por eles, levantaria a Brigada Policial em Santa Maria e em Uruguaiana e eu teria que combatê-los". Ouvindo seus comandados e avaliando a repercussão da "Cadeia da Legalidade", Machado Lopes concluiu que poderia haver um confronto armado. Na 5ª Zona Aérea (Porto Alegre), o brigadeiro João Arelano dos Passos recusou-se a cumprir ordens do ministro da Aeronáutica, Grün Moss, de fazer voos rasantes sobre o Piratini a fim de intimidar Brizola, mas discordou da decisão de Machado Lopes de não mais obedecer às ordens do ministro da Guerra e achou melhor abandonar Porto Alegre. No seu lugar assumiu o tenente-coronel Alfeu de Alcântara Monteiro, que mandou "desarmar todos os aviões que estavam prontos para bombardear o Palácio Piratini", o que foi feito por alguns oficiais e sargentos.* Alguns aviões da Marinha, leais a Sílvio Heck, lançaram panfletos sobre a cidade acusando a "sublevação comunista do governador" e atacando Machado Lopes: "Salvem a pátria do comunismo! Desobedeçam a Machado Lopes, pois não comanda mais

---

* Durante o golpe de 1964, Alfeu seria assassinado por defender posição legalista.

o III Exército". Odílio Denis ficou bastante fragilizado com a atitude de Machado Lopes e disse que o III Exército tinha se deixado impressionar pela "atitude de rebeldia do governador Leonel Brizola [que] criou um grave clima de agitação e subversão". A falta de adesão à atitude de Odílio Denis – manifestada inclusive por alguns generais – e a tentativa frustrada de substituição de Machado Lopes por Cordeiro de Farias eram fortes indicadores da situação precária do ministro da Guerra. Tempos depois, Farias tentaria minimizar o fracasso de sua missão dizendo que sabia que "não iria haver nada": "Tínhamos certeza de que Leonel Brizola não era verdadeiramente capaz de levantar o Rio Grande". Na avaliação do general Otávio Pereira da Costa, famoso por ter concebido a propaganda política da ditadura, os três ministros militares "saíram do episódio bastante machucados".[50]

Diante da "Cadeia da Legalidade" e da crise militar, o Congresso acelerou a tramitação da emenda constitucional que instituía o parlamentarismo. Ela foi promulgada na noite do dia 2 de setembro de 1961. Em seu discurso, o presidente do Congresso falou em "salvamento das instituições fundamentais da democracia" e, dirigindo-se aos militares, disse que o Congresso deu "quanto podia dar em favor da ordem" e que "não há força nenhuma que possa ultrapassar os limites da lei". Na sessão solene, apenas um parlamentar discursou: Raul Pilla, do Partido Libertador do Rio Grande do Sul, então com quase 70 anos, e que sempre defendera o parlamentarismo. Foi a partir de seu projeto que a emenda foi aprovada. Quem também teve atuação importante no sentido de viabilizar a emenda foi o deputado por Minas Gerais Gustavo Capanema (PSD). O artigo 25 da emenda previa a realização de referendo nove meses antes do término do mandato presidencial.[51]

Quando soube da aprovação da emenda instituindo o parlamentarismo, o general Oromar Osório, em Uruguaiana, exaltou-se e enviou uma mensagem a Machado Lopes pedindo que recusasse o "novo golpe". Ele já havia chegado com suas tropas à fronteira entre o Rio Grande do Sul e Santa Catarina, mas o comandante do III Exército respondeu pedindo que ele não criasse dificuldades: "Não se deixe envolver por políticos", disse referindo-se a Brizola que, na "Cadeia da Legalidade", acusava o Congresso de votar a reforma parlamentarista "a toque de caixa, açodadamente, sob coação militar".[52]

Os ministros militares tinham se reunido com alguns governadores na noite do dia 31 de agosto para confirmar a implantação do parlamentarismo e a posse de Goulart no novo regime. Odílio Denis diria, no futuro, que "os ministros militares aceitaram o regime parlamentarista para evitar maiores sacrifícios ao país". Entretanto, ele considerava que a implantação do regime parlamentar deveria implicar "a extinção do mandato de João Goulart, eleito vice-presidente pelo regime presidencial, que não mais vigorava".[53] Evidentemente, não foi o que aconteceu, já que João Goulart voltaria ao Brasil para tomar posse na Presidência da República.

Desde que soube da renúncia de Jânio Quadros, Jango percorreu um longo trajeto de retorno ao Brasil, estendendo-o ao máximo para ganhar tempo. Ele recebeu a notícia no Raffles Hotel, em Singapura, no dia 26 de agosto. Nesse mesmo dia, embarcou em um avião da British Airways, mas houve uma pane e foi preciso pousar em Kuala Lumpur. Goulart voltou a Singapura e de lá foi para Zurique, na Suíça, onde desembarcou no dia 27 – até onde é possível apurar. No dia 28 estava em Paris, de onde conseguiu falar por telefone com diversos brasileiros. Nesse dia, aceitou receber um emissário do Congresso Nacional quando chegasse a Montevidéu, a fim de negociar a solução parlamentarista. O plano era entrar no Brasil por Porto Alegre, para que pudesse agradecer a Brizola; para isso, Goulart iria da Europa para os Estados Unidos e, depois, seguiria pela rota do Pacífico – o que retardaria ainda mais a sua chegada e daria tempo às negociações. Antes da viagem intercontinental, Jango foi visitar sua mulher, Maria Thereza, que estava de férias com os filhos em Costa Brava, ao norte de Barcelona. Maria Thereza se sentia prisioneira no hotel porque a renúncia de Jânio Quadros moveu a atenção de todos para ela. A família só faria a viagem de volta ao Brasil dias depois, em um trajeto diferente daquele de Jango. O então vice-presidente voltou a Paris no dia 29, onde permaneceu fazendo ligações. No dia 30, seguiu para Nova York. A caminho do aeroporto, um repórter perguntou se ele era comunista e Goulart mostrou sua medalhinha de Nossa Senhora. Chegou a Nova York por volta das quatro da tarde e lá permaneceu por apenas cinco horas. Voou para Lima, onde trocou de avião, que partiu para Buenos Aires. Chegou ao aeroporto argentino de Ezeiza no início da tarde do dia 31 de agosto.

Não se demorou e partiu para Montevidéu, onde chegou quase às sete da noite. Lá, se encontrou com o emissário do Congresso, Tancredo Neves, que havia sido ministro da Justiça de Vargas na época da crise de 1954.* Eles conversaram na manhã do dia 1º na embaixada brasileira e, de tarde, Jango declarou: "Irei até ao impossível para que não haja derramamento de sangue". Brizola tentou contrabalançar a presença de Tancredo Neves e também enviou um emissário a Montevidéu: Ajadil de Lemos, procurador da Assembleia Legislativa, que seguiu acompanhado de muitos jornalistas brasileiros. Contudo, Ajadil relatou a Brizola que Jango estava "totalmente voltado para Brasília".[54]

Jango finalmente chegou a Porto Alegre no dia 1º de setembro, por volta das oito e meia da noite. Acompanhado de Brizola e do general Machado Lopes, foram até a sacada do Piratini e acenaram para a multidão. Ao contrário do esperado, Goulart não discursou, ao que se sabe porque tinha combinado com Tancredo Neves que se manteria discreto em sua passagem por Porto Alegre. Mais tarde, cerca de onze horas, distribuiu um manifesto no qual falava da necessidade de "congraçamento de todas as forças responsáveis". O texto tinha sido escrito pelo procurador Ajadil. O secretário de imprensa de Brizola achou a nota evasiva e acrescentou uma frase final: "Que Deus me cuide. Que o povo me ajude e que as armas não falem".[55]

Brizola e os apoiadores mais exaltados da "Cadeia da Legalidade" queriam que Goulart resistisse, marchasse sobre Brasília ou algo assim, recusando o parlamentarismo e se impondo pela força como presidente no presidencialismo. Sua recusa deixou essas pessoas frustradas. Em mais um manifesto, ele declarou, no dia 2 de setembro, que sua decisão "tem de levar em consideração as novas responsabilidades e funções que são atribuídas ao presidente da República".[56]

Jango só chegou a Brasília no dia 5 de setembro à noite, após uma série de boatos sobre uma suposta operação aérea de militares radicalizados que interceptariam ou abateriam seu avião. Há algumas versões fantasiosas sobre o que seria a "Operação Mosquito", que, na verdade, se chamaria "Operação Boneco" e teria sido descoberta por sargentos

---

* Tancredo Neves seria o primeiro presidente do Conselho de Ministros no regime parlamentarista.

da Base Aérea do Galeão, que supostamente avisaram o filho do ex-deputado Paulo Baeta Neves. Para que a identidade dos denunciantes não fosse revelada, combinou-se divulgar o plano com outro nome, daí a mudança de "Boneco" para "Mosquito". A imaginosa história assumiu feição mais concreta porque um avião com parlamentares que iriam até Porto Alegre para trazer Goulart a Brasília não pôde decolar. O senador Moura Andrade foi informado por Mazzilli de que o ministro da Aeronáutica o alertara sobre "elementos inconformados de sua corporação" dispostos a "praticar operações que importavam em risco grave para os transportes aéreos". Foi o próprio ministro da Justiça quem entregou o comunicado a Moura Andrade. Posteriormente, os ministros militares asseguraram que Jango podia viajar, mas em Porto Alegre todos estavam inseguros. Moura Andrade usou a estação de rádio do aeroporto de Brasília para se comunicar com Porto Alegre e dizer que Jango podia seguir, mas os amigos de Goulart em Porto Alegre permaneceram desconfiados. Por fim, Moura Andrade lançou mão de dois repórteres que estavam por ali e deu uma entrevista dizendo que a situação era segura e que os ministros militares estavam no aeroporto de Brasília – o que era falso. Depois desses episódios rocambolescos, Jango finalmente embarcou. Diante de tantos boatos, houve uma frenética emissão de notas militares para assegurar que não havia anormalidades e Denis entendeu por bem declarar que "as Forças Armadas acatam a deliberação do Congresso Nacional". Os ministros militares que tentaram o golpe não se encontraram com João Goulart e foram para o Rio de Janeiro.[57]

Jânio havia renunciado no Dia do Soldado; Jango tomou posse no Dia da Independência, 7 de setembro de 1961. Em seu discurso, disse que "tudo fiz para não marcar com o sangue generoso do povo brasileiro o caminho que me trouxe à nova capital, o caminho que me trouxe a Brasília". Brizola não compareceu à cerimônia. No Rio de Janeiro, o ministro da Guerra, Odílio Denis, antes de deixar o cargo, lançou uma ordem do dia bastante extravagante, na qual aludia ao Dia da Independência e evocava para si a figura do "velho soldado". Garantiu que houve a "vitória do bom senso, da razão, da democracia e das nossas melhores tradições cristãs" e acrescentou: "Conforta-nos a certeza de que o Brasil, longe de se afogar no sangue de seus filhos, suplanta a crise, evoluindo e aperfeiçoando o seu processo democrático". O general fez menção à história supostamente incruenta do Brasil e recomendou aos seus camaradas que perseverassem "respeitando e acatando a autoridade". Em Porto Alegre, o general Machado Lopes também havia evocado o *tópos* do "sangue generoso": "Não permiti que este solo querido fosse manchado com o heroico sangue gaúcho". Cordeiro de Farias também recorreu a esse lugar-comum: apesar da "imensa ansiedade", a crise foi superada "sem que fosse necessário o derramamento do sangue da nossa generosa gente".[58]

Habituado a tramar contra a legalidade desde os tempos de tenente, Cordeiro de Farias ficou sem encargos durante o governo Goulart. Referindo-se ao golpe de 1964, confessou: "Fiquei com tempo integral para conspirar". Para muitos militares, 1964 seria uma resposta a 1961.[59]

DEPOSIÇÃO DE JOÃO GOULART

Uma memória controvertida

Quando João Goulart foi deposto pelo golpe de 31 de março de 1964, apenas um de seus ministros foi preso: Abelardo Jurema, o ministro da Justiça. Ele era deputado pelo PSD da Paraíba e foi escolhido para o cargo em junho de 1963, quando Jango fez uma das várias reformas ministeriais que marcaram as sucessivas crises de seu governo. Jurema tentou fugir para Brasília no fim da tarde do dia 1º de abril, mas foi detido quando estava no aeroporto Santos Dumont, no Rio de Janeiro. Entretanto, ele conseguiu convencer o general responsável por sua prisão, Jurandir de Bizarria Mamede, de que poderia ficar na casa de um parlamentar à disposição das novas autoridades para quaisquer esclarecimentos, pois seria submetido a um inquérito policial-militar. Foi assim que conseguiu escapar e pedir asilo na embaixada do Peru, país para o qual viajou e onde permaneceria até 1974. Ainda na embaixada, Jurema começou a escrever um livro narrando os últimos episódios que vivera e que culminaram no golpe de 1964. Concluiu o texto em Lima, capital do Peru, e conseguiu que a importante revista semanal *O Cruzeiro* publicasse seriadamente os capítulos e, logo em seguida, o próprio livro.[1] As publicações saíram rapidamente, a partir de julho de 1964.*

---

* Muitos livros sobre o golpe foram lançados ainda em 1964, quase todos escritos por jornalistas, caso do próprio Abelardo Jurema.

No livro, Abelardo Jurema retratou João Goulart de forma muito negativa, como um presidente ao qual faltava "decisão de chefia". Segundo o ex-ministro, Jango só se preocupava em manter e ampliar sua liderança entre os trabalhistas, perseguindo potenciais novos líderes, sobretudo os que, no PTB, se situavam mais à esquerda: "Na Presidência da República não fez outra coisa, lutando para não lhe fugir das mãos a liderança trabalhista". Em seu livro, o ex-ministro da Justiça também criticou a inoperância do governo no dia 30 de março de 1964, quando os preparativos para o golpe já eram conhecidos e, ainda assim, nenhuma providência foi tomada. A política militar de Jango teria sido um fracasso porque tinha se preocupado, apenas, em transferir para o Norte e Nordeste os oficiais oposicionistas – o que se revelaria inútil durante o golpe.[2]

O general Argemiro de Assis Brasil, chefe do Gabinete Militar, também foi detido. Na época, o cargo não tinha *status* de ministro. Ele também havia sido nomeado no contexto da reforma ministerial de 1963 e achava que tinha sido escolhido por Jango porque defendera sua posse em 1961. A imprensa o identificava como um "militar de esquerda", o que é muito discutível, mas Assis Brasil de fato apoiou o presidente em decisões controvertidas, como ainda veremos. Segundo o jornalista político Carlos Castello Branco, o general Assis Brasil, durante um "churrasco confidencial" no dia 6 de março de 1964, teria apresentado a Jango mapas militares que garantiriam o "sistema de segurança do governo". O objetivo seria a montagem de um "dispositivo militar progressista" capaz de garantir o "esquema ofensivo de cobertura à sua campanha pela reforma da Constituição". Castello mantinha a prestigiada "Coluna do Castello" na quarta página do *Jornal do Brasil*.* Poucos dias depois do golpe, além da coluna, Castello publicou essa análise em artigo de página inteira, no qual o jornalista descreveu de maneira romanceada o clima do churrasco. Segundo ele, teria havido exaltação e Assis Brasil até teria dito a frase "Manda brasa, presidente!" – gíria da época –, mas Castello acrescentou que não sabia se a frase tinha, realmente, sido dita. A campanha que Goulart pretenderia patrocinar, segundo Carlos

---

* Ainda mais prestigiada, a coluna foi "promovida" para a segunda página em março de 1975.

Castello Branco, consistiria no "mais audacioso plano de agitação política de que há notícia no país".³

A acusação de que Assis Brasil era um fanfarrão com planos fantasiosos sobre um "dispositivo militar" que, na hora do golpe, mostrou-se um fracasso marcou a trajetória do general.* Por causa dele, os janguistas teriam acreditado, ingenuamente, na capacidade ofensiva e defensiva desse dispositivo, e sua derrota mostraria a incompetência e despreparo do governo de Jango e da esquerda em geral. Não é preciso muito esforço para identificar nessa interpretação – que foi defendida pelos golpistas – a tradicional tendência de ridicularizar os derrotados. Essa é a versão dos militares que deram o golpe. Como disse o general que iniciou a movimentação de tropas, "Goulart dispunha de um dispositivo militar de segurança e eu desfiz tudo com um chute".⁴

A suposição de que Jango se preocupava em montar um "dispositivo militar" de algum modo irregular vinha sendo divulgada havia algum tempo. O "dispositivo" seria responsável pela designação de oficiais para postos militares, sempre de acordo com os supostos planos políticos de Jango. O deputado pelo estado da Guanabara Nélson Carneiro (PSD) achava que o plano serviria para um "golpe de Estado a ser efetuado pelo presidente João Goulart". O governo seria sustentado por um "dispositivo militar, político e sindical-popular", algo que era dito não apenas pela oposição ao governo, mas também por seus aliados. Por exemplo, o consultor-geral da República, Valdir Pires, garantia que Goulart se manteria no poder graças a tal dispositivo, que deixaria o presidente tranquilo para governar.⁵

O golpe de 1964 foi um evento impactante: era natural que os jornalistas corressem para apresentar seus bastidores políticos, mas, como costuma acontecer, isso resultou em imprecisões, sobretudo pelo recurso fácil à ironia e pela busca de rótulos. O jornalista Adirson de Barros, por exemplo, romanceou a descrição da noite de 31 de março no Palácio das Laranjeiras dizendo que os presentes se perguntavam: "Onde está Assis Brasil? Onde está, onde se esconde o poderoso dispositivo militar?"⁶

Na verdade, o Gabinete Militar da Presidência da República não tinha o encargo de mobilizar ou organizar as grandes unidades militares,

---

* Também se dizia que Assis Brasil bebia demais.

montando, por exemplo, um plano preventivo de ocupação emergencial do Rio de Janeiro. Essa providência básica normalmente era tomada pelo comandante do I Exército, como já vimos em outras situações, como em 1955. O chefe do Gabinete Militar era uma espécie de assessor, conforme definido desde 1938: redigia portarias e decretos militares para Jango assinar, cuidava da segurança do presidente e dos palácios, controlava a agenda de encontros com oficiais, entre outras tarefas administrativas. O que Assis Brasil fez foi uma "articulação dos comandos", ou seja, um canal de comunicação entre o governo e os comandantes militares.[7] A garantia propriamente militar do governo não dependia dele, mas da lealdade dos comandantes das grandes unidades militares (I, II, III e IV Exércitos, sobretudo) e, naturalmente, do ministro da Guerra, a autoridade competente para dar ordens a esses comandantes.

Ocorre que, na terça-feira, dia 24 de março, exatamente uma semana antes do golpe de 1964, o ministro da Guerra, Jair Dantas Ribeiro, decidiu aproveitar os feriados da Semana Santa para submeter-se a uma cirurgia (o Domingo de Páscoa cairia no dia 29). Entretanto, por causa de complicações, ele permaneceria hospitalizado até o início de maio de 1964. Ou seja, durante o golpe não havia um ministro titular à frente do Ministério da Guerra.* Goulart não se preocupou em nomear um ministro interino e manteve o general Jair que, em tese, permaneceu no comando da pasta. Caso estivesse bem, Jair Dantas Ribeiro poderia ter feito alguma diferença, já que havia comandado o poderoso III Exército antes de assumir o ministério. Nas palavras do então coronel Jaime Portela de Melo, que auxiliava o general Costa e Silva na conspiração, "o afastamento do general Jair concorreu bastante para a vitória do movimento, por ser ele um oficial com bom passado militar, legalista ao extremo, merecedor de certo respeito. Se tivesse no posto, teria dificultado bastante a vitória da revolução, pois muitos oficiais, mesmo não morrendo de simpatia por João Goulart, ou não sendo simpatizantes do comunismo, teriam obedecido às suas ordens". Segundo o ministro da Justiça, todos queriam que Goulart nomeasse um ministro da Guerra interino, porque os quatro exércitos estavam "ao arbítrio dos seus comandantes".[8]

---

* Jair Dantas Ribeiro foi o quarto e último ministro da Guerra de Jango, embora o general Armando de Morais Âncora tenha sido "nomeado" informalmente no dia 1º de abril.

Além disso, o general Armando de Morais Âncora, comandante do I Exército (Rio de Janeiro), era muito doente, debilitado, estava sempre com uma "bombinha" para amenizar sua asma crônica. Goulart decidiu nomear Âncora para ministro da Guerra somente no dia 1º de abril, com o golpe já em andamento, mas Âncora quase nada pôde fazer. De acordo com Assis Brasil, o general, "doente asmático, mal podendo respirar, ficou ali sem saber bem o que ele era, se era ministro, se era comandante do [I] Exército". Armando de Morais Âncora estava à frente do I Exército desde agosto de 1963 e não se sabe se ele tinha um planejamento para a ocupação do Rio de Janeiro. Ele foi responsável pela definitiva capitulação das forças governamentais, como ainda veremos. Âncora teria fim melancólico: no segundo semestre de 1964, o grupo constituído pelos condutores dos inquéritos policiais-militares, chamados "coronéis dos IPMs" – embrião da conhecida "linha dura" da ditadura militar –, passou a pressionar no sentido de que Âncora fosse punido. O general estava sem função desde o golpe e acabou pedindo a passagem para a reserva no dia 17 de setembro de 1964, mas os boatos sobre sua punição continuaram. Ele teve uma grave crise de insuficiência respiratória no dia 24 e se internou. Foi colocado num "pulmão de ferro". Como estava em situação claramente terminal, o novo regime decidiu promovê-lo a marechal no dia 25, passando-o para a reserva sem puni-lo. Âncora morreu no dia seguinte, sem saber da promoção. Seus médicos disseram que a causa do agravamento da doença tinha sido um "choque emocional muito forte".[9]

A acusação de fragilidade e incompetência que o general Assis Brasil dirigiu ao colega Âncora foi feita ainda em maio de 1964, quando o ex-chefe do Gabinete Militar foi interrogado em Brasília. Ele tinha sido preso no dia 4 de abril, depois de levar Jango para o exílio. No depoimento, Assis Brasil disse que Jango foi deposto porque houve um bom trabalho de infiltração dos golpistas no oficialato e porque eles conseguiram conquistar a opinião pública por meio de uma "guerra psicológica". Ele também falou da história do "dispositivo militar" e, naturalmente, a negou: "Um escritor aí, um que escreve num jornal, disse que eu fazia o dispositivo militar. Nunca nomeei um oficial para lugar nenhum (...). Não tinha dispositivo militar nenhum. Quem tinha era o general Jair. Ele é quem era o dono dessas coisas". Surpreendentemente, o general

Assis Brasil – assim como Abelardo Jurema – descreveu João Goulart de maneira muito negativa: "Um homem que, na minha opinião, não estava, pela idade e pelos conhecimentos que tem, à altura de um estadista. Talvez não tivesse tempo de refletir ou de estudar. Ele não estava preparado para o desempenho de uma função dessa magnitude". Assis Brasil foi solto logo depois do depoimento, no dia 1º de junho. Aparentemente, ele não fez essa avaliação negativa de Jango para ganhar a benevolência dos vitoriosos: sua liberação já estava prevista e, mais importante, ele já tinha sido punido pelo novo regime em abril, com a passagem compulsória para a reserva e a suspensão de seus direitos políticos.[10] Assis Brasil não teria atuação política depois desses episódios, mantendo-se discreto.

Jair Dantas Ribeiro também foi punido, apesar de ter sido colega de turma de Castelo Branco e Costa e Silva em 1932, na Escola de Estado-Maior (a futura Eceme), quando os três ainda eram capitães. O ex-ministro da Guerra teve seus direitos políticos cassados em junho de 1964 e morreria cinco anos depois.[11]

Abelardo Jurema negou que tivesse escrito seu livro em resposta ao depoimento de Assis Brasil, conforme acusação publicada na imprensa, segundo a qual Jurema tinha o "propósito de revidar as acusações que o general Assis Brasil formulou contra o sr. João Goulart", mesmo porque o próprio Jurema também avaliou Jango muito negativamente.[12] Na ditadura militar, Abelardo Jurema apoiaria o projeto de distensão lenta, gradual e segura do general Ernesto Geisel, assim como daria um voto de confiança ao último general-presidente daquele regime, João Figueiredo. Depois de uma breve passagem pelo partido que fazia oposição aos militares, Jurema se filiou, em 1980, ao Partido Democrático Social (PDS), que sucedeu a Aliança Renovadora Nacional (Arena), agremiação que sustentava politicamente a ditadura.

Essas controvérsias sobre o "dispositivo militar" e a suposta incompetência de João Goulart provavelmente estão na base da conflitiva memória que se construiu sobre o ex-presidente, inclusive entre analistas democratas. Em livro lançado ainda em 1964, o jornalista Alberto Dines disse que as primeiras punições (cassações de mandatos, suspensões de direitos políticos etc.) foram tão chocantes que "a única saída era desprezar Jango", porque a causa dos expurgos tinha sido a sua "leviandade" e a "ambição primária dos que o rodeavam". O jornalista Flávio Tavares ouviu os relatos de três ministros de Goulart sobre a passagem do presidente por Porto Alegre a caminho do exílio. Ele assim os resumiu: "Sem renunciar à presidência, Jango abdicou dos poderes e prerrogativas de resistir".[13] Flávio Tavares, como vimos, já tinha se frustrado com João Goulart em Porto Alegre em 1961, quando Jango preferiu aceitar a emenda parlamentarista a lutar por seu direito de assumir a Presidência da República com plenos poderes.

Desestabilização e conspiração

O governo Goulart foi marcado por crises desde o início, com a tumultuada posse de Jango como chefe de Estado no parlamentarismo em 1961, até o golpe que depôs o chefe de Estado e de Governo, no presidencialismo, em 1964. O "plebiscito" de janeiro de 1963 foi um divisor de águas. Tratou-se, na verdade, de um "referendo", pois o objetivo era aprovar ou rejeitar a emenda constitucional de 1961 que instituiu o regime parlamentarista, consulta prevista para nove meses antes do término do mandato presidencial, como já vimos. João Goulart, obviamente, se empenhou muito para que a consulta fosse feita o mais cedo possível. As pressões que fez sobre o Congresso Nacional cresceram a partir de julho de 1962, quando o gaúcho Brochado da Rocha assumiu como presidente do Conselho de Ministros – nome que era dado ao primeiro-ministro no parlamentarismo brasileiro. Brochado era ligado ao PSD, tinha sido consultor-geral da República e atuara no governo do Rio Grande do Sul, mas, na verdade, era bastante desconhecido. Estabeleceu como meta de seu governo a antecipação do "plebiscito": queria que o referendo acontecesse junto com as eleições gerais de 7 de outubro de 1962 (para governadores, senadores e deputados).[14] Apesar de todas as pressões – algumas indevidas – que foram feitas pelo governo e por apoiadores de João Goulart, Brochado falhou nesse intento.

De fato, depois de uma longa reunião com Jango no Palácio da Alvorada, o então ministro da Guerra, general Nélson de Melo, disse que seria fundamental que a nação fosse "convocada às urnas para a realização do plebiscito" tendo em vista a superação da "crise institucional", que decorria do "fato de se ter mudado o sistema de governo" sem que o povo tivesse participado. Dias depois, foi a vez do então comandante do III Exército, general Jair Dantas Ribeiro, fazer uma chocante pressão política sobre o Congresso Nacional dizendo que, se o pedido de antecipação da consulta fosse negado, haveria "consequências imprevisíveis para o destino das instituições". A indisciplina de Jair Dantas Ribeiro prosseguiria no mês seguinte, quando Brochado da Rocha estava discutindo o assunto no Congresso Nacional. No dia 12 de setembro de 1962, Jair mandou uma mensagem ao presidente da República, ao presidente do Conselho de Ministros e aos comandantes dos demais exércitos dizendo que identificou "manifestações de desagrado" na população de sua região, o Rio Grande do Sul, e, por isso, informava que não tinha condições de manter a lei e a ordem "se o povo se insurgir contra o fato de o Congresso recusar o plebiscito". A mensagem era tão despropositada que o ministro da Guerra precisou reagir logo no dia seguinte. Nélson de Melo divulgou uma resposta a Dantas Ribeiro na qual fazia um lembrete: "Só a mim, como chefe do Exército, membro do Conselho de Ministros, compete opinar sobre tal matéria. Manifestações dessa natureza, partidas de escalões subordinados, não se coadunam com a disciplina".[15]

Nas primeiras horas do dia seguinte, 14 de setembro, o presidente do Conselho de Ministros, Brochado da Rocha, renunciou durante o discurso que fez perante a Câmara dos Deputados. Ele se disse frustrado por não obter a antecipação do referendo, algo que considerava essencial. Foi preciso, então, montar um novo governo: nessa dança das cadeiras, o ministro Nélson de Melo foi substituído pelo general Jair Dantas Ribeiro no Ministério da Guerra – cuja pressão em favor do referendo lhe garantiu as simpatias dos apoiadores de João Goulart.* Posteriormente, Nélson de Melo acabaria participando da conspiração em favor do golpe de 1964. No dia seguinte, 15 de setembro, o Comando Geral dos Trabalhadores (CGT) convocou uma greve geral para pressionar em favor do plebiscito. Essa última pressão e, talvez, a exaustão causada

---

* O gabinete de Brochado da Rocha durou pouco mais de dois meses. O novo primeiro-ministro, Hermes Lima, ligado ao PSB, tinha sido chefe do Gabinete Civil de Tancredo Neves e governaria até o fim do parlamentarismo.

pela crise fizeram com que o Congresso aprovasse, com ampla margem de votos, a antecipação da consulta, tal como queria Brochado da Rocha. Dias depois, já em Porto Alegre, o ex-presidente do Conselho de Ministros se emocionou muito diante dos calorosos aplausos com que foi recebido em um comício no qual ia discursar. Contudo, Brochado sofreu um derrame e teve de ser levado para o hospital, mas não resistiu à cirurgia e morreu. Muitos disseram que sua morte decorreu das aflições que viveu no governo.[16]

Por fim, o referendo foi marcado para o dia 6 de janeiro de 1963. Todas as principais lideranças, sobretudo os candidatos às eleições presidenciais de 1965, eram favoráveis ao presidencialismo. Para agradar o eleitorado, João Goulart providenciou uma "ajudinha": definiu novas regras para o salário-mínimo, pouco antes da votação, que resultaram em expressivo aumento médio.[17] O parlamentarismo foi derrotado, com quase 77% dos votos atribuídos ao sistema político tradicional.

Jango interpretou o resultado como uma vitória pessoal. A partir de então, ousou mais e pôde, afinal, governar. Seus opositores também mudaram de atitude. Por isso, costumo dizer que é possível distinguir duas fases na administração de Goulart: durante a etapa parlamentarista, seus adversários tentaram desestabilizar seu governo na expectativa de torná-lo, no pleito de 1965, um "eleitor fraco", isto é, incapaz de fazer o sucessor; após a retomada do presidencialismo, muitos de seus inimigos passaram a efetivamente conspirar para depô-lo.

A enorme campanha de desestabilização que se abateu sobre a primeira parte do governo Goulart foi patrocinada por organizações que contavam com recursos de empresários brasileiros e de agências norte-americanas, sobretudo o United States Information Service (USIS). Essas organizações eram o Instituto de Pesquisas e Estudos Sociais (Ipes), que fazia a propaganda, e o Instituto Brasileiro de Ação Democrática (Ibad), que a financiava. Muitos filmes foram produzidos sugerindo que João Goulart levava o Brasil para o comunismo. Equipamentos portáteis de projeção (sofisticados para a época) permitiam que esses filmes fossem exibidos em quartéis, navios, escolas etc. Livros também foram publicados; propaganda em rádio e na imprensa escrita, além de palestras pelo Brasil afora, foram financiadas. Para o governo norte-americano – que estava convencido de que Goulart representava uma ameaça – a ideia era manter o governo brasileiro à míngua em termos de empréstimos, apoiar a propaganda contra Jango e esperar a vitória de um moderado em 1965. Agências norte-americanas enviavam recursos diretamente aos governadores que faziam oposição a Goulart, sem a intermediação do governo federal. Durante as eleições gerais de 1962, a intervenção indevida dos Estados Unidos na política brasileira foi bastante grande: pelo menos US$ 5 milhões foram destinados, por meio do Ibad, a candidatos que faziam oposição a Jango. O governo norte-americano chegou a enviar uma missão, logo no dia seguinte da eleição, para analisar os resultados. Apesar de todo o investimento, a UDN não teve bom desempenho. No fim de 1962, Robert Kennedy, irmão do então presidente dos Estados Unidos, veio ao Brasil pressionar João Goulart para que demitisse assessores esquerdistas. Mesmo depois de iniciada a segunda etapa, de conspiração, a atividade de propaganda não cessou: em 1963 foram feitas 1.706 exibições de filmes para 179 mil militares somente no Rio de Janeiro.[18]

Essas atividades contra Goulart foram bem coordenadas e desenvolvidas sobretudo por civis. Por outro lado, a conspiração para a derrubada do presidente, após o referendo, não foi centralizada, e sim conduzida principalmente por alguns poucos oficiais-generais com a participação de civis. A parte principal da conspiração, portanto, foi essencialmente militar: consistia em convencer oficiais, em diversas partes do Brasil, da necessidade do golpe. Os conspiradores ou seus enviados viajavam por todo o país, com o apoio de empresas de aviação como a Vasp ou em aviões da FAB, fazendo contatos ou, na sua linguagem típica, fazendo "ligações" entre si. Cordeiro de Farias – conspirador desde os anos 1920 – foi um dos mais ativos (ele estava "com tempo integral para conspirar", como vimos). O marechal Odílio Denis, que estava na reserva, também. O general que iniciaria a movimentação de tropas, Olímpio Mourão Filho (autor do falso Plano Cohen em 1937, conforme também já vimos), teve oportunidade de conspirar no Rio Grande do Sul, em São Paulo e em Minas Gerais por conta de transferências nem sempre habilidosas determinadas pelo próprio governo.* Eles e alguns outros foram, aos

---

* Mourão foi comandante da 3ª Divisão de Infantaria em Santa Maria (RS) a partir do final de 1961, da 2ª Região Militar (SP) desde março de 1963 e, em agosto do mesmo ano,

poucos, minando diversas unidades militares e conquistando oficiais, especialmente em São Paulo, Rio de Janeiro e Minas Gerais. Não havia um plano claramente estabelecido, mas essa atividade de aliciamento foi relativamente eficaz, ainda que tenha alcançado uma minoria de oficiais de fato comprometidos, já que a maioria – mesmo entre os que aderiram à causa golpista – não tinha ânimo para iniciativas práticas, preferindo esperar o desenrolar dos acontecimentos a eventualmente comprometer suas carreiras.

Muitos oficiais-generais nas três forças falavam mal do governo Goulart, mas as resoluções mais arriscadas foram tomadas por poucos, sobretudo por oficiais superiores e pela oficialidade jovem. "A diferença de comportamento era óbvia", registrou Cordeiro de Farias, que cunhou uma frase espirituosa quando disse que "o Exército dormiu janguista e acordou revolucionário", destacando que "entre os chefes militares, isto é, oficiais-generais em função de comando, muito poucos se envolveram efetivamente no processo conspiratório", preferindo não arriscar até que tudo estivesse mais claro: "A cúpula militar, é triste dizer isso, aderiu por força das circunstâncias".[19]

Denis, Cordeiro e Mourão foram os conspiradores mais ativos – ou mais afoitos. Denis, aos 72 anos, já estava reformado; Cordeiro, com 64, passaria para a reserva em 1965 e Mourão, contando 63 anos, também estava próximo disso. Os três não teriam papéis relevantes na ditadura militar e seriam deixados de lado pelos generais que efetivamente assumiriam o poder depois do golpe. Amarguraram certo ostracismo e, talvez por isso, passaram a disputar, em suas memórias, o papel de protagonista durante a conspiração e o golpe.

Odílio Denis muito se vangloriou. Disse que fez "metodicamente as articulações, abrangendo as guarnições militares para um levante geral, de norte a sul do país". Afirmou que, depois de deixar a pasta da Guerra, em 1961, manteve "entendimentos com oficiais amigos" para evitar a "subida ao poder do comunismo, que se daria fatalmente, dado o ambiente do novo governo do país e as alianças que mantinha com as esquerdas". Ele garantiu que o comunismo seria um "grande perigo para

---

foi transferido para a 4ª Região Militar e 4ª Divisão de Infantaria do Exército, em Juiz de Fora (MG).

o nosso país, dada a ignorância popular". Alardeou ter contado com o apoio de alguns governadores e disse que se entendia apenas com "chefes militares", ou seja, aqueles que tinham comando de tropas. Teria atribuído a Cordeiro de Farias a tarefa de cuidar de São Paulo e se mantinha "ligado" com a Aeronáutica e a Marinha através do brigadeiro Moss e do almirante Heck – seus companheiros golpistas de 1961. Denis ainda sustentou que foi ele o autor do "plano de ação" do movimento, que abrangeria várias etapas. Em uma primeira fase, seria preciso fazer propaganda; o golpe só se iniciaria após alguma ação ousada de Goulart. Além disso, o movimento teria de partir de um dos grandes estados: "Era preciso agir pela força para derrubar esse governo". Diante da suposta intenção golpista de João Goulart, os chefes militares poderiam desobedecer ao presidente – como ditava a velha doutrina delineada por Deodoro da Fonseca e Benjamin Constant e desenvolvida por Rui Barbosa. Assim, Odílio Denis justificou o golpe de 1964 recorrendo à antiga tese da obediência apenas "dentro dos limites da lei". Para ele, "se um chefe de Estado quer dar um golpe de Estado e passar a um regime totalitário de esquerda, como foi o caso [de Goulart], fica o oficial desobrigado de sua obediência".[20]

O general Mourão Filho diria que Denis apenas contava vantagens quando garantia ter controle sobre várias unidades militares em todo o país: "Este general superado nada mais fazia do que contar as maiores bravatas". Ele, Mourão, é que teria desempenhado um papel importante na conspiração, sobretudo em São Paulo, região reclamada, entretanto, por Cordeiro de Farias, que teria conseguido aliciar "a população inteira, o governo do estado e a grande maioria da oficialidade do próprio II Exército". Por sua vez, Mourão garantiu que articulou o movimento em todo o país e que, se não tivesse deflagrado a "revolução", "ela não teria sido jamais começada", já que o movimento "não teve outros chefes nem articuladores eficientes". Cordeiro admitiu que o golpe não teve um líder destacado, mas disse isso apenas para realçar sua atuação abnegada: "Não houve um chefe da revolução! Eu trabalhei do começo ao fim e, no princípio, praticamente sozinho".[21]

O governador de Minas Gerais, Magalhães Pinto, convocou uma reunião com Denis e Mourão Filho no aeroporto de Juiz de Fora no dia 28 de março de 1964. Denis fez uma longa exposição, indicando em um mapa as unidades com que contava para o golpe. A maior preocupação seria o Rio Grande do Sul, pois em Porto Alegre predominavam os apoiadores de João Goulart, embora a maioria das unidades do interior estivessem com os conspiradores. Denis garantiu que nem mesmo isso seria um problema porque, tendo de resolver esse conflito interno, as guarnições de Porto Alegre não teriam como apoiar uma eventual resistência de Jango em outras regiões. Nessa reunião no aeroporto, ficou resolvido que as tropas sairiam de Minas Gerais, sob o comando do general Mourão Filho, mas não se acertou precisamente a data. Mourão queria sair logo, mas o governador ainda precisava formar um secretariado especial, a fim de declarar-se em beligerância contra João Goulart e reclamar reconhecimento internacional para sua iniciativa. Mourão teria concordado, então, com o dia 30 de março, à noite, mas, em suas memórias confusas, ele também diz que teria aceitado que Magalhães marcasse a data. Denis garante que foi ele próprio quem definiu o dia 31 de março na reunião do aeroporto, enquanto Magalhães Pinto sustenta ter sido ele o responsável por essa data. Cordeiro de Farias também deu sua versão dos fatos, afirmando que nunca foi marcada uma data específica: "o levante seria uma decisão de momento, quando a atmosfera política e o avanço do processo conspiratório indicassem naturalmente que a oportunidade havia chegado".[22]

O secretariado especial que Magalhães Pinto estava montando tinha relação com o pedido de apoio que os conspiradores fizeram ao governo norte-americano. Eles pediram armas e munições aos Estados Unidos, até porque os recursos militares de que dispunham em Minas Gerais "eram modestíssimos". Cordeiro de Farias admitiria ter feito esse tipo de pedido ao adido militar norte-americano; por sua vez, o general Carlos Luís Guedes, comandante da Infantaria Divisionária em Belo Horizonte, solicitou a ajuda do cônsul norte-americano em Belo Horizonte. Em setembro de 1963, pouco antes de ser assassinado em novembro, o presidente Kennedy autorizou o Departamento de Defesa a elaborar planos de contingência caso fosse iniciado, no Brasil, um movimento para derrubar João Goulart. Ele decidiu apoiar os golpistas brasileiros desde que o movimento começasse em um grande estado e tivesse uma fachada institucional, com uma declaração formal de "estado de beligerância" e a posse do presidente da Câmara. Tudo isso foi combinado com Magalhães Pinto, o governador de Minas Gerais, por meio do general José Pinheiro de Ulhoa Cintra, que era enteado do marechal Dutra e muito ligado ao general Castelo Branco, o primeiro presidente do regime militar. De acordo com o plano norte-americano, Magalhães Pinto deveria se declarar em estado de beligerância contra João Goulart e os Estados Unidos reconheceriam a situação conflitiva. Além disso, o plano de contingência também previa o envio de uma força-tarefa naval para apoiar os golpistas com armas, munições e combustível – pois se supunha que João Goulart resistiria. Foi por isso que Magalhães nomeou alguns nomes de destaque para seu secretariado, como se estivesse montando um ministério. Afonso Arinos de Melo Franco foi indicado "com o fim especial de obter, no exterior, o reconhecimento do estado de beligerância" para Minas Gerais e estados que aderissem, conforme ele mesmo admitiu.* Seu nome não era do agrado de diversos militares por causa da "política externa independente", mas Magalhães Pinto teria dito a esses militares que, "apesar de suas ideias, [Afonso Arinos] tem fácil penetração em toda parte, particularmente nos Estados Unidos, onde tentaremos obter armas, munições e abastecimentos; e iremos precisar de seu concurso". A força-tarefa norte-americana foi enviada, com previsão de desembarque de tropas caso houvesse o envolvimento de Cuba, consistindo na escandalosa "Operação Brother Sam" – que, afinal, não precisou ser usada porque Goulart não ofereceu resistência.[23]

Antecedentes

João Goulart se envolveu em algumas crises no segundo semestre de 1963 que acabaram por fornecer argumentos aos conspiradores. No dia 11 de setembro, o Supremo Tribunal Federal decidiu impedir a posse de um sargento que havia sido eleito deputado estadual pelo PTB no Rio Grande do Sul. A Constituição de 1946 proibia a candidatura de praças de pré, suboficiais, subtenentes, sargentos e alunos das escolas

---

* Magalhães também nomeou Milton Campos e José Maria Alkmin, este último um pessedista que, justamente por não ser da UDN de Magalhães, dava ao secretariado especial maior amplitude.

militares de ensino superior, mas o sargento tinha conseguido concorrer recorrendo à Justiça. No dia seguinte à decisão do STF, praças e sargentos ocuparam diversos locais em Brasília: os prédios do Departamento Federal de Segurança Pública, da Estação Central da Radiopatrulha, do Ministério da Marinha, da Rádio Nacional e do Departamento de Telefones Urbanos e Interurbanos. Além de prenderem vários oficiais, também detiveram Vítor Nunes Leal, ministro do STF, e o presidente em exercício da Câmara, o deputado pelo Rio Grande do Norte Clóvis Mota (PTB). Durante o conflito, um civil foi metralhado e morto na Base Aérea de Brasília e um fuzileiro naval foi morto na porta do Ministério da Marinha. Os ministros militares e o da Justiça reprimiram rapidamente o movimento e enviaram nota aos sargentos exigindo pronta rendição, dizendo que, "caso não atendam ao *ultimatum*, será desfechado o ataque".[24]

Essa "Revolta dos Sargentos" foi um movimento completamente disparatado e que, desde o início, estava destinado ao fracasso. A Polícia do Exército logo prendeu mais de quinhentos revoltosos, que foram levados inicialmente para Goiânia e, depois, para o Rio de Janeiro, onde foram distribuídos nas diversas fortalezas da Baía de Guanabara. Os ministros militares queriam apuração rápida e punição rigorosa. O ministro Jair Dantas Ribeiro se declarou contrário à anistia, proposta que começou a ser ventilada.[25]

Logo que a revolta eclodiu, o líder da maioria na Câmara, o deputado mineiro Tancredo Neves (PSD), fez um relato sobre o episódio e as providências tomadas pelo governo. Na sequência, o líder da minoria, o deputado mineiro Pedro Aleixo (UDN), disse que os sargentos não tinham culpa; eram "figuras humildes", "modestos sargentos". Eles não deveriam ser punidos, mas, sim, os "agitadores" que os convenceram de que a proibição constitucional os diminuía. Era uma referência a João Goulart e seus assessores, que viam com simpatia a reinvindicação dos sargentos.[26]

No dia da revolta, Jango estava no Rio Grande do Sul inaugurando obras, mas, com a notícia, voltou rapidamente a Brasília, chegando lá à noite. Ele não gostou da ameaça dos ministros contida no ultimato. Abelardo Jurema disse que "o presidente e o seu chefe da Casa Civil [Darci Ribeiro] se mostravam brandos com os revoltosos, e os ministros militares e o da Justiça se pronunciavam com energia". Jango decidiu declarar apoio à candidatura dos sargentos, desde que eles passassem para a reserva, o que, obviamente, desagradou os oficiais-generais e ampliou as acusações de que o presidente desrespeitava a hierarquia e a disciplina militares tendo em vista conquistar o apoio de praças e sargentos. Alguns desses sargentos seriam condenados pela Justiça pouco antes do golpe de 1964.[27]

Alguns dias depois da "Revolta dos Sargentos", o governador da Guanabara, Carlos Lacerda, deu uma entrevista ao correspondente do jornal norte-americano *Los Angeles Times* que foi publicada na edição de 29-30 de setembro de 1963 com o chamativo título "Governor Sees Goulart Fall, Urges U.S. to Withhold Aid Funds" ("Governador prevê queda de Goulart e exorta EUA a reter fundos de ajuda"). Lacerda dizia que Jango era controlado por comunistas, fazia críticas à proposta de reforma agrária e acrescentava que os militares brasileiros ainda estavam em dúvida sobre tutelar ou depor João Goulart. "Eu não acho que isso dure até o final do ano", concluiu. No dia 1º de outubro, a tradução da entrevista foi publicada no Brasil. Não havia propriamente nada de novo, nem no conteúdo nem no estilo de Lacerda, mas a repercussão entre os apoiadores de Jango foi muito negativa. Os três ministros militares fizeram uma nota conjunta chamando Lacerda de "mau brasileiro", pois o governador teria descrito o Brasil como uma "republiqueta subcolonial, mendigando esmolas, e nosso povo, um povo desfibrado, incapaz de orientar-se sem tutelas estrangeiras". Lacerda tentou se explicar, dizendo que se referia a "esse estado de coisas", e não ao mandato de Jango, quando enunciou a frase polêmica, mas foi agressivo em uma nota oficial na qual recomendou aos ministros militares que mantivessem o país dentro da lei até 1965: "Se puderem e se até lá forem ministros".[28] Goulart ficou muito irritado, pediu ao Conselho de Segurança Nacional que avaliasse a situação e tomou uma decisão infeliz: pediu ao Congresso Nacional a decretação do estado de sítio.

A reação era completamente exagerada e várias pessoas aconselharam Jango a desistir da ideia, como o presidente da UNE, José Serra,*

---

* O futuro senador, ministro e candidato a presidente da República tinha 21 anos na época.

mas os ministros militares apoiaram a iniciativa do presidente. Na exposição de motivos que acompanhou a mensagem enviada ao Congresso Nacional, eles diziam que "largo círculo da área político-partidária, dominado por paixões insopitadas [incontidas], lança-se na conspiração contra o governo". Pediam o estado de sítio porque as Forças Armadas estavam "cumprindo o dever que a Constituição confere" a elas enquanto "guardiãs das instituições legais e mantenedoras da ordem".[29]

O decreto de estado de sítio era implacável: se aprovado, permitiria a suspensão de vários direitos, inclusive os relacionados à efetuação de prisões. Logo surgiram fortes rumores de que, assim que fosse aprovado o estado de sítio, haveria intervenção na Guanabara e Carlos Lacerda seria preso. O governador de São Paulo, Ademar de Barros, também estaria na mira do governo porque, dias antes, tinha feito um discurso dizendo que não acreditava que as eleições de 1965 aconteceriam, além de declarar que estava se "preparando para brigar". De acordo com Abelardo Jurema, Goulart foi para Brasília com a mensagem e deixou no Rio de Janeiro "um dispositivo armado para a ocupação da Guanabara imediatamente, seguindo-se ação contra o governador de São Paulo, no caso de manifestações de solidariedade ao seu colega da Guanabara".[30]

Os rumores sobre intervenções e prisões tornaram o pedido de estado de sítio ao Congresso insustentável. Por fim, Goulart desistiu da iniciativa, o que o fragilizou muito do ponto de vista político. O episódio foi bastante inusitado, ainda mais porque, dias antes, em setembro, o presidente tinha negado aos ministros militares a mesma solicitação. O general Jair Dantas Ribeiro, o almirante Sílvio Mota e o brigadeiro Anísio Botelho queriam o estado de sítio logo após a "Revolta dos Sargentos" porque diziam haver vários outros problemas no país: manifestos de sargentos, rebeliões nas polícias militares do Piauí e do Rio Grande do Norte e greve de bancários que obrigavam as Forças Armadas a se manterem em prontidão. O estado de sítio legalizaria a situação e permitiria ações repressivas. Portanto, é possível supor que o pedido de outubro estivesse sendo usado pelos ministros militares apenas como pretexto para obter instrumentos, que não conseguiram em setembro, para a repressão de praças e sargentos que se rebelavam.[31]

Março de 1964 concentraria uma série de episódios que culminariam no golpe. Tendo em vista a necessidade de aprovação de propostas do governo, chamadas de "reformas de base",* Goulart faria uma série de comícios pelo país a fim de pressionar o Congresso Nacional. Era o "audacioso plano de agitação política" de que falou o jornalista Carlos Castello Branco quando descreveu o "churrasco confidencial". A estratégia era ousada porque, desde o ano anterior, a oposição acusava Jango de pressionar o Congresso de forma autoritária, como se quisesse "ultrapassar" o parlamento. Ele próprio não foi muito habilidoso quando, no aniversário da morte de Getúlio Vargas, no ano anterior, disse que havia o risco de as reformas serem feitas "à margem da lei, pela vontade e pela disposição do povo".[32] Agora, planejava uma série de comícios para obrigar o Congresso a aprovar tais reformas que, a bem da verdade, ninguém sabia exatamente quais seriam.

O primeiro comício foi programado para o dia 13 de março e foi chamado de "Comício das Reformas", mas passou à história como Comício da Central – porque se realizou próximo da Estação Central do Brasil, praticamente ao lado do Ministério da Guerra. Foi o primeiro e último da série programada, porque logo viria o golpe. O governo se empenhou muito nos preparativos e contou com a colaboração dos sindicatos que apoiavam Goulart. Um dos panfletos de divulgação dizia que os trabalhadores exigiam "a extensão do direito de voto aos analfabetos, soldados, marinheiros e cabos, e [a] elegibilidade para todos os eleitores", bem como a "anistia a todos os civis e militares indiciados e processados por crimes políticos". Denunciando o caráter semioficial dos preparativos, o panfleto garantia que o presidente da República compareceria. A presença de Goulart no comício preocupava sua segurança, sobretudo em se tratando de área aberta e tão ampla, afinal, poucos meses antes o presidente Kennedy havia sido assassinado.

Goulart tentou não estar presente durante o discurso de Brizola, que provavelmente faria, como de fato fez, o discurso mais radical da noite. Jango chegou por volta das oito da noite e foi muito aplaudido, mas teve de ouvir Brizola que, entre outras coisas, disse que o Congresso não mais se identificava com o povo e, por isso, o povo deveria ser convocado a

---

* A reforma agrária era a principal. Reformas bancária, habitacional e universitária também eram mencionadas. Só foram parcialmente conhecidas dias depois. Até onde se pode saber, não eram radicais e beneficiavam os mais pobres.

decidir sobre as reformas: "Dirão que isto é ilegal, dirão que isto é subversivo, dirão que isto é inconstitucional. Por que, então, não resolvem a dúvida através de um plebiscito? Viram que o povo votará pela derrogação [supressão] do atual Congresso".[33]

Goulart foi menos incisivo, mas defendeu a necessidade de revisão da Constituição, "que não atende mais aos anseios do povo e aos anseios do desenvolvimento desta nação". Disse que a Constituição era antiquada porque "legaliza uma estrutura socioeconômica já superada, uma estrutura injusta e desumana". Durante o comício, Goulart anunciou um decreto que desapropriava terras às margens dos eixos rodoviários, leitos de ferrovias, açudes públicos federais e que tivessem sido beneficiadas com obras de saneamento da União, além de outro que encampava refinarias particulares. Informou, ainda, que, dentro de dois dias, encaminharia uma mensagem ao Congresso Nacional com as propostas do governo.[34]

Durante seu discurso, João Goulart fez menção à campanha "Cruzada do Rosário", um movimento católico que tinha como slogan "A Família que Reza Unida Permanece Unida" e que usava a religião para fazer propaganda anticomunista. O movimento animava sobretudo mulheres de classe média. Em certa passagem de seu discurso, Goulart disse que os rosários não podiam "ser levantados contra a vontade do povo e as suas aspirações mais legítimas". Quando ouviu isso (o comício foi transmitido por rádio e televisão), a neta de Rui Barbosa, Lucila Batista Pereira, indignou-se. Religiosa, era conhecida na vida consagrada como irmã Ana de Lourdes. A freira teve a ideia de um movimento contra a "ofensa" ao rosário, sendo essa a origem das famosas "Marchas da Família, com Deus, pela Liberdade". A marcha de São Paulo, no dia 19 de março, foi uma espécie de resposta ao Comício da Central, mas dezenas de outras aconteceriam em todo o país, a maioria depois do golpe. O número de pessoas que compareceram à marcha de São Paulo foi maior do que o verificado no comício de Jango e, nela, as palavras de ordem mais ouvidas pediam a derrubada do presidente. Os governadores de São Paulo e da Guanabara estiveram presentes. O senador paulista Padre Calazans (UDN) discursou: "Nós somos o povo. Não somos do comício da Guanabara (…). Aqui está a resposta ao plebiscito da Guanabara: não! não! e não!".[35]

Dois dias depois do Comício da Central, Jango enviou ao Congresso Nacional – como sempre acontecia quando da abertura dos trabalhos legislativos – sua mensagem presidencial com o plano de governo para 1964. O escritor Abgar Renault abrandou uma primeira versão do texto, escrita pelo chefe da Casa Civil, Darci Ribeiro, que foi considerada ríspida demais. Na sessão de reabertura dos trabalhos do Congresso, a mensagem causou impacto: Goulart dizia que havia assumido "a responsabilidade de comandar a luta pela renovação pacífica da sociedade brasileira" e que era preciso fazer uma "consulta popular para a apuração da vontade nacional, mediante o voto de todos os brasileiros maiores de 18 anos, para o pronunciamento majoritário a respeito das reformas de base". Ou seja, ele encampou a proposta de Brizola. A ideia do plebiscito, evidentemente, causou comoção. A oposição passou a acusar Goulart de ter pretensões golpistas e setores da UDN começaram a discutir um pedido de *impeachment*. Buscaram, também, apoio militar para encaminhar a proposta, mas esbarraram no fato de que não tinham votos suficientes: a bancada da UDN contava com 92 deputados, 85 dos quais dispostos a votar no *impeachment*. A oposição talvez conseguisse 40 votos vindos do PSP e pequenos partidos, não mais do que isso. Segundo a Constituição, o presidente da República ficaria suspenso de suas funções caso a Câmara aprovasse a etapa inicial do *impeachment*. Como o mandato de Jango completava o de Jânio Quadros, mais da metade do período presidencial já tinha decorrido e, por isso, caberia ao Congresso Nacional eleger um novo presidente – isso no caso de o Senado julgar pertinente o processo aberto pela Câmara. Portanto, a maioria liderada pelo PSD ganharia o cargo. Além disso, o pedido de *impeachment* poderia deflagrar um movimento que reunisse a esquerda e o centro. Abelardo Jurema, ministro da Justiça, provocou os udenistas dizendo que eles não tinham condições de sustentar a proposta e que "sua pregação não repercute nas três Forças Armadas". O CGT ameaçou deflagrar uma greve. Valdir Pires, sempre muito otimista, disse que "o povo revogaria" um eventual *impeachment* porque a grande massa que decide seria integrada pelas "forças vivas progressistas", por "militares progressistas, por políticos progressistas e por populares progressistas".[36]

As coisas já iam muito mal para o governo quando, no dia 25 de março, dez dias depois do envio da polêmica mensagem presidencial –

quando ainda se discutia a possibilidade de *impeachment* –, eclodiu a chamada "Revolta dos Marinheiros". Era o segundo aniversário da Associação dos Marinheiros, Cabos e Fuzileiros Navais, não reconhecida pelo Ministério da Marinha, e seus integrantes resolveram celebrar a ocasião. Fariam um evento na sede do Sindicato dos Metalúrgicos, no bairro de São Cristóvão, no Rio de Janeiro. O ministro da Justiça tentou evitar sua realização e decidiu não comparecer (pois o governo havia sido convidado), mas muitos marinheiros apareceram para reivindicar uma série de coisas: mudanças no regimento disciplinar da Marinha, melhorias salariais, direito de se vestir à paisana quando não estivessem em serviço, reconhecimento da associação, entre outras. O grupo passou a noite no sindicato. O ministro da Marinha, Sílvio Mota, mandou fuzileiros navais para lá a fim de deter o movimento e prender seus líderes, mas vários fuzileiros aderiram à rebelião com o apoio de seu comandante, o contra-almirante Cândido Aragão, tido como esquerdista. Goulart estava em São Borja e o ministro da Guerra, como já vimos, estava internado desde a véspera, situação que o secretário de imprensa, Raul Ryff, resumiu prosaicamente para Abelardo Jurema: "Estamos fritos". Goulart voltou de São Borja e chegou ao Rio na noite do dia 26. Ele não queria reprimir os marinheiros porque "o governo não dispunha do almirantado, não poderia perder a simpatia dos inferiores". Sílvio Mota demitiu Aragão e demitiu-se. Goulart indicou um novo ministro, o almirante Paulo Mário da Cunha Rodrigues, que não contava com o apoio dos colegas e manteve Aragão no cargo. Os marinheiros, afinal, foram retirados do sindicato no dia 27, Sexta-Feira Santa, por volta das duas da tarde e, de lá, foram enviados ao quartel do 1º Batalhão de Guardas, movimentação que foi acompanhada por lideranças sindicais e parlamentares de esquerda. Entretanto, poucas horas depois, foram liberados pelo governo e iniciaram uma passeata em direção à igreja da Candelária, onde homenagearam um marinheiro que havia sido morto e outros que foram feridos no pátio do Ministério da Marinha. Depois, seguiram em direção ao Ministério da Marinha, encontraram o almirante Aragão na rua e o carregaram nos ombros, dando vivas. A cena foi capturada pelo fotógrafo dos Diários Associados e publicada em *O Jornal* no dia 28 de março.

Jango e Paulo Mário conduziram mal a crise, sobretudo por causa da "anistia" que logo concederam aos rebelados. Não foi propriamente

Foto do almirante Aragão carregado por marinheiros publicada por *O Jornal* (D.A Press).

uma anistia, mas uma simples ordem de soltura. O ministro da Justiça disse que "ninguém entendia a pressa na libertação dos marinheiros".[37] A foto do almirante Aragão carregado nos braços de marinheiros amotinados deu ainda mais munição aos que acusavam João Goulart de promover a quebra da hierarquia e da disciplina a fim de obter apoio de praças e sargentos.

A tese do *impeachment* foi abandonada, como vimos, e, de acordo com o general Assis Brasil, chefe do Gabinete Militar, a "Revolta dos Marinheiros" foi o início do colapso do governo Goulart.[38] Jango decidiu passar o fim de semana em Brasília, voltando ao Rio de Janeiro no Domingo de Páscoa, dia 29 de março.

Na segunda-feira haveria mais uma festa de suboficiais e sargentos, desta vez promovida pela Associação dos Subtenentes e Sargentos da Polícia Militar no Automóvel Clube, centro do Rio de Janeiro. Goulart tinha sido convidado e disse que compareceria. Entretanto, depois de tudo o que houve, a presença do presidente em uma festa como essa parecia de todo inadequada: ele daria a impressão de estar realmente favorecendo a quebra da hierarquia e da disciplina. Em vão, muitos o aconselharam a não ir, entre eles, Tancredo Neves, que teria dito: "Deus faça com que eu esteja enganado, mas creio ser este o passo do presidente que irá provocar o inevitável, a motivação final para a luta armada".

Goulart chegou à noite ao Automóvel Clube, acompanhado de alguns ministros, e foi recebido festivamente. Lideranças da Revolta dos Marinheiros também estavam lá. Jango discursou já bem tarde: foi o seu último discurso transmitido por rádio e televisão. Ele disse que se associava aos sargentos porque o caminho que para eles estava traçado era "o caminho que me foi traçado também". Reagindo às ameaças de golpe contra si, tentou ser afirmativo: disse que seu mandato, "conferido pelo povo e reafirmado pelo povo numa segunda vez, será exercido em toda a sua plenitude, em nome do povo e na defesa dos interesses populares. Enganam-se redondamente aqueles que imaginam que as forças da reação serão capazes de destruir o mandato que é do povo brasileiro". Goulart estava mais agitado do que nunca; sua fala deu impressão de radicalismo. Referindo-se à Revolta dos Marinheiros, disse que nunca concordaria com repressão violenta: "Eu não permitira jamais que se praticasse qualquer violência contra aqueles brasileiros que se encontravam homiziados dentro de um sindicato. Eu estaria faltando a mim mesmo (...) se naquela hora eu desse uma ordem de massacre contra homens que também são brasileiros e que, se erraram, têm o direito de errar". A repercussão da presença de Goulart nessa cerimônia, mais do que seu discurso, foi o estopim para o golpe de 1964. Como diria Cordeiro de Farias, "Jango, nos últimos dias de seu governo, fez tudo o que era preciso para levantar o Exército contra ele com as atitudes que tomou".[39]

O golpe de 1964

A movimentação de tropas em direção ao Rio de Janeiro para tomar o Palácio das Laranjeiras e depor João Goulart começou logo depois de Jango terminar seu discurso no Automóvel Clube, ou seja, nas primeiras horas de 31 de março de 1964. O general Mourão Filho decidiu deflagrar o movimento após assistir à fala de Jango na televisão. Ele já estava muito irritado porque o governador Magalhães Pinto tinha feito um manifesto muito brando, falando generalidades como "Minas se empenhará com todas as suas forças e todas as energias de seu povo para a restauração da ordem constitucional comprometida nesta hora" – ou seja, sem afirmar a decisão de depor Goulart. O general Carlos Luís Guedes tinha telefonado para Mourão no dia 30 informando que já se rebelara. A partir de Belo Horizonte, Guedes havia providenciado o controle das fronteiras e pontos estratégicos de Minas Gerais pela Polícia Militar. O 12º Regimento de Infantaria,* em Belo Horizonte, havia entrado em ordem de marcha.[40]

Mourão queria garantir seu protagonismo. Transtornado, escreveu em seu diário que era o chefe militar da revolução e que Magalhães e Guedes o traíam: "Eles sabem que esta revolução é minha". Decidiu seguir seu plano de avançar, sem parar, até o rio Paraibuna, divisa natural dos estados de Minas Gerais e Rio de Janeiro. Caso conquistasse efetivamente o poder, tinha objetivos inusitados, como o de "declarar a inelegibilidade de todos os políticos e de seus ascendentes, descendentes e colaterais até o segundo grau". Escreveu o seu próprio manifesto, no qual registrou: "O senhor presidente da República, que ostensivamente se nega a cumprir seus deveres constitucionais, tornando-se, ele mesmo, chefe de governo comunista, não merece ser havido como guardião da Lei Magna, e, portanto, há de ser afastado do poder de que abusa, para, de acordo com a lei, operar-se a sua sucessão, mantida a ordem jurídica".[41] A afirmação era, obviamente, absurda.

As tropas de Mourão iniciaram seus preparativos por volta das quatro da manhã e partiram efetivamente às dez. De acordo com o comandante do destacamento que foi à frente, os soldados chegaram à ponte do rio Paraibuna às quatro da tarde e fecharam a rodovia que liga o Rio de Janeiro a Juiz de Fora e o túnel da estrada de ferro que também passa por ali. O governo enviou o 1º Batalhão de Caçadores de Petrópolis para aquele ponto, já que seu comandante era um coronel leal, mas dois de seus pelotões aderiram aos golpistas. Também chegou ao entardecer a vanguarda das forças do I Exército – enviadas pelo general Âncora –, que vinham do Rio de Janeiro para deter as tropas de Mourão Filho, mas seu coronel comandante foi convencido por Odílio Denis a aderir

---

* O mesmo que resistiu por cinco dias, em 1930, aos ataques dos revoltosos.

(esse coronel já havia servido sob Denis e o respeitava). Então, eles se prepararam para passar a noite no local. De acordo com o coronel, "jantamos bem".[42]

A vanguarda das forças do I Exército, que aderiu, integrava um contingente maior, comandando pelo general Luís Tavares da Cunha Melo, que, naturalmente, ficou fragilizado, embora ainda contasse com muitos recursos em termos de tropas e armamentos. Entretanto, no dia 1º de abril, ele foi informado de que Goulart não tinha chances, haja vista o alcance nacional da conspiração, e que já havia deixado o Rio de Janeiro. Então, para evitar um confronto inútil, Cunha Melo desistiu. Pediu aos chefes militares golpistas um prazo de duas horas para retornar ao Rio de Janeiro – de modo a não dar impressão de fuga –, mas as tropas mineiras prosseguiram antes disso, passando por Petrópolis e seguindo em direção ao Rio. A partir daí, as forças rebeladas não enfrentaram mais problemas. Chegaram ao Rio de Janeiro e acamparam no Estádio do Maracanã, onde ficaram até o dia 6 de abril.[43]

Mourão havia ligado para o deputado Armando Falcão, na manhã do dia 31, para informá-lo do que estava acontecendo. Por sua vez, Falcão avisou o general Castelo Branco, chefe do Estado-Maior do Exército. Castelo ligou para o general Guedes, disse que o movimento era uma precipitação e recomendou: "A solução é vocês voltarem, porque senão vão ser massacrados". Naquele momento, Castelo Branco tinha razões para temer, pois o governo federal contava com forças significativas, caso um chefe militar estivesse determinado a defendê-lo. Além disso, o II Exército, em São Paulo, não havia definido sua posição. Essa grande unidade militar era comandada pelo general Amauri Kruel, padrinho de um dos filhos de João Goulart e amigo do presidente. Depois de ser informado, Castelo providenciou para que Kruel soubesse da iniciativa de Mourão. Goulart e Kruel conversaram várias vezes por telefone entre os dias 31 de março e 1º de abril: o general tentava convencer o presidente a fazer uma proclamação rejeitando quaisquer vínculos com a esquerda, mas Goulart não concordou. Por isso, Kruel decidiu aderir ao golpe e lançou uma proclamação ambígua por volta da meia-noite de 31 de março para 1º de abril, na qual dizia que o II Exército se manteria "fiel à Constituição e tudo fará no sentido da manutenção dos poderes constituídos, da ordem e da tranquilidade".[44]

Apesar de estar à frente do Estado-Maior do Exército, Castelo Branco vinha minando as bases do governo havia algum tempo. Ele tinha divulgado uma "instrução reservada" dirigida aos seus subordinados, no dia 20 de março, na qual descrevia a situação política posterior ao "Comício da Central", dizendo identificar objetivos revolucionários "com o fechamento do atual Congresso e a instituição de uma ditadura". Produziu também uma espécie de questionário com o qual buscava levantar informações práticas sobre a posição dos oficiais e os meios disponíveis. No documento principal, mencionou a velha tese: os militares respeitavam a autoridade do presidente da República, mas "dentro dos limites da lei".[45]

O IV Exército, em Recife, também aderiu. Seu comandante lançou um manifesto em solidariedade ao movimento, mencionou os "lamentáveis acontecimentos do dia 26 próximo passado" (a Revolta dos Marinheiros) e, acompanhando as afirmações contraditórias de seus companheiros de golpe, disse que sua atitude era "inteiramente apolítica e inspirada no mais sincero sentido legalista". Contudo, ele deu ordem para depor o governador de Pernambuco, que foi preso e levado para a ilha Fernando de Noronha.[46]

Goulart buscou o apoio do III Exército, no Rio Grande do Sul. Na tarde do dia 31, nomeou o general Ladário Pereira Teles, inteiramente leal, para comandar aquela unidade. Ladário chegou a Porto Alegre nas primeiras horas do dia 1º de abril e mandou ocupar as estações de rádio para que o deputado Leonel Brizola tentasse repetir o desempenho de 1961 – mas isso não teve consequências. Às quatro da tarde, Ladário fez contato com João Goulart e lhe disse que "a situação do III Exército ainda permitia condições de resistência".[47]

Um episódio peculiar marcaria a memória militar sobre o golpe de 1964: o emprego operacional dos cadetes da Academia Militar das Agulhas Negras (Aman), em Resende, no Rio de Janeiro, local do provável encontro das tropas golpistas de Kruel, provenientes de São Paulo, com o grupamento legalista que o general Âncora havia enviado do Rio. Depois que decidiu aderir ao golpe, o general Kruel ligou por volta de duas e meia da manhã do dia 1º de abril para o comandante da Aman, general Emílio Garrastazu Médici – futuro presidente da República. Kruel disse a Médici que tinha ordenado o deslocamento de forças do II Exército "pelo eixo da BR-2" (atual estrada BR-116) e pedia "passagem livre". Médici lhe garantiu apoio. Pouco depois, Médici recebeu uma ligação do general Âncora informando sobre o deslocamento das tropas leais que partiam do Rio de Janeiro. Na Aman, havia cerca de 1,5 mil cadetes, 130 oficiais instrutores e um Batalhão de Comando e Serviços formado por 450 sargentos, além do "magistério" (chefes de cadeiras, professores adjuntos etc.).[48] Médici decidiu usar os cadetes para bloquear a estrada, na altura do Ribeirão da Divisa, e impedir o avanço do I Exército até que as forças do II Exército chegassem. Isso foi feito a partir das seis da manhã do dia 1º de abril.

A decisão de Médici era controvertida: havia, nas Forças Armadas, a resolução de não permitir que as escolas se envolvessem em rebeliões, haja vista, sobretudo, os episódios de 1904 e 1922. A Aman divulgou o mais amplamente possível duas proclamações que informavam a decisão de Médici, apelavam para que não houvesse confronto em nome da "mocidade militar do Brasil" e pediam a solidariedade da Escola Naval e da Escola da Aeronáutica. As proclamações foram entregues ao comandante do grupamento legalista que vinha do Rio. As tropas rebeladas vindas de São Paulo se aproximaram de Resende por volta das onze e meia. Diante da situação, duas baterias do grupamento legalista aderiram ao movimento.[49]

Pouco depois, Médici foi informado de que Âncora e Kruel haviam marcado um encontro na Aman. A essa altura, por conta da doença do ministro Jair Dantas Ribeiro, Âncora tinha sido informalmente nomeado ministro da Guerra. Quando chegou à Academia, muitos oficiais se reuniam no salão e Âncora disse para quem quisesse ouvir que o governo estava acéfalo. O encontro na Aman assinalou o fim da movimentação de tropas. Os cadetes voltaram para a Academia e Médici os recepcionou postando-se logo após o Portão Monumental da escola, onde recebeu continência. Houve formatura no pátio e leitura de ordem do dia, na qual Médici disse que o Exército brasileiro "mais uma vez interveio nas lutas nacionais para restabelecer o rumo adequado a nossos sentimentos e postulados de nossas crenças cívicas". De acordo com o comandante de um dos cursos, "os cadetes de infantaria, que estavam com as metralhadoras, vieram me perguntar se podiam trançar pelo corpo os pentes com a munição. Aí eu disse: 'Pode, hoje é dia de festa.'

De modo que foi motivo de muita emoção o regresso à academia, sem uma perda, para felicidade do Exército e do Brasil". Depois da cerimônia, as unidades do II Exército voltaram para São Paulo. A decisão de Médici de empregar os cadetes seria muito discutida. A maior parte dos militares que opinaram a aprovou, mesmo com ressalvas. Muitos destacaram a dimensão simbólica da presença dos cadetes, "pois ninguém teria coragem de destruir a juventude militar". Quando soube dos cadetes, o general Âncora disse ao chefe do Gabinete Militar que não avançaria: "Vou meter fogo nos cadetes?".[50]

João Goulart, desde o dia 30 de março, ficou em situação muito frágil. Apesar das notícias que chegaram de Belo Horizonte, motivadas pelas providências tomadas pelo general Guedes, os assessores de Goulart não estavam preocupados: tinham as atenções voltadas para o evento da noite no Automóvel Clube. No dia seguinte, quando a informação sobre a movimentação das tropas de Mourão foi confirmada, não houve quem assumisse a chefia militar do governo e Goulart ficou sem saber o que fazer. O presidente da Petrobras, general Osvino Ferreira Alves – que já havia comandado o I Exército –, falou da óbvia necessidade de ocupação militar da cidade e reconheceu que o governo estava completamente desorientado. De acordo com o ministro da Justiça, Goulart estava sozinho, "creio que até receios de ser preso, pelas forças do [secretário de Segurança Pública da Guanabara,] cel. Borges, deve ter ele tido".[51]

No dia 1º de abril, a cidade do Rio de Janeiro ficou agitada com a transmissão, pela TV Rio, da invasão do quartel-general da Artilharia de Costa, que ficava ao lado do Forte de Copacabana. Um coronel e alguns oficiais da Eceme entraram de surpresa na pequena edificação e a controlaram. Como a TV Rio ficava nas proximidades, conseguiu filmar o assalto ao quartel. Muitos confundiram a ação com uma tomada do Forte de Copacabana – que, entretanto, já havia aderido aos golpistas. Para o chefe do Gabinete Militar de Goulart, esse episódio teria feito com que o presidente decidisse deixar o Rio, mas a recomendação nesse sentido na verdade partiu do general Âncora. De acordo com o secretário de Imprensa, Raul Ryff, Jango teria dito que "isto aqui está se transformando numa armadilha".[52]

Havia muita gente no Palácio das Laranjeiras pela manhã. Depois que Jango foi para Brasília, ficaram apenas alguns ministros e o chefe

Foto de tanques no Ministério da Guerra durante o golpe de 1964 (Fundo Correio da Manhã / Arquivo Nacional).

do Gabinete Militar. Eles decidiram também seguir para Brasília e informaram Goulart, pelo rádio, dessa decisão. Foram para o aeroporto Santos Dumont, onde o ministro da Justiça, Abelardo Jurema, foi preso, conforme vimos no início deste capítulo. Na capital, o presidente foi recebido pelo general Nicolau Fico, à frente do Comando Militar de Brasília. Foi de helicóptero para o Palácio do Planalto e, depois, para a Granja do Torto, onde permaneceu toda a tarde.[53]

Em Brasília, Darci Ribeiro, chefe da Casa Civil, tentou convencer Jango a resistir, mas nada conseguiu. Alguns assessores o persuadiram a pelo menos gravar um manifesto, que foi ditado por Tancredo Neves e datilografado pelo líder do PTB na Câmara, Almino Afonso. Lembrava a carta-testamento de Getúlio Vargas, pois falava na decisão de Goulart de defender o povo. Segundo Almino Afonso, Goulart o gravou sem ânimo: "O fez com a voz tão sumida, que não transmitia ânimo, segurança. [O texto dizia que] ele instalaria o governo em Porto Alegre e de lá comandaria a resistência à aventura golpista". A transmissão pela Rádio Nacional do DF, que ainda estava em poder dos legalistas, foi feita às onze e meia da noite do dia 1º de abril, mas não teve retransmissão por causa da censura imposta pelos golpistas.[54]

O chefe do Gabinete Militar, Assis Brasil, tinha decidido acompanhar Goulart. Ele foi para Brasília e chegou às onze, encontrando o presidente no aeroporto quando já se preparava para ir para Porto Alegre. Ambos seguiram para a capital gaúcha, onde chegaram perto das quatro da manhã do dia 2. Às oito, reuniram-se com Leonel Brizola e o general Ladário: o primeiro insistiu na necessidade de resistir e o segundo disse que era possível fazê-lo "enquanto se dispõe de um punhado de homens (...) até esperar que a vitória se conquiste por milagre".[55] Não era um prognóstico otimista e Jango preferiu deixar Porto Alegre.

Nesse momento, em Brasília, o senador Auro de Moura Andrade, presidente do Congresso Nacional, já tinha declarado a vacância do cargo de presidente da República. A sessão do Congresso aconteceu a partir das 2h45 da manhã do dia 2 e foi muito tumultuada. Auro combinou previamente a declaração com lideranças da UDN e pediu a alguns deputados aliados que o protegessem. De nada valeu a carta enviada por Darci Ribeiro informando que o presidente estava em solo brasileiro. Após a declaração de vacância, vários parlamentares se dirigiram ao Palácio do Planalto e deram posse ao presidente da Câmara, Ranieri Mazzilli. Junto com eles, seguiu o diplomata norte-americano Robert Bentley, que pôde acompanhar a estranha cerimônia. Bentley telefonou para sua embaixada, informou sobre a posse e recomendou que a Casa Branca reconhecesse logo o novo governo brasileiro. Quando os parlamentares chegaram ao palácio, ainda estavam lá Darci Ribeiro e o general Fico. O chefe da Casa Civil se irritou com Fico que, supostamente legalista, nada fez em defesa de Goulart e mantinha comunicação com o general golpista Costa e Silva, a quem chamava de "meu chefe". Darci Ribeiro – antropólogo já conhecido, que havia publicado *A política indigenista brasileira* em 1962 – não se conteve e disparou: "Você não merece vestir a saia da Iracema!".[56]

Por volta das nove da manhã, Assis Brasil acompanhou Jango até a Estância de Rancho Grande, propriedade do presidente. De lá, foram para um rancho nas margens do rio Uruguai, um pesqueiro. Passaram ainda por outras estâncias enquanto aguardavam resposta a uma consulta às autoridades uruguaias. Finalmente, seguiram para Montevidéu no dia 4 de abril. Assis Brasil voltou ao país e foi preso. João Goulart morreria no exílio.[57]

Jango poderia ter resistido? Muitos dizem que sim, sobretudo por causa do depoimento do coronel Rui Moreira Lima, comandante da Base Aérea de Santa Cruz, que contava com alguns pilotos fiéis capazes de operar os jatos F-8 que lá estavam. Ele já tinha feito um voo de reconhecimento, pilotando um jato Paris I, quando sobrevoou a coluna de Mourão: "Passei baixo sobre ela duas vezes, causando um verdadeiro pânico na tropa", mas ele voltou para a base e não recebeu ordem de atacar. Na avaliação do historiador marxista Jacob Gorender, também havia a possibilidade de recurso aos fuzileiros navais "se houvesse um comando realmente combativo".[58]

Também não houve manifestações significativas de resistência, mas estudantes protestaram na Faculdade Nacional de Direito, no Rio de Janeiro, onde houve mortes. Também houve protesto e mortes em Recife, cidade na qual o líder comunista Gregório Bezerra foi selvagemente torturado em praça pública.[59]

Apesar da popularidade de Jango, atestada por pesquisas de opinião pública, celebrações ocorreram nas ruas do Rio de Janeiro quando ele deixou a cidade. No dia 2 de abril, aconteceu a "Marcha da Família, com Deus, pela Liberdade", que já estava programada e acabou por se transformar numa espécie de "Marcha da Vitória". O marechal Eurico Dutra, ex-presidente da República, então com 81 anos, compareceu e se emocionou com os aplausos da multidão. Uma das organizadoras das marchas, a presidente da "Campanha da Mulher pela Democracia" (CAMDE), dizia orgulhosamente ser "neta, sobrinha, irmã e mulher de general". Universitários conservadores exibiam faixa agressiva: "Estudantes autênticos saúdam a UNE desejando-lhe felicidade nas profundezas do inferno" – era uma referência ao incêndio do prédio da UNE provocado por apoiadores do golpe.[60]

Ainda que Mazzilli tenha sido empossado, o poder, de fato, passou às mãos do general Costa e Silva. Ele ignorou o protagonismo de Mourão e assumiu o Ministério da Guerra, alegando ser o oficial-general mais antigo no momento. Instituiu uma junta militar – a que deu o nome de "Comando Supremo da Revolução" – para a qual chamou o vice-almirante Augusto Hamann Rademaker Grünewald e o brigadeiro

Francisco de Assis Correia de Melo, aquele que esteve envolvido na crise por ocasião da interinidade de Lott na Aeronáutica. No fim de semana, Costa e Silva se reuniu com governadores quando, depois de alguns desentendimentos, foi definido o nome do general Castelo Branco para ocupar a Presidência da República.

Foi o "Comando Supremo da Revolução" que aplicou as primeiras "punições revolucionárias", isto é, cassações de mandatos de parlamentares, suspensões de direitos políticos e transferência para a reserva de militares. Os militares de algum modo ligados ao governo Goulart foram mais atingidos do que os civis que tiveram mandatos cassados ou direitos políticos suspensos: foram 184 militares (34 oficiais-generais, 124 superiores, 16 intermediários e 10 subalternos) e 169 civis. A junta havia decretado, no dia 9 de abril, um "Ato Institucional" que regulamentava essas punições e estabelecia outras regras, inclusive para a "eleição" do general Castelo Branco pelo Congresso Nacional, que foi feita no dia 11 de abril. Na véspera, o "Comando Supremo da Revolução" cassou o mandato de quarenta parlamentares, intimidando os deputados e, assim, garantindo a indicação do primeiro general-presidente.

CONCLUSÃO

"Governar é prender." A frase de Francisco Campos impressionou Pedro Nava, que a considerou "estarrecedora".[1] Nava, além de médico, foi um dos grandes memorialistas brasileiros. Francisco Campos já sabemos quem foi. A definição autoritária de Campos lembra a sinceridade brutal do general Góis Monteiro quando avaliou a vitória em 1930: "Sempre se fala com mais clareza e calor, com mais razão e proveito, quando se dispõe de baionetas para assegurar o direito que se reclama". Neste livro, eu quis enfatizar a obviedade de que o intervencionismo militar por meio de pronunciamentos, golpes e tentativas de golpes se fundamenta na força das armas. Não se constitui apenas em ação política equívoca, mas no recurso à violência contra aqueles que confiaram aos militares a defesa da nação. É um crime grave.

Essa evidência frequentemente fica encoberta pelo mito da "história incruenta", segundo o qual "parece privilégio do Brasil a 'arte' de alterar radicalmente a vida nacional sem que isso implique necessariamente sangueira, morticínio", no dizer de José Stacchini, repórter de *O Estado de S. Paulo*, quando analisou o golpe de 1964.[2] Segundo tal raciocínio, se nossa história é incruenta, então as intervenções militares não seriam iniciativas violentas em proveito próprio, mas a manifestação do "velho sistema político brasileiro das razões de Estado servidas pela força militar", conforme disse Afonso Arinos. Isto é, circunstâncias excepcionais justificariam a suspensão da legalidade constitucional. A persistência do *tópos* do "sangue generoso do povo brasileiro" se deve justamente à contradição entre a necessidade de violência para as intervenções militares e o discurso sobre a história incruenta: as ações intervencionistas são justificadas sob o argumento de que, apesar da violência institucional que elas configuram, tudo terá sido feito para se evitar o derramamento de sangue – especialmente o dos próprios militares, pode-se dizer ironicamente.

Entretanto, descrevi uma série de episódios em que houve confronto armado: nas fracassadas tentativas de golpe de 1904, 1922 e 1924; na vitoriosa mobilização de 1930 e nas duas tentativas malsucedidas contra JK em 1956 e 1959. Além disso, embora não tenha havido confronto, houve movimentação de tropas na Proclamação da República, nas deposições de Vargas, durante os golpes de Lott, no pronunciamento de 1961 e no golpe de 1964. A geração militar dos "tenentes" interveio na política sob a justificativa de lutar pelo "propósito de regeneração dos costumes políticos", de acordo com o brigadeiro Eduardo Gomes. Seu companheiro, o general Juarez Távora, também assumia para si essa missão salvadora: "Essa obra de salvação nacional tem de ser realizada pela nossa geração". Contudo, essa justificativa era tão inconsistente que Távora, anos depois, decidiu "não mais participar de conjurações para tentar corrigir, por meio de intervenções extralegais, os erros ou omissões de nossos governantes". Ele fez a promessa de não mais recorrer à força quando soube do suicídio de Vargas, mas a descumpriu ao apoiar o golpe de 1964.[3] Ao longo da ditadura militar, essa perspectiva salvacionista deu lugar a motivações mais concretas, referidas ao simples usufruto do poder: boquinhas, sinecuras e prebendas cuja defesa também está por trás das tentativas mais recentes de intervenção militar. Hoje em dia, a manutenção dos privilégios de sua previdência especial preocupa mais os militares do que quaisquer motivações doutrinárias ou ideológicas.

Também procurei realçar a persistência de alguns padrões nas diversas intervenções militares e em suas motivações. Um dos mais importantes articula a visão elitista do "povo despreparado" à incriminação do "político corrupto", do que resulta o direito à intervenção dos militares "superiores" e "honrados". Juarez Távora falava da necessidade de uma "conscienciosa elite eleitoral" justamente por causa da suposta incapacidade popular. O almirante Pena Boto condenava as eleições porque "80% dos eleitores não tinham discernimento", tratava-se de um "povo mal orientado", de "massa ignorante". Para o marechal Odílio Denis, o comunismo seria um "grande perigo para o nosso país, dada a ignorância popular". Durante a ditadura militar, a censura de diversões públicas e a propaganda política tinham propósitos "educacionais", sobretudo a proteção da juventude contra o alegado "círculo vicioso de prostituição, de vício e da prática sexual aberta que, fatalmente, levam à indiferença, abrindo caminho à própria subversão". Civis também expressavam visões antipopulares: Virgínio Santa Rosa acusava o "peso morto" do eleitorado rural e Afonso Arinos afirmava que éramos um "povo de cultura apoucada e nervos vibráteis". Assim é que, de acordo com Francisco Campos, "o povo não precisa de governo, precisa é de curatela [tutela]".[4]

A acusação de os políticos serem corruptos é secular, como vimos: após a Guerra do Paraguai essa percepção se consolidou entre os militares, juntamente com a impressão de que os governos descuidavam dos interesses do Exército e da Marinha. Serzedelo Correia falava na "politicagem pequena" dos "mandões de aldeia", que desrespeitavam os militares "que sacrificam sempre a vida para segurança de todos". O "verdadeiro patriotismo" estaria entre os integrantes do Exército, que seria o "garantidor da liberdade" e a "encarnação de todas as aspirações nacionais". Honrados, incorruptíveis e superiores aos civis, eles teriam o dever de "agir como fator necessário para a salvação da República". A visão negativa dos políticos não livrou nem mesmo os apoiadores do regime militar: Magalhães Pinto nunca conseguiu a projeção que desejava e o vice-presidente Pedro Aleixo sofreu um "golpe dentro do golpe" quando foi impedido de assumir a Presidência da República, em 1969, por ocasião da doença do marechal Costa e Silva.

O sentimento da própria honra, o pundonor militar, sempre foi usado como pretexto para intervir na política, desde as ameaças do visconde de Pelotas, o marechal Câmara, de que descumpriria a lei porque sua honra estava acima de tudo; passando pelo marechal Deodoro, para o qual os militares não podiam ser ofendidos ou insultados; até Juarez Távora, que considerava a prisão disciplinar um ultraje; ou Lott, que avaliou sua demissão como uma provocação aos "brios do Exército". Como vimos, Rui Barbosa soube interpretar esse tópico quando escreveu o manifesto assinado por Pelotas e Deodoro: "A primeira condição da pátria é o pundonor dos defensores profissionais de sua honra". Essa superestimação dos sentimentos pessoais sempre serviria para justificar ações injustificáveis, como fez Juarez Távora ao mencionar o suposto "mal-estar reinante no seio da tropa" em 1945, ou como fizeram os revoltosos de Jacareacanga e Aragarças ao falarem da "mágoa" com o afastamento de seus comandantes. Durante a ditadura militar, o pretexto para a decretação do AI-5 foram os discursos supostamente ofensivos de Márcio Moreira Alves. Em 2014, a Comissão Nacional da Verdade listou muitos militares como responsáveis diretos ou indiretos por tortura e assassinato durante a ditadura, o que deflagrou uma grande indignação nas Forças Armadas: segundo vários analistas, essa foi a origem do retorno dos militares à política. A manipulação de sentimentos "generalizados" e, portanto, de difícil comprovação persiste até hoje, quando vemos as ameaças veladas que aparecem na imprensa sobre o "mal-estar" ou a "irritação" dos militares a respeito desse ou daquele assunto.

Também procurei sublinhar a configuração paulatina da ideia de que os militares se constituiriam no substituto do Poder Moderador do Império. De acordo com Joaquim Nabuco, as Forças Armadas seriam a única instituição com as desejáveis características de permanência, neutralidade e desinteresse. O coronel Bertoldo Klinger aceitou intervir na crise de 1930 por causa do pedido de oficiais que falavam na "tradição das Forças Armadas nacionais, elemento moderador por excelência". O general Médici agiu no golpe de 1964 na medida em que o Exército "mais uma vez interveio nas lutas nacionais para restabelecer o rumo adequado". Rememorando, em 2003, a ditadura militar, o general Alacir Frederico Werner disse esperar que não haja mais "necessidade de intervenção das Forças Armadas para recolocar o país no rumo certo". Para o general Hélio Duarte Pereira Lemos, seu colega, eventualmente surge a "necessidade incontornável de intervenção das Forças Armadas".[5] Essa pressuposição dos militares como poder moderador chegou ao extremo de generais "empossarem" presidentes da República, como fizeram os generais Góis Monteiro em 1945 (empossando Linhares) e Lott em 1955 (empossando Nereu Ramos).

É por isso que ações claramente ilegais promovidas por militares são vistas por eles como iniciativas capazes de salvaguardar a legalidade. Essa flagrante contradição se fundamenta na crença generalizada de que as atribuições de garantia dos poderes constitucionais e de obediência dentro dos limites da lei lhes dariam o direito de discernir a existência de ameaças aos poderes constitucionais ou a prática de ilegalidades pelo presidente da República – ou mesmo as duas coisas. Assim, as intervenções estariam plenamente legitimadas. O manifesto do general Olímpio Mourão Filho justificava o golpe de 1964 dizendo que o presidente não cumpria seus deveres e, "portanto", podia ser deposto para, "de acordo com a lei", providenciar-se um sucessor, "mantida a ordem jurídica".

Com tudo isso em vista, fica fácil compreender a importância negativa do condicionante constitucional da obediência militar que prevaleceu até 1988 e foi estabelecido, como vimos, por Rui Barbosa a partir das elaborações de Deodoro e Benjamin Constant. O Exército devia ser "respeitável e respeitado dentro dos limites da lei" ou, como disse Benjamin Constant, o Exército respeitaria os poderes civis, "desde que estes cumprissem a lei". No manifesto em defesa de Deodoro, seus apoiadores diziam que somente as leis "racionais" deviam ser cumpridas. O parecer do tribunal militar sobre o direito de os militares emitirem opiniões na imprensa foi aprovado por Pedro II e confirmou a tese da obediência dentro dos limites da lei.

"O nosso Exército tem o direito de exame da legalidade das ordens quando ofendem os direitos de oficiais", disse o senador Irineu Machado durante a crise que levaria ao levante de 1922. Segundo o julgamento do brigadeiro Eduardo Gomes, essa revolta teria sido feita porque "o governo estava saindo fora da lei". Analisando as tentativas de golpe de que participou em 1922 e 1924, Juarez Távora sustentou que "é natural, imprescindível, recorrer à violência" quando o governo desobedece à lei, visto que a Constituição teria atribuído aos militares a função reguladora. Para Eduardo Gomes, essa "originalidade de nosso código" dava aos militares "o encargo de guardiães da legalidade democrática"; a Constituição de 1946 teria atribuído às Forças Armadas a tarefa de manter e preservar o regime republicano "como custódia dos demais direitos".[6] Para Afonso Arinos, a deposição de Washington Luís se justificou porque o governo havia abandonado a legalidade e, portanto, o Exército não devia mais defendê-lo. O oficial ficaria "desobrigado de sua obediência" se entender que o presidente é golpista, conforme disse o marechal Odílio Denis ao justificar o golpe de 1964. O comandante do IV Exército disse agir "no mais sincero sentido legalista" quando apoiou esse mesmo golpe. A "instrução reservada" do general Castelo Branco, mobilizadora dos golpistas de 1964, dizia que o presidente deveria ser respeitado, mas "dentro dos limites da lei". Um integrante da tropa legalista que foi enviada do Rio de Janeiro para São Paulo em 1964 disse, muitos anos depois, que, embora tivesse "obsessão pela legalidade", alguns oficiais se revoltavam "com aquela situação caótica". Para ele, "o presidente Castelo Branco foi muito sábio quando redigiu, dias antes da eclosão da revolução, aquela nota – que é defender a Constituição, os poderes constituídos, a lei e a ordem".[7]

A "obsessão pela legalidade" que resulta na ruptura da legalidade constitucional não parece contraditória para muitos militares. Essa equação incoerente explica algumas coisas: se o julgamento da ilegalidade pode ser feito por um oficial, o militar legalista de hoje poderá ser o golpista de amanhã. Do mesmo modo, até para deflagrar ações repressivas, um instrumento regulador é exigido: quando do estabelecimento da ditadura do Estado Novo e da ditadura militar, os generais Dutra e Costa e Silva, respectivamente, pediram algum tipo de diploma legal para impor as punições que queriam. Dutra disse que não iria prender parlamentares "sem estar apoiado em alguma lei". Ou seja, o golpe de Estado pode instaurar uma situação que não é de inteira anomia, de total ausência de "leis" – o que também explica a busca de constitucionalidade mesmo nas duas ditaduras (com a Constituição de 1937 e a manutenção da Constituição de 1946, apesar da lei de exceção que foi o Ato Institucional de 1964). Daí a presença recorrente da figura do jurista especializado em leis de exceção e em minutas de golpe, como foram Luís Mendes de Morais Neto, Francisco Campos e outros que não mencionamos. Recentemente, Ives Gandra Martins tentou explicar sua interpretação do artigo 142, segundo a qual os comandantes das três armas teriam o direito de repor a lei e a ordem no caso de conflito entre os poderes.

Como detectou Raymundo Faoro, o problema mais grave está na atribuição do papel de garantidoras dos poderes constitucionais às Forças Armadas, algo que persiste até hoje, ao contrário da lamentável fórmula ("dentro dos limites da lei") de Rui Barbosa, em boa hora afastada pela Constituição de 1988. O manifesto do levante de Aragarças dizia que "a destinação constitucional das Forças Armadas impõe o pronunciamento a favor da pátria quando os governos desmandam". O pronunciamento contra a posse de João Goulart após a renúncia de Jânio Quadros em 1961 justificava-se, segundo Odílio Denis, porque os ministros militares estariam "investidos do poder de chefes militares para a garantia dos poderes constitucionais" e nada mais fizeram do que cumprir a determinação constitucional. Os ministros militares de Goulart pediram o estado de sítio porque as Forças Armadas eram as "guardiãs das instituições legais". O ex-presidente Geisel afirmou que, em situações de crise, quando "a nação fica em perigo", os militares "poderão ter que atuar com suas forças para afastar drasticamente o perigo manifesto".[8]

Mais recentemente, vivenciamos uma série de episódios que marcaram o governo de Jair Bolsonaro, a partir do ressurgimento dos militares na cena política, o que vinha ocorrendo desde a crise que marcou o governo Dilma Rousseff e que culminou com o *impeachment* de 2016. Em fevereiro de 2018, seu sucessor, Michel Temer – acossado por muitas acusações de corrupção – nomeou um general para o Ministério da Defesa, pasta criada em 1999 e que, desde então, contava com um civil à sua frente. No mesmo mês, Temer decretou intervenção federal na área de segurança do estado do Rio de Janeiro, também conduzida por um general, Braga Netto. Como haveria eleições para presidente da República em 2018, o então comandante do Exército, general Eduardo Villas Bôas, fez um pronunciamento em abril pressionando o Supremo Tribunal Federal a rejeitar o *habeas corpus* de Luiz Inácio Lula da Silva, o que inviabilizava a sua participação nas eleições. Divulgado em uma rede social, o pronunciamento militar dizia que o Exército se mantinha atento "às suas missões constitucionais", uma referência evidente à garantia dos poderes constitucionais segundo a equivocada interpretação das Forças Armadas como poder moderador. A pressão militar de Villas Bôas sobre o STF foi eficaz. A atitude indevida deste general se insere – como vimos – na longa tradição de pronunciamentos militares contra candidatos a presidente da República, como foram a declaração do general Canrobert de que a candidatura de Vargas em 1950 era inconveniente, o manifesto dos ministros militares contra a candidatura de Juscelino Kubitschek em 1954, o veto de Lott contra a candidatura de Jango a vice-presidente em 1955 e o emblemático pronunciamento militar de 1961.

A partir de 2019, integrantes do governo Bolsonaro, inclusive o próprio presidente, passaram a usar a ameaça velada de golpe militar como forma de atemorizar opositores. Bolsonaro, havia muitos anos, enaltecia a ditadura militar, defendendo a tortura e toda a repressão que houve naquela época, bem como falava em uma improvável ameaça comunista. Em 2021, buscando atrair seus eleitores fanatizados adeptos de uma intervenção militar, disse que o poder moderador estava "nas mãos das Forças Armadas". Dias depois, o então chefe do Gabinete de Segurança Institucional, general Augusto Heleno, afirmou: "O artigo 142 é bem claro, basta ler com imparcialidade. Se ele existe no texto constitucional, é sinal de que pode ser usado".[9] Essa pregação golpista do presidente e dos generais palacianos fez com que se ampliassem as manifestações extremistas pedindo uma inexplicada "aplicação do artigo 142" – que, em suma, significava a intervenção militar para a promoção de um autogolpe.

O general Hamilton Mourão, que foi vice-presidente de Bolsonaro, disse – ainda quando estava na ativa, em 2017 – que poderia haver intervenção militar se as instituições não solucionassem um suposto problema político. No ano seguinte, quando era candidato a vice-presidente da República, foi questionado sobre a declaração golpista. Ele falou em autogolpe e lembrou que a garantia dos poderes constitucionais independe da iniciativa dos poderes.[10] De fato, o artigo 142 da Constituição de 1988 tem redação dúbia. Ele diz, entre outras coisas, que as Forças Armadas "destinam-se à defesa da Pátria, à garantia dos poderes constitucionais e, por iniciativa de qualquer destes, da lei e da ordem". Ou seja, a garantia dos poderes constitucionais não dependeria da iniciativa dos chefes dos três poderes.

Essa imprecisão e o ativismo político de bolsonaristas radicalizados geraram duas tentativas de esclarecimento, ambas divulgadas em junho de 2020. A primeira consistiu em um parecer da Secretaria-Geral da Mesa da Câmara dos Deputados, estabelecendo que as operações de Garantia da Lei e da Ordem (GLO) só poderiam servir para conter ameaças aos poderes constitucionais, nunca para resolver conflitos entre tais poderes. Além disso, dizia que, diante de pedido dos presidentes do Legislativo ou do Judiciário, o presidente da República seria obrigado a expedir o respectivo decreto. Luiz Fux, ministro do STF, discordou dessa interpretação em uma medida cautelar a partir de uma ação direta de inconstitucionalidade. Ele entendeu que não é inconstitucional a lei que atribui ao presidente da República o direito de decidir sobre um pedido de aplicação de GLO feito pelos demais poderes, embora concorde que a garantia dos poderes constitucionais se refere à proteção contra ameaças alheias a eles, como golpes, sublevações armadas etc.[11] Para Fux, o poder do presidente da República não pode ser exercido contra os próprios poderes. Contudo, existe uma clara hipótese de crise institucional se os presidentes dos demais poderes pedirem a GLO e o chefe do Executivo não a autorizar.[12] Se há essa dúvida em relação à garantia da lei e da ordem, no que diz respeito à garantia dos poderes constitucionais há total imprecisão, pois não existe uma lei complementar que regulamente tal garantia – que não se sabe exatamente em que consiste. É nesse sentido que a reescrita do artigo 142 é necessária, com a eliminação da atribuição excessiva de poderes às Forças Armadas, ou, ao menos, com uma regulamentação que esclareça a competência de garantia dos poderes constitucionais. Muitos perguntarão se ajustes legais são capazes de impedir golpes militares: além de ser a única coisa que se pode fazer, convém lembrar a observância dos militares às normas, aos manuais e aos regulamentos. Aliás, como disse Juarez Távora em 1927, a única maneira de as Forças Armadas deixarem de atuar como poder moderador seria com a mudança do então artigo 14 da Constituição de 1891.

Logo após o fim da ditadura militar, em 1985, foi convocada uma Assembleia Nacional Constituinte e instituída uma Comissão Provisória de Estudos Constitucionais presidida por Afonso Arinos de Melo Franco. Assim que os trabalhos da comissão se iniciaram, os militares buscaram influir na redação dos artigos que lhes interessavam, sobretudo o futuro artigo 142. O Serviço Nacional de Informações (SNI), órgão repressivo da ditadura militar que ainda não havia sido extinto, produziu uma análise sobre o tema em 1986. A comissão tinha proposto não atribuir a garantia da lei e da ordem às Forças Armadas, substituindo-a pela garantia da "ordem constitucional",[13] mas o ministro do Exército, general Leônidas Pires Gonçalves, declarou que a "destinação tradicional" deveria ser mantida. Para o SNI, o ideal seria retornar ao artigo 91 da Constituição de 1969, redigida pela ditadura militar e que falava na garantia dos poderes "constituídos", ou seja, de qualquer poder, de direito ou de fato. A comunidade de informações temia que os constituintes retirassem os poderes tutelares das Forças Armadas, como deixaram explícito em seu estudo: "Não faltarão, porém, aqueles que, em nome de um suposto Estado de Direito, almejam, de fato, retirar do estamento militar a responsabilidade maior da soberania, ou seja, a preservação da ordem e do progresso e a efetiva segurança nacional".[14]

Durante os trabalhos da constituinte, os militares – especialmente do Exército – exerceram forte pressão sobre os parlamentares, mantendo um lobby dentro do Congresso. Em agosto de 1987, o relator dos trabalhos aceitou a fórmula que retirava a competência de garantia da lei e da ordem do texto, mas teve de voltar atrás por causa da pressão do ministro do Exército.[15] O deputado José Genoíno e o senador Fernando Henrique Cardoso tentaram amenizar o texto. Para Genoíno,

> ao atribuir às Forças Armadas o papel constitucional de defesa da lei e da ordem, se está preservando a tutela militar explícita sobre a sociedade e o Estado [como se as Forças Armadas fossem] árbitro supremo e tutor da sociedade. Em nome da lei, torna-se possível uma ação militar contra qualquer mobilização política ou social de maior envergadura. Em nome desta formulação genérica, que envolve diferentes interpretações ideológicas, sempre será possível uma ação militar de sentido golpista, mas que poderá invocar a própria Constituição para tentar legitimar-se.[16]

Como se vê, a preocupação maior dizia respeito à atribuição da garantia da lei e da ordem. O senador Fernando Henrique Cardoso sugeriu a retomada da redação proposta pela comissão presidida por Afonso Arinos.[17] Em abril de 1988, o artigo foi aprovado com a redação que prevalece até hoje. O condicionante estabelecido pela comissão provisória foi mantido para a garantia da lei e da ordem, mas a tradicional competência de garantia dos poderes constitucionais permaneceu.

A manutenção do poder tutelar sobre a sociedade foi uma das cláusulas inegociáveis da longa transição da ditadura para a democracia – um dos itens "que nunca cederemos", no dizer do general Golbery do Couto e Silva. Outra foi a autoanistia (o chamado "perdão aos torturadores") contida na lei de 1979,[18] o que expressava o receio, entre os militares daquela época, do chamado "revanchismo", isto é, de que fossem punidos pelos crimes e violações de direitos humanos cometidos durante a ditadura militar. Isso teria sido uma grande novidade, porque, como vimos, o padrão recorrente é o da impunidade por meio da concessão de anistia. Em todos os casos nos quais a tentativa de golpe fracassou, houve anistia aos golpistas. Nunca houve no Brasil a efetiva punição de militares golpistas.

Esse padrão de impunidade tem chance de ser revertido. Quando afirmo que nunca houve, no Brasil, a efetiva punição de militares golpistas, me refiro às anistias que foram aprovadas pelo Congresso Nacional beneficiando os oficiais envolvidos nas tentativas fracassadas de 1904, 1922, 1924, 1956, 1959 e 1961.[19] É claro que não cabe falar em punição no caso dos golpes bem-sucedidos (1889, 1930, 1937, 1945, 1954, 1955 e 1964). Nos episódios de 1904 e 1959, até houve o início de inquéritos, mas os responsáveis foram anistiados. No que diz respeito ao caso mais recente, a tentativa de golpe (ou autogolpe) de 2022-2023, há algo inédito: o indiciamento de militares golpistas, após investigação regular feita pela Polícia Federal, que se deu no âmbito de processo legal conduzido pelo Poder Judiciário. Se houver julgamento e condenação, maior será o ineditismo. Entretanto, diante de nosso histórico, não será surpresa caso o Congresso aprove uma anistia.

Quando a ditadura acabou, alguns militares afirmavam ter perdido a "batalha da imagem", como me disse certa vez o coronel Jarbas Passarinho, ex-governador do Pará e ex-ministro de três generais-presidentes. Ele se surpreendeu quando eu discordei: a imagem negativa dos militares somente se verificava entre intelectuais e setores críticos da imprensa. Da mesma forma, após os governos de Fernando Henrique Cardoso e de Lula, muitos colegas me diziam que os militares, finalmente, estavam submetidos ao poder civil. Não era apenas por pessimismo que eu discordava.

Tendo estudado os diversos aspectos da ditadura militar nos últimos trinta anos, desenvolvi algumas hipóteses. Creio que a principal foi a que eu chamei de utopia autoritária: o entendimento militar de que os problemas brasileiros seriam superados e o Brasil se tornaria uma "grande potência" na medida em que fossem eliminados os obstáculos – chamados de "óbices" pelos militares – que impediriam essa ascensão. Os principais obstáculos seriam a "subversão comunista" e a "corrupção dos políticos". Meu propósito com essa hipótese nunca foi o de denunciar o primarismo de tal equação – que, aliás, salta aos olhos –, mas me contrapor às explicações baseadas na noção de que haveria uma doutrina muito bem sistematizada por trás da ação dos militares, a chamada "doutrina de segurança nacional". Como essa explicação sempre me pareceu infundada, busquei entender o que unificava os diversos grupos de militares, pois é claro que havia muitas diferenças entre "moderados" e "linhas-duras", nacionalistas e simpáticos ao capital estrangeiro e assim por diante.

Analisando o que chamei de "pilares básicos da repressão" – sobretudo os órgãos de informações, os órgãos de repressão, a agência de propaganda política e os departamentos responsáveis pela censura política e de diversões pública[20] –, percebi que havia muita diferença nas convicções e atitudes dos militares envolvidos em cada um desses aparatos, mas que todos partilhavam da mencionada utopia (no sentido de propósito irrealizável), aderindo a ela através de duas "dimensões".

Em sua dimensão "saneadora", a utopia autoritária considerava necessário extirpar os "óbices" da sociedade por meio da prisão, do assassinato, da censura política ou da espionagem. Os adeptos dessa dimensão saneadora integravam os órgãos típicos da repressão, como o sistema DOI-CODI (Destacamento de Operações de Informações-Centro de Operações de Defesa Interna), que fazia prisões arbitrárias e torturava, ou a censura política, por exemplo.

Em sua dimensão "pedagógica", tal utopia considerava que os brasileiros eram despreparados e seria preciso "educá-los", o que se verificava muito claramente, por exemplo, na propaganda política da ditadura, na censura das diversões públicas ou nas disciplinas de "moral e cívica" que havia no período. Uma pedagogia obviamente autoritária.

Ambas as dimensões compartilhavam, entretanto, algo fundamental: o futuro grandioso do "Brasil Potência" justificaria eventuais rupturas constitucionais, desde as ilegalidades criminosas e brutais praticadas pelos órgãos de repressão até os desvios menos notáveis, mas igualmente ilegais, da tentativa de doutrinação ideológica feita pela propaganda política ou da "proteção" da sociedade com a censura moral que coibia "abusos" como a nudez e o palavrão.

Essa hipótese analítica orientou meus estudos sobre a ditadura militar. Entretanto, quando analisamos o período anterior e posterior, verificamos que aspectos dessa utopia autoritária têm longa duração e são persistentes. É o caso, por exemplo, da visão elitista do "povo despreparado" e da tese simplista de que a corrupção é a causa fundamental de nossos males. De acordo com a perspectiva autoritária, se o povo é despreparado e o sistema político está comprometido, os desvios da Constituição se justificam, sendo o principal a tentativa de tomada do poder pela violência, o golpe de Estado, para o qual as Forças Armadas são indispensáveis. Note-se que muitos outros indícios de leniência com a ruptura da legalidade constitucional poderiam ser elencados, mas isso daria outro livro.

Não creio que esse quadro tão negativo se deva a características inerentes ao que se costuma genericamente designar como "os brasileiros" ou "o Brasil" (que não seria "para amadores", onde tudo "acaba em pizza" etc.). A persistência da utopia autoritária se deve a uma determinada configuração econômica, social, política e jurídica de viés excludente que todos conhecemos. Historicamente falando, temos pouco tempo de vivência democrática, já que não se pode falar em democracia na Primeira República nem no período que vai de 1930 a 1937 (e muito menos nas duas ditaduras). A fase democrática de 1945 a 1964, como vimos, foi marcada por crises institucionais e golpismo. Na fase atual, posterior ao término da ditadura militar, tivemos dois *impeachments* e o golpismo redivivo do bolsonarismo. Por isso mesmo, é possível dizer que o grande prejuízo deixado pelo governo Bolsonaro foi a suspensão do que poderíamos chamar de pedagogia democrática ou cívica, isto é, a experimentação da própria democracia, da defesa dos direitos humanos, uma prática interrompida por Jair Bolsonaro – que foi o primeiro presidente da República após a ditadura militar a pôr em xeque tais direitos.

Portanto, trata-se de uma "história inconclusa", um antigo tema de debates entre historiadores do tempo presente: alguns supõem que "apenas o que está encerrado pode ser reconhecido historicamente", já que não sabemos o que acontecerá depois.[21] A análise de nossa melancólica trajetória indica que a superação da fragilidade institucional da democracia brasileira depende de uma visão realista do passado – não para nos conduzir a um pessimismo paralisante, mas para mobilizar as mais positivas energias utópicas que muitos ainda temos em relação ao nosso país.

AGRADECIMENTOS

Para que eu pudesse concluir a redação deste livro, meus colegas da Área de Brasil do Instituto de História da Universidade Federal do Rio de Janeiro (UFRJ) aprovaram o meu afastamento e assumiram meus encargos durante o primeiro período letivo de 2024. João Roberto Martins Filho viabilizou este afastamento ao me receber para um pós-doutorado no Programa de Pós-graduação em Ciência Política da Universidade Federal de São Carlos (UFSCar). Os funcionários das diversas seções da Biblioteca Nacional, da Biblioteca do Instituto de História da UFRJ e do Arquivo Nacional sustentam, como podem, essas instituições tão precarizadas. Desde os anos 1980, minhas pesquisas são financiadas pelo Conselho Nacional de Desenvolvimento Científico e Tecnológico (CNPq) com a bolsa de produtividade em pesquisa, sem a qual este trabalho não teria sido possível. Meus alunos do Instituto de História da UFRJ me ouviram falar sobre este livro ao longo de três anos e, com seus questionamentos, ajudaram a corrigir perspectivas enviesadas e indicaram a necessidade de buscar evidências empíricas que, antes, faltavam.

A todos, meus agradecimentos.

BIBLIOGRAFIA

ABRANCHES, Dunshee de. *Atas e atos do governo provisório*. Rio de Janeiro: Imprensa Nacional, 1907.
_____. *O golpe de estado:* atas e atos do governo Lucena (obra póstuma). Rio de Janeiro: Oficinas Gráficas do "Jornal do Brasil", 1954.
ABREU, Alzira Alves de (coord.). *Juraci Magalhães:* minhas memórias provisórias. Depoimento prestado ao CPDOC. Rio de Janeiro: Civilização Brasileira, 1982.
_____ (coord.). *Dicionário histórico-biográfico da Primeira República*. Rio de Janeiro: Editora FGV, 2015.
ABREU, Alzira Alves de et al. *Dicionário histórico-biográfico brasileiro*. 2. ed. rev. atual. Rio de Janeiro: FGV, 2001.
ABREU, Capistrano de. *Correspondência de Capistrano de Abreu*. v. 2. Rio de Janeiro: MEC/INL, 1954.
AFONSO, Almino. *Raízes do golpe:* da crise da legalidade ao parlamentarismo. São Paulo: Marco Zero, 1988.
ALBUQUERQUE, [José Joaquim de Campos da Costa de] Medeiros e. *Quando eu era vivo...:* memórias. 1867 a 1934. Porto Alegre: Globo, 1942.
ALMEIDA, Gil de. *Homens e fatos de uma revolução*. Rio de Janeiro: Calvino Filho, 1934.
ALMEIDA, José Américo de. *A palavra e o tempo (1937-1945-1950)*. Rio de Janeiro: José Olímpio, 1954.
ANDRADE, Auro Moura. *Um congresso contra o arbítrio:* diário e memórias. Rio de Janeiro: Nova Fronteira, 1985.
ARGOLO, José Amaral et al. *A direita explosiva no Brasil*. Rio de Janeiro: Mauad, 1996.
ASSIS, Denise. *Propaganda e cinema a serviço do golpe*. Rio de Janeiro: Mauad, 2001.
BAPTISTA, Marco Túlio Freire. A revolta de Jacareacanga: a Força Aérea Brasileira em armas na Amazônia. *A Defesa Nacional*, v. 102, n. 825, p. 89-104, 2014.

BARATA, Agildo. *Vida de um revolucionário (memórias)*. São Paulo: Alfa-Ômega, 1978.

BARBOSA, Rui. *Contra o militarismo:* campanha eleitoral de 1909 a 1910. Primeira série. Rio de Janeiro: Ribeiro dos Santos, [1910].

_____. *Contra o militarismo:* discursos em S. Paulo, Santos e Campinas. Campanha eleitoral de 1909 a 1910. Segunda série. Rio de Janeiro: Ribeiro dos Santos, [1910].

_____. *Finanças e política da República*. Rio de Janeiro: Companhia Impressora, 1892.

_____. *O ano político de 1887*. Rio de Janeiro: Gazeta de Notícias, 1888.

_____. *Obras completas de Rui Barbosa*. v. 2. t. 1. Rio de Janeiro: Ministério da Educação e Cultura, 1984.

_____. *Obras completas de Rui Barbosa*. v. 16. t. 1. Rio de Janeiro: Ministério da Educação e Saúde, 1947.

_____. *Obras completas de Rui Barbosa*. v. 17. t. 1. Rio de Janeiro: Ministério da Educação e Saúde, 1946.

_____. *Obras completas de Rui Barbosa*. v. 31. t. 1. Rio de Janeiro: Ministério da Educação e Saúde, 1952.

_____. *Obras completas de Rui Barbosa*. v. 40. t. 5. Rio de Janeiro: Ministério da Educação e Cultura, 1966.

_____. *Obras completas de Rui Barbosa*. v. 46. t. 1. Rio de Janeiro: Ministério da Educação e Cultura, 1956.

_____. *Obras completas de Rui Barbosa*. v. 46. t. 2. Rio de Janeiro: Ministério da Educação e Cultura, 1956.

BARRETO, Dantas. *Conspirações*. Rio de Janeiro: Francisco Alves, 1917.

BARRETO, João de Deus Noronha Mena. *Ainda os Mena Barreto*. Rio de Janeiro: s.n., 1971.

_____. *Os Mena Barreto:* seis gerações de soldados, 1769-1950. Rio de Janeiro: Laemmert, [1950?].

BARROS, Carlos Vandoni. *Os barões de Vila Maria*. Campo Grande: Instituto Histórico e Geográfico - MS, 2010.

BARROS, João Alberto Lins de Barros. *Memórias de um revolucionário*. Rio de Janeiro: Civilização Brasileira, 1953.

BERNARDI, Mansueto. *A Revolução de 1930 e temas políticos*. Porto Alegre: Escola Superior de Teologia São Lourenço de Brindes; Livraria Sulina Editora, 1981.

BOEHRER, George C. A. *Da monarquia à república:* história do Partido Republicano do Brasil (1870-1889). Rio de Janeiro: Ministério da Educação e Cultura, 1954.

BONAVIDES, Paulo; AMARAL, Roberto. *Textos políticos da história do Brasil*. Brasília: Senado Federal, 2002.

BONAVIDES, Paulo; ANDRADE, Paes de. *História constitucional do Brasil*. 3. ed. Rio de Janeiro: Paz e Terra, 1991.

BORGES, Gustavo D. *1964:* a revolução injustiçada. São José dos Campos: JAC, 2005.

BORGES, Vavy Pacheco. *Tenentismo e revolução brasileira*. São Paulo: Brasiliense, 1992.

BRANCO, Carlos Castello. *A renúncia de Jânio:* um depoimento. Brasília: Senado Federal, 2017.

BURNIER, João Paulo Moreira. *João Paulo Moreira Burnier (depoimento, 1993)*. Rio de Janeiro: CPDOC, 2005.

CABANAS, João. *A coluna da morte sob o comando do tenente Cabanas*. 6. ed. Rio de Janeiro: Almeida & Torres, [1926?].

CAFÉ FILHO, João. *Do sindicato ao Catete:* memórias políticas e confissões humanas. Rio de Janeiro: José Olympio, 1966.

CAMARGO, Aspásia et al. *O golpe silencioso:* as origens da república corporativa. Rio de Janeiro: Rio Fundo, 1989.

CAMARGO, Aspásia et al. (orgs.). *Artes da política:* diálogos com Amaral Peixoto. Rio de Janeiro: Nova Fronteira, 1986.

CARDOSO, Fernando Henrique. Dos governos militares a Prudente - Campos Sales. *In:* FAUSTO, Boris (dir.). *História geral da civilização brasileira*. t. 3. v. 1. São Paulo: Difel, 1975.

CARLI, Gileno dé. *JQ, Brasília e a grande crise*. Rio de Janeiro: Pongetti, 1961.

CARLONI, Karla Guilherme. *Marechal Lott, a opção das esquerdas:* uma biografia política. Rio de Janeiro: Garamond, 2014.

CARNEIRO, Glauco. *História das revoluções brasileiras*. v. 11. Rio de Janeiro: O Cruzeiro, [1965].

CARONE, Edgard. *A Terceira República (1937-1945)*. São Paulo: Difel, 1976.

_____. *O Tenentismo:* acontecimentos, personagens, programas. São Paulo: Difel, 1975.

CARVALHO, J. Nunes de. *1922 – 5 de Julho – 1924*. Rio de Janeiro: Henrique Velho; A Noite, 1944.

_____. *A revolução no Brasil 1924-1925*. 3. ed. 1931.

CARVALHO, José Joaquim de. *Primeiras linhas da história da República dos Estados Unidos do Brasil*. São Paulo: Magalhães; Rio de Janeiro: Carmo, 1917.

CARVALHO, José Murilo de. *A construção da ordem:* a elite política imperial. Teatro de sombras: a política imperial. 4. ed. Rio de Janeiro: Civilização Brasileira, 2008.

_____. *A formação das almas:* o imaginário da República no Brasil. São Paulo: Companhia das Letras, 1990.

_____. *D. Pedro II*. São Paulo: Companhia das Letras, 2007.

_____. *Forças Armadas e política no Brasil*. Ed. rev. amp. São Paulo: Todavia, 2019.

_____. *Forças Armadas e política no Brasil*. Rio de Janeiro: Jorge Zahar, 2005.

_____. *Os bestializados:* o Rio de Janeiro e a república que não foi. 4. ed. São Paulo: Companhia das Letras, 2019.

CASTRO, Celso. *A Proclamação da República*. Rio de Janeiro: Jorge Zahar, 2000.

_____. *Os militares e a República:* um estudo sobre cultura e ação política. Rio de Janeiro: Jorge Zahar, 1995.

CASTRO, Celso; IZECKSOHN, Vitor; KRAAI, Hendrik. *Nova história militar brasileira*. Rio de Janeiro: FGV, 2004.

CASTRO, Celso; LEMOS, Renato (orgs.). *O diário de Bernardina:* da Monarquia à República pela filha de Benjamin Constant. Rio de Janeiro: Jorge Zahar, 2009.

CASTRO, Sertório de. *A república que a revolução destruiu*. Rio de Janeiro: Freitas Bastos, 1932.

CAVALCANTI, João Barbalho Uchôa. *Constituição federal brasileira (1891):* comentada. Brasília: Senado Federal, 2002.

_____. *Constituição federal brasileira:* comentários. Rio de Janeiro: Litho-Typographia, 1902.

CELSO, Afonso. *Oito anos de parlamento:* reminiscências e notas. Brasília: Senado Federal, 1998.

CERQUEIRA, Dionísio. *Reminiscências da campanha do Paraguai:* 1865-1870. Rio de Janeiro: Bibliex, 1980.

CHEVALIER, [Carlos Saldanha da Gama]. *Memórias de um revoltoso ou legalista?:* 1925. s.l. s.n.

CHEVALIER, Carlos. *Os 18 do forte:* coletânea organizada pelo capitão Carlos Chevalier sobre Siqueira Campos comandante dos 18 do Forte de Copacabana 1922-1930. Rio de Janeiro: F. Barreto & Cia., 1930.

COELHO, Edmundo Campos. *Em busca de identidade:* o Exército e a política na sociedade brasileira. Rio de Janeiro: Forense-Universitária, 1976.

CONSTANT, Benjamin. *Cartas da guerra:* Benjamin Constant na campanha do Paraguai. Transcrição, organização e introdução de Renato Lemos. Rio de Janeiro: IPHAN, Museu Casa de Benjamin Constant, 1999.

CORRÊA, Anna Maria Martinez. *A rebelião de 1924 em São Paulo*. São Paulo: Hucitec, 1976.

CORRÊA, Villas-Bôas. *Conversa com a memória*. Rio de Janeiro: Objetiva, 2002.

CORRÊA-MARTINS, Francisco José. O fim, o início e o meio: o apresamento do Marquês de Olinda e o cativeiro dos primeiros prisioneiros de guerra brasileiros a partir da memória dos sobreviventes. *Navigator:* subsídios para a história marítima do Brasil, v. 16, n. 31, p. 97-120, 2020.

COSTA, Cecília. *Odilo Costa, filho:* o homem com uma casa no coração. Rio de Janeiro: Relume Dumará, 2000.

COSTA, Homero de Oliveira. *A insurreição comunista de 1935*. Natal: EDUFRN, 2015.

COSTA, Wilma Peres. *A espada de Dâmocles:* o Exército, a Guerra do Paraguai e a crise do Império. São Paulo: Hucitec, 1996.

CUNHA, J. Marques da. Deodoro e a República. In: _____. *Deodoro, 1827-1927*. Rio de Janeiro, 1927.

D'ARAÚJO, Maria Celina Soares. *O segundo governo Vargas 1951-1954:* democracia, partidos e crise política. Rio de Janeiro: Zahar, 1982.

D'ARAUJO, Maria Celina; CASTRO, Celso (orgs.). *Ernesto Geisel.* Rio de Janeiro: FGV, 1997.

D'ARAUJO, Maria Celina; SOARES, Gláucio Ary Dillon; CASTRO, Celso. *Visões do golpe:* 12 depoimentos de oficiais que articularam o golpe militar de 1964. 3. ed. Rio de Janeiro: Nova Fronteira, 2014.

DANTAS, Regina Maria Macedo Costa. *A casa do imperador:* do Paço de São Cristóvão ao Museu Nacional. Dissertação de mestrado apresentada ao Programa de Pósgraduação em Memória Social da UNIRIO, 2007.

DENIS, Odílio. *Ciclo revolucionário brasileiro:* memórias (5 de julho de 1922 a 31 de março de 1964). Rio de Janeiro: Nova Fronteira, 1980.

Deodoro 1827-1927. Rio de Janeiro [Typ. d"A Encadernadora] 1927: [s.n.].

Deodoro e a verdade histórica. Para 15 de Novembro de 1937, por ocasião da inauguração do seu monumento, 1937. Rio de Janeiro: Imprensa Nacional, 1937.

DIAS, Luiz Antônio. Imprensa e opinião pública. Análise dos jornais O Estado de S. Paulo e Folha de S. Paulo no golpe civil-militar de 1964. *Pucviva*, p. 66-73, jan. jun. 2014.

DINES, Alberto et al. *Os idos de março e a queda em abril.* Rio de Janeiro: José Álvaro, 1964.

DORATIOTO, Francisco. *Maldita guerra:* nova história da Guerra do Paraguai. 2. ed. rev. São Paulo: Companhia das Letras, 2002.

DOURADO, Autran. *Gaiola aberta:* tempos da JK e Schmidt. Rio de Janeiro: Rocco, 2000.

DREIFUSS, René Armand. *1964:* a conquista do Estado. Ação política, poder e golpe de classe. Petrópolis: Vozes, 1981.

DRUMMOND, José Augusto. *A Coluna Prestes:* rebeldes errantes. 3. ed. São Paulo: Brasiliense, 1991.

_____. *O movimento tenentista:* intervenção militar e conflito hierárquico (1922-1935). Rio de Janeiro: Graal, 1986.

DULLES, John W. F. *Carlos Lacerda:* a vida de um lutador. v. 2. Rio de Janeiro: Nova Fronteira, 2000.

_____. *Unrest in Brazil:* Political-Military Crises 1955-1964. Austin: University of Texas Press, 1970.

FAGUNDES, Miguel Seabra. As Forças Armadas na Constituição. *Revista de Direito Administrativo*, v. 9, p. 1-29, 1947.

FALCÃO, Armando. *Tudo a declarar.* Rio de Janeiro: Nova Fronteira, 1989.

FAORO, Raymundo. Democratização e Forças Armadas. *Senhor*, n. 185, p. 36-40, 3 out. 1984.

_____. *Os donos do poder:* formação do patronato político brasileiro. São Paulo: Globo, 2000.

FARIAS, Osvaldo Cordeiro de. *Diálogo com Cordeiro de Farias:* meio século de combate. Entrevista a Aspásia Camargo e Walder de Góes. Rio de Janeiro: Biblioteca do Exército, 2001.

FAUSTO, Boris. *História geral da civilização brasileira.* v. 10. t. 3. 9. ed. Rio de Janeiro: Bertrand Brasil, 2007.

FERREIRA, Gabriela Nunes. *Centralização e descentralização no Império:* o debate entre Tavares Bastos e o visconde de Uruguai. São Paulo: Editora 34, 1999.

FERREIRA, Jorge. *A legalidade traída:* os dias sombrios de agosto e setembro de 1961. Tempo, v. 2, n. 3, p. 149-182, 1997.

_____. *João Goulart:* uma biografia. 2. ed. Rio de Janeiro: Civilização Brasileira, 2011.

FERREIRA, Marieta de Moraes. A Reação Republicana e a crise política dos anos 20. *Estudos Históricos,* v. 6, n. 11, p. 9-23, 1993.

FIALHO, Anfriso. *História da fundação da República no Brasil.* Brasília: UnB, 1983.

FICO, Carlos. *Além do golpe:* versões e controvérsias sobre 1964 e a ditadura militar. 3. ed. Rio de Janeiro: Record, 2014.

_____. *Como eles agiam.* Os subterrâneos da ditadura militar: espionagem e polícia política. Rio de Janeiro: Record, 2001.

_____. História que temos vivido. *In:* VARELLA, Flávia *et al.* (orgs.). *Tempo presente & usos do passado.* Rio de Janeiro: FGV, 2012.

_____. *O golpe de 1964:* momentos decisivos. Rio de Janeiro: FGV, 2014.

_____. *O grande irmão:* da Operação Brother Sam aos anos de chumbo. O governo dos Estados Unidos e a ditadura militar brasileira. Rio de Janeiro: Civilização Brasileira, 2008.

_____. "Prezada Censura": cartas ao regime militar. *Topoi,* p. 251-286, dez. 2002.

FILIPINI, Daniel Sérgio. *A participação da Academia Militar das Agulhas Negras no movimento cívico-militar de 31 de março de 1964.* Monografia apresentada ao curso de graduação em Ciências Militares da AMAN. Resende, 2022.

FONSECA. Nair de Teffé Hermes da. *A verdade sobre a revolução de 22.* Rio de Janeiro: s.n., 1974.

FONTOURA, João Neves da. *Memória:* a Aliança Liberal e a Revolução de 1930. Porto Alegre: Globo, 1963.

FORJAZ, Maria Cecília Spina. *Tenentismo e política:* tenentismo e camadas médias urbanas na crise da Primeira República. Rio de Janeiro: Paz e Terra, 1977.

FRAGOSO, Augusto Tasso. A Revolução de 1930 e a junta do Rio de Janeiro. *Revista do Instituto Histórico e Geográfico Brasileiro,* v. 232, p. 303-319. jul./set. 1956.

_____. *História da Guerra entre a Tríplice Aliança e o Paraguai.* Rio de Janeiro: Biblioteca do Exército, 2009.

_____. O meu depoimento: recordações de alguns antecedentes. *Revista do Instituto Histórico e Geográfico Brasileiro,* v. 211, p. 8-61, abr./jun. 1951.

FRANCO, Afonso Arinos de Melo. *A alma do tempo:* memórias (formação e mocidade). Rio de Janeiro: José Olímpio, 1961.

_____. *A escalada:* memórias. Rio de Janeiro: José Olímpio, 1965.

_____. *Curso de Direito Constitucional Brasileiro.* Rio de Janeiro: Revista Forense, 1958.

_____. *História e teoria dos partidos políticos no Brasil*. 2. ed. São Paulo: Alfa-Ômega, 1974.
_____. *O som do outro sino:* um breviário liberal. Rio de Janeiro: Civilização Brasileira, 1978.
_____. *Planalto (memórias)*. Rio de Janeiro: José Olímpio, 1968.
_____. *Rodrigues Alves:* apogeu e declínio do presidencialismo. Brasília: Senado Federal, 2001.
_____. *Um estadista da República:* Afrânio de Melo Franco e seu tempo. Rio de Janeiro: José Olímpio, 1955.
FRANCO, Virgílio A. de Melo. *Outubro, 1930*. 5. ed. Rio de Janeiro: Nova Fronteira, 1980.
FREIRE, Américo. *Fazendo a República:* a agenda radical de Irineu Machado. *Tempo*, v. 13, n. 26, p. 118-132, 2009.
FREIRE, Felisbelo. *História constitucional da República dos Estados Unidos do Brasil*. Rio de Janeiro: Aldina, 1895.
FREIRE, Josué Justiniano. *A odisseia do 12º Regimento*. Rio de Janeiro: ECFE, 1933.
FREIRE, Vitorino. *A laje da raposa:* memórias. Rio de Janeiro: Guavira, 1978.
FREYRE, Gilberto. *Ordem e progresso*. 3. ed. Rio de Janeiro: José Olympio, 1974.
GABAGLIA, Laurita Pessoa Raja. *Epitácio Pessoa (1865-1942)*. Rio de Janeiro: José Olímpio, 1951.
GERALDO, Alcyr Lintz. A Revolução de 1930 em Minas Gerais: emprego do avião. *A Defesa Nacional*, v. 93, n. 809, p. 63-68, 2007.
GOLLO, Luiz Augusto. *Doutel de Andrade*. Brasília: Câmara dos Deputados, 2006.
GOMES, Angela de Castro; FERREIRA, Jorge. *Jango:* as múltiplas faces. Rio de Janeiro: Editora FGV, 2007.
GOMES, Eduardo. *Campanha de libertação*. 2. ed. São Paulo: Liv. Martins Ed., 1946.
GORDON, Lincoln. *A segunda chance do Brasil:* a caminho do primeiro mundo. São Paulo: SENAC, 2002.
_____. Variações do nacionalismo: meio século de relações brasileiro-americanas. *In:* ALMEIDA, Paulo Roberto de; BARBOSA, Rubens Antônio (orgs.). *Relações Brasil-Estados Unidos:* assimetrias e convergências. São Paulo: Saraiva, 2006.
GORENDER, Jacob. Era o golpe de 64 inevitável? *In:* TOLEDO, Caio Navarro de (org.). *1964: visões críticas do golpe:* democracia e reformas no populismo. Campinas: Unicamp, 1997.
GUEDES, Carlos Luís. *Tinha de ser Minas*. Rio de Janeiro: Nova Fronteira, 1979.
HAHNER, June E. *Relações entre civis e militares no Brasil:* 1889-1898. São Paulo: Pioneira, 1975.
HILTON, Stanley. *O ditador & o embaixador*. Rio de Janeiro: Record, 1987.
_____. *Osvaldo Aranha:* uma biografia. Rio de Janeiro: Objetiva, 1994.
HOLANDA, Sérgio Buarque de. A fronda pretoriana. *In:* _____. (dir.). *História geral da civilização brasileira*. v. 7. t. 2. 7. ed. Rio de Janeiro: Bertrand Brasil, 2005.

IUMATTI, Paulo Teixeira. *Diários políticos de Caio Prado Júnior:* 1945. São Paulo: Brasiliense, 1998.

IZECKSOHN, Vitor. *O cerne da discórdia:* a Guerra do Paraguai e o núcleo profissional do Exército. Rio de Janeiro: E-Papers, 2002.

JUREMA, Abelardo. *Sexta-feira, 13:* os últimos dias do governo João Goulart. Rio de Janeiro: O Cruzeiro, 1964.

KELLY, J. E. Prado. Otávio Mangabeira, um parlamentar. *In:* BAHIA. Conselho Estadual de Cultura. *Um praticante da democracia:* Otávio Mangabeira. Salvador, 1980.

KLINGER, Bertoldo. *Narrativas autobiográficas.* v. 1. Rio de Janeiro: O Cruzeiro, 1944.

_____. *Narrativas autobiográficas.* v. 5. Rio de Janeiro: O Cruzeiro, 1950.

KRIEGER, Daniel. *Desde as missões...:* Saudades, lutas, esperanças. Rio de Janeiro: José Olímpio, 1976.

KUBITSCHEK, Juscelino. *Meu caminho para Brasília.* v. 2. Brasília: Senado Federal, 2020.

_____. *Meu caminho para Brasília.* v. 3. Brasília: Senado Federal, 2020.

LABAKI, Amir. *1961:* a crise da renúncia e a solução parlamentarista. São Paulo: Brasiliense, 1986.

LACERDA, Carlos. *Depoimento.* Rio de Janeiro: Nova Fronteira, 1978.

LACOMBE, Américo Jacobina (org.) *Correspondência do conselheiro Manuel P. de Souza Dantas.* Rio de Janeiro: Casa de Rui Barbosa, 1962.

LAVENÈRE-WANDERLEY, Nélson Freire. *História da Força Aérea Brasileira.* 2. ed. Rio de Janeiro: Ed. Gráfica Brasileira, 1975.

LEAL, Aurelino. *Teoria e prática da constituição federal brasileira.* Parte primeira: art. 1 a 40. Rio de Janeiro: Briguiet, 1925.

LEAL, Elisabete da Costa. *Os filósofos em tintas e bronze:* arte, positivismo e política na obra de Décio Villares e Eduardo de Sá. Tese de doutorado apresentada ao Programa de Pós-graduação em História Social da UFRJ. Rio de Janeiro, 2006.

LEAL, Hamilton Bittencourt. *A grande legenda:* 5 de julho. Rio de Janeiro: Agir, 1976.

LEITE, Mauro Renault; NOVELLI JUNIOR, Luiz Gonzaga (orgs.). *Marechal Eurico Gaspar Dutra:* o dever da verdade. Rio de Janeiro: Nova Fronteira, 1983.

LEMOS, Higino de Barros. Depoimento. *In: Cinquentenário da Revolução de Trinta no Paraná.* 2. ed. Curitiba: Instituto Histórico, Geográfico e Etnográfico Paranaense, 1980.

LEMOS, Juvencio Saldanha. *As duas revoltas que abalaram o Rio de Janeiro nos primeiros anos do século XX:* a Revolta da Vacina (1904), a Revolta da Chibata (1910). Porto Alegre: Edigal, 2019.

LEMOS, Renato. *Benjamin Constant:* vida e história. Rio de Janeiro: Topbooks, 1999.

LIEBER, Francis. *Manual of Political Ethics.* Part II. Boston: Little, Brown & Co.; Freeman & Bolles, 1839.

LIMA FILHO, Andrade. *China Gordo (Agamenon Magalhães e sua época)*. 2. ed. Recife: Editora Universitária, 1976.

LOBATO FILHO, [João Bernardo]. *A última noite da Escola Militar da Praia Vermelha (contribuição para a história)*. Rio de Janeiro: Biblioteca do Exército, 1992.

LOPES, José Machado. *O III Exército na crise da renúncia de Jânio Quadros:* um depoimento. Rio de Janeiro: Alhambra, 1980.

LOTT, Henrique Batista Duffles Teixeira. *Henrique Teixeira Lott (depoimento, 1978)*. Rio de Janeiro, CPDOC, 2002.

LYRA, Heitor. *História da queda do Império*. São Paulo: Cia. Ed. Nacional, 1964.

MALAN, Souto. *Uma escolha, um destino (vida do gen. Malan d'Angrogne)*. Rio de Janeiro: Biblioteca do Exército Editora, 1977.

MAGALHÃES, Juracy. *Minhas memórias provisórias:* depoimento prestado ao CPDOC. Rio de Janeiro: Civilização Brasileira, 1982.

MAGALHÃES, Juracy; GUEIROS, J. A. *O último tenente*. 3. ed. Rio de Janeiro: Record, 1996.

MAGALHÃES JÚNIOR, Raimundo. *Deodoro:* a espada contra o Império. v. 1. São Paulo: Cia. Ed. Nacional, 1957.

_____. *Deodoro:* a espada contra o Império. v. 2. São Paulo: Cia. Ed. Nacional, 1957.

MANGABEIRA, João. [Discurso de João Mangabeira durante as] Homenagens do Poder Legislativo à memória do conselheiro Rui Barbosa. *Revista do Supremo Tribunal Federal*. Publicação oficial dos trabalhos do Supremo Tribunal Federal. Rio de Janeiro, v. 52, p. V-XLIII, maio 1923.

MARTINO, João Paulo. *1924:* São Paulo em chamas. s.l. s.n.

MAXIMILIANO, Carlos. *Comentários à constituição brasileira*. 5. ed. at. Rio de Janeiro: Freitas Bastos, 1954.

MELO, Jaime Portela de. *A revolução e o governo Costa e Silva*. Rio de Janeiro: Guavira, 1979.

MELO FILHO, Murilo. *Testemunho político*. 2. ed. São Paulo: Elevação, 1999.

MENDES, R. Teixeira. *Benjamin Constant:* esboço de uma apreciação sintética da vida e da obra do fundador da República brasileira. 2. ed. Rio de Janeiro: Igreja Positivista do Brasil, 1913.

MILTON, Aristides Augusto. *A constituição do Brasil:* notícia histórica, texto e comentários. 2. ed. corr. aum. Rio de Janeiro: Imprensa Nacional, 1898.

MIRANDA, Alcibíades. *Justitia, vanum verbum...* (episódios da Revolução de 1930). São Paulo: s.n., 1933.

MONTEIRO, Góis. *A Revolução de 30 e a finalidade política do Exército (esboço histórico)*. Rio de Janeiro: Adersen, 1934.

_____. *O general Góis depõe*. Rio de Janeiro: Coelho Branco, 1956.

MONTEIRO, Tobias. *Pesquisas e depoimentos para a história*. Rio de Janeiro: Francisco Alves, 1913.

MORAES, J. B. Mascarenhas de. *Memórias*. Rio de Janeiro: José Olympio, 1969.

MORAES, João Quartim de. O argumento da força. *In:* OLIVEIRA, Eliézer Rizzo de et al. *As Forças Armadas no Brasil.* Rio de Janeiro: Espaço e Tempo, 1987.

MOREIRA, Antonio Ilha. *Proclamação e fundação da República.* Rio de Janeiro: Imprensa Nacional, 1947.

MOREIRA, Regina da Luz; SOARES, Leda. *Renato Archer:* diálogo com o tempo. Rio de Janeiro; CPDOC, 2007.

MOURELLE, Thiago Cavaliere. Getúlio Vargas, o medo do golpe e a questão dos reajustes salariais em 1935: o sim aos militares e o não aos civis. *Dimensões,* v. 34, p. 436-456, 2015.

MOTTA, Aricildes de Moraes (coord.). *1964 – 31 de março:* o movimento revolucionário e a sua história. Rio de Janeiro: Biblioteca do Exército Editora, 2003.

MOTTA, Rodrigo Patto Sá. A "Intentona Comunista" ou a construção de uma *legenda negra. Tempo,* Rio de Janeiro, v. 7, n. 13, p. 189-207, jul. 2002.

_____. *Em guarda contra o "perigo vermelho":* o anticomunismo no Brasil (1917-1964). São Paulo: Perspectiva, 2002.

MOURÃO FILHO, Olímpio. *Memórias:* a verdade de um revolucionário. Porto Alegre: L&PM, 1978.

MUGGIATI, Gavino. Diário de campanha de um voluntário. *In: Cinquentenário da Revolução de Trinta no Paraná.* 2. ed. Curitiba: Instituto Histórico, Geográfico e Etnográfico Paranaense, 1980.

MURICI, Antônio Carlos da Silva. *Palavras de um soldado.* Rio de Janeiro: Imprensa do Exército, 1971.

NABUCO, Carolina. *A vida de Virgílio de Melo Franco.* Rio de Janeiro: José Olímpio, 1962.

NABUCO, Joaquim. *Escritos e discursos literários.* Rio de Janeiro: Garnier, 1901.

_____. *Um estadista do Império:* Nabuco de Araujo, sua vida, suas opiniões, sua época. Rio de Janeiro: Garnier, 1897.

NATAL, João Rafael Mallorca. A Revolta de Jacareacanga: batismo de fogo da Infantaria da Aeronáutica. *Revista do Instituto de Geografia e História Militar do Brasil,* v. 80, n. 108, p. 72-87, 2021.

NAVA, Pedro. *Baú de ossos:* memórias. 2. ed. Rio de Janeiro: José Olímpio; Sabiá, 1973.

NUNES, Karla Leonora Dahse. *Santa Catarina no caminho da Revolução de 1930:* memórias de combates (1929-1931). Tese de doutorado apresentada ao Programa de Pós-graduação em História da UFSC. Florianópolis, 2009.

OLIVEIRA, Eliézer Rizzo de et al. *As Forças Armadas no Brasil.* Rio de Janeiro: Espaço e Tempo, 1987.

OLIVEIRA, Nélson Tabajara de. *1924 (a revolução de Isidoro).* São Paulo: Companhia Editora Nacional, 1956.

OSÓRIO, Joaquim Luís; OSÓRIO, Fernando Luís. *História do general Osório.* Pelotas: Diário Popular, 1915.

OTTONI, C. B. *O advento da República no Brasil.* Rio de Janeiro: Perseverança, 1890.
OURO PRETO, Afonso Celso de Assis Figueiredo [visconde de]. *A marinha d'outrora.* Rio de Janeiro: Moderna, 1894.
_____. *Advento da ditadura militar no Brasil.* Paris: F. Pichon, 1891.
PANDOLFI, Dulce Chaves; GRYNSZPAN, Mário. *Da Revolução de 30 ao golpe de 37:* a depuração das elites. Rio de Janeiro: CPDOC, 1987.
PEIXOTO, Amaral. *Artes da política:* diálogo com Amaral Peixoto. Rio de Janeiro: Nova Fronteira, 1986.
PEIXOTO, Antonio Carlos. Exército e política no Brasil: uma crítica dos modelos de interpretação. *In:* ROUQUIÉ, Alain (coord.). *Os partidos militares no Brasil.* Rio de Janeiro: Record, 1980.
PESSOA, Epitácio. *Pela verdade.* Rio de Janeiro: Francisco Alves, 1925.
_____. *Primeiros tempos.* Rio de Janeiro: MEC/INL, 1965.
PESSOA, Pantaleão. *Reminiscências e imposições de uma vida* (1885-1965). Rio de Janeiro: Graf. Lux, 1972.
PILOTO, Valfrido. *Quando o Paraná se levantou como uma nação.* Curitiba: Instituto Histórico, Geográfico e Etnográfico Paranaense, 1982.
PINHO, Wanderley (org.) *Cartas do imperador d. Pedro II ao barão de Cotegipe.* São Paulo: Cia. Ed. Nacional, 1933.
PORTO, Manoel Ernesto de Campos. *Apontamentos para a história da República dos Estados Unidos do Brasil.* Rio de Janeiro: Imprensa Nacional, 1890.
PRESOT, Aline. *As Marchas da Família, com Deus, pela Liberdade e o golpe de 1964.* Dissertação de mestrado apresentada ao Programa de Pós-graduação em História Social da UFRJ. Rio de Janeiro, 2004.
PRESTES, Anita. *Os militares e a Reação Republicana:* as origens do tenentismo. Petrópolis: Vozes, 1994.
PRESTES, Anita Leocádia. A Conferência dos Partidos Comunistas da América do Sul e do Caribe e os levantes de novembro de 1935 no Brasil. *Crítica Marxista*, São Paulo: Revan, v. 1, n. 22, p. 132-153, 2006.
_____. *Luiz Carlos Prestes:* um comunista brasileiro. São Paulo: Boitempo, 2016.
QUADROS, Jânio; FRANCO, Afonso Arinos de Melo. *História do povo brasileiro.* v. 6. São Paulo: J. Quadros Editores Culturais, 1967.
QUADROS NETO, Jânio; GUALAZZI, Eduardo Lobo Botelho. *Jânio Quadros:* memorial à história do Brasil. São Paulo: Rideel, 1996.
REBOUÇAS, André. *A Guerra do Paraguai (1866).* São Paulo: Instituto de Estudos Brasileiros, 1973.
REIS, Daniel Aarão. *Luís Carlos Prestes:* um revolucionário entre dois mundos. São Paulo: Companhia das Letras, 2014.
RIBAS, Antônio Joaquim. *Perfil biográfico do dr. Manoel Ferraz de Campos* Sales. Brasília: UnB, 1983.
RIBEIRO, Darci. *Confissões.* São Paulo: Companhia das Letras, 1997.

RIBEIRO, Filipe Nicoletti. Monarquia federativa e democrática: o congresso liberal de 1889 e os sentidos do reformismo nos momentos finais do império. *Clio: Revista de Pesquisa Histórica*, n. 34, v. 1, p. 52-72, 2016.

_____. Soldados da política: embates partidários e relações institucionais no contexto da questão militar (década de 1880). *Revista de História*, n. 182, p. 1-32, 2023.

RIBEIRO, João Coelho Gomes. *A gênese histórica da constituição federal:* subsídios para sua interpretação e reforma. Rio de Janeiro: Liga Marítima Brazileira, 1917.

RIBEIRO, José Augusto. *Jânio Quadros & José Aparecido:* o romance da renúncia. Juiz de Fora: Panorama, 2008.

RICCI, Paulo; ZULINI, Jaqueline Porto. Partidos, competição política e fraude eleitoral: a tônica das eleições na Primeira República. *Dados - Revista de Ciências Sociais*, v. 57, n. 2, p. 443-479, 2014.

RICCI, Paulo; ZULINI, Jaqueline Porto. Quem ganhou as eleições? A validação dos resultados eleitorais antes da criação da Justiça Eleitoral. *Revista de Sociologia e Política*, v. 21, n. 45, p. 91-105, mar. 2013.

ROCHA NETTO, Bento Munhoz da. *Radiografia de novembro*. 2. ed. Rio de Janeiro: Civilização Brasileira, 1961.

RODRIGUES, José Honório. *The Brazilians:* Their Character and Aspirations. University of Texas Press, 1967.

ROMANI, Carlo. Antecipando a era Vargas: a revolução paulista de 1924 e a efetivação das práticas de controle político e social. *Topoi*, v. 12, n. 23, p. 161-178, jul./dez. 2011.

ROSA, Virgínio Santa. *O sentido do tenentismo*. 3. ed. São Paulo: Alfa-Ômega, 1976.

ROURE, Agenor de. *A constituinte republicana*. Rio de Janeiro: Imprensa Nacional, 1920.

SALLES, Campos. *Da propaganda à presidência*. Brasília: Senado Federal, 1998.

SALLES, Ricardo. *Guerra do Paraguai:* escravidão e cidadania na formação do Exército. Rio de Janeiro: Paz e Terra, 1990.

SANTOS, Hélio Tenório dos. *As batalhas de Itararé:* a barreira de Itararé na história militar. 2. ed. São Paulo: Academia de História Militar Terrestre do Brasil, 2015.

SANTOS, José Maria dos. *Bernardino de Campos e o Partido Republicano Paulista:* subsídios para a história da república. Rio de Janeiro: José Olympio, 1960.

SANTOS, Sandro Gomes dos. *Jacareacanga e Aragarças:* revoltas e revoltosos (1956-1961). Dissertação de mestrado apresentada ao Programa de Pós-graduação em História Social da UERJ. São Gonçalo, 2019.

SCHULZ, John. O Exército e o Império. In: HOLANDA, Sérgio Buarque de (dir.). *História geral da civilização brasileira*. v. 6. t. 2. 6. ed. Rio de Janeiro: Bertrand Brasil, 2004.

SENA, Davis Ribeiro. Revolução de trinta: a ação tenentista garantiu a vitória. *Ideias em Destaque*, Rio de Janeiro, n. 23, p. 131-138, jan./abr. 2007.

SENA, Ernesto. *Deodoro:* subsídios para a história. Brasília: Senado Federal, 1999.

SERRANO, Ana Paula da Rocha. *De frente para a imagem:* o Prêmio Esso e o fotojornalismo no Brasil Contemporâneo. 1960 a 1979. Dissertação de mestrado apresentada ao Programa de Pós-graduação em História da UFF. Niterói, 2013.

SEVCENKO, Nicolau. *A revolta da vacina:* mentes insanas em corpos rebeldes. São Paulo: Brasiliense, 1984

SILVA, Daniela Marques da. A lei de promoções do Exército brasileiro de 1850: a profissionalização do corpo de oficiais e a Escola Militar. *Temáticas,* v. 28, n. 56, p. 14-37, ago./dez. 2020.

SILVA, Elias Manoel da. *Os militares e o golpe de 1937:* a estratégia do poder. Dissertação de mestrado apresentada ao Programa de pós-graduação em História da UFSC. Florianópolis, 1991.

SILVA, Francisco Bento da. Do Rio de Janeiro para a Sibéria tropical: prisões e desterros para o Acre nos anos 1904 e 1910. *Tempo & Argumento,* v. 3, n. 1, p. 161-179, jan./jun. 2011.

SILVA, Hélio. *1922:* sangue na areia de Copacabana. Rio de Janeiro: Civilização Brasileira, 1964.

_____. *1964:* golpe ou contragolpe. Porto Alegre: L&PM, 1978.

_____. *Ameaça vermelha:* o Plano Cohen. Porto Alegre: L&PM, 1980.

_____. *A vez e a voz dos vencidos.* Petrópolis: Vozes, 1988.

_____. *1937:* todos os golpes se parecem. Rio de Janeiro: Civilização Brasileira, 1970.

SILVA, Ivany Henrique da. *Heróis a lutar:* os cadetes na Revolução de 1964. s.l.: s.n., 1999.

SILVEIRA, Urias Antônio da. *Galeria histórica da revolução brasileira de 15 de novembro de 1889 que ocasionou a fundação da República dos Estados Unidos do Brasil.* Rio de Janeiro: Laemmert, 1890.

SOARES, José Carlos de Macedo. *Justiça:* a revolta militar em São Paulo. Paris: Paul Dupont, 1925.

SODRÉ, Emmanuel. *Lauro Sodré na história da República.* Rio de Janeiro: Edição do Autor [Gráfica Olímpica], 1970.

SODRÉ, Lauro. *A Proclamação da República.* Rio de Janeiro: Ministério da Educação, 1939.

_____. *Crenças e opiniões.* Belém: Tipografia do Diário Oficial, 1896.

SODRÉ, Nélson Werneck. *História militar do Brasil.* 2. ed. São Paulo: Expressão Popular, 2010.

_____. *Memórias de um soldado.* Rio de Janeiro: Civilização Brasileira, 1967.

_____. *O Tenentismo.* Porto Alegre: Mercado Aberto, 1985.

SOUZA, Adriana Barreto de. *O Exército na consolidação do Império:* um estudo sobre a política militar conservadora (1831-1850). 2. ed. Rio de Janeiro: FGV, 2022.

SUPREMO Tribunal Federal. *Memória jurisprudencial ministro Ribeiro da Costa.* Brasília: STF, 2012.

STACCHINI, José. *Março 64:* mobilização da audácia. São Paulo: Companhia Editora Nacional, 1965.

TAVARES, Aurélio de Lira. *O Brasil de minha geração*. Rio de Janeiro: Biblioteca do Exército, 1976.

TAVARES, Flávio. *1961:* o golpe derrotado. Luzes e sombras do Movimento da Legalidade. Porto Alegre: L&PM, 2011.

TÁVORA, Araken. *Voo rebelde*. Rio de Janeiro: Gráfica Vida Doméstica, [1959].

TÁVORA, Juarez. *À guisa de depoimento sobre a revolução brasileira de 1924.* v. 1. São Paulo: O Combate, 1927.

_____. *À guisa de depoimento sobre a revolução brasileira de 1924.* v. 3. Rio de Janeiro: Mendonça & C., 1928.

_____. *Uma vida e muitas lutas.* v. 1. 3. ed. Rio de Janeiro: José Olímpio, 1973.

_____. *Uma vida e muitas lutas.* v. 2. Rio de Janeiro: Biblioteca do Exército, 1976.

_____. *Uma vida e muitas lutas.* v. 3. Rio de Janeiro: José Olímpio, 1976.

THOMPSON, Arthur. *O ovo de Colombo:* ideias, episódios, opiniões, reinvindicações (reminiscências) de um autêntico almirante. Rio de Janeiro: Laemmert, 1955.

TINOCO, Brígido. *A vida de Nilo Peçanha*. Rio de Janeiro: José Olímpio, 1962.

TOLEDO, Caio de Navarro (org.). *1964:* visões críticas do golpe. Democracia e reformas no populismo. Campinas: Unicamp. 1997.

TOLENTINO, José. *Nilo Peçanha:* sua vida pública. Petrópolis: Armando Martins Ed., [1930?].

TORRES, João Camilo de Oliveira. *Interpretação da realidade brasileira:* introdução à história das ideias políticas no Brasil. Brasília: Câmara dos Deputados, 2017.

TOURINHO, Luiz Carlos Pereira. A Revolução de 1930 no Paraná. *In: Cinquentenário da Revolução de Trinta no Paraná*. 2. ed. Curitiba: Instituto Histórico, Geográfico e Etnográfico Paranaense, 1980.

TROVÃO, Lopes. Deodoro da Fonseca. *In:* CORREIA, Leoncio. *A verdade histórica sobre o 15 de Novembro*. Rio de Janeiro: Imprensa Nacional. 1939.

VALE, Osvaldo Trigueiro do. *O general Dutra e a redemocratização de 45*. Rio de Janeiro: Civilização Brasileira, 1978.

VARELA, Alfredo. *Remembranças:* tempos idos e vividos. 2. ed. Rio de Janeiro: A.G.U.S.A., 1959.

VARELLA, Flávia *et al.* (orgs.). *Tempo presente & usos do passado*. Rio de Janeiro: FGV, 2012.

VARGAS, Getúlio. *Diário*. Rio de Janeiro: FGV, 1995.

VERGARA, Luiz. *Fui secretário de Getúlio Vargas:* memórias dos anos de 1926-1954. Porto Alegre: Globo, 1960.

VIANA, Claudius Gomes de Aragão. *A Brigada de Infantaria Paraquedista:* história institucional e cultura organizacional da tropa aeroterrestre brasileira. Tese de doutorado apresentada ao Programa de Pós-graduação em História, Política e Bens Culturais da FGV. 2020.

VIANA, Oliveira. *O ocaso do Império*. Brasília: Senado Federal, 2004.

_____. O primado do poder moderador (1824-1889). *In:* _____. *O idealismo da constituição*. 2. ed. aum. Rio de Janeiro: Companhia Editora Nacional, 1939.

VIANNA, Marly de Almeida Gomes. *Revolucionários de 35:* sonho e realidade. São Paulo: Companhia das Letras, 1992.

VILLA, Marco Antônio. *Jango:* um perfil (1945-1964). São Paulo: Globo, 2004.

VISCARDI, Cláudia Maria Ribeiro. *O teatro das oligarquias:* uma revisão da "política do café com leite". 2. ed. Belo Horizonte: Fino Traço, 2019.

VISCARDI, Cláudia M. R.; FIGUEIREDO, Vítor Fonseca. Eleições na Primeira República: uma abordagem alternativa acerca da participação popular. *Locus: Revista de História*, v. 25, n. 2, p. 12-36, 2019.

Washington Luís (visto pelos contemporâneos no primeiro centenário de seu nascimento). Publicação do Instituto Histórico e Geográfico de São Paulo. São Paulo: Of. da Gráf. Municipal, 1968.

WILLIAM, Wagner. *O soldado absoluto:* uma biografia do marechal Henrique Lott. Rio de Janeiro: Record, 2005.

ZULINI, Jaqueline Porto; RICCI, Paolo. O Código Eleitoral de 1932 e as eleições na Era Vargas: um passo na direção da democracia? *Estudos Históricos*, v. 33, n. 71, p. 600-623, set./dez. 2020.

NOTAS

Apresentação

1 CARVALHO, José Murilo de. *Forças Armadas e política no Brasil.* São Paulo: Todavia, 2019. p. 22.
2 VIANA, Oliveira. O primado do poder moderador (1824-1889). In: _____. *O idealismo da constituição.* 2. ed. aum. Rio de Janeiro: Companhia Editora Nacional, 1939. p. 40-41. Ver o artigo 98 da Constituição de 1824 e o artigo 14 da Constituição de 1891. CARDOSO, Fernando Henrique. Dos governos militares a Prudente - Campos Sales. In: FAUSTO, Boris (dir.). *História geral da civilização brasileira.* v. 1. t. 3. São Paulo: Difel, 1975. p. 38-39.
3 CARVALHO, José Murilo de. *Op. cit.,* p. 25. FREYRE, Gilberto. *Ordem e progresso.* t. 1. 3. ed. Rio de Janeiro: José Olympio, 1974. p. 50. RODRIGUES, José Honório. *The Brazilians:* Their Character and Aspirations. Austin: University of Texas Press, 1967. p. 117. TORRES, João Camilo de Oliveira. *Interpretação da realidade brasileira:* introdução à história das ideias políticas no Brasil. Brasília: Câmara dos Deputados, 2017. p. 86. GUDIN, Eugênio. Timocracia e ética militar. *O Globo,* 21 fev. 1972. p. 2. BONAVIDES, Paulo; ANDRADE, Paes de. *História constitucional do Brasil.* 3. ed. Rio de Janeiro: Paz e Terra, 1991. p. 260.

Deposição de Pedro II

1 SANTOS, José Maria dos. *Bernardino de Campos e o Partido Republicano Paulista:* subsídios para a história da república. Rio de Janeiro: José Olympio, 1960. p. 43, 61-63.
2 SALLES, Campos. *Da propaganda à presidência.* Brasília: Senado Federal, 1998. p. 27-28. Itálico no original.
3 CARVALHO, José Murilo de. *D. Pedro II.* 6. reimp. São Paulo: Companhia das Letras, 2007. p. 194.
4 SALLES, Ricardo. *Guerra do Paraguai:* escravidão e cidadania na formação do Exército. Rio de Janeiro: Paz e Terra, 1990. p. 47.

5 Relatório da Repartição dos Negócios Estrangeiros apresentado à Assembleia Geral na 4ª Sessão da 8ª Legislatura, 1852, p. 14 *apud* FERREIRA, Gabriela Nunes. *Centralização e descentralização no Império:* o debate entre Tavares Bastos e o visconde de Uruguai. São Paulo: Editora 34, 1999. p. 146.
6 COSTA, Wilma Peres. *A espada de Dâmocles:* o Exército, a Guerra do Paraguai e a crise do Império. São Paulo: Hucitec, 1996. p. 109.
7 FRAGOSO, Augusto Tasso. *História da Guerra entre a Tríplice Aliança e o Paraguai.* Rio de Janeiro: Biblioteca do Exército, 2009. p. 256-257.
8 *Apud* SALLES, Ricardo. *Op. cit.,* p. 52. CORRÊA-MARTINS, Francisco José. O fim, o início e o meio: o apresamento do Marquês de Olinda e o cativeiro dos primeiros prisioneiros de guerra brasileiros a partir da memória dos sobreviventes. *Navigator:* subsídios para a história marítima do Brasil, v. 16, n. 31, 2020. p. 100.
9 BARROS, Carlos Vandoni. *Os barões de Vila Maria.* Campo Grande: Instituto Histórico e Geográfico - MS, 2010. p. 61. DORATIOTO, Francisco. *Maldita guerra:* nova história da Guerra do Paraguai. 2. ed. rev. São Paulo: Companhia das Letras, 2002. p. 130.
10 FRAGOSO, Augusto Tasso. *História da guerra entre e Tríplice Aliança e o Paraguai.* Rio de Janeiro: Estado-Maior do Exército, 1934. 2 v. p. 17.
11 CARVALHO, José Murilo de. *Op. cit.,* p. 192. IZECKSOHN, Vitor. *O cerne da discórdia:* a Guerra do Paraguai e o núcleo profissional do Exército. Rio de Janeiro: E-Papers, 2002. p. 34, 49. CASTRO, Celso. *Os militares e a República:* um estudo sobre cultura e ação política. Rio de Janeiro: Jorge Zahar, 1995. p. 20. COSTA, Wilma Peres. *Op. cit.,* p. 54.
12 SCHULZ, John. O Exército e o Império. *In:* HOLANDA, Sérgio Buarque de (dir.). *História geral da civilização brasileira.* v. 6. t. 2. 6. ed. Rio de Janeiro: Bertrand Brasil, 2004. p. 286 e 56-58.
13 COSTA, Wilma Peres. *Op. cit.,* p. 284. DORATIOTO, Francisco. *Op. cit.,* p. 114. SALLES, Ricardo. *Op. cit.,* p. 102; CARVALHO, José Murilo de. *Forças Armadas e política no Brasil.* Rio de Janeiro: Jorge Zahar, 2005. p. 179. ALBUQUERQUE, [José Joaquim de Campos da Costa de] Medeiros e. *Quando eu era vivo...:* memórias. 1867 a 1934. Porto Alegre: Globo, 1942. p. 112. OURO PRETO, Afonso Celso de Assis Figueiredo [visconde de]. *A marinha d'outrora.* Rio de Janeiro: Moderna, 1894. p. 83-87. SALLES, Ricardo. *Op. cit.,* p. 95.
14 CARVALHO, José Murilo de. *Forças Armadas e política no Brasil.* Rio de Janeiro: Jorge Zahar, 2005. p. 190. IZECKSOHN, Vitor. *Op. cit.,* p. 121. SALLES, Ricardo. *Op. cit.,* p. 63.
15 DORATIOTO, Francisco. *Op. cit.,* p. 120. NABUCO, Joaquim. *Um estadista do Império:* Nabuco de Araujo, sua vida, suas opiniões, sua época. t. 3. Rio de Janeiro: Garnier, 1897. p. 86. De acordo com Edmundo Coelho, "as despesas do Ministério da Guerra atingiram os níveis *mais altos de todo o período monárquico* e no ano fiscal 1865/1866 constituíram 50% das despesas governamentais". COELHO, Edmundo Campos. *Em busca de identidade:* o Exército e a política na sociedade brasileira. Rio de Janeiro: Forense-Universitária, 1976. p. 47. Itálico no original.
16 SALLES, Ricardo. *Op. cit.,* p. 13. OURO PRETO, Afonso Celso de Assis Figueiredo [visconde de]. *Op. cit.,* p. 47-48. DORATIOTO, Francisco. *Op. cit.,* p. 319. FRAGOSO, Augusto Tasso. *História da guerra entre e Tríplice Aliança e o Paraguai.* Rio de Janeiro: Estado-Maior do Exército, 1934. v. 2. p. 40-41.

17 DORATIOTO, Francisco. *Op. cit.*, p. 136. SALLES, Ricardo. *Op. cit.*, p. 157. COSTA, Wilma Peres. *Op. cit.*, p. 289.
18 SALLES, Ricardo. *Op. cit.*, p. 121.
19 DORATIOTO, Francisco. *Op. cit.*, p. 117. CERQUEIRA, Dionísio. *Reminiscências da campanha do Paraguai:* 1865-1870. Rio de Janeiro: Bibliex, 1980. p. 89.
20 *Ibid.*, p. 183.
21 REBOUÇAS, André. *A Guerra do Paraguai (1866).* Int. e notas de Maria Odila Leite da Silva Dias. São Paulo: Instituto de Estudos Brasileiros, 1973. p. 4.
22 *Ibid.*, p. 27, 29, 53.
23 CONSTANT, Benjamin. *Cartas da guerra:* Benjamin Constant na campanha do Paraguai. Transcrição, organização e introdução de Renato Lemos. Rio de Janeiro: IPHAN, Museu Casa de Benjamin Constant, 1999. p. 59, 64.
24 NABUCO, Joaquim. *Op. cit.*, p. 109. SCHULZ, John. *Op. cit.*, p. 294.
25 *Diário do Congresso Nacional,* 29 out. 1950. p. 7229.
26 OSÓRIO, Joaquim Luís; OSÓRIO, Fernando Luís. *História do general Osório.* v. 2. Pelotas: Diário Popular, 1915. p. 549. Itálico no original.
27 *Ibid.*, p. 539, 549.
28 Carta de Paranhos a Cotegipe, de 31 de março de 1869 *apud* PINHO, Wanderley (org.). *Cartas do imperador d. Pedro II ao barão de Cotegipe.* São Paulo: Cia. Ed. Nacional, 1933. p. 94.
29 Carta de Cotegipe a Paranhos, sem data *apud* PINHO, Wanderley (org.). *Op. cit.*, p. 101. Itálico no original.
30 *Apud* HOLANDA, Sérgio Buarque de. A fronda pretoriana. *In:* _____. (dir.). *História geral da civilização brasileira.* v. 7. t. 2. 7. ed. Rio de Janeiro: Bertrand Brasil, 2005. p. 371.
31 CUNHA, J. Marques da. Deodoro e a República. *In:* _____. *Deodoro, 1827-1927.* Rio de Janeiro, 1927. p. 29. SCHULZ, John. *Op. cit.*, p. 293.
32 COELHO, Edmundo Campos. *Op. cit.*, p. 47. Itálico no original. *Ibid.*, p. 47. CASTRO, Celso. *Op. cit.*, p. 101. CARVALHO, José Murilo de. *Op. cit.*, p. 195.
33 VIANA, Oliveira. *O ocaso do Império.* Brasília: Senado Federal, 2004. p. 116-117.
34 HOLANDA, Sérgio Buarque de. *Op. cit.*, p. 373. SCHULZ, John. *Op. cit.*, p. 295. CARVALHO, José Murilo de. *Op. cit.*, p. 193. CARDOSO, Fernando Henrique. Dos governos militares a Prudente - Campos Sales. *In:* FAUSTO, Boris (dir.). *História geral da civilização brasileira.* v. 1. t. 3. São Paulo: Difel, 1975. p. 28.
35 CARVALHO, José Murilo de. *A construção da ordem:* a elite política imperial. Teatro de sombras: a política imperial. 4. ed. Rio de Janeiro: Civilização Brasileira, 2008. p. 55. SALLES, Ricardo. *Op. cit.*, p. 108. IZECKSOHN, Vitor. *Op. cit.*, p. 115.
36 HOLANDA, Sérgio Buarque de. *Op. cit.*, p. 395. FAORO, Raymundo. *Os donos do poder:* formação do patronato político brasileiro. São Paulo: Globo, 2000. v. 2. p. 79, 82. SILVA, Daniela Marques da. A lei de promoções do Exército brasileiro de 1850: a profissionalização do corpo de oficiais e a Escola Militar. *Tematicas,* v. 28, n. 56, ago./dez. 2020. p. 16.
37 Art. 6, § 1º, da Lei nº 585, de 6 de setembro de 1850. CASTRO, Celso. *Op. cit.*, p. 49-50.
38 CASTRO, Celso. *Op. cit.*, p. 44. SCHULZ, John. O Exército e o Império. *In:* HOLANDA, Sérgio Buarque de (dir.). *História geral da civilização brasileira.* v. 6. t. 2. 6.

ed. Rio de Janeiro: Bertrand Brasil, 2004. p. 290. CASTRO, Celso. *Op. cit.*, p. 48. CASTRO, Celso. *A Proclamação da República*. Rio de Janeiro: Jorge Zahar, 2000. p. 20.
39 CASTRO, Celso. *Os militares e a República:* um estudo sobre a cultura e ação política. Rio de Janeiro: Jorge Zahar, 1995. p. 51. Itálico no original. CARDOSO, Fernando Henrique. Dos governos militares a Prudente – Campos Sales. *In:* FAUSTO, Boris (dir.). *História geral da civilização brasileira*. v. 1. t. 2. São Paulo: Difel, 1975. p. 29.
40 Anais do Parlamento Brasileiro. Assembleia Geral Legislativa. Câmara dos Srs. Deputados. Sessão em 4 de agosto de 1854. p. 57.
41 Anais do Parlamento Brasileiro. Assembleia Geral Legislativa. Câmara dos Srs. Deputados. Sessão em 14 de agosto de 1854. p. 169-170.
42 PROJETO sobre casamentos. *O Militar*, ano 1, n. 3, 12 ago. 1854. p. 7.
43 A QUESTÃO de casamento dos militares. *O Militar*, ano 1, n. 12 set. 1854. p. 3.
44 IZECKSOHN, Vitor. *Op. cit.,* p. 139.
45 SANTOS, José Maria dos. *Op. cit.,* p. 28.
46 QUESTÕES militares. *Jornal do Commercio*, 28 mar. 1879. p. 2.
47 SANTOS, José Maria dos. *Op. cit.*, p. 29.
48 FIALHO, Anfriso. *História da fundação da República no Brasil*. Brasília: UnB, 1983. p. 26. *Corsário*, 9 out. 1883. p. 3.
49 *Gazeta de Notícias*, 2 jul. 1883, p. 2.
50 SANTOS, José Maria dos. *Op. cit.,* p. 29.
51 *Gazeta de Notícias*, 21 mar. 1884. p. 6. MONTEIRO, Tobias. *Pesquisas e depoimentos para a história*. Rio de Janeiro: Francisco Alves, 1913. p. 124. Anais do Senado do Império do Braisl. Senado Federal. Sessão de 9 de maio de 1887. Ano de 1887. Livro 1. p. 58.
52 Anais do Parlamento Brasileiro. Câmara dos Srs. Deputados. Primeira Sessão da Vigésima Legislatura de 5 de julho a 3 de agosto de 1886. Sessão em 15 de julho de 1886. Volume III. Rio de Janeiro: Imprensa Nacional, 1886. p. 242.
53 *Ibid.*, p. 241. *Ibid.*, p. 242-243.
54 O SR. DEPUTADO Coelho de Resende e o ex-inspetor da Companhia de Infantaria do Piauí. *Jornal do Commercio*, Seção "A Pedido", 17 jul. 1886, p. 4. Itálico no original.
55 Anais do Parlamento Brasileiro. Câmara dos Srs. Deputados. Primeira Sessão da Vigésima Legislatura de 5 de julho a 3 de agosto de 1886. Sessão em 22 de julho de 1886. Volume III. Rio de Janeiro: Imprensa Nacional, 1886. p. 438-439 e 441.
56 MAXIMILIANO, Carlos. *Comentários à constituição brasileira*. 5. ed. at. Rio de Janeiro: Freitas Bastos, 1954. v. 1, p. 97. SANTOS, José Maria dos. *Op. cit.,* p. 31.
57 CORRÊA-MARTINS, Francisco José. *Op. cit.*, p. 109. *Diário do Rio de Janeiro*, Seção "Parte Oficial", Ministério da Guerra, 1º maio 1869, p. 1.
58 O EX-INSPETOR da Companhia de Infantaria do Piauí. *Jornal do Commercio*, Seção "Publicações a Pedido", 24 jul. 1886, p. 3.
59 SIMPLÍCIO, o fundador. Coluna "Cortes & Recortes (De umas notas do 'Caderno' de João Paraguassu). *Correio da Manhã*, 12 mar. 1950. 4ª Seção, Suplemento de Literatura e Arte. p. 8.
60 Anais do Parlamento Brasileiro. Câmara dos Srs. Deputados. Primeira Sessão da Vigésima Legislatura de 5 de julho a 3 de agosto de 1886. Sessão em 26 de julho de 1886. Volume III. Rio de Janeiro: Imprensa Nacional, 1886. p. 517.
61 O EX-INSPETOR da Companhia de Infantaria do Piauí. *Jornal do Commercio*, Seção "Publicações a Pedido", 28 jul. 1886, p. 3.

62 *Diário de Notícias*, 31 de julho de 1886. p. 1. MAGALHÃES JÚNIOR, Raimundo. *Deodoro:* a espada contra o Império. v. 1. São Paulo: Cia. Ed. Nacional, 1957. p. 210. VIANA, Oliveira. *Op. cit.,* p. 125. LYRA, Heitor. *História da queda do Império.* t. 1. São Paulo: Cia. Ed. Nacional, 1964. p. 43. HOLANDA, Sérgio Buarque de. A fronda pretoriana. In: _____. (dir.) *História geral da civilização brasileira.* t. 2, v. 7. 7. ed. Rio de Janeiro: Bertrand Brasil, 2005. p. 394.

63 LYRA, Heitor. *Op. cit.,* p. 46. CASTRO, Celso. *Os militares e a República*: um estudo sobre a cultura e a ação política. Rio de Janeiro: Jorge Zahar, 1995. p. 100.

64 *Anais do Senado do Império do Brasil.* Ano de 1886, Livro 4. Sessão em 2 de agosto de 1886. p. 7. Grifo do autor.

65 *Anais do Senado do Império do Brasil.* Ano de 1886, Livro 4. Sessão em 17 de agosto de 1886. p. 183. Grifo do autor.

66 *Anais do Senado do Império do Brasil.* Ano de 1886, Livro 4. Sessão em 2 de agosto de 1886. p. 8.

67 O TENENTE-CORONEL Madureira e o senador Franco de Sá. *A Federação*, Seção Livre, 19 ago. 1886. p. 2.

68 ARBÍTRIO e inépcia. *A Federação*, 23 set. 1886. p. 1.

69 *Ibid.*, p. 1.

70 O SR. MINISTRO da Guerra e o tenente-coronel Madureira. *A Federação*, Seção Livre, 25 set. 1886. p. 3.

71 O VISCONDE de Pelotas. *A Federação*, 25 set. 1886, p. 2.

72 FIALHO, Anfriso. *Op. cit.,* p. 40. *Deodoro 1827-1927.* Rio de Janeiro [Typ. d'A Encadernadora] 1927: s.n. p. 120.

73 *Anais do Parlamento Brasileiro. Câmara dos Srs. Deputados.* Primeira Sessão da Vigésima Legislatura de 4 de setembro a 16 de outubro de 1886. Volume V. Rio de Janeiro: Imprensa Nacional, 1886. Sessão em 5 de outubro de 1886. p. 384.

74 *Ibid.*, p. 384-386.

75 *Anais do Senado do Império do Brasil.* Ano de 1886, Livro 5. Sessão em 6 de outubro de 1886. p. 321.

76 EXÉRCITO. *O Paiz* , Seção Livre, 9 out. 1886. p. 2

77 *Deodoro 1827-1927.* Rio de Janeiro [Typ. d'A Encadernadora] 1927: s.n. p. 121-122.

78 REUNIÃO militar. *A Federação*, 1º out. 1886, p. 1. *Deodoro 1827-1927.* Rio de Janeiro [Typ. d"A Encadernadora] 1927: s.n. p. 123.

79 *Ibid.*, p. 124-126 e 127. MAGALHÃES JÚNIOR, Raimundo. *Op. cit.,* p. 188 e 238-239. *Gazeta de Notícias*, 27 jan. 1887. p. 1. Questão Militar. Discursos proferidos no Senado e na Câmara dos Deputados pelos exmos. srs. Barão de Cotegipe (presidente do Conselho), visconde de Pelotas, Saraiva, F. Octaviano, Affonso Celso e Silveira Martins. Rio de Janeiro: Imprensa Nacional, 1887. p. 28.

80 REUNIÃO militar. *O Paiz* , 11 out. 1886. p. 1. CONSULTA do Conselho Supremo Militar. *Jornal do Commercio*, 9 nov. 1886. p. 3. FAGUNDES, Miguel Seabra. As Forças Armadas na Constituição. *Revista de Direito Administrativo*, vol. 9, 1947. p. 10. Itálico no original.

81 REUNIÃO militar. *Gazeta de Notícias*, 3 fev. 1887. p. 1.

82 LYRA, Heitor. *Op. cit.,* p. 90. MOREIRA, Antonio Ilha. *Proclamação e fundação da República.* Rio de Janeiro: Imprensa Nacional, 1947. p. 20. Grifo do autor.

83 MAGALHÃES JÚNIOR, Raimundo. *Op. cit.,* p. 249.

84 MOREIRA, Antonio Ilha. *Op. cit.,* p. 21.

85 *Ibid.*, p. 21.
86 Carta ao capitão João de Sousa Castelo, de 23 de fevereiro de 1887, *apud* MAGALHÃES JÚNIOR, Raimundo. *Op. cit.*, p. 251. A QUESTÃO militar. *O Paiz*, 10 mar. 1887. p. 1.
87 MAGALHÃES JÚNIOR, Raimundo. *Op. cit.*, p. 222. MOREIRA, Antonio Ilha. *Op. cit.*, p. 22.
88 *Anais do Senado do Império do Brasil*. Ano de 1887, Livro 1. Sessão em 9 de maio de 1887. p. 64.
89 *Ibid.*, p. 54 e 61-64.
90 A QUESTÃO militar. *O Paiz*, 14 maio 1887. p. 1.
91 *Anais do Senado do Império do Brasil*. Ano de 1887, Livro 1. Sessão em 18 de maio de 1887. p. 118.
92 A SITUAÇÃO. *O Paiz*, 15 maio 1887. p. 1; *Anais do Senado do Império do Brasil*. Ano de 1887. Livro 1. Sessão de 9 de maio de 1887. p. 75.
93 *Anais do Senado do Império do Brasil*. Ano de 1887, Livro 1. Sessão em 16 de maio de 1887. p. 78-85.
94 *Ibid.*, p. 122.
95 BARBOSA, Rui. *Obras completas de Rui Barbosa*. v. 16. t. 2. Rio de Janeiro: Ministério da Educação e Cultura, 1956. p. 108.
96 *Anais do Senado do Império do Brasil*. Ano de 1887, Livro 1. Sessão em 18 de maio de 1887. p. 124.
97 QUESTÃO militar XXII. *O Paiz*, Seção livre, 20 maio 1887. p. 3
98 Todas as citações seguintes foram retiradas dos *Anais do Senado do Império do Brasil*. Ano de 1887, Livro 1. Sessão em 20 de maio de 1886. p. 125-141.
99 MONTEIRO, Tobias. *Op. cit.*, p. 154.
100 Anais do Parlamento Brasileiro. *Histórico dos fatos mais importantes ocorridos durante as sessões do 1º mês da convocação ordinária da Câmara dos Srs. Deputados (20ª Legislatura)*. Sessão em 23 de maio de 1887. p. 108.
101 REUNIÃO militar. *O Paiz*, 27 jun. 1887. p. 1.
102 CUNHA, J. Marques da. *Op. cit.*, p. 16-17. *O Paiz*, 25 set. 1887. p. 1. MILITARES e escravos. *O Paiz*, 9 fev. 1887. p. 1
103 BARBOSA, Rui. *O ano político de 1887*. Rio de Janeiro: Gazeta de Notícias, 1888. p. 83-90. Sobre a autoria, ver BARBOSA, Rui. *Obras completas de Rui Barbosa*. v. 46. t. 2. Campanha presidencial. Rio de Janeiro: Ministério da Educação e Cultura, 1956. p. 108
104 HAHNER, June E. *Relações entre civis e militares no Brasil:* 1889-1898. São Paulo: Pioneira, 1975. p. 39. SCHULZ, John. *Op. cit.*, p. 300. CASTRO, Celso. *Op. cit.*, p. 97. RIBEIRO, Filipe Nicoletti. Soldados da política: embates partidários e relações institucionais no contexto da questão militar (década de 1880). *Revista de História*, n. 182, 2023. p. 29.
105 *Gazeta de Notícias*, 21 maio 1887. p. 2; *Anais do Senado do Império do Brasil*. Ano de 1887, Livro 1. Sessão em 20 de maio de 1887. p. 140.
106 MOREIRA, Antônio Ilha. *Op. cit.*, p. 37-38. *Anais do Senado do Império do Brasil*. Ano de 1888, Livro 1. Sessão em 7 de maio de 1888. p. 140. *Anais do Senado do Império do Brasil*. Ano de 1888, Livro 1. Sessão em 12 de maio de 1888. p. 36.
107 MAGALHÃES JÚNIOR, Raimundo. *Op. cit.*, p. 325.
108 *Ibid.*, p. 336.

109 CUNHA, J. Marques da. *Op. cit.*, p. 21.
110 MOREIRA, Antonio Ilha. *Op. cit.*, p. 41-42.
111 *Ibid.*, p. 40.
112 *Ibid.*, p. 43.
113 MAGALHÃES JÚNIOR, Raimundo. *Op. cit.*, p. 349-352, 367. MAGALHÃES JÚNIOR, Raimundo. *Deodoro:* a espada contra o Império. v. 2. São Paulo: Cia. Ed. Nacional, 1957. p. 12. *Jornal do Commercio,* 14 set. 1889. p. 2.
114 O EXÉRCITO punido. *Diário de Notícias,* 20 de março de 1889. p. 1.
115 Carta a João Lúcio Azevedo, de 26 de março de 1919. ABREU, Capistrano de. *Correspondência de Capistrano de Abreu.* v. 2. Rio de Janeiro: MEC/INL, 1954. p. 117-119. PEIXOTO, Afrânio. Capistrano de Abreu, humorista. *Autores e Livros, Suplemento literário de "A Manhã",* ano 10, v. 6, n. 5, 6 fev. 1944. p. 71.
116 CELSO, Afonso. *Oito anos de parlamento:* reminiscências e notas. Brasília: Senado Federal, 1998. p. 81-82. BARBOSA, Rui. Prefácio de José Maria Belo. *In:* _____. *Obras completas de Rui Barbosa.* v. 46. t. 2. Rio de Janeiro: Ministério da Educação e Cultura, 1956. p. XI, XX. FREYRE, Gilberto. *Ordem e progresso.* t. I. 3. ed. Rio de Janeiro: José Olympio, 1974. p. 41. FRANCO, Afonso Arinos de Melo. *Rodrigues Alves:* apogeu e declínio do presidencialismo. Brasília: Senado Federal, 2001. pp 114 e 229 do volume 1; p. 466 do volume 2.
117 BARBOSA, Rui. *Obras completas de Rui Barbosa.* v. 2. t. 1. Trabalhos jurídicos. Rio de Janeiro: Ministério da Educação e Cultura, 1984. p. XI. BARBOSA, Rui. *Obras completas de Rui Barbosa.* v. 16. t. 1. Rio de Janeiro: Ministério da Educação e Saúde, 1947. p. LVII. MAGALHÃES JÚNIOR, Raimundo. *Deodoro:* a espada contra o Império. v. 1. São Paulo: Cia. Ed. Nacional, 1957. p. 351. Carta de Rui ao senador Dantas de 6 de junho de 1889. LACOMBE, Américo Jacobina (org.). *Correspondência do conselheiro Manuel P. de Souza Dantas.* Rio de Janeiro: Casa de Rui Barbosa, 1962. p. 79-80. CARVALHO, José Murilo de. *Op. cit.,* p. 206.
118 BARBOSA, Rui. *Obras completas de Rui Barbosa.* v. 40. t. 5. Rio de Janeiro: Ministério da Educação e Cultura, 1966. p. 216-217 e 220. RIBEIRO, Filipe Nicoletti. Monarquia federativa e democrática: o congresso liberal de 1889 e os sentidos do reformismo nos momentos finais do império. *Clio: Revista de Pesquisa Histórica,* n. 34, v. 1, 2016. p. 53, 58 e 66. E SE A monarquia não quiser? *Diário de Notícias,* 2 maio 1889. p. 1. Itálico no original. *Apud* LIMA, Hermes. Prefácio. *In:* BARBOSA, Rui. *Obras completas de Rui Barbosa.* v. 16. t. 1. Rio de Janeiro: Ministério da Educação e Saúde, 1947. p. XIII.
119 LYRA, Heitor. *Op. cit.,* p. 107. BARBOSA, Rui. Prefácio de José Maria Belo. *In:* _____. *Obras completas de Rui Barbosa.* v. 46. t. 1. Campanha presidencial. Rio de Janeiro: Ministério da Educação e Cultura, 1956. p. XIII. O EXÉRCITO punido. *Diário de Notícias,* 20 mar. 1889. p. 1. BARBOSA, Rui. A moléstia do imperador. *In:* _____. *O ano político de 1887.* Rio de Janeiro: Gazeta de Notícias, 1888. p. 71-72.
120 LIPPE sem regimento. *Diário de Notícias,* 10 abr. 1889. p. 1.
121 Ver, por exemplo, CONSCIÊNCIA e disciplina. *Diário de Notícias,* 11 set. 1889. p. 1.
122 O EXÉRCITO punido. *Diário de Notícias,* 20 de março de 1889. p. 1. *Anais do Senado do Império do Brasil.* Ano de 1887, Livro 1. Sessão em 16 de maio de 1886. p. 78. *Ibid.,* p. 89 e 91. A QUESTÃO militar. *Revista Federal. Publicação do Clube Republicano Rio-Grandense,* 31 out. 1886. p. 2-4.
123 O INCIDENTE militar. *Diário de Notícias,* 20 set. 1889. p. 1.

124 *Gazeta de Notícias*, 18 set. 1889. p. 1; CONFLITO. *O Paiz*, 16 set. 1889. p. 1; ORDEM e disciplina. *Sentinela da Monarquia*, 18 set. 1889. p. 1. QUANTAS numa só! *Diário de Notícias*, 18 set. 1889. p. 1; O INCIDENTE militar. *Diário de Notícias*, 19 set. 1889. p. 1. Ver publicações dos dias 20, 21, 22, 23, 24, 25, 27 e 29 para outros artigos; O EXÉRCITO banido da lei. *Diário de Notícias*, 11 nov. 1889. p. 1.
125 MENDES, R. Teixeira. *Benjamin Constant:* esboço de uma apreciação sintética da vida e da obra do fundador da República brasileira. 2. ed. Rio de Janeiro: Igreja Positivista do Brasil, 1913. p. 341-343.
126 MAGALHÃES JÚNIOR, Raimundo. *Deodoro:* a espada contra o Império. v. 2. São Paulo: Cia. Ed. Nacional, 1957. p. 23-25. *Constituição, órgão conservador*, 23 out. 1889. p. 1. *Pedro II, órgão conservador*, 24 out. 1889. p. 1. *Libertador*, 21 out. 1889. p. 1. *Diário de Notícias*, 26 nov. 1889. p. 1.
127 CORRE como certo... *Diário de Notícias*, 23 out. 1889. p. 1; QUESTÃO militar. *Diário de Notícias*, 27 out. 1889. p. 1; ASSUNTOS militares. *Diário de Notícias*, 28 out. 1889. p. 1; QUESTÃO militar. *Diário de Notícias*, 4 nov. 1889; QUESTÃO militar. *Diário de Notícias*, 4 nov. 1889. p. 1; ASSUNTOS militares. *Diário de Notícias*, 6 nov. 1889. p. 1.
128 O PLANO contra a pátria. *Diário de Notícias*, 9 nov. 1889. p. 1. O DIREITO de reunião. *Diário de Notícias*, 14 mar. 1889. p. 1. O PRÍNCIPE consorte. *Diário de Notícias*, 28 mar. 1889. p. 1. CARVALHO, José Murilo de. *Op. cit.*, p. 85, 87 e 201. BOEHRER, George C. A. *Da monarquia à república:* história do Partido Republicano do Brasil (1870-1889). Rio de Janeiro: Ministério da Educação e Cultura, 1954. p. 251.
129 BARBOSA, Rui. *Finanças e política da República*. Rio de Janeiro: Companhia Impressora, 1892. p. 375. MONTEIRO, Tobias. *Op. cit.*, p. 206. BARBOSA, Rui. Manifesto à Nação. _____. *Finanças e política da República:* discursos e escritos. Rio de Janeiro: Cia. Impressora, 1892. p. 375.
130 CARVALHO, José Joaquim de. *Primeiras linhas da história da República dos Estados Unidos do Brasil*. São Paulo: Magalhães; Rio de Janeiro: Carmo, 1917. p. 64. MAGALHÃES JÚNIOR, Raimundo. *Op. cit.*, p. 39. LEMOS, Renato. *Benjamin Constant:* vida e história. Rio de Janeiro: Topbooks, 1999. p. 382. CARVALHO, José Murilo de. *Op. cit.*, p. 207.
131 OURO PRETO, Afonso Celso de Assis Figueiredo [visconde de]. *Advento da ditadura militar no Brasil*. Paris: F. Pichon, 1891. p. 33 e 7.
132 BARBOSA, Rui. Conferência militar. *In:* _____. *Obras Completas de Rui Barbosa:* campanha presidencial. v. 46. t. 2. Rio de Janeiro: Ministério da Educação e Cultura, 1956. p. 90, 103-104 e 134. A GRANDE reunião do Club Militar. *O Imparcial*, 28 jun. 1921. p. 7.
133 MAXIMILIANO, Carlos. *Comentários à constituição brasileira*. 5. ed. at. Rio de Janeiro: Freitas Bastos, 1954. v. 3. p. 220.
134 VIANA, Oliveira. *Op. cit.*, p. 143 e 145.
135 MAGALHÃES JÚNIOR, Raimundo. *Op. cit.*, p. 10. CASTRO, Celso. *Op. cit.*, p. 153. MONTEIRO, Tobias. *Op. cit.*, p. 223. OURO PRETO, Afonso Celso de Assis Figueiredo [visconde de]. *Advento da ditadura militar no Brasil*. Paris: F. Pichon, 1891. p. 134.
136 OTTONI, C. B. *O advento da República no Brasil*. Rio de Janeiro: Perseverança, 1890. p. 105. A GRANDE questão do dia. *Gazeta da Tarde*, 15 nov. 1889, p. 1. PORTO,

Manoel Ernesto de Campos. *Apontamentos para a história da República dos Estados Unidos do Brasil.* Rio de Janeiro: Imprensa Nacional, 1890. p. 6.
137 GRAVES conflitos. *Gazeta de Notícias,* 11 out. 1889. p. 1. 23º Batalhão de Infantaria. *A Nação, Órgão Conservador,* 29 out. 1889. p. 2.
138 ORDEM do dia. *Jornal do Commercio,* 10 nov. 1889. p. 2. MAGALHÃES JÚNIOR, Raimundo. *Op. cit.,* p. 38-39. CASTRO, Celso. *Op. cit.,* p. 162.
139 OURO PRETO, Afonso Celso de Assis Figueiredo [visconde de]. *Op. cit.,* p. 36.
140 OTTONI, C. B. *Op. cit.,* p. 105. SODRÉ, Lauro. *A Proclamação da República.* Rio de Janeiro: Ministério da Educação, 1939. p. 68.
141 CASTRO, Celso. *Op. cit.,* p. 43 e 149. *Relatório da Repartição dos Negócios da Guerra.* Rio de Janeiro: Imprensa Nacional, 1889. p. 17. *Diário do Comércio,* 25 mar. 1889. p. 2. CASTRO, Celso. *Op. cit.,* p. 150.
142 MAGALHÃES JÚNIOR, Raimundo. *Op. cit.,* p. 28. CASTRO, Celso. *Op. cit.,* p. 9.
143 HAHNER, June E. *Op. cit.,* p. 88. CARVALHO, José Murilo de. *A formação das almas:* o imaginário da República no Brasil. São Paulo: Companhia das Letras, 1990. p. 27-28. SODRÉ, Lauro. *Op. cit.,* p. 43.
144 Ver LEMOS, Renato. *Op. cit.*
145 *Gazeta de Notícias,* 29 jan. 1889. p. 1. EXTERIOR. *Jornal do Commercio,* 8 mar. 1889. p. 2. MAGALHÃES JÚNIOR, Raimundo. *Op. cit.,* p. 34. LEMOS, Renato. *Op. cit.,* p. 375 e segs. CASTRO, Celso. *Op. cit.,* p. 166-168. CUNHA, J. Marques da. *Op. cit.,* p. 32.
146 MONTEIRO, Tobias. *Op. cit.,* p. 228.
147 CUNHA, J. Marques da. *Op. cit.,* p. 32.
148 CASTRO, Celso. *Op. cit.,* p. 171. SENA, Ernesto. *Deodoro:* subsídios para a história. Brasília: Senado Federal, 1999. p. 42-43.
149 OS CONFLITOS de ontem. *Diário de Notícias,* 15 jul. 1889. p. 1; 14 DE JULHO. *Jornal do Commercio,* 15 jul. 1889. p. 1; 14 DE JULHO. *Gazeta de Notícias,* 15 jul. 1889. p. 2. MAGALHÃES JÚNIOR, Raimundo. *Deodoro:* a espada contra o Império. v. 1. São Paulo: Cia. Ed. Nacional, 1957. p. 374.
150 SILVEIRA, Urias Antônio da. *Galeria histórica da revolução brasileira de 15 de novembro de 1889 que ocasionou a fundação da República dos Estados Unidos do Brasil.* Rio de Janeiro: Laemmert, 1890. p. 312. CASTRO, Celso. *Op. cit.,* p. 29.
151 SILVEIRA, Urias Antônio da. *Op. cit.,* p. 281. CUNHA, J. Marques da. *Op. cit.,* p. 62. TROVÃO, Lopes. Deodoro da Fonseca. *In:* CORREIA, Leoncio. *A verdade histórica sobre o 15 de Novembro.* Rio de Janeiro: Imprensa Nacional. 1939. p. 45. *Deodoro e a verdade histórica.* Para 15 de Novembro de 1937, por ocasião da inauguração do seu monumento, 1937. Rio de Janeiro: Imprensa Nacional, 1937. p. 5.
152 CASTRO, Celso. *Op. cit.,* p. 180. LEMOS, Renato. *Op. cit.,* p. 391-392. CASTRO, Celso. *Op. cit.,* p. 181-182.
153 CASTRO, Celso; LEMOS, Renato (orgs.). *O diário de Bernardina:* da Monarquia à República pela filha de Benjamin Constant. Rio de Janeiro: Jorge Zahar, 2009. p. 80. *Ibid.,* p. 100.
154 OURO PRETO, Afonso Celso de Assis Figueiredo [visconde de]. *Op. cit.,* p. 46. NO CAPITÓLIO. *O Paiz,* 14 nov. 1889. p. 1. MONTEIRO, Tobias. *Op. cit.,* p. 230.
155 CARVALHO, José Joaquim de. *Op. cit.,* p. 71, 77 e 79; SODRÉ, Lauro. *Op. cit.,* p. 68; MOREIRA, Antonio Ilha. *Op. cit.,* p. 75.
156 MONTEIRO, Tobias. *Op. cit.,* p. 231.

157 MAGALHÃES JÚNIOR, Raimundo. *Deodoro:* a espada contra o Império. v. 2. São Paulo: Cia. Ed. Nacional, 1957. p. 66. CUNHA, J. Marques da. *Op. cit.*, p. 40-43. SANTOS, José Maria dos. *Op. cit.*, p. 77. "Club Republicano Benjamin Constant", *O Paiz*, 22 set. 1894. p. 3.

158 CASTRO, Celso. *Op. cit.*, p. 193. OURO PRETO, Afonso Celso de Assis Figueiredo [visconde de]. *Op. cit.*, p. 62. MAGALHÃES JÚNIOR, Raimundo. *Op. cit.*, p. 70. O GENERAL Barreto. *Jornal do Commercio*, 30 nov. 1889. p. 2.

159 OURO PRETO, Afonso Celso de Assis Figueiredo [visconde de]. *Op. cit.*, p. 69

160 ABRANCHES, Dunshee de. *Atas e atos do governo provisório.* Rio de Janeiro: Imprensa Nacional, 1907. p. 84

161 MAGALHÃES JÚNIOR, Raimundo. *Op. cit.*, p. 395. OURO PRETO, Afonso Celso de Assis Figueiredo [visconde de]. *Op. cit.*, p. 72 e 74.

162 MOREIRA, Antonio Ilha. *Op. cit.*, p. 93. CUNHA, J. Marques da. *Op. cit.*, p. 47. RECORDAÇÕES. *O Paiz*, 17 nov. 1902. p. 1. PORTO, Manoel Ernesto de Campos. *Op. cit.*, p. 12.

163 MONTEIRO, Tobias. op. cit., p. 261. MAGALHÃES JÚNIOR, Raimundo. *Op. cit.*, p. 398. "Entrega da mensagem a d. Pedro II pelo major Sólon, no dia 16 de novembro de 1889". SILVEIRA, Urias Antônio da. *Op. cit.*, p. 319.

164 MONTEIRO, Tobias. *Op. cit.*, p. 262-263.

165 UMA NOITE histórica (do alto de uma janela do Largo do Paço). *Jornal do Commercio*, 24 nov. 1889. p. 2.

166 PORTO, Manoel Ernesto de Campos. *Op. cit.*, p. 3, 5, 25 e 28-29.

167 *Diário Popular* (SP), 18 nov. 1889, p. 1. Republicada em *Diário do Comércio*, 20 nov. 1889. p. 1. LYRA, Heitor. *História da queda do Império*. t. 2. São Paulo: Cia. Ed. Nacional, 1964. p. 35-36.

168 SILVEIRA, Urias Antônio da. *Op. cit.*, p. 251.

169 MONTEIRO, Tobias. *Op. cit.,* p. 147. NABUCO, Joaquim. Resposta às mensagens do Recife e de Nazareth (1890). *In:* _____. *Escritos e discursos literários.* Rio de Janeiro: Garnier, 1901. p. 75. SODRÉ, Lauro. *Op. cit.*, p. 39. MAGALHÃES JÚNIOR, Raimundo. *Op. cit.*, p. 396. RIBAS, Antônio Joaquim. *Perfil biográfico do dr. Manoel Ferraz de Campos* Sales. Brasília: UnB, 1983. p. 258. BARBOSA, Rui. *Obras completas de Rui Barbosa.* v. 40. t. 5. Discursos parlamentares e jornalismo. Rio de Janeiro: Ministério da Educação e Cultura, 1966. p. 222-223.

170 Decreto nº 1, de 15 de novembro de 1889 publicado em "Governo provisório", *Gazeta da Tarde*, 16 nov. 1889. p. 1.

171 *Decretos do Governo Provisório da República dos Estados Unidos do Brasil.* Rio de Janeiro: Imprensa Nacional, 1890. Grifo do autor.

172 Art. 14 do Decreto nº 510, de 22 de junho de 1890. Grifo do autor.

173 Conforme ele próprio declarou em artigo publicado pelo jornal *O Imparcial*, de 7 de março de 1913: "Ninguém ignora que fui eu o autor principal".

174 HAHNER, June E. *Op. cit.*, p. 99.

175 MONTEIRO, Tobias. *Op. cit.,* p. 147.

176 OTTONI, C. B. *Op. cit.*, p. 124. CASTRO, Celso. *Op. cit.*, p. 195-196. BRASIL. *Relatório do Ministro da Fazenda Rui Barbosa.* Rio de Janeiro: Imprensa Nacional, 1891. p. 13-14.

177 MAGALHÃES JÚNIOR, Raimundo. *Op. cit.*, p. 135.

178 *Ibid.*, p. 204-206.

179 ABRANCHES, Dunshee de. *Op. cit.*, p. 31.
180 Sessão de 30 de janeiro de 1890. ABRANCHES, Dunshee de. *Op. cit.*, p. 93 e 98.
181 Sessão de 30 de janeiro de 1890. ABRANCHES, Dunshee de. *Op. cit.*, p. 95 e 106.
182 ABRANCHES, Dunshee de. *Op. cit.*, p. 96 e 140-141. SANTOS, José Maria dos. *A política geral do Brasil.* São Paulo: J. Magalhães, 1930. p. 251.
183 ABRANCHES, Dunshee de. *Op. cit.* p. 242-243.
184 ABRANCHES, Dunshee de. *Op. cit.* p. 286.
185 ABRANCHES, Dunshee de. *Op. cit.* p. 290.
186 Decreto nº 85-A, de 23 de dezembro de 1889. HAHNER, June E. *Op. cit.*, p. 51. CASTRO, Celso. Revoltas de soldados contra a República. *In:* CASTRO, Celso; IZECKSOHN, Vitor; KRAAI, Hendrik. *Nova história militar brasileira.* Rio de Janeiro: FGV, 2004. p. 306-307; ABRANCHES, Dunshee de. *Op. cit.* p. 129. *Ibid.*, p. 96. ABREU, Alzira Alves de (Coord.). *Dicionário histórico-biográfico da Primeira República.* Rio de Janeiro: Editora FGV, 2015. p. 96.
187 Art. 8 das Disposições Transitórias. Constituição da República dos Estados Unidos do Brasil. 1891. MAGALHÃES JÚNIOR, Raimundo. *Op. cit.*, p. 276.
188 Decreto nº 511, de 23 de junho de 1890.
189 MAGALHÃES JÚNIOR, Raimundo. *Op. cit.*, p. 207. CANDIDATURAS militares. *O Paiz*, 23 Jul 1890. p. 1.
190 LIVROS novos. *Gazeta de Notícias*, 9 jul. 1917. p. 3. RIBEIRO, João Coelho Gomes. *A gênese histórica da constituição federal:* subsídios para sua interpretação e reforma. Rio de Janeiro: Liga Marítima Brasileira, 1917. p. 58.
191 FREIRE, Felisbelo. *História constitucional da República dos Estados Unidos do Brasil.* v. 3. Rio de Janeiro: Aldina., 1895. p. 61.
192 *Ibid.*, *Op. cit.*, p. VII e 60.
193 *Anais do Congresso Constituinte da República*, 2. ed. rev. Volume III. Rio de Janeiro: Imprensa Nacional, 1926. Sessão em 2 de fevereiro de 1891. p. 424.
194 *Anais do Congresso Constituinte da República*, 2. ed. rev. Volume III. Rio de Janeiro: Imprensa Nacional, 1926. Sessão em 16 de fevereiro de 1891. p. 681-682.
195 *Ibid.*, p. 709-710.
196 *Anais do Congresso Constituinte da República*, 2. ed. rev. Volume III. Rio de Janeiro: Imprensa Nacional, 1926. Sessão em 28 de janeiro de 1891. p. 124-126.
197 *Anais do Congresso Constituinte da República*, 2. ed. rev. Volume II. Rio de Janeiro: Imprensa Nacional, 1926. Sessão em 13 de janeiro de 1891. p. 476-477.
198 *Ibid.*, p. 477.
199 *Anais do Congresso Constituinte da República*, 2. ed. rev. Volume I. Rio de Janeiro: Imprensa Nacional, 1926. Sessão em 23 de dezembro de 1890. p. 836.
200 *Anais do Congresso Constituinte da República*, 2. ed. rev. Volume I. Rio de Janeiro: Imprensa Nacional, 1926. Sessão em 24 de dezembro de 1890. p. 864-865.
201 DANTAS, Regina Maria Macedo Costa. *A casa do imperador:* do Paço de São Cristóvão ao Museu Nacional. Dissertação de mestrado apresenta ao Programa de Pós-graduação em Memória Social da UNIRIO, 2007. p. 54-55 e 91. O quadro social da revolução brasileira. *Gazeta de Notícias*, 2 mar. 1890. p. 1.
202 ABRANCHES, Dunshee de. *O golpe de estado:* atas e atos do governo Lucena (obra póstuma). Rio de Janeiro: Oficinas Gráficas do "Jornal do Brasil", 1954. p. 38.
203 Decreto nº 29, de 3 de dezembro de 1889. BONAVIDES, Paulo, ANDRADE, Paes de. *História constitucional do Brasil.* 3. ed. Rio de Janeiro: Paz e Terra, 1991. p. 216.

RIBEIRO, João Coelho Gomes. *Op. cit.*, p. 15-17, 22 e 103. BARBOSA, Rui. *Obras completas de Rui Barbosa*. v. 17. t. 1. Rio de Janeiro: Ministério da Educação e Saúde, 1946. p. 38.
204 BARBOSA, Rui. Manifesto à nação. *In:* _____. *Finanças e política da República:* discursos e escritos. Rio de Janeiro: Companhia Impressora, 1892. p. 392.
205 RIBEIRO, João Coelho Gomes. *Op. cit.*, p. 183 e segs. *Constituição dos Estados Unidos do Brasil:* [provas revistas por Rui Barbosa]. Biblioteca Nacional. Manuscritos, 50.03.008 (cofre).
206 COSTA, Wilma Peres. Os militares e a primeira constituição da República. *In:* MORAES, João Quartim de. *A tutela militar*. São Paulo: Vértice, 1987. p. 39.
207 [Discurso de João Mangabeira durante as] Homenagens do Poder Legislativo à memória do conselheiro Rui Barbosa. *Revista do Supremo Tribunal Federal*. Publicação oficial dos trabalhos do Supremo Tribunal Federal. Rio de Janeiro, Volume LII, maio 1923. p. XVIII. Ver também o discurso do senador Clodomiro Cardoso em homenagem ao centenário do nascimento de Rui Barbosa, de 5 de novembro de 1949. *Diário do Congresso Nacional*, ano IV, n. 211, 8 nov. 1949. p. 10853.
208 MANIFESTAÇÃO ao dr. Benjamin Constant. *Diário de Notícias* 27 out. 1889. p. 2. Grifo do autor.
209 Decreto nº 330, de 12 de abril de 1890. A QUESTÃO militar. *Diário de Notícias*, 8 nov. 1889. p. 1.
210 *Anais do Congresso Constituinte da República*, 2. ed. rev. Volume I. Rio de Janeiro: Imprensa Nacional, 1926. Sessão em 15 de dezembro de 1890. p. 564-565. *Anais do Congresso Constituinte da República*, 2. ed. rev. Volume II. Rio de Janeiro: Imprensa Nacional, 1926. Sessão em 8 de janeiro de 1891. p. 307. *Anais do Congresso Constituinte da República*, 2. ed. rev. Volume III. Rio de Janeiro: Imprensa Nacional, 1926. Sessão em 28 de janeiro de 1891. p. 109.
211 FAGUNDES, Miguel Seabra. *Op. cit.*, p. 3-7.
212 FREIRE, Felisbelo. *História constitucional da República dos Estados Unidos do Brasil*. v. 2. Rio de Janeiro: Moreira Maximino, Chagas & C., 1894. p. 202-203; FREIRE, Felisbelo. *História constitucional da República dos Estados Unidos do Brasil*. v. 3. Rio de Janeiro: Aldina, 1895. p. 59.
213 MILTON, Aristides Augusto. *A constituição do Brasil:* notícia histórica, texto e comentários. 2. ed. cor. aum. Rio de Janeiro: Imprensa Nacional, 1898. p. 59-60.
214 BARBOSA, Rui. *Contra o militarismo:* discursos em S. Paulo, Santos e Campinas. Campanha eleitoral de 1909 a 1910. Segunda série. Rio de Janeiro: Ribeiro dos Santos, [1910]. p. 57; CAVALCANTI, João Barbalho Uchoa. *Constituição federal brasileira:* comentários. Rio de Janeiro: Litho-Typographia, 1902. p. 46-47.
215 MAXIMILIANO, Carlos. *Comentários à constituição brasileira*. 5. ed. at. Rio de Janeiro: Freitas Bastos, 1954. v. 3I, p. 219, 222.
216 LEAL, Aurelino. *Teoria e prática da constituição federal brasileira*. Parte primeira: arts. 1 a 40. Rio de Janeiro: Briguiet, 1925. p. 200-201 e 203.
217 ROURE, Agenor de. *A constituinte republicana*. v. 1. Rio de Janeiro: Imprensa Nacional, 1920. p. 206.
218 FAGUNDES, Miguel Seabra. *Op. cit.*, 10.
219 FAORO, Raymundo. Democratização e Forças Armadas. *Senhor*, n. 185, 3 out. 1984. p. 37.

220 MIRANDA, Pontes de. *Comentários à Constituição da República dos E. U. do Brasil*. t. 2. Rio de Janeiro: Editora Guanabara, 1934. p. 430.
221 DISCIPLINA e Lei. *Diário de Notícias*, 12 nov. 1889. p. 1. A passagem de Lieber sobre honra diz: "(...) *that moment at which it becomes clear to us that country and commander stand opposite to one another, the name of honor, to designate obedience to the commander, has no longer any meaning*". LIEBER, Francis. *Manual of Political Ethics*. Part II. Boston: Little, Brown & Co.; Freeman & Bolles, 1839. p. 298.
222 Conferência do Teatro Politeama, em 24 de maio de 1919. BARBOSA, Rui. *Obras completas de Rui Barbosa*. v. 46. t. 2. Rio de Janeiro: Ministério da Educação e Cultura, 1956. p. 136-137. A passagem de Lieber diz: "*If, before his God, he is plainly convinced that the orders of his superiors are palpably at variance with the essential objects of the state, traitorous, therefore, to his country, and if, at the same time he is fully convinced that his disobedience, or resistance, if need be, does not bring on greater calamity, than the execution of the orders, he is in conscience bound to disobey*". LIEBER, Francis. *Op. cit.* p. 297.
223 PELO Exército contra o militarismo. *Jornal do Brasil*, 21 jun. 1893. p. 1.
224 A OBEDIÊNCIA militar. *A Imprensa*, 25 out. 1898. p. 1.
225 BARBOSA, Rui. *Contra o militarismo*: campanha eleitoral de 1909 a 1910. Primeira série. Rio de Janeiro: Ribeiro dos Santos, [1910]. Capítulo "Manifestação de 5 de junho de 1909". p. 131-132. O DISCURSO do sr. Rui Barbosa. *Gazeta de Notícias*, 4 out. 1909. p. 2.
226 BARBOSA, Rui. *Obras completas de Rui Barbosa*. v. 40. t. 5. Rio de Janeiro: Ministério da Educação e Cultura, 1966. p. 240. *Anais do Senado Federal*. Sessões de 1º a 19 de junho de 1914, volume II. Sessão em 17 de junho de 1914. Rio de Janeiro: Imprensa Nacional, 1917. p. 171.

A mocidade militar se revolta

1 VARELA, Alfredo. *Remembranças*: tempos idos e vividos. 2. ed. Rio de Janeiro: A.G.U.S.A., 1959. p. 289. FRANCO, Afonso Arinos de Melo. *Rodrigues Alves*: apogeu e declínio do presidencialismo. Brasília: Senado Federal, 2001. v. 1, p. 505.
2 Ver, a propósito, CASTRO, Celso. A mocidade militar. *In*: _____. *Os militares e a República*: um estudo sobre cultura e ação política. Rio de Janeiro: Jorge Zahar, 1995.
3 SODRÉ, Emmanuel. O 14 de novembro de 1904. *Correio da Manhã*, 14 nov. 1954. p. 10. Prefácio de Carlos de Meira Matos a MORAES, J. B. Mascarenhas de. *Memórias*. Rio de Janeiro: José Olympio, 1969. v. 1. p. XVI.
4 FRANCO, Afonso Arinos de Melo. *Op. cit.*, p. 473.
5 Para mais informações sobre a Revolta da Vacina, consulte, por exemplo, SEVCENKO, Nicolau. *A revolta da vacina*: mentes insanas em corpos rebeldes. São Paulo: Brasiliense, 1984; e CARVALHO, José Murilo de. *Os bestializados*: o Rio de Janeiro e a república que não foi. 4. ed. São Paulo: Companhia das Letras, 2019.
6 CARVALHO, José Murilo de. *Op. cit.*, p. 103. SODRÉ, Emmanuel. *Op. cit.*, p. 10.
7 *Anais do Senado Federal*. Volume III. Sessão em 16 de novembro de 1904. Rio de Janeiro: Imprensa Nacional, 1905. p. 107.
8 AINDA a questão da varíola e da vacina. *Publicação da Igreja e Apostolado Positivista do Brasil*, n. 264. p. 3.
9 *Almanaque do Correio da Manhã*, 1944. p. 8-10.

10 OS ACONTECIMENTOS de 14. Relatório do chefe de polícia. *Correio da Manhã*, 23 dez. 1904. p. 3.
11 *Gazeta de Notícias*, 17 ago. 1890. p. 2. SODRÉ, Lauro. *Crenças e opiniões*. Belém: Tipografia do Diário Oficial, 1896. Dedicatória e p. 239-240. FRANCO, Afonso Arinos de Melo. *Op. cit.* v. 1. p. 499. Ver, também, LOBATO FILHO, [João Bernardo]. *A última noite da Escola Militar da Praia Vermelha (contribuição para a história)*. Rio de Janeiro: Biblioteca do Exército, 1992. p. 53-54.
12 LOBATO FILHO, [João Bernardo]. *Op. cit.*, p. 52. PESSOA, Pantaleão. *Reminiscências e imposições de uma vida* (1885-1965). Rio de Janeiro: Graf. Lux, 1972. p. 11.
13 *Anais do Senado Federal*. Volume III. Sessão em 9 de novembro de 1904. Rio de Janeiro: Imprensa Nacional, 1905. p. 62. *Almanak Laemmert para 1905*. p. 1360.
14 LEAL, Elisabete da Costa. *Os filósofos em tintas e bronze:* arte, positivismo e política na obra de Décio Villares e Eduardo de Sá. Tese de doutorado apresentada ao Programa de Pós-graduação em História Social da UFRJ. 2006. p. 173 e segs. SODRÉ, Emanuel. O 14 de novembro de 1904. *Correio da Manhã*, 14 nov. 1954. p. 10. O POSITIVISMO e o direito de insurreição. *Jornal do Commercio*, 12 jan. 1906. p. 4.
15 *Anais do Senado Federal*. Volume II. Sessão em 1º de setembro de 1904. Rio de Janeiro: Imprensa Nacional, 1905. p. 346-347.
16 LOBATO FILHO, [João Bernardo]. *Op. cit.*, p. 56-57. Itálico no original.
17 Lei nº 1.261, de 31 de outubro de 1904. LOBATO FILHO, [João Bernardo]. *Op. cit.*, p. 64.
18 LIGA contra a vacinação obrigatória. *Correio da Manhã*, 6 nov. 1904. p. 1. Ver também os jornais *O Paiz* e *Gazeta de Notícias* da mesma data. OS ACONTECIMENTOS de 14. Relatório do chefe de polícia. *Correio da Manhã*, 23 dez. 1904. p. 3. Ver, também, LOBATO FILHO, [João Bernardo]. *Op. cit.*, p. 66.
19 *Anais do Senado Federal*. Volume III. Sessão em 9 de novembro de 1904. Rio de Janeiro: Imprensa Nacional, 1905. p. 61, 62, 68, 69, 70 e 73.
20 *Anais do Senado Federal*. Volume III. Sessão em 9 de novembro de 1904. Rio de Janeiro: Imprensa Nacional, 1905. p. 84.
21 A VACINA obrigatória. *A Notícia*, 9 nov. 1904. p. 1. SODRÉ, Emmanuel. *Op. cit.*, p. 10.
22 Relato do general Costallat ao marechal Bibiano Sergio Macedo da Fontoura Costallat, seu irmão, chefe do Estado-Maior do Exército, em 15 de novembro de 1904. *Relatório apresentado ao presidente da República dos Estados Unidos do Brasil pelo marechal Francisco de Paula Argollo*, Anexo F: Partes e relações de oficiais e forças referentes aos acontecimentos de 14 de novembro de 1904. Rio de Janeiro: Imprensa Nacional, 1905. p. 8. LOBATO FILHO, [João Bernardo]. *Op. cit.*, p. 73.
23 *Ibid.*, p. 72-73. BARRETO, Dantas. *Conspirações*. Rio de Janeiro: Francisco Alves, 1917. p. 17-18.
24 LOBATO FILHO, [João Bernardo]. *Op. cit.*, p. 74.
25 *Ibid.*, p. 78.
26 Relato do general Hermes da Fonseca ao marechal Bibiano Sergio Macedo da Fontoura Costallat, chefe do Estado-Maior do Exército, em 15 de novembro de 1904. *Relatório apresentado ao presidente da República dos Estados Unidos do Brasil pelo marechal Francisco de Paula Argollo*, Anexo F: Partes e relações de oficiais e forças referentes aos acontecimentos de 14 de novembro de 1904. Rio de Janeiro: Imprensa Nacional, 1905. p. 9-10. FRANCO, Afonso Arinos de Melo. *Op. cit.*, p. 504-505.

27 LOBATO FILHO, [João Bernardo]. *Op. cit.*, p. 74-76. Relato do coronel José Agostinho ao general José Maria Marinho da Silva, comandante do 4º Distrito Militar, em 15 de novembro de 1904. *Relatório apresentado ao presidente da República dos Estados Unidos do Brasil pelo marechal Francisco de Paula Argollo*, Anexo F: Partes e relações de oficiais e forças referentes aos acontecimentos de 14 de novembro de 1904. Rio de Janeiro: Imprensa Nacional, 1905. p. 10-11.
28 LOBATO FILHO, [João Bernardo]. *Op. cit.*, p. 76. PESSOA, Pantaleão. *Op. cit.*, p. 12.
29 LEMOS, Juvêncio Saldanha. *As duas revoltas que abalaram o Rio de Janeiro*. Porto Alegre: Edigal, 2019. p. 88.
30 LOBATO FILHO, [João Bernardo]. *Op. cit.*, p. 75 e 77.
31 *Ibid.*, p. 75.
32 LEMOS, Juvêncio Saldanha. *Op. cit.*, p. 92. LOBATO FILHO, [João Bernardo]. *Op. cit.*, p. 80, 81 e 83.
33 *Ibid.*, p. 82.
34 *Ibid.*, p. 83.
35 FRANCO, Afonso Arinos de Melo. *Op. cit.*, p. 505.
36 *Ibid.*, p. 509-510.
37 LOBATO FILHO, [João Bernardo]. *Op. cit.*, p. 85.
38 *Ibid.*, p. 85.
39 *Ibid.*, p. 86.
40 KLINGER, General. *Narrativas autobiográficas*. v. 1. Rio de Janeiro: O Cruzeiro, 1944. p. 130.
41 LOBATO FILHO, [João Bernardo]. *Op. cit.*, p. 86.
42 *Ibid.*, p. 85. FRANCO, Afonso Arinos de Melo. *Op. cit.*, p. 513. *Almanak Laemmert para 1905*. p. 1360.
43 PESSOA, Pantaleão. *Op. cit.*, p. 13 ; SODRÉ, Emmanuel. *Lauro Sodré na história da República*. Rio de Janeiro: Edição do Autor [Gráfica Olímpica], 1970. p. 90; FRANCO, Afonso Arinos de Melo. *Op. cit.*, p. 513.
44 LOBATO FILHO, [João Bernardo]. *Op. cit.*, p. 91-92. KLINGER, General. *Op. cit.*, p. 130. PESSOA, Pantaleão. *Op. cit.*, p. 14.
45 LOBATO FILHO, [João Bernardo]. *Op. cit.*, p. 93-94 e 96.
46 *Ibid.*, p. 93.
47 FRANCO, Afonso Arinos de Melo. *Op. cit.*, p. 510-511.
48 KLINGER, General. *Op. cit.*, p. 133.
49 CASTRO, Sertório de. *A república que a revolução destruiu*. Rio de Janeiro: Freitas Bastos, 1932. p. 201. LOBATO FILHO, [João Bernardo]. *Op. cit.*, p. 98 e 100. PESSOA, Pantaleão. *Op. cit.*, p. 15.
50 LEMOS, Juvencio Saldanha. *As duas revoltas que abalaram o Rio de Janeiro nos primeiros anos do século XX*: a Revolta da Vacina (1904), a Revolta da Chibata (1910). Porto Alegre: Edigal, 2019. p. 103.
51 RITO, João. Uma excursão. *Revista da Semana*, 27 nov. 1904. p. 2.
52 PESSOA, Pantaleão. *Op. cit.*, p. 15. SILVA, Francisco Bento da. Do Rio de Janeiro para a Sibéria tropical: prisões e desterros para o Acre nos anos 1904 e 1910. *Tempo & Argumento*, v. 3, n. 1, p. 164. LOBATO FILHO, [João Bernardo]. *Op. cit.*, p. 102. Aviso nº 2.049 de 9 de dezembro de 1904.
53 PESSOA, Pantaleão. *Op. cit.*, p. 16.
54 SODRÉ, Emmanuel. *Op. cit.*, p. 93.

55 BARBOSA, Rui. *Obras completas de Rui Barbosa*. v. 31. t. 1. Rio de Janeiro: Ministério da Educação e Saúde, 1952. p. 356-358.
56 FRANCO, Afonso Arinos de Melo. *Op. cit.*, p. 528.
57 SODRÉ, Emmanuel. *Op. cit.*, p. 92-93.
58 *Ibid.*, p. 96. *Anais do Senado Federal.* Volume II. Sessão em 5 de agosto de 1905. Rio de Janeiro: Imprensa Nacional, 1906. p. 95 e 98. A ANISTIA. *Jornal do Brasil*, 6 ago. 1905. p. 5; *Gazeta de Notícias*, 6 ago. 1905. p. 5.
59 SILVA, Francisco Bento da. *Op. cit.*, p. 163. FRANCO, Afonso Arinos de Melo. *Op. cit.*, p. 530.
60 FRANCO, Afonso Arinos de Melo. *Op. cit.*, p. 534. LAURO Sodré. *Correio da Manhã*, 9 nov. 1905. p. 1; SESSÃO cívica. *Correio da Manhã*, 10 nov. 1905. p. 3. SODRÉ, Emmanuel. *Op. cit.*, p. 88.
61 MORAES, J. B. Mascarenhas de. *Op. cit.*, p. 16. LOBATO FILHO, [João Bernardo]. *Op. cit.*, p. 50.

Fraudes, indignação e voluntarismo militar

1 FRANCO, Afonso Arinos de Melo. *História e teoria dos partidos políticos no Brasil*. 2. ed. São Paulo: Alfa-Ômega, 1974. p. 58.
2 PESSOA, Epitácio. *Primeiros tempos*. Rio de Janeiro: MEC/INL, 1965. p. 262
3 SOARES, José Carlos de Macedo. *Justiça:* a revolta militar em São Paulo. Paris: Paul Dupont, 1925. p. 9 e 24.
4 FRAGOSO, Tasso. O meu depoimento. *Revista do Instituto Histórico e Geográfico Brasileiro*, v. 211, abr./jun. 1951. p. 18.
5 CARVALHO, J. Nunes de. *A revolução no Brasil 1924-1925*. 3. ed. 1931. p. 49. CABANAS, João. *A coluna da morte sob o comando do tenente Cabanas*. 6. ed. Rio de Janeiro: Almeida & Torres, [1926?]. p. 368.
6 ROSA, Virgínio Santa. *O sentido do tenentismo*. 3. ed. São Paulo: Alfa-Ômega, 1976. p. 36-38 e 41.
7 FRANCO, Afonso Arinos de Melo. *Um estadista da República:* Afrânio de Melo Franco e seu tempo. v. 2. Rio de Janeiro: José Olímpio, 1955. p. 1050. Prefácio ao livro CAVALCANTI, João Barbalho Uchôa. *Constituição federal brasileira (1891):* comentada. Brasília: Senado Federal, 2002. p. XX.
8 AMERICANO, Jorge. *São Paulo nesse tempo - 1915-1935*. São Paulo: Melhoramentos, 1962. p. 359 *apud* CORRÊA, Anna Maria Martinez. *A rebelião de 1924 em São Paulo*. São Paulo: Hucitec, 1976. p. 16.
9 RICCI, Paulo; ZULINI, Jaqueline Porto. Partidos, competição política e fraude eleitoral: a tônica das eleições na Primeira República. *Dados - Revista de Ciências Sociais*, v. 57, n. 2, 2014. p. 453. RICCI, Paulo; ZULINI, Jaqueline Porto. Quem ganhou as eleições? A validação dos resultados eleitorais antes da criação da Justiça Eleitoral. *Revista de Sociologia e Política*, v. 21, n. 45, mar. 2013. p. 96, 99, 102.
10 VISCARDI, Cláudia M. R., FIGUEIREDO, Vítor Fonseca. Eleições na Primeira República: uma abordagem alternativa acerca da participação popular. *Locus: Revista de História*, v. 25, n. 2, 2019. p. 18.
11 Ver, por exemplo: A MAIOR vítima da seabrada. *Correio da Manhã*, 1º mar. 1912. p. 1; OS MILITARES na política. *A Notícia*, 10-11 jun. 1915. p. 2. Para uma posição

ligeiramente discordante, segundo a qual a expressão só se generalizou após 1930, ver: BORGES, Vavy Pacheco. *Tenentismo e revolução brasileira.* São Paulo: Brasiliense, 1992. p. 20.

12 BARATA, Agildo. *Vida de um revolucionário:* memórias. Rio de Janeiro: Editora Melso, [1962]. p. 66.

13 FORJAZ, Maria Cecília Spina. *Tenentismo e política:* tenentismo e camadas médias urbanas na crise da Primeira República. Rio de Janeiro: Paz e Terra, 1977. p. 31. COELHO, Edmundo Campos. *Em busca de identidade:* o Exército e a política na sociedade brasileira. Rio de Janeiro: Forense-Universitária, 1976. p. 84. Ver também DRUMMOND, José Augusto. *A Coluna Prestes:* rebeldes errantes. 3. ed. São Paulo: Brasiliense, 1991.

14 Sobre isso, ver a análise de FORJAZ, Maria Cecília Spina. *Op. cit.*, p. 23.

15 *Ibid.*, p. 25-26.

16 DRUMMOND, José Augusto. *O movimento tenentista:* intervenção militar e conflito hierárquico (1922-1935). Rio de Janeiro: Graal, 1986. p. 107.

17 FARIAS, Oswaldo Cordeiro de. *Diálogo com Cordeiro de Farias:* meio século de combate. Entrevista a Aspásia Camargo e Walder de Góes. Rio de Janeiro: Biblioteca do Exército, 2001. p. 66.

18 *Ibid.*, p. 71. MAGALHÃES, Juracy, GUEIROS, J. A. *O último tenente.* 3. ed. Rio de Janeiro: Record, 1996. p. 44. TÁVORA, Juarez. *À guisa de depoimento sobre a revolução brasileira de 1924.* v. 1. São Paulo: O Combate, 1927. p. 89. OLIVEIRA, Nelson Tabajara de. *1924 (a revolução de Isidoro).* São Paulo: Companhia Editora Nacional, 1956. p. 103.

19 SILVA, Artur da Costa e [Raul D'Alva]. Honra militar. *O Imparcial*, 27 set. 1923. p. 5. Ver, também, Militarismo (6 set., p. 7); O ensino militar (21 set., p. 5); Honra militar (27 set., p. 5) e Escola militar (29 out., p. 2). TÁVORA, Juarez. *Op. cit.*, p. 228.

20 TÁVORA, Juarez. *Uma vida e muitas lutas:* da planície à borda do altiplano. 3. ed. v. 1. Rio de Janeiro: José Olímpio, 1973. p. 190. WEFFORT, Francisco C. Prefácio. In FORJAZ, Maria Cecília Spina. Op. cit., p. 10.

21 SILVA, Hélio. *1922:* sangue na areia de Copacabana. Rio de Janeiro: Civilização Brasileira, 1964. p. 138. Carta de Nilo Peçanha ao Senado. Anais do Senado Federal, volume V, Sessão em 8 de julho de 1922. Rio de Janeiro: Imprensa Nacional, 1925. p. 279. FRANCO, Afonso Arinos de Melo. *Op. cit.*, p. 1073 e 1076.

22 SUICIDOU-SE o fotógrafo Zenóbio. *Jornal do Brasil*, 6 set. 1931. p. 19; SUICIDOU--SE o fotógrafo Zenóbio do Couto. *Correio da Manhã*, 6 set. 1931. p. 3; A FOTOGRAFIA da epopeia de Copacabana. *Correio da Manhã*, 5 set. 1931. p. 5; ZENÓBIO Couto e a histórica fotografia dos "18 do Forte". *A Noite*, 7 set. 1931. p. 1; MONTEIRO, Alípio. Zenóbio Couto o que fotografou os 18 do Forte. *Correio da Manhã*, 3 jul. 1963. p. 1; O FOTÓGRAFO Zenobio e os "18 do Forte". *A Noite*, 14 set. 1931. p. 5; AS ÚLTIMAS homenagens a Zenóbio Couto. *Diário Carioca*, 8 set. 1931. p. 8; UM AUTOMÓVEL alvejado. *Correio da Manhã*, 7 jul. 1922. p. 2.; O MORTO e os feridos do auto 2.271. *Correio da Manhã*, 8 jul. 1922. p. 1.

23 CHEVALIER, Carlos. *Os 18 do forte:* coletânea organizada pelo capitão Carlos Chevalier sobre Siqueira Campos comandante dos 18 do Forte de Copacabana 1922-1930. F. Barreto & Cia., 1930; VIANA, Claudius Gomes de Aragão. *A Brigada de Infantaria Paraquedista:* história institucional e cultura organizacional da tropa aeroterrestre brasileira. Tese de doutorado apresentada ao Programa de Pós-graduação em História,

Política e Bens Culturais da FGV. 2020. p. 66; A NOSSA aviação militar. *Jornal do Brasil*, 28 jul. 1923. p. 16; O MONUMENTO aos "18 do Forte". *Correio da Manhã*, 11 jun. 1931. p. 5.

24 CARVALHO, J. Nunes de. *Op. cit.*, p. 3-18.

25 EVOCANDO os memoráveis e grandiosos movimentos idealistas de 5 de julho de 1922 e 1924. *Correio da Manhã*, 6 jul. 1932. p. 1. PARADEIRO do monumento aos heróis do Forte é mistério. *Jornal do Brasil*, 5 ago. 1973. p. 34; ESTÁTUA dos 18 do Forte que sumiu há 30 anos é achada em Marechal Hermes. *Jornal do Brasil*, 23 ago. 1973. p. 18; BRIGADEIRO inaugura monumento. *Jornal do Brasil*, 5 jul. 1974. p. 12; MONUMENTO aos 18 do Forte é inaugurado. *Jornal do Brasil*, 6 jul. 1974. p. 1, 4.

26 VISCARDI, Cláudia M. R.; FIGUEIREDO, Vítor Fonseca. Eleições na Primeira República: uma abordagem alternativa acerca da participação popular. *Locus: Revista de História*, v. 25, n. 2, 2019. p. 31.

27 FORJAZ, Maria Cecília Spina. *Op. cit.*, p. 40. VISCARDI, Cláudia Maria Ribeiro. *O teatro das oligarquias:* uma revisão da 'política do café com leite'. 2. ed. Belo Horizonte: Fino Traço, 2019. p. 273.

28 NO MUNDO político. *Correio da Manhã*, 10 maio 1921. p. 2.

29 VIAJANTES. *Correio da Manhã*, 1º jun. 1920. p. 4; O SR. NILO Peçanha na França. *Correio da Manhã*, 3 jul. 1920. p. 1; FRANCO, Afonso Arinos de Melo. *Op. cit.*, p. 987-988; FRANCO, Virgílio A. de Melo. *Outubro, 1930*. 5. ed. Rio de Janeiro: Nova Fronteira, 1980. p. 15; TOLENTINO, José. *Nilo Peçanha:* sua vida pública. Petrópolis: Armando Martins Ed., [1930?]. p. 240. FRANCO, Virgílio A. de Melo. *Op. cit.*, p. 17, 20.

30 SOARES, José Carlos de Macedo. *Op. cit.*, p. 13. FRANCO, Virgílio A. de Melo. *Op. cit.*, p. 21-23.

31 O SR. NILO e a convenção. *Correio da Manhã*, 5 jun. 1921. p. 2. Ver também PESSOA, Epitácio. *Pela verdade*. Rio de Janeiro: Francisco Alves, 1925. p. 493; FRANCO, Virgílio A. de Melo. *Op. cit.*, p. 21. FRANCO, Afonso Arinos de Melo. *Op. cit.*, p. 993-994.

32 NILO Peçanha e J. J. Seabra. *Correio da Manhã*, 25 jun. 1921. p. 1. A REAÇÃO contra a candidatura Artur Bernardes. *Correio da Manhã*, 25 jun. 1921. p. 3. FRANCO, Virgílio A. de Melo. *Op. cit.*, p. 12. PRESTES, Anita. *Os militares e a Reação Republicana:* as origens do tenentismo. Petrópolis: Vozes, 1994. p. 55 e segs.

33 FRANCO, Afonso Arinos de Melo. *Op. cit.*, p. 1010.

34 A SESSÃO preliminar da convenção. *O Imparcial*, 8 jun. 1921. p. 3. Ver também *Anais do Senado*. Sessão em 13 de junho de 1921. p. 93 e segs.

35 *Anais da Câmara dos Deputados*. Sessão em 11 de junho de 1921. p. 66 e segs.

36 FRANCO, Virgílio A. de Melo. *Op. cit.*, p. 23. FONSECA. Nair de Teffé Hermes da. *A verdade sobre a revolução de 22*. Rio de Janeiro: s.e., 1974. p. 63, 70 e 78. FRANCO, Afonso Arinos de Melo. *Op. cit.*, p. 1013

37 UMA festa de militares. *O Paiz*, 3 jun. 1921. p. 3; Uma festa de militares. *O Paiz*, 4 jun. 1921. p. 3. FOI preso ontem o comandante Alencastro Graça. *Correio da Manhã*, 5 jun. 1921. p. 1.

38 *Anais da Câmara dos Deputados*. Sessão em 25 de junho de 1921. p. 86-88.

39 A REUNIÃO do Club Militar. *O Imparcial*, 27 jun. 1921. p. 3. FONSECA. Nair de Teffé Hermes da. *Op. cit.*, p. 92-93. PRESTES, Anita. *Op. cit.*, p. 54.

40 FERREIRA, Marieta de Moraes. A Reação Republicana e a crise política dos anos 20. *Estudos Históricos*, v. 6, n. 11, 1993. p. 21.
41 INJURIOSO e ultrajante. *Correio da Manhã*, 9 out. 1921. p. 2; FRANCO, Afonso Arinos de Melo. *Op. cit.*, p. 1011 e 1017-1023. FREIRE, Américo. Fazendo a República: a agenda radical de Irineu Machado. *Tempo*, v. 13, n. 26, 2009, p. 121.
42 FRANCO, Afonso Arinos de Melo. *Op. cit.*, p. 1027.
43 O MOMENTO político nacional. *O Paiz*, 11 out. 1921. p. 1.
44 FRAGOSO, Tasso. *Op. cit.*, p. 19. FRANCO, Virgílio A. de Melo. *Op. cit.*, p. 24.
45 FRANCO, Afonso Arinos de Melo. *Op. cit.*, p. 1010. A APOTEOSE feita ontem ao senador Nilo Peçanha foi a mais bela, a mais grandiosa das manifestações de carinho já recebidas por um político brasileiro. *Correio da Manhã*, 6 nov. 1921 p. 1. Sobre o *Correio da Manhã*, ver FREIRE, Américo. *Op. cit.*, p. 121.
46 Ver REUNIÃO do Club Militar; e UMA ENTREVISTA do marechal Hermes. *Correio da Manhã*, 11 out. 1921. p. 3. Para o desmentido, ver O MOMENTO político. *O Paiz*, 12 out. 1921. p. 4.
47 A REUNIÃO de ontem do Club Militar. *O Paiz*, 4 nov. 1921. p. 4; A CÉLEBRE carta do sr. Bernardes agita o Club Militar. *Correio da Manhã*, 4 nov. 1921. p. 3; A IMPONENTE e grandiosa assembleia do Club Militar. *Correio da Manhã*, 13 nov. 1921. p. 1.
48 FRANCO, Afonso Arinos de Melo. *Op. cit.*, p. 1037-1041. FONSECA. Nair de Teffé Hermes da. *Op. cit.*, p. 97. MÜLLER, Filinto. Uma revolta de jovens sinceros. *Jornal do Brasil*, Caderno Especial 50 anos dos 18 do Forte, 2 jul. 1972. p. 2. "Juarez e as crises: sempre estive na oposição às elites políticas", *O Globo*, 7 ago. 1969. p. 19.
49 O QUE ocorreu na sessão do Club Militar. *Correio da Manhã*, 29 dez. 1921. p. 4. O DISCURSO do almirante Américo Silvado, presidente da comissão. *Correio da Manhã*, 29 dez. 1921. p. 1.
50 O MOMENTO político. *O Paiz*, 30 dez. 1921. p. 3. MOMENTO político. *O Paiz*, 3 jan. 1922. p. 3-4.
51 POLÍTICA de irresponsáveis. *O Paiz*, 4 nov. 1921. p. 3. OS FALSÁRIOS desmascarados. *Gazeta de Notícias*, 13 jun. 1922. p. 1.
52 O CONGRESSO concluiu o julgamento da eleição presidencial. *O Paiz*, 10 jun. 1922. p. 1. NÃO há nada mais desonroso que repelir uma solução honrosa. *A Noite*, 26 abr. 1922. p. 1. FRANCO, Virgílio A. de Melo. *Op. cit.*, p. 25-27. TÁVORA, Juarez. *Op. cit.*, p. 113.
53 FRANCO, Afonso Arinos de Melo. *Op. cit.*, p. 1056 e 1058-1060; FRANCO, Virgílio A. de Melo. *Op. cit.*, p. 38-39, 46.
54 À NAÇÃO. *O Paiz*, 17 maio 1922. p. 3.
55 CORRÊA, Anna Maria Martinez. *Op. cit.*, p. 41. SILVA, Hélio. *Op. cit.*, p. 50. SODRÉ, Nelson Werneck. *História militar do Brasil*. 2. ed. São Paulo: Expressão Popular, 2010. p. 258 e segs. FONSECA. Nair de Teffé Hermes da. *Op. cit.*, p. 97-98. FRANCO, Afonso Arinos de Melo. *Op. cit.*, p. 1072. PESSOA, Epitácio. *Op. cit.*, p. 519. FRANCO, Virgílio A. de Melo. *Op. cit.*, p. 48.
56 FONSECA. Nair de Teffé Hermes da. *Op. cit.*, p. 98-99. A SITUAÇÃO político-militar. *O Paiz*, 2 jul. 1922. p. 3. FRANCO, Virgílio A. de Melo. *Op. cit.*, p. 50.
57 CARNEIRO, Glauco. *História das revoluções brasileiras*. v. 1. Rio de Janeiro: Edições O Cruzeiro, [1965]. p. 227. CHEVALIER, [Carlos Saldanha da Gama]. *Memórias de um revoltoso ou legalista?* 1925, [s.l.]: [s.n.]. p. 45. TÁVORA, Juarez. À guisa de depoimento

sobre a revolução brasileira de 1924. v. 1. São Paulo: O Combate, 1927. p. 46-47. MÜLLER, Filinto. Uma revolta de jovens sinceros. Entrevista a Flamarion Mossri. *Jornal do Brasil*, Caderno "50 anos dos 18 do Forte", 2 jul. 1972. p. 2.

58 A SITUAÇÃO político-militar. *O Paiz*, 2 jul. 1922. p. 3; O GOVERNO deu execução ao decreto de fechamento do Club Militar e prendeu disciplinarmente o marechal Hermes. *O Paiz*, 3 jul. 1922. p. 1. *Anais da Câmara dos Deputados*. Sessão em 4 de julho de 1922. p. 106-110. *Anais do Senado Federal*. Sessão em 4 de julho de 1922. v. 5. Rio de Janeiro: Imprensa Nacional, 1925. p. 243, 247-248.

59 SILVA, Hélio. *Op. cit.*, p. 189, 193 e 204.

60 DENIS, Odílio. *Ciclo revolucionário brasileiro:* memórias (5 de julho de 1922 a 31 de março de 1964). Rio de Janeiro: Nova Fronteira, 1980. p. 25. TÁVORA, Juarez. *Uma vida e muitas lutas:* da planície à borda do altiplano. 3. ed. v. 1. Rio de Janeiro: José Olímpio, 1973. p. 115-117.

61 A AÇÃO do Exército. *O Paiz*, 6 jul. 1922. p. 2; SILVA, Hélio. *Op. cit.*, p. 192 SILVA, Hélio. *Op. cit.*, p. 193 e 209.

62 TÁVORA, Juarez. *Op. cit.*, p. 118 e DENIS, Odílio. *Op. cit.*, p. 25. MORAES, J. B. Mascarenhas de. *Memórias*. v. 1. Rio de Janeiro: José Olímpio, 1969. p. 65 e 70.

63 SILVA, Hélio. *Op. cit.*, p. 205. TÁVORA, Juarez. *Op. cit.*, p. 118-119. LAVANÈRE-WANDERLEY, Nélson Freire. *História da Força Aérea Brasileira*. 2. ed. Rio de Janeiro: Ed. Gráfica Brasileira, 1975. p. 82. CHEVALIER, [Carlos Saldanha da Gama]. *Op. cit.*, p. 55. FARIAS, Oswaldo Cordeiro de. *Op. cit.*, p. 70.

64 DENIS, Odílio. *Op. cit.*, p. 25-26. BARRETO, João de Deus Noronha Mena. *Ainda os Mena Barreto*. Rio de Janeiro: s.n., 1971. p. 217.

65 GABAGLIA, Laurita Pessoa Raja. *Epitácio Pessoa (1865-1942)*. Rio de Janeiro: José Olímpio, 1951. p. 574. CARONE, Edgard. *O tenentismo:* acontecimentos, personagens, programas. São Paulo: Difel, 1975. p. 31. CARNEIRO, Glauco. *Op. cit.*, p. 230.

66 O CAPITÃO José Barbosa no Catete. *O Paiz*, 7 jul. 1922. p. 2.

67 RECORDANDO 5 de julho de 1922. *Beira-Mar*, 29 jun. 1940. p. 1; LAVANÈRE-WANDERLEY, Nélson Freire. *Op. cit.*, p. 83.

68 *O Paiz*, 7 jul. 1922 p. 1. SILVA, Hélio. *Op. cit.*, p. 134-137, 158, 162; Os acontecimentos no Forte de Copacabana. *A Noite*, 3 set. 1923. p. 1. GABAGLIA, Laurita Pessoa Raja. *Op. cit.*, p. 581. SILVA, Hélio. *Op. cit.*, p. 158.

69 RECORDANDO 5 de julho de 1922. *Beira-Mar*, 29 jun. 1940. p. 1, 6; GOMES, Eduardo. O último "voluntário da morte". *Jornal do Brasil*, Caderno Especial 50 anos dos 18 do Forte, 2 jul. 1972. p. 3; SILVA, Hélio. *Op. cit.*, p. 165.

70 FRANCO, Afonso Arinos de Melo. *Op. cit.*, p. 1074-1075.

71 TÁVORA, Juarez. *Op. cit.*, p. 120, 121 e 123. RESOLUÇÕES tomadas pelo comando da 1ª Região. *Correio da Manhã*, 14 jul. 1922. p. 1. PRISÕES. *O Paiz*, 8 jul. 1922. p. 2.

72 TÁVORA, Juarez. *Op. cit.*, p. 47 e 113. FARIAS, Oswaldo Cordeiro de. *Op. cit.*, p. 72. GOMES, Eduardo. O último "voluntário da morte". *Jornal do Brasil*, Caderno Especial 50 anos dos 18 do Forte, 2 jul. 1972. p. 3. MÜLLER, Filinto. Uma revolta de jovens sinceros. Entrevista a Flamarion Mossri. *Jornal do Brasil*, Caderno "50 anos dos 18 do Forte", 2 jul. 1972. p. 2. FRANCO, Virgílio A. de Melo. *Op. cit.*, p. 51. DENIS, Odílio. *Op. cit.*, p. 23-24.

73 A DECRETAÇÃO do estado de sítio. *O Paiz*, 6 jul. 1922. p. 1; A ATITUDE de S. Paulo e Minas Gerais. *O Paiz*, 6 jul. 1922. p. 3. O PRESIDENTE da República visita os

feridos. *O Paiz*, 7 jul. 1922. p. 2; A SRA. Epitácio Pessoa em visita aos feridos e mortos. *O Paiz*, 8 jul. 1922. p. 2.

74   PELA ordem. *A Federação* 7 jul. 1922. p. 1. *Anais da Câmara dos Deputados.* Sessão em 7 de julho de 1922. p. 229 e segs. CONGRATULAÇÕES com as Forças Armadas. *O Paiz*, 8 jul. 1922. p. 1. *Anais do Senado Federal.* Sessão em 11 de julho de 1922. v. 5. Rio de Janeiro: Imprensa Nacional, 1925. p. 268 e 316. FRANCO, Afonso Arinos de Melo. *Op. cit.*, p. 1079.

75   FRANCO, Afonso Arinos de Melo. *Op. cit.*, p. 1011. *Anais do Senado Federal.* Sessão em 8 de julho de 1922, v. 5. Rio de Janeiro: Imprensa Nacional, 1925. p. 279.

76   *Apud* TINOCO, Brígido. *A vida de Nilo Peçanha.* Rio de Janeiro: José Olímpio, 1962. p. 269.

77   PESSOA, Epitácio. *Op. cit.*, p. 490, 517.

78   SILVA, Hélio. *Op. cit.*, p. 212-213.

79   A CÂMARA dos Deputados e a Biblioteca. *A Noite*, 27 jan. 1922. p. 5.

80   OS SUCESSOS de 5 de julho. *O Paiz*, 27 dez. 1923. p. 5. FARIAS, Oswaldo Cordeiro de. *Op. cit.*, p. 73. CARONE, Edgard. *Op. cit.*, p. 48.

81   Decreto nº 4.743, de 31 de outubro de 1923. FONSECA. Nair de Teffé Hermes da. *Op. cit.*, p. 117.

82   FARIAS, Oswaldo Cordeiro de. *Op. cit.*, p. 61, 69 e 73-74.

83   DRUMMOND, J. A. *O movimento tenentista:* a intervenção política dos oficiais jovens (1922-1935). Rio de Janeiro: Graal, 1986. p. 101. TÁVORA, Juarez. *À guisa de depoimento sobre a revolução brasileira de 1924.* v. 1. São Paulo: O Combate, 1927. p. 160. Artigo de J. E. de Macedo Soares intitulado "A conspiração paulista" reproduzido em CARVALHO, J. Nunes de. *Op. cit.*, p. 72 e 77.

84   TÁVORA, Juarez. *Op. cit.*, p. 4-7, 14 e 279.

85   *Ibid.*, p. 86, 90, 92 e 101. CARVALHO, J. Nunes de. *Op. cit.*, p. 51.

86   TÁVORA, Juarez. *À guisa de depoimento sobre a revolução brasileira de 1924.* v. 3. Rio de Janeiro: Mendonça & C., 1928. p. 143, 145-147, 312-313 e 318.

87   CABANAS, João. *Op. cit.*, p. 19.

88   TÁVORA, Juarez. *Uma vida e muitas lutas:* da planície à borda do altiplano. 3. ed. v. 1. Rio de Janeiro: José Olímpio, 1973. p. 139.

89   CARNEIRO, Glauco. *Op. cit.*, p. 268. MARTINO, João Paulo. *1924:* São Paulo em chamas. [s.l.]: [s.n.] ; CARNEIRO, Glauco. *Op. cit.*, p. 270.

90   MORAES, J. B. Mascarenhas de. *Op. cit.*, p. 75-76.

91   CORRÊA, Anna Maria Martinez. *Op. cit.*, p. 125. Ver também TÁVORA, Juarez. *Op. cit.* p. 143. ROMANI, Carlo. Antecipando a era Vargas: a revolução paulista de 1924 e a efetivação das práticas de controle político e social. *Topoi*, v. 12, n. 23, jul.; dez. 2011. p. 163. SOARES, José Carlos de Macedo. *Op. cit.*, p. 18.

92   TÁVORA, Juarez. *Op. cit.*, p. 143.

93   CARONE, Edgard. *Op. cit.*, p. 271 e segs.

94   TÁVORA, Juarez. *À guisa de depoimento sobre a revolução brasileira de 1924.* v. 1. São Paulo: O Combate, 1927. p. 272. CARNEIRO, Glauco. *Op. cit.*, p. 274. LAVANÈRE-WANDERLEY, Nélson Freire. *Op. cit.*, p. 85.

95   TÁVORA, Juarez. *Uma vida e muitas lutas:* da planície à borda do altiplano. 3. ed. v. 1. Rio de Janeiro: José Olímpio, 1973. p. 143.

96   Há relatos contrários, segundo os quais os rebeldes eram atendidos com simpatia. Ver ROMANI, Carlo. *Op. cit.*, p. 165.

97 OLIVEIRA, Nelson Tabajara de. *Op. cit.*, p. 99.
98 TÁVORA, Juarez. *Op. cit.*, p. 144-145. DRUMMOND, J. A. *Op. cit.*, p. 119.
99 BARROS, João Alberto Lins de Barros. *Op. cit.*, p. 21. FARIAS, Oswaldo Cordeiro de. *Op. cit.*, p. 74.
100 SOARES, José Carlos de Macedo. *Op. cit.*, p. 22. *Anais da Câmara dos Deputados.* Sessão em 29 de julho de 1924. p. 320 e segs.

Militares, revolução e ditadura

1 BARROS, João Alberto Lins de. *Memórias de um revolucionário.* 1ª parte: A marcha da coluna. 2. ed. Rio de Janeiro: Civilização Brasileira, 1954. p. 255. SANTOS, Hélio Tenório dos. *As batalhas de Itararé:* a barreira de Itararé na história militar. 2. ed. São Paulo: Academia de História Militar Terrestre do Brasil, 2015. p. 112-113. Ver também FONTOURA, João Neves da. *Memória:* a Aliança Liberal e a Revolução de 1930. Porto Alegre: Globo, 1963. p. 455-456. LEMOS, Higino de Barros. Depoimento. *In: Cinquentenário da Revolução de Trinta no Paraná.* 2. ed. Curitiba: Instituto Histórico, Geográfico e Etnográfico Paranaense, 1980. p. 270. MONTEIRO, Góis. *O general Góis depõe.* Rio de Janeiro: Coelho Branco, 1956. p. 108-111. FREIRE, Josué Justiniano. *A odisseia do 12º Regimento.* Rio de Janeiro: ECFE, 1933. p. 192-193.
2 FRANCO, Virgílio A. de Melo. *Outubro, 1930.* 5. ed. Rio de Janeiro: Nova Fronteira, 1980. p. 69. BARROS, João Alberto Lins de. *Op. cit.*, p. 217.
3 Ver por exemplo: A SUCESSÃO presidencial da República. *A Federação.* 14 ago. 1929. p. 1.
4 FRANCO, Virgílio A. de Melo. *Op. cit.*, p. 79. RICCI, Paulo; ZULINI, Jaqueline Porto. Quem ganhou as eleições? A validação dos resultados eleitorais antes da criação da Justiça Eleitoral. *Revista de Sociologia e Política,* v. 21, n. 45, mar. 2013. p. 99. FONTOURA, João Neves da. *Op. cit.*, p. 310-311.
5 Ver BARROS, João Alberto Lins de. *Op. cit.*, p. 220 e FRANCO, Virgílio A. de Melo. *Op. cit.*, p. 120.
6 FRANCO, Virgílio A. de Melo. *Op. cit.*, p. 116, 148, 179, 191.
7 BARATA, Agildo. *Vida de um revolucionário (memórias).* São Paulo: Alfa-Ômega, 1978. p. 92.
8 BARROS, João Alberto Lins de. *Op. cit.*, p. 238.
9 FARIAS, Oswaldo Cordeiro de. *Diálogo com Cordeiro de Farias:* meio século de combate. Rio de Janeiro: Biblioteca do Exército Editora, 2001. p. 152. BARROS, João Alberto Lins de. *Op. cit.*, p. 220 e 236-237. BARATA, Agildo. *Op. cit.*, p. 96. MONTEIRO, Góis. *A Revolução de 30 e a finalidade política do Exército (esboço histórico).* Rio de Janeiro: Adersen Editores, 1934. p. 47 e 50.
10 FARIAS, Oswaldo Cordeiro de. *Op. cit.*, p. 157. CAMARGO, Aspásia *et al.* (orgs.). *Artes da política:* diálogos com Amaral Peixoto. Rio de Janeiro: Nova Fronteira, 1986. p. 58. MONTEIRO, Góis. *Op. cit.*, p. 53. BARROS, João Alberto Lins de. *Op. cit.*, p. 222; HILTON, Stanley. *Op. cit.*, p. 62, 69 e 71. HILTON, Stanley. *Op. cit.*, p. 62 e 71.
11 FRANCO, Virgílio A. de Melo. *Op. cit.*, p. 201-202 e 211.
12 *Ibid.*, p. 212-213 e 221. HILTON, Stanley. *Op. cit.*, p. 61.
13 BARATA, Agildo. *Op. cit.*, p. 99. FRANCO, Virgílio A. de Melo. *Op. cit.*, p. 212-213 e 224. TÁVORA, Juarez. *Uma vida e muitas lutas:* da planície à borda do altiplano. v. 1. 3. ed. Rio de Janeiro: José Olímpio, 1973. p. 300-302.

14 VERGARA, Luiz. *Fui secretário de Getúlio Vargas:* memórias dos anos de 1926-1954. Porto Alegre: Globo, 1960. p. 46-47. FRANCO, Virgílio A. de Melo. *Op. cit.*, p. 228-229.
15 MONTEIRO, Góis. *O general Góis depõe.* Rio de Janeiro: Coelho Branco, 1956. p. 102.
16 CAMARGO, Aspásia *et al.* (orgs.). *Artes da política:* diálogos com Amaral Peixoto. Rio de Janeiro: Nova Fronteira, 1986. p. 76. ALMEIDA, Gil de. *Homens e fatos de uma revolução.* Rio de Janeiro: Calvino Filho, 1934. p. 232.
17 VARGAS, Getúlio. *Diário.* Rio de Janeiro: FGV, 1995. Vol. 1. p. 4-5. FRANCO, Virgílio A. de Melo. *Op. cit.*, p. 239. HILTON, Stanley. *Op. cit.*, p. 67-68. ALMEIDA, Gil de. *Op. cit.*, p. 47, 110-111, 132, 226-227, 233-234, 283 e 286-287. MONTEIRO, Góis. *Op. cit.*, p. 112-113 e 115-116. BARROS, João Alberto Lins de. *Op. cit.*, p. 241. VERGARA, Luiz. *Op. cit.*, p. 44-45.
18 BARROS, João Alberto Lins de. *Op. cit.*, p. 241-245. MONTEIRO, Góis. *Op. cit.*, p. 107.
19 FRANCO, Virgílio A. de Melo. *Op. cit.*, p. 240-243. MONTEIRO, Góis. *Op. cit.*, p. 108-111. COMO se iniciou e se irradiou o movimento cívico no Rio Grande. *Correio da Manhã*, 30 out. 1930. p. 3.
20 MONTEIRO, Góis. *Op. cit.*, p. 113-117.
21 *Ibid.*, p. 118-119.
22 FARIAS, Oswaldo Cordeiro de. *Op. cit.*, p. 154-155; O MOVIMENTO em Minas. *Correio da Manhã*, 4 nov. 1930. p. 5. FREIRE, Josué Justiniano. *Op. cit.*, p. 111-112, 118, 131 e 137-138. GERALDO, Alcyr Lintz. A Revolução de 1930 em Minas Gerais: emprego do avião. *A Defesa Nacional*, v. 93, n. 809, 2007. p. 66.
23 FARIAS, Oswaldo Cordeiro de. *Op. cit.*, p. 158-160.
24 A VITÓRIA da revolução. *Correio da Manhã*, 25 out. 1930. p. 3; A EPOPEIA da revolução em Minas. *Correio da Manhã*, 29 out. 1930. p. 5.
25 FARIAS, Oswaldo Cordeiro de. *Op. cit.*, p. 154-156. FONTOURA, João Neves da. *Op. cit.*, p. 449.
26 TÁVORA, Juarez. *Op. cit.*, p. 302, 306 e 309-311.
27 BARATA, Agildo. *Op. cit.*, p. 91 e 104-112.
28 *Ibid.*, p. 98, 127 e 133.
29 ABREU, Alzira Alves de (coord.). *Juraci Magalhães:* minhas memórias provisórias. Depoimento prestado ao CPDOC. Rio de Janeiro: Civilização Brasileira, 1982. p. 59; TÁVORA, Juarez. *Op. cit.*, p. 312. BARATA, Agildo. *Op. cit.*, p. 101.
30 BARATA, Agildo. *Op. cit.*, p. 121-128. SENA, Davis Ribeiro. Revolução de trinta: a ação tenentista garantiu a vitória. *Ideias em Destaque*, Rio de Janeiro, n. 23, jan./abr. 2007. p. 131.
31 ABREU, Alzira Alves de (Coord.). *Op. cit.*, p. 59. BARATA, Agildo. *Op. cit.*, p. 120. TÁVORA, Juarez. *Op. cit.*, p. 314. BARATA, Agildo. *Op. cit.*, p. 130-132.
32 TÁVORA, Juarez. *Op. cit.*, p. 325.
33 A REVOLUÇÃO na Bahia. *Correio da Manhã*, 29 out. 1930. p. 6. BARATA, Agildo. *Op. cit.*, p. 137 e 142-146.
34 FARIAS, Oswaldo Cordeiro de. *Op. cit.*, p. 159-160.
35 HILTON, Stanley. *Op. cit.*, p. 69. MONTEIRO, Góis. *Op. cit.*, p. 124-125. NUNES, Karla Leonora Dahse. *Santa Catarina no caminho da Revolução de 1930:* memórias de combates (1929-1931). Tese de doutorado apresentada ao Programa de Pós-graduação em História da UFSC. Florianópolis, 2009.

36 TOURINHO, Luiz Carlos Pereira. A Revolução de 1930 no Paraná. *In: Cinquentenário da Revolução de Trinta no Paraná*. 2. ed. Curitiba: Instituto Histórico, Geográfico e Etnográfico Paranaense, 1980. p. 57; PILOTO, Valfrido. *quando o Paraná se levantou como uma nação*. Curitiba: Instituto Histórico, Geográfico e Etnográfico Paranaense, 1982. p. 33-36.
37 MONTEIRO, Góis. *Op. cit.*, p. 122-125. VARGAS, Getúlio. *Op. cit.*, p. 10-11 e 15.
38 VERGARA, Luiz. *Op. cit.*, p. 52. VARGAS, Getúlio. *Op. cit.*, p. 14. FONTOURA, João Neves da. *Op. cit.*, p. 444.
39 SANTOS, Hélio Tenório dos. *Op. cit.*, p. 97.
40 MIRANDA, Alcibíades. *Justitia, vanum verbum... (episódios da Revolução de 1930)*. São Paulo: [s.n.], 1933. p. 240. MONTEIRO, Góis. *A Revolução de 30 e a finalidade política do Exército (esboço histórico)*. Rio de Janeiro: Adersen Editores, 1934. p. 88.
41 SANTOS, Hélio Tenório dos. *Op. cit.*, p. 73 e segs.
42 SANTOS, Hélio Tenório dos. *Op. cit.*, p. 100-105 e 122. VARGAS, Getúlio. *Diário*. Rio de Janeiro: FGV, 1995. p. 14. MONTEIRO, Góis. *Op. cit.*, p. 89.
43 MONTEIRO, Góis. *O general Góis depõe*. Rio de Janeiro: Coelho Branco, 1956. p. 131.
44 SANTOS, Hélio Tenório dos. *Op. cit.*, p. 110-118. FONTOURA, João Neves da. *Op. cit.*, p. 455. MUGGIATI, Gavino. Diário de campanha de um voluntário. *In: Cinquentenário da Revolução de Trinta no Paraná*. 2. ed. Curitiba: Instituto Histórico, Geográfico e Etnográfico Paranaense, 1980. p. 102-103.
45 KLINGER, Bertoldo. *Narrativas autobiográficas*. v. 5. Rio de Janeiro: O Cruzeiro, 1950. p. 141.
46 BARRETO, João de Deus Noronha Mena. *Os Mena Barreto:* seis gerações de soldados, 1769-1950. Rio de Janeiro: Laemmert, [1950?]. p. 461-463.
47 FRAGOSO, Tasso. O meu depoimento: recordações de alguns antecedentes. *Revista do Instituto Histórico e Geográfico Brasileiro*, v. 211, abr./jun. 1951. p. 36-38. KLINGER, Bertoldo. *Op. cit.*, p. 161 e 173.
48 ARAUJO, Deusdedit de. O presidente Washington Luís e o cardeal dom Sebastião Leme. *In: Washington Luís (visto pelos contemporâneos no primeiro centenário de seu nascimento)*. Publicação do Instituto Histórico e Geográfico de São Paulo. São Paulo: Of. da Gráf. Municipal, 1968. p. 43-44, 47. DEBES, Célio. *Washington Luís:* segunda parte 1925-1930. São Paulo: Imprensa Oficial SP; Academia Paulista de Letras, 2002. p. 602.
49 DEBES, Célio. *Washington Luís:* segunda parte 1925-1930. São Paulo: Imprensa Oficial SP; Academia Paulista de Letras, 2002. p. 589. MANGABEIRA, Otávio. As últimas horas da legalidade. *A Gazeta*, São Paulo, 19 mar. 1932. p. 7. CAMARGO, Aspásia *et al.* (orgs.). *Op. cit.*, p. 78. BARRETO, João de Deus Noronha Mena. *Op. cit.*, p. 467. ARAUJO, Deusdedit de. *Op. cit.*, p. 47. UMA PROCLAMAÇÃO que veio a lume fora do tempo. *A Batalha*, 25 out. 1930. p. 3.
50 MANGABEIRA, Otávio. As últimas horas da legalidade". *A Gazeta*, São Paulo, 19 mar. 1932. p. 7.
51 MARQUES, Cícero. O último dia de governo do presidente Washington Luís no Palácio Guanabara. *In: Washington Luís (visto pelos contemporâneos no primeiro centenário de seu nascimento)*. Publicação do Instituto Histórico e Geográfico de São Paulo. São Paulo: Of. da Gráf. Municipal, 1968. p. 234-238.
52 FRAGOSO, Tasso. *Op. cit.*, p. 36-38 e 40.
53 *Ibid.*, p. 35. Itálico no original.

54 FRAGOSO, Tasso. A Revolução de 1930 e a junta do Rio de Janeiro. *Revista do Instituto Histórico e Geográfico Brasileiro*, v. 232, jul./set. 1956. p. 305. A AÇÃO do 3º Regimento de Infantaria no dia 24 de outubro. *O Jornal*, 28 nov. 1930. p. 9; FRAGOSO, Tasso. O meu depoimento: recordações de alguns antecedentes. *Revista do Instituto Histórico e Geográfico Brasileiro*, v. 211, abr./jun. 1951. p. 40; ARAUJO, Deusdedit de. *Op. cit.*, p. 51.
55 MARQUES, Cícero. *Op. cit.*, p. 232. KLINGER, Bertoldo. *Op. cit.*, p. 160.
56 *Ibid.*, p. 183 e 204. BARRETO, João de Deus Noronha Mena. *Op. cit.*, p. 473. FRAGOSO, Tasso. *Op. cit.*, p. 41. MALAN, Souto. *Uma escolha, um destino (vida do gen. Malan d'Angrogne)*. Rio de Janeiro: Biblioteca do Exército Editora, 1977. p. 310-311.
57 MARQUES, Cícero. *Op. cit.*, p. 238. FRAGOSO, Tasso. A Revolução de 1930 e a junta do Rio de Janeiro. *Revista do Instituto Histórico e Geográfico Brasileiro*, v. 232, jul./set. 1956. p. 310. ARAUJO, Deusdedit de. *Op. cit.*, p. 56. 60 e 61. THOMPSON, Arthur. *O ovo de Colombo*: ideias, episódios, opiniões, reinvindicações (reminiscências) de um autêntico almirante. Rio de Janeiro: Laemmert, 1955. p. 141. MALAN, Souto. *Op. cit.*, p. 311-312. AO CAIR da tarde e protegido pelas vestes cardinalícias... *Diário Carioca*, 25 out. 1930. p. 3; COMO irrompeu o movimento vitorioso nesta capital. *O Jornal*, 25 out. 1930. p. 2; A AÇÃO do 3º Regimento de Infantaria no dia 24 de outubro. *O Jornal*, 28 nov. 1930. p. 9. FRAGOSO, Tasso. O meu depoimento: recordações de alguns antecedentes. *Revista do Instituto Histórico e Geográfico Brasileiro*, v. 211, abr./jun. 1951. p. 41. p. 46; BARRETO, João de Deus Noronha Mena. *Op. cit.*, p. 474. THOMPSON, Arthur. *Op. cit.*, p. 144. FRAGOSO, Tasso. *Op. cit.*, p. 48.
58 VARGAS, Getúlio. *Op. cit.*, p. 16. CAMARGO, Aspásia *et al.* (orgs.). *Op. cit.*, p. 79-80. MONTEIRO, Góis. *A Revolução de 30 e a finalidade política do Exército (esboço histórico)*. Rio de Janeiro: Adersen Editores, 1934. p. 87 e 93. VARGAS, Getúlio. *Op. cit.*, p. 16. GABAGLIA, Laurita Pessoa Raja. *Epitácio Pessoa (1865-1942)*. v. 2. Rio de Janeiro: José Olímpio, 1951. p. 854-855.
59 FRAGOSO, Tasso. *Op. cit.*, p. 49 e 60. FRAGOSO, Tasso. A Revolução de 1930 e a junta do Rio de Janeiro. *Revista do Instituto Histórico e Geográfico Brasileiro*, v. 232, jul./set. 1956. p. 308.
60 MONTEIRO, Góis. *O general Góis depõe*. Rio de Janeiro: Coelho Branco, 1956. p. 135.
61 BERNARDI, Mansueto. *A Revolução de 1930 e temas políticos*. Porto Alegre: Escola Superior de Teologia São Lourenço de Brindes; Livraria Sulina Editora, 1981. p. 49 e segs.
62 Ver, por exemplo, o Decreto nº 19.385, de 27 de outubro de 1930 e o Decreto nº 19.391, de 1º de novembro de 1930.
63 BERNARDI, Mansueto. *Op. cit.*, p. 42-43.
64 FRANCO, Virgílio A. de Melo. *Op. cit.*, p. 248-255.
65 MONTEIRO, Góis. *Op. cit.*, p. 136. FRANCO, Virgílio A. de Melo. *Op. cit.*, p. 256.
66 BERNARDI, Mansueto. *Op. cit.*, p. 52-53, 56. KLINGER, Bertoldo. *Op. cit.*, p. 194.
67 MONTEIRO, Góis. *Op. cit.*, p. 138, 143 e 147.
68 FRAGOSO, Tasso. O meu depoimento: recordações de alguns antecedentes. *Revista do Instituto Histórico e Geográfico Brasileiro*, v. 211, abr./jun. 1951. p. 58-59. KLINGER, Bertoldo. *Op. cit.*, p. 141, 187, 238, 240.
69 VARGAS, Getúlio. *Op. cit.*, p. 20. MONTEIRO, Góis. *Op. cit.*, p. 149.
70 O PROGRAMA de reconstrução nacional. *Correio da Manhã*, 4 nov. 1930. p. 2.

71 FRANCO, Afonso Arinos de Melo. *Um estadista da República:* Afrânio de Melo Franco e seu tempo. v. 3. Rio de Janeiro: José Olímpio, 1955. p. 1356. MONTEIRO, Góis. *A Revolução de 30 e a finalidade política do Exército (esboço histórico).* Rio de Janeiro: Adersen Editores, 1934. p. 136-137.
72 BRASIL. Diário do Congresso Nacional. Câmara dos Deputados. Sessão em 23 de agosto de 1954. 24 ago. de 1954. p. 5852.
73 CAMARGO, Aspásia *et. al. O golpe silencioso:* as origens da república corporativa. Rio de Janeiro: Rio Fundo, 1989.
74 GABAGLIA, Laurita Pessoa Raja. *Epitácio Pessoa (1865-1942).* Rio de Janeiro: José Olímpio, 1951. p. 856. MONTEIRO, Góis. *O general Góis depõe.* Rio de Janeiro: Coelho Branco, 1956. p. 155.
75 Decreto 21.076, de 24 de fevereiro de 1932. Ver GOMES, Angela Maria de Castro. Confronto e compromisso no processo de constitucionalização (1930-1935). *In:* FAUSTO, Boris (dir.). História geral da civilização brasileira. 9. ed. t. 3. v. 10. Rio de Janeiro: Bertrand Brasil, 2007. p. 21; ZULINI, Jaqueline Porto; RICCI, Paolo. O Código Eleitoral de 1932 e as eleições na Era Vargas: um passo na direção da democracia? *Estudos Históricos,* v. 33, n. 71, set./dez. 2020. p. 605. Decreto nº 21.402, de 14 de maio de 1932. Decreto nº 22.621, de 5 de abril de 1933.
76 FARIAS, Oswaldo Cordeiro de. *Diálogo com Cordeiro de Farias:* meio século de combate. Rio de Janeiro: Biblioteca do Exército Editora, 2001. p. 177 e 185.
77 Decreto nº 22.040, de 1º de novembro de 1932. ZULINI, Jaqueline Porto, RICCI, Paolo. *Op. cit.,* p. 606. SILVA, Elias Manoel da. *Os militares e o golpe de 1937:* a estratégia do poder. Dissertação de mestrado apresentada ao Programa de pós-graduação em História da UFSC. Florianópolis, 1991. p. 49 e 55. Artigo 112 e 162 da Constituição de 1934.
78 CAMARGO, Aspásia *et al.* (orgs.). *Artes da política:* diálogos com Amaral Peixoto. Rio de Janeiro: Nova Fronteira, 1986. p. 116. LEITE, Mauro Renault; NOVELLI JUNIOR, Luiz Gonzaga (orgs.). *Marechal Eurico Gaspar Dutra:* o dever da verdade. Rio de Janeiro: Nova Fronteira, 1983. p. 59 e 71-72. MOURELLE, Thiago Cavaliere. Getúlio Vargas, o medo do golpe e a questão dos reajustes salariais em 1935: o sim aos militares e o não aos civis. *Dimensões,* v. 34, 2015, p. 436-456. Lei nº 38, de 4 de abril de 1935.
79 A REUNIÃO de ontem no João Caetano. *Correio da Manhã,* 31 mar. 1935. p. 8; LACERDA, Carlos. *Depoimento.* Rio de Janeiro: Nova Fronteira, 1978. p. 42. PANDOLFI, Dulce Chaves, GRYNSZPAN, Mário. Da Revolução de 30 ao golpe de 37: a depuração das elites. Rio de Janeiro: CPDOC, 1987. p. 23. LUÍS Carlos Prestes a todo o povo do Brasil! *A Manhã,* 5 jul. 1935. p. 1-2. Decreto nº 229, de 11 de julho de 1935.
80 VIANNA, Marly de Almeida Gomes. *Revolucionários de 35:* sonho e realidade. São Paulo: Companhia das Letras, 1992. p. 92, 113, 116-117. PRESTES, Anita Leocádia. A Conferência dos Partidos Comunistas da América do Sul e do Caribe e os levantes de novembro de 1935 no Brasil. *Crítica Marxista,* São Paulo: Revan, v.1, n.22, 2006. REIS, Daniel Aarão. *Luís Carlos Prestes:* um revolucionário entre dois mundos. São Paulo: Companhia das Letras, 2014. p. 176.
81 CAFÉ FILHO, João. *Do sindicato ao Catete:* memórias políticas e confissões humanas. v. 1. Rio de Janeiro: José Olympio, 1966. p. 80-81 e 88. LEITE, Mauro Renault; NOVELLI JUNIOR, Luiz Gonzaga (orgs.). *Op. cit.,* p. 88. COSTA, Homero de Oliveira. *A insurreição comunista de 1935.* Natal: EDUFRN, 2015. p. 92.

82 VIANNA, Marly de Almeida Gomes. *Revolucionários de 35:* sonho e realidade. São Paulo: Companhia das Letras, 1992. p. 195. COSTA, Homero de Oliveira. *A insurreição comunista de 1935.* Natal: EDUFRN, 2015. p. 93 e segs.
83 COSTA, Homero de Oliveira. *A insurreição comunista de 1935.* Natal: EDUFRN, 2015. p. 133-135; LEITE, Mauro Renault; NOVELLI JUNIOR, Luiz Gonzaga (orgs.). *Op. cit.*, p. 88-89.
84 LEITE, Mauro Renault, NOVELLI JUNIOR, Luiz Gonzaga (orgs.). *Op. cit.*, p. 87-88. VIANNA, Marly de Almeida Gomes. *Revolucionários de 35:* sonho e realidade. São Paulo: Companhia das Letras, 1992. p. 248.
85 BARATA, Agildo. *Op. cit.*, p. 264 e segs.
86 LEITE, Mauro Renault; NOVELLI JUNIOR, Luiz Gonzaga (orgs.). *Op. cit.*, p. 89. VIANNA, Marly de Almeida Gomes. *Revolucionários de 35:* sonho e realidade. São Paulo: Companhia das Letras, 1992. p. 253.
87 BARATA, Agildo. *Op. cit.*, p. 289-295. LEITE, Mauro Renault; NOVELLI JUNIOR, Luiz Gonzaga (orgs.). *Op. cit.*, p. 90 e 94. MONTEIRO, Góis. *Op. cit.*, p. 273.
88 CAMARGO, Aspásia *et al.* (orgs.). *Op. cit.*, p. 118-119. LEITE, Mauro Renault; NOVELLI JUNIOR, Luiz Gonzaga (orgs.). *Op. cit.*, p. 90-91 e 96-97.
89 Citado no relatório da investigação feita pela POLÍCIA CIVIL DO DISTRITO FEDERAL. *A insurreição de 27 de novembro.* relatório do delegado Eurico Bellens Porto. Rio de Janeiro: Imprensa Nacional, 1936. p. 16.
90 MOTTA, Rodrigo Patto Sá. A "Intentona Comunista" ou a construção de uma *legenda negra. Tempo*, Rio de Janeiro, v. 7, n. 13. jul. 2002. p. 190. Diário do Congresso Nacional. Senado Federal. Sessão em 27 de novembro de 1979. 28 nov. 1979. p. 6437-6438.
91 REIS, Daniel Aarão. *Luís Carlos Prestes:* um revolucionário entre dois mundos. São Paulo: Companhia das Letras, 2014. p. 197.
92 Ver, por exemplo, AS ATIVIDADES comunistas no Brasil. *Correio da Manhã*, 7 jan. 1936. p. 3; e A OBRA tenebrosa dos extremistas. *Correio da Manhã*, 8 jan. 1936. p. 8.
93 CAMARGO, Aspásia *et. al. Op. cit.*, p. 55-57. MONTEIRO, Góis. *Op. cit.*, p. 313.
94 CAMARGO, Aspásia *et. al. Op. cit.*, p. 57. FRANCO, Afonso Arinos de Melo. *Curso de Direito Constitucional Brasileiro.* Rio de Janeiro: Revista Forense, 1958. p. 201. Decreto Legislativo nº 6 de 18 de dezembro de 1935. Lei nº 136, de 14 de dezembro de 1935. *Diário do Poder Legislativo*, 21 de maio de 1937. p. 30568.
95 PANDOLFI, Dulce Chaves, GRYNSZPAN, Mário. *Da Revolução de 30 ao golpe de 37:* a depuração das elites. Rio de Janeiro: CPDOC, 1987. p. 25. PRESO, afinal, o "Cavaleiro da Esperança"! *Correio da Manhã*, 6 mar. 1936 p. 1, 3. CAMARGO, Aspásia *et. al. Op. cit.*, p. 61-62, 90 e 119. LEITE, Mauro Renault; NOVELLI JUNIOR, Luiz Gonzaga (orgs.). *Op. cit.*, p. 104. Decreto nº 702, de 21 de março de 1936. Lei nº 244, de 11 de setembro de 1936. Decreto nº 915, de 21 de junho de 1936. Decreto nº 1.100, de 19 de setembro de 1936. Decreto nº 1.259, de 16 de dezembro de 1936. Decreto nº 2.005, de 2 de outubro de 1937.
96 CAMARGO, Aspásia *et al.* (orgs.). *Op. cit.*, p. 77 e 123. FARIAS, Oswaldo Cordeiro de. *Diálogo com Cordeiro de Farias:* meio século de combate. entrevista a Aspásia Camargo e Walder de Góes. Rio de Janeiro: Biblioteca do Exército, 2001. p. 196.
97 A situação política. *Correio da Manhã*, 2 abr. 1937. p. 2. Decreto nº 881 de 5 de junho de 1936. Decreto nº 1.468 de 6 de março de 1937. CAMARGO, Aspásia *et. al. Op. cit.*, p. 91. MONTEIRO, Góis. *Op. cit.*, p. 155.

98 CAMARGO, Aspásia et. al. Op. cit., p. 103 e 117. LEITE, Mauro Renault; NOVELLI JUNIOR, Luiz Gonzaga (orgs.). Op. cit., p. 118, 164-165, 168, 202, 205-208.
99 Ibid., p. 220-222. MONTEIRO, Góis. Op. cit., p. 300-301.
100 CAMARGO, Aspásia et. al. Op. cit., p. 128. PANDOLFI, Dulce Chaves, GRYNSZPAN, Mário. Da Revolução de 30 ao golpe de 37: a depuração das elites. Rio de Janeiro: CPDOC, 1987. p. 27; O ESTADO Novo pelo seu fiador. Jornal do Brasil, 11 jun. 1974. p. 23; LEITE, Mauro Renault; NOVELLI JUNIOR, Luiz Gonzaga (orgs.). Op. cit., p. 226.
101 LEITE, Mauro Renault; NOVELLI JUNIOR, Luiz Gonzaga (orgs.). Op. cit., p. 229; O ESTADO Novo pelo seu fiador. Jornal do Brasil, 11 jun. 1974. p. 23.
102 Sobre o Plano Cohen, consultar MONTEIRO, Góis. Op. cit., p. 298 e segs.; SILVA, Hélio. Ameaça vermelha: o Plano Cohen. Porto Alegre: L&PM, 1980. Sobre ser considerado falso, ver TÁVORA, Juarez. Uma vida e muitas lutas: memórias. v. 2. Rio de Janeiro: Biblioteca do Exército, 1976. p. 150-151.
103 Apud SILVA, Hélio. Op. cit., p. 289-290.
104 OS DISCURSOS na homenagem aos que tombaram em defesa das instituições. O Jornal, 25 set. 1937. p. 5.
105 LEITE, Mauro Renault; NOVELLI JUNIOR, Luiz Gonzaga (orgs.). Op. cit., p. 233-238.
106 Ibid., p. 239. VARGAS, Getúlio. Diário. São Paulo: Siciliano; Rio de Janeiro: FGV, 1995. Vol. 2. p. 72.
107 LEITE, Mauro Renault; NOVELLI JUNIOR, Luiz Gonzaga (orgs.) Op. cit., p. 239-244. CAMARGO, Aspásia et. al. Op. cit., p. 218-220.
108 LEITE, Mauro Renault; NOVELLI JUNIOR, Luiz Gonzaga (orgs.). Op. cit., p. 253. EM CONSEQUÊNCIA da requisição da Brigada Militar, renunciou o governador do Rio Grande do Sul. Correio da Manhã, 19 out. 1937. p. 18.
109 LEITE, Mauro Renault; NOVELLI JUNIOR, Luiz Gonzaga (orgs.). Op. cit., p. 224 e 229-230. SILVA, Hélio. 1937: todos os golpes se parecem. Rio de Janeiro: Civilização Brasileira, 1970. p. 447. CAMARGO, Aspásia et. al. Op. cit., p. 223. VALADARES, Benedito. Tempos idos e vividos: memórias. Rio de Janeiro: Civilização Brasileira, 2006. p. 225. OS OBJETIVOS da viagem do sr. Negrão de Lima. Correio da Manhã, 5 nov. 1937. p. 14; ALMEIDA, José Américo de. A palavra e o tempo (1937-145-1950). Rio de Janeiro: José Olímpio, 1954. p. 27. ALMEIDA, José Américo de. Op. cit., p. 18-19.
110 LEITE, Mauro Renault; NOVELLI JUNIOR, Luiz Gonzaga (orgs.). Op. cit., p. 273-275.
111 FORAM postos ontem em liberdade trezentos e oito presos políticos. Correio da Manhã, 8 jun. 1937. p. 3. VARGAS, Getúlio. Op. cit., p. 62-63, 78, 80-81.
112 LEITE, Mauro Renault; NOVELLI JUNIOR, Luiz Gonzaga (orgs.). Op. cit., p. 260 e 267.
113 ALMEIDA, José Américo de. Op. cit., p. 28; VARGAS, Getúlio. Op. cit., p. 82-83; SILVA, Hélio. Op. cit., p. 463 e 465. O ESTADO Novo pelo seu fiador. Jornal do Brasil, 11 jun. 1974. p. 23. LEITE, Mauro Renault; NOVELLI JUNIOR, Luiz Gonzaga (orgs.). Op. cit., p. 268. NOVA constituição outorgada ao Brasil. Diário da Noite. Edição extra. 10 nov. 1937. O PRESIDENTE Getúlio Vargas jantou na Embaixada da Argentina. Diário Carioca, 11 nov. 1937. p. 1. RENUNCIARAM os governadores de Pernambuco e da Bahia. Diário da Noite, 11 nov. 1937. p. 1. ABREU, Alzira Alves de (coord.). Juraci Magalhães: minhas memórias provisórias. Depoimento prestado ao

CPDOC. Rio de Janeiro: Civilização Brasileira, 1982. p. 104. A NOVA situação do país. *Correio da Manhã*, 12 nov. 1937. p. 6.

114 NOVA constituição outorgada ao Brasil. *Diário da Noite*. Edição extra. 10 nov. 1937. LEITE, Mauro Renault; NOVELLI JUNIOR, Luiz Gonzaga (orgs.). *Op. cit.*, p. 270-271. IVO, Ledo. Dutra. *Manchete*, n. 683, 22 maio 1965. p. 34.

115 LEITE, Mauro Renault; NOVELLI JUNIOR, Luiz Gonzaga (orgs.). *Op. cit.*, p. 272. SILVA, Hélio. *Op. cit.*, p. 465. VALADARES, Benedito. *Op. cit.*, p. 247.

116 *Ibid.*, p. 237. ALMEIDA, José Américo de. *A palavra e o tempo (1937-145-1950)*. Rio de Janeiro: José Olímpio, 1954. p. 86.

117 FRANCO, Afonso Arinos de Melo. *Curso de Direito Constitucional brasileiro*. Rio de Janeiro: Revista Forense, 1958. p. 206.

118 INAUGURADO ontem pela manhã o monumento ao proclamador da República. *Correio da Manhã*, 16 nov. 1937. p. 3.

119 VARGAS, Getúlio. *Op. cit.*, p. 85. LEITE, Mauro Renault; NOVELLI JUNIOR, Luiz Gonzaga (orgs.). *Op. cit.*, p. 276. AS GRANDES demonstrações cívicas de ontem nesta capital. *Correio da Manhã*, 28 nov. 1937. p. 3.

120 MONUMENTAL academia para o Exército brasileiro. *A Noite*, 30 jun. 1938. p. 1 e 3. MORAES, João Quartim de. O argumento da força. *In:* OLIVEIRA, Eliézer Rizzo de et al. *As Forças Armadas no Brasil*. Rio de Janeiro: Espaço e Tempo, 1987. p. 33-34.

121 O CHANCELER Osvaldo Aranha anunciou a ruptura das relações diplomáticas do Brasil com os países do "Eixo", a cujos embaixadores já foram entregues os passaportes. *Correio da Manhã*, 29 jan. 1942. p. 1. RECONHECIDA a situação de beligerância entre o Brasil e as nações agressoras. *Correio da Manhã*, 22 ago. 1942. p. 1. LEITE, Mauro Renault; NOVELLI JUNIOR, Luiz Gonzaga (orgs.). *Op. cit.*, p. 557.

122 Decreto nº 10.451, de 16 de setembro de 1942. Decreto nº 10.358, de 31 de agosto de 1942. LEITE, Mauro Renault; NOVELLI JUNIOR, Luiz Gonzaga (orgs.). *Op. cit.*, p. 562-563.

123 A GLORIFICAÇÃO da cidade à Força Expedicionária Brasileira. *Diário de Notícias*, 25 maio 1944. p. 6-7.

124 MONTEIRO, Góis. *O general Góis depõe*. Rio de Janeiro: Coelho Branco, 1956. p. 405. FARIAS, Oswaldo Cordeiro de. *Diálogo com Cordeiro de Farias:* meio século de combate. entrevista a Aspásia Camargo e Walder de Góes. Rio de Janeiro: Biblioteca do Exército, 2001. p. 322.

125 NABUCO, Carolina. *A vida de Virgílio de Melo Franco*. Rio de Janeiro: José Olímpio, 1962. p. 149-151. HILTON, Stanley. *Osvaldo Aranha:* uma biografia. Rio de Janeiro: Objetiva, 1994. p. 425.

126 KELLY, J. E. Prado. Otávio Mangabeira, um parlamentar. *In:* BAHIA. Conselho Estadual de Cultura. *Um praticante da democracia:* Otávio Mangabeira. Salvador, 1980. p. 95. VALE, Osvaldo Trigueiro do. *O general Dutra e a redemocratização de 45*. Rio de Janeiro: Civilização Brasileira, 1978. p. 38.

127 FELICITEMOS o governo. *Correio da Manhã*, 22 fev. 1945. p. 1; FALA o general Góis Monteiro. *Diário Carioca*, 7 fev. 1945. p. 1; ELEIÇÕES gerais. *O Globo Expedicionário*, 8 fev. 1945. p. 1; DECLARAÇÕES do sr. Maurício de Lacerda. *Correio da Manhã*, p. 1; Declarações do sr. José Américo. *Correio da Manhã*. 22 fev. 1945. p. 14; NOSSO candidato é o major-brigadeiro Eduardo Gomes. *O Globo*, 22 fev. 1945. p. 1. DECLARAÇÕES do sr. Francisco Campos. *Correio da Manhã*, 3 mar. 1945. p. 1, 5.

128 CARONE, Edgard. *A Terceira República (1937-1945)*. São Paulo: Difel, 1976. p. 118. Decreto-Lei nº 7.474, de 18 de abril de 1945; TÁVORA, Juarez. *Uma vida e muitas lutas:* memórias. v. 2. Rio de Janeiro: Biblioteca do Exército, 1976. p.186; MONTEIRO, Góis. *Op. cit.*, p. 411.

129 HILTON, Stanley. *O ditador & o embaixador*. Rio de Janeiro: Record, 1987. p. 76-95; PALAVRAS de um amigo do Brasil. *O Jornal*, 30 set. 1945. p. 4.

130 LEITE, Mauro Renault, NOVELLI JUNIOR, Luiz Gonzaga (orgs.). *Op. cit.*, p. 569, 664-666 e 668. HILTON, Stanley. *Op. cit.*, p. 422. BREVEMENTE a complementação constitucional. *Correio da Manhã*, 3 jan. 1945. p. 1.

131 LEITE, Mauro Renault; NOVELLI JUNIOR, Luiz Gonzaga (orgs.). *Op. cit.*, p. 668. NABUCO, Carolina. *Op. cit.*, p. 168; CAMARGO, Aspásia *et al.* (orgs.). *Artes da política:* diálogos com Amaral Peixoto. Rio de Janeiro: Nova Fronteira, 1986. p. 225. POR QUE não se decreta desde logo a anistia? *Diário Carioca*, 4 abr. 1945. p. 1; DECLARAÇÕES do general Dutra sobre sua candidatura à Presidência da República. *Correio da Manhã*, 4 abr. 1945. p. 3; O BRASIL e o comunismo. *O Globo*, 19 abr. 1945. Edição final. p. 1; O GENERAL Dutra e o comunismo. *A Manhã*, 23 abr. 1945. p. 4; ÍNTEGRA do informe de Luiz Carlos Prestes. *Tribuna Popular*, 13 jan. 1946. p. 11.

132 FARIAS, Oswaldo Cordeiro de. *Op. cit.*, p. 336. KELLY, J. E. Prado. *Op. cit.*, p. 99-100. LEITE, Mauro Renault; NOVELLI JUNIOR, Luiz Gonzaga (orgs.). *Op. cit.*, p. 674.

133 Entrevista concedida pelo brigadeiro Eduardo Gomes. *Jornal do Commercio*, 16-17 abr. 1945. p. 3.

134 PRESTES, Anita Leocadia. *Luiz Carlos Prestes:* um comunista brasileiro. São Paulo: Boitempo, 2016. p. 233, 245-246 e 248.

135 NABUCO, Carolina. *Op. cit.*, p. 188-189.

136 LEAL, Hamilton Bittencourt. *A grande legenda: 5 de julho*. Rio de Janeiro: Agir, 1976. p. 352.

137 Lei Constitucional nº 9, de 28 de fevereiro de 1945. VERDADEIRA consagração. *A Noite*, 12 mar. 1945. p. 3. Decreto-Lei nº 7.586, de 28 de maio de 1945. MONTEIRO, Góis. *Op. cit.*, p. 420. LEITE, Mauro Renault; NOVELLI JUNIOR, Luiz Gonzaga (orgs.). *Op. cit.*, p. 676.

138 O SR. GETÚLIO Vargas prometeu achar um caminho, com o povo, para a felicidade do Brasil. *O Jornal*, Segunda seção. 21 ago. 1945. p. 1.

139 FARIAS, Oswaldo Cordeiro de. *Op. cit.*, p. 329, 333 e 336.

140 TIVERAM excepcional brilhantismo as festas comemorativas da Independência. *Jornal do Brasil*, 8 set. 1945. p. 4. NABUCO, Carolina. *Op. cit.*, p. 180. TÁVORA, Juarez. *Op. cit.*, p. 192.

141 MONTEIRO, Góis. *Op. cit.*, p. 429; O DESFECHO da grande farsa queremista. *Diário de Notícias*, 4 out. 1945. p. 6. MEMORÁVEL acontecimento cívico. *A Noite*, 4 out. 1945. p. 2.

142 Decreto-Lei nº 8.063, de 10 de outubro de 1945. MONTEIRO, Góis. *Op. cit.*, p. 437; CAMARGO, Aspásia *et al.* (orgs.). *Op. cit.*, p. 228; TÁVORA, Juarez. *Uma vida e muitas lutas:* da planície à borda do altiplano. 3. ed. v. 1. Rio de Janeiro: José Olímpio, 1973. p. 197; FARIAS, Oswaldo Cordeiro de. *Op. cit.*, p. 336; FRANCO, Afonso Arinos de Melo. *A alma do tempo:* memórias (formação e mocidade). Rio de Janeiro: José Olímpio, 1961. p. 418-419.

143 LEITE, Mauro Renault; NOVELLI JUNIOR, Luiz Gonzaga (orgs.). *Op. cit.*, p. 732-736.
144 IUMATTI, Paulo Teixeira. *Diários políticos de Caio Prado Júnior:* 1945. São Paulo: Brasiliense, 1998. p. 177. NABUCO, Carolina. *Op. cit.*, p. 189. CAMARGO, Aspásia *et al.* (orgs.). *Op. cit.*, p. 227. MONTEIRO, Góis. *Op. cit.*, p. 442-443. LEITE, Mauro Renault; NOVELLI JUNIOR, Luiz Gonzaga (orgs.). *Op. cit.*, p. 736. A ELETRIFICAÇÃO das cercas e grades do Palácio Guanabara. *Correio da Manhã*, 17 nov. 1945. p. 12.
145 DEPOSTO o sr. Getúlio Vargas. *Correio da Manhã*, 30 out. 1945. p. 1. MONTEIRO, Góis. *Op. cit.*, p. 444-445.
146 FARIAS, Oswaldo Cordeiro de. *Op. cit.*, p. 340; MONTEIRO, Góis. *Op. cit.*, p. 445 e 447. LEITE, Mauro Renault; NOVELLI JUNIOR, Luiz Gonzaga (orgs.). *Op. cit.*, p. 717-718.
147 MONTEIRO, Góis. *Op. cit.*, p. 449-450.
148 LEITE, Mauro Renault; NOVELLI JUNIOR, Luiz Gonzaga (orgs.). *Op. cit.*, p. 718. MONTEIRO, Góis. *Op. cit.*, p. 450.
149 FARIAS, Oswaldo Cordeiro de. *Op. cit.*, p. 337; D'ARAUJO, Maria Celina; CASTRO, Celso (orgs.). *Ernesto* Geisel. Rio de Janeiro: FGV, 1997. p. 96.
150 DENIS, Odilio. *Ciclo revolucionário brasileiro:* memórias. 5 de julho de 1922 a 31 de março de 1964. Rio de Janeiro: Nova Fronteira, 1980. p. 20 e 59-62. MONTEIRO, Góis. *Op. cit.*, p. 461.
151 MONTEIRO, Góis. *Op. cit.*, p. 452. D'ARAUJO, Maria Celina; CASTRO, Celso (orgs.). *Op. cit.*, p. 95; LEITE, Mauro Renault, NOVELLI JUNIOR, Luiz Gonzaga (orgs.). *Op. cit.*, p. 719.
152 MONTEIRO, Góis. *Op. cit.*, p. 452-453; LEITE, Mauro Renault; NOVELLI JUNIOR, Luiz Gonzaga (orgs.). *Op. cit.*, p. 718.
153 MONTEIRO, Góis. *Op. cit.*, p. 453-454. FARIAS, Oswaldo Cordeiro de. *Op. cit.*, p. 342-343.
154 FARIAS, Oswaldo Cordeiro de. *Op. cit.*, p. 340-341; MONTEIRO, Góis. *Op. cit.*, p. 445-456 e 453. CAMARGO, Aspásia *et al.* (orgs.). *Op. cit.*, p. 229. NABUCO, Carolina. *Op. cit.*, p. 194.
155 MONTEIRO, Góis. *Op. cit.*, p. 465-466. DEPOSTO o sr. Getúlio Vargas. *Correio da Manhã*, 30 out. 1945. p. 1. O PRIMEIRO dia do novo presidente da República. *Correio da Manhã*, 31 out. 1945. p. 1.
156 LIMA FILHO, Andrade. *China Gordo (Agamenon Magalhães e sua época)*. 2. ed. Recife: Editora Universitária, 1976. p. 153.
157 A DESPEDIDA do ex-presidente ao povo brasileiro. *O Jornal*, 1º nov. 1945. p. 2.
158 MONTEIRO, Góis. *Op. cit.*, p. 458-459, 462, 475-476; LEAL, Hamilton Bittencourt. *Op. cit.*, p. 349.
159 O PAPEL das Forças Armadas. *Correio da Manhã*, 31 out. 1945. p. 4.

Cinco presidentes e dois golpes

1 CARLONI, Karla Guilherme. *Marechal Lott, a opção das esquerdas:* uma biografia política. Rio de Janeiro: Garamond, 2014. p. 15. REIS, Daniel Aarão. Prefácio. *In:* CARLONI, Karla Guilherme. *Op. cit.*, p. 11, 12. CARLONI, Karla Guilherme. *Op. cit.* Orelha.

2 D'ARAÚJO, Maria Celina Soares. *O segundo governo Vargas 1951-1954:* democracia, partidos e crise política. Rio de Janeiro: Zahar, 1982. p. 49 e 51. CAFÉ FILHO, João. *Do sindicato ao Catete:* memórias políticas e confissões humanas. Rio de Janeiro: José Olympio, 1966. v. 1, p. 116.
3 "Distinguindo", por Raul Pila. Coluna Microscópio. *Diário de Notícias,* 29 nov. 1950. p. 4.
4 CANROBERT teria desaconselhado a apresentação do nome de Getúlio. *O Jornal,* 31 maio 1950. p. 1.
5 Advertência oportuna. *Tribuna da Imprensa,* 1º jun. 1950. p. 4.
6 VIGILÂNCIA passiva é tolice [editorial por Carlos Lacerda]. *Tribuna da Imprensa,* 24 out. 1950. p. 4. GETÚLIO pai dos novos-ricos não foi eleito legalmente. *Tribuna da Imprensa,* 31 out. 1950. p. 1. GETÚLIO inelegível pelas suas traições à democracia. *Tribuna da Imprensa,* 3 nov. 1950. p. 1. *Diário do Congresso Nacional,* Câmara dos Deputados. 30 de outubro de 1950. p. 7259. *Diário do Congresso Nacional,* Câmara dos Deputados. Sessão em 3 de novembro de 1950. p. 7430. "Ditadura da minoria?", por Rafael Correia de Oliveira. *Diário de Notícias,* 19 out. 1950. p. 5. "Sem maioria, não", por Prudente de Morais Neto. *Diário Carioca,* 31 out. 1955. p. 4. CANROBERT favorável à tese da maioria mas contrário ao exame "a posteriori". *O Jornal,* 19 nov. 1950. p. 1.
7 PROCLAMADOS pelo Tribunal Superior Eleitoral os srs. Getúlio Vargas e Café Filho. *Diário de Notícias,* 19 jan. 1951. p. 3. DIPLOMADOS os eleitos no pleito presidencial. *Diário de Notícias,* 28 jan. 1951. p. 3; Como em 1934, o sr. GETÚLIO Vargas prometeu solenemente manter e defender a Constituição. *Correio da Manhã,* 1º fev. 1951. p. 12.
8 D'ARAÚJO, Maria Celina Soares. *Op. cit.,* p. 32.
9 *Ibid.,* p. 110. D'ARAUJO, Maria Celina, CASTRO, Celso (orgs.). *Ernesto Geisel.* Rio de Janeiro: FGV, 1997. p. 115.
10 DEPOIMENTO do sr. João Neves sobre as atividades dos srs. Getúlio Vargas e Perón contra o panamericanismo. *Correio da Manhã,* 4 abr. 1954. p. 7.
11 "O corvo", por Samuel Wainer. *Última Hora,* 25 maio 1954. p. 3.
12 MORAES, J. B. Mascarenhas de. *Memórias.* v. 2. Rio de Janeiro: José Olímpio, 1969. p. 578.
13 D'ARAÚJO, Maria Celina Soares. *Op. cit.,* p. 124-125.
14 *Ibid.,* p. 148.
15 MELO FILHO, Murilo. *Testemunho político.* 2. ed. São Paulo: Elevação, 1999. p. 131.
16 TÁVORA, Juarez. *Uma vida e muitas lutas.* v. 2. Rio de Janeiro: Biblioteca do Exército, 1976. p. 241. UNIDADE absoluta da Aeronáutica em torno de Eduardo Gomes. *Diário de Notícias,* 11 ago. 1954. p. 7. Relatório do IPM de setembro de 1954 publicado em BONAVIDES, Paulo; AMARAL, Roberto. *Textos políticos da história do Brasil.* Brasília: Senado Federal, 2002. v. 6, p. 783 e segs. PEIXOTO, Amaral. *Artes da política:* diálogo com Amaral Peixoto. Rio de Janeiro: Nova Fronteira, 1986. p. 369.
17 MELO FILHO, Murilo. *Op. cit.,* p. 148-149.
18 FRANCO, Afonso Arinos de Melo. *A escalada:* memórias. Rio de Janeiro: José Olímpio, 1965. p. 338 e 340. TÁVORA, Juarez. *Op. cit.,* p. 245.
19 MELO FILHO, Murilo. *Op. cit.,* p. 146.
20 SERÃO mantidas a ordem, a disciplina e a integridade da Constituição. *Diário de Notícias,* 21 ago. 1954. p. 1. MORAES, J. B. Mascarenhas de. *Op. cit.,* p. 584.

21 TÁVORA, Juarez. *Op. cit.*, p. 251. A RENÚNCIA é a única solução capaz de tranquilizar o país. *Correio da Manhã*, 22 ago. 1954. p. 1. MORAES, J. B. Mascarenhas de. *Op. cit.*, p. 585.
22 Reproduzido em ROCHA NETTO, Bento Munhoz da. *Radiografia de novembro*. 2. ed. Rio de Janeiro: Civilização Brasileira, 1961. p. 119. Ver também TÁVORA, Juarez. *Op. cit.*, p. 252 e PEIXOTO, Amaral. *Op. cit.*, p. 367.
23 CAFÉ FILHO, João. *Op. cit.*, p. 329 e 332.
24 MORAES, J. B. Mascarenhas de. *Op. cit.*, p. 590-591.
25 GOLLO, Luiz Augusto. *Doutel de Andrade*. Brasília: Câmara dos Deputados, 2006. p. 14.
26 "Dramática reunião no Catete", por Doutel de Andrade. *O Jornal*, segundo clichê, 24 ago. 1954. p. 1 e 6. "Panorama político" por Doutel de Andrade. *O Jornal*, 25 ago. 1954. p. 3.
27 MELO FILHO, Murilo. *Op. cit.*, p. 157-158. A MORTE de Vargas. *O Cruzeiro*, 4 set. 1954. p. 4; CORRÊA, Villas-Bôas. *Conversa com a memória*. Rio de Janeiro: Objetiva, 2002. p. 160.
28 MELO FILHO, Murilo. *Op. cit.*, p. 174-175. CAFÉ FILHO, João. *Do sindicato ao Catete:* memórias políticas e confissões humanas. v. 2. Rio de Janeiro: José Olympio, 1966. p. 386. SODRÉ, Nelson Werneck. *Memórias de um soldado*. Rio de Janeiro: Civilização Brasileira, 1967. p. 471. ROCHA NETTO, Bento Munhoz da. *Op. cit.*, p. 39. FRANCO, Afonso Arinos de Melo. *Op. cit.*, p. 366.
29 ARTICULA-SE com o PTB a candidatura de Kubitschek. *Diário Carioca*, 22 out. 1954. p. 1.
30 O PROJETO da maioria absoluta para a eleição presidencial. *Correio da Manhã*, 20 nov. 1954. p. 12.
31 ROCHA NETTO, Bento Munhoz da. *Op. cit.*, p. 125.
32 KUBITSCHEK, Juscelino. *Meu caminho para Brasília:* a escalada política. v. 2. Brasília: Senado Federal, 2020. p. 373, 393 e 401.
33 Ver discurso de Prado Kelly e aparte de Armando Falcão em *Diário do Congresso Nacional*, Câmara dos Deputados, Sessão em 9 de dezembro de 1955. p. 9108.
34 SEREI digno das minhas responsabilidades. *Correio da Manhã*, 28 jan. 1955. p. 1.
35 CANDIDATO do PSD o sr. Juscelino Kubitschek. *Correio da Manhã*, 11 fev. 1955. p. 1; PRESTES dirige-se à convenção do PTB. *Imprensa Popular*, 19 abr. 1955. p. 1.
36 VETO do ministro da Guerra à candidatura João Goulart. *O Jornal*, 19 abr. 1955. p. 1.
37 ANTICOMUNISTA, antijânio, antigetulista e antiademar. *Diário de Notícias*, Porto Alegre, 1º jun. 1955. p. 4. MOTTA, Rodrigo Patto Sá. *Em guarda contra o "perigo vermelho":* o anticomunismo no Brasil (1917-1964). São Paulo: Perspectiva, 2002. p. 143. D'ARAUJO, Maria Celina; CASTRO, Celso (orgs.). *Op. cit.*, p. 134.
38 Ver, por exemplo, *Última Hora*, 27 jun. 1956. p. 2; *O Semanário*, 25 jul. a 1º ago. 1957. p. 3; *Imprensa Popular*, 31 ago. 1957. p. 1.
39 MOTTA, Rodrigo Patto Sá. *Op. cit.*, p. 144. *Diário de Notícias*, Porto Alegre, 5 jun. 1955. p. 1. NÃO é possível que voltem ao poder os homens que humilharam este país. *Tribuna da Imprensa*, 5 set. 1955. p. 3.
40 EIS a prova da traição de Jango. *Tribuna da Imprensa*, 17-18 set. 1955. p. 1. PROPAGANDA fora de hora. *Correio da Manhã*, 4 out 1955. p. 6. A POLÍCIA argentina comprova: a carta de Brandi é autêntica. *Tribuna da Imprensa*, 4 out. 1955, p. 8. ROCHA

NETTO, Bento Munhoz da. *Op. cit.*, p. 43. MAURELL categórico: falsa a carta, falsos os fatos nela apontados. *Correio da Manhã*, 2 nov. 1955. p. 1.

41 O BRIGADEIRO indica o rumo certo. *Correio da Manhã*, 12 jan. 1955. p. 2. DA INDIFERENÇA eleitoral. *O Estado de S. Paulo*, 4 maio 1955. p. 3.

42 FRANCO, Afonso Arinos de Melo. *O som do outro sino:* um breviário liberal. Rio de Janeiro: Civilização Brasileira, 1978. p. 252. ROCHA NETTO, Bento Munhoz da. *Op. cit.*, p. 32. Aparte de Armando Falcão a Prado Kelly em *Diário do Congresso Nacional*. Câmara dos Deputados, Sessão em 9 de dezembro de 1955. p. 9109. "Depoimento de Lott", por Oto Lara Resende. *Manchete*, n. 187, 19 nov. 1955. p. 3.

43 FRANCO, Afonso Arinos de Melo. *A escalada:* memórias. Rio de Janeiro: José Olímpio, 1965. p. 375-376.

44 "Com Café não se dá golpe", por Carlos Castello Branco. *O Cruzeiro*, 13 ago. 1955. p. 13. NÃO admito a possibilidade de ser negada a posse a qualquer dos candidatos eleitos. *O Jornal*, 2 out. 1955. p. 1.

45 ESTAMOS vivendo um momento deplorável. *Tribuna da Imprensa*, 3-4 set. 1955. p. 1. JUSTIÇA, liberdade, autoridade e reconstrução. *Tribuna da Imprensa*, 19 ago. 1955. p. 4. DESAFIO. *Última Hora*, 16 ago. 1955. p. 3.

46 ORATÓRIA pessimista do general Canrobert. *Correio da Manhã*, 6 ago. 1955. p. 1.

47 CRUZADA Brasileira Anticomunista. *O Globo*, 14 out. 1955. Segunda seção, p. 6.

48 NÃO se trata de golpe. *O Globo*, 14 out. 1955. 1º Caderno, p. 6. FRANCO, Afonso Arinos de Melo. *O som do outro sino:* um breviário liberal. Rio de Janeiro: Civilização Brasileira, 1978. p. 252.

49 ROCHA NETTO, Bento Munhoz da. *Op. cit.*, p. 71. INCALCULÁVEL multidão no sepultamento do general Canrobert Pereira da Costa. *Diário de Notícias*, 2 nov. 1955. p. 3. MAMEDE, no enterro, recondiciona as teses legalistas. *Diário Carioca*, 2 nov. 1955. p. 2. AS CRISES de novembro. *Manchete*, 29 nov. 1975. p. 44.

50 ROCHA NETTO, Bento Munhoz da. *Op. cit.*, p. 72-73. CAFÉ FILHO, João. *Op. cit.*, p. 552 e 544. MOREIRA, Regina da Luz; SOARES, Leda. *Renato Archer:* diálogo com o tempo. Rio de Janeiro; CPDOC, 2007. p. 106.

51 ROCHA NETTO, Bento Munhoz da. *Op. cit.*, p. 74. DEPOIMENTO de Lott. *Manchete*, 19 nov. 1955 p. 4.

52 KUBITSCHEK, Juscelino. *Op. cit.*, p. 493.

53 A HORA das Forças Armadas. *Tribuna da Imprensa*, 4 nov. 1955. p. 4. NÃO podem tomar posse. *Tribuna da Imprensa*, 9 nov. 1955. p. 1.

54 ROCHA NETTO, Bento Munhoz da. *Op. cit.*, p. 75. Discurso de Carlos Luz. *Diário do Congresso Nacional*, Câmara dos Deputados. Sessão em 14 de novembro de 1955. p. 8401. "Planejado em julho o movimento do dia 11 de novembro", por Oto Lara Resende, *Manchete*, n. 187, 19 nov. 1955. p. 4.

55 ROCHA NETTO, Bento Munhoz da. *Op. cit.*, p. 75-76.

56 MOREIRA, Regina da Luz, SOARES, Leda. *Op. cit.*, p. 107. DOURADO, Autran. *Gaiola aberta: tempos da JK e Schmidt*. Rio de Janeiro: Rocco, 2000. p. 53. COSTA, Cecília. *Odilo Costa, filho:* o homem com uma casa no coração. Rio de Janeiro: Relume Dumará, 2000. p. 68 e 71; UMA NOVA Imagem do governo JK. Depoimento de Odilo Costa Filho. *Folha de S. Paulo*, 11 jan. 1979. p. 4. Ver também COSTA, Cecília. *Op. cit.*, p. 71.

57 TAVARES, Aurélio de Lira. *O Brasil de minha geração*. Rio de Janeiro: Biblioteca do Exército, 1976. p. 333 e 338. DENIS, Odílio. *Ciclo revolucionário brasileiro:* memórias

(5 de julho de 1922 a 31 de março de 1964). Rio de Janeiro: Nova Fronteira, 1980. p. 83. D'ARAUJO, Maria Celina; CASTRO, Celso (orgs.). *Op. cit.*, p. 121. FALCÃO, Armando. *Tudo a declarar*. Rio de Janeiro: Nova Fronteira, 1989. p. 106; KUBITSCHEK, Juscelino. *Op. cit.*, p. 507; LACERDA, Carlos. *Depoimento*. Rio de Janeiro: Nova Fronteira, 1978. p. 160; Discurso de Carlos Luz. *Diário do Congresso Nacional*, Câmara dos Deputados. Sessão em 14 de novembro de 1955. p. 8401.
58 FALCÃO, Armando. *Op. cit.*, p. 105. Discurso de Carlos Luz. *Diário do Congresso Nacional*, Câmara dos Deputados. Sessão em 14 de novembro de 1955. p. 8401. *Diário Oficial* (Seção I). 10 nov. 1955. p. 20749. CAFÉ FILHO, João. *Op. cit.*, p. 558 e 560-561. ROCHA NETTO, Bento Munhoz da. *Op. cit.*, p. 81.
59 TAVARES, Aurélio de Lira. *Op. cit.*, p. 335.
60 *Ibid.*, p. 336.
61 DENIS, Odílio. *Op. cit.*, p. 83.
62 MELO FILHO, Murilo. *Op. cit.*, p. 200-201. MENSAGEM do general Lott. *Correio da Manhã*, 12 nov. 1955. p. 12. Para a versão do telegrama, ver LOTT passa em revista os acontecimentos de 11 de novembro. *O Jornal*, 28 ago. 1959. p. 6. KUBITSCHEK, Juscelino. *Op. cit.*, p. 507. FALCÃO, Armando. *Op. cit.*, p. 125. CONTROL in Brazil is Seized by Army in an "anti-coup". *The New York Times*, 12 nov. 1955. p. 1.
63 ROCHA NETTO, Bento Munhoz da. *Op. cit.*, p. 82. e TAVARES, Aurélio de Lira. *Op. cit.*, p. 337.
64 "Depoimento de Lott", por Oto Lara Resende. *Manchete*, n. 187, 19 nov. 1955. p. 5. D'ARAUJO, Maria Celina; CASTRO, Celso (orgs.). *Op. cit.*, p. 121.
65 "Depoimento de Lott", por Oto Lara Resende. *Manchete*, n. 187, 19 nov. 1955. p. 5. MELO FILHO, Murilo. *Op. cit.*, p. 200. LOTT, Henrique Batista Duffles Teixeira. *Henrique Teixeira Lott (depoimento, 1978)*. Rio de Janeiro: CPDOC, 2002. p. 77-78. Ver também FALCÃO, Armando. *Op. cit.*, p. 107. TAVARES, Aurélio de Lira. *Op. cit.*, p. 337. MORAES, J. B. Mascarenhas de. *Op. cit.*, p. 598-599. D'ARAUJO, Maria Celina; CASTRO, Celso (orgs.). *Op. cit.*, p. 121. SODRÉ, Nelson Werneck. *Op. cit.*, p. 482.
66 "A façanha do Tamandaré", por Evandro Carlos de Andrade. *Manchete*, 24 nov. 1955, p. 14. "Depoimento de Lott", por Oto Lara Resende. *Manchete*, n. 187, 19 nov. 1955. p. 5. LACERDA, Carlos. *Op. cit.*, p. 163-164.
67 ROCHA NETTO, Bento Munhoz da. *Op. cit.*, p. 84-85. BOTO, Pena. Elogio à tripulação do cruzado Tamandaré. *apud* ROCHA NETTO, Bento Munhoz da. *Op. cit.*, p. 12. LOTT, Henrique Batista Duffles Teixeira. *Op. cit.*, p. 80. LACERDA, Carlos. *Op. cit.*, p. 164-165.
68 Mensagem do vice-almirante Edmundo Jordão Amorim do Vale a Pena Boto, de 13 de novembro de 1955 *apud* ROCHA NETTO, Bento Munhoz da. *Op. cit.*, p. 114. O QUE se passou na Marinha na madrugada do dia 11. *Jornal do Commercio*, 18 nov. 1955. p. 3.
69 ROCHA NETTO, Bento Munhoz da. *Op. cit.*, p. 86 e 100. LACERDA, Carlos. *Op. cit.*, p. 165. LOTT, Henrique Batista Duffles Teixeira. *Op. cit.*, p. 79. D'ARAUJO, Maria Celina; CASTRO, Celso (orgs.). *Op. cit.*, p. 120. Discurso de Carlos Luz. *Diário do Congresso Nacional*, Câmara dos Deputados. Sessão em 14 de novembro de 1955. p. 8402. CAFÉ FILHO, João. *Op. cit.*, p. 564. MELO FILHO, Murilo. *Op. cit.*, p. 206.
70 RETROSPECTO dos principais acontecimentos de 1955. *O Jornal*, 25 dez. 1955. p. 7. FALCÃO, Armando. *Op. cit.*, p. 102 e 384.

71 *Diário do Congresso Nacional,* 12 nov. 1955. p. 8371. Demais citações estão nas páginas seguintes do diário.
72 FRANCO, Afonso Arinos de Melo. *A escalada:* memórias. Rio de Janeiro: José Olímpio, 1965. p. 75 e 384. MOREIRA, Regina da Luz; SOARES, Leda. *Renato Archer:* diálogo com o tempo. Rio de Janeiro; CPDOC, 2007. p. 113. MELO FILHO, Murilo. *Testemunho político.* 2. ed. São Paulo: Elevação, 1999. p. 207.
73 Diário do Congresso Nacional. Câmara dos Deputados. Sessão em 11 de novembro de 1955. p. 8375-8376.
74 *Ibid.* p. 8376.
75 *Ibid.* p. 8380.
76 ROCHA NETTO, Bento Munhoz da. *Op. cit.,* p. 35.
77 Diário do Congresso Nacional. Câmara dos Deputados. Sessão em 11 de novembro de 1955. p. 8373.
78 ROCHA NETTO, Bento Munhoz da. *Op. cit.,* p. 110-111.
79 *Diário de Notícias,* "Articulado com antecedência o golpe", 15 nov. 1955, Segunda Seção, p. 2. A FAÇANHA do Tamandaré. *Manchete,* n. 188, 26 nov. 1955. p. 16. ROCHA NETTO, Bento Munhoz da. *Op. cit.,* p. 88. MELO FILHO, Murilo. *Op. cit.,* p. 207-208. LACERDA, Carlos. *Op. cit.,* p. 169-175. FRANCO, Afonso Arinos de Melo. *Op. cit.,* p. 389.
80 THE BRAZILIAN Coup. *The New York Times,* 12 nov. 1955. p. 8.
81 Ver, por exemplo, NERVOUSNESS in Rio. *The New York Times,* 9 nov. 1955. p. 32.
82 FRANCO, Afonso Arinos de Melo. *Op. cit.,* p. 380-381.
83 SODRÉ, Nelson Werneck. *Op. cit.,* p. 489.
84 *Ibid.,* p. 480 e 488. FALA o general Zenóbio aos soldados sobre o momento político brasileiro. *Diário de Notícias,* 18 out. 1955. p. 3. CARLONI, Karla Guilherme. *Op. cit.* p. 127. Demitido o gal. Zenóbio da Costa da Inspetoria Geral do Exército. *Diário de Notícias,* 19 out. 1955. p. 3.
85 DENIS, Odílio. *Op. cit.,* p. 83. CARLONI, Karla Guilherme. *Op. cit.,* p. 15, 141-142. SODRÉ, Nelson Werneck. *Op. cit.,* p. 485.
86 MOREIRA, Regina da Luz; SOARES, Leda. *Op. cit.,* p. 109. SODRÉ, Nelson Werneck. *Op. cit.,* p. 497-498. KUBITSCHEK, Juscelino. *Op. cit.,* p. 512. DOURADO, Autran. *Op. cit.,* p. 49. FARIAS, Oswaldo Cordeiro de. *Diálogo com Cordeiro de Farias:* meio século de combate. Entrevista a Aspásia Camargo e Walder de Góes. Rio de Janeiro: Biblioteca do Exército, 2001. p. 386.
87 COSTA, Cecília. *Odilo Costa, filho:* o homem com uma casa no coração. Rio de Janeiro: Relume Dumará, 2000. p. 71-72.
88 MELO FILHO, Murilo. *Op. cit.,* p. 209. CAFÉ FILHO, João. *Op. cit.,* p. 566.
89 ROCHA NETTO, Bento Munhoz da. *Op. cit.,* p. 100 e 117. CAFÉ FILHO, João. *Op. cit.,* p. 578.
90 CAFÉ FILHO, João. *Op. cit.,* p. 581; ROCHA NETTO, Bento Munhoz da. *Op. cit.,* p. 101.
91 Diário do Congresso Nacional. Câmara dos Deputados. Sessão em 21 de novembro de 1955. p. 8563.
92 Diário do Congresso Nacional. Câmara dos Deputados. Sessão em 21 de novembro de 1955. p. 8568 e 8570. LOTT apunhalou pelas costas o presidente que o escolheu. *Tribuna da Imprensa,* 23 nov. 1955. p. 2.

93 TUMULTUÁRIA sessão na Câmara para impedir o retorno do chefe da Nação. *O Fluminense*, 22 nov. 1955. p. 1. Diário do Congresso Nacional. Câmara dos Deputados. Sessão em 21 de novembro de 1955. p. 8575-8576. MADRUGADA histórica. *Diário da Noite*, 22 nov. 1955. p. 2; Diário do Congresso Nacional. Câmara dos Deputados, Sessão em 22 de novembro de 1955. p. 8599.
94 CAMARGO, Aspásia *et al.* (orgs.). *Artes da política:* diálogos com Amaral Peixoto. Rio de Janeiro: Nova Fronteira, 1986. p. 405.
95 Ver, por exemplo, *Jornal do Brasil*, 22 nov. 1955. p. 5.
96 Boletim da Associação Brasileira de imprensa, dez. 1955, nº 44, p. 1. SENSACIONAL depoimento do general. *O Globo*, 5 dez. 1955. p. 6. *Diário de Notícias*, 15 nov. 1955, Primeira Seção, p. 2 e Segunda Seção p. 2.
97 Supremo Tribunal Federal. *Memória jurisprudencial ministro Ribeiro da Costa*. Brasília: STF, 2012. p. 674.
98 LOTT, Henrique Batista Duffles Teixeira. *Op. cit.*, p. 69. SENSACIONAL depoimento do general. *O Globo*, 5 dez. 1955. p. 6. LOTT: agimos pela posse dos eleitos. *Diário Carioca*, 6 dez. 1955. p. 2. LOTT afirma que desfechou o 11 de Novembro para que não houvesse guerra civil. *Jornal do Brasil*, 11 nov. 1964. p. 5.
99 D'ARAÚJO, Maria Celina Soares. *Op. cit.*, p. 52.
100 FALCÃO, Armando. *Op. cit.*, p. 108. MOREIRA, Regina da Luz, SOARES, Leda. *Op. cit.*, p. 106. CAMARGO, Aspásia *et al.* (orgs.). *Op. cit.*, p. 404.
101 LACERDA, Carlos. *Op. cit.*, p. 162.
102 ROCHA NETTO, Bento Munhoz da. *Op. cit.*, p. 52-53. MAGALHÃES, Juracy. *Minhas memórias provisórias:* depoimento prestado ao CPDOC. Rio de Janeiro: Civilização Brasileira, 1982. p. 141. FARIAS, Oswaldo Cordeiro de. *Op. cit.*, p. 386.
103 ABREU, Alzira Alves de *et al. Dicionário histórico-biográfico brasileiro*. v. 2. 2. ed. rev. atual. Rio de Janeiro: FGV, 2001. p. 2065. D'ARAUJO, Maria Celina; CASTRO, Celso (orgs.). *Op. cit.*, p. 120-121.
104 VIANA, Oliveira. *O ocaso do Império*. Brasília: Senado Federal, 2004. p. 114, 166.

Voos turbulentos

1 Sobre isso, ver FALCÃO, Armando. *Tudo a declarar*. Rio de Janeiro: Nova Fronteira, 1989. p. 126.
2 BAPTISTA, Marco Túlio Freire. A revolta de Jacareacanga: a Força Aérea Brasileira em armas na Amazônia. *A Defesa Nacional*, v. 102 n. 825, 2014. p. 93. DULLES, John W. F. *Unrest in Brazil:* Political-Military Crises 1955-1964. Austin: University of Texas Press, 1970. p. 66.
3 FALCÃO, Armando. *Op. cit.*, p. 127 e 129. EM 24 horas nasceu a rebelião e armou-se a resistência. *Jornal do Brasil*, 4 dez. 1959. p. 4. Congresso Nacional. Anais do Senador. Sessão em 3 de dezembro de 1959. p. 69 e 74-75.
4 BAPTISTA, Marco Túlio Freire. *Op. cit.*, p. 93. CONSTRUÇÃO de 2 grandes rodovias em plena selva. *O Jornal*, 19 fev. 1954. p. 2; NATAL, João Rafael Mallorca. A Revolta de Jacareacanga: batismo de fogo da Infantaria da Aeronáutica. *Revista do Instituto de Geografia e História Militar do Brasil*, v. 80, n. 108, 2021. p. 75.
5 EXILADOS na Bolívia. *O Cruzeiro*, n. 22, 17 mar. 1956. p. 14. BAPTISTA, Marco Túlio Freire. *Op. cit.*, p. 84. Ver também NATAL, João Rafael Mallorca. *Op. cit.*, p. 75.

6 MENSAGEM do ministro Alves Secco ao pessoal de Jacareacanga. *A Noite*, 16 fev. 1956. p. 2. NATAL, João Rafael Mallorca. *Op. cit.*, p. 75-76. BAPTISTA, Marco Túlio Freire. *Op. cit.*, p. 96.

7 KUBITSCHEK, Juscelino. *Meu caminho para Brasília*. v. 3. Brasília: Senado Federal, 2020. p. 31-34.

8 ORGANIZADA força expedicionária das três armas. *Correio da Manhã*, 19 fev. 1956. p. 16. VOAMOS de parabelum na nuca. *Correio da Manhã*, 24 fev. 1956. p. 1 e 9. Depoimento retirado do texto "Paulo Victor, o pacificador" no site da Associação dos Engenheiros do Instituto Tecnológico de Aeronáutica. Disponível em: https://www.aeitaonline.com.br/wiki/index.php?title=Paulo_Victor_da_Silva&fbclid=IwY2xjawG-duJtleHRuA2FlbQIxMAABHeJTAQtDq-sctbDhZPA0VliuuI3S23IxEUHs1xKjHt-zLVpqxcQWafZpCFg_aem_Q2J4UM6WYHIGg_aQXzDU8w#Paulo_Victor.2C_o_pacificador. Acesso em 13 nov. 2024.

9 *Ibid.* PAULO, Victor. Veloso; quem são eles? *Correio da Manhã*. 22 fev. 1956. p. 12; APARECEU a senhora citada por Walton Avancini. *Correio da Manhã*, 26 jun. 1955. p. 13.

10 NATAL, João Rafael Mallorca. *Op. cit.*, p. 79-80. LÁGRIMAS e tiros da operação Santarém. *Manchete*, n. 202, 3 mar. 1956 p. 11-12. LAVANÈRE-WANDERLEY, Nélson Freire. *História da Força Aérea Brasileira*. 2. ed. Rio de Janeiro: Ed. Gráfica Brasileira, 1975. p. 339. KUBITSCHEK, Juscelino. *Op. cit.*, p. 34-37. O MOMENTO político-militar. *Jornal do Brasil*, 22 fev. 1956. 6.

11 PRIMEIROS flagrantes da movimentação de tropas em Belém. *O Jornal*, 21 fev. 1956. p. 1. O "ESTADO" entrevista os oficiais revoltosos. *O Estado de S. Paulo*, 21 fev. 1956. p. 1. MANCHETE penetra de teleobjetiva na base aérea de Val-de-Cans. *Manchete*, n. 201, 25 fev. 1956. p. 8-9. A ROMÂNTICA rebelião. *O Cruzeiro*, n. 20, 3 mar. 1956. p. 116. NATAL, João Rafael Mallorca. *Op. cit.*, p. 80-81. OPERAÇÃO Jacareacanga. *O Cruzeiro*, 10 mar. 1956. p. 4.

12 PENA Boto vai processar Lott. *Tribuna da Imprensa*, 9 mar. 1956. p. 2. DEPUTADOS e almirantes impedidos de visitar o almirante Pena Boto. *Tribuna da Imprensa*, 12 mar. 1956. p. 2. HISTÓRIA da traição de Lott contada por Amorim do Valle. *Tribuna da Imprensa*. 17 fev. 1956. p. 1-2 e 5. O MOMENTO político militar. *Jornal do Brasil*, 19 fev. 1956. p. 7. VOLTOU a gente do rio de Lama. *Tribuna da Imprensa*, 16 fev. 1956. p. 1, 6.

13 KUBITSCHEK, Juscelino. *Op. cit.*, p. 33. TÁVORA, Juarez. *Uma vida e muitas lutas*. v. 3. Rio de Janeiro: José Olímpio, 1976. p. 105. O CASO dos aviadores Haroldo Veloso e José C. Lameirão. *Jornal do Brasil*, 16 fev. 1956. p. 6. SERIAM bombardeados os campos de pouso em poder dos aviadores. *O Estado de São Paulo*, 19 fev. 1956. p. 8. O MOMENTO político-militar. *Jornal do Brasil*, 22 fev. 1956. p. 6.

14 NATAL, João Rafael Mallorca. *Op. cit.*, p. 82.

15 AVIÕES do governo alvejaram os rebeldes até a fronteira. *Tribuna da Imprensa*, 6 mar. 1956. p. 2. REZADO um terço pela alma de Cazuza. *Tribuna da Imprensa*, 9 mar. 1956. p. 2. *Diário de Notícias*, 13 mar. 1956. p. 3. NATAL, João Rafael Mallorca. *Op. cit.*, p. 86; IMPRESSIONANTE relato do choque entre rebeldes e governistas e da morte do lugar-tenente de Veloso. *O Globo*, 1º mar. 1956. p. 6.

16 PRESO o chefe da rebelião, major Haroldo Veloso. *Jornal do Brasil*, 1º mar 1956 p. 9. NATAL, João Rafael Mallorca. *Op. cit.*, p. 84. BAPTISTA, Marco Túlio Freire. *Op. cit.*, p. 100; OS ACONTECIMENTOS ao norte do país. *Jornal do Brasil*, 3 mar. 1956. p.

6; A FAB considera encerrado, sob o ponto de vista militar, o movimento subversivo situado na Amazônia. *Correio da Manhã*, 10 mar. 1956. p. 7.
17 A FAB considera encerrado, sob o ponto de vista militar, o movimento subversivo situado na Amazônia. *Correio da Manhã*, 10 mar. 1956. p. 7.
18 DO PRESIDENTE da República. *Correio da Manhã*, 2 mar. 1956. p. 14; KUBITSCHEK, Juscelino. *Op. cit.*, p. 39; Diário do Congresso Nacional. *Câmara dos Deputados*. Sessão em 1º de março de 1956. p. 1392.
19 KUBITSCHEK, Juscelino. *Op. cit.*, p. 40-43. O BRIGADEIRO Alves Cabral contra a anistia. *Diário da Noite*, 5 mar. 1956. p. 4. JACAREACANGA foi uma briga em família. *Correio da Manhã*, 6 mar. 1956. p. 18. Decreto-lei nº 413, de 18 de maio de 1938 e Lei nº 1.802 de 5 de janeiro de 1953. O PROBLEMA da anistia. *Correio da Manhã*, 23 maio 1956. p. 2. NO MUNDO político. *Correio da Manhã*, 18 maio 1956. p. 9. JK É contra a anistia aos comunistas. *Diário Carioca*, 18 maio 1956. p. 1. O GOVERNO é contra a anistia para os comunistas. *Correio da Manhã*, 18 maio 1956. p. 11. APROVADA a anistia. *Correio da Manhã*, 5 maio 1956. p. 14. SESSÃO rápida no Senado. 18 maio 1956; p. 3. Congresso Nacional. Anais do Senado. Sessão em 17 de maio de 1956. p. 512-676. Congresso Nacional. *Anais do Senado*. Sessão em 22 de maio de 1956. p. 688. PROMULGADA a anistia. *Diário de Notícias*, 24 maio 1956. p. 2.
20 CHEGARAM da Bolívia os três rebeldes de Jacareacanga. *Correio da Manhã*, 31 maio 1956. p. 3.
21 LAMEIRÃO revela em juízo que Aragarças impediu levante comuno-petebista. *Correio da Manhã*, 9 maio 1961. p. 5; Soltos Lameirão e Benevides. *Tribuna da Imprensa*, 19 fev. 1960. p. 3; CORREIO militar. *Correio da Manhã*, 20 abr. 1962. 2º Caderno, p. 6; PRISÃO preventiva para terroristas da exposição. *Correio da Manhã*, 29 maio 1962. p. 12; ABSOLVIDOS os sete acusados do atentado à mostra soviética. *Correio da Manhã* 31 jul. 1962. p. 12; LAMEIRÃO e mais 5 vão ser presos. *Tribuna da Imprensa*, 29 maio 1962. p. 1; MAJOR Lameirão acusado como estelionatário. *Correio da Manhã*, 11 abr. 1961. p. 5.; LAMEIRÃO preso por estelionato acusa BNH: golpe do século. *Última Hora*, 12 jan. 1965. p. 3.
22 VELOSO em liberdade. *Diário Carioca*, 7 jun. 1956. p. 1. LÍDERES udenistas comemoram Jacareacanga em Belo Horizonte. *O Jornal*, 7 jul. 1957. p. 4. ADEUS dos mineiros ao major Haroldo Veloso. *Tribuna da Imprensa*, 8 jul. 1957. p. 2.
23 MINISTRO da Guerra foi a Roma. *O Jornal*, 17 out. 1958. p. 1. FAB está nas mãos de Lott. *Diário de Notícias*, 28 out. 1958. p. 1. POSSE de Lott: brigadeiros ausentes. *Diário de Notícias*, 29 out. 1958. p. 4. KUBITSCHEK, Juscelino. *Op. cit.*, p. 74. SEM teto a FAB. *Diário de Notícias*, 2 nov. 1958. p. 4.
24 Lott na FAB. *Diário de Notícias*, 1º nov. 1958. p. 4.
25 CRISE na FAB: protesto contra Lott. *Diário de Notícias*, 5 nov. 1958. p. 1-2.
26 *Diário de Notícias*, 6 nov. 1958. p. 1-2. ECEMAR agravou a crise na FAB. *Diário de Notícias*, 6 nov. 1958. p. 1. PUNIÇÕES na FAB em virtude de manifestações anti-Lott. *O Jornal*, 6 nov. 1958. p. 1 e 2ª Seção, p. 5.
27 CORREIA de Melo decepcionado com seus camaradas de farda. *O Jornal*, 7 nov. 1958. p. 1.
28 Diário do Congresso Nacional. Câmara dos Deputados. Sessão em 7 de novembro de 1958. p. 667.

29   CORREIA de Melo: disciplina será mantida com todo rigor. *O Jornal*, 11 nov. 1958. p. 4. LOTT: fidelidade à democracia. *O Jornal*, 11 nov. 1958. p. 1. GUEDES Muniz: "inevitável o revide da Aeronáutica". *Diário de Notícias*, 7 dez. 1958. p. 3. NO MUNDO político. *Correio da Manhã*, 11 dez. 1958 p. 18. NO MUNDO político. *Correio da Manhã*, 13 dez. 1958 p. 16. FOI A dignidade da FAB que reagiu contra Lott. *Diário de Notícias*, 10 dez. 1958. p. 3. BRIGADEIROS comissionados com o ministro Correia de Melo. *Correio da Manhã*, 15 nov. 1958. p. 16.

30   LACERDA: a UDN não quer mais derrotas gloriosas. *Tribuna da Imprensa*, 18 mar. 1957. p. 1.

31   JÂNIO Quadros renunciou à sua candidatura. *Correio da Manhã*. 26 nov. 1959. p. 16.

32   SANTOS, Sandro Gomes dos. *Jacareacanga e Aragarças:* revoltas e revoltosos (1956-1961). Dissertação de mestrado apresentada ao Programa de Pós-graduação em História Social da UERJ. São Gonçalo, 2019. p. 117 e 121. LACERDA, Carlos. *Depoimento.* Rio de Janeiro: Nova Fronteira, 1978. p. 188. BURNIER, João Paulo Moreira. *João Paulo Moreira Burnier (depoimento, 1993).* Rio de Janeiro: CPDOC, 2005. p. 6.

33   *Ibid.*, p. 43-46. ABREU, Alzira Alves de et al. *Dicionário histórico-biográfico brasileiro.* 2. ed. rev. atual. Rio de Janeiro: FGV, 2001. v. 1, p. 278. Ver também WILLIAM, Wagner. *O soldado absoluto:* uma biografia do marechal Henrique Lott. Rio de Janeiro: Record, 2005. p. 267 e segs.

34   ABREU, Alzira Alves de et al. *Op. cit.*, p. 278. EM 24 HORAS nasceu a rebelião e armou-se a resistência. *Jornal do Brasil*, 4 dez. 1959. p. 4.

35   ARGOLO, José Amaral et al. *A direita explosiva no Brasil.* Rio de Janeiro: Mauad, 1996. p. 100. LACERDA, Carlos. *Op. cit.*, p. 188 e 190.

36   TÁVORA, Araken. *Voo rebelde.* Rio de Janeiro: Gráfica Vida Doméstica, [1959]. p. 34 e 37. SERRANO, Ana Paula da Rocha. *De frente para a imagem:* o Prêmio Esso e o fotojornalismo no Brasil Contemporâneo. 1960 a 1979. Dissertação de mestrado apresentada ao Programa de Pós-graduação em História da UFF. Niterói, 2013. p. 53. Prêmio Esso para Campanella. *Diário de Notícias*, 7 jan. 1961. p. 9. *Mundo Ilustrado*, n. 104, 19 dez. 1959. p. 28.

37   KUBITSCHEK, Juscelino. *Op. cit.*, p. 343-344; Paraquedistas prontos a saltar sobre os rebeldes. *Jornal do Brasil*, 4 dez. 1959. p. 1.

38   DULLES, John W. F. *Op. cit.*, p. 70. ABREU, Alzira Alves de et al. *Op. cit.*, p. 278.

39   KUBITSCHEK, Juscelino. *Op. cit.*, p. 343. *Mundo Ilustrado*, n. 104, 19 dez. 1959. p. 28, 30, 34.

40   APELO de Jânio para que cesse a insurreição. *Diário de Notícias*, 4 dez. 1959. p. 1. LACERDA: só Jânio pode conter a revolução. *Diário de Notícias*, 4 dez. 1959, p. 2.

41   JÂNIO Quadros volta a ser candidato. *Diário de Notícias*, 6 dez. 1959. p. 3. EXILADOS brasileiros na Bolívia. *Correio da Manhã*, 18 dez. 1959. p. 7.

42   KUBITSCHEK promete que punição será do código. *Diário de Notícias*, 5 dez. 1959. p. 1. INQUÉRITO já identificou 24 rebeldes de Aragarças. *Diário de Notícias*, 9 dez. 1959. p. 1. Decreto Legislativo nº 18 de 15 de dezembro de 1961.

O pior da história do Brasil

1   CAMARGO, Aspásia et al. (orgs.). *Artes da política:* diálogos com Amaral Peixoto. Rio de Janeiro: Nova Fronteira, 1986. p. 441. FALCÃO, Armando. *Tudo a declarar.*

Rio de Janeiro: Nova Fronteira, 1989. p. 216. AFONSO, Almino. *Raízes do golpe:* da crise da legalidade ao parlamentarismo. São Paulo: Marco Zero, 1988. p. 24. ABREU, Alzira Alves de (coord.). *Juraci Magalhães:* minhas memórias provisórias. Depoimento prestado ao CPDOC. Rio de Janeiro: Civilização Brasileira, 1982. p. 160.

2 Ver depoimento de Ênio dos Santos Pinheiro em D'ARAUJO, Maria Celina; SOARES, Gláucio Ary Dillon; CASTRO, Celso. *Visões do golpe:* 12 depoimentos de oficiais que articularam o golpe militar de 1964. 3. ed. Rio de Janeiro: Nova Fronteira, 2014. p. 178.

3 ANDRADE, Auro Moura. *Um congresso contra o arbítrio:* diário e memórias. Rio de Janeiro: Nova Fronteira, 1985. p. 42.

4 DEPOIMENTO sobre renúncia "estarrece" Heck. *Jornal do Brasil*, 2 nov. 1967. p. 3. GRÜN Moss aponta engodo na versão de Jânio Quadros. *Jornal do Brasil*, 7 nov. 1967. p. 3.

5 *Apud* FALCÃO, Armando. *Op. cit.*, p. 216.

6 LOPES, José Machado. *O III Exército na crise da renúncia de Jânio Quadros:* um depoimento. Rio de Janeiro: Alhambra, 1980. p. 33-34. BRANCO, Carlos Castello. *A renúncia de Jânio:* um depoimento. Brasília: Senado Federal, 2017. p. 34, 96.

7 QUADROS NETO, Jânio; GUALAZZI, Eduardo Lobo Botelho. *Jânio Quadros:* memorial à história do Brasil. São Paulo: Rideel, 1996. p. 143 e segs. JÂNIO responsabiliza quatro governadores. *O Jornal*, 16 mar. 1962. p. 1. "A RENÚNCIA de Jânio, um enigma decifrável", por Jânio Quadros Neto. *Folha de S. Paulo*, 25 ago. 2011. p. A3. QUADROS, Jânio; FRANCO, Afonso Arinos de Melo. *História do povo brasileiro.* v. 6. São Paulo: J. Quadros Editores Culturais, 1967. p. 241-242. O PORQUÊ da renúncia. *Realidade*, ano 2, n. 20, nov. 1967. p. 34. JÂNIO revela que renúncia encobria golpe de Estado. *Jornal do Brasil*, 1º nov. 1967. p. 3. JÂNIO diz: renunciou porque não conseguiu intervir na Guanabara. *O Jornal*, 26 ago. 1961. p. 7.

8 DULLES, John W. F. *Carlos Lacerda:* a vida de um lutador. v. 2. Rio de Janeiro: Nova Fronteira, 2000. p. 45. CARLOS Lacerda ameaça renunciar. *Correio Braziliense*, 20 ago. 1961. p. 1. COMO se desenvolveu a crise. *Tribuna da Imprensa*, 21 ago. 1961. p. 5. GOVERNADOR não vai renunciar mas crise não está superada. *Tribuna da Imprensa*, 21 ago. 1961. p. 1. CARVALHO Pinto procura demover Lacerda do seu propósito de renunciar. *O Jornal*, 23 ago. 1961. p. 1. REPERCUTE na Câmara a revelação de CL sobre golpe de Jânio: reação. *O Jornal*, 24 ago. 1961. p. 1.

9 JÂNIO diz que sua renúncia é irrevogável mas voltará para "expulsar os vendilhões". *Correio da Manhã*, 27 nov. 1959. p. 1. ESTABILIDADE na Novacap com veto de JQ rejeitado. *Correio da Manhã*, 27 jul. 1961. p. 4. RENÚNCIA é a arma secreta de Jânio. *Mundo Ilustrado*, n. 190, 12 ago. 1961. p. 22. "MUNDO Ilustrado" previu a renúncia. *Mundo Ilustrado*, n. 193, 2 set. 1961. p. 11.

10 FRANCO, Afonso Arinos de Melo. *Planalto (memórias).* Rio de Janeiro: José Olímpio, 1968. p. 167-168.

11 *Ibid.*, p. 166; JOÃO Goulart viajou ontem para Paris. *O Estado de S. Paulo*, 29 jul. 1961. p. 4; VILLA, Marco Antonio. *Jango:* um perfil. São Paulo: Globo, 2004. p. 37-38.

12 DULLES, John W. F. *Op. cit.*, p. 46; "As rosas e as pedras do caminho de Lacerda", por Oscar Pedroso Horta. *Manchete*, n. 799, 12 ago. 1967. p. 32.

13 DULLES, John W. F. *Op. cit.*, p. 45; LACERDA, Carlos. *Depoimento.* Rio de Janeiro: Nova Fronteira, 1978. p. 336. Sobre as diversas versões de Lacerda, ver RIBEIRO, José

Augusto. *Jânio Quadros & José Aparecido:* o romance da renúncia. Juiz de Fora: Panorama, 2008. v. 2. p. 338-340.

14 PEDROSO d'Horta responde a CL: talento antropofágico tira Jânio do Palácio da Alvorada. *O Jornal*, 26 ago. 1961. p. 8; COMO se desenvolveu a crise. *Tribuna da Imprensa*, 21 ago. 1961. p. 5; CARLOS Lacerda ameaça renunciar. *Correio Braziliense*, 20 ago. 1961. p. 1; LACERDA, Carlos. *Op. cit.*, p. 252-254.

15 BRANCO, Carlos Castello. *Op. cit.*, p. 36, 39; "JATINHO" leva Lacerda ao encontro de Jânio. *O Globo*, 19 ago. 1961. p. 6.

16 "As rosas e as pedras do caminho de Lacerda", por Oscar Pedroso Horta. *Manchete*, n. 799, 12 ago. 1967. p. 34.

17 COMO se desenvolveu a crise. *Tribuna da Imprensa*, 21 ago. 1961. p. 5; Governador não vai renunciar mas crise não está superada. *Tribuna da Imprensa*, 21 ago. 1961. p. 1.

18 CARVALHO Pinto procura demover Lacerda do seu propósito de renunciar. *O Jornal*, 23 ago. 1961. p. 1; Comunistas tumultuam conferência de Lacerda em São Paulo: 4 prisões. *O Jornal*, 23 ago. 1961. p. 1; ACERBAS críticas do governador Carlos Lacerda à política exterior do presidente Jânio Quadros. *A Tribuna*, 23 ago. 1961. p. 1.

19 REPERCUTE na Câmara a revelação de CL sobre golpe de Jânio: reação. *O Jornal*, 24 ago. 1961. p. 1. Congresso Nacional. Anais do Senado. Sessão em 24 de agosto de 1961. p. 834, 839-841. LOPES, José Machado. *Op. cit.*, p. 80.

20 CL: MINISTRO Horta quis articular golpe. *O Jornal*, 25 ago. 1961. p. 1, 7. Ver também: LACERDA, Carlos. *Op. cit.*, p. 251.

21 FRANCO, Afonso Arinos de Melo. *Op. cit.*, p. 168.

22 FARIAS, Oswaldo Cordeiro de. *Diálogo com Cordeiro de Farias:* meio século de combate. Rio de Janeiro: Biblioteca do Exército Editora, 2001. p. 432. BRANCO, Carlos Castello. *Op. cit.*, p. 36, 39 e 80. GRÜN Moss aponta engodo na versão de Jânio Quadros. *Jornal do Brasil*, 7 nov. 1967. p. 3. "JATINHO" leva Lacerda ao encontro de Jânio. *O Globo*, 19 ago. 1961. p. 28-30.

23 DENIS no Dia do Soldado. *Correio da Manhã*, 26 ago. 1961. p. 6; LOPES, José Machado. *Op. cit.*, p. 35.

24 VILLA, Marco Antonio. *Op. cit.*, p. 44. BRANCO, Carlos Castello. *Op. cit.*, p. 32 e 42. LABAKI, Amir. *1961:* a crise da renúncia e a solução parlamentarista. São Paulo: Brasiliense, 1986. p. 52.

25 FALCÃO, Armando. *Op. cit.*, p. 212-216.

26 BRANCO, Carlos Castello. *Op. cit.*, p. 54-56, 59.

27 Congresso Nacional. Câmara dos Deputados. Sessão em 25 de agosto de 1961. 26 ago. 1961. p. 6190-6191.

28 Diário do Congresso Nacional. Câmara dos Deputados. Sessão em 25 de agosto de 1961. 26 ago. 1961. p. 6178. ANDRADE, Auro Moura. *Op. cit.*, p. 38-40. FREIRE, Vitorino. *A laje da raposa:* memórias. Rio de Janeiro: Guavira, 1978. p. 230.

29 ANDRADE, Auro Moura. *Op. cit.*, p. 43-45. Diário do Congresso Nacional. Sessão em 25 de agosto de 1961. p. 162-163.

30 Sobre isso, ver LACERDA, Carlos. *Op. cit.*, p. 263.

31 FRANCO, Afonso Arinos de Melo. *Op. cit.*, p. 169; Congresso Nacional. Anais do Senado. Sessão em 27 de agosto de 1961. p. 89-91, 95; ANDRADE, Auro Moura. *Op. cit.*, p. 55; ARINOS pediu ao Congresso que recusasse a renúncia, para evitar a guerra civil. *Jornal do Brasil*, 26 ago. 1961. p. 4; SEMANA Diplomática. *Correio da Manhã*, 27 ago. 1961. p. 9.

32 JÂNIO renunciou porque não conseguiu intervir na Guanabara. *O Jornal*, 26 ago. 1961. p. 7.
33 PEDROSO d'Horta responde a CL: talento antropofágico tira Jânio do Palácio da Alvorada. *O Jornal*, 26 ago. 1961. p. 8. FERREIRA, Jorge. A legalidade traída: os dias sombrios de agosto e setembro de 1961. *Tempo*, v. 2, n. 3, 1997. p. 14-15.
34 MUNDO político. *Correio da Manhã*, 26 ago. 1961. p. 6. CENSURA proibiu este manifesto de H. Lott. *A Noite*, 29 ago. 1961. p. 5. CENSURA arbitrária contra os jornais da Guanabara. *Correio da Manhã*, 29 ago. 1961. p. 3. LOTT ficará preso trinta dias no Forte Santa Cruz. *Correio da Manhã*, 29 ago. 1961. p. 1. POR TRÁS da notícia. *Correio da Manhã*, 10 set. 1961. p. 8. LOTT acusa: Denis quis impor ditadura. *Correio da Manhã*, 10 set. 1961. p. 1. Congresso Nacional. Anais da Câmara dos Deputados. Sessão Extraordinária em 27 de agosto de 1961. p. 733. WILLIAM, Wagner. *O soldado absoluto:* uma biografia do marechal Henrique Lott. Rio de Janeiro: Record, 2005. p. 364, 367, 371-373.
35 FARIAS, Oswaldo Cordeiro de. *Op. cit.*, p. 428, 437 e 443. Lei nº 2.837, de 31 de julho de 1956. BRANCO, Carlos Castello. *Op. cit.*, p. 61-62 e 87-88. D'ARAUJO, Maria Celina; CASTRO, Celso (orgs.). *Ernesto* Geisel. Rio de Janeiro: FGV, 1997. p. 130. LACERDA, Carlos. *Op. cit.*, p. 262. ABREU, Alzira Alves de (coord.). *Op. cit.*, p. 160.
36 DENIS, Odílio. *Ciclo revolucionário brasileiro:* memórias (5 de julho de 1922 a 31 de março de 1964). Rio de Janeiro: Nova Fronteira, 1980. p. 88, 94-98. Itálico no original.
37 LOPES, José Machado. *Op. cit.*, p. 42-43. O GESTO decisivo de Geisel na crise de 1961. *Visão*, 9 jul. 1973. p. 24. Ver também FRANCO, Afonso Arinos de Melo. *Op. cit.*, p. 177.
38 FRANCO, Afonso Arinos de Melo. *Op. cit.*, p. 174. CAMARGO, Aspásia *et al.* (orgs.). *Op. cit.* p. 445. Diário do Congresso Nacional. Congresso Nacional. Sessão em 28 de agosto de 1961. p. 167 e 170. Diário do Congresso Nacional. Câmara dos Deputados. Sessão em 29 de agosto de 1961. 30 ago. 1961. p. 6306. Diário do Congresso Nacional. Câmara dos Deputados. Sessão em 27 de agosto de 1961. 29 ago. 1961. p. 6286. ADAUTO representou contra Mazzilli e três ministros. *Correio da Manhã*, 29 ago. 1961. p. 1. ANDRADE, Auro Moura. *Op. cit.*, p. 70-71.
39 Diário do Congresso Nacional. Congresso Nacional. Sessão em 29 de agosto de 1961. p. 1. CARLI, Gileno dé. *JQ, Brasília e a grande crise*. Rio de Janeiro: Pongetti, 1961. p. 59. CONGRESSO: 298 votos contra 14 decidem Jango presidente. *Última Hora*, 31 ago. 1961. p. 1.
40 Depoimento de Otávio Costa em D'ARAUJO, Maria Celina; SOARES, Gláucio Ary Dillon; CASTRO, Celso. *Visões do golpe:* 12 depoimentos de oficiais que articularam o golpe militar de 1964. 3. ed. Rio de Janeiro: Nova Fronteira, 2014. p. 80. FRANCO, Afonso Arinos de Melo. *Op. cit.*, p. 175. MINISTROS militares citam artigo 177 da Constituição. *Correio da Manhã*, 31 ago. 1961. p. 1.
41 TAVARES, Flávio. *1961:* o golpe derrotado. Luzes e sombras do Movimento da Legalidade. Porto Alegre: L&PM, 2011. p. 12. BRANCO, Carlos Castello. *Op. cit.*, p. 44 e 50.
42 LOPES, José Machado. *Op. cit.*, p. 41. TAVARES, Flávio. *Op. cit.*, p. 21 e 67.
43 LOPES, José Machado. *Op. cit.*, p. 47-48.
44 *Ibid.*, p. 29 e 33.

45 MURICI, Antônio Carlos da Silva. *Palavras de um soldado*. Rio de Janeiro: Imprensa do Exército, 1971. p. 8.
46 LOPES, José Machado. *Op. cit.*, p. 46-47.
47 TAVARES, Flávio. *Op. cit.*, p. 113.
48 FARIAS, Oswaldo Cordeiro de. *Op. cit.*, p. 454-457. DENIS, Odílio. *Op. cit.*, p. 91-92. LOPES, José Machado. *Op. cit.*, p. 51, 62 e 160.
49 TAVARES, Flávio. *Op. cit.*, p. 28-29.
50 LOPES, José Machado. *Op. cit.*, p. 45-49, 74, 83 146. Depoimento de Machado Lopes em GOMES, Angela de Castro; FERREIRA, Jorge. *Jango:* as múltiplas faces. Rio de Janeiro: Editora FGV, 2007. p. 147. TAVARES, Flávio. *Op. cit.*, p. 113. FERREIRA, Jorge. *Op. cit.*, p. 12. FARIAS, Oswaldo Cordeiro de. *Op. cit.*, p. 456-457. D'ARAUJO, Maria Celina; SOARES, Gláucio Ary Dillon; CASTRO, Celso. *Visões do golpe:* 12 depoimentos de oficiais que articularam o golpe militar de 1964. 3. ed. Rio de Janeiro: Nova Fronteira, 2014. p. 80.
51 ANDRADE, Auro Moura. *Op. cit.*, p. 87-88. Diário do Congresso Nacional. Congresso Nacional. Sessão em 3 de setembro de 1961. p. 186. FRANCO, Afonso Arinos de Melo. *A escalada:* memórias. Rio de Janeiro: José Olímpio, 1965. p. 75. Emenda Constitucional nº 4 de 2 de setembro de 1961.
52 TAVARES, Flávio. *Op. cit.*, p. 187. BRIZOLA repele emenda... *O Jornal*, 3 set. 1961. p. 10.
53 PARLAMENTARISMO rígido é a única solução. *O Jornal*, 1º set. 1961. p. 1, 6 (segunda seção). DENIS, Odílio. *Op. cit.*, p. 92 e 99.
54 FERREIRA, Jorge. *João Goulart:* uma biografia. 2. ed. Rio de Janeiro: Civilização Brasileira, 2011. p. 232. FRANCO, Afonso Arinos de Melo. *Planalto (memórias)*. Rio de Janeiro: José Olímpio, 1968. p. 177. VILLA, Marco Antonio. *Op. cit.*, p. 49 e 52. TAVARES, Flávio. *Op. cit.*, p. 163.
55 PRIMEIRA mensagem de Jango no Brasil. *Última Hora*, 2 set, 1961. p. 2; JANGO aclamado nas ruas de Porto Alegre. *Última Hora*, 2 set. 1961. p. 2; GOULART recebido no RGS como presidente. *Correio da Manhã*, 2 set. 1961. p. 1; PORTO Alegre capital do Brasil: Jango aclamado pela multidão. *Jornal do Dia*, 2 set. 1961. p. 1; DELÍRIO nas ruas: Jango apaixona Porto Alegre. *Diário de Notícias*, 2 set. 1961. p. 1; QUE DEUS me cuide, que o povo me ajude e que as armas não falem! *Jornal do Dia*, 2 set. 1961. p. 1.
56 VOU para Brasília! *Diário de Notícias*, 3 set. 1961. p. 1.
57 JOÃO Goulart chegou são e salvo para posse na chefia do governo. *Correio Braziliense*, 6 set. 1961. p. 1; TAVARES, Flávio. *Op. cit.* p. 193-195; ANDRADE, Auro Moura. *Op. cit.*, p. 96-100; FORÇAS Armadas dizem que país está tranquilo. *Diário de Notícias*, 6 set. 1961. p. 2.
58 GOULART afirma que dia 7 é uma data de advertência. *Correio da Manhã*, 9 set. 1961. p. 10. DENIS diz que conforta certeza de superar crise sem que se derrame sangue. *Jornal do Brasil*, 7 set. 1961. p. 3. LOPES, José Machado. *Op. cit.*, p. 112. FARIAS, Oswaldo Cordeiro de. *Op. cit.*, p. 597.
59 FARIAS, Oswaldo Cordeiro de. *Op. cit.*, p. 457. Depoimento de Otávio Costa em D'ARAUJO, Maria Celina; SOARES, Gláucio Ary Dillon; CASTRO, Celso. *Visões do golpe:* 12 depoimentos de oficiais que articularam o golpe militar de 1964. 3. ed. Rio de Janeiro: Nova Fronteira, 2014. p. 80.

Deposição de João Goulart

1 JUREMA, Abelardo. *Sexta-feira, 13:* os últimos dias do governo João Goulart. Rio de Janeiro: O Cruzeiro, 1964.
2 *Ibid.*, p. 168, 194, 196, 235, 239.
3 ASSIS Brasil: o dia em que Jango caiu. *Manchete*, n. 637, 4 jul. 1964. p. 10. COMO foi deflagrado o movimento de 1 de abril. *Jornal do Brasil*, 12 abr. 1964. Caderno especial. p. 7.
4 MOURÃO desmente a iminência de Sítio. *Correio da Manhã*, 15 out. 1964. p. 10. Ver também MELO, Jaime Portela de. *A revolução e o governo Costa e Silva*. Rio de Janeiro: Guavira, 1979. p. 66.
5 COMANDO foi preparar pressão nos estados contra Congresso. *Correio da Manhã*, 7 maio 1963. p. 16. DEPUTADO vê golpe. *Correio da Manhã*, 23 ago. 1963. p. 3. *IMPEACHMENT* de JG mobiliza partidos. *Correio da Manhã*, 17 mar. 1964. p. 1. COMÍCIO marcou rumo definitivo ao governo. *Correio da Manhã*, 17 mar. 1964. p. 2.
6 A ÚLTIMA noite de Jango. *O Cruzeiro*, n. 41, 18 jul. 1964. p. 122.
7 Artigo 2º, § 2º do Decreto nº 3.371, de 1º de dezembro de 1938. ASSIS Brasil: o dia em que Jango caiu. *Manchete*, nº 637, 4 jul. 1964. p. 10.
8 MISCELÂNIA. *Última Hora*, 20 mar. 1964. 2º caderno, p. 6. JAIR. *Última Hora*, 23 mar. 1964. p. 2. JAIR em casa. *Última Hora*, 4 maio 1964. p. 4. MELO, Jaime Portela de. *Op. cit.*, p. 125. JUREMA, Abelardo. *Op. cit.*, p. 164.
9 RIBEIRO, Darci. *Confissões*. São Paulo: Companhia das Letras, 1997. p. 350. ÍNTEGRA do depoimento do gen. Assis Brasil liberado pelo CSN. *O Jornal*. 2 jul. 1964. p. 10. NA CÂMARA de gases. *Diário de Notícias*, 15 set. 1964. p. 3. GALHARDO e Âncora deixam a ativa. *Diário de Notícias*, 18 set. 1964. p. 10. ÂNCORA está mal. *Diário de Notícias*, 25 set. 1964. p. 1. Insuficiência. *O Jornal*, 26 set. 1964. p. 6. Âncora reformado em estado grave. *Correio da Manhã*, 26 set. 1964. p. 1. SEPULTADO sem honras militares recusadas pela família o gen. Âncora. *O Jornal*, 27 set. 1964. p. 1.
10 ÍNTEGRA do depoimento do gen. Assis Brasil liberado pelo CSN. *O Jornal*. 2 jul. 1964. p. 9-10. ASSIS Brasil revela a fuga dramática de Goulart. *Diário de Notícias*, 2 jul. 1964. p. 5. Atos nº 3 e 4 do Comando Supremo da Revolução de 11 e 13 de abril de 1964.
11 EXPURGO atingiu 494 durante 60 dias. *O Jornal*, 16 jun. 1964. p. 1; segundo caderno, p. 5.
12 CARTAS à direção. *O Jornal*. 15 jul. 1964. p. 7; ERRO histórico. *O Jornal*, 28 jun. 1964. p. 4.
13 DINES, Alberto. Debaixo dos deuses. *In*: DINES, Alberto *et. al*. *Os idos de março e a queda em abril*. Rio de Janeiro: José Álvaro, 1964. p. 351. AS HORAS finais de Jango em Porto Alegre. *Última Hora*, 4 abr. 1964. p. 4.
14 DISCURSO de Brochado da Rocha. *O Jornal*. 14 set. 1962. p. 7.
15 EXÉRCITO toma posição na batalha. *Diário de Notícias*, 7 ago. 1962. p. 1. JAIR DANTAS espera que se antecipe o plebiscito. *Diário de Notícias*, 28 ago. 1962. p. 3. JAIR DANTAS exige o plebiscito imediato. *Diário de Notícias*, 13 set. 1962. p. 2. MANIFESTAÇÃO de indisciplina a mensagem do general Jair. *Correio da Manhã*. 14 set. 1962. p. 10.
16 RENUNCIA o gabinete. *Jornal do Brasil*, 14 set. 1962. p. 1 e 3. MELO, Jaime Portela de. *Op. cit.*, p. 88. TRABALHADORES concentrados nas sedes sindicais a partir de

hoje. *Última Hora*, 14 set. 1962. p. 4. CÂMARA aprovou plebiscito para 6 de janeiro: 169x83. *Diário de Notícias*, 15 set. 1962. p. 1. GRAVÍSSIMO o estado de Brochado da Rocha. *Correio da Manhã*, 26 set. 1962. p. 12. EMOÇÃO e indignação no país. *Última Hora*, 27 set. 1962. p. 1.

17 Decreto nº 51.613, de 3 de dezembro de 1962.

18 DREIFUSS, René Armand. *1964: a conquista do Estado. Ação política, poder e golpe de classe*. Petrópolis: Vozes, 1981. p. 145. ASSIS, Denise. *Propaganda e cinema a serviço do golpe*. Rio de Janeiro: Mauad, 2001. GORDON, Lincoln. Variações do nacionalismo: meio século de relações brasileiro-americanas. *In*: ALMEIDA, Paulo Roberto de; BARBOSA, Rubens Antônio (orgs.). *Relações Brasil-Estados Unidos:* assimetrias e convergências. São Paulo: Saraiva, 2006. p. 49-50. GORDON, Lincoln. *A segunda chance do Brasil: a caminho do primeiro mundo*. São Paulo: SENAC, 2002. p. 328. FICO, Carlos. *O grande irmão:* da Operação Brother Sam aos anos de chumbo. O governo dos Estados Unidos e a ditadura militar brasileira. Rio de Janeiro: Civilização Brasileira, 2008. p. 77.

19 FARIAS, Oswaldo Cordeiro de. *Diálogo com Cordeiro de Farias:* meio século de combate. Entrevista a Aspásia Camargo e Walder de Góes. Rio de Janeiro: Biblioteca do Exército, 2001. p. 483.

20 DENIS, Odílio. *Ciclo revolucionário brasileiro:* memórias (5 de julho de 1922 a 31 de março de 1964). Rio de Janeiro: Nova Fronteira, 1980. p. 79-80, 100-106.

21 MOURÃO FILHO, Olímpio. *Memórias:* a verdade de um revolucionário. Porto Alegre: L&PM, 1978. p. 301. MELO, Jaime Portela de. *Op. cit.*, p. 69. FARIAS, Oswaldo Cordeiro de. *Op. cit.*, p. 479. SILVA, Hélio. *1964:* golpe ou contragolpe? Porto Alegre: L&PM, 1978. p. 205. FARIAS, Oswaldo Cordeiro de. *Op. cit.*, p. 492.

22 GUEDES, Carlos Luís. *Tinha de ser Minas*. Rio de Janeiro: Nova Fronteira, 1979. p. 189. MOURÃO FILHO, Olímpio. *Op. cit.*, p. 299 e 303-304. DENIS, Odílio. *Op. cit.*, p. 113. SILVA, Hélio. *Op. cit.*, p. 367. FARIAS, Oswaldo Cordeiro de. *Op. cit.*, p. 474.

23 MOURÃO FILHO, Olímpio. *Op. cit.*, p. 301. FARIAS, Oswaldo Cordeiro de. *Op. cit.*, p. 487. GUEDES, Carlos Luís. *Op. cit.*, p. 190 e 223-224. FICO, Carlos. *Op. cit.*, p. 93 e segs.

24 SUPREMO decidiu inelegibilidade para sargentos. *Diário Carioca*, 12 set. 1963. p. 1. Diário do Congresso Nacional. Câmara dos Deputados. Sessão em 12 de setembro de 1963. p. 6535.

25 GOVERNO contra greves põe rebeldes em fortalezas. *Jornal do Brasil*, 14 set. 1963. p. 1. JAIR desestimula a anistia. *Jornal do Brasil*, 20 set. 1963. p. 3. ARRAIS chega favorável à anistia e sem saber o que significa terceira força. *Jornal do Brasil*, 21 set. 1963. p. 5.

26 Diário do Congresso Nacional. Câmara dos Deputados. Sessão em 12 de setembro de 1963. p. 6535-6536.

27 JUREMA, Abelardo. *Op. cit.*, p. 120-121. GOVERNO aceita sargento candidato mas na reserva. *Jornal do Brasil*, 16 set. 1963. p. 1. BALEEIRO: Justiça só confirmou JG agitador. *Tribuna da Imprensa*, 23 mar. 1964. p. 5. SINDICATOS de S. Paulo vão pressionar Congresso para anistiar líderes condenados. *Jornal do Brasil*, 21 mar. 1964. p. 13.

28 CL DESACONSELHA ajuda ao Brasil. *Correio da Manhã*, 1º out. 1963. p. 8. CHEFES militares advertem Lacerda. *Correio da Manhã*, 1º out. 1963. p. 1. A NOTA do governador. *Jornal do Brasil*, 2 out. 1963. p. 3.

29. Diário do Congresso Nacional. Câmara dos Deputados. Sessão em 4 de outubro de 1963. p. 7461-7462.
30. VILLA, Marco Antônio. *Jango:* um perfil (1945-1964). São Paulo: Globo, 2004. p. 119. REUNIÃO do gabinete. *Correio da Manhã*, 1º out. 1963. p. 1. BASTIDORES de Brasília. *Diário de Notícias*, 1º out. 1963. p. 3. JUREMA, Abelardo. *Op. cit.*, p. 128-129.
31. JG ANUNCIA conspiração no país. *Correio da Manhã*, 3 out. 1963. p. 1. GOULART pede estado de sítio hoje. *Correio da Manhã*, 4 out. 1963. p. 1. CÂMARA aceita com alívio retirada do sítio. *Jornal do Brasil*, 8 out. 1963. p. 1. MINISTROS militares exigem estado de sítio. *Jornal do Brasil*, 18 set. 1963. p. 1. ALÍVIO do governo. *Jornal do Brasil*, 19 set. 1963. p. 1.
32. GOULART: seguirei a linha de Vargas. *Correio da Manhã*, 24 ago. 1963. p. 3.
33. FICO, Carlos. *Além do golpe:* versões e controvérsias sobre 1964 e a ditadura militar. 3. ed. Rio de Janeiro: Record, 2014. p. 281.
34. FICO, Carlos. *Op. cit.*, p. 283.
35. PRESOT, Aline. *As marchas da Família, com Deus, pela Liberdade e o golpe de 1964.* Dissertação de mestrado apresentada ao Programa de Pós-graduação em História Social da UFRJ. Rio de Janeiro, 2004. p. 60.
36. RIBEIRO, Darci. *Op. cit.*, p. 338. Artigos 79 e 88 da Constituição de 1946. CONGRESSO e partidos reagem à pressão do governo. *Jornal do Brasil*, 17 mar. 1964. p. 1. OPOSIÇÃO pedirá o *impeachment* de JG. *Correio da Manhã*, 15 mar. 1964. p. 1. OPOSIÇÃO agora quer o *"impeachment"* de Jango. *Última Hora*, 16 mar. 1964. p. 4. UDN TEME afogamento se tentar o *"impeachment"*. *Última Hora*. 17 jan. 1964. p. 4. IMPEACHMENT de JG mobiliza partidos. *Correio da Manhã*, 17 mar. 1964. p. 1. IMPEACHMENT de JG pode parar o país. *Correio da Manhã*. 17 mar. 1964. p. 2. MILITARES levarão amanhã apoio total a Jango. *Última Hora*, 17 mar. 1964. p. 3. LACERDA e Magalhães acertaram encontro no Sul e na convenção. *Diário de Notícias*, 25 mar. 1964. p. 9.
37. JUREMA, Abelardo. *Op. cit.*, p. 152, 156, 158-162; MOTA demite Aragão, sai e governo não consegue abafar rebelião de marinheiros. *Jornal do Brasil*, 27 mar. 1964. p. 1.
38. ASSIS Brasil: o dia em que Jango caiu. *Manchete*, n. 637, 4 jul. 1964. p. 10.
39. JANGO: sete dias em março. *Manchete*, n. 625, 11 abr. 1964. p. 8. GOULART pede aos sargentos que respeitem hierarquia. *Jornal do Brasil*, 31 mar. 1964. p. 5. FARIAS, Oswaldo Cordeiro de. *Op. cit.*, p. 484.
40. GUEDES, Luís Carlos. *Op. cit.*, p. 202.
41. MOURÃO FILHO, Olímpio. *Op. cit.*, p. 360, 362 e 367.
42. MOTTA, Aricildes de Moraes (coord.). *1964 - 31 de março:* o movimento revolucionário e a sua história. Rio de Janeiro: Biblioteca do Exército Editora, 2003. t. 3. p. 176-179. GUEDES, Luís Carlos. *Tinha que ser Minas*. Rio de Janeiro: Nova Fronteira, 1979. p. 231. SILVA, Hélio. *Op. cit.*, p. 374.
43. MOTTA, Aricildes de Moraes (coord.). *Op. cit.*, p. 183-4.
44. SILVA, Hélio. *Op. cit.*, p. 376, 382-383 e 387. GUEDES, Carlos Luís. *Tinha de ser Minas*. Rio de Janeiro: Nova Fronteira, 1979. p. 215. JUREMA, Abelardo. *Op. cit.*, p. 192.
45. FICO, Carlos. *Op. cit.*, p. 310 e segs.
46. SILVA, Hélio. *Op. cit.*, p. 410-412.
47. SILVA, Hélio. *Op. cit.*, p. 441.

48 MOTTA, Aricildes de Moraes (coord.). *1964 - 31 de março:* o movimento revolucionário e a sua história. Rio de Janeiro: Biblioteca do Exército Editora, 2003. t. 1. p. 32-33.
49 DENIS, Odílio. *Op. cit.*, p. 26; MOTTA, Aricildes de Moraes (coord.). *1964 - 31 de março:* o movimento revolucionário e a sua história. t. 2. Rio de Janeiro: Biblioteca do Exército Editora, 2003. p. 106. MOTTA, Aricildes de Moraes (coord.). *1964 - 31 de março:* o movimento revolucionário e a sua história. t. 1. Rio de Janeiro: Biblioteca do Exército Editora, 2003. p. 39 e 198.
50 SILVA, Hélio. *Op. cit.*, p. 392-393. MOTTA, Aricildes de Moraes (coord.). *Op. cit.*, p. 33-45, 47-48, 178-179; SILVA, Ivany Henrique da. *Heróis a lutar:* os cadetes na Revolução de 1964. [s.l.]: [s.n.], 1999; FILIPINI, Daniel Sérgio. *A participação da Academia Militar das Agulhas Negras no movimento cívico-militar de 31 de março de 1964.* Monografia apresentada ao curso de graduação em Ciências Militares da AMAN. Resende, 2022. MOTTA, Aricildes de Moraes (coord.). *1964 - 31 de Março:* o movimento revolucionário e a sua história. t. 2. Rio de Janeiro: Biblioteca do Exército Editora, 2003. p. 34, 185-186, 282, 335; MOTTA, Aricildes de Moraes (coord.). *1964 - 31 de Março:* o movimento revolucionário e a sua história. t. 3. Rio de Janeiro: Biblioteca do Exército Editora, 2003. p. 233, 262, 324. ÍNTEGRA do depoimento do gen. Assis Brasil liberado pelo CSN, *O Jornal.* 2 jul. 1964. p. 9.
51 JUREMA, Abelardo. *Op. cit.*, p. 168 e 188. BORGES, Gustavo D. *1964:* a revolução injustiçada. São José dos Campos: JAC, 2005. p. 215 e segs.
52 ÍNTEGRA do depoimento do gen. Assis Brasil liberado pelo CSN. *O Jornal.* 2 jul. 1964. p. 9. SILVA, Hélio. *Op. cit.*, p. 398-399.
53 JUREMA, Abelardo. *Op. cit.*, p. 205-207; SILVA, Hélio. *Op. cit.*, p. 421.
54 FICO, Carlos. *O grande irmão:* da Operação Brother Sam aos anos de chumbo. O governo dos Estados Unidos e a ditadura militar brasileira. Rio de Janeiro: Civilização Brasileira, 2008. p. 110.
55 DEPOIMENTO do General Ladário. *In:* SILVA, Hélio. *Op. cit.*, p. 444.
56 KRIEGER, Daniel. *Desde as missões...:* saudades, lutas, esperanças. Rio de Janeiro: José Olímpio, 1976. p. 171. FICO, Carlos. *Op. cit.*, p. 107. RIBEIRO, Darci. *Op. cit.*, p. 355.
57 ÍNTEGRA do depoimento do gen. Assis Brasil liberado pelo CSN. *O Jornal.* 2 jul. 1964. p. 9.
58 LIMA, Rui Moreira. [depoimento publicado como o capítulo XVIII, intitulado "... se recebesse ordem..."]. *In:* SILVA, Hélio. *A vez e a voz dos vencidos.* Petrópolis: Vozes, 1988. p. 221-222. Ver também JUREMA, Abelardo. *Op. cit.*, p. 188-189; GORENDER, Jacob. Era o golpe de 64 inevitável? *In:* TOLEDO, Caio Navarro de (org.). *1964: visões críticas do golpe:* democracia e reformas no populismo. Campinas: Unicamp, 1997. p. 114.
59 FICO, Carlos. *O golpe de 1964:* momentos decisivos. Rio de Janeiro: FGV, 2014. p. 58 e 106.
60 DIAS, Luiz Antônio. Imprensa e opinião pública. Análise dos jornais O Estado de S. Paulo e Folha de S. Paulo no golpe civil-militar de 1964. *Pucviva*, jan. jun. 2014. p. 68 e segs. FICO, Carlos. *Op. cit.*, p. 63.

Conclusão

1. NAVA, Pedro. *Baú de ossos*. 2. ed. Rio de Janeiro: José Olímpio; Sabia, 1973. p. 92.
2. STACCHINI, José. *Março 64:* mobilização da audácia. São Paulo: Companhia Editora Nacional, 1965. p. XII.
3. GOMES, Eduardo. *Campanha de* libertação. 2. ed. São Paulo: Liv. Martins Ed., 1946. p. 9. TÁVORA, Juarez. *Uma vida e muitas lutas*. v. 2. Rio de Janeiro: Biblioteca do Exército, 1976. p. 254 e 274. TÁVORA, Juarez. *Uma vida e muitas lutas*. v. 3. Rio de Janeiro: José Olímpio, 1976. p. 3-4.
4. FICO, Carlos. *Como eles agiam*. Os subterrâneos da ditadura militar: espionagem e polícia política. Rio de Janeiro: Record, 2001. p. 188. NAVA, Pedro. *Op. cit*. p. 92.
5. MOTA, Aricildes de Morais (coord.). *1964 - 31 de Março:* o movimento revolucionário e a sua história. t. 1. Rio de Janeiro: Biblioteca do Exército Editora, 2003. p. 80 e 249.
6. GOMES, Eduardo. *Op. cit.*, p. 165-166.
7. MOTA, Aricildes de Morais (coord.). *1964 - 31 de Março:* o movimento revolucionário e a sua história. t. 3. Rio de Janeiro: Biblioteca do Exército Editora, 2003. p. 206, 211.
8. D'ARAUJO, Maria Celina; CASTRO, Celso (orgs.). *Ernesto* Geisel. Rio de Janeiro: FGV, 1997. p. 111.
9. RECEIO de ruptura gera conversa entre Mourão e Barroso. *O Estado de S. Paulo*, 14 ago. 2021. p. A8. Entrevista em 16 de agosto de 2021 ao programa "Direto ao Ponto" da *Jovem Pan*.
10. Entrevista em 7 de setembro de 2018 ao canal GloboNews.
11. Parecer da Secretaria-Geral da Mesa da Câmara dos Deputados. 3 de junho de 2020. p. 6. Medida cautelar na Ação Direta de Inconstitucionalidade nº 6.457, de 12 de junho de 2020. §1º do artigo 15 da Lei Complementar 97 de 9 de junho de 1999. Lei Complementar nº 136, de 25 de agosto de 2010.
12. A decisão cautelar de Fux, de junho de 2020, só seria referendada pelo plenário do STF em abril de 2024.
13. A redação proposta pela comissão estabelecia: "As Forças Armadas destinam-se a assegurar a independência e a soberania do país, a integridade do seu território, os poderes constitucionais e, por iniciativa expressa destes, nos casos estritos da lei, a ordem constitucional".
14. Decreto nº 91.450, de 18 de julho de 1985. Emenda Constitucional nº 26, de 27 de novembro de 1985. LEÔNIDAS põe pá de cal. *Correio Braziliense*, 16 dez. 1986. p. 2. As propostas da Comissão de Estudos Constitucionais e os "lobbies" decorrentes. 10 de setembro de 1986. Arquivo Nacional. Serviço Nacional de Informações. Documento Micrográficos. Agência Central. p. 2.
15. OLIVEIRA, Eliézer Rizzo de. Constituinte, Forças Armadas e autonomia militar. *In:* _____ et al. *As Forças Armadas no Brasil*. Rio de Janeiro: Espaço e Tempo, 1987. p. 145 e segs. LEÔNIDAS: carta contraria o povo. *Correio Braziliense*, 28 ago. 1987. p. 3.
16. Câmara dos Deputados. Centro de Documentação e Informação. Quadro histórico dos dispositivos constitucionais. Artigo 142. p. 140.
17. *Ibid.*, p. 44.
18. SILVA, Golbery do Couto e. Apresentação. *In: Petrônio Portella*. Tempo de Congresso II. Brasília: Centro Gráfico do Senado Federal, [1980?]. p. X-XI. Lei nº 6.683, de 28 de agosto de 1979.

19 Decreto nº 1.373, de 2 de setembro de 1905; Decreto nº 19.395, de 8 de novembro de 1930; Decreto Legislativo nº 22, de 23 de maio de 1956 e Decreto Legislativo, de 15 de dezembro de 1961.

20 FICO, Carlos. *Reinventando o otimismo:* ditadura, propaganda e imaginário social no Brasil. 2. ed. Rio de Janeiro: FGV, 2024; FICO, Carlos. *Como eles agiam.* Os subterrâneos da ditadura militar: espionagem e polícia política. Rio de Janeiro: Record, 2001; FICO, Carlos. "Prezada Censura": cartas ao regime militar. *Topoi*, p. 251-286, dez. 2002.

21 FICO, Carlos. História que temos vivido. *In:* VARELLA, Flávia *et al.* (orgs.). *Tempo presente & usos do passado.* Rio de Janeiro: FGV, 2012.